suhrkamp taschenbuch
wissenschaft 634

Martin Greiffenhagens mit dieser Ausgabe in dritter Auflage vorgelegte Studie gilt, neben der Arbeit Karl Mannheims über den Konservatismus (stw 478), inzwischen als die bedeutsamste Arbeit zu diesem Thema.

Die erste Auflage dieses Buches endete mit dem Satz: »Die undialektische Hoffnung auf Stabilisierungen in einem ›post-histoire‹ wird sich nicht erfüllen.« Das war 1971. Seither hat sich die Situation des Konservatismus in Deutschland nicht grundlegend geändert. Das gilt gerade angesichts seiner heute mit besonderer Vehemenz vorgetragenen Behauptung, wir seien in ein neues Zeitalter eingetreten, welches die Vorsilben ›neo‹ und ›post‹ in vieler Hinsicht rechtfertige. Scheinbar neue ideologische Positionen des deutschen Konservatismus erweisen sich bei näherer Betrachtung als im Kern unveränderte Strategien, seinem alten Dilemma zu entgehen: es ist ihm unmöglich, ein Prinzip zu finden, das ihm angibt, was er innerhalb der Moderne konservieren und tradieren will. Diese Unsicherheit wurde im Laufe der Zeit immer größer. Die Abhängigkeit vom ›definitorischen Gegner‹ auf dem Felde funktionaler Rationalität hat inzwischen zu einer völligen Unterschiedslosigkeit geführt, so daß der Konservatismus sich in seiner Bejahung des kapitalistischen Industriesystems nicht mehr vom Liberalismus unterscheidet.

Martin Greiffenhagen, geb. 1928, aufgewachsen in Bremen. Buchhandelslehre. Studium der Philosophie, Literaturwissenschaft, Wirtschafts- und Sozialwissenschaft in Heidelberg, Göttingen, Birmingham und Oxford. 1962–1965 Professor für Politikwissenschaft an der Pädagogischen Hochschule in Lüneburg. Seit 1965 Direktor des Instituts für Politikwissenschaft der Universität Stuttgart.

Wichtigste Veröffentlichungen: *Freiheit gegen Gleichheit?* (1975); (mit Sylvia Greiffenhagen) *Ein schwieriges Vaterland* (1979); *Die Aktualität Preußens* (1981); (Hg.) *Das evangelische Pfarrhaus. Eine Kultur- und Sozialgeschichte* (1984); *Von Potsdam nach Bonn. Zehn Kapitel zur politischen Kultur Deutschlands* (1986); *Propheten, Rebellen und Minister. Intellektuelle in der Politik* (1986).

Martin Greiffenhagen
Das Dilemma
des Konservatismus
in Deutschland

Mit einem neuen Text:
›Post-histoire?‹
Bemerkungen zur Situation des
›Neokonservatismus‹
aus Anlaß der
Taschenbuchausgabe 1986

Suhrkamp

Das Dilemma des Konservatismus in Deutschland erschien zuerst 1971 im Piper Verlag. 1977 erschien es mit einem »Nachwort zur Neuausgabe« in der Serie Piper. Die vorliegende Ausgabe ist durch einen neuen Text ergänzt: ›Post-histoire?‹. Bemerkungen zur Situation des ›Neokonservatismus‹ aus Anlaß der Taschenbuchausgabe 1986.

CIP-Kurztitelaufnahme der Deutschen Bibliothek
Greiffenhagen, Martin:
Das Dilemma des Konservatismus in Deutschland :
mit e. neuen Text: ›Post-histoire?‹,
Bemerkungen zur Situation d. ›Neokonservatismus‹
aus Anlaß d. Taschenbuchausg. 1986 /
Martin Greiffenhagen. –
Taschenbuchausg., 1. Aufl. – Frankfurt am Main :
Suhrkamp, 1986.
(Suhrkamp-Taschenbuch Wissenschaft ; 634)
ISBN 3-518-28234-4
NE: GT

suhrkamp taschenbuch wissenschaft 634
Erste Auflage 1986
© dieser Ausgabe Suhrkamp Verlag Frankfurt am Main 1986
Suhrkamp Taschenbuch Verlag
Alle Rechte vorbehalten, insbesondere das
des öffentlichen Vortrags, der Übertragung
durch Rundfunk und Fernsehen
sowie der Übersetzung, auch einzelner Teile.
Druck: Wagner GmbH, Nördlingen
Printed in Germany
Umschlag nach Entwürfen von
Willy Fleckhaus und Rolf Staudt

1 2 3 4 5 6 – 91 90 89 88 87 86

Inhalt

Dem Andenken
Karl Löwiths

Um das Wort konservativ war es nach dem Kriege in Deutschland merkwürdig still geworden. Hatte der Begriff vom ersten Drittel des 19. Jahrhunderts an bis zum Jahre 1933 für die politische Diskussion und Praxis eine wichtige Rolle gespielt, so gilt er seither als unscharf und schillernd. Der Konservatismus im Sinne eines politischen Programms oder als Partei schien ebenfalls problematisch geworden zu sein. Er ist eine zu zwielichtige Erscheinung, durch unsere Geschichte mit zu vielen und zu verschiedenen Akzenten versehen, als daß man sich auf ihn einfachhin wie auf etwas allgemein gleichermaßen Bekanntes berufen könnte [1].

Es überrascht daher nicht, daß die größeren Veröffentlichungen, die seit dem Kriege über den Konservatismus erschienen, vergleichsweise spärlich sind [2]. Bezeichnend ist ferner, daß es sich bei diesen Büchern entweder um Textauswahlen klassischer konservativer Denker [3] oder um historische Einzelstudien zur Geschichte des deutschen Konservatismus [4] handelt. Die Bücher von Hans-Joachim von

1 Dieses Urteil wird von Konservativen geteilt. So meint Erik von Kuehnelt-Leddihn: »Das Wort ›konservativ‹ – seien wir aufrichtig – war und bleibt eine Belastung.« Erik R. von Kuehnelt-Leddihn: Altkonservativismus und Neukonservativismus. In: Schweizer Rundschau 56 (1956/57), S. 68. – »Die Schwierigkeit, ein neues, glaubwürdiges Wort für ›konservativ‹ zu finden, liegt tiefer als im Etymologischen.« Ernst Jünger: Rivarol. Frankfurt a. M. 1962. S. 55 (Fischer Bücherei 487).

2 Vgl. die ausführliche Besprechung von Armin Mohler: Konservative Literatur über den Konservatismus. In: Neue politische Literatur 5 (1960), Sp. 1037 ff. – Gleichzeitig mit diesem Buch erscheint Helga Grebing: Konservative gegen die Demokratie. Konservative Kritik an der Demokratie in der Bundesrepublik seit 1945. Frankfurt a. M. 1971.

3 Hans Barth: Der konservative Gedanke. In ausgewählten Texten dargestellt. Stuttgart 1958. Barths Auffassung des Konservatismus trägt naturrechtliche Züge und gehört somit eher der angelsächsisch-liberalen Richtung des Konservatismus an, die wir hier nicht behandeln.

4 Vgl. Hans Joachim Schoeps: Das andere Preußen. Konservative Gestalten und Probleme im Zeitalter Friedrich Wilhelms IV. 2. bearb. und erw. Auflage. Honnef/Rhein 1957. Dazu Martin Greiffenhagen in: Zeitschrift für evangelische

Merkatz, Hans Mühlenfeld und Hans Joachim Schoeps[5], die sowohl ihrem Titel als auch ihrem Anspruch nach über ein bloß historisches Interesse hinausgehen wollen, beschränken sich fast ausschließlich auf die Erzählung der Geschichte konservativen Denkens in Deutschland. Die Bücher von Klemens von Klemperer und Armin Mohler[6] behandeln die letzte Epoche eines politisch wirksamen Konservatismus in Deutschland unter den Bezeichnungen Neokonservatismus und Konservative Revolution, verzichten jedoch auf eine Stellungnahme zur gegenwärtigen Lage und Aussicht konservativen Denkens und konservativer Politik[7].

Im Jahre 1962 veranstaltete die Zeitschrift ›Der Monat‹ ein Forum über die Frage »Was ist heute eigentlich konservativ?«[8] Diese Diskussion wurde vornehmlich unter zwei Gesichtspunkten geführt: einmal unter der Frage, wieweit der Konservatismus an den nationalen Unglücksfällen der deutschen Geschichte, vor allem am Nationalsozialismus, Schuld oder Ursache sei, zum anderen, ob der Konservatismus, wie Hans Zehrer es in seinem Beitrag ausdrückte, »heu-

Ethik (1960), H. 2, S. 123 ff. Vgl. auch Friedrich Glum: Konservativismus im 19. Jahrhundert. Eine Auswahl europäischer Porträts. Bonn 1969.

5 Hans-Joachim von Merkatz: Die konservative Funktion. Ein Beitrag zur Geschichte des politischen Denkens. München 1957 (Konservative Schriftenreihe Bd. 1); Hans Mühlenfeld: Politik ohne Wunschbilder. Die konservative Aufgabe unserer Zeit. München 1952; Hans Joachim Schoeps: Konservative Erneuerung. Ideen zur deutschen Politik. Stuttgart 1958.

6 Klemens von Klemperer: Konservative Bewegungen zwischen Kaiserreich und Nationalsozialismus. Aus dem Amerikanischen übersetzt von Marianne Schön. München und Wien 1961; Armin Mohler: Die Konservative Revolution in Deutschland 1918–1932. Grundriß ihrer Weltanschauungen. Stuttgart 1950.

7 Mohler fragt sich, ob die rein historische Behandlung eines politisch so aktuellen Stoffes zu vertreten sei. Er vermutet, daß in der Konservativen Revolution auch für die Gegenwart Lösungen enthalten seien. Da jedoch »dieses ganze Fragenbündel dermaßen von Affekten überkrustet ist, daß allein sachliche Beschreibung, nüchterne Erkenntnis des Geschehenen und des noch Geschehenden weiterhilft« (Konservative Revolution S. 211, s. oben Anm. 6), läßt er es bei dieser Vermutung. Für seine gegenwärtige Position vgl. Armin Mohler: Konservativ 1969. In: Formeln deutscher Politik. Sechs Praktiker und Theoretiker stellen sich. Hrsg. von H. J. Schoeps und Chr. Dannenmann. München und Eßlingen 1969. S. 92 ff. (Fakten sprechen).

8 Der Monat 14 (1962), H. 165, S. 48 ff. Diese Diskussion zog sich bis zum Oktober 1962 hin. Der letzte und gescheiteste Beitrag stammt von Kurt Lenk: Was ist konservativ? Ebd. 15 (1962), H. 169, S. 90 ff.

te wieder zukunftsträchtig« sein könne[9]. Die Bundesrepublik hatte sich um diese Zeit ökonomisch, sozial, innen- und außenpolitisch stabilisiert, oder (wie die Kritiker dieses Prozesses meinten) die sich schon zu Beginn der fünfziger Jahre zeigenden Restaurationstendenzen[10] hatten sich durchgesetzt. Seither ist das Thema des Konservatismus in der Bundesrepublik nicht mehr obsolet, und es scheint, als ob konservative Gedanken mit jedem Jahr an Boden gewinnen.

Auf dem Felde der Parteipolitik verlief die Entwicklung ähnlich. Als Eugen Gerstenmaier in den fünfziger Jahren auf einem Parteitag die CDU eine konservative Partei nannte, gab es deutlichen Widerspruch[11]. Die radikalen Rechtsparteien, welche wenige Jahre nach Ende des Krieges sich bildeten[12], waren zahlenmäßig unbedeutend und vermochten dem Begriff konservativ keinen neuen Glanz zu geben, da sie allzu eindeutig den Ideen des gerade zerbrochenen Regimes huldigten. Eine Ausnahme machte die Deutsche Partei[13] unter

9 Hans Zehrer: Heute wieder zukunftsträchtig. In: Der Monat 14 (1962), H. 166, S. 30 ff.

10 Vgl. Walter Dirks: Der restaurative Charakter der Epoche. In: Frankfurter Hefte 5 (1950), S. 942 ff.; Eugen Kogon: Die Aussichten der Restauration. Über die gesellschaftlichen Grundlagen der Zeit. Ebd. 7 (1952), S. 165 ff.

11 Eugen Gerstenmaier: Was heißt heute konservativ? In: Der Monat 14 (1962), H. 166, S. 27.

12 Vgl. Otto Büsch – Peter Furth: Rechtsradikalismus im Nachkriegsdeutschland. Studien über die »Sozialistische Reichspartei« (SRP). Berlin und Frankfurt a. M. 1957 (Schriften des Instituts für politische Wissenschaft Bd. 9); Manfred Jenke: Verschwörung von Rechts? Ein Bericht über den Rechtsradikalismus in Deutschland nach 1945. Berlin 1961; Hans-Helmuth Knütter: Ideologien des Rechtsradikalismus im Nachkriegsdeutschland. Eine Studie über die Nachwirkungen des Nationalsozialismus. Bonn 1961 (Bonner Historische Forschungen Bd. 19); Heinz Brüdigam: Der Schoß ist fruchtbar noch ... Neonazistische, militaristische, nationalistische Literatur und Publizistik in der Bundesrepublik. 2. neubearb. Auflage. Frankfurt a. M. 1965; Rechtsradikalismus. Hrsg. von Iring Fetscher. Frankfurt a. M. 1967 (Sammlung »res novae« Bd. 53); Erwin K. Scheuch – Hans D. Klingemann: Materialien zur Entwicklung des Rechtsradikalismus in der Bundesrepublik 1966. Köln 1967 (Institut für vergleichende Sozialforschung Köln); zu den einzelnen Parteien vgl. auch die Literatur bei Hans-Gerd Schumann: Die politischen Parteien in Deutschland nach 1945. Ein bibliographisch-systematischer Versuch. Frankfurt a. M. 1967 (Schriften der Bibliothek für Zeitgeschichte, Weltkriegsbücherei H. 6).

13 Vgl. Hermann Meyn: Die Deutsche Partei. Entwicklung und Problematik einer national-konservativen Rechtspartei nach 1945. Düsseldorf 1965 (Beiträge zur Geschichte des Parlamentarismus und der politischen Parteien Bd. 29).

Führung von Hans-Joachim von Merkatz, der mit seinem Buch ›Die konservative Funktion‹ (1957) eine konservative Schriftenreihe begründete. Sein Mitstreiter war Hans Mühlenfeld, der ein umfängliches Buch ›Politik ohne Wunschbilder‹ (1952) vorlegte[14]. Aber auch die DP vermochte den konservativen Gedanken in Deutschland nicht voranzutreiben. Im Juli 1960 zog Marion Gräfin Dönhoff in der Wochenschrift ›Die Zeit‹ das Resümee dieser vorläufig letzten konservativen Partei[15]. Inzwischen hat allerdings die CSU ihre frühere Scheu vor dem Wort konservativ überwunden. In dem jüngsten Parteiprogramm nennt sie sich nach dem Vorschlag ihres Vorsitzenden Franz Josef Strauß ausdrücklich »konservativ«. Seinen Antrag auf Aufnahme dieses Begriffs begründete Strauß allerdings mit der bisher ungewöhnlichsten Interpretation, indem er verkündete, konservativ bedeute, »an der Spitze des Fortschritts zu marschieren«[16].

Eine wenig bekannt gewordene Bemühung um die Rettung des konservativen Gedankens war die monarchische Bewegung, die Hans Joachim Schoeps gleich nach dem Kriege ins Leben zu rufen versuchte. Eine von Heinrich Frhr. von Massenbach herausgegebene Zeitschrift ›Tradition und Leben, Monatsschrift für christliche Haltung – monarchische Staatsauffassung – und nationale Besinnung‹ entwickelte sich zu einer Art Hauspostille des Hauses Hohenzollern. Diese Bewegung ist heute eingeschlafen, und Schoeps beschränkt sich darauf, Preußens Größe und Geschichte literarisch festzuhalten[17].

14 Vgl. oben Anm. 5.

15 Marion Gräfin Dönhoff: Das Ende der Konservativen. In: Die Zeit, 8. 7. 1960, S. 1.

16 Süddeutsche Zeitung, 16. 12. 1968, S. 3. Bericht von Peter Pragal unter dem Titel: Wortgefechte um das Etikett »konservativ«.

17 Vgl.: Das war Preußen. Zeugnisse der Jahrhunderte. Eine Anthologie. Hrsg. von Hans Joachim Schoeps. Honnef/Rhein 1955; Hans Joachim Schoeps: Die letzten dreißig Jahre. Rückblicke. Stuttgart 1956, bes. S. 61 ff.; ders.: Das andere Preußen. 2. Auflage. Honnef/Rhein 1957 (s. oben Anm. 4); ders.: Preußentum und die Gegenwart. In: ders.: Konservative Erneuerung. Ideen zur deutschen Politik. Stuttgart 1958. S. 83 ff.; ders. (Hrsg.): Aus den Jahren preußischer Not und Erneuerung. Tagebücher und Briefe der Gebrüder Gerlach und ihres Kreises 1813–1820. Berlin 1963; ders.: Preußen – gestern und morgen. Stuttgart 1963; ders.: Preußen. Geschichte eines Staates. Berlin 1966, 8. Aufl. 1968; ders.: Preußen. Bilder und Dokumente. Berlin 1967; ders. (Hrsg.): Neue Quellen zur

Inzwischen ist sowohl in geistiger wie auch in parteipolitischer Hinsicht eine Wende eingetreten [18]. Wie man weiß, rekrutierte sich die Wählerschaft der NPD zwar aus alten nationalsozialistischen Wahlkreisen, zugleich aber aus jungen Jahrgängen, welche die Zeit des Dritten Reiches selber nicht mehr erlebt haben [19]. Das Vokabular und Ideenbündel dieser Partei weist auf alte ideologische Bestände, insbesondere aus der Weimarer Zeit. Das antidemokratische Denken dieser unglücklichen Epoche [20] rückt somit aufs neue in den Kreis aktuellen politischen Interesses. Damit erfährt auch die Frage nach der Verbindung der sogenannten Konservativen Revolution mit früheren Ausformungen konservativen Denkens in Deutschland eine neue Dringlichkeit. Dieser Frage ist bisher, auch von den Autoren über den revolutionären Konservatismus der Weimarer Zeit, nicht genügend Beachtung geschenkt worden [21].

Dieses Buch versucht eine Theorie konservativen Denkens in

Geschichte Preußens im 19. Jahrhundert. Berlin 1968. Vgl. auch Otto Graf zu Stolberg-Wernigerode: Die unentschiedene Generation. Deutschlands konservative Führungsschichten am Vorabend des Ersten Weltkrieges. München und Wien 1968.

18 Eine neuerliche Hinwendung zu konservativen Ideen setzte zur selben Zeit in den angelsächsischen Ländern ein: »Our generation is witnessing an effort on the part of its intelligentsia, both in England and the United States, to rediscover and restate the principles of historical conservatism.« Gordon K. Lewis: The metaphysics of conservatism. In: The Western Political Quarterly 6 (1953), S. 728. Für den amerikanischen Konservatismus vgl. vor allem Clinton Rossiter: Conservatism in America. The thankless persuasion. 2. Auflage. New York 1962 (Vintage books V–212); Louis Hartz: The liberal tradition in America. An interpretation of American political thought since the revolution. New York 1955 (Harvest books HB 53).

19 Hans Maier – Hermann Bott: Die NPD. Struktur und Ideologie einer »nationalen Rechtspartei«. 2. erw. Auflage. München 1968. S. 13; vgl. ferner: Reinhard Kühnl – Rainer Rilling – Christine Sager: Die NPD. Struktur, Ideologie und Funktion einer neofaschistischen Partei. Frankfurt a. M. 1969 (edition suhrkamp 318).

20 Vgl. Kurt Sontheimer: Antidemokratisches Denken in der Weimarer Republik. Die politischen Ideen des deutschen Nationalismus zwischen 1918 und 1933. Studienausgabe mit einem Ergänzungsteil: Antidemokratisches Denken in der Bundesrepublik. München 1968.

21 Sowohl bei Sontheimer wie auch bei von Klemperer und schon gar bei Mohler handelt es sich um immanente Betrachtungen, die allenfalls einen Ausblick auf Nietzsche und die Lebensphilosophie, aber keine Theorie des konservativen Denkens in Deutschland einschließen.

Deutschland. Es ist darin dem immer noch vorbildlichen Ansatz Karl Mannheims [22] verpflichtet, wennschon es gerade gewisse Widersprüche Mannheims waren, die den Verfasser vor Jahren dieses Thema in Angriff nehmen ließen [23]. Die Abhandlung befaßt sich mit Grundstrukturen konservativen Denkens in Deutschland, nicht mit der Geschichte des deutschen Konservatismus [24] und nicht mit deutscher konservativer Politik [25]. Das scheint paradox, lassen sich doch die Inhalte konservativen Denkens allein in seinen geschichtlichen Ausformungen nachweisen. Konservative Geschichte wiederum scheint wesentlich die Geschichte konservativ-politischer Positionen, Reaktionen und Handlungen zu sein.

Für den Konservatismus gilt jedoch durchgängig, was für die beiden anderen klassischen ideologischen Ströme des 19. Jahrhunderts nicht in diesem Ausmaß gilt: eine Distanz zwischen Theorie und Praxis, die zeitweilig zur völligen Lösung beider Bereiche führen konn-

22 Karl Mannheim: Das konservative Denken. Soziologische Beiträge zum Werden des politisch-historischen Denkens in Deutschland. In: Archiv für Sozialwissenschaft und Sozialpolitik 57 (1927), Teil 1: S. 68–142, Teil 2: S. 470–495. Wiederabgedruckt in: Karl Mannheim: Wissenssoziologie. Auswahl aus dem Werk, eingel. und hrsg. von Kurt H. Wolff. Berlin und Neuwied 1964. S. 408 bis 508.

23 Eine Vorstufe findet sich in dem Aufsatz von Martin Greiffenhagen: Das Dilemma des Konservatismus. In: Gesellschaft in Geschichte und Gegenwart. Beiträge zu sozialwissenschaftlichen Problemen. Eine Festschrift für Friedrich Lenz. Hrsg. von Siegfried Wendt. Berlin 1961. S. 13–59. – Dieses Buch verdankt sein schließliches Erscheinen nach nun zehn Jahren dem Drängen von Freunden, die meine Bedenken gegenüber einer so lange hingeschleppten, oft unterbrochenen und liegengelassenen Arbeit zu unterdrücken verstanden. Gleichwohl muß der Leser eine gewisse Unausgewogenheit der Arbeit in Kauf nehmen. Einige Kapitel, die konzipiert oder geplant waren (vor allem eine ausgeführte Wissenssoziologie konservativen Denkens und Abschnitte über die Beziehung von Psychoanalyse, Sozialpsychologie und Soziologie zum konservativen Denken), mußten entfallen, damit das Buch überhaupt herauskam. Ich hoffe, diese Teile später in Aufsatzform nachzuliefern.

24 Klaus Epstein hat den ersten Teil dieser Geschichte geschrieben: The genesis of German conservatism. Princeton, N. J. 1966, einen zweiten Teil noch konzipiert, bevor er auf tragische Weise umkam. Man kann nur hoffen, daß sich bald ein Historiker findet, der diese vorbildliche Arbeit fortsetzt. Vgl. auch die Besprechung von Martin Greiffenhagen in: Die Zeit, 25. 4. 1969, S. 48.

25 Vgl. das ausführliche Literaturverzeichnis bei Ernst Rudolf Huber: Deutsche Verfassungsgeschichte seit 1789. Bd. 2. Suttgart 1960. § 29, S. 324 f.; sowie Bd. 4. Stuttgart/Berlin/Köln/Mainz 1969. § 2, S. 24 f.

te. Dies trifft noch in verstärktem Maße für den deutschen Konservatismus zu, wogegen der englische ohnehin sich weniger philosophisch als praktisch gibt. Kuno Graf Westarp hat deshalb in einem
umfänglicheren Sinne recht, als er selber weiß, wenn er sagt, in deutschen konservativen Parteien sei nicht viel philosophiert worden [26],
und man kann Otto Heinrich von der Gablentz nur zustimmen,
wenn er darauf hinweist, »wie gering die Bedeutung des konservativen Gedankens und wie überragend der Einfluß massiver Stan-
desinteressen des ostelbischen Adels für die Politik der Konservativen Partei gewesen ist, vom Brandenburgischen Landtagsrezeß
von 1653 bis zu den Debatten über das Dreiklassenwahlrecht während des ersten Weltkrieges« [27]. Die Meinung, der geistige Gehalt
der deutschen konservativen Parteien sei außerordentlich gering [28],

26 Kuno Graf Westarp: Konservative Politik im letzten Jahrzehnt des Kaiserreiches. Bd. 2: Von 1914 bis 1918. Berlin 1935. S. 671.
27 Otto Heinrich von der Gablentz: Erneuerung konservativen Denkens? In:
Politische Literatur 2 (1953), S. 158. In diesem Sinne schreibt Robert Haerdter
in dem Aufsatz: Was heißt heute konservativ? In: Die Gegenwart 10 (1955),
S. 295: »Man kann den Konservatismus von heute – oder das, was sich heute als
›konservativ‹ ausgibt – nicht in Bausch und Bogen mit dem historischen Konservatismus der wilhelminischen Ära gleichsetzen... Im alten Deutschland gab es
jenen klassischen Konservatismus, der als Antithese zu den Ideen der Aufklärung
und den egalitären Parolen der Französischen Revolution von 1789 eine wahrhaft geistige Tradition besitzt, nur in parteipolitischer Vergröberung. Die Konservative Partei in Preußen wurde erst nach der deutschen Revolution von 1848
gegründet und war vollkommen auf die aktuellen Bedürfnisse der preußischen
Politik zugeschnitten...« Über diese Partei schreibt Wilhelm Mommsen: »Die
eigentliche konservative Partei wurde seit den letzten Jahrzehnten des 19. Jahrhunderts immer mehr zur Interessenvertretung. Sie hat erst verhältnismäßig spät
und auch nicht sehr wirkungsvoll eine Parteiorganisation aufbauen können. Aber
hinter der konservativen Partei stand seit 1893 der Bund der Landwirte, hinter
der freikonservativen Partei Teile der Schwerindustrie (u. a. Frhr. v. Stumm). Die
konservativen Gruppen haben in den Reichstagswahlen bis 1914 im ganzen nur
etwa ein Fünftel aller abgegebenen Stimmen erhalten; sie beherrschten dagegen
auf Grund des Dreiklassenwahlrechtes, das in den 60er Jahren noch die Liberalen
begünstigt hatte, das Preußische Abgeordnetenhaus. Die große Mehrheit der Mitglieder des Preußischen Herrenhauses stand ebenfalls den konservativen Parteien
nahe.« Deutsche Parteiprogramme. Hrsg. von Wilhelm Mommsen. 2. durchges.
und erg. Auflage. München 1964. S. 9 f. (Deutsches Handbuch der Politik Bd. 1).
28 Oscar Stillich: Die politischen Parteien in Deutschland. Bd. 1: Die Konservativen. Eine wissenschaftliche Darlegung ihrer Grundsätze und ihrer geschichtlichen Entwickelung. Leipzig 1908. S. 205.

ist verbreitet. So bemerkt Alexander Rüstow über den preußischen Konservatismus ärgerlich: »Der preußisch-deutsche Feudalismus, so wenig romantisch er seiner eigenen Mentalität nach im allgemeinen war, hatte zunächst froh sein müssen, in der politischen Romantik eine ideologische Verteidigung zu finden, die weit über sein eigenes geistiges Niveau hinausging. Den richtigen ostelbischen Krautjunkern freilich waren Ideen überhaupt zuwider und Ideologien unheimlich, sie empfanden es als skandalös, sich überhaupt rechtfertigen zu müssen, und ließen sich solche Bundesgenossenschaft aus dem Reich des Geistes nur widerstrebend und der Not gehorchend gefallen. Mit dem allgemeinen Niedergang der Romantik aber und überhaupt auf die Dauer kam man – wie Montalembert in Frankreich – zu der Überzeugung, daß ›non pas le Dieu vague de tel ou tel système, mais le Dieu du catéchisme‹ der zuverlässige Garant der bestehenden Ordnung sei.«[29] Je weiter sich der deutsche Konservatismus der Gegenwart nähert, desto dürftiger werden seine Perspektiven [30].

29 Alexander Rüstow: Ortsbestimmung der Gegenwart. Eine universalgeschichtliche Kulturkritik. Bd. 3: Herrschaft oder Freiheit? Erlenbach–Zürich und Stuttgart 1957. S. 206. – Diese Tendenz findet sich schon bei einem theoretisch noch ergiebigen Konservativen wie Viktor Aimé Huber, der in einer Auseinandersetzung mit Friedrich Julius Stahl schließlich allein das praktische Argument gelten läßt: »Am liebsten aber berufen wir uns für unsre eigne Auffassung der Idee des christlich-monarchischen Preußens nicht auf dieses oder jenes Buch, diese oder jene Schule, diese oder jene wissenschaftliche Autorität, sondern unmittelbar auf das Leben selbst, auf die ganze Entwicklung des preußischen Staates ... Wer also nach unsrer Doktrin frägt, den könnten wir ganz einfach auf dies weit aufgeschlagene Buch der konkreten, geistig, sittlich und formal vollberechtigten Wirklichkeit des Staatslebens verweisen, ebenso, wie wir niemandem raten möchten, eine Doktrin des britischen Staatslebens anderswo zu suchen, als eben in diesem Leben selbst.« Viktor Aimé Huber: Grundzüge eines konservativen Programms. 1845–1848. In: derselbe: Ausgewählte Schriften über Socialreform und Genossenschaftswesen. Berlin 1894. S. 187 f.

30 »Das geistige Heldenzeitalter der Konservativen, in der die Stahl, Gerlach und Wagener die Parteiforderungen wissenschaftlich vertieften, ist vorüber, und die neue Zeit findet ein kleines Geschlecht.« Stillich: Politische Parteien 1, S. 205 (s. oben Anm. 28). Die Umformung der konservativen Partei in eine reine Interessenvertretung beschreibt Hans-Jürgen Puhle: Agrarische Interessenpolitik und preußischer Konservatismus im wilhelminischen Reich (1893–1914). Ein Beitrag zur Analyse des Nationalismus in Deutschland am Beispiel des Bundes der Landwirte und der Deutsch-Konservativen-Partei. Hannover 1966 (Schriftenreihe des

Die politische Geschichte des deutschen Konservatismus sagt somit wenig über jene Grundströmungen, welche die spezifisch deutsche Ausformung der konservativen Ideologie bestimmen. Gewiß gibt es auch in Deutschland die Verbindung von konservativen Theoretikern und praktischen Politikern, so etwa bei Friedrich Julius Stahl oder bei der Hofkamarilla Friedrich Wilhelms IV. Aber in dem Maße, in dem Geist und Politik in Deutschland durch Jahrhunderte voneinander getrennt waren [31], scheint eine Beschränkung auf ›bloße‹ Ideen‹ erlaubt. Es gibt gewisse Denkansätze, welche der Konservatismus selbst als durch alle Zeiten gleichbleibend behauptet. Diese Quellen, aus denen der deutsche Konservatismus immer neu schöpfte, sind vornehmlich theologischer Natur. Es ist somit der deutsche Konservatismus als ›Weltanschauung‹[32], der uns beschäftigt. Damit ist natürlich nicht gesagt, daß die in diesem Buche zur Sprache gebrachten ideologischen Positionen und Bewegungen nicht politische Bedeutung hätten, im Gegenteil: Sie sind in dem Maße politisch relevant, wie in jeder geistigen Haltung das Politische latent ist (Thomas Mann).

Unser Interesse an einer philosophischen Theorie des Konservatismus erklärt den durchgängigen Eklektizismus in der Heranziehung der Gewährsleute, eine Methode, die der Historiker verabscheuen muß [33]. Wenn es richtig ist, daß es gewisse Konstanten im deutschen konservativen Denken gibt, muß es möglich sein, Adam Müller und Friedrich Julius Stahl, Franz von Baader und Arthur Moeller van den Bruck, Hans Freyer und Arnold Gehlen zum Beleg dieser Grundstrukturen heranzuziehen, unbeschadet ihrer zeitlichen Differenz und mannigfacher anderer Unterschiede. Wir werden solchen Eklektizismus zuweilen absichtlich forcieren, um das Gemein-

Forschungsinstituts der Friedrich-Ebert-Stiftung); vgl. auch Hans Schuster: Konservativ in unserer Zeit. In: Merkur 13 (1959), S. 76 f.

31 Vgl. Martin Greiffenhagen: Die Intellektuellen in der deutschen Politik. In: Der Monat 20 (1968), H. 233, S. 33 ff.

32 Roberto Michels: Artikel »Conservatism«. In: Encyclopaedia of the Social Sciences. Vol. 4 (New York 1930, 13th print. 1959), S. 230.

33 In diesem Sinne kritisiert Karl Otmar Frhr. von Aretin in seiner Besprechung des Buches von Sontheimer dessen »unglücklichen Hang zum Theoretisieren«, der an die Stelle der »Verdeutlichung historischer Zusammenhänge« trete. In: Neue politische Literatur 8 (1963), Sp. 336.

same dieser Grundpositionen zu betonen. Den Vorwurf historischen Leichtsinns nehmen wir dabei in Kauf. Eine in unserem Sinne systematische Darstellung läßt sich mit einer historisch differenzierenden nicht in einem leisten. Für die historische Differenzierung bietet sich allein der Weg der historischen Monographie an. Gerade um die »Gemeinplätze des konservativen Denkens«[34] geht es uns, allerdings im Aufweis ihrer philosophischen und theologischen Voraussetzungen[35].

Wenn wir uns mit voller Absicht dem Vorwurf unhistorischer Realitätsferne aussetzen[36], müssen wir die fehlende wissenssoziologische Verankerung dieser Arbeit schweren Herzens eingestehen. Die Abhandlung ist, von wenigen Abschnitten und Aspekten abgesehen, in der Tradition deutscher ›Geistesgeschichte‹ geschrieben[37]. Diese Immanenz ernsthaft zu durchbrechen und eine deutsche Sozialpathologie am Leitfaden konservativer Ideen zu schreiben, war uns nicht möglich. Man spricht gern von integralen Gesichtspunkten, von interdisziplinärer Kooperation in den Sozialwissenschaften. Wenn man aber an einem Beispiel wie dem vorliegenden diese Integration versucht, sieht man sehr schnell, wie schwierig es ist, ohne Scharlatanerie eine derartig aspektreiche Analyse in Angriff zu nehmen[38]. So kön-

34 Ernst Nolte: Der Faschismus in seiner Epoche. Die Action française. Der italienische Faschismus. Der Nationalsozialismus. 2. Auflage. München 1965. S. 239.
35 Unsere Systematik macht es zuweilen notwendig, von demselben Gegenstand in verschiedenen Zusammenhängen und Hinsichten zu sprechen. Das gilt z. B. für die konservative Auffassung von Totalität, welche in dem Kapitel »Organologie« ebenso wie im Kapitel »Dialektik« zur Sprache kommt. Die reichlichen Zitate haben ihre Ursache ebenfalls in der synoptischen Anlage der Untersuchung.
36 Ernst Nolte versucht im Eingang zu seinem Buch: Faschismus S. 47 (s. oben Anm. 34), das Verhältnis von typologischer und historischer Betrachtung wissenschaftstheoretisch zu klären.
37 Ansätze für eine sozialpsychologische und sozioökonomische Interpretation jedenfalls des revolutionären Konservatismus finden sich bei Heide Gerstenberger: Der revolutionäre Konservatismus. Ein Beitrag zur Analyse des Liberalismus. Berlin 1969 (Sozialwissenschaftliche Abhandlungen H. 14).
38 Auch Helga Grebing verzichtet auf »die Ausleuchtung des soziologischen Raumes«, obgleich dies ursprünglich geplant war. Sie meint, eine solche Arbeit lohne den Aufwand nicht, im Blick auf das ohnehin Bekannte. Helga Grebing: Konservative gegen die Demokratie. Schluß (s. oben Anm. 2).

nen wir uns nur mit der Hoffnung trösten, das Buch möchte trotz
dieser Mängel eine Lücke in der Literatur schließen [39].

Zusammen mit einer historischen Ausfächerung des Konservatismus in Deutschland haben wir auf eine Gliederung der konservativen Gruppen und damit auf eine sachliche Unterscheidung von Konservatismus, Restauration und Reaktion verzichtet [40]. Auch eine
Differenzierung der staatstheoretischen Lehren, etwa der politischen
Romantik oder des Legitimismus, findet sich bei uns nicht. Ebensowenig wird zwischen protestantischem und katholischem, preußi-
schem und österreichischem, nördlichem und südlichem Konservatismus unterschieden [41]. Ist es wohl problematisch, so etwas wie einen
europäischen Konservatismus anzunehmen [42], so scheint die Annah-

39 Armin Mohler versucht, die philosophischen Voraussetzungen der Konservativen Revolution zu entwickeln, bricht aber nach einer eingehenden Darstellung von Nietzsches »tragischer Weltanschauung« ab. Mohler: Konservative
Revolution S. 161 (s. oben Anm. 6). Das Buch ist also doch nicht, was der Untertitel verspricht: ein Grundriß konservativer Weltanschauung.

40 Vgl. die kurze Darstellung dieser geläufigen Unterscheidung unten S. 31 ff.

41 Es gibt eine Fülle von Einteilungsversuchen, für die ich in lediglich para-
digmatischer Absicht verweise auf Heinz Gollwitzer, der unter dem Gesichtspunkt
»Konservatismus und Nationalismus im standesherrlichen Bereich« voneinander
abhebt: den feudalen Konservatismus, den gouvernementalen Konservatismus,
Russenfreunde, Heldenkult, österreichischen Konservatismus, katholischen Konservatismus, protestantischen Konservatismus, Nationalismus und Imperialismus.
Heinz Gollwitzer: Die Standesherren. Die politische und gesellschaftliche Stellung
der Mediatisierten 1815–1918. Ein Beitrag zur deutschen Sozialgeschichte. 2. Auflage. Göttingen 1964. S. 208 ff. Zu Sigmund Neumanns Einteilung s. unten Kap.
I, S. 37, Anm. 31; Gustav E. Kafka versucht eine Gliederung im Staatslexikon,
6. Auflage, Bd. 4, Sp. 1239, s. unten Kap. I, S. 35, Anm. 29. Weitere Schemata
vgl. ebd. Anm. 29. Für den österreichischen Konservatismus vgl. Fritz Valjavec:
Die josephinischen Wurzeln des österreichischen Konservativismus. In: Südost-Forschungen. Bd. 14. München 1955. S. 168; Rudolf Till: Hofbauer und sein Kreis.
Wien 1951 (Beiträge zur neueren Geschichte des christlichen Österreich); Eduard
Winter: Die geistige Entwicklung Anton Günthers und seiner Schule. Paderborn
1931 (Geschichtliche Forschungen zur Philosophie der Neuzeit 1). – Der Eintei-
lungsversuch von Hans Mühlenfeld: Politik S. 210 ff. (s. oben Anm. 5) ist völlig
untauglich. Auch Clinton Rossiters Gliederung in: International Encyclopedia
of the Social Sciences Bd. 3, London/New York 1968, S. 290 ff., überzeugt
nicht. Eine gute Gliederung der politischen Gruppierungen gibt Huber: Verfassungsgeschichte Bd. 2, S. 331 ff. und Bd. 4, S. 24 ff. (s. oben Anm. 25).

42 Carl Schmitt weist die Vorstellung eines europäischen Konservatismus ab.
Carl Schmitt: Donoso Cortés in gesamteuropäischer Interpretation. Vier Auf-

me einer spezifisch deutschen Ausprägung des Konservatismus eher zulässig. Im Unterschied zu den beiden zukunftsbezogenen politischen Ideenströmen, dem Liberalismus und Sozialismus, versteht sich der Konservatismus aus der Herkunft. Er ist deshalb notwendig stärker an die individuelle historische Ausformung der Staatsgesellschaft gebunden, die er konservieren will: »Das Conserviren ist eben bei jedem Volke ein anderes, wie jedes Volk selbst ein anderes ist.«[43]

Diese Einsicht Heinrich Leos erweist ihre Richtigkeit besonders augenfällig im Vergleich des deutschen und englischen Konservatismus. Dieser versteht sich von Anfang an als Parteibewegung, als ›Toryglaube‹ und konservatives Parteiprogramm[44]. Weder die Encyclopaedia Britannica noch die Encyclopaedia Americana geben eine allgemeine Bestimmung von Konservatismus, sondern lediglich einen Abriß konservativer Parteipolitik. Zudem steht der englische Konservatismus von Anbeginn in der naturrechtlichen Tradition englischen Denkens. Noch das Buch von Walter Lippmann ›Philosophia Publica‹[45] bezeugt diese Tradition. Dagegen sind im deutschen

sätze. Köln 1950. S. 65. Golo Mann nimmt für Europa zwei Hauptrichtungen der konservativen Theorie an: ». . . die Richtung Edmund Burkes und die Richtung Joseph de Maistres. Die erste war englisch, protestantisch, realistisch, organisch: ›A disposition to preserve and an ability to improve, taken together, would be my standard of a statesman.‹ Die zweite war französisch, katholisch, rationalistisch, sehr unpraktisch: ›Il faut absolument tuer l'esprit du 18e siécle.‹« Golo Mann: Friedrich von Gentz. Geschichte eines europäischen Staatsmannes. Zürich/Wien 1947. S. 351. Im übrigen sieht Golo Mann die Schwierigkeiten, aus sehr verschiedenen Positionen und Absichten doch eine Grundtendenz herauszulesen, deutlich: »De Maistre und Burke, Metternich und Canning, Bismarck und Disraeli — man müßte den Begriff ›Konservativismus‹ sehr weit fassen, damit sie alle unter ihm Platz fänden.« Golo Mann: Was ist konservativ? Zu dem neuen Buch von Russell Kirk, »The conservative mind«. In: Der Monat 6 (1953/54), H. 62, S. 187 f. Siegfried Landshut begreift unter dem Sammelnamen Konservativismus »eine bestimmte Position oder besser gesagt, eine Gegenposition . . ., die überall in der westlichen Welt teils nur literarisch, teils organisatorisch vertreten wird . . .« Siegfried Landshut: Restauration und Neo-Konservatismus. In: Hamburger Jahrbuch für Wirtschafts- und Gesellschaftspolitik. Hrsg. von Heinz-Dietrich Ortlieb. Bd. 2. Tübingen 1957. S. 49. Auch Adolf Grabowsky faßt den Begriff durchgängig. Adolf Grabowsky: Konservatismus. In: Zeitschrift für Politik 20 (1931), S. 770.

43 Heinrich Leo: Was ist conservativ? Vortrag im Berliner »Evangelischen Verein« am 14. 3. 1864. Berlin 1864. S. 23.

44 S. unten Kap. I, S. 35, Anm. 27.

Konservatismus durchgängig die theoretischen Elemente stärker ausgeprägt. Die Herkunft des deutschen Konservatismus aus der Romantik wirkt bis heute nach. Teilt der deutsche Konservatismus mit dem Edmund Burkes den antirevolutionären, herkunftsorientierten Aspekt, so hätte man diese Position auch ohne alle Romantik und Organologie haben können [46]. Edmund Burke mußte vielmehr erst romantisiert werden, bevor er seine Wirkung in Deutschland tun konnte. Es scheint also sinnvoll, von einem Konservatismus in Deutschland zu sprechen.

Nur der deutsche Konservatismus hat auch in ein spezifisches Dilemma geführt: in die Unmöglichkeit, nach der sogenannten Konservativen Revolution, diesem Verzweiflungs- und Todessprung des deutschen Konservatismus [47], seine Tradition ungebrochen fortzusetzen. Dies unterscheidet den Konservatismus in Deutschland von allen anderen europäischen Formen konservativen Denkens und konservativer Politik und bezeichnet die besonders schwierige Lage, in der sich Deutschland historisch befindet. In England lebt der Konservatismus in Gestalt einer traditionsreichen Partei ungebrochen fort, in Frankreich hat ihn weder die Action française noch das Vichy-System noch der Algerienkrieg in ein Dilemma bringen können, das dem des deutschen Konservatismus gleichkäme.

Keine Beschäftigung mit dem Konservatismus in Deutschland kann der Frage ausweichen, ob und in welcher Weise die konservative Ideologie an der Entstehung des nationalsozialistischen Regimes beteiligt war [48]. So gewiß es notwendig ist, in der Beschäftigung mit dem Nationalsozialismus an die Quellen des nationalen Bewußt-

---

45 Walter Lippmann: Philosophia Publica. Vom Geist des guten Staatswesens. München 1957.

46 Vgl. Ernst Troeltsch: Der Historismus und seine Probleme. Gesammelte Schriften Bd. 3. Tübingen 1922. S. 280.

47 Michael Freund spricht im Blick auf die Konservative Revolution richtig von einem »konservativen Harakiri«. Michael Freund: Konservatives Harakiri. Zu Mohlers Buch: Die konservative Revolution. In: Die Gegenwart 7 (1952), S. 41 f.

48 Armin Mohler wendet sich dieser Frage gleich am Anfang seines Buches zu, meint aber, die Konservativen seien als der »Trotzkisten« des Nationalsozialismus an ihm nicht schuld. Mohler: Konservative Revolution S. 12 f. (s. oben Anm. 6). Kurt Sontheimer sieht eine engere Verbindung zwischen konservativer Revolution und Nationalsozialismus. Sontheimer: Antidemokratisches Denken

seins zu gehen[49], so läßt sich doch keine eindeutige Beziehung zwischen der sogenannten deutschen Bewegung und dem Nationalsozialismus herstellen, wie Peter Viereck annimmt, wenn er Friedrich Ludwig Jahn den ersten SA-Mann nennt[50]. Selbst ein so engagierter Autor wie Georg Lukács differenziert in seinem Buch, dessen Untertitel immerhin »Der Weg des Irrationalismus von Schelling zu Hitler« lautet: »Die hier skizzierte Linie will natürlich nicht besagen, daß der deutsche Faschismus ausschließlich nur aus dieser Quelle schöpfte. Ganz im Gegenteil. Die sogenannte Philosophie des Faschismus hat als wichtigste Basis die Rassentheorie, vor allem in der Form, wie sie von H. St. Chamberlain, freilich bereits unter Ausnützung der Ergebnisse der Lebensphilosophie, ausgebildet wurde. Damit aber eine so wenig fundierte und kohärente, so zutiefst unwissenschaftliche, so grob dilettantische ›Weltanschauung‹ zur herrschenden werden konnte, war eine bestimmte philosophische Atmosphäre, ein Zersetzen des Vertrauens zu Verstand und Vernunft, eine Zerstörung des Glaubens an den Fortschritt, eine Leichtgläubigkeit ge-

S. 279 ff. (s. oben Anm. 20). Hans Mühlenfeld meint, zwischen einem romantischen Irrationalismus und einem »Irrationalismus der Triebhaftigkeit« unterscheiden zu sollen. Mühlenfeld: Politik S. 153 (s. oben Anm. 5); überdies ist der politische Kernbegriff des Nationalsozialismus, die Rasse, kein originär konservativer, ebd. S. 154, vgl. auch S. 271. Siegfried Marck beantwortet die selbstgestellte Frage: »Erfüllt der Faschismus seinen Anspruch, der wahre Konservativismus zu sein, oder ist er ein Mißbrauch konservativen Gedankenguts?« mit der These, der Faschismus sei die Sophistik der Konservativen Revolution. Siegfried Marck: Der Neuhumanismus als politische Philosophie. Zürich 1938. S. 8. Obgleich der Gedanke der Konservativen Revolution das Kernstück der faschistischen Ideologien darstelle, handele es sich doch um eine »Pseudo-Synthese des revolutionären und des konservativen Motivs«. Ebd. S. 11. Vgl. auch Helga Grebing: Nationalismus und Demokratie in Deutschland. Versuch einer historisch-soziologischen Analyse. In: Rechtsradikalismus. Hrsg. von Iring Fetscher. S. 52 ff. (s. oben Anm. 12); Karl Dietrich Bracher: Die deutsche Diktatur. Entstehung, Struktur, Folgen des Nationalsozialismus. Köln/Berlin 1969. S. 155 ff. (Studien-Bibliothek Kiepenheuer & Witsch). Vgl. grundsätzlich unten S. 291 ff.
  49 Helmuth Plessner: Die verspätete Nation. Über die politische Verführbarkeit bürgerlichen Geistes. Stuttgart 1959. S. 17.
  50 Peter Viereck: Metapolitics from the Romantics to Hitler. New York 1941, dessen 4. Kapitel überschrieben ist: »Father Jahn, the first Storm Trooper«. Ebenso unsinnig W. M. McGovern: From Luther to Hitler. The history of Fascist-Nazi political philosophy. London 1947.

genüber Irrationalismus, Mythos und Mystik vonnöten.«[51] Diese
philosophische Atmosphäre findet sich zuerst in der politischen Romantik, weshalb wir diese Phase konservativen Denkens besonders
berücksichtigen[52]. Die politische Romantik bietet zur Konservativen Revolution der zwanziger und dreißiger Jahre unseres Jahrhunderts bedeutsame Parallelen. Paul Kluckhohn konstatierte 1934
eine »geradezu verblüffende Zeitgemäßheit. Sind die hier erörterten
Probleme doch auch drängende Probleme unserer unmittelbaren Gegenwart. Die Bewegung unserer Tage steht der deutschen Bewegung
um 1800 näher, als es den meisten Menschen heute bewußt ist. Man
kann geradezu sagen: der deutschen Bewegung von heute ist durch
die um 1800 geistig stark vorgearbeitet worden oder – anders gesehen – wesentliche Ideen des Dritten Reiches sind aus den gleichen
Tiefen deutschen Wesens gespeist, die schon die wertvollsten Epochen der deutschen Geistesgeschichte befruchtet haben.«[53] Ebenso
gibt es aber auch gewisse Parallelen jener Situation zu der gegenwärtigen, wenn etwa Adam Müller 1810 fragt: »... kann man in
diesen Tagen noch mit unbefangener Begeisterung von vaterländischen Gegenständen reden?«[54] Wer immer sich in der Gegenwart
Deutschlands zurechtfinden will, wird den Rückblick in deutsche
Geistesgeschichte nicht scheuen dürfen. Die heutige Diskussion des

51 Georg Lukács: Die Zerstörung der Vernunft. Neuwied a. Rh./Berlin 1962.
S. 362 f. (Werke Bd. 9). Der Untertitel findet sich in der Ausgabe des Aufbau-Verlages, Berlin 1953, 1955.
52 Zur Problematik dieses durch Carl Schmitt bekannt gewordenen Begriffes
vgl. Peter Richard Rohden: Die politische Gedankenwelt der Neuzeit in ihren
weltanschaulichen Grundlagen. In: Archiv für Politik und Geschichte 3 (1924),
S. 327 f. (= 2. Jahr, 2. Teil). Für Rohden bleibt trotz aller Vorbehalte »die These,
die in der Romantik den Mutterboden des Konservatismus erblickt, zu Recht bestehen«, ebd. S. 328. Ähnlich urteilt Huber: Verfassungsgeschichte Bd. 2, S. 333
(s. oben Anm. 25).
53 Paul Kluckhohn (Hrsg.): Die Idee des Volkes im Schrifttum der deutschen
Bewegung von Möser und Herder bis Grimm. Berlin 1934. S. 223 (Literarhistorische Bibliothek Bd. 13).
54 Adam Müller: Ueber König Friedrich II. und die Natur, Würde und Bestimmung der Preußischen Monarchie. Berlin 1810. S. 3. – Vgl. zu diesem Themenkreis in neuester Zeit Hans Heigert: Deutschlands falsche Träume oder: Die
verführte Nation. Hamburg 1967. Bes. S. 71 ff., 173 ff.; Christian Graf von
Krockow: Nationalismus als deutsches Problem. München 1970 (Serie Piper 4).

Konservatismus kann nicht da anknüpfen, wo er in den Jahren 1933/34 zu Ende ging [55].

Was den Standort des Verfassers betrifft [56], so ist seine Position eine kritische. Wir versuchen eine immanente Kritik des Konservatismus, indem wir gerade das tun, was der Konservatismus für unmöglich hält: eine Theorie von ihm zu geben. Der Konservatismus meint, es sei nicht möglich, über ihn, den erklärten Gegner des Rationalismus, theoretisch Auskunft zu geben oder ihn gar in einem System einzufangen. Es ist deshalb der unvermeidliche Fehler aller Selbstdarstellungen des Konservatismus, daß er nur die eigene Ideologie vorträgt, ohne zu einem Verständnis seiner selbst vorzudringen. Der Versuch einer konservativen ›Theorie‹ ist in den Augen des Konservativen von vornherein gescheitert; man hat sich dem ideologischen Gegner ausgeliefert, bevor man überhaupt konservativ zu denken versucht hat. Wir zeigen nicht nur die Unvermeidlichkeit rationalistischer Argumentation, sondern die prinzipielle Gleichursprünglichkeit konservativen und rationalistischen Denkens und sehen nicht zuletzt in dieser erkenntnistheoretischen Situation das Dilemma des Konservatismus. Im übrigen geht es in diesem Buch nicht um die Frage, ob ein Konservatismus in Deutschland heute möglich oder wünschenswert sei [57], sondern lediglich um den Aufweis eines spezifisch

55 Das sollten diejenigen bedenken, die das Zwielicht, in dem der konservative Gedanke mit dem Beginn des nationalsozialistischen Regimes versank, heute als Morgenröte einer neuen nationalen Gesinnung feiern. – Zur Frage der Beziehung des gegenwärtigen technokratischen Konservatismus zur Konservativen Revolution vgl. unten S. 316 ff.

56 Vgl. die guten Bemerkungen, die Hans Barth über die Gesichtspunkte anstellt, welche Untersuchungen auf dem Gebiete der Geschichte der politischen Ideen und der politischen Philosophie leiten. Hans Barth: Die Idee der Ordnung. Beiträge zu einer politischen Philosophie. Erlenbach–Zürich und Stuttgart 1958. S. 132 ff.

57 Insofern ist dies Buch also ein theoretisch-analytisches, kein politisches Buch. Die in ihm ausgebreiteten theoretischen Grundlagen sollen einen Schlüssel zur Beurteilung gegenwärtiger und zukünftiger konservativer Strömungen in Deutschland liefern. Der politische Impuls zu diesem Buch ist nicht die Vorstellung, es solle überhaupt keine konservativen Kräfte oder Parteien in Deutschland geben, sondern die Sorge, es könne die Tragödie des deutschen Konservatismus, die hier in Rede steht, ein weiteres Nachspiel haben. (Zur Analyse der politischen Landschaft in der Bundesrepublik vgl. Greiffenhagen: Intellektuelle S. 33 ff., s. oben Anm. 31.)

deutschen Dilemmas: der Unmöglichkeit, in der bisherigen Weise konservativ zu sein. Die deutsche Ausformung des Konservatismus hat sich im Unterschied zur angelsächsisch-naturrechtlichen durch ihre eigene Geschichte widerlegt. In der revolutionären Phase des deutschen Konservatismus offenbarte sich die innere Unmöglichkeit einer prinzipiell antirationalen Haltung.

Die Beurteilung konservativer Strömungen ist stets mit theologischen Positionen verflochten. Der deutsche Konservatismus ist ohne theologische Einflüsse nicht entstanden und ohne theologische Reflexion nicht zu verstehen. Es ist deshalb vermutlich gut, gleich im vorhinein zu sagen, daß dieses Buch insofern ein protestantisches Buch ist, als es gegenüber der theologischen Lehre ontologisch vorgeordneter Seinsverhältnisse kritisch ist. Diese Theologie aber spielt im deutschen Konservatismus, besonders in der politischen Romantik, eine wesentliche Rolle. Die mit wenigen Ausnahmen durchgängige Berufung des deutschen Konservatismus auf ›das Christentum‹ steht wie sein Irrationalismus in dialektischem Verhältnis zur Unkenntnis der eigenen theologischen Voraussetzungen. Dieses Problem wird deshalb eingehend erörtert werden.

Frau Dr. Rosemarie Lorenz danke ich für ihre nie erlahmende, geduldreiche Hilfe bei der Fertigstellung des Manuskriptes, des Literaturverzeichnisses und den Korrekturarbeiten, Fräulein Sylvia Buck für die Anlage der Register. Frau Gertrud Lemke-Hiller danke ich nicht nur für das Schreiben des Manuskriptes, sondern auch für die Beharrlichkeit, mit der sie die notwendige Beendigung des Buches inmitten des Institutsbetriebes und der Lehrverpflichtungen zur Sprache brachte. Freunde und Kollegen haben das Manuskript gelesen und mir mit Anregungen und Kritik geholfen. Auch ihnen sei an dieser Stelle gedankt.

Ich schließe diese Vorrede mit dem Wunsche, es möchte meiner kritischen Darstellung des deutschen Konservatismus nicht gehen wie konservativen Schriften im allgemeinen, von denen man gesagt hat, sie hätten ein ähnliches Schicksal wie das Brahmssche Wiegenlied: »Wie dieses überall gesungen wird, nur nicht an einer Wiege, so werden besagte Schriften von Manchen gelesen, nur nicht von Konservativen oder solchen, die es werden könnten.«[58]

58 Georg Quabbe: Tar a Ri. Variationen über ein konservatives Thema. Berlin 1927. S. 5.

Teil 1
Voraussetzungen

I. Entfaltung des Problems

Eine Darstellung konservativen Denkens begegnet Schwierigkeiten besonderer Art. Gibt es bei Liberalen und ihren Gegnern über die Formulierung liberaler Grundsätze nicht notwendig Differenzen, so besteht gerade in der Definition konservativen Denkens, seiner Ziele, Forderungen, Werte und Positionen, zwischen dem Konservativen und seinen Gegnern meist Uneinigkeit. Und nicht nur das: Selten findet man unter Konservativen verschiedener Zeiten oder auch derselben Epoche Einigkeit über das, was für wahrhaft konservativ gelten soll [1]. Dieser Erfahrung entspricht die Vielgestaltigkeit eines Phänomens, dem mit einfachen Definitionen nicht beizukommen ist. Unsere Untersuchung wird deshalb zunächst unterschiedliche Deutungen des Konservatismus aufsuchen und in paradigmatisch geraffter Form vorführen. Wir unterscheiden dabei generelle Definitionsversuche, wie sie sich vorwiegend in Handbüchern finden, und Bestimmungen, die den Konservatismus nach Maßgabe materialer Inhalte festlegen möchten (1), von historischen Zugängen, welche unter der Frage nach dem Alter des Konservatismus diesen im Rückgang auf seine Herkunft erklären (2). Schließlich gibt es den strukturell-anthropologischen Ansatz, welcher so etwas wie eine konservative Anlage im Menschen vermutet (3). Natürlich lassen sich diese Aspekte nicht streng voneinander scheiden. Gleichwohl werden sie hier gesondert vorgeführt. Diese Anordnung hat nicht zuletzt den Sinn, den Blick für die eigene Fragestellung freizubekommen.

1. Generelle Definitionsversuche

Begriffsbestimmungen des Konservatismus werden immer wieder gegeben und begleiten seine Geschichte bis heute. Sowohl er selbst

---

1 »>Conservatism‹ is a word whose usefulness is matched only by its capacity to confuse, distort, and irritate.« Clinton Rossiter: Artikel »Conservatism«. In: International Encyclopedia of the Social Sciences Vol. 3 (New York 1968), S. 290.

als auch seine Gegner haben stets versucht, den Konservatismus sprachlich von anderen Begriffen, vor allem dem der Reaktion und der Restauration, abzuheben. Gerade in solchen Definitionsversuchen aber zeigt sich fortwährend die Schwierigkeit, von so etwas wie ›dem‹ Konservatismus überhaupt zu sprechen: Die nationalen Ausformungen des europäischen Konservatismus lassen seinen singularen Gebrauch kaum zu. Und selbst innerhalb des deutschen oder französischen Konservatismus fällt es schwer, bestimmte Strukturmerkmale dieses politischen Denkens und Stiles durchgängig nachzuweisen.

Im Vergleich zu den anderen großen politischen Strömungen der Neuzeit nimmt der Konservatismus mit dieser definitorischen Schwierigkeit eine Sonderstellung ein. Liberalismus und Sozialismus erlauben die Anwendung gewisser genereller Definitionsmerkmale, die unbeschadet nationaler Eigenentwicklung für die Struktur und die Ziele dieser politischen Bewegungen gelten[2]. In dem Maße, wie beide politischen Ideenkreise die Gestaltung der Zukunft beinhalten, lassen sie sich von ihrem Programm her eher fassen als der Konservatismus, der sich aus der geschichtlichen Herkunft versteht und dem Status quo oder quo ante verpflichtet weiß. Dieser aber ist in verschiedenen Ländern und historischen Epochen verschieden. Trotzdem findet man in allen Handbüchern, unbeschadet aller Differenzierungsversuche, die Rede von ›dem‹ Konservatismus[3]. Es fragt sich, ob eine solche generelle Redeweise erlaubt ist und mithin der Konservatismus neben den anderen großen Ideenkreisen der Neuzeit als vergleichbare Größe erscheinen kann oder nicht.

Das einfachste Einteilungsschema ist das von Fortschritt und Beharrung. In seiner Schrift ›Teutschland und die Revolution‹ unterscheidet Joseph Görres zwei Hauptparteien, von denen die eine, »die sogenannte Historische erkannte, daß ehemals ein besserer Zustand Teutschlands in der Wirklichkeit bestanden...«[4]. Dieser

2 Vgl. Klaus Epstein: The genesis of German conservatism. Princeton, N. J. 1966. S. 6.

3 Vgl. für viele: Siegfried Landshut in: Wörterbuch der Soziologie. 2. erw. Ausgabe, hrsg. von Wilhelm Bernsdorf. Stuttgart 1969. S. 587 f.; Gustav E. Kafka in: Staatslexikon. 6. erw. Auflage. Bd. 4. Freiburg 1959. Sp. 1237–1245; Hermann Heller: Die politischen Ideenkreise der Gegenwart. Breslau 1926.

4 »...wo es in sich geeint unter einem Schirmvogte, und wieder geteilt in

Partei steht eine andere entgegen: »Die andere Parthey, die dieser
bald entgegentrat, urtheilte aus anderem Gesichtspunkt: Was soll
uns dies alte Teutschland, was sollen diese Lappen alter Herrlichkeit, die zu ihrer Zeit gut gewesen, weil sie auf ihre Zeit gegründet
war, aber nun auf immer hingeschwunden ...«[5]

Der Gegensatz von Fortschritt und Beharrung läßt sich auch stärker ontologisch als Grundgesetz aller Menschengeschichte fassen. Die
Vorstellung von der Rolle des Konservatismus als eines äquivalie-
renden Gewichtes gegen Fortschritt und Rationalität bestimmt sein
Selbstverständnis bis heute. Der Konservatismus wird dergestalt
als Reaktion auf die Alleinherrschaft des liberalen Prinzips[6] verstanden. Der Begriff der Reaktion hat hier einen dialektischen Sinn,
der sich auf die Vermittlung der um die Wende zum 19. Jahrhundert empfundenen Gegensätze und Widersprüche richtet[7].

Glieder und Gliedesglieder, Landschaften, Stände und blühende Körperschaften
in sich gesichert, frey, kräftig und reich in eigenthümlicher Sitte, und Einrichtung
auf sich selber ruhte, von außen geehrt, geachtet, gefürchtet und gebiethend, und
leicht abwehrend jede fremde Gewalt, die sich an ihm versuchte.« Joseph Görres:
Teutschland und die Revolution. (1819). Gesammelte Schriften Bd. 13: Politische
Schriften (1817–1822). Hrsg. von Günther Wohlers. Köln 1929. S. 79.

5 »... was soll dieser Aberglauben, der mit den Gebeinen alter Helden und
Heiligen seinen Götzendienst zu treiben affektirt? Was haben diese Ritter in unserer Zeit zu suchen; ihr Geist ist nicht mehr unter uns, ihre Burgen stehen gebrochen auf Berg und Hügel; jene alten Münster sind veödet, ein anderer Glaube
ist in sie eingewandert. Jene Institutionen und Landesordnungen mögen paßlich
gewesen seyn für ihre Jahrhunderte; aber ihr Schutt und ihre Trümmer, die noch
in der Gesellschaft stehen geblieben, sind ihr zur Ueberlast, und ihre Pergamente
modern in den Archiven; was wir sehen, ist Leibeigenschaft, Reich der Gewalt
und des Aberglaubens, drückende Feudalität ... Zwey ungeheure Begebenheiten,
die *auch* der Geschichte angehören, haben durch eine unübersteigliche Kluft von
ihnen uns geschieden, die Reformation und die Revolution.« Görres: Teutschland
S. 80 (s. oben Anm. 4).

6 Alfred von Martin: Weltanschauliche Motive im altkonservativen Denken.
In: Deutscher Staat und deutsche Parteien. Festschrift zum 60. Geburtstag Friedrich Meineckes. München/Berlin 1922. S. 344. – Später löste der Sozialismus teilweise den Liberalismus als definitorischen Gegner ab, vgl. Reginald Mitchell
Banks: The conservative outlook. London 1929. S. 1; vgl. auch Anm. 10.

7 Eine der bedeutendsten frühen Schriften dieser Vermittlungsdialektik ist
Adam Müllers ›Lehre vom Gegensatze‹, 1804. Schon in der Romantik wird die
antithetische Funktion des Konservatismus in resignierender Bescheidung psychologisch verstanden, wenn Adam Müller etwa den Satz schreibt: »Wir unserntheils
haben es immer für nothwendig gehalten, die Ansicht beider, vor unsern Augen

Der intelligenteste moderne Vertreter solcher Identifikation von Konservatismus und Reaktion, »sofern man nur dem Begriff der Reaktion seinen ursprünglich moralfreien Charakter läßt und ihn nicht mit ›Rückschritt‹ verdeutscht«[8], ist Georg Quabbe. Wie die Romantiker nimmt er eine progressive und eine retardierende Anlage im Menschen an: »Die konservative und die fortschrittliche Anlage des Menschen leisten Gewähr dafür, daß der Kampf nicht aufhören und der Baum der Erkenntnis nicht bis zum Himmel wachsen wird. Ich sehe daher in beiden Anlagen das hervorragendste Mittel der Natur, Probleme in unlösbarer Weise zur Entstehung zu bringen und halte den Ausgleich dieser Anlagen weder für möglich, noch im Interesse des Lebens für wünschenswert.«[9]

Dem konservativen Selbstverständnis zufolge besteht allerdings zwischen dem liberalen und dem konservativen Prinzip ein wesentlicher formaler Unterschied: Die liberale oder sozialistische Position ist die des Angriffs, die Position des Konservatismus die der Verteidigung[10]. Die neuen politischen Ideen des Liberalismus, Sozialis-

so unglücklich getrennten Welten in uns in gleicher Schwebung zu erhalten, und so glauben wir jetzt, daß das feindselig Geschiedene sich in unserm Innern wieder glücklich durchdrungen und vereinigt habe.« Adam Müller: Die Lehre vom Gegensatze. Berlin 1804. S. XII. Noch deutlicher Friedrich Schlegel: »Nichts ist mehr Bedürfniß der Zeit, als ein geistiges Gegengewicht gegen die Revoluzion, und den Despotismus, welchen sie durch die Zusammendrängung des höchsten weltlichen Interesses über die Geister ausübt. Wo sollen wir dieses Gegengewicht suchen und finden? Die Antwort ist nicht schwer; unstreitig in uns, und wer da das Centrum der Menschheit ergriffen hat, der wird eben da zugleich auch den Mittelpunkt der modernen Bildung und die Harmonie aller bis jetzt abgesonderten und streitenden Wissenschaften und Künste gefunden haben.« Friedrich Schlegel: Romantische Fragmente. 1797–1800. Zitiert nach: Gesellschaft und Staat im Spiegel deutscher Romantik. Hrsg. von Jakob Baxa. Jena 1924. S. 55 f. (Die Herdflamme Bd. 8). – Zur dialektischen Struktur dieser reaktiven Auffassung des Konservatismus siehe unten S. 219 ff.

8 Peter Richard Rohden: Deutscher und französischer Konservatismus. In: Die Dioskuren. Jahrbuch für Geisteswissenschaften. Hrsg. von Walter Strich. Bd. 3. München 1924. S. 96.

9 Georg Quabbe: Tar a Ri. Variationen über ein konservatives Thema. Berlin 1927. S. 171.

10 Vgl. F. J. C. Hearnshaw: Conservatism in England. London 1933. S. 7: »Conservatism is primarily a defensive creed: it aims at preserving and safeguarding the old, the familiar, the beloved, the well-tried. Socialism is offensive . . .«

mus und Marxismus wollen die alte Welt umstürzen oder verändern und entwerfen eine neue Welt. Der Konservatismus, indem er sich gegen den Gedanken einer prinzipiellen Veränderung der geistigen, religiösen, sozialen und wirtschaftlichen Strukturen wendet, behauptet in seinem Gegenschlag Werte und Strukturen, die, wie er meint, in der Gegenwart oder Vergangenheit aufweisbar und deshalb auf eine eher beschreibende als induktiv zu konzipierende Weise evident zu machen sind. Der Konservative verteidigt das Bestehende gegenüber den Plänen und Projekten der politischen Rationalisten [11].

Dieser strukturelle Unterschied, der ein wesentliches Element der konservativen Ideologie selbst ausmacht, soll uns später beschäftigen, wenn wir das Selbstverständnis des Konservatismus untersuchen und mit ihm die Behauptung, der Konservatismus sei im Vergleich zu seinen Gegnern in gewisser Weise unfähig, sich selbst zu explizieren. Bevor wir uns den verschiedenen Selbstinterpretationen des Konservatismus zuwenden, sei kurz die übliche Unterscheidung von Konservatismus, Reaktion und Restauration zur Sprache gebracht [12]. Auf diese Unterscheidung trifft man immer wieder. Meist

11 Auf die wissenssoziologische Seite dieser ideologischen Position sei hier nur am Rande verwiesen. Natürlich handelt es sich bei der konservativen Position stets auch um eine von links gefährdete Machtposition. Die politische Macht befindet sich geistig in der Defensive: »Zum erstenmal, kann man sagen, mußte sich die Herrschaft vor den Beherrschten rechtfertigen. Das ›ancien régime‹ hatte das nicht gemußt: es war legal und legitim zugleich, seine Herrschaftsgrundlage war ›traditionalistisch‹ im Sinne Max Webers.« Hans Mayer: Literatur der Übergangszeit. Essays. Berlin 1949. S. 54.

12 Vgl. den Artikel »Konservatismus« im Fischer Lexikon Staat und Politik, hrsg. von Ernst Fraenkel und Karl Dietrich Bracher. Neuausgabe Frankfurt a. M. 1964. S. 170 ff.; Walter Dirks: Der restaurative Charakter der Epoche. In: Frankfurter Hefte 5 (1950), S. 944 f. Für die Unterscheidung von Reaktion und Restauration vgl. Otto Heinrich von der Gablentz: Reaktion und Restauration. In: Zur Geschichte und Problematik der Demokratie. Festgabe für Hans Herzfeld anläßlich seines 65. Geburtstages 1957. Berlin 1958. S. 56 ff. Die Unterscheidung von Konservatismus und Reaktion behandelt Moeller van den Bruck in: Das dritte Reich. Hrsg. von Hans Schwarz. 3. Auflage. Hamburg 1931. S. 209 ff. Vgl. Armin Mohler: Die Konservative Revolution in Deutschland 1918–1932. Grundriß ihrer Weltanschauungen. Stuttgart 1950. S. 146 ff. Für die Unterscheidung von Konservatismus und Restauration vgl. Hans Barth: Der konservative Gedanke. In ausgewählten Texten dargestellt. Stuttgart 1958. S. 6 und 11.

wird sie von Konservativen selber vorgenommen. Im Unterschied zu Reaktion und Restauration, so lautet das Argument, anerkenne der Konservatismus die Tatsache historischer Kontinuität[13], wogegen der Reaktionär kein Verhältnis zur Geschichte habe und Reformen prinzipiell ablehne: »Der Reaktionär lebt in der Gegenwart und scheut jede Bewegung...«[14] Die Restauration[15] will dagegen eine vergangene Epoche, Herrschaftsform oder Staatsverfassung wiederherstellen[16].

Neben der Unterscheidung von Konservatismus, Reaktion und Restauration gibt es aber auch Versuche, den Konservatismus selbst unter Anwendung des reaktionären und restaurativen Aspektes in verschiedene Strömungen einzuteilen. Der jüngste Versuch stammt von Klaus Epstein[17]. Epstein unterscheidet die Status-quo-Konservativen, die Reformkonservativen und die Reaktionäre. Im Sinne einer idealtypischen Beschreibung sind die Status-quo-Konservativen unhistorisch und haben ein statisches Weltverständnis. Sie berufen sich auf ewige Prinzipien einer angeblich ›natürlichen‹ Gesellschaft. Die Vertreter dieses konservativen Typs sind in der Regel Angehörige der höheren Klassen mit einem hohen sozialen Status[18]. – Der Reformkonservative ist von der Unausweichlichkeit

13 So etwa im Artikel »Konservativismus« im Sachwörterbuch zur deutschen Geschichte von Hellmuth Rössler und Günther Franz. München 1958. S. 552.

14 Von der Gablentz: Reaktion und Restauration S. 66 (s. oben Anm. 12).

15 Vgl. die Entfaltung des Begriffs bei Ernst Rudolf Huber: Deutsche Verfassungsgeschichte seit 1789. Bd. 1. Stuttgart 1957. S. 531 ff.

16 Dabei unterscheidet von der Gablentz noch zwei Formen, eine echte und eine unechte: »Echte Restauration ist nichts Alltägliches. Sie ist nur dort, wo das Vergangene für unbedingt wertvoll, oder sogar für heilig gilt. Sie lebt von dem Positiven, das sie bewahrt. Echte Restauration war die Restauration der Bourbonen, teils rührend, teils peinlich unzeitgemäß. Unechte Restauration ist höchst zeitgemäß. Sie lebt vom Negativen der Gegenwart und Zukunft, von der Angst vor der Revolution...« Von der Gablentz: Reaktion und Restauration S. 66 (s. oben Anm. 12).

17 Epstein: Genesis S. 7 ff. (s. oben Anm. 2). Epstein trägt damit dieselben Kategorien vor, die Oscar Stillich schon 1908 verwandte, wenn er von der beharrenden, rückschrittlichen und fortschrittlichen Richtung im Konservatismus schrieb. Oscar Stillich: Die politischen Parteien in Deutschland. Bd. 1: Die Konservativen. Leipzig 1908. S. 14 ff.

18 Epstein: Genesis S. 7 f. (s. oben Anm. 2).

historischen Wandels überzeugt und nimmt an Reformen, wennschon zögernd, teil. Dadurch gerät er bei den Status-quo-Konservativen in den Verdacht eines Verräters an der Sache des Konservatismus. Er unterscheidet sich gleichwohl von den Reformern der politischen Linken, die ein Gesamtkonzept der neuen Gesellschaft entwerfen[19]. – Der dritte Typ des Konservatismus, der Reaktionär, ist
bei Epstein das, was man gemeinhin als Restaurativen bezeichnet –
er will zu einer früheren gesellschaftlichen und historischen Situation
zurückkehren und bekämpft die bestehende Gesellschaft. Meist handelt es sich um die romantische Vergegenwärtigung einer bestimmten historischen Periode der Vergangenheit. Auch der solchermaßen Reaktionäre arbeitet mit dem Begriff einer ›natürlichen Ordnung‹[20].

Eine systematisierende Gliederung konservativer Positionen
scheint in dem Maße sinnvoll, wie Konservative sich zeitweise selbst
der Restauration oder Reaktion zugerechnet haben. In diesem Sinne
schrieb Haller seine ›Restauration der Staatswissenschaft‹[21], wollte de Maistre »nicht die Umkehrung der Revolution, sondern das
Gegenteil der Revolution«[22], sprach Friedrich Julius Stahl von einer
»gesunden und nothwendigen Reaktion«[23], wollte Friedrich Gentz
eine »Gegenrevolution im höchsten Sinne des Wortes... stiften«[24].
Auch Viktor Aimé Huber bekannte sich zu einem restaurativen
Sinn von Konservatismus, wenn er 1852 schrieb: »›Mit der Revolution brechen‹ hat nur insofern einen positiven, vernünftigen, praktisch konservativen Sinn, als damit zugleich eine Restauration, ein

19 Ebd. S. 8 f.
20 Ebd. S. 10 f.
21 Carl Ludwig von Haller: Restauration der Staatswissenschaft oder Theorie des natürlich-geselligen Zustands, der Chimäre des künstlich-bürgerlichen entgegengesetzt. Bde. 1–6. 1816 ff. 2. Auflage. Winterthur 1820–1834. Neudruck
Aalen 1964.
22 So die intelligente Übersetzung Ernst Rudolf Hubers in: Deutsche Verfassungsgeschichte seit 1789. Bd. 2. Stuttgart 1960. S. 326; s. auch unten S. 69.
23 Friedrich Julius Stahl: Die gegenwärtigen Parteien in Staat und Kirche.
Neunundzwanzig akademische Vorlesungen. Berlin 1863. S. 334.
24 Friedrich Gentz an Johannes von Müller, 13. 2. 1806. Zitiert nach Frieda
Braune: Edmund Burke in Deutschland. Ein Beitrag zur Geschichte des historisch-
politischen Denkens. Heidelberg 1917. S. 183 (Heidelberger Abhandlungen
H. 50).

Zurücktreten von dem Grund und Boden der Revolution auf das Gebiet des vorrevolutionären Rechts vorausgesetzt wird.«[25]

Eine Variante des restaurativen Konservatismus, welche die gegen Ende des 19. Jahrhunderts wachsende Kulturkritik hervorbrachte, war der Gedanke, man müsse bis zu einer bestimmten historischen Weggabel zurückkehren, um dort noch einmal die Chance zu haben, den richtigen Pfad zu wählen, während der faktisch beschrittene in die Irre geführt habe[26].

Noch schwieriger als das problematische Unternehmen einer begrifflichen Trennung von Konservatismus, Reaktion und Restauration erscheint der Versuch, bestimmte philosophische und politische Forderungen, Inhalte oder Werte als spezifisch konservativ herauszustellen. Eine solche Sammlung sicherer Indizien ist immer wieder probiert worden. Unbeschadet derjenigen Unterschiede, die sich durch die nationale Entwicklung und Ausformung konservati-

25 Viktor Aimé Huber: Bruch mit Revolution und Ritterschaft. 1852. Ausgewählte Schriften über Socialreform und Genossenschaftswesen. Hrsg. von Karl Munding. Berlin 1894. S. 310. Zur Dialektik von Revolution und Restauration in der Romantik s. Ernst Troeltsch: Die Restaurationsepoche am Anfang des 19. Jahrhunderts. Gesammelte Schriften Bd. 4: Aufsätze zur Geistesgeschichte und Religionssoziologie. Hrsg. von Hans Baron. Tübingen 1925. S. 592, 596; Rohden: Konservatismus S. 136 (s. oben Anm. 8); Theodor Steinbüchel: Zerfall des christlichen Ethos im 19. Jahrhundert. Frankfurt a. M. 1951. S. 20. Der Gedanke konservativer Wiederherstellung geht häufig eine Verbindung mit dem Kreislaufdenken, wie es der konservativen Philosophie immanent ist, ein. Für die solchermaßen akzentuierte Idee der Wiederherstellung bei Friedrich Schlegel und Franz von Baader vgl. Clemens Heselhaus: Wiederherstellung. Restauratio – Restitutio – Regeneratio. In: Deutsche Vierteljahrsschrift für Literaturwissenschaft und Geistesgeschichte 25 (1951), S. 77; Mohler: Konservative Revolution S. 106 ff. (s. oben Anm. 12).

26 In diesem Sinne Lagarde: »Wiederherstellen aber ist – das verhehle man sich nicht – ein Rückschritt. Rückwärts müssen wir auch, aber allerdings nicht zu irgend einer irgend wann und irgend wo dagewesenen Periode der Geschichte, in der Meinung, daß sie allein schön gewesen und da capo zu spielen sei, nicht zu irgend einer Unfreiheit, als ob aus einem Erbbegräbnisse hervorgekramte alte Stricke, zerfault wie sie sind, uns noch zu binden vermöchten: zurück müssen wir soweit, wie der falsche Weg uns seitab in das Holz geführt hat, zurück bis zu der Stelle, an welcher wir wieder auf der zum Ziele führenden Straße stehn werden...« Paul de Lagarde: Programm für die konservative Partei Preußens. (1884). In: derselbe: Deutsche Schriften. Gesamtausgabe letzter Hand. 5. Auflage. Göttingen 1920. S. 400.

ver Gedanken und Politik ergeben[27], unbeschadet auch der immer wiederholten Versicherung, es könne von einer einheitlichen, geschlossenen Weltanschauung des Konservatismus nicht gesprochen werden[28], versuchen viele konservative Autoren, gewisse durchgängig geltende Prinzipien ›des‹ Konservatismus anzugeben. In seinem Handbuchartikel nennt Gustav E. Kafka sechs Kriterien: 1. den Glauben an das Walten der göttlichen Vorsehung in der Geschichte und die Einsicht in die Unzulänglichkeit der menschlichen Vernunft; 2. konkrete Anschauung und aus der Geschichte gewonnene Erfahrung im Unterschied zu abstrakter Systematik; 3. die Vielfalt des historisch Gewachsenen in der Gesellschaft im Unterschied zur uniformen Freiheit für alle; 4. Tradition in Gestalt der unbewußten Weisheit der Ahnen und im Glauben an die göttliche Vorsehung; 5. Autorität mit Rücksicht auf die natürliche Ungleichheit der Menschen und im Unterschied zum egalitären Prinzip und 6. die Einheit von bürgerlicher Freiheit und Privateigentum[29]. So-

27 So ist etwa der englische Konservatismus stark parteigebunden. Zur ›Tory-Philosophie‹ vgl. Oliver Baldwin and Roger Chance: Conservatism and wealth. A radical indictment. London 1929. S. 1 f.; sowie Banks: Conservative outlook S. 1 ff. (s. oben Anm. 6). Die Encyclopedia Britannica kennt deshalb nur einen Artikel über die konservative Partei, nicht aber über den Konservatismus. – Zum französischen Konservatismus vgl. Rohden: Konservatismus S. 90 ff., 126, 134 ff. (s. oben Anm. 8); Edgar Fleig: Zur Geschichte des Einströmens französischen Restaurationsdenkens nach Deutschland. In: Historisches Jahrbuch Bd. 55. Köln 1935. S. 500 ff. (mit ausführlicher Literatur); Franz Schnabel: Deutsche Geschichte im 19. Jahrhundert. Bd. 2. 2. Auflage. Freiburg i. Br. 1949. S. 18 ff. – Für den amerikanischen Konservatismus hat Reinhold Niebuhr völlig recht mit seiner Meinung: »American conservatism is conservative at all in the traditional sense; it is part of the traditional liberal movement...« Reinhold Niebuhr: Christian realism and political problems. New York 1953. S. 55. – Vgl. grundsätzlich Clinton Rossiter: Conservatism in America. The thankless persuasion. 2. Auflage. New York 1962.

28 Sigmund Neumann: Die Stufen des preußischen Konservatismus. Ein Beitrag zum Staats- und Gesellschaftsbild Deutschlands im 19. Jahrhundert. Berlin 1930. Neudruck Vaduz 1965. S. 106 (Historische Studien H. 190).

29 Gustav E. Kafka in: Staatslexikon. 6. Auflage. Bd. 4, Sp. 1239. – Ein anderes Schema gibt Francis Graham Wilson: The case for conservatism. Washington 1951. S. 12: »... it might be well to ask whether there are any common characteristics of the conservative mind in the West. I think we can say that there are such characteristics, and I wish now to discuss five of them which seem to me to be most important. First, conservative thought has attempted to find a pattern

lange solche Listen von konservativen Kriterien nicht ausgewiesen, sondern nur additiv zusammengestellt sind, taugen sie wenig zur Erkenntnis konservativen Denkens[30]. Solchen Sammlungen konservativer ›Werte‹ gegenüber erscheint der Versuch, eine bestimmte historische Ausformung des Konservatismus nach den in ihr wirksamen politischen Kräften zu differenzieren, wie es etwa Ernst Rudolf Huber mit den preußischen Konservativen tut[31], sehr viel ergiebiger[32].

in history that may give some clues as to the possible and impossible in politics. Second, conservatives have generally been somewhat distrustful of human nature, viewing it as a mixture of the rational and irrational. Third, the conservative has in general believed there is a moral order in the universe in which man participates and from which he can derive canons or principles of political judgment. Fourth, conservative thought has accepted as sound politics the idea that government should be limited in its power and that such limitations should run on behalf of individuals and groups. And fifth, the conservative mind has defended the institution of property, I think, long before the rise of modern capitalism, and it will, no doubt, continue to do so after capitalism may, perhaps, have ceased to exist.« Vgl. auch Russell Kirk: Lebendiges Politisches Erbe. Freiheitliches Gedankengut von Burke bis Santayana 1790–1958. Erlenbach–Zürich/Stuttgart 1959. S. 12 ff. Zu Burkes politischer Philosophie vgl. Lord Hugh Cecil: Conservatism. London 1912. S. 48; Hearnshaw: Conservatism S. 22 (s. oben Anm. 10).

30 Viele der aufgeführten Merkmale wären ebenso für den Liberalismus oder den Sozialismus anzuführen oder lassen völlig ambivalente Lösungen zu: Das Mißtrauen in die menschliche Natur und die Behauptung ihrer Schwäche und Verführbarkeit führte den Konservatismus in Deutschland zur Verteidigung einer autoritären, in Amerika dagegen zur Stützung einer konstitutionellen Regierungsform. Vgl. unter diesem Gesichtspunkt Rossiter: Conservatism S. 32 f. (s. oben Anm. 27), sowie die durchschlagende Kritik an Kirk von Gordon K. Lewis: The metaphysics of conservatism. In: The Western Political Quarterly 6 (1953), S. 732. Wir haben geflissentlich vermieden, mehr törichte und vage Definitionen von der Art aufzuführen, wie sie Peter Viereck in seinem konservativen »Credo« angibt: »Die konservativen Prinzipien par excellence sind: Maß und Ebenmaß, Selbstgestaltung durch Selbstzucht, Erhaltung durch Reform, Humanismus und Gleichgewicht im Sinne der Klassik; fruchtbares Verlangen nach dem Dauernden unter dem Fluß der Dinge und zeugende Treue zur ungebrochenen Kontinuität der Geschichte.« Peter Viereck: Das Credo des Konservativen. In: Die amerikanische Rundschau 5 (1949), H. 27, S. 34. Ebenso töricht Adolf Carl Kunz: Die konservative Idee. Innsbruck 1949. S. 11.

31 Huber unterscheidet die Ständisch-Konservativen, die Sozialkonservativen, die Nationalkonservativen und die Staatskonservativen, betont aber, daß die Grenzen zwischen diesen Richtungen fließend waren und es Übertritte von der einen zur anderen Gruppe gab. Huber: Verfassungsgeschichte Bd. 2, S. 331 ff. (s.

2. Historische Zugänge

Die Frage nach der Herkunft des Konservatismus trägt für eine Wesensbestimmung dieses Denkens in dem Maße etwas bei, wie der Konservatismus sich in seiner Kritik des Fortschritts selber auf Herkunft beruft. Die Frage nach dem Alter des Konservatismus wird denn von ihm selbst bis heute immer wieder gestellt. Zwischen der Angabe des Alters des Konservatismus und seiner allgemeinen Bestimmung bestehen Zusammenhänge, die uns jetzt beschäftigen sollen.

oben Anm. 22). – Sigmund Neumann dagegen unterscheidet nur drei Formen: den romantischen, den liberalen und den realistischen Konservatismus. Neumann: Stufen S. 65 (s. oben Anm. 28).

32 Auf begriffliche Mischtypen wie ›Liberalkonservatismus‹ und ›Sozialkonservatismus‹ gehe ich nicht ein. Zum Liberalkonservatismus vgl. etwa Rudolf Stadelmann: Hippolyte Taine und die politische Gedankenwelt der französischen Rechten. In: Zeitschrift für die gesamte Staatswissenschaft 92 (1932), S. 47. Nach Diskreditierung des deutschen Konservatismus herkömmlichen Schlages ist es üblich, die liberalkonservative Komponente in Deutschland stärker zu betonen, ja sie als den ›echten‹ Konservatismus zu empfinden oder zu bezeichnen. In diesem Sinne nennt Karl Wick Burke, Tocqueville, Constant, Donoso Cortés »klassische Vertreter des konservativen Staatsgedankens«. Karl Wick: Der konservative Staatsgedanke. In: Politeia. Bd. 1, Heidelberg 1949, S. 20. Franz Josef Schöningh faßt unter dem Begriff der »echten Konservativen« Burke, den Freiherrn vom Stein, Constantin Frantz und Viktor Aimé Huber zusammen. Franz Josef Schöningh: Was heißt heute konservativ? In: Hochland 46 (1953/54), S. 22. Prototyp des Liberalkonservativen ist bis heute Edmund Burke. Vgl. Hanno Kesting: Geschichtsphilosophie und Weltbürgerkrieg. Heidelberg 1959. S. 26; Hans-Joachim von Merkatz: Die konservative Funktion. Ein Beitrag zur Geschichte des politischen Denkens. München 1957. S. 26 (Konservative Schriftenreihe Bd. 1). – ›Sozialkonservative‹ waren etwa Hermann Wagener und Johann Hinrich Wichern. Ernst Rudolf Huber rechnet auch Lorenz von Stein und Viktor Aimé Huber zu dieser Gruppe. Huber: Verfassungsgeschichte Bd. 2, S. 340 ff. (s. oben Anm. 22). Vgl. Hans Joachim Schoeps: Das andere Preußen. Konservative Gestalten und Probleme im Zeitalter Friedrich Wilhelms IV. 2. erw. Auflage. Honnef/Rhein 1957. S. 246 ff.; derselbe: Konservative Erneuerung. Ideen zur deutschen Politik. Stuttgart 1958. S. 45 ff.; Karl Buchheim: Geschichte der christlichen Parteien in Deutschland. München 1953. S. 133 ff.; Ingwer Paulsen: Christlicher Sozialismus und staatliche Sozialpolitik in Deutschland. Stuttgart 1955 (Quellen- und Arbeitshefte für den Geschichtsunterricht Nr. 4226); Wilfried Gottschalch – Friedrich Karrenberg – Franz Josef Stegmann: Geschichte der sozialen Ideen in Deutschland. Hrsg. von Helga Grebing. München/Wien 1969 (Deutsches Handbuch der Politik Bd. 2).

a) Konservatismus unter universalhistorischem Aspekt

Von Kulturhistorikern und Kultursoziologen wird der Begriff ›konservativ‹ nicht für einen bestimmten historischen Zeitraum, sondern für alle Epochen der Menschheitsgeschichte verwandt. Als Beispiel diene die universalgeschichtliche Kulturkritik Alexander Rüstows. Rüstow faßt den Konservatismus als die Ideologie der Oberschicht: Immer, wo sich Überlagerer von der Unterschicht bedroht sehen, entsteht auf seiten der Herrschenden die konservative Ideologie, für die Rüstow verschiedene Formen entdeckt [33]. In diesem generellen Sinne einer zu allen Zeiten auffindbaren politischen Gesinnung spricht Rüstow vom Konservatismus Pindars [34] ebenso wie von der konservativen Partei des Thukydides, Sohn des Melesias, der die von Perikles geführte attische Demokratie bekämpfte [35]. In diesem Sinne sprechen andere von dem konservativen Philosophen Plato oder dem konservativen Politiker Cicero [36]. Zusammen mit dem Begriff des Konservatismus bekommt auch der Terminus ›Revolution‹ einen kultursoziologisch durchgehenden Sinn. Jede Erschütterung der bestehenden Ordnung hat revolutionären Charakter und öffnet erst die Augen für das, was bis dahin für selbstverständlich

33 »Man kann entweder mit dem wilden Mut des in die Enge Getriebenen jede Verhüllung oder Beschönigung fallenlassen und trotzig auftrumpfend geradezu das raubtierhafte Recht des Stärkeren vertreten, jene Überlagerergesinnung, der man die ursprüngliche Schaffung seiner sozialen Position verdankt, die aber gerade die Opposition und das Aufbegehren der Unterschicht herausforderte... Oder man kann umgekehrt seine positiven Leistungen und Eigenschaften hervorkehren und von sich und den Seinigen eine Konzentration in dieser Richtung fordern.« Alexander Rüstow: Ortsbestimmung der Gegenwart. Eine universalgeschichtliche Kulturkritik. Bd. 3: Herrschaft oder Freiheit? Erlenbach–Zürich/Stuttgart 1957. S. 199. Der zweite Weg ist der einer konservativen Ideologie gemäßere.
34 Ebd.
35 Ebd. S. 200.
36 Arnold A. T. Ehrhardt: Politische Metaphysik von Solon bis Augustin. Bd. 1. Tübingen 1959. S. 28, 262; in demselben Sinne äußert sich Quintin Hogg: »Although exceptional, such periods are not without precedent, and from such precedents we may even venture to generalise. We remember an earlier age like ours in Periclean Athens, precariously balanced on the fragile foundation of her supremacy at sea. The stormy hundred and fifty years preceding the fall of the Roman Republic was just such another, and such no doubt was the renaissance in Italy, the Elizabethan era at home, or the revolution in France.« Quintin Hogg: The case for conservatism. West Drayton 1947. S. 7 (Penguin book Nr. 635).

und richtig galt. Revolution und Reflexion gehören gleichursprünglich zusammen [37].

b) Konservatismus in abendländisch-christlicher Perspektive

Im Unterschied zu kultursoziologischen Modellen und einer solchermaßen idealtypischen Verwendung des Begriffes konservativ [38] findet sich eine einschränkende Bedeutung für den abendländisch-christlichen Zeitraum. Diese Einengung gibt, wie sich später noch deutlicher zeigen wird, guten Sinn. Bei allen Autoren, die den Konservatismus bereits in mittelalterlichen Denkmodellen aufspüren, ist eine starke Abhängigkeit von modernen Fragestellungen zu beobachten. Diese Abhängigkeit wird von den Autoren auch vorausgesetzt. So behandelt Alois Dempf Dante und Petrarca unter der Überschrift »Die Konservativen«[39]. Dantes ›Konservatismus‹ liegt in dem Versuch, die mittelalterliche Nebenordnung von Kirche und Reich zu bewahren. Auch stellt er im Gegensatz zur Zeitströmung die Vita contemplativa über die Vita activa [40]. Petrarcas Konservatismus ist anders geartet: Er bezieht sich nicht mehr auf die Kirche als den Ursprung gesellschaftlicher Wirklichkeit, sondern auf die längst in der Vergangenheit versunkene res publica Romana und die ihr zugeordnete Tugend der virtus. Petrarca begreift als einer der ersten die Nation unter dem Gesichtspunkt der eigenen Art und »verfällt als Ideologe der virtu, der Tatkraft, dem Ideal der Signorie und Renaissancetyrannis«[41]. Dante und Petrarca repräsentieren für Dempf

37 Vgl. Martin Greiffenhagen: Zum Problem einer Politischen Theologie. In: Zeitwende. Die neue Furche 32 (1961), S. 539 ff. und: ›Politische Theologie‹ und Politikwissenschaft. In: Gesellschaft – Staat – Erziehung 8 (1963), S. 142 ff.

38 Wir müssen uns versagen, auf die Problematik des Idealtyps einzugehen. Einen interessanten Versuch solcher in verschiedenen geschichtlichen Epochen verwendbarer Idealtypen unternimmt Max Scheler in: Die Wissensformen und die Gesellschaft. 2. Auflage, hrsg. von Maria Scheler. Bern und München 1960. S. 105 ff.

39 Alois Dempf: Sacrum Imperium. Geschichts- und Staatsphilosophie des Mittelalters und der politischen Renaissance. (1929). 2. Auflage. Darmstadt 1954. S. 469 ff.

40 Ebd. S. 482 f.

41 Ebd. S. 493; zu der Restaurationsideologie Petrarcas vgl. auch: Gottfried Salomon: Das Mittelalter als Ideal in der Romantik. München 1922. S. 13 ff.;

bestimmte Ausformungen eines Konservatismus, der im 19. und 20. Jahrhundert wieder auftaucht. Wie stark Dempf Parteiungen und Denkhaltungen des 19. Jahrhunderts im Mittelalter wiederzuerkennen meint, zeigt das Kapitel »Die Traditionalisten«. Die erste radikal voluntaristische Auffassung Gottes durch Ockham bereitet einen auch auf die Welt übergreifenden Positivismus und Empirismus vor, demgegenüber die konservativ Gesinnten sich nur behaupten können, indem sie eine unbedingt hinzunehmende Autorität proklamieren, wohl wissend, daß mit dieser Autorität nicht die alte, objektive Ordnung ›wiederhergestellt‹ ist[42]. Die Einheit von solchermaßen typisierender und historisch herleitender Blickrichtung[43] hat ihren systematischen Grund in der Vermutung Dempfs, der moderne Konservatismus stehe in Verbindung mit Prozessen, die ihren Ursprung tief im abendländischen, insbesondere im theologischen Denken haben[44]. Die Vermutung einer rückwärtigen Verwurzelung konser-

Bernhard Groethuysen: Philosophische Anthropologie. München und Berlin 1928. S. 99–107 (Handbuch der Philosophie. Sonderdruck).

42 Über die »Traditionalisten« des ausgehenden Mittelalters schreibt Dempf: »Dieser Individualismus des religiösen Subjekts muß bezeichnet werden als *Traditionalismus*, so wie die konservativen Staatsdenker nach der Französischen Revolution zu bezeichnen sind, die gleichfalls keinen Ausweg aus dem Kritizismus in eine objektive Philosophie fanden und darum für die unbedingt hinzunehmende Tradition der Kirche und des souveränen Legitimismus optierten. Der spätmittelalterliche Traditionalismus lebt gleichfalls in der ungeheuren inneren Spannung zwischen der gläubigen Beharrung im Alten und der rationalen Hilflosigkeit gegenüber der schon fertigen, neuzeitlichen Philosophie und Politik. Er hat durch seinen Kritizismus selber die bedeutungsvollen Resultate des neuzeitlichen Denkens geschaffen und ist hierin der wortgläubigen Aristotelesrenaissance durch seine radikale Kühnheit weit überlegen.« Dempf: Sacrum imperium S. 509 f. (s. oben Anm. 39).

43 Der 3. Teil seines Buches, »Die politische Renaissance«, zeigt diese Bemühung deutlich, wenn Dempf seine Kapitel »Die Altliberalen« – »Die Kurialisten« – »Die politische Reformation« überschreibt.

44 Alfred von Martin unterscheidet das christlich-europäische Mittelalter von anderen im kultursoziologischen Sinne typischen Mittelaltern »durch eine schon von Anfang an angelegte Gespaltenheit seiner Kultur, welche darin begründet ist, daß jene Gemeinschaft, welche dem Mittelalter seine Religion brachte, die Kirche, nicht mit dieser Zeit geboren, sondern das Ergebnis und Erbe der Endstufe der vorausgegangenen, der antiken Kultur war.« Alfred von Martin: Kultursoziologie des Mittelalters. In: Handwörterbuch der Soziologie. Hrsg. von Alfred Vierkandt. Stuttgart 1931. Neudruck Stuttgart 1959. S. 371 f.

vativer Philosophie findet sich bei einer Fülle von Autoren, nicht zuletzt bei konservativen Denkern selbst. Der Rückgriff auf den ›Herbst des Mittelalters‹ und die revolutionären Umbrüche auf dem Gebiete der Theologie und der Philosophie gehören zum festen Bestand des konservativen Selbstverständnisses.

c) Konservatismus als Antwort auf die Aufklärung

Bei fast allen Konservativen erscheint, neben der Reformation [45], die Aufklärung als ein entscheidender Faktor für das Entstehen konservativen Denkens. Epstein hat dieser Phase konservativer Philosophie in Deutschland ein ganzes Buch gewidmet [46] und mit ihm frühere Versuche, modernes konservatives Denken an seinem Ursprung als die Antwort an aufklärerische Philosophie zu beschreiben [47], ergänzt. Wir müssen deshalb diese Versuche hier nicht wiederholen, sondern wollen an einem literarischen Beispiel zeigen, daß konservative Kritik an aufklärerischem Denken sich bereits im 17. Jahrhundert feststellen läßt [48]. Es sind Verse, die John Donne,

45 Die doppelte Beziehung auf die Reformation und auf die Französische Revolution formuliert eine Vorstellung, die insbesondere für die englischen Konservativen bezeichnend ist: Als politische Aktion wird der Konservatismus erst greifbar, wo sein Gegner sich ebenfalls politisch formiert hat. Mit dem ›Prinzip der Reformation‹ aber begann sich auch das politische Leben zu revolutionieren. Vor der Reformation jedenfalls ist es unmöglich, »to distinguish conservatism in politics, not because there was none but because there was nothing else«. Lord Cecil: Conservatism S. 25 (s. oben Anm. 29).

46 Klaus Epstein: The genesis of German conservatism. Princeton N. J. 1966.

47 Fritz Valjavec: Die Anfänge des österreichischen Konservativismus. Leopold Alois Hoffmann. In: Festschrift für Karl Eder. Hrsg. von H. J. Mezler-Andelberg. Innsbruck 1959. S. 169 ff.; vgl. auch derselbe: Die Entstehung der politischen Strömungen in Deutschland. 1770–1815. München 1951. S. 257 ff.

48 Zitiert nach Margaret L. Wiley: The subtle knot. Creative scepticism in seventeenth-century England. London 1953. S. 122. – Die Gleichzeitigkeit mit Descartes, dem Begründer des modernen Rationalismus, ist hier im wörtlichen Sinn gegeben: Descartes lebte von 1596–1650. Anderthalb Jahrhundert später hat Jean Paul in seinem Roman: Ehestand, Tod und Hochzeit des Armenadvokaten F. St. Siebenkäs, dieselbe Erfahrung beschrieben: »Nimm Gott aus dem All: so ist alles vernichtet, jede höhere geistige Freude, jede Liebe, und nur der Wunsch eines geistigen Selbstmords bliebe übrig...« Jean Paul: Sämtliche Werke. Hrsg. von Eduard Berend. Bd. II, 4, S. 485. Zitiert nach Walther Rehm: Experimentum medietatis. Studien zur Geistes- und Literaturgeschichte des 19. Jahrhunderts. München 1947. S. 12 f.

der große englische Barockdichter (1572–1631), dem Totengesang auf Elisabeth Drury »The First Anniversary« eingefügt hat:

> And new Philosophy calls all in doubt,
> The Element of fire is quite put out;
> The Sun is lost, and th'earth, and no mans wit
> Can well direct him where to looke for it.
> And freely men confesse that this world's spent,
> When in the Planets, and the Firmament
> They seeke so many new; then see that this
> Is crumbled out againe to his Atomies.
> 'Tis all in peeces, all cohaerence gone;
> All just supply, and all Relation:
> Prince, Subject, Father, Sonne, are things forgot,
> For every man alone thinkes he hath got
> To be a Phoenix, and that then can bee
> None of that kinde, of which he is, but hee.

In diesen Zeilen ist die aufklärerische Philosophie in ihrer wichtigsten Voraussetzung: dem radikalen Zweifel, deutlich erkennbar. Die moderne Naturwissenschaft hat der klassischen Elementenlehre den Boden entzogen und auf diese Weise den alten Kosmos zerstört. Die neue ›systematische‹ Philosophie reduziert alle Dinge auf ihre Atome, nimmt nicht Rücksicht auf die Phänomene, indem sie alles ›analysiert‹. In genialer Prophetie wird der weitere Weg in die Moderne hinein beschrieben: Der Funktionalismus löst das ontologische Substanzdenken ab und erstreckt sich schließlich auf alle Gebiete des Lebens. Durch ihn verliert das Königtum und jede Form von Autorität ihren einst ontologisch gegründeten Sinn. Was übrigbleibt, ist radikaler Individualismus. Die entscheidende Erkenntnis Donnes liegt in dem kosmologischen Argument: Der Verlust des alten Weltbildes hat alle anderen ›Revolutionen‹ hervorgerufen, welche die ursprüngliche ›Kopernikanische Wendung‹ nur nachholten [49].

49 Helmuth Plessner hat diesen Prozeß in seinen vielfältigen Auswirkungen so beschrieben: »Mit der Versetzung der Erde aus der Weltmitte unter die Wandelsterne und mit der Entdeckung von Gegenländern auf der Nachtseite des Planeten ist die mittelalterliche Kosmologie entwurzelt. Den bisher gültigen Horizont übergreift eine Wirklichkeit, an deren Grenzenlosigkeit er zu einem Ausschnitt einschrumpft, dessen Grenzen vom zufälligen Standort des Betrachters ab-

d) Konservatismus als Antwort auf die Französische Revolution

In den einschlägigen Lexika erscheint als Stichjahr für das Auftreten des modernen Konservatismus das Jahr 1790, in welchem die ›Reflections on the Revolution in France‹ von Edmund Burke erschienen [50]. Der Widerspruch gegen die Ideen der Französischen Revolution, so vermutet man, hat die konservativen Gedanken zur Welt gebracht [51]. In der Nachfolge Burkes kommt es auf dem Kontinent zu einer Fülle gegenrevolutionärer Schriften, die in den neunziger Jahren in Deutschland Männer wie Rehberg, Gentz, Novalis, Görres, in Frankreich de Maistre und de Bonald verbinden [52]. Der moderne Konservatismus erscheint so als Antwort auf die revolutionären Umbrüche des politischen, sozialen und religiösen Lebens.

Bekanntlich nannte Chateaubriand die 1818 von ihm begründete Zeitschrift ›Le Conservateur‹. Der Begriff wanderte von Frankreich durch ganz Europa und wurde in den dreißiger Jahren auch in Deutschland heimisch, in England erst um 1835 [53]. An der Bemerkung Mannheims, man habe es bei dem Konservatismus mit einem neuartigen historischen Gebilde zu tun [54], ist zunächst jedoch nur

hängen. Doppelt ist das Selbstbewußtsein des Christenmenschen getroffen. Die Erde als Schauplatz des Menschen wird eine Insel unter anderen Inseln im uferlosen Ozean des Raumes und verliert ihre natürliche Auszeichnung, die sie früher als Mitte des Kosmos besaß. Der europäisch-mittelmeerische Länderbezirk, durch die Heilsgeschichte und als ursprünglicher Zentralbereich von Papst und Kaiser geweihter Boden, wird eine Region unter anderen Regionen auf der Kugelfläche des Planeten. Alle kommenden Revolutionen in Religion, Wissenschaft, Ökonomie und Politik sind hierdurch vorgezeichnet, weil vorweggenommen in dieser Achsenverlagerung der christlich-europäischen Völker.« Helmuth Plessner: Die verspätete Nation. Über die politische Verführbarkeit bürgerlichen Geistes. Stuttgart 1959. S. 73 f.

50 Vgl. für viele: Kirk: Erbe S. 10 (s. oben Anm. 29).

51 Gerhard Ritter: Die preußischen Konservativen und Bismarcks deutsche Politik 1858–1876. Heidelberg 1913. S. 2 (Heidelberger Abhandlungen Bd. 43).

52 Vgl. die Zusammenstellung bei Carl Schmitt: Politische Romantik. 2. Auflage. München und Leipzig 1925. S. 153 ff.

53 Vgl. Politisches Handwörterbuch. Hrsg. von Paul Herre. Bd. 1. Leipzig 1923. S. 1021; Lord Cecil: Conservatism S. 64 (s. oben Anm. 29).

54 Karl Mannheim: Das konservative Denken. Soziologische Beiträge zum Werden des politisch-historischen Denkens in Deutschland. In: Archiv für Sozialwissenschaft und Sozialpolitik 57 (1927), S. 78. Wiederabgedruckt in: derselbe: Wissenssoziologie. Hrsg. von Kurt H. Wolff. Berlin und Neuwied 1964. S. 108 ff.

so viel richtig, daß der Konservatismus, soweit er unter diesem Namen auftaucht, nicht älter als hundertfünfzig Jahre ist.

Viele Autoren verbinden die Auffassung des Konservatismus als Gegenschlag gegen die Aufklärung mit seinem antirevolutionären Denken. So meint Fritz Valjavec, der abendländische Konservatismus sei im Laufe des 18. Jahrhunderts entstanden, und wendet sich ausdrücklich gegen den Versuch, ihn nur als eine Reaktion auf die Französische Revolution zu begreifen: »Die ersten konservativen Regungen zeigten sich bereits in den achtziger Jahren. Sie richteten sich hauptsächlich gegen die radikale Aufklärung und die geheimen Gesellschaften. Sie erstreckten sich also vorerst nicht auf eigentlich politische Zusammenhänge. Erst nach 1789 wurde diese Richtung unmittelbar politisch und zugleich antirevolutionär.«[55] Auch Epstein spricht von einem »well-articulated Conservative movement«, das in Deutschland bereits seit 1770 existierte[56]. Dieser Konservatismus, von Epstein als Antwort auf eine von der Aufklärung hervorgerufene progressive Kritik an den politischen, ökonomischen und religiösen Verhältnissen verstanden, war wie sein Gegner keine ausschließlich intellektuelle Bewegung. Epstein geht hier noch über Valjavec hinaus, wenn er diese neue geistige Strömung bereits mit sozioökonomischen Interessengruppen verbunden sieht[57]. Diese Position ist bemerkenswert und, wie wir sehen werden, am einleuchtendsten. Sie erlaubt es, den Konservatismus zugleich als theologische, philosophische und sozioökonomische Position zu begreifen und somit einen Fehler zu vermeiden, den die Befürworter des Verständnisses des Konservatismus als allein politisch relevanter, gegenrevolutionärer Position notwendig begehen. Sie geraten in problematische Alternativen, wie sie sich bei Karl Mannheim in der terminologischen Unterscheidung von Traditionalismus und Konservatismus finden und seither in fast allen deutschen Veröffentlichungen über den Konservatismus auftauchen.

55 Valjavec: Österreichischer Konservatismus S. 169 (s. oben Anm. 47); derselben Meinung ist Otto-Ernst Schüddekopf: Konservativismus. In: Internationales Jahrbuch für Geschichtsunterricht. Bd. 7. Braunschweig 1959/60. S. 308.
56 Epstein: Genesis S. 23 (s. oben Anm. 46).
57 Ebd.

Die letzte prinzipiell mögliche Antwort auf die Frage nach dem Wesen des Konservatismus scheint sich von den vorhergehenden, historisch orientierten Beantwortungsversuchen wesentlich zu unterscheiden. Sie behauptet die Zeitlosigkeit konservativer Haltung mit dem Hinweis auf die Menschennatur selbst. »Die konservative Idee ist ein wertvolles Gedankengut der Menschheit. Sie ist so alt wie die Menschheit selbst.«[58] Oder in der eleganten Wendung Albrecht Erich Günthers: Das Konservative ist »nicht... ein Hängen an dem, was gestern war, sondern... ein Leben aus dem, was immer gilt«[59].

Der sich in solchen Definitionen bekundende Versuch, menschliche Haltungen zu entdecken, die strukturell für konservativ gelten können, führt notwendig zu der philosophischen Voraussetzung einer von jeher und für alle Zeit sich durchhaltenden Menschennatur, einer Konstanz des menschlichen Seelenhaushaltes, der durch historische Epochen und geschichtliche Veränderungen nicht betroffen wird. Jede Verletzung dieser Konstanten würde – so lautet das Argument – die konservativen Wesenszüge als Kräfte der Empörung über eben diese Verletzung des ursprünglichen und für alle Zeiten maßgebenden Menschseins zur ›Reaktion‹ reizen. In der Begründung eines solchen ›Traditionalismus‹[60] mischen sich psychologische und philosophische Argumente. Das philosophische Argument wiederum ver-

58 Kunz: Konservative Idee S. 9 (s. oben Anm. 30).

59 Zitiert nach Armin Mohler: Die französische Rechte. Vom Kampf um Frankreichs Ideologienpanzer. München 1958. S. 22 f. (Konservative Schriftenreihe Bd. 3). Ebenso Fritz Valjavec: »Wie jede säkulare politische Bewegung fußt auch der Konservativismus auf einer zeitlosen Grundhaltung des Menschen. Zu jeder Zeit gab es einen konservativen, einen liberalen und radikalen Menschentypus. Aber erst bestimmte geschichtliche Situationen verleihen derartigen Formen des Verhaltens ein selbständiges politisches und geistiges Dasein.« Fritz Valjavec: Entstehung S. 255 (s. oben Anm 47); Adolf Grabowsky: »Konservativ sein heißt vor allem, eine konservative Anlage besitzen.« Adolf Grabowsky: Konservatismus. In: Zeitschrift für Politik 20 (1931), S. 771; Georg Quabbe: »Eine derartige Anlage ist auch die konservative, und zwar in dem eminenten Nebensinn, daß sie eine Einrichtung der Natur selbst ist, von dieser zu ihrer eigenen Aufrechterhaltung in die menschliche Seele gelegt.« Quabbe: Tar a Ri S. 25 (s. oben Anm. 9).

60 S. unten S. 51 ff.

bindet sich leicht mit der klassischen Naturrechtslehre, deren Argumente sich der Konservatismus allerdings in großer Freiheit bedient[61].

Der psychologische Begründungsversuch des ›Traditionalismus‹ stützt sich auf moderne psychologische Erkenntnisse. Ist schon diese Methode (sich einer Wissenschaft zu bedienen, die sich an anderer Stelle der schärfsten Kritik konservativen Denkens ausgesetzt sieht) nicht unproblematisch, so zeigen auch die vorgetragenen Argumente eine gewisse eklektische Einseitigkeit. Trotzdem sind sie für eine Phänomenologie konservativen Denkens wertvoll. So stellt etwa Lord Cecil seine Argumentation ganz auf eine Psychologie der Angst ab: »Natural Conservatism is a tendency of the human mind. It is a disposition averse from change: and it springs partly from a distrust of the unknown and a corresponding reliance on experience rather than on theoretic reasoning; partly from a faculty in men to adapt themselves to their surroundings...«[62] Der Mensch scheut jede Veränderung, weil er gegen alles Unbekannte ein natürliches Mißtrauen hegt. Die Gewohnheit ist ein entscheidender Faktor in dieser Argumentationsreihe[63]. Das Gesunde, dem Menschen Bekömmliche gilt für identisch mit dem Gewohnten und Herkömmlichen. Das Herkömmliche aber wird als das ›Ewige‹ begriffen.

61 Die größte Schwierigkeit für solche vermittelnde Aneignung naturrechtlichen Gedankenguts liegt in der jedem konservativen Denken eigenen Skepsis, einer Skepsis, die ihrerseits wieder auf die Einsicht in die historische Relativität menschlichen Daseins zurückgeht. Das englische 17. Jahrhundert bietet eine Fülle solcher interessanter Vermittlungsversuche, vgl. Martin Greiffenhagen: Skepsis und Naturrecht in der Theologie Jeremy Taylors (1613–1667). Hamburg 1967 (Theologische Forschung Bd. 42). Zur Beziehung von Konservatismus und Naturrechtslehre vgl. unten S. 272 f.

62 Lord Cecil: Conservatism S. 9 (s. oben Anm. 29). Ebenso Anthony M. Ludovici: »Man is instinctively conservative in the sense that probably millions of years of experience have taught him that a stable environment is the best peace of mind, present and future security, automatism of action (that action which requires least thought), and a ready command of material and artificial circumstances.« Anthony M. Ludovici: A defense of conservatism. A further text-book for Tories. London 1927. S. 1; vgl. auch A. B. Wolfe: Conservatism, radicalism, and scientific method. New York 1923. S. 12 f.; Arthur Bryant: The spirit of conservatism. London 1929. S. 1.

63 Die Gleichsetzung von Natur und Gewohnheit geht bekanntlich auf Aristoteles zurück, auf den man sich auch, zu Recht oder zu Unrecht, gern beruft.

Eine leichte Wendung gibt Peter Richard Rohden dem strukturalen Argument einer konservativen Anlage, wenn er meint: »Der gesunde Mensch ist von Natur konservativ, da er immer geneigt sein wird, sich den nächstliegenden Aufgaben zuzuwenden. Erst in dem Augenblick, wo ein Druck unerträglich wird und den Lebenskern berührt, wird er zu erschütternden Umwälzungen bereit sein.«[64] Diese unbewußte Form des konservativen Lebensgefühls stellt demnach die Urzelle des theoretischen Konservatismus dar. Der Konservative will leben und sterben, wie seine Väter lebten und starben[65]. Es ist das in der ganzen konservativen Theorie immer wiederkehrende Argument der Zuwendung zum Nächstliegenden, das Rohden hier als ein menschliches Urphänomen entdeckt zu haben meint. Wie Cecil gibt er diesem Phänomen jedoch gleich auch eine negative Richtung, indem er von der unterbewußten Ablehnung jeder Neuerungssucht[66] spricht. Diese ambivalente Entfaltung desselben Phänomens bietet ihm die Möglichkeit, eine dem theoretischen Konservatismus vorgeordnete und zeitlich vorausliegende Stufe eines nicht argumentierenden, unterbewußten Urkonservatismus zu konzipieren.

Dieser Urkonservatismus ist stumm und weiß gleichsam nichts von sich. Erst in seiner theoretischen Form kommt er zu sich selbst und kann sich in der Abwehr des ihm Fremden explizieren: Unter dem Druck des Angriffs auf das alte Wahre findet der Konservatismus seine Sprache. Auf diese Weise kann der Urkonservatismus als Urform aller historischen Ausformungen von Konservatismen gelten. – Das Problem, welches sich aus der Verknüpfung einer philosophisch-ontologischen Bestimmung des Konservatismus mit historischen Definitionen ergibt, wird später[67] zu behandeln sein.

Ein bedeutsamer Versuch, eine Art Urkonservatismus als für alle historischen Formen konservativen Denkens konstitutiv zu entwickeln, wird von dem holländischen Kultursoziologen Jan Romein unternommen[68]. Unter dem Begriff des »Allgemein Menschlichen

64 Rohden: Deutscher und französischer Konservatismus S. 94 (s. oben Anm. 8).
65 Ebd.
66 Ebd.
67 S. unten Kapitel II, S. 51 ff.
68 Jan Romein: Über den Konservatismus als historische Kategorie. Ein Ver-

Musters« (A. M. M.) faßt Romein die Wesenszüge, die eine Art Grundstock konservativer Haltung ergeben. Alles konservative Denken erscheint ihm »als Erbe der Vorstellungswelt aus dem A. M. M.«[69]. Wie Cecil und Rohden gibt auch Romein zunächst eine psychologische Begründung für die Annahme einer konservativen Menschennatur: »Wir kennen Störungen des Gleichgewichtsorgans, die uns u. a. gelehrt haben, daß wir alle die Neigung haben zurückzufahren, wenn plötzlich Licht auf uns fällt; die Nichtgestörten bemerken das nur deshalb nicht, weil unser Gleichgewichtsorgan diese Neigung sofort und instinktiv korrigiert. Ungefähr genauso muß man sich das Verhalten der menschlichen Natur zu allem denken, was vom einmal Vertrauten abweicht.«[70] Daraus folgert Romein, ganz im Sinne konservativer Psychologie der Furcht vor allem Neuen: »Das Neue wäre demnach lediglich die Quelle der Unlust.«[71] Zugleich muß Romein aber zugeben, daß das Verhalten des Menschen ebenso von dem Reizhunger bestimmt wird, der sich auf alles Neue stürzt[72]. Die Vernunft bezwingt die Neigung, vor dem Neuen zurückzuschrecken, und erscheint somit vornehmlich als Widersacher des ›natürlichen Verhaltens‹, indem sie die natürliche Furcht vor dem Unbekannten überwinden hilft[73]. Diese für das konservative Denken bezeichnende Abwertung der Rationalität verbindet sich mit einer ebenso symptomatischen hohen Schätzung des Alters wie des kindlichen Entwicklungsstadiums. Jedes Kind, sagt Romein, beginne als Traditionalist und die meisten Menschen zeigten im Alter die Neigung, zu diesem ursprünglichen Traditionalismus zurückzukehren[74].

Bei dem Versuch, so etwas wie ein »Allgemein Menschliches Muster« inhaltlich zu fassen, bezieht sich Romein auf eine bestimmte historische Epoche der abendländischen Entwicklung, die griechische. Gerade dieser Bezug aber leistet nicht, was er verspricht, denn das

such. In: Wesen und Wirklichkeit des Menschen. Festschrift für Helmuth Plessner. Göttingen 1957. S. 215 ff.
69 Ebd. S. 200.
70 Ebd. S. 241.
71 Ebd. S. 242.
72 Ebd.
73 Ebd. S. 241.
74 Ebd. S. 243.

A. M. M. zeigt sich bei den Griechen erst in dem Augenblick, wo es bereits von der Zerstörung bedroht ist: »Die Griechen lebten ja im A. M. M., aber in einem A. M. M., das gerade bei ihnen und durch sie die ersten Symptome der Abweichung zeigte.«[75] Ein allgemein menschliches Muster also läßt sich offenbar erst formulieren, wenn es bereits nicht mehr als allgemeines erfahren wird!

Diese Einsicht ist für das Verständnis konservativen Denkens, wie sich später zeigen wird, von fundamentaler Bedeutung. Romein aber macht von ihr den falschen Gebrauch und gerät in neue Schwierigkeiten, wenn er in der Konsequenz dieser Erkenntnis den Gedanken eines »neuen A. M. M.« einführt. Dieses neue Muster soll bei dem Aufbau einer entstehenden Weltkultur die Reste des alten Musters retten und eine Synthese schaffen »von dem Besten, was von dem alten A. M. M. außerhalb des westlichen Kulturkreises bewahrt geblieben ist, und dem Besten von dem, was die europäische Abweichung seit ihrem Entstehen gekennzeichnet hat«[76]. Ein neues A. M. M. aber ist ein Widerspruch in sich selbst, wenn immer das allgemeine Muster gerade durch seine generelle Überzeitlichkeit definiert war.

Gegen Schluß seines Aufsatzes liefert Romein selber den Schlüssel zum Verständnis seiner Bemühung, im A. M. M. den Ursprung allen konservativen Denkens aufzuzeigen. Er spricht nämlich vom Kampf zwischen dem alten A. M. M. und den Abweichungen von ihm. Dieser Kampf sei »der Inbegriff der Weltgeschichte seit der Geburt dessen, was wir die Neuzeit nennen, seit dem Beginn also der europäischen Expansion, die mit der Durchführung der Abweichung begann –, wenn dieser große Kampf einmal ausgekämpft sein wird, dann wird auch der ideologische Gegensatz Konservatismus – Revolutionarismus den tiefen Sinn, den er jetzt hat, verloren haben. Dann wird sich zeigen, daß beide eine historische Kategorie gewesen sind im wahrsten Sinne des Wortes.«[77]

75 Ebd. S. 241.
76 Ebd. S. 243.
77 Ebd. S. 244. – Alfred Weber hat die Frage nach der Wandelbarkeit der Menschennatur vielfach beschäftigt, vgl. etwa: Der Mensch und seine Wandlungen. In: Offener Horizont. Festschrift für Karl Jaspers. München 1953. S. 340 ff. Eingehend behandelt das Problem Max Scheler: Probleme einer Soziologie des Wissens. In: Die Wissensformen und die Gesellschaft. 2. Auflage. Bern und Mün-

Die Wendung von der Behauptung einer konservativen Anlage im Menschen zur Forderung nach der Rückkehr zum alten Wahren, so widersprüchlich sie sich ausnimmt, wirft ein Schlaglicht auf alle Versuche, den Konservatismus als überzeitlichen anthropologischen Wesenszug zu beweisen, und offenbart ganz allgemein die Kulturkritik als den eigentlichen Ursprung konservativen Denkens, als den Anstoß zu einer Theorie, welche verlorene historische Inhalte durch die Behauptung ihrer Ewigkeit wiederzugewinnen lehrt.

Gerade die dritte Antwort auf die Frage nach dem Alter des Konservatismus: die Behauptung seiner Ewigkeit, zeigt, daß der Konservatismus in Wahrheit eine historische Kategorie ist. In welch undurchsichtiger Weise das ontologische Argument mit dem historischen sich mischt, dafür gibt die durch Karl Mannheim inaugurierte Unterscheidung von ›Traditionalismus‹, ›Urkonservatismus‹ und ›Konservatismus‹ beredtes Zeugnis. Wir gehen diesen Distinktionen nach, um auf diese Weise den eigenen Ansatzpunkt einer Wesensbestimmung konservativen Denkens deutlich zu machen.

chen 1960. S. 25 ff. und 63 ff. Adolf Portmann versucht als philosophischer Biologe, den philosophischen Gesichtspunkt mit dem anthropologisch-soziologischen zu vermitteln. In seiner Studie: Ptolemäer und Kopernikaner (in: Der Monat 12, 1960, H. 139, S. 23 ff.) nimmt er zunächst »ein in jeder Geburt sich erneuerndes Ptolemäertum« (S. 23) an, dergestalt, daß die »Spielregeln« unserer primären Natur (Müdigkeit, Hunger, Durst, Zweigeschlechtlichkeit) als stets vererbte Zuständigkeiten konstant sind. Da der Mensch aber nicht nur physische Natur, sondern zugleich und wesentlich weltoffenes Wesen ist, ›wächst‹ er in die sekundären Systeme der modernen Welt hinein. Die Folge ist eine weitgehende Abwertung der Sinneserlebnisse. »Die Wucht der praktischen Umgestaltungen, welche die wissenschaftliche Bewältigung der Natur durch den Verstand ermöglicht hat, verwandelt, ja zerstört heute immer mehr die primäre ptolemäische Welt unseres Erlebens, und die Gefahr ist riesengroß, daß von vielen Menschen nur noch diese technische Art der Bewältigung ganz ernst genommen werden kann . . .« (S. 25). In seinem leidenschaftlichen Eintreten für die »Einheit unserer Natur« (S. 26) kann sich Portmann nicht entschließen, auf eine Kategorie wie die des »Grundmenschen« (S. 28) zu verzichten, wennschon er zugeben muß, daß sich der an sich natürliche Prozeß des »Herauswachsens aus der primären Welt in eine sekundäre« heute »von Grund auf geändert« hat (S. 29). Der Aufsatz endet deshalb notwendig in dem Appell, die primären Lebensformen des »ptolemäischen« Menschen »zu fördern und zu bewahren« (S. 29), und mit der Warnung vor einer Welt, »in der wir von lauter Dingen umstellt sind, die wir alle selber gemacht haben« (S. 30).

II. Traditionalismus und Konservatismus

Die Unterscheidung beider Begriffe stammt von Karl Mannheim[1] und wird von den meisten Autoren bis heute beibehalten[2]. Der Konservatismus ist nach der Trennung, die Karl Mannheim vornimmt, eine der Moderne zugehörige Denkrichtung. Von einem konservativen Denkstil im Sinne einer einheitlichen Strömung der modernen Denkgeschichte könne man erst in dem Augenblick sprechen, in dem es Konservatismus als geprägte politische und geistige Strömung wirklich gibt, in der Moderne nämlich[3]. Von diesem historischen Begriff des Konservatismus unterscheidet Mannheim den anthropologisch-psychologischen Sachverhalt des Traditionalismus[4], den er so definiert: »Es gibt eine allgemein menschliche seelische Veranlagung, die sich darin äußert, daß wir am Althergebrachten zäh festhalten und nur ungerne auf Neuerungen eingehen. Man hat diese Eigenschaft auch ›natürlichen Konservatismus‹ genannt. Wir ziehen es aber vor, diesem verfänglichen Worte ›natürlich‹ aus dem Wege zu gehen, und verwenden zur Bezeichnung dieser allgemein menschlichen Eigenschaft den von Max Weber mit Vorliebe verwen-

1 Karl Mannheim: Das konservative Denken. In: Archiv für Sozialwissenschaft und Sozialpolitik 57 (1927), S. 71 ff. Wiederabgedruckt in: derselbe: Wissenssoziologie. Auswahl aus dem Werk, eingel. und hrsg. von Kurt H. Wolff. Berlin und Neuwied 1964. S. 408 ff.
2 Vgl. für viele: Sigmund Neumann: Die Stufen des preußischen Konservatismus. Berlin 1930. Neudruck Vaduz 1965. S. 69 (Historische Studien H. 190); Friedrich Meinecke: Die Entstehung des Historismus. (1936). Hrsg. und eingel. von Carl Hinrichs. München 1959. S. 285 ff., 307 f., 342, 353 (Werke Bd. 3); Hans Mühlenfeld: Politik ohne Wunschbilder. München 1952. S. 184 ff.; Peter Richard Rohden: Die politische Gedankenwelt der Neuzeit in ihren weltanschaulichen Grundzügen. In: Archiv für Politik und Geschichte 3 (1924), S. 327 f. (= 2. Jahr, 2. Teil); Klaus Epstein: The genesis of German conservatism. Princeton N. J. 1966. S. 18 ff., 21, 65.
3 Mannheim: Konservatives Denken S. 71 f. (s. oben Anm. 1).
4 Der Begriff hat in dem Sprachgebrauch Mannheims nichts mit irgendeiner der historisch bekannten Traditionalismen oder Traditionalisten (etwa den französischen Traditionalisten) zu tun.

deten Ausdruck: *Traditionalismus*.«⁵ Mannheim begreift nun (ähnlich wie Jan Romein sein A. M. M.) den Traditionalismus auf der einen Seite als Vorform des historischen Konservatismus, zugleich aber als seinen anthropologisch-strukturellen Ursprung: »Daß der Traditionalismus zum Konservatismus wurde, d. h. daß er, anstatt wie vorher, eine in allen Individuen mehr oder minder lebendige formale Haltung zu sein, zum Strahlungszentrum, zum treibenden Keime einer ›Bewegung‹ wurde, die in ihren geistigen und seelischen Gehalten einen bestimmten ... Strukturzusammenhang aufweist, liegt daran, daß unmittelbar vorher das ›Fortschrittswollen‹ in einer ähnlichen Weise zu einer ›Strömung‹ mit einem eigenen Strukturzentrum geworden war. Der Traditionalismus war noch eine in jedem schlummernde Tendenz, die sich ihrer selbst keineswegs bewußt ward, die ferner in dieser ihrer vegetativen Eigenart ursprünglich war; der Konservatismus dagegen ist als Gegenbewegung bereits reflektiv.«⁶ Das Moment der Reflexion also gehört einzig, meint

5 Mannheim: Konservatives Denken S. 72 (s. oben Anm. 1). – Max Weber war es nicht um den von Mannheim intendierten Unterschied zu tun, sondern um eine Legitimationsform sozialer Ordnung: »Die Geltung von Ordnungen kraft Heilighaltung der Tradition ist die universellste und ursprünglichste. Angst vor magischen Nachteilen verstärkte die psychische Hemmung gegenüber jeder Änderung eingelebter Gepflogenheiten des Handelns, und die mannigfachen Interessen, welche sich an Erhaltung der Fügsamkeit in die einmal geltende Ordnung zu knüpfen pflegen, wirkten im Sinn ihrer Erhaltung.« Max Weber: Wirtschaft und Gesellschaft. Grundriß der verstehenden Soziologie. 4. Auflage, besorgt von Johannes Winckelmann. 1. Halbband. Tübingen 1956. S. 19. Auch die Stelle, auf die sich Mannheim, Konservatives Denken S. 76, bezieht, gibt kaum her, was er für seine Unterscheidung braucht: »Die Grenze sinnhaften Handelns gegen ein bloß (wie wir hier sagen wollen:) reaktives, mit einem subjektiv gemeinten Sinn nicht verbundenes, Sichverhalten ist durchaus flüssig. Ein sehr bedeutender Teil alles soziologisch relevanten Sichverhaltens, insbesondere das rein traditionale Handeln ... steht auf der Grenze beider.« Weber: Wirtschaft und Gesellschaft 1. Halbband S. 2. Einer der wenigen, welche die durch Max Weber inaugurierte und von Mannheim systematisierte Unterscheidung von Traditionalismus und Konservatismus nicht übernehmen, ist Franz Schnabel: »... die auf Max Weber zurückgehende Unterscheidung zwischen Traditionalismus und Konservativismus habe ich nicht aufnehmen können, sie fördert die Erkenntnis nicht.« Franz Schnabel: Deutsche Geschichte im 19. Jahrhundert. Bd. 2: Monarchie und Volkssouveränität. 2. Auflage. Freiburg i. Br. 1949. S. 376, Anm. S. 18.

6 Mannheim: Konservatives Denken S. 78 (s. oben Anm. 1). Max Weber legt diese Ausweitung seiner begrifflichen Unterscheidung in keiner Weise nahe. Ihm

Mannheim, auf die Seite des historisch-konservativen Denkens, wogegen der Traditionalismus nur die Möglichkeit einer gewissen Reaktion in sich birgt. Diese repressive Tendenz erreicht aber nicht das Bewußtsein, sondern ist als ein natürliches, aus dem Quell uralter Gewohnheit fließendes Sichbehaupten zu begreifen.

Ist die Unterscheidung von Traditionalismus und Konservatismus für sich schon problematisch, weil die Grenze zwischen anthropologisch-struktureller [7] und historischer Betrachtung [8] methodisch verwischt wird, so wird die Situation völlig undurchsichtig, wenn Mannheim (wie übrigens auch die meisten seiner Nachfolger) innerhalb des Konservatismus selbst noch eine Unterscheidung trifft, deren Gesichtspunkt das Maß an Reflektiertheit abgibt: Der sogenannte Urkonservatismus ist dem Traditionalismus darin verwandt, daß er nur ein Mindestmaß an Reflexion kennt, wogegen die späteren Formen des Konservatismus eine deutliche reflexive Abhängigkeit vom Gegner erkennen lassen. Über diesen Urkonservatismus sagt Mannheim: »Konservativ (in originärer Weise) erleben, bedeutet also von jenen Erlebniszentren aus zu leben, deren Entstehungsursprung in vergangenen Konstellationen des historischen Geschehens verankert ist, von Erlebniszentren aus, die sich relativ unverändert bis in jene Zeit, in der der moderne Konservatismus sich konstituiert, deshalb hal-

geht es um die Unterscheidung des sinnorientierten vom reaktiven Handeln. Er verläßt damit den Bereich der allgemeinen Soziologie nicht, während Mannheim das, was er unter Traditionalismus versteht, in doppelter Weise beansprucht: einmal als generelles und überdies ›natürliches‹ Verhalten, zum anderen als Vorstufe und Quell des historischen Phänomens konservativen Denkens. Für Max Weber ist der Traditionalismus, als »traditionale« Lebensführung, eben kein dem Konservatismus vergleichbarer Ismus, sondern das objektive Faktum einer über Generationen gleichbleibenden Lebensweise. Es ist ein naives Festhalten am Althergebrachten, nicht ein Behaupten der Tradition im Angesicht bedrohlicher Neuerungen. Bei Mannheim schillert der Sinn von Traditionalismus zwischen der Bedeutung einer generellen soziologischen Kategorie und einer nur in einer bestimmten historischen Epoche anzutreffenden Reaktionsweise.

7 »Der Traditionalismus war noch eine in jedem schlummernde Tendenz, die sich ihrer selbst keineswegs bewußt ward, die ferner in dieser ihrer vegetativen Eigenart ursprünglich war.« Mannheim: Konservatives Denken S. 79 (s. oben Anm. 1).

8 »... der Konservatismus dagegen ist als Gegenbewegung bereits reflektiv: ist er doch gleichsam als eine Antwort auf das ›Sich-Organisieren‹ und Agglomerieren der ›progressiven‹ Elemente im Erleben und Denken zustande gekommen.« Mannheim: ebd.

ten konnten, weil sie in jenen Gebieten und Provinzen des sozialen Werdens ihre Träger hatten, die bis dahin von dem modernen Geschehen noch nicht mitgerissen worden sind. Aus diesen originären Lebenskeimen und Erlebnisformen erhält das konservative Denken seine Fülle und seinen nicht bloß spekulativen Charakter.«[9] Die These einer Transformierung des Traditionalismus in Konservatismus[10] versucht Mannheim am Beispiel des Werkes von Justus Möser zu belegen. In dieser Interpretation Mösers sind ihm viele gefolgt[11]. Wir gehen der Argumentation Mannheims nach, um die Schwierigkeiten und Widersprüche zu zeigen, in die Mannheim mit seinen systematischen Voraussetzungen gerät.

Mannheim sieht Mösers Werk als ein Paradigma des Übergangsstadiums von der formalpsychischen Eigenschaft des Traditionalismus zur historisch-reaktiven Reflexionsbewegung des modernen Konservatismus[12]. Da der europäische Konservatismus zur vollen Reflexionsklarheit erst durch das politisch-einschneidende Ereignis der Französischen Revolution gebracht wurde, Möser diese historische Erfahrung aber nicht gemacht hatte, sondern sich in seiner Kritik an den absolutistischen Zentralismus und gewisse moderne Denkrichtungen hielt, entwickelt Mannheim für Möser eine eigene Kategorie konservativen Denkens, den Urkonservatismus: »Man wäre geneigt, seinen Konservatismus als *Urkonservatismus* zu bezeichnen, wenn man mit diesem Terminus die erste Transformation des bloßen Traditionalismus in einen sich funktionalisierenden Konservatismus benennen darf. Es ist hier nichts von jener Gebrochenheit und Selbstbespiegelung vorhanden, die im romantisierten Konservatismus aufweisbar sind. Es ist eben der Generalangriff, den die französische Revolution gegenüber dem altererbten, althergebrachten Lebensgefühl bedeutet hatte, noch nicht erfolgt. Es ist zunächst das stete Lob der ›guten alten Zeiten‹, das aus seinen Betrachtungen als Leitmotiv herausklingt.«[13] Mannheim zufolge lebte Möser in einer Welt, die

9 Ebd. S. 104.

10 Ebd. S. 83.

11 Vgl. für viele: Reinhold Aris: History of political thought in Germany from 1789 to 1815. London 1936. S. 222 ff., und jüngst noch Epstein: Genesis S. 297 ff. (s. oben Anm. 2).

12 Mannheim: Konservatives Denken S. 73 (s. oben Anm. 1).

13 Ebd. S. 131

er als solche zu erhalten trachtet: »Er geht nicht zurück in die Vergangenheit, sondern er lebt in jenen Resten vergangenen Lebens, die
in der chronologischen Gegenwart noch vorhanden sind. Er lebt in
ihnen und spricht aus ihnen heraus. Die Vergangenheit ist nicht etwas linear hinter ihm Liegendes, sondern ein Mitgegenwärtiges, aber
nicht als Erinnerung und Rückkehr, sondern als Verintensivierung
eines Gehabten, dem nur die Gefahr droht, daß es verschüttet
wird.«[14]

Hier wird offenbar Vergangenheit in zweierlei Sinn gebraucht:
einmal als Mitgegenwart geschichtlicher Herkunft im gegenwärtigen
Leben, zum anderen als die Abgeschlossenheit einer zu Ende gegan-
genen geschichtlichen Epoche, zu der nur die Erinnerung noch eine
Brücke schlagen kann. Die Unterscheidung dieser beiden Vergangen-
heitsformen bedingt für Mannheim die Beantwortung der Frage, ob
der Mösersche Urkonservatismus reflexiv sei oder nicht. Mannheims
Antwort bleibt nicht zufällig zweideutig: Einmal meint er, dieser
Konservatismus befinde sich noch nicht auf der Ebene der Reflexion[15], an anderer Stelle schreibt er dagegen: »Daß dieser Urkonservatismus in Möser überhaupt zur Reflexion gelangt, ist nicht einer
eruptiven Erschütterung zu verdanken, sondern nur dem allmählichen Eindringen ›modischer‹, neuer, aus Frankreich einströmender
Ideen und Lebenseinstellungen. Auch dieser Konservatismus ist reflexiv geworden.«[16] Dieser Widerspruch ist unausweichlich, wenn
man überhaupt versucht, dem reflexiven Konservatismus einen
›Urkonservatismus‹ vorzuordnen, dem das entscheidende Merkmal
der Reflexion fehlt. Die Beispiele, welche Mannheim aus dem Möserschen Werk heranzieht, tragen wenig aus. Mannheim vergleicht
Möser im übrigen ständig mit der deutschen Romantik. Dieser Vergleich läßt Möser als besonnen erscheinen. Und doch zeigen die Beispiele, welche Mannheim aus dem Möserschen Werk auswählt, den
hohen Reflexionscharakter der Möserschen Kritik, so daß Mannheim sogar von methodischen Einsichten spricht, die Möser gewinnt[17]. Trotzdem hält Mannheim an der Behauptung fest, Möser

14 Ebd. S. 133.
15 Ebd.
16 Ebd. S. 132.
17 Ebd. S. 137. Mannheim bezieht sich hier auf Mösers Kritik an der absolutistischen Bürokratie, vgl. Möser: Der jetzige Hang zu allgemeinen Gesetzen und

sei kein Vertreter eines reflexiven Konservatismus, den vielmehr
erst die Erfahrung der Französischen Revolution auf den Plan gerufen habe.

Die folgenden Beispiele aus dem Möserschen Werk sollen zeigen,
daß sich auch vor der großen Erschütterung des politischen, sozialen
und geistigen Lebens durch die Französische Revolution alle Züge
konservativen Denkens versammelt finden und sich besonders das
Phänomen der Reflexion bei Möser deutlich beobachten läßt. Wir
bringen diese Beispiele absichtlich in einiger Ausführlichkeit, geht es
doch bei der hier in Rede stehenden Frage des sogenannten Urkonservatismus um eine Wesensfrage des Konservatismus überhaupt.

Mösers Konservatismus wird am deutlichsten dort, wo er sich gegen den gleichmacherischen Zug des Absolutismus wendet. Der Absolutismus hat besonders durch seine Verwaltungsreform tief in das
soziale Gefüge altüberkommener Gewohnheiten, Rechte und Institutionen eingegriffen. In seinem Aufsatz »Sollte man nicht jedem
Städtchen seine besondre politische Verfassung geben?«[18] beklagt
Möser den gleichmacherischen Zug der staatlichen Verwaltung und
will den Geist der Vergangenheit wieder lebendig machen: »...so
sollte eine Landesobrigkeit diesen Geist zu erwecken, und durch
dienliche Begünstigungen oder Belohnungen zu befördern suchen.
Vielleicht hätten wir dann auch unsre Solonen und Lykurgen. Wir
sehen täglich, was für große Dinge Innungen, Gesellschaften, Brüderschaften und dergleichen Verbindungen schaffen können. Was kann
uns also abhalten, die Menschen mit diesem Faden zu ihrem Besten
zu leiten? Wie angenehm würde es nicht für Reisende sein, auf jeder
Station gleichsam eine besondere Art von Menschen zu sehen, und in
jedem Hafen ein neues Otaheiti zu finden! Wie viele Philosophen
würden nicht reisen, um das mannigfaltige Kunstwerk, den Menschen, zu sehen.«[19] Dies sind ausgesprochen restaurative Klänge,
wie wir sie bis in unsere Zeit hinein beim Konservatismus kennen,
nicht aber, wie Mannheim annimmt, ein naives, unreflektiertes Festhalten am alten. Die Welt, die Möser beschwört, gab es zu seiner

Verordnungen ist der gemeinen Freiheit gefährlich. Sämtliche Werke Bd. 2. Hrsg.
von J. W. J. v. Voigts. Berlin 1858. S. 20 ff.

18 Justus Möser: Sämtliche Werke Bd. 3. Hrsg. von J. W. J. v. Voigts. Berlin
1868. S. 67 ff.

19 Ebd. S. 72.

Zeit bereits nicht mehr. Möser ist ein Kulturkritiker im vollen reflexiven, häufig schon romantischen Sinn des Wortes. Er analysiert seine Zeit als die Zeit des Verfalls und orientiert sich bereits streckenweise am Mittelalter, wenn er Erscheinungen geißelt, die schon vor der Französischen Revolution für modern galten: »In dieser schrecklichen Vermischung, meine Freunde, worin das Kleid überall den Mann macht, und das Geld mehr gilt als eigner Herd; wo die Ehre, seine Obrigkeit zu wählen, und zu Gesetzen und Steuern seine Bewilligung zu ertheilen, kaum noch erkannt wird; wo keine Ehrenstellen in der Kirche, keine Ehrentänze auf Hochzeiten, keine Kronen freigeborner Bräute, keine schwarze Kleider an Feiertagen und überall keine bürgerliche Würden dem Staate wie ehedem zu statten kommen; wo der geldreiche Mann sich Adel und Titel kauft... in dieser schrecklichen Vermischung, sage ich, ist uns eine schleunige Hülfe nöthig, oder es ist Alles verloren. Die Ehre, diese mächtige Triebfeder der menschlichen Handlungen, wird uns zu nichts mehr dienen, die edle Liebe zum Eigenthum wird verschwinden; die Belohnungen aller Verdienste werden zum Nachtheil des Staates beständig mit Gelde geschehen müssen...«[20]

Das Gegenmittel, welches Möser empfiehlt, kann sich auf eine alte konservative Tradition berufen. Es ist die Ehre. Die Weise, in der Möser die alte virtu erneuern will, ist beinahe konservativ-revolutionärer Natur und entspricht übrigens genau dem, was Novalis wenig später vorschlägt. Möser empfiehlt, »daß wir uns von unserm Landesherrn eine Uniform erbitten, und dieselbe zur Ehrentracht für alle diejenigen machen, welche im gleich rühmlichen Verhältnisse zum gemeinen Besten steuern, und sich als ehrenhafte Männer betragen. Anfänglich wird es euch zwar als eine neue Art von Sclaverei vorkommen, die vorgeschriebene Farbe eines Herrn zu tragen, oder der edlen Freiheit zu entsagen, eine Kleidung nicht mehr nach eignen Gefallen wählen zu können. Vielleicht denket ihr auch wohl..., daß ihr dieser Uniform nicht das Ansehen erwerben würdet, ohne welche dieselbe eher für eine Erniedrigung als Erhebung gelten dürfte. Allein... (es) wird weiter nichts als ein kühner Entschluß nöthig sein, um euch über jene schwache Vorurtheile hinwegzusetzen.«[21]

20 Justus Möser: Die Vortheile einer allgemeinen Landesuniform, declamirt von einem Bürger. Sämtliche Werke Bd. 2. S. 64 (s. oben Anm. 17).
21 Ebd. S. 65 f. Novalis schreibt 1798: »Ein großer Fehler unserer Staaten

Um die Parallele zu derartigen, uns heute geläufigen Integrationsversuchen vollkommen zu machen, versieht Möser seinen Vorschlag mit einer wesentlichen Ergänzung: »Freilich wird es nicht geschehen können, ohne daß der Fürst selbst zu Zeiten diese Uniform anlegt, solche alle seine hohen und niedrigen Civilbedienten tragen läßt, und den obersten Mann von euch bei Gelegenheit seiner Tafel würdiget.«[22]

Beispiele dafür, daß Möser durchaus nicht der Verteidiger des Bestehenden zu seiner Zeit, sondern ein Konservativer im Sinne rückwärts gewandter Reflexion ist, sich in seiner Kritik der Gegenwart auf eine längst entschwundene Zeit beruft und Ideen zur Wiederherstellung entwickelt, die geradezu konservativ-revolutionäre Züge tragen, ließen sich beliebig vermehren. Besonders ist hier auf Mösers konservative Inanspruchnahme der Religion zu verweisen. Möser tritt für die Stützung aller religiösen Einrichtungen und Bräuche ein, aber unter dem Gesichtspunkt der Religion als »dem besten Hausmittel«, wie es der Titel einer seiner Aufsätze formuliert[23]. Möser ist gegen die Abschaffung der Kirchenbuße, aber nicht aus theologischen Gründen, sondern aus politisch pragmatischen. Dasselbe gilt für die Ohrenbeichte, der er gleichzeitig den politischen Sinn einer Ergänzung der Geheimpolizei beimißt[24]. – Gegen die zu seiner Zeit aufkommende Impfmethode wendet er sich mit dem Argument, eine Verminderung der Säuglingssterblichkeit könne weder von Gott noch von der Natur gewollt sein und brächte den sozialen Haushalt durcheinander: »Nun, mein liebes Kind! ich will nichts

ist es, daß man den Staat zu wenig sieht. Überall sollte der Staat sichtbar, jeder Mensch als Bürger characterisirt seyn. Ließen sich nicht Abzeichen und Uniformen durchaus einführen? Wer so etwas für geringfügig hält, kennt eine wesentliche Eigenthümlichkeit unsrer Natur nicht.« Novalis: Glauben und Liebe oder Der König und die Königin. Schriften Bd. 2: Das philosophische Werk I. Hrsg. von Richard Samuel u. a. Stuttgart 1960. S. 489.

22 Möser: Vortheile. Werke Bd. 2. S. 66 (s. oben Anm. 20). Die Parallele, die Hans Baron zwischen Möser und Rousseau zieht, gilt also auch für diese ersten Anzeichen einer totalitären Politik. Vgl. Hans Baron: Justus Mösers Individualitätsprinzip in seiner geistesgeschichtlichen Bedeutung. In: Historische Zeitschrift 130 (1924), S. 39.

23 Justus Möser: Die Religion, das beste Hausmittel. Sämtliche Werke Bd. 5. Hrsg. von B. R. Abeken. Berlin 1843. S. 71.

24 Ebd. S. 265 f.

mehr dagegen sagen; laß deinem Dutzend Kinderchen je eher je lieber die Blattern geben; alle meine Wünsche stehen dir dabei zu Dienste, und zwar von ganzem Herzen. Aber siehe auch hernach zu, wie du deine acht Mädchen an den Mann bringest. Denn das will ich dir wohl im voraus sagen, daß kein einziges davon sterben werde; unsre Aerzte verstehen das Ding viel zu gut, und sind viel zu glücklich, um dir auch nur eine einzige Aussteuer zu ersparen.«[25]

Der erste, der Mösers konservative Bedeutung richtig eingeschätzt hat, war vermutlich Goethe, der in ›Dichtung und Wahrheit‹ über ihn sich ebenso liebenswürdig wie kritisch äußert: »Sodann erfahren wir gar manches von Gewerben und Handwerken, und wie solche durch Fabriken überflügelt, durch Krämerei untergraben werden; wir sehen den Verfall, als den Erfolg von mancherlei Ursachen, und diesen Erfolg wieder als die Ursache neuen Verfalls, in einem ewigen schwer zu lösenden Zirkel; doch zeichnet ihn der wackere Staatsbürger auf eine so deutliche Weise hin, daß man noch glaubt, sich daraus retten zu können. Durchaus läßt der Verfasser die gründlichste Einsicht in die besondersten Umstände sehen. Seine Vorschläge, sein Rat, nichts ist aus der Luft gegriffen, und doch so oft nicht ausführbar, deswegen er auch die Sammlung ›Patriotische Phantasien‹ genannt, obgleich alles sich darin an das Wirkliche und Mögliche hält.«[26] Goethe beschreibt auf exakte Weise ein wesentliches Merkmal konservativen Denkens: Die kulturkritischen Einsichten des Konservativen, sein deutlicher Aufweis und Nachweis der Verfallssituation trügen leicht darüber hinweg, daß manche dieser Analyse korrespondierende Restaurationsversuche phantastischen Charakter tragen und gerade an der Wirklichkeit vorbeigehen, die das Thema der konservativen Besinnung ist[27].

25 Justus Möser: Also sollte man die Einimpfung der Blattern ganz verbieten. Sämtliche Werke Bd. 4. Hrsg. von J. W. J. v. Voigts. Berlin 1842. S. 63 f.
26 Johann Wolfgang von Goethe: Werke. Hrsg. von Erich Trunz. Bd. 9. 5. Auflage. Hamburg 1964. S. 597.
27 In der Nachfolge Goethes hat es eine Reihe von Autoren gegeben, die den echt konservativen, d. h. reflektiven und restaurativen Charakter des Möserschen Werkes erkannten. So nennt Carl Mennicke die ›Patriotischen Phantasien‹ in einer glücklichen Wendung die »Unzeitgemäße Betrachtung des 18. Jahrhunderts« und schreibt: »Diese Gedanken sind ... wie ein Notruf. Aber es ist ein Notruf, dessen Wellenlänge gleichsam auf den geistigen Antennen der Zeit nicht vorgesehen ist. Die waren auf den Empfang ganz anderer Signale eingerichtet.« Carl

Mannheims Versuch, die Existenz eines Urkonservatismus, der dem historischen Erscheinen des modernen Konservatismus als ontologische Bedingung vorausläge, am Beispiel Mösers zu begründen, mußte scheitern. Dabei ist nicht so wichtig, daß Mannheim sich in der Ortsbestimmung des Möserschen Werkes irrte und ihm einen Platz anwies, der historisch längst überholt war. Auch das Übersehen der stark reflexiven Argumentationsweise Mösers mag für sich genommen wenig besagen. Der eigentliche Fehler liegt in der Voraussetzung, die Mannheim an das Mösersche Werk heranträgt, eben der Vorstellung eines Urkonservatismus. Einen solchen Urkonservatismus gibt es nicht. Es gibt kein dem historischen Phänomen Konser-

Mennicke: Sozialpädagogische Entwürfe im 18. Jahrhundert. In: Zeitschrift für Pädagogik. 1. Beiheft. Herman Nohl zum 80. Geburtstag. Beiträge zur Menschenbildung. Weinheim/Düsseldorf 1959, S. 42, 44. Hans Freyer spricht von Mösers »prächtigem Haß gegen den Fortschrittsdusel des Zeitalters« und seiner »Liebe zum Mittelalter«. Hans Freyer: Die Bewertung der Wirtschaft im philosophischen Denken des 19. Jahrhunderts. Leipzig 1921. S. 31. Und Carlo Antoni sagt zu Recht, Möser habe »die erste Kritik am Kapitalismus und die erste Idealisierung des Mittelalters« gegeben. Carlo Antoni: Der Kampf wider die Vernunft. Zur Entstehungsgeschichte des deutschen Freiheitsgedankens. Aus dem Italienischen. Stuttgart 1951. S. 136 f. Auch Friedrich Meinecke erkennt Mösers Sehnsucht nach idealisierter Vergangenheit. Meinecke: Historismus S. 312 ff. (s. oben Anm. 2). Hans Kohn rückt Möser am dichtesten an die Romantiker heran, wenn er schreibt: »Viele von den Dingen, die später von der historischen Schule der Französischen Revolution und dem Rationalismus zum Vorwurf gemacht wurden, konnte man schon in Mösers Konservatismus finden. Er neigte dazu, aus dem Alter der Mißstände ihre Unabänderlichkeit zu schließen und jede alte Usurpation mit dem Mantel der Rechtmäßigkeit zu umkleiden. Der peinliche Beobachter des täglichen Lebens, der Menschen und der Kompliziertheit des staatlichen Lebens in seinem Geburtslande predigte einen engherzigen romantischen Traditionalismus...« Hans Kohn: Die Idee des Nationalismus. Ursprung und Geschichte bis zur Französischen Revolution. Aus dem Amerikanischen. Frankfurt a. M. 1962. S. 405. In die Nähe der kulturkritischen Position Rousseaus rückt ihn Hans Baron. Baron: Individualitätsprinzip S. 31 ff. (s. oben Anm. 22). Ebenfalls in die Nähe der Romantiker rückt ihn Gustav Adolf Walz, der schreibt: »Wenn man Herder, Hamann, Jacobi als die philosophischen Romantiker des 18. Jahrhunderts zu bezeichnen pflegt, so muß Justus Möser in allererster Linie unter diese Romantiker gerechnet werden. Er ist Romantiker nach System. Er hat alle die einzelnen romantischen Staatsdoktrinen längst mit Begeisterung vertreten, ehe die Frühromantiker noch das Licht der Welt erblickt hatten.« Gustav Adolf Walz: Die Staatsidee des Rationalismus und der Romantik und die Staatsphilosophie Fichtes. Berlin–Grunewald 1928. S. 280.

vatismus zugrunde liegendes unhistorisches Beharren, das man, im Sinne einer menschlichen Anlage oder Eigenschaft, als Motor für einen plötzlich reflexiv werdenden Konservatismus annehmen dürfte. Der Konservatismus ist wie der Liberalismus, der Sozialismus und andere Ismen eine historische Bewegung, und seine Ursprünge sind wie die aller politischen Richtungen historisch bedingt. Diese seine historische Verhaftung wird in den nächsten Kapiteln zu zeigen sein. Dabei wird sich erweisen, daß die Frage, wer von beiden eigentlich moderner sei, der Liberalismus oder der Konservatismus, nicht so leicht zu entscheiden ist, wie Mannheim und diejenigen, die sich seinem Schema Traditionalismus – Konservatismus anschließen, meinen. Von der anthropologischen Annahme einer allgemein konservativen Anlage her jedenfalls öffnet sich kein Weg zum Verständnis des modernen Konservatismus und seiner Theorie.

Auf dem Wege zu einer kritischen Theorie des konservativen Denkens werden wir immer wieder der konservativen Vermutung eines ihm vorausliegenden Urkonservatismus begegnen. Dieses Axiom gehört zum Kern der konservativen Ideologie selbst und hat viele Verästelungen und Argumentationsmodi, so daß es einiger Geduld bedarf, im Nachgehen dieser Abwege ein zutreffendes Verständnis des Konservatismus freizulegen und eine Theorie seines Denkens zu entwickeln. Das folgende Kapitel behandelt unter einem ein wenig verschobenen Aspekt noch einmal dasselbe Problem des sogenannten Traditionalismus, jenes angeblich heilen, von keiner Reflexion berührten Kernes einer konservativen Natur im Menschen. Dieser Aspekt betrifft die behauptete Irrationalität des Konservatismus, wie sie sich ausnahmslos bei allen konservativen Theoretikern findet.

III. Die Gleichursprünglichkeit von Konservatismus und Rationalismus

Der Konservatismus hat sich stets als Gegner des Rationalismus verstanden, und wenn immer es eine Definition gibt, über die wenig Streit sein kann, so ist es diese Gegnerschaft. Der Konservatismus fußt seinem eigenen Selbstverständnis zufolge im Unterschied zum Rationalismus auf Anschauung und Erfahrung statt auf Spekulation und Theorie, sein Wissen ist ein ›instinktives Wissen‹, ein ›natürliches Denken‹, in dem sich die ursprüngliche Lebendigkeit des menschlichen Daseins selbst ausspricht[1]. Die Folge dieses irrationalen Selbstverständnisses ist, daß jeder über die Antirationalität des Konservatismus hinausgehende Definitionsversuch an eben diesem Selbstverständnis scheitern muß: »Der unmittelbare Erlebniskern des konservativen Denkens kann rational begrifflich nicht vollkommen erfaßt werden. Jede rational-begriffliche Darstellung des Konservatismus steht sogar immer wieder in Gefahr, der progressistischen Ideologie eine konservative entgegenzusetzen.«[2] Die größte Sorge, von der jeder konservative Denker bewegt ist, bezieht sich auf diese Gefahr, durch ein eigenes System den Kern der konservativen Haltung zu zerstören. Und doch »hilft kein Argument darüber hinweg, daß einer, der argumentiert, sich eines rationalen, nicht eines irrationalen Vermögens bedient. Mochte auch von intellektueller Anschauung, von genialem Aufschwung, oder irgendeinem andern intuitiven Vorgang gesprochen werden, mittels dessen besondere, dem bloßen Verstande... nicht zugängliche Einsichten gewonnen werden sollten: solange ein philosophisches System prätendiert wurde, war der Widerspruch innerhalb des Systems nicht zu überwin-

---

[1] Hans-Joachim von Merkatz: Die konservative Funktion. München 1957. S. 77 (Konservative Schriftenreihe Bd. 1). Und noch deutlicher: »Der Gegenspieler der systematischen Vernunft, die das ganze Leben der Menschen ihren Prämissen und Deduktionen zu unterwerfen neigt, ist nicht ein anderes, ein Gegensystem. Wahrer Gegenspieler ist vielmehr die Vielfalt des Lebens in seiner natürlichen Ordnung selbst.« Ebd. S. 33.

[2] Gustav E. Kafka: Artikel ›Konservativismus‹ in: Staatslexikon. 6. erw. Auflage. Bd. 4. Freiburg i. Br. 1959. Sp. 1239.

den.«[3] Mit diesen Worten bezeichnet Carl Schmitt den inneren Widerspruch jeder konservativen Theorie, die ein Konservativer selbst in Angriff nimmt. Ähnlich stellt Herbert Marcuse eine fundamentale Zweideutigkeit für die antiliberale Theorie fest: »Während sie einerseits einen ständigen, harten, fast zynischen Realismus fordert, preist sie andererseits die ›ideellen‹ Werte als den ersten und letzten Sinn des Lebens und ruft zur Rettung des ›Geistes‹ auf.«[4]

Nun ist der Begriff ›Irrationalismus‹ an sich vieldeutig und sagt, wie Ernst Troeltsch bemerkt, nicht ebenso wie sein Gegenteil ohne weiteres das, was er meint. »Unter ihm kann sich ein ästhetischer Anarchismus, eine radikale Skepsis, ein grundsätzlicher Pessimismus, ein theologischer Supranaturalismus verstecken. All das aber ist nicht mit ihm gemeint. Er bedeutet einfach die Schranken, auf die der reine Rationalismus stößt und die bei größerer Aufmerksamkeit auf sie ins Ungeheure wachsen.«[5] Der Kern des konservativen Verständnisses von Irrationalität liegt darin, daß sich der Konservatismus mit ihm auf vorrationale Zustände und Bedingungen, Tatsachen und Werte beruft und sich selber als die Auslegung solcher Sachverhalte begreift. Der Ton wäre also von irrational auf vorrational zu legen, geht es dem Konservativen doch um die Verteidigung von Grundtatsachen des Lebens, die, wie er meint, durch Rationalität bedroht werden: »Die Bezeichnung der gemeinten Daseinsbestände bedarf offenbar erst der anschaulichen Gegenüberstellung zur konkreten, in das Erlebnis und die Erfahrung von Zeit und Raum eingebetteten Verlustsituation, um weithin wirksame Überzeugungskraft zu gewinnen.«[6] Damit ist ein Weiteres gesagt und notwendig eingeschlossen: Der Rationalismus zwingt den Konservatismus gegen seinen Willen zu einer rational-verteidigenden Selbstauslegung und also dazu, die Waffen des Gegners im Kampf gegen ihn zu gebrauchen.

3 Carl Schmitt: Politische Romantik. 2. Auflage. München 1925. S. 99.

4 Herbert Marcuse: Der Kampf gegen den Liberalismus in der totalitären Staatsauffassung. In: Zeitschrift für Sozialforschung 3 (Paris 1934), S. 182. Neudruck: Herbert Marcuse: Kultur und Gesellschaft I. Frankfurt a. M. 1965. S. 41 (edition suhrkamp 101).

5 Ernst Troeltsch: Konservativ und Liberal. In: Die christliche Welt 30 (1916), Sp. 661.

6 v. Merkatz: Konservative Funktion S. 76 (s. oben Anm. 1).

Nun lassen sich in der Geschichte des Geistes häufiger Situationen beobachten, in denen die Waffen des Angreifers die Kampfesweise entschieden. Aber auch unter Voraussetzung dieser allgemeinen Einsicht zeigt das Verhältnis von Konservatismus und Rationalismus noch seine eigene Schwierigkeit. Der Konservatismus nämlich benutzt die Waffen des Gegners mit einem doppelt schlechten Gewissen, einmal, weil es die Waffen des Gegners sind, zum anderen, weil diese Waffen überhaupt das Charakteristikum des Gegners ausmachen, ihn in seinem Kern bezeichnen. Trotzdem muß der Konservatismus versuchen, seine vorrationale Position rational auszulegen. Peter Richard Rohden hat dieses Dilemma im Auge, wenn er von einer speziellen Diskrepanz zwischen dem ursprünglichen Lebensgefühl und der ihm von außen aufgenötigten Denkform spricht[7]. Der Eindruck des Unechten bei konservativen Theoretikern entstehe erst durch die paradoxe Art, wie sie ihre Gedanken schriftlich ausdrücken. Der Konservatismus versuche, den rationalistischen Sündenfall wieder ungeschehen zu machen, indem er sein irrationales Lebensgefühl durch den Filter des Rationalismus treibt[8]. Rohden hält als konservativer Theoretiker diese paradoxe Situation des Konservatismus für der Sache angemessen: Die »einzige Möglichkeit, diesen Götzen zu stürzen, lag also darin, ihm seine Denkmethoden abzulernen und in dieser stilistischen Maskerade das entgegengesetzte Lebensgefühl gleichsam als Kontrebande einzuschmuggeln«[9]. Rohden sieht, daß die konservative Argumentation auf diese Weise leicht den Geruch des Sophistischen annimmt. Aber das scheint ihm ein geringer Preis, wenn es gelingt, die überlieferte Terminologie und Denkweise des Rationalismus so zu benutzen, daß sie den Gedanken hergibt, welcher der konservativen Mentalität entspricht und diese ausdrücken soll[10].

Alle konservativen Schriften atmen den Geist des Rationalismus,

7 Peter Richard Rohden: Deutscher und französischer Konservatismus. In: Die Dioskuren. Jahrbuch für Geisteswissenschaften. Hrsg. von Walter Strich. Bd. 3. München 1924. S. 128.

8 Ebd. S. 129.

9 Ebd. S. 130.

10 Peter Richard Rohden in seiner Einführung zu: Joseph de Maistre: Betrachtungen über Frankreich. Über den schöpferischen Urgrund der Staatsverfassungen. Berlin 1924. S. 23 (Klassiker der Politik Bd. 11).

den sie bekämpfen. Das Gesetz der Reflexion wirkt von Anbeginn und bestimmt die gesamte Geschichte dieses imponierenden Versuches, eine irrationale Theorie zustande zu bringen. Glaubte Peter Richard Rohden, es sei möglich, den Rationalismus, nachdem dieser sich gewissermaßen im Gehirn des konservativen Theoretikers eingefilzt habe, dadurch zu überwinden, daß des Konservatismus »gesamter Denkrhythmus sich... zu einem Wechselstrom zwischen dem Einsaugen und Wiederausstoßen dieser feindlichen Ideenwelt gestaltet«[11], so erweist sich dieser Glaube selber als eine konservative Wunschvorstellung. Die konservative Theorie zeigt vielmehr eine andere Dialektik: die Dialektik der Aneignung des Fremden als des eigenen Wesens.

Aus der Paradoxie konservativer Selbstauslegung als irrationaler Rationalität ist nur herauszukommen, wenn man den Konservatismus als vom Ursprung an rational begreift, d. h. als seinem Gegner nicht nur im nachhinein durch die Übernahme der angreiferischen Waffen ähnlich, sondern von Anbeginn und aus derselben Wurzel stammend[12]. Die Erkenntnis, daß sich alle irrationalistischen Gegenbewegungen innerhalb des Terrains abspielen, das die Aufklärung erobert hat[13], beginnt sich allmählich durchzusetzen. Der Grund dafür liegt in dem Abstand, den wir zu dem bis vor wenigen Jahrzehnten so unversöhnlich scheinenden Gegensatz zwischen Fortschritt und Beharrung gewonnen haben. Der Philosophie ist die dialektische Verbindung der beiden Gegner seit Hegel längst bekannt[14], und in gewisser Weise war den Konservativen der deutschen Frühromantik dieser Gedanke vertrauter als den Epigonen in unserem Jahrhundert.

11 Rohden: Konservatismus S. 130 (s. oben Anm. 7)

12 Wie bei einem solchen Ansatz der Irrationalismus des konservativen Denkens, der natürlich nicht bestritten wird, auszulegen ist, dieser wichtigen Frage werden wir noch ausführlich nachzugehen haben. Denn natürlich kann man nicht einfachhin behaupten, der Irrationalismus sei ein Rationalismus, sondern es gilt, die Gegenposition des Irrationalismus innerhalb des modernen Rationalismus sorgfältig herauszuarbeiten.

13 Arnold Gehlen: Sozialpsychologische Probleme in der industriellen Gesellschaft. Tübingen 1949. S. 21 (Schriftenreihe der Akademie Speyer 2).

14 Vgl. Joachim Ritter: Hegel und die französische Revolution. Köln und Opladen 1957. S. 30 (Arbeitsgemeinschaft für Forschung des Landes Nordrhein-Westfalen. Geisteswissenschaften. H. 63).

Hans-Georg Gadamer sieht genau diesen Punkt, wenn er allgemein über das Verhältnis von Aufklärung und Romantik sagt: »Nun ist freilich der Fall der romantischen Kritik an der Aufklärung kein Beispiel für die selbstverständliche Herrschaft von Tradition, in der sich das Überkommene ungebrochen durch Zweifel und Kritik bewahrt. Es ist vielmehr eine eigene kritische Besinnung, die sich hier der Wahrheit der Tradition erst wieder zuwendet und sie zu erneuern sucht...«[15] Aufklärung und Romantik entspringen beide der Distanz, welche der reflexive Geist seit dem 17. Jahrhundert zwischen sich und die Welt der Natur wie der Gesellschaft gelegt hatte. Beide, fortschrittsbesessene Aufklärung und traditionsbeschwörende Beharrung, haben die Naivität eines unreflektierten Einverständnisses mit der Welt fahrengelassen.

Diese Einsicht zwingt dazu, den Konservatismus im Umweg über seinen definitorischen Gegner, den aufklärerischen Rationalismus, zu bestimmen. Konservative Selbstdarstellungen enthalten zwar stets eine Kritik am Rationalismus, lassen aber selten die Dialektik ihrer Abhängigkeit von ihm erkennen: Stets wird zunächst der Gegner vorgeführt mit seinem mehr oder weniger kompletten Programm. Dann werden die Punkte dieses Programmes widerlegt. Die positive Darstellung der konservativen Philosophie erschöpft sich dann meist in wenigen allgemeinen Bemerkungen[16]. Der Versuch, die Inhalte des Konservatismus in direktem Zugriff zu gewinnen, scheitert. Zwar gibt es eine Fülle meist unzusammenhängender Begriffe und Werte, für die wir oben[17] einige beispielhaft angeführt haben und hier nur die wichtigsten nennen: Religion, Autorität, Sitte, Heimat, Familie, Volk, Boden; und: Tradition, Kontinuität, Werden, Wachsen, Natur, Geschichte; und endlich: Sein, Organismus, Leben, Ewigkeit. Eine spezifisch konservative Beanspruchung

15 Hans-Georg Gadamer: Wahrheit und Methode. Grundzüge einer philosophischen Hermeneutik. 2. Auflage. Tübingen 1965. S. 265.

16 Vgl. für viele den Aufbau des Kapitels »Konservativ« bei Moeller van den Bruck: Das dritte Reich, das eher eine kritische Darstellung des Liberalismus und Sozialismus enthält als eine positive Darstellung dessen, was Moeller unter konservativ versteht (Hrsg. von Hans Schwarz. 3. Auflage. Hamburg 1931. S. 187 ff.). Dasselbe gilt für die jüngste konservative Theorie unserer Zeit, das Buch von Hans Mühlenfeld: Politik ohne Wunschbilder. Die konservative Aufgabe unserer Zeit. München 1952.

17 S. oben S. 35 f.

dieser Inhalte aber kann nicht ohne weiteres gelingen, weil diese Werte an die Erfahrung ihres Verlustes gebunden sind[18]. Das sinnstiftende Prinzip, das den verschiedenen, zunächst keineswegs sinnhaft verbundenen konservativen Inhalten zugrunde liegt, ist geradezu der Verlust ihrer Selbstverständlichkeit. Es gilt somit diese Verlustsituation aufzusuchen, um den Schlüssel in die Hand zu bekommen, der die sinnhafte Verbindung aller konservativen Inhalte erst aufschließt.

Der Moment des Verlustes also ist der Moment der Entdeckung, der Erkenntnis konservativer Werte und Forderungen. Indem der Rationalismus sich gegen bestimmte Traditionen und Autoritäten wandte, schuf er sie gleichsam als Werte für den Konservatismus. Der Konservatismus bleibt in seiner Verteidigung solcher Inhalte eng an die Situation ihrer Entdeckung gebunden. Der Katalog sogenannter konservativer Inhalte ist deshalb ebenso umfangreich wie die Angriffspunkte des aufklärerischen Rationalismus.

Jede Bestimmung des konservativen Denkens muß an dem Punkte ansetzen, an dem es entspringt: bei der rationalistischen Kritik der Inhalte, durch die diese gleichursprünglich und gleichzeitig zu Werten der konservativen Philosophie werden. Mit dieser Verfahrensweise, den Konservatismus an seinem definitorischen Gegner und nicht aus sich selbst heraus zu bestimmen, begeben wir uns in deutlichen Gegensatz zu den meisten konservativen Theoretikern. Sie bestreiten nämlich, daß erst durch die rationalistische Kritik die Werte, für die sie eintreten, allererst entstehen, und behaupten statt dessen ihre Ewigkeit. Ein Inhalt, den ich in der Reflexion überhaupt erst gewinne, läßt die Behauptung nicht zu, er sei durch alle Zeit hindurch derselbe, da er durch die Reflexion selber in dem Maße verändert wird, in dem ich mich in der Reflexion von ihm entferne. Die konservative Ideologie aber versteht sich als Anwalt des Natürlichen im Sinne des von jeher Bestehenden. Durch

18 In diesem Sinne schreibt der Konservative von Merkatz: »Recht oder Eigentum oder Heimat bleiben ebenso wie die übrigen Merkmale der Grundkategorie blasse Abstraktionen, falls sie nicht in ihrem drohenden Verfall hier und jetzt erfaßt und begriffen werden. Was etwa Heimat materiell und ideell, äußerlich und innerlich als Existenzbedingung für den Menschen von heute in Wahrheit ist und bedeutet, wird nur dann völlig einsichtig, wenn man sich Wirkung und Umfang ihres Ausfalls mit allen weitverzweigten Folgen klarmacht.« v. Merkatz: Konservative Funktion S. 76 (s. oben Anm. 1).

sie soll die Stimme des Vergangenen, aber durch alle Zeiten sich Gleichbleibenden zu Wort kommen [19].

Da der Konservatismus jeden Versuch, ihn über den Umweg des Rationalismus zu definieren, abweist, behauptet er stets, er lasse sich weder auf eine Theorie noch auf ein Prinzip bringen, er sei keine Ideologie wie seine Gegner, sondern lebe aus ursprünglicheren, reineren Quellen, die sich letztlich überhaupt nicht historisch, sondern nur ontologisch gewinnen ließen.

Wir meinen dagegen, eine Theorie des Konservatismus versuchen und gewisse Prinzipien seiner Philosophie aufsuchen zu sollen. Auf diese Weise läßt sich auch der ideologische Charakter des Konservatismus nachweisen und zeigen, daß zwischen der vorwärtsgewandten Utopie des Rationalismus und der rückwärtsgewandten Sehnsucht des Konservatismus im Prinzip, d. h. in Ansehung ihrer Ursprünge, Verwandtschaft besteht. Es ist für uns mehr als ein bloßer Kunstgriff, wenn wir uns auf der Suche nach einer Theorie des Konservatismus zunächst dem Rationalismus zuwenden, um bei ihm die Prinzipien für eine solche Theorie zu finden. Peter Richard Rohden meint, der Konservatismus ließe sich »sehr einfach dadurch konstruieren, daß man die Wertvorzeichen des Rationalismus, das plus und minus, in ihr Gegenteil verkehrt. Geht die Revolution von der zeitlichen und logischen Priorität des Individuums aus, so betont der Konservatismus den Wert der überindividuellen Bindung...«[20] Diese sehr einfache Sicht des Problems bringt ihn auch zu einer Interpretation des bekannten Satzes von de Maistre, welche an dem gemeinten Sinn genau vorbeizielt: »Löst man diese funkelnde Antithese in schlichtere Worte auf, so kann man etwa sagen: Der Konservatismus will, was der Revolutionär nicht will; er be-

19 In diesem Sinne verlangt Donoso Cortés »die Wiederherstellung alles dessen, was ewig wahr ist und zur damaligen Zeit auch für wahr gehalten wurde«. Donoso Cortés: Über Mittelalter und Parlamentarismus. Brief an den Redakteur der Revue des Deux Mondes. 1852. In: derselbe: Kulturpolitik. Hrsg. von Josef Hermann Hess. Basel 1945. S. 61 (Anker-Bücherei 1).

20 Rohden: Konservatismus S. 97 (s. oben Anm. 7). Rohden will dem Dilemma eines rationalen Irrationalismus durch einen Kunstgriff entgehen, »den man auf die Formel bringen kann: ›Cherchez l'adversaire!‹«, sieht aber nicht, daß sich mit Hilfe eben dieses Kunstgriffes die Rationalität des Konservatismus selbst beweist. Ebd. S. 95 f.

jaht, was dieser verneint, und umgekehrt.«²¹ Der Satz lautet: »Le
rétablissement de la monarchie, qu'on appelle contre-révolution, ne
sera point une révolution contraire, mais le contraire de la révolution.« Ernst Rudolf Huber gibt den Sinn dieser Wendung genau
wieder, indem er übersetzt: »...die konservative Revolution sei
nicht die Umkehrung der Revolution, sondern das Gegenteil der
Revolution«, von der er richtig sagt, die geistigen Urheber des europäischen Konservatismus verstünden unter ihr »eine Rückkehr in
den wahren Grund der Dinge«²². Das Gegenteil der Revolution
ist für den Konservatismus nicht ihre reaktionäre Beseitigung, sondern ihr Niegeschehensein: Der Konservative will auf eine wahrhaft prinzipielle Weise aus der Reflexionssituation heraus, in die
ihn die rationalistische Fragestellung gebracht hat, will hinter sie
zurück in die alte Ordnung, die er ewig und natürlich nennt. Darum
fühlt er sich in seinem Wesen nicht getroffen, sondern verkannt,
wenn man ihn, wie Rohden, auf schlicht antithetische Weise als eine
Art negativen Rationalismus behandelt. Der Kunstgriff, mit dem
Rohden dem Konservatismus zu Hilfe kommen wollte, erweist sich
somit als ein Bärendienst.

Wir wählen den Weg über den Rationalismus in der Überzeugung, daß nur auf diese Weise so etwas wie eine Theorie des Konservatismus zu gewinnen ist. Natürlich verfehlt eine solche Theorie
in den Augen des Konservativen gerade den angeblichen Ursprung,
das Originäre des Konservatismus. Dem Versuch, konservatives Denken in einer Theorie zu fassen, steht das konservative Selbstverständnis mit seiner Behauptung entgegen, er lasse sich nicht in einem
System einfangen, sondern nur phänomenal beschreiben. In dem Maße, in dem er das Leben selbst in seiner ursprünglichen Totalität zur
Sprache bringe, repräsentierte er es in seiner Mannigfaltigkeit und in
seinem Widerspruch. Wir sind diesem konservativen Selbstverständnis gegenüber skeptisch, begreifen den Konservatismus als Ideologie
und meinen nicht, daß es je einen Urkonservatismus gegeben hat, der
»aus der Rolle des taubstummen Aschenbrödels erlöst« werden müß-
te²³. Der Konservatismus ist vielmehr von seinem definitorischen

21 Ebd. S. 97.
22 Ernst Rudolf Huber: Deutsche Verfassungsgeschichte seit 1789. Bd. 2.
Stuttgart 1960. S. 326.
23 Rohden: Konservatismus S. 98 (s. oben Anm. 7).

Gegner bis in kleinste Details hinein abhängig und deshalb mit dem politischen Rationalismus zusammen einer systematischen Darstellung zugänglich. Ein systematischer Abriß der konservativen Theorie muß sich deshalb stets an dem erklärten Gegner orientieren. Auf diese Weise erscheint der Konservatismus zusammen mit dem politischen Rationalismus als Symptom der revolutionären Epoche[24]. – Wir geben im Folgenden eine knappe Charakteristik der Prinzipien des modernen Rationalismus. Diese Darstellung ist nicht Selbstzweck, sondern soll einer späteren Entfaltung der konservativen Theorie dienen.

24 Vgl. Henry A. Kissinger: The conservative dilemma. Reflections on the political thought of Metternich. In: The American Political Science Review 48 (1954), S. 1017 ff. Kissinger sieht die von uns beschriebene Paradoxie sehr deutlich: »The conservative in a revolutionary period always represents somewhat of an anomaly. Were society still cohesive, it would occur to no one to be a conservative for a serious alternative to the existing structure would be inconceivable.« Ebd. S. 1017.

IV. Der definitorische Gegner:
Prinzipien des modernen Rationalismus

Im Unterschied zum Konservatismus, der es für unmöglich hält, eine Theorie seines Denkens zu entwickeln, schließt der Rationalismus in seiner philosophischen wie politischen Form die Forderung nach einer Theorie ein. Wir stellen die wesentlichen Prinzipien dieses Denkens heraus, ohne damit eine Philosophie aufklärerischen Denkens auch nur in Ansätzen zu versuchen[1]. Da der Inhalt des konservativen Denkens sich wesentlich auf die gegnerischen Positionen gründet, gilt es, diesen Gegner zumindest in seinen Konturen sichtbar zu machen. Eine gewisse Gewähr dafür, daß wir die innere Logik des rationalistischen Gedankensgebäudes nicht verfehlen, bietet übrigens der rationalistische Scharfsinn konservativen Denkens selbst.

1. Zweifel

Das moderne abendländische Bewußtsein entspringt dem Zweifel. Anlaß für jeden Zweifel ist die Entdeckung von Vorurteilen[2]. Vorurteile beruhen auf einer Vertrauenshaltung, die im Glauben an eine Autorität keines Beweises bedarf. Nun haben das Mißtrauen gegen-

1 Wir stützen uns hierbei auf eine bestimmte, durch Heidegger in Gang gebrachte Sichtweise und setzen uns damit vielleicht dem Vorwurf aus, uns selber dem konservativen Ansatz auszuliefern. Diese Kritik müssen wir in Kauf nehmen, da wir das behauptete Dilemma des Konservatismus als immanentes aufweisen wollen. Eine ökonomische, tiefen- oder sozialpsychologische Kritik wird hier nicht vorgelegt (vgl. oben S. 16). Eine von uns teilweise abweichende Darstellung aufklärerischer Philosophie gibt heute vor allem Hans Blumenberg: Die kopernikanische Wende. Frankfurt a. M. 1965 (edition suhrkamp 138); derselbe: Die Legitimität der Neuzeit. Frankfurt a. M. 1966.
2 Vgl. die Darstellung der modernen Zweifelsproblematik bei Gerhard Krüger: Die Herkunft des philosophischen Selbstbewußtseins. In: Logos 22 (1933), S. 225 ff., besonders S. 240 ff. Zum Problem des Vorurteils vgl. Hans-Georg Gadamer: Wahrheit und Methode. Grundzüge einer philosophischen Hermeneutik. 2. Auflage. Tübingen 1965. S. 255 ff.; Hans Barth: Wahrheit und Ideologie. 2. erw. Auflage. Erlenbach–Zürich und Stuttgart 1961. S. 46 ff.; Max Horkheimer: Zum Rationalismusstreit in der gegenwärtigen Philosophie. In: Zeitschrift für Sozialforschung 3 (Paris 1934), S. 1 ff.

über Vorurteilen und der Zweifel gegenüber Glaubenspositionen eine alte Tradition im Abendland. Die antike Form solchen Zweifels war die Skepsis. Diese – im Altertum übrigens hochgeachtete – philosophische Schule verstand unter Skepsis einen Denkvorgang, der bestimmte Behauptungen nach der Devise ›Mag sein, mag nicht sein‹ dergestalt in die Schwebe brachte, daß Wahrheit nicht agnostisch bestritten wurde, sondern für schwer auszumachen galt. Die Erkenntnis der Wahrheit als solche jedoch blieb weiter Ziel der Skepsis als des Suchens nach ihr. Die antike Skepsis war deshalb kein Agnostizismus: Die Voraussetzung von Wahrheit wurde nicht selber in den Zweifelsprozeß hineingezogen [3]. Der Grund dafür liegt in der für griechisches Denken unbezweifelbaren Annahme eines ewigen Kosmos und seiner Gesetze. Der Glaube an diesen Kosmos wurde nie Gegenstand des Entlarvungsprozesses [4].

Der moderne Zweifel dagegen gewinnt seine Radikalität, seine an die Wurzeln gehende Kraft gerade aus dem Mißtrauen in den Grund aller Dinge und des Seins selbst. Ihm fehlt die Einsicht, von der die antike Skepsis stets begleitet war: daß Menschen als Sterbliche dem unsterblichen Kosmos um eben diese Sterblichkeit unterlegen sind und sich somit nicht zum Richter aufwerfen können über Gesetze, die es lediglich anzunehmen und hinzunehmen gilt. Descartes dagegen bezieht sich in seinem Zweifel gerade auf den Grund der Dinge.

Der Beginn der kartesianischen Zweifelsbetrachtung ist durchaus traditionell. Auch die antiken Skeptiker haben an der Wahrheit des sinnlichen Augenscheins gezweifelt. Descartes aber bleibt bei diesem Zweifel nicht stehen, sondern bezweifelt die Sicherheit mathematischer Sachverhalte. Dieser Zweifel ist völlig neu in der Geschichte der Philosophie, ebenso neu [5] wie seine Begründung: es könne ein genius malignus ihn täuschen. Dieser böse Geist wird als allmächtig begriffen, und man hat zu Recht vermutet, daß Descartes mit ihm

3 Eine systematische Entfaltung des skeptischen Suchprozesses findet sich bei Martin Greiffenhagen: Skepsis und Naturrecht in der Theologie Jeremy Taylors (1613–1667). Hamburg 1967 (Theologische Forschung 42).

4 Vgl. Karl Löwith: Skepsis und Glaube. In: Wort und Wahrheit 6 (1951), S. 247 ff.

5 Vgl. Walter Schulz: Der Gott der neuzeitlichen Metaphysik. 2. Auflage. Pfullingen 1959. S. 33 f.

den Gottesbegriff Occams übernommen hat. Wichtiger als dieser historische Hinweis ist der Grund, der Descartes zu der Annahme eines bösen, täuschenden Gottes bringt. Descartes sieht von dem Gott der Tradition ab, sein cogito me cogitare wendet sich gegen alle Transzendenz. Der berühmte Satz zu Beginn der zweiten Meditation begründet das Selbstbewußtsein des modernen Geistes im Gegenschlag gegen eine transzendente Gottesvorstellung und jede Abhängigkeit von einer Macht, die nicht der Mensch selbst ist: »Er täusche mich, so viel er kann, niemals wird er es doch fertig bringen, daß ich nichts bin, solange ich denken werde, daß ich etwas sei; so daß, nachdem derart alles genug und übergenug hin und her erwogen ist, festgestellt werden muß, daß dieser Grundsatz: ich denke, ich existiere, so oft er von mir hervorgebracht oder in Gedanken ergriffen wird, notwendig wahr ist.«[6] Der Zweifel des Descartes aber kommt an diesem Punkt nicht zum Schweigen. Das cogito, das sich scheinbar selbst begründet, zeigt sich in der weiteren Reflexion doch abhängig von etwas, das ihm vorausgeht und es zwingt, sich selbst als dubito zu begreifen: In dem Augenblick, in dem Descartes seinen zweifelnden Geist als den Grund aller in seinem Bewußtsein vorhandenen Ideen entdeckt, stößt er auf die Grenze der eigenen Endlichkeit. Es ist die Grenze, welche die griechische Philosophie für das menschliche Denken von jeher voraussetzte und anerkannte. Gott wird als der Unendliche und Vollkommene wiederum in das Denken einbezogen: »Ich erkenne vielmehr ganz klar, daß die unendliche Substanz mehr Realität enthält als die endliche, daß mithin in gewissem Sinne die Vorstellung des Unendlichen der des Endlichen, d. h. die Vorstellung Gottes der des Ich vorausgeht.«[7] Die Sicherheit des cogito stößt an die Grenze seiner selbst und zeigt jetzt, daß es als endliches Bewußtsein nichts anderes als die Fähigkeit des Zweifelnkönnens ist. Die Sicherheit des Denkens ist nur im Moment des Zweifelns überhaupt erfahrbar. Der Zweifel verweist mich auf meine Endlichkeit, denn könnte ich die Idee der Unendlichkeit und Vollkommenheit, die ich in meinem Bewußtsein finde, aus meinem eigenen Sein begründen, dann wäre ich selbst Gott, das heißt, ich

6 Übersetzung von Walter Schulz, ebd. S. 35.
7 René Descartes: Betrachtungen über die Grundlagen der Philosophie. 3. Meditation. Übersetzt von Ludwig Fischer. Leipzig o. J. S. 60 (Reclams Universal Bibliothek Nr. 2887).

müßte dann in der Lage sein, meine Endlichkeit sofort zu negieren[8].

Die Wendung des Descartes von der scheinbaren Sicherheit des cogito im Sinne eines die Existenz aller Dinge begründenden Selbstbewußtseins zu dem Anerkenntnis der Endlichkeit des Menschen und der Rückgewinnung des Sinnes von cogito als des sich an seiner Endlichkeit stoßenden dubito ist von entscheidender Wichtigkeit: Nachdem der theologische Gottesbegriff fallengelassen ist und mit ihm das Vertrauen in einen geglaubten Grund der Dinge, führt Descartes einen philosophischen Gottesbegriff ein, mit dessen Hilfe er sich selber als endlich bestimmt und der zum – nicht erkannten und nicht zu erkennenden – Grund der Existenz wird. Dieser Gottesbegriff zieht sich durch die gesamte neuzeitliche Metaphysik bis hin zu Heidegger, der in seiner Analyse des Todes das Phänomen der Endlichkeit als Geworfenheit wieder in den Blick rückt und damit auf einen Grund des Daseins verweist, das nicht es selbst sein kann, sondern als Sein in seiner dialektischen Gestalt des Nichts erscheint.

Der Gott des Descartes ist die Bedingung einer Philosophie der Endlichkeit in doppeltem Sinne: An ihm gemessen erfährt der Mensch seine Endlichkeit, und an ihm gewinnt der Mensch Macht zu einer Philosophie der Endlichkeit[9]. Diese Philosophie zwingt den modernen Menschen zu immer weiterer Durchdringung der endlichen Welt. Das in ihr liegende Zweifelsmoment treibt ihn, sich in der zunächst unheimlich gewordenen Welt heimisch zu machen, sie seinem Geiste zu unterwerfen und die Gesetze ihres Seins zu erforschen. Dieser Drang kann seinem eigenen Prinzip zufolge nie zum Ende kommen, sondern ist durch seine Unendlichkeit definiert: Die Frage nach seiner Herkunft und seiner Natur zwingt den modernen Menschen zu immer neuen Entwürfen, welche jedoch ihren Grund stets in der Subjektivität dessen haben, der sich zweifelnd dieser Welt bemächtigt: »Das Wesen des Grundsätzlichen bestimmt sich jetzt aus dem Wesen der ›Subjektivität‹ und durch diese.«[10] Das moderne Denken nimmt deshalb den Charakter der Analyse, des Experimentes und der Herstellung an: Die Sinngebung der Welt

8 Schulz: Gott S. 39 (s. oben Anm. 5).

9 Ebd. S. 55.

10 Martin Heidegger: Nietzsche. Bd. 2. Pfullingen 1961. S. 167; vgl. auch Max Horkheimer – Theodor W. Adorno: Dialektik der Aufklärung. Philosophische Fragmente. Amsterdam 1944. Neudruck Lichtenstein 1955. S. 27 und 39 f.

ist nur möglich durch systematische Neuschaffung, nicht durch phänomenales Verstehen im kontemplativen, dem ›Wesen der Dinge‹ vertrauenden Sinne. Die moderne Philosophie ist zur Schule des Mißtrauens geworden.

2. System

Indem der moderne Geist den Zweifel radikalisiert und als einziges Erkenntnisprinzip beansprucht, wird er systematisch: Der Zusammenstand (systema) der Welt ging in dem Augenblick verloren, in dem das sinnstiftende Prinzip ihres Seins nicht mehr gläubig angenommen, sondern auf dem Wege einer Zweifelsbetrachtung neu gesucht wurde. Die christliche Schöpfungslehre hatte zusammen mit der griechischen Ontologie bisher einen objektiven Sinn der Welt garantiert. Durch die Entdeckung der Heliozentrik und die Bibelkritik fand der Mensch sich aus diesem Schöpfungskonzept verdrängt und zu neuer Orientierung gezwungen. Diese neue Orientierung geschah mit Hilfe eines Prinzips, das von nun an das moderne Denken bestimmen sollte: des Selbstbewußtseins. Mit Hilfe autonomer Reflexion hatte er selbst, der aus dem Zentrum der Welt vertriebene Mensch, diesen für ihn beschämenden Sachverhalt erkannt. Sein Selbstbewußtsein war der Ursprung neuer Orientierung und führte in der Folge zu einer ungeheuren Steigerung seines Selbstgefühls.

Der moderne Mensch verließ nun den Weg jener Erkenntnis, wie sie von den Griechen bis zum Ausgang des Mittelalters geübt wurde: der phänomenalen Auslegung alles Seienden. Das Sein offenbart sich nicht selbst in seiner Wahrheit, sondern bedarf eines systematischen Denkens und des analytisch-experimentellen Zwanges, um sein Wesen preiszugeben. Das systematische Denken ist der moderne Versuch, System in eine Welt zu bringen, die von sich her zunächst keinen Zusammenstand aufzuweisen scheint. Der Zusammenhang der physischen und sozialen Welt muß erst durch ein methodisches, systematisches Denken ans Licht gebracht werden. Dieses neue Denken bedingt eine radikale Bedeutungsänderung des Wortes Theorie [11]. Der moderne Geist fragt jetzt nach der ›Bedingung der Möglich-

11 Vgl. Hannah Arendt: Tradition und die Neuzeit. In: dieselbe: Fragwür-

keit‹ von etwas, d. h. er fragt nach einer möglichen Theorie von Seiendem im Sinne einer Arbeitshypothese, wie sie das Experiment in der Physik bedeutet. Man muß die Phänomene, da sie von sich her schweigen, zum Reden zwingen. Erst der methodische Zugriff des selbstbewußten Geistes bringt sie in ihrer Möglichkeit, und das heißt fortan Wahrheit, zur Existenz. Die Grenze menschlicher Erfahrung ist zugleich die Grenze möglicher Wahrheitserkenntnis, und die Endlichkeit des Menschen bedeutet zugleich die Endlichkeit von Wahrheit überhaupt. Die »Beschaffenheit unseres Anschauungsvermögens« ist der wahre und einzige Maßstab möglicher Erkenntnis [12].

3. Analyse und Herstellung

Modernes wissenschaftliches Denken ist herstellendes Denken. Der instrumentale Charakter moderner Rationalität erklärt sich aus dem Erkenntnisprinzip der Analyse. Wie der Zweifel die Quelle alles Wissens geworden ist, so geht die vorgängige Zergliederung aller systematischen Einsicht voraus: In der Analyse entdecke ich die Gesetze, nach denen die Dinge sich verhalten. Nicht zufällig wird der Begriff der Anatomie zu einem Schlüsselwort moderner Wissenschaft. Um die Natur oder das Wesen einer Sache kennenzulernen, genügt es nicht, sich mit ihrer Gestalt, ihrem Phänomen zu beschäftigen, sondern ich muß ihre Anatomie, d. h. die Weise ihres Zustandegekommenseins, in Erfahrung bringen [13]. Der naturwis-

dige Traditionsbestände im politischen Denken der Gegenwart. Vier Essays. Frankfurt a. M. 1959. S. 43.

12 Vgl. Kants berühmte ›kopernikanische Wendung‹: »Bisher nahm man an, alle unsere Erkenntnis müsse sich nach den Gegenständen richten; aber alle Versuche über sie a priori etwas durch Begriffe auszumachen, wodurch unsere Erkenntnis erweitert würde, gingen unter dieser Voraussetzung zunichte. Man versuche es daher einmal, ob wir nicht in den Aufgaben der Metaphysik damit besser fortkommen, daß wir annehmen, die Gegenstände müssen sich nach unserer Erkenntnis richten ...« Immanuel Kant: Kritik der reinen Vernunft. Nach der ersten und zweiten Original-Ausgabe neu hrsg. von Raymund Schmidt. Hamburg 1952. S. 19 f. (Philosophische Bibliothek Bd. 37 a).

13 Das Wort anatomy wird im 17. Jahrhundert in England auf allen Zweigen des Wissens und auch von Dichtern verwandt, so daß Robert Burton sein berühmtes Gedicht »Anatomy of melancholy« (1621) nennt. Noch Marx spricht von der »Anatomie der Gesellschaft«.

senschaftliche Erfahrungsbegriff entstammt als empirischer dem modernen Zusammenhang von Zerstörung und Erkenntnis: Die Natur muß erst denaturiert werden, damit sie ihre Geheimnisse und das Wesensgesetz ihres Seins preisgibt. Das Experiment zeigt diesen Zusammenhang deutlich.

Arnold Gehlen hat im Horizont der hier skizzierten Gesichtspunkte eine Philosophie der Technik entwickelt, die Technik als einen Objektivationsprozeß des Menschen begreift. Um zu erfahren, was der Mensch sei, objektiviert er die rationale Logik seines Geistes in der Außenwelt und schafft auf diese Weise stets neue Anwendungsfälle der Verstandesregeln, nach denen er sich selbst in seiner Funktion begreift[14]. Die Entwicklung der modernen Naturwissenschaft und Technik ist nicht zu erklären ohne die Unruhe des modernen Geistes, der, angetrieben durch den Motor des Zweifels auf der Suche nach sich selbst und dem Wesen der Dinge, die Welt nach Gesetzen durchforscht und praktisch unterwirft und umgestaltet[15].

4. Gesetz

Ein wesentliches Charakteristikum moderner Wissenschaft ist der Gesetzesbegriff mit seiner rationalen Verknüpfung von Ursache und Wirkung. Möglichst alle Phänomene des physischen und später auch des geistig-seelischen Lebens sollen dem Gesetz wiederholbarer Regelhaftigkeit unterworfen werden. Der moderne Gesetzesbegriff geht von der Gleichgeartetheit der in einem Gesetz verbundenen Erscheinungen aus. Die Homogenität beruht auf einer mathematisch-physikalischen Betrachtungsweise. Nur auf dem Wege einer größtmöglichen Gleichförmigkeit der Erscheinungen kann es eine rationale Aufschließung und Bewältigung der auf den ersten Blick so viel-

14 Arnold Gehlen: Die Seele im technischen Zeitalter. Sozialpsychologische Probleme in der industriellen Gesellschaft. Reinbek bei Hamburg 1964 (rowohlts deutsche enzyklopädie 53). Zum hier wichtigen Gedanken, daß der Mensch grundsätzlich das Bedürfnis habe, »sich in die Natur auszulegen und sich von daher wieder zurückzuverstehen«, vgl. Martin Greiffenhagen: Die Verstehensproblematik im Dialog zwischen Soziologie und Theologie, untersucht am Beispiel der Institution. In: Zeitschrift für evangelische Ethik (1960), H. 3, S. 159–176.
15 Zum Zusammenhang von europäischem Subjektivismus und Experiment vgl. die Bemerkungen des konservativen Philosophen Rudolf Pannwitz: Die Krisis der europäischen Kultur. Nürnberg 1947. S. 180.

gestaltigen Wirklichkeit geben. Die Forderung nach Quantifizierbarkeit ist die logische Folge der Endlichkeit der Welt und ihrer Objekte. Ein System ist nur möglich unter der Voraussetzung einer gegebenen, nicht aber einer unendlichen Zahl von Faktoren.

Der moderne naturwissenschaftliche Gesetzesbegriff schließt ferner das Moment der Reproduzierbarkeit ein. Da Objekte und Prozesse Gesetzen gehorchen, muß diese Regelhaftigkeit ebenfalls produzierbar sein, auch im Wege der Reversibilität physikalischer und chemischer Prozesse. Nur auf diese Weise ist es dem modernen Naturwissenschaftler möglich, ein System von Gesetzen und Analogien zu erstellen.

5. Fortschritt

Der Fortschrittsgedanke ist dem Rationalismus immanent. Da die Wahrheit der Dinge nicht phänomenal zu gewinnen ist, sondern vom erkennenden Subjekt analytisch-experimentell hergestellt werden muß, bedarf es einer nie erlahmenden Anstrengung menschlichen Geistes, die ganze Wahrheit, d. h. den immanenten Zusammenhang alles mit jedem, systematisch zu entwickeln. Dabei ist Endgültigkeit und Abgeschlossenheit der Wahrheit nach den Voraussetzungen moderner Rationalität nicht zu erreichen: Der Zweifel kommt nie zum Stillstand, da eine Erkenntnis die andere fordert. Galt bisher die Herkunft als der Horizont verbürgter Wahrheit (insbesondere der gesellschaftlichen), so erfüllt sich nun Wahrheit erst in der Zukunft. Die Angriffswaffe im Kampf um die zukünftige Herstellung wahrer Verhältnisse aber bleibt der Zweifel. Er ist die eigentliche Kraft fortschreitender Erkenntnis. Der Weg der modernen Wissenschaften zeigt diese Dynamik auf eindrucksvolle Weise: Der Zweifel setzt in der Theologie und in den Naturwissenschaften ein und betrifft die Seinsweise der Welt als Kosmos, springt schon bei Descartes auf das Feld der Anthropologie über [16], wird von Hobbes auf die Gesellschaft übertragen [17] und betrifft schließlich die von ihm

16 Der Bereich der Ethik und Politik wird von Descartes vorerst ausgeklammert. Vgl. Robert Spaemann: Praktische Gewißheit. Descartes' provisorische Moral. In: Epirrhosis. Festgabe für Carl Schmitt. Hrsg. von Hans Barion u. a. Berlin 1968. S. 683 ff.
17 Für die Verbindung von Zukunft und Herstellung vgl. Thomas Hobbes:

bereits ins Auge gefaßten unbewußten Triebschichten des Menschen. Die Rationalität wendet sich bis heute immer stärker diesen unbewußten Quellen menschlicher Aktivität zu. Max Weber hat diesen Vorgang mit dem Begriff der Entzauberung gefaßt und gezeigt, daß der Fortgang rationaler Erkenntnis prinzipiell, d. h. nach seinen eigenen Voraussetzungen und dem ursprünglichen Gesetz seines Wirkens, nie abgeschlossen werden kann [18].

6. Der neuzeitliche Revolutionsbegriff

Das im Revolutionsbegriff liegende Moment der Totalumwälzung [19] bekommt in neuzeitlichen Revolutionen einen radikalen, alle Bereiche des sozialen Lebens erfassenden Sinn. Wie die Wahrheit über den Kosmos nicht mehr in kontemplativer Besinnung auf die Phänomene erkannt, sondern über das Selbstbewußtsein des erkennenden Subjekts systematisch erschlossen wird, so schreibt der Mensch in der modernen Revolution auch der sozialen Welt seine Gesetze vor. Damit entwickelt er sich vom maître et possesseur de la nature konsequent zum maître et possesseur de la société [20].

Der erste rationale Versuch einer Umgestaltung überkommener Gesellschaftsformen war der Absolutismus [21]. Eine theoretische Be-

Leviathan. Hrsg. von Iring Fetscher. Neuwied und Berlin 1966. S. 21 f. (Politica Bd. 22).

18 Zur Fortschrittsproblematik vgl.: Die Idee des Fortschritts. Neun Vorträge über Wege und Grenzen des Fortschrittsglaubens. Hrsg. von Erich Burck. München 1963. – Daß der moderne Fortschrittsgedanke auch eine Glaubensseite hat, lassen wir hier außer Betracht. Als Säkularisationserscheinung des Christentums hat er das ursprünglich religiöse Eschaton der Wiederkunft Christi in innerweltliche Zielvorstellungen verkehrt und stellt sich somit als eine Geschichtsmetaphysik dar, die, wie man weiß, vielerlei Gestalt angenommen hat. Vgl. hierfür Karl Löwith: Weltgeschichte und Heilsgeschehen. Die theologischen Voraussetzungen der Geschichtsphilosophie. Stuttgart 1953.

19 Vgl. Eugen Rosenstock: Revolution als politischer Begriff der Neuzeit. In: Festgabe für Paul Heilborn. Breslau 1931. S. 83 ff., insbes. S. 87 und 122. Vgl. grundsätzlich Karl Griewank: Der neuzeitliche Revolutionsbegriff. Weimar 1955.

20 Arnold Gehlen: Sozialpsychologische Probleme in der industriellen Gesellschaft. Tübingen 1949. S. 24 (Schriftenreihe der Akademie Speyer 2).

21 »Die erkenntnistheoretische Souveränität des Bewußtseins erzeugte, auf das politische Gebiet übertragen, die absolute Souveränität des Herrschers. Das ludovicische ›l'Etat c'est moi‹ . . . war eine Transplantation des kartesianischen ›co-

gründung für diesen mechanistischen Staat hat Hobbes gegeben, indem er das Räderwerk der kartesianischen Physik auf das gesellschaftliche und staatliche Leben übertrug und auf diese Weise die Philosophie der Endlichkeit des Menschen vollendete. Als letzte Prinzipien menschlichen Handelns setzte Hobbes die Todesfurcht und als ihr dialektisches Gegenstück den Machtwillen. Der verborgene Atheismus der kartesianischen Erkenntnislehre führt so zu einer auf Gewalt beruhenden Gesellschaftsordnung.

Unbeschadet der deutlichen Vorgängerschaft des Absolutismus tritt das moderne rationalistische Staatsverständnis erst mit der Französischen Revolution allgemein ins Bewußtsein. Hegel hat dies deutlich empfunden und mit den bekannten Sätzen ausgedrückt: »So lange die Sonne am Firmamente steht und die Planeten um sie herum kreisen, war das nicht gesehen worden, daß der Mensch sich auf den Kopf, das ist auf den Gedanken stellt, und die Wirklichkeit nach diesem erbaut. Anaxagoras hatte zuerst gesagt, daß der νοῦς die Welt regiert; nun aber erst ist der Mensch dazu gekommen zu erkennen, daß der Gedanke die geistige Wirklichkeit regieren solle. Es war dieses somit ein herrlicher Sonnenaufgang. Alle denkenden Wesen haben diese Epoche mitgefeiert.«[22] Hegels Einsicht in den Zusammenhang von moderner Reflexionsphilosophie und neuzeitlicher Revolution ist zugleich die Voraussetzung seiner eigenen Philosophie, die man deshalb eine »Algebra der Revolution« genannt hat[23]. Ausdrücklich rechtfertigt er den inneren Zusammenhang zwischen Philosophie und Revolution: »Man hat gesagt, die *französische Revolution* sey von der Philosophie ausgegangen, und nicht ohne Grund hat man die Philosophie *Weltweisheit* genannt, denn sie ist nicht nur die Wahrheit an und für sich, als reine Wesenheit, sondern auch die Wahrheit, insofern sie in der Weltlichkeit lebendig wird. Man muß sich also nicht dagegen erklären, wenn gesagt wird,

gito, ergo sum‹ auf den politischen Problemkomplex.« Peter Richard Rohden: Deutscher und französischer Konservatismus. In: Die Dioskuren. Jahrbuch für Geisteswissenschaften. Hrsg. von Walter Strich. Bd. 3. München 1924. S. 107.

22 Georg Wilhelm Friedrich Hegel: Vorlesungen über die Philosophie der Geschichte. IV. 3: Die neue Zeit. Aufklärung und Revolution. Sämtliche Werke. Jubiläumsausgabe in zwanzig Bänden. Bd. 11. Neudruck Stuttgart 1961. S. 557.

23 Vgl. Franz Schnabel: Deutsche Geschichte im neunzehnten Jahrhundert. Bd. 3: Erfahrungswissenschaften und Technik. 3. Auflage. Freiburg i. Br. 1954. S. 159.

daß die Revolution von der Philosophie ihre erste Anregung erhalten habe.«[24]

Der Permanenzcharakter der modernen Revolutionen hat inzwischen zu so etwas wie einer revolutionären Tradition geführt[25]. Das revolutionäre Gefälle gründet ideologisch in dem, was Hans Freyer kritisch die Kopflastigkeit des modernen Fortschrittsglaubens nennt[26]. Dem Fortschrittsgedanken als Ausdruck innerer Unsicherheit und aktiver Skepsis entspricht die prinzipielle Unabgeschlossenheit jeder gesellschaftlichen Neuordnung. Die Revolution findet als rationaler Neuordnungswille prinzipiell kein Ende. Der Voraussetzungslosigkeit des rationalen Forschungsprozesses entspricht die prinzipielle Unabgeschlossenheit aller emanzipativen Prozesse[27]. Unser Zeitalter kennt weder ein Ende des Wissens noch ein Ende des technischen Könnens und der gesellschaftlichen Planung. Gesellschaft ist dem modernen Geist keine ontologische Vorgegebenheit mehr, sondern eine nach Maßgabe rationaler Entwürfe zu treffende Versuchsanordnung. Hierbei spielen Verschiedenheit und Größe sozialer Gruppen keine Rolle[28].

Diese kurze Skizzierung aufklärerischer Philosophie und Politik zeigt uns den definitorischen Gegner des Konservatismus. Als nega-

24 Hegel: Vorlesungen S. 556 (s. oben Anm. 22).

25 Vgl. Bruno Seidel: Das Zeitalter der Revolutionen. In: Aspekte sozialer Wirklichkeit. Berlin 1958. S. 140 (Sozialwissenschaftliche Abhandlungen hrsg. v. d. Hochschule für Sozialwissenschaften Wilhelmshaven-Rüstersiel H. 7).

26 Hans Freyer: Theorie des gegenwärtigen Zeitalters. Stuttgart 1955. S. 218.

27 Vgl. Martin Greiffenhagen: Demokratisierung – Zur Problematik eines aktuellen Begriffes. In: Gesellschaft-Staat-Erziehung 14 (1969), S. 282 ff.

28 Die Frage nach einem möglichen Ende der revolutionären Epoche, die im 18. Jahrhundert begann, wird verschieden beantwortet (vgl. Seidel: Zeitalter S. 141 ff. [s. oben Anm. 25]). Seidel nimmt eine Verlagerung des europäischen Aspektes und damit eine Fortführung »im Sinne der Totalumwälzung *der gesamten Welt*« der revolutionären Permanenz an (ebd. S. 146). Dieser makropolitischen Beurteilung entspricht die Vermutung Schelskys, daß der »geheime Fortschrittsradikalismus eines unbegründeten revolutionären Optimismus ... noch weitgehend die gesamte Soziologie der industriellen Gesellschaft« kennzeichne. Helmut Schelsky: Über die Stabilität von Institutionen, besonders Verfassungen. Kulturanthropologische Gedanken zu einem rechtssoziologischen Thema. In: Jahrbuch für Sozialwissenschaft N. F. 3 (1952). Göttingen 1954. S. 17, Anm. 2. Wiederabgedruckt in: derselbe: Auf der Suche nach Wirklichkeit. Gesammelte Aufsätze. Düsseldorf/Köln 1965. S. 55.

tiver Inhalt bestimmt der Rationalismus das konservative Denken, mit dem es auf dialektische Weise verbunden ist, an dessen Schicksal es in seiner eigenen Geschichte gebunden bleibt. Diese Gleichursprünglichkeit und gegenseitige Bindung soll in den folgenden Kapiteln sichtbar werden. Nun ist die theoretische Position des Konservatismus aber eine wesentlich kritische, insofern der Konservatismus die aufklärerische Kritik gern rückgängig machen möchte. Die positiven Inhalte konservativen Denkens lassen sich deshalb nie unmittelbar greifen, sondern allein im Umweg über die Kritik am aufklärerischen Geist und der durch ihn inaugurierten politischen Wirklichkeit verstehen. Die rationalistische Kritik bleibt deshalb während der Darstellung der konservativen Antikritik, und das eben ist die konservative Theorie, stets im Blick.

Teil 2
Grundzüge einer konservativen Theorie

V. Die politisch-theologische Aufklärungskritik des Konservatismus

Von Beginn der konservativen Kritik an bis weit in das 19. Jahrhundert hinein wird als Quell aller geistigen Irrtümer und gesellschaftlicher Fehlentwicklungen vom Konservatismus der Verlust der christlichen Religion angenommen. Dieser Begründungszusammenhang steckt schon, wenngleich verborgen, in dem Gedicht von John Donne[1]: Der Zweifel an der Religion ist der Motor aller anderen ›Analysen‹. Ebenso wie John Donne begreift auch Novalis die neue Philosophie als Zerstörerin der mittelalterlichen Harmonie von Glauben und Wissen: »Das Resultat der modernen Denkungsart nannte man Philosophie und rechnete alles dazu, was dem Alten entgegen war, vorzüglich also jeden Einfall gegen die Religion. Der anfängliche Personalhaß gegen den katholischen Glauben ging allmählig in Haß gegen die Bibel, gegen den christlichen Glauben und endlich gar gegen die Religion über. Noch mehr – der Religions-Haß dehnte sich sehr natürlich und folgerecht auf alle Gegenstände des Enthusiasmus aus, verketzerte Fantasie und Gefühl, Sittlichkeit und Kunstliebe, Zukunft und Vorzeit, setzte den Menschen in der Reihe der Naturwesen mit Noth oben an, und machte die unendliche schöpferische Musik des Weltalls zum einförmigen Klappern einer ungeheuren Mühle, die, vom Strom des Zufalls getrieben und auf ihm schwimmend, eine Mühle an sich, ohne Baumeister und Müller und eigentlich ein ächtes Perpetuum mobile, eine sich selbst mahlende Mühle sey.«[2]
Eine sich hier ankündigende Stoßrichtung der konservativen Kritik: die Reduzierung geistiger und gesellschaftlicher Fehlentwicklungen auf Religionsverlust, soll uns im folgenden beschäftigen. Wie immer es sich in Wahrheit mit der Frage der Priorität theologischer oder sozialer Anstöße für die Wandlung des Weltbildes verhalten mag, wir greifen die Argumentation des Konservatismus zunächst

1 S. oben S. 42.
2 Novalis: Die Christenheit oder Europa. Ein Fragment. Schriften Bd. 3: Das philosophische Werk 2. Hrsg. von Richard Samuel u. a. Stuttgart/Berlin/Köln/Mainz 1968. S. 515.

da auf, wo sie selber einsetzt: in ihrem Verhältnis zum Christentum. Dabei wird sich zeigen, daß sich von diesem Ansatz aus ein ganzes Stück konservativer Theorie entfalten läßt.

Hatte der Rationalismus seine Position im Kampf gegen religiöse Autorität und Offenbarungstheologie errungen, so versucht der Konservatismus die Wiederherstellung dieser religiösen Fundamente. Bei diesem Wiederherstellungsversuch mischen sich theologische und soziologische Aspekte auf eigentümliche Weise.

Im Unterschied zu den antiken Religionen bezieht sich der christliche Monotheismus nicht auf den natürlichen Kosmos und die sichtbare Welt, sondern findet seinen Ursprung in einem göttlichen Geist-Willen und seinem geschichtlichen Es-Werde. Die Welt ist Produkt dieses geschichtlichen Willens und in ihrer Substanz somit nicht Natur, sondern Geschichte. Das christliche Zeitgefühl ist deshalb im Unterschied zum griechischen nicht kreisförmig, sondern zielgerichtet. Die Schöpfung hat einen Anfang und wird ein Ende nehmen, auf das sich die Weltgeschichte im Sinne eines Zieles hinspannt[3]. Die Dynamik des abendländischen Geschichtsverlaufes ist ohne das dynamische Zeitverständnis der christlichen Religion nicht zu verstehen.

Als Offenbarungsreligion verlangt das Christentum im Unterschied zu den Religionen der Antike eine unbedingte Hingabe an Wahrheiten, die sich nicht als Phänomene von sich her zur Evidenz bringen lassen, sondern nur als innere Erfahrung und im Vertrauen auf die Zuverlässigkeit des göttlichen Wortes zu gewinnen sind. Christliche Wahrheiten werden im Glauben verkündet, im Glauben gefunden und im Glauben gelebt. Dieser christliche Wahrheitsbegriff führt zu einer scharfen Trennung von innen und außen, einer Trennung, die sich als Unterscheidung von Seele und Leib, Gott und Welt im Laufe der Zeit auf alle Gebiete ausdehnt. Diese Dichotomie beschäftigt den abendländischen Geist bis heute. Sie ist bevorzugter Gegenstand konservativer Reflexion und bestimmt das zwiespältige Verhältnis des Konservatismus zum Christentum.

Indem das Christentum die alten heidnischen Religionen zerstörte und an ihre Stelle den einen, unsichtbaren, nur im Glauben zu

3 Vgl. Karl Löwith: Weltgeschichte und Heilsgeschehen. Die theologischen Voraussetzungen der Geschichtsphilosophie. Stuttgart 1953.

erfassenden Schöpfergeist setzte, hat es die Welt in gewisser Weise entgöttert und die Möglichkeit für einen Atheismus geschaffen, den es in dieser Radikalität früher nie gab. Die Weltschöpfung ist nach christlichem Verständnis eine creatio ex nihilo. Die Welt behält als willkürlich geschaffene ihren zufälligen und nur auf Zeit geltenden Sinn. Sie wird durch den Willen Gottes erhalten und erhält sich nicht selbst, wie der antike Kosmos aus sich selbst her für alle Ewigkeit Dauer und Sein hatte. In dem Augenblick, in dem der christliche Glaube an Kraft verliert, kann der ungläubig Gewordene nicht ohne weiteres zu den alten Naturgottheiten zurückkehren. Wer an Gott zweifelt, zweifelt im christlich-nachchristlichen Zeitalter an der Möglichkeit einer sinnhaften Welt [4].

Der im Christentum angelegte Zwiespalt von Glauben und Wissen wurde in aller Schärfe erst sichtbar, als verschiedene ›kopernikanische‹ Entdeckungen die Position des Wissens dem Glauben gegenüber stärkten. In diesem Sinne gilt Descartes als der Beginn eines völlig untheologischen Wissenwollens. Der hellsichtige Franz von Baader bezeichnet den religionsfeindlichen Ansatz kartesianischen Denkens genau, wenn er schreibt, Descartes habe »mit seinem: ›Cogito, ergo sum‹ den Atheismus angebahnt, indem er das Nachdenken der Creatur dem Urdenken Gottes vorsetzte, wogegen der Mensch nicht anders sagen kann und soll, als: ich bin gesehen, durchschaut, gewußt, gedacht, begriffen, darum sehe, weiß, denke, begreife ich. Ich bin gewollt, verlangt, geliebt, darum bin ich wollend, verlangend, liebend oder hassend. Ich bin gewirkt, darum wirke ich.« [5] Diese Umkehrung von Aktiv und Passiv (cogito-cogitor) bezeichnet die entscheidende Wende zum neuzeitlich selbstbewußten Denken: Der christlich gebundene Geist erkennt sich nur im Umweg über Gott und dessen Erkenntnis. Der moderne Geist verlegt den Grund aller Erkenntnis in das eigene Bewußtsein. Er schafft die Welt noch einmal, indem er sich an die Stelle Gottes setzt. Der in der christlichen Religion implizierte Dualismus war in der mittelalterlichen Theologie durch die Rezeption des klassischen Weltbildes

4 Vgl. Romano Guardini: Das Ende der Neuzeit. Würzburg 1951. S. 16 und 21.

5 Franz von Baader: Sämtliche Werke. Hrsg. von Franz Hoffmann. Hauptabteilung 1, Bd. 1: Gesammelte Schriften zur philosophischen Erkenntniswissenschaft. Leipzig 1851. S. 370.

bis zur Harmonisierung verdeckt gewesen. Die Theologie der Schöpfungsordnung erlaubte dem Christen einen ontologischen Rückgriff auf die Natur der Welt, die als Seinsgrund zweiten Grades eine Dignität besaß, welche der des Schöpfergottes zwar nicht verglichen werden konnte, eine Theologie der analogia entis jedoch ermöglichte.

1. Die konservative Beurteilung Luthers und der Reformation

In dem Maße, wie der Konservatismus an einer Theologie der analogia entis interessiert ist, hat er ein kritisches Verhältnis zur Reformation und zum Protestantismus. Eine solchermaßen begründete Kritik an dem theologisch-kirchlichen Schisma formuliert der Katholik Franz von Baader, wenn er schreibt: »daß der Verfall des religiösen Glaubens und Wissens... nothwendig als ihr Zwiespalt sich kund gibt, ein Zwiespalt, welcher bekanntlich die sogenannte Reformation herbeigeführt, so wie derselbe sich in ihr fixiert hat, so daß dem Uebel auf keine andere Weise abzuhelfen ist, als durch Wiederherstellung des alten normalen und einträchtigen Verhaltens zwischen dem religiösen Glauben und Wissen«[6]. Nun wußte Baader bereits, was heute Gemeingut der religionsgeschichtlichen Forschung ist: daß Luther die konfessionelle Spaltung anfangs nicht beabsichtigt hatte[7]. Den wesentlichen Bruch Luthers mit der tra-

6 Ebd. S. 360, in seinem Aufsatz: Ueber den Zwiespalt des religiösen Glaubens und Wissens als die geistige Wurzel des Verfalls der religiösen und politischen Societät in unserer wie in jeder Zeit. Ganz in demselben Sinne, doch in deutlicherer Berufung auf das Altertum, schreibt Friedrich Schlegel in seinem berühmten Aufsatz »Signatur des Zeitalters« (Concordia, Wien 1923): »Der feindliche Gegensatz zwischen dem Glauben und dem Wissen ist eben keineswegs ein an sich gültiger, und natürlicher, den man als solchen anerkennen müßte, sondern es ist eine durchaus protestantische Trennung, welche dem bessern Altertum in dieser Art durchaus unbekannt war, und erst mit dieser neuen Epoche begonnen hat.« Friedrich Schlegel: Studien zur Geschichte und Politik. Kritische Ausgabe, hrsg. von Ernst Behler u. a. Bd. 7. München/Paderborn/Wien/Zürich 1966. S. 560.

7 Franz von Baader: Sämtliche Werke Bd. 1. S. 75 (s. oben Anm. 5). Vgl. hierzu die temperamentvolle Kritik Rüstows an Luther. In: Alexander Rüstow: Ortsbestimmung der Gegenwart. Eine universalgeschichtliche Kulturkritik. Bd. 2. Erlenbach – Zürich 1952. S. 270 ff. Einen guten Überblick über die Beurteilung Luthers in diesem Punkt gibt Heinrich Bornkamm: Luther im Spiegel der deutschen Geistesgeschichte. Heidelberg 1955. Im Kapitel »Romantik« behandelt

ditionellen Lehre der Versöhnung von Gott und Welt jedoch haben alle deutschen Konservativen deutlich gesehen. Luther trieb bestimmte Elemente der augustinischen Theologie radikal hervor und verzichtete auf die Anschlußstücke der aristotelischen Ontologie, mit deren Hilfe Thomas von Aquin sein Harmoniesystem von Gott und Welt gebaut hatte [8].

Der Konservatismus hat stets eine enge geistesgeschichtliche Verbindung zwischen der theologischen Revolution Luthers und den politischen Revolutionen der Neuzeit behauptet. Der protestantische Konservative Friedrich Julius Stahl gibt eine genaue Schilderung

Bornkamm vor allem Novalis ausführlich, S. 31 ff. Vgl. auch Hanns Rückert: Die geistesgeschichtliche Einordnung der Reformation. In: Zeitschrift für Theologie und Kirche 52 (1955), S. 43 ff.

8 Richard Kroner nennt deshalb die mittelalterliche Theologie eine »Scheinharmonie«. Wir bringen Kroners Gedanken ausführlich, weil er den Ansatz der konservativen Kritik gut in den Blick bringt: »Der Protest der protestantischen gegen die mittelalterliche Auffassung des Verhältnisses von Religion und Kultur betrifft zunächst und vor allem die Scheinharmonie, die durch das katholische System zwischen Gegenstandswelt und Gott (oder, wie die Scholastik sagt, zwischen Natur und Gnade, gemäß dem Satze: gratia non tollit naturam, sed perficit) und weiterhin zwischen Menschenwelt und Gotteswelt oder zwischen Staat und Kirche hergestellt wird; er betrifft den doppelten Gedanken, daß durch das Dasein der Kirche als des auf Erden verwirklichten Reiches Gottes die menschliche Kultur sowohl ihre Rechtfertigung als auch ihre Vollendung erfahre. Dieser doppelte Gedanke verleiht ebensosehr der Kultur eine religiöse Weihe, indem er sie unter die Oberherrschaft der Kirche stellt, wie er andererseits der Religion eine kulturelle Mission sichert und ihr in der Gestalt der Kirche eine kulturelle Wirklichkeit zuspricht; die Religion krönt den Bau der Kultur, indem sie sich selbst in ihn einreiht und ihn zum Abschluß bringt, die Kultur wird dadurch in ihrer ganzen Breite und Fülle religiös gestaltet, sie wird religiöse Kultur, christliche Kultur.« Richard Kroner: Kulturphilosophische Grundlegung der Politik. Berlin 1931. S. 53. Den tiefsten theologischen Grund für die neuerliche Trennung zwischen dem unsichtbaren Reich Gottes und dem sichtbaren Reiche der Kirche sowohl als auch der »Welt« im ganzen erkennt Kroner richtig in Luthers Kreuzes-Theologie, welche »die ursprüngliche Paradoxie des Kreuzes erneut zur Anerkennung bringt«, S. 54. – Wie wenig es Kroner um eine Apologie des Protestantismus zu tun ist, zeigen seine überaus kritischen Bemerkungen zum ungeklärten protestantischen Verständnis von Theologie. Ebd. S. 62, Anm. 1. Wer das Urteil Kroners über die mittelalterliche Theologie zu hart findet, lese bei Ludwig Klages: Der Geist als Widersacher der Seele, 4. Auflage, München/Bonn 1960, den Abschnitt »Mittelalterliche Philosophie«, S. 873 ff. Dort kennzeichnet ein moderner Konservativer mit sehr viel härteren Worten denselben Sachverhalt.

dieser Theorie: »Es wird als eine fast nicht mehr zu bestreitende Behauptung hingestellt, die Reformation habe auf religiösem Gebiete begonnen, was die Revolution auf politischem Gebiete vollendet: die Reformation sey die Auflehnung gegen die kirchliche Autorität, die Revolution die Auflehnung gegen die weltliche Autorität; die Reformation vernichte die Monarchie in der Kirche, die Revolution vernichte die Monarchie im Staate; jene verkünde das allgemeine Priesterthum und die Herrschaft der Gemeinde, diese die Egalité und die Souveränität des Volkes; der protestantische Königsmord an Karl I. sey der Vorläufer des revolutionären Königsmordes an Ludwig XVI. Man greift aber noch tiefer: der Protestantismus, indem er Jeden an die eigene Schriftforschung verweist, begründe damit das Princip der Subjektivität, d. h. der Lostrennung des Menschen von der gegebenen, überlieferten Wahrheit und Ordnung, und daß dies das Princip des Rationalismus und der Revolution ist, bestreitet Niemand. Darum sey die Reformation die letzte Quelle des religiösen und politischen Abfalls, ja dieser Abfall selbst, und sey nur in dem Katholicismus Autorität, Objektivität, Konservation.«[9] Diese überaus genaue Darstellung zeigt deutlich die prekäre Situation, in der sich ein Protestant befindet, der sich in Kenntnis der theologischen Positionen entschließt, konservativ zu werden. Hier hilft auch keine Flucht in das preußische Hochkirchentum[10].

Die Gegnerschaft des Konservatismus gegen Luther verbindet sich häufig mit der Gegnerschaft gegen Descartes: Luther wie Descartes wenden sich gegen die Tradition, indem sie radikale Gewißheit verlangen. Diese Gewißheit wird von beiden in einem Akt willentlicher Befreiung errungen. Zweifel und Kritik haben für Luther wie für Descartes einen über das bloß Methodische hinausgehenden Sinn der Ermöglichung von Wahrheit[11]. Wie der methodische Zweifel des

9 Friedrich Julius Stahl: Der Protestantismus als politisches Princip. 2. Auflage. Berlin 1853. S. 1. – Vgl. auch Ernst Troeltsch: Die Bedeutung des Protestantismus für die Entstehung der modernen Welt. München und Berlin 1911. – Für den konservativen Gebrauch des Wortes Revolution vgl. Theodor Schieder: Staat und Gesellschaft im Wandel unserer Zeit. Studien zur Geschichte des 19. und 20. Jahrhunderts. München 1958. S. 20 ff.

10 Für die hochkirchlichen Protestanten in Preußen vgl. Hans Joachim Schoeps: Das andere Preußen. Konservative Gestalten und Probleme im Zeitalter Friedrich Wilhelms IV. 2. bearb. und erw. Auflage. Honnef/Rhein 1957. S. 219 ff.

11 Max Scheler verweist auf das bei beiden Denkern sich findende dualisti-

Descartes auf die Wissenschaften dynamisch gewirkt und einen end-
losen Prozeß wissenschaftlichen Forschens inauguriert hat, so weist
auch der Protestantismus stark dynamische Züge auf. Diese hat
Franz von Baader im Auge, wenn er von dem Protestantismus behauptet, »daß sein Wesen oder Unwesen eben in diesem beständigen Unfertig- und Flüssighalten des Dogma's (Urbildes oder Grundes) bestehe. Denn ganz in demselben Sinne definiren ja die politischen Revolutionaire den Staat als etwas gleichfalls stets Unferti-
ges, erst noch zu Machendes oder zu Constituirendes, und dieser in
beständiger Negativität gehaltene Staat (von welchem Adam Müller nachwies, wie er nur gleich dem Saturnus im Verschlingen der
Staaten bestehe) kann auch ebensowenig als jene protestantische
Nicht-Kirche zu einer andern als einer negativen Manifestation gelangen, so daß man von beiden wohl sagen kann, was sie alles *nicht*
sind, und was sie *abthun*, nicht aber was sie *sind*, und was sie
thun.«[12] Diesen Dynamismus der protestantischen Lehre hat Max
Weber bekanntlich besonders im Calvinismus entdeckt und mit dem
Dynamismus kapitalistischen Wirtschaftens in Verbindung gebracht.
Überhaupt ist das moderne Fortschrittsprinzip wohl kaum ohne
Einfluß des Protestantismus vorzustellen. Der Konservatismus be-
kämpft deshalb im Fortschrittsdenken stets auch protestantische
Elemente.

Schließlich ist es das demokratische Herrschaftsprinzip, das der
Konservatismus in nicht unbegründeten Zusammenhang mit der
protestantischen Lehre von der Selbstherrschaft des Gewissens und
dem Synodalprinzip bringt. Wennschon sich eine Aufklärungskul-
tur auf lutherischem Boden allein nicht hätte entwickeln können
und auch andere politische Prinzipien und Regime sich zu Recht auf
den Protestantismus berufen[13], liegt geschichtlich »die Bekämp-

sche Denken. Der Dualismus von Geist und Fleisch, Seele und Körper, Gott und
Welt beseitigt jene spezifisch mittelalterliche Verwebung von Materiell-Sinnli-
chem und Geistigem, die »zur biomorphen Weltanschauung aller ›Lebensgemein-
schaft‹ gehört«. Max Scheler: Probleme einer Soziologie des Wissens. In: derselbe:
Die Wissensformen und die Gesellschaft. 2. durchges. Auflage hrsg. von Maria
Scheler. Bern/München 1960. S. 99 f. (Gesammelte Werke Bd. 8).

12 Franz von Baader: Sämtliche Werke Bd. 1. S. 87 (s. oben Anm. 5). Das dialektische Prinzip des protestantischen Selbstverständnisses, das sich in seiner Theo-
logiegeschichte später noch entfalten sollte, hat Baader scharfsinnig erkannt.

13 Für die Stützung des demokratischen Gedankens durch die Reformation

fung und der Niedergang der von Gott eingesetzten Autorität als einer ›von außen‹ legitimierten Fremdherrschaft durch die ›von innen‹ legitimierte Selbstherrschaft trotzdem in der Linie des Protestantismus«[14].

Trotz gewisser Gemeinsamkeiten, welche zwischen dem Protestantismus und dem modernen Denken bestehen, dürfen die großen Spannungen zwischen beiden Erscheinungen nicht verkannt werden. In seinem Versuch, den Protestantismus von dem Vorwurf, theologische Quelle politischer Revolutionen zu sein, zu reinigen, weist Stahl auf das durchaus traditionalistische Verständnis der Politik bei Luther hin, der im Weltlichen willig die Berufenen, die Herrscher und Könige walten lassen wollte[15]. Die Lehre von der Volkssouveränität und dem Tyrannenmord führt Stahl richtig auf rationale Prinzipien der Scholastik zurück, die er griechisch-heidnisch nennt[16]. In der Tat ist Luthers Denken im Grunde unpolitisch und ausgesprochenermaßen heilsgeschichtlich orientiert. Seine Reformation ist eine Aktualisierung der urchristlichen Eschatologie[17]. Gerade dies wirft ihm der Konservatismus vor. Die als Tradition verstandene Geschichte nämlich steht im Gegensatz zu einer eschatologisch aufgefaßten Geschichte[18]. Da es Luther um theologische

vgl. Erich Kaufmann: Studien zur Staatslehre des monarchischen Prinzipes. Diss. Jur. Leipzig 1906. S. 23, und allgemein: Helmuth Plessner: Die verspätete Nation. Über die politische Verführbarkeit bürgerlichen Geistes. Stuttgart 1959.

14 Plessner: ebd. S. 55.

15 Stahl: Protestantismus S. 35 (s. oben Anm. 9).

16 Ebd. S. 28.

17 Friedrich Delekat: Reformation, Revolution und Restauration. Drei Grundbegriffe der Geschichte. In: Zeitschrift für Theologie und Kirche 49 (1952), S. 90 und 91. Delekat liefert selber einen Beweis für diese bis heute lebendige Neigung des Protestantismus, allein nach einer eschatologisch verstandenen ›Schrift‹ und nicht nach der geschichtlichen ›Forderung der Stunde‹ zu fragen: »Ich halte ... die neueren Versuche einer christologischen Begründung des Staates für falsch. Soviel ich sehe, laufen sie darauf hinaus, eine bestimmte Staatsverfassung, nämlich die demokratische, als die richtige *theologisch* zu begründen. Das ist rousseauisch, nicht paulinisch.« Ebd. S. 100, Anm. 2. Vgl. dagegen Helmut Thielicke: Theologische Ethik. Bd. II, 2: Ethik des Politischen. Tübingen 1958. Hier ist die liberale Demokratie unmittelbar christlich interpretiert: »Die Gewaltenteilung ist nötig, weil der Mensch infolge seines Zustandes post lapsum einer unkontrollierten und also monopolisierten Macht nicht gewachsen ist.« Ebd. S. 264.

18 Delekat: Reformation S. 113 (s. oben Anm. 17).

Heilswahrheiten ging, riß er den im Mittelalter überdeckten, in der christlichen Theologie aber angelegten Bruch zwischen Gott und Welt wieder auf.

Die konservative Kritik am protestantischen Kirchenbegriff zeigt die Durchgängigkeit des traditionalistischen Argumentes und eines Institutionsverständnisses, das der Protestantismus in der Kritik der katholischen Kirche zerstört hatte. Der eschatologische Gemeinde-begriff vernichte alle gewachsenen Formen kirchlichen Lebens, schreibt Adam Müller: »Von der Kirche hat man sich losgesagt, und wenn man mit dem Worte *Kirche* irgendeinen ernsthaften Be-griff verbindet, so war das, was die Reformation an ihre Stelle setz-te, nicht eine Kirche, sondern eine bloße Privat-Anstalt.«[19] Inter-essant ist die Entgegnung des protestantischen Konservativen Stahl auf solche Vorwürfe. Der apologetische Ton der folgenden Sätze zeigt deutlich genug, daß in Wahrheit die Reformation den institu-tionellen Charakter der Kirche stark gefährdet und seine spätere Zerstörung verursacht hat: »Ich verstehe nämlich unter ›Kirche‹ nicht im Gegensatze der lokalen Gemeinde den Inbegriff aller Ge-meinden, sondern im Gegensatze der zur Gesammtgemeinde ver-bundenen Menschen die objektive Institution, die an dem Worte Gottes, den Sakramenten, der göttlichen Vollmacht, den gottgeord-neten Aemtern, den bisherigen Glaubenszeugnissen, der historischen Ordnung des Regiments u. s. w. gegeben ist. Diese Kirche als Insti-tution über der Gemeinde... haben die Reformatoren thatsächlich bekannt und ihr gehuldigt, sie waren sich nur derselben theoretisch minder bewußt; die spätere Zeit dagegen hat sich von ihr losgesagt, bloß die Gemeinde der Gläubigen, zuletzt nur die Gemeinde über-haupt... übrig behalten, in ihrem Willen die Kirche aufgehen las-sen – das ist das *Kollegialsystem*, das Analogon der Volkssouverä-netät.«[20]

19 Adam Müller: Die Elemente der Staatskunst. Hrsg. von Jakob Baxa. Bd. 2. Jena 1922. S. 223 (Die Herdflamme. Hrsg. von Othmar Spann. Bd. 1, 2).

20 Friedrich Julius Stahl: Die Philosophie des Rechts. Bd. 2: Rechts- und Staats-lehre auf der Grundlage christlicher Weltanschauung. 5. Auflage. Tübingen 1878. Nachdruck Darmstadt 1963. S. 539 f. Wie genau Adam Müller das reformato-rische Kirchenverständnis trifft, zeigen Sätze des protestantischen Theologen Ernst Wolf, der über den Heilsglauben an die Kirche schreibt, er sei »eben nur unter der Voraussetzung eines Mißverständnisses der Kirche als causa secunda des Heils sinnvoll... und ... Ausdruck... einer auf die ›Kirche‹ ausgerichteten, letztlich

Anhänger wie Gegner des Konservatismus sind sich in der Vermutung einig, konservatives Denken sei »religiös eingestellt«[21]. Staat und Religion, Politik und Theologie stehen für den Konservativen in einem Zusammenhang, der, wennschon verschieden begründet, durchgängig behauptet und als ein wesentliches Stück konservativer Theorie bis in die Gegenwart festgehalten wird.

Der Ausdruck ›Politische Theologie‹ stammt von Carl Schmitt und bezeichnet für ihn folgende Einsicht: »Alle prägnanten Begriffe der modernen Staatslehre sind säkularisierte theologische Begriffe. Nicht nur ihrer historischen Entwicklung nach, weil sie aus der Theologie auf die Staatslehre übertragen wurden, indem zum Beispiel der allmächtige Gott zum omnipotenten Gesetzgeber wurde, sondern auch in ihrer systematischen Struktur, deren Erkenntnis notwendig ist für eine soziologische Betrachtung dieser Begriffe.«[22] Diese Meinung Schmitts hat eine längere Tradition und erscheint ähnlich etwa bei Donoso Cortés, wenn er behauptet, »daß wir im Hin-

idealistisch-romantischen Gemeinschaftsidee als heilswertem Hoffnungsgegenstands. Es liegt in der Sache selbst, daß solch unbewußt-bewußtes ›Glauben an die Kirche‹ sich der theologischen Redeweise eines katholischen Denkens leichter und sinnvoller einfügt als reformatorischem.« Ernst Wolf: Peregrinatio. Studien zur reformatorischen Theologie und zum Kirchenproblem. München 1954. S. 282. Zur konservativen Deutung der Lutherschen Theologie vgl. Ernst Troeltsch: Aufsätze zur Geistesgeschichte und Religionssoziologie. Hrsg. von Hans Baron. Tübingen 1925. S. 136 ff., bes. S. 141 (Gesammelte Schriften Bd. 4). Für die verschiedene Stellung beider Kirchen zum Ursprungsmythos vgl. Paul Tillich: Die sozialistische Entscheidung. In: derselbe: Christentum und soziale Gestaltung. Frühe Schriften zum Religiösen Sozialismus. Hrsg. von Renate Albrecht. Stuttgart 1962. S. 255 f. (Gesammelte Werke Bd. 2).

21 Vgl. Adolf Carl Kunz: Die konservative Idee. Innsbruck 1949. S. 12. Vgl. für dieses Kapitel grundsätzlich Robert Spaemann: Der Ursprung der Soziologie aus dem Geist der Restauration. Studien über L. G. A. de Bonald. München 1959. Wennschon eine Studie über de Bonald, vermittelt diese Schrift stets prinzipielle Einsichten in die konservative Theorie der Verbindung von Religion und Politik.

22 Carl Schmitt: Politische Theologie. Vier Kapitel zur Lehre von der Souveränität. 2. Auflage. München und Leipzig 1934. S. 49. Von der jüngst auftretenden Politischen Theologie revolutionären Charakters ist hier nicht die Rede. Zur Kritik vgl. Robert Spaemann: Theologie, Prophetie, Politik. Zur Kritik der politischen Theologie. In: Wort und Wahrheit 24 (1969), H. 6, S. 483 ff.

tergrunde unserer politischen Fragen letzten Endes stets auf die Theologie stoßen«[23].

Solche Verbindung von Theologie und Politik läßt sich unter dem Gesichtspunkt der Säkularisation begreifen[24]. Eine Säkularisierung theologischer Begriffe scheint aber nur da möglich, wo in der Theologie selbst bereits politische oder soziale Aspekte auftauchen. »Wo man in die Theologie keine sozialen Kategorien hineinlegt, kann man sie auch nicht aus ihr entnehmen.«[25] Da es sich hier um die christliche Religion handelt, muß man fragen, wieweit der Konservatismus bestimmte Elemente der christlichen Religion zu Recht im Sinne einer Politischen Theologie interpretiert und beansprucht. Dabei geht es vor allem um das Verhältnis von Gott und Souverän[26]. Man hat gegen den Versuch Schmitts, den christlichen Gottesbegriff mit dem politischen Begriff des Königtums in einen durch Säkularisation vermittelten Zusammenhang zu bringen, eingewandt, das christliche Trinitätsdogma lasse eine solche einfache Verbindung nicht zu[27]. Diese Kritik macht deutlich, daß Schmitt selber auf die

23 Donoso Cortés: Der Staat Gottes. Eine katholische Geschichtsphilosophie. Hrsg. von Ludwig Fischer. Karlsruhe 1933. S. 3.

24 Vgl. Eric Weil: Die Säkularisierung der Politik und des politischen Denkens in der Neuzeit. In: Marxismusstudien. 4. Folge. Hrsg. von Iring Fetscher. Tübingen 1962. S. 144–162 (Schriften der Evangelischen Studiengemeinschaft 7). Zum Begriff vgl. Hermann Lübbe: Säkularisierung. Geschichte eines ideenpolitischen Begriffs. München 1965. Vgl. ferner Ernst-Wolfgang Böckenförde: Die Entstehung des Staates ais Vorgang der Säkularisation. In: Säkularisation und Utopie. Ebracher Studien. Ernst Forsthoff zum 65. Geburtstag. Stuttgart/Berlin/Köln/Mainz 1967. S. 75 ff.

25 Ernst Topitsch: Vom Ursprung und Ende der Metaphysik. Eine Studie zur Weltanschauungskritik. Wien 1958. S. 208.

26 Vgl. Karl Th. Buddeberg: Gott und Souverän. In: Archiv des öffentlichen Rechts N. F. 28 (1937), S. 257 ff.

27 Erik Peterson: Der Monotheismus als politisches Problem. Ein Beitrag zur Geschichte der politischen Theologie im Imperium Romanum. Leipzig 1935. Die entscheidenden Sätze lauten: »Doch die Lehre von der göttlichen Monarchie mußte am trinitarischen Dogma und die Interpretation der Pax Augusta an der christlichen Eschatologie scheitern. Damit ist nicht nur theologisch der Monotheismus als politisches Problem erledigt und der christliche Glaube aus der Verkettung mit dem Imperium Romanum befreit worden, sondern auch grundsätzlich ein Bruch mit jeder ›politischen Theologie‹ vollzogen, die die christliche Verkündigung zur Rechtfertigung einer politischen Situation mißbraucht. Nur auf dem Boden des Judentums oder Heidentums kann es so etwas wie eine ›politische Theologie‹ ge-

Seite einer konservativen Ideologie gehört, die unter Mißachtung dieses Kernstückes christlicher Theologie »das Christentum« bereits im Ansatz politisch und soziologisch ausdeutet. Das zeigt sich vor allem in Schmitts kleiner Schrift ›Römischer Katholizismus und politische Form‹ (1925), in welcher er die Unmöglichkeit einer Verbindung der katholischen Kirche mit der heutigen Form des kapitalistischen Industrialismus behauptet: »Der Verbindung von Thron und Altar wird keine von Büro und Altar folgen, auch keine von Fabrik und Altar. Es kann unabsehbare Folgen haben, wenn der römisch-katholische Klerus Europas sich nicht mehr in der Hauptsache aus Bauernbevölkerung rekrutiert, sondern die Masse der Geistlichen Großstädter sind. An jener Unmöglichkeit wird es nichts ändern.«[28]

Genau umgekehrt zu der Meinung Schmitts werden in Wahrheit durch die ›Säkularisierung‹ christliche Inhalte in ihrem Kern nicht verändert, sondern überhaupt fallengelassen. An ihre Stelle treten weltliche Inhalte, die jedoch als Ersatz dienen und mit pseudoreligiösem Glanz versehen werden[29]. Der Konservatismus versucht bis in die Gegenwart, eine unmittelbare Verbindung zwischen dem Verfall der Religion und der Veränderung des politischen Lebens und seiner Institutionen herzustellen[30]. Diese Zuordnung verführt den

ben. Doch die christliche Verkündigung von dem drei-einigen Gott steht jenseits von Judentum und Heidentum, gibt es doch das Geheimnis der Dreieinigkeit nur in der Gottheit selber, aber nicht in der Kreatur. Wie denn auch der Friede, den der Christ sucht, von keinem Kaiser gewährt wird, sondern allein ein Geschenk dessen ist, der ›höher ist, als alle Vernunft‹.« Ebd. S. 99 f. – Carl Schmitts Antwort auf Peterson findet sich in: Carl Schmitt: Donoso Cortés in gesamteuropäischer Interpretation. Köln 1950. S. 10 f., und jüngst in: Politische Theologie II. Die Legende von der Erledigung jeder Politischen Theologie. Berlin 1970.

28 Carl Schmitt: Römischer Katholizismus und politische Form. München 1925. S. 33 (Der katholische Gedanke Bd. 13). In seiner Politischen Theologie ist Schmitt bekanntlich stark beeinflußt von John Neville Figgis: The divine right of kings. 2. Auflage. Cambridge 1914. Vgl. besonders die Seiten 11, 51, 238. Vgl. grundsätzlich Carl Brinkmann: Carl Schmitts Politische Romantik. In: Archiv für Sozialwissenschaft und Sozialpolitik 54 (1925), S. 530 ff. Zum politischen Katholizismus vgl. Ludwig Bergstraesser: Der politische Katholizismus. Dokumente seiner Entwicklung. 2 Bde. München 1921, 1923 (Der deutsche Staatsgedanke 2,3).

29 Vgl. Martin Greiffenhagen: ›Politische Theologie‹ und Politikwissenschaft. In: Gesellschaft – Staat – Erziehung 8 (1963), S. 142–156.

30 Das zeigt sich schon in der Begrifflichkeit: »Voraussetzung dieser Art So-

Konservativen dazu, für die Ursache politischer Veränderungen nach religiösen Motivationen zu suchen. So wird der ›Verfall‹ des politischen Lebens von der Monarchie zur Demokratie als ein im Grunde religiöser Verfall angesehen. Die verlorene religiöse Substanz muß man wiedergewinnen, will man zur politischen Form des Königtums, die den Konservativen vielfach als die ursprüngliche politische Herrschaftsform gilt, zurückkehren. In diesem Sinne beschäftigt sich Donoso Cortés mit Fragen, »die zwar ihrem Ursprunge und Wesen nach theologische, nichtsdestoweniger aber in Folge von allmählichen und fortgesetzten Umgestaltungen zu politischen und sozialen geworden sind«[31]. Die modernen politischen »Irrtümer« sind für Donoso Cortés durchweg »Negationen Gottes«[32].

In Deutschland war es besonders die politische Romantik [33], wel-

ziologie juristischer Begriffe ist also radikale Begrifflichkeit, das heißt eine bis zum Metaphysischen und zum Theologischen weitergetriebene Konsequenz.« Schmitt: Theologie S. 59 (s. oben Anm. 22).

31 Donoso Cortés: Kulturpolitik. Hrsg. von Josef Hermann Hess. Basel 1945. S. 12 (Anker Bücherei 1).

32 »Das Ungeheuerliche all dieser sozialistischen Irrtümer ist in seinem Grunde auf religiöse Irrtümer zurückzuführen, aus denen jene Irrtümer ihren Ursprung ableiten und ihre Erklärung finden. Die Sozialisten geben sich nicht damit zufrieden, Gott in den Himmel zu verbannen; sie gehen weiter, bekennen sich öffentlich zum Atheismus und negieren Gott überhaupt. Wird die Negation Gottes, der Quelle und des Ursprungs jedweder Autorität, zugestanden, dann erfordert es die Logik, daß die Autorität selbst vollständig negiert wird. Die Negation der allgemeinen Vaterschaft hat die Negation der Vaterschaft in der Familie, die Negation der religiösen Autorität hat die Negation der politischen Autorität zur Folge. Wenn der Mensch ohne Gott auskommen kann, dann kann sofort auch der Untertan ohne König und der Sohn ohne Vater auskommen.« Cortés: Kulturpolitik S. 30 und S. 13 (s. oben Anm. 31). In seiner »Rede über Europa« gibt Cortés eine genaue Abfolge dieser Negationen, in denen die theologischen Parallelen zum Königtum, der konstitutionellen Monarchie, zur Republik und zum Anarchismus gezogen werden. Donoso Cortés: Drei Reden. Übertragen von Johannes Langenegger. Zürich 1948. S. 67 f.

33 Wennschon man mit Peter Richard Rohden den Begriff »Politische Romantik« für fatal halten kann – vgl. Peter Richard Rohden: Die politische Gedankenwelt der Neuzeit in ihren weltanschaulichen Grundlagen. In: Archiv für Politik und Geschichte 3 (1924), S. 327 (= 2. Jahr, 2. Teil) –, wird man mit ihm in der Romantik auch »den Mutterboden des Konservatismus« erblicken (ebd. S. 328). Zum Begriff vgl. Carl Schmitt: Romantik. In: Hochland 22 (1924/25), S. 157 ff. und grundsätzlich ebenfalls Schmitt: Politische Romantik. 2. Auflage. München und Leipzig 1925. Zur in der politischen Romantik selbst liegenden Dialektik

che die Frage der politischen Theologie nachdrücklich stellte. Aber schon Möser nahm das Thema auf: »Der Atheismus isolirt seiner Natur nach, und kann niemals ein Band der Menschen abgeben. Der Deismus, so lange er ganz rein bleibt, und nichts exoterisch versinnlicht, ist nur für wenige Eklektiker; die christliche Religion hingegen bindet die größte Gesellschaft, wenn sie auch noch so sehr gemischt ist, und kommt überall den Bedürfnissen der Menschen im Glück und Unglück bestens zu statten.«[34] Die Religion dient der sozialen Integration und ist selber das vornehmste Medium gesellschaftlicher Homogenität. Sie ist in besonderer Weise geeignet, jedwede Unterschiede zu entspannen und die Stabilität menschlicher Sozietät auch unter starken Belastungen, »im Glück und Unglück« zu garantieren. Der gemeinsame Glaube ist eines der sichersten Bande, durch die ein Volk zu homogener Einheit verschmolzen werden kann.

Novalis hat eben diesen Gesichtspunkt im Auge, wenn er, die Argumentation einen Schritt weitertreibend, schreibt: »Es ist unmöglich, daß weltliche Kräfte sich selbst ins Gleichgewicht setzen, ein drittes Element, das weltlich und überirdisch zugleich ist, kann allein diese Aufgabe lösen.«[35] Am scharfsinnigsten formuliert dieses »durch die französische Revolution herbeigeführte Bedürfnis einer neuen und innigeren Verbindung der Religion mit der Politik«[36]

von Revolution und Restauration vgl. Schmitt, Politische Romantik S. 12 ff., 50, 215 ff., und ders., Romantik, in Hochland S. 163 ff.; Alfred von Martin: Das Wesen der romantischen Religiosität. München 1924. S. 371; Käte Friedemann: Die Religion der Romantik. In: Philosophisches Jahrbuch 38 (1925), S. 118 ff. und 249 ff. Zur Dialektik von Vereinsamung und Gemeinschaft vgl. Sigmund Neumann: Die Stufen des preußischen Konservatismus. Ein Beitrag zum Staats- und Gesellschaftsbild Deutschlands im 19. Jahrhundert. Berlin 1930. Neudruck Vaduz 1965. S. 71.

34 Justus Möser: Ueber Toleranz. In: derselbe: Kleinere, den Patriotischen Phantasien verwandte Stücke. Hrsg. von B. A. Abeken. Sämtliche Werke Bd. 5. Berlin 1843. S. 73 f.

35 Novalis: Christenheit S. 522 (s. oben Anm. 2). In demselben Sinne schreibt Friedrich Schlegel in seinem berühmten Concordia-Aufsatz: »Es ist keine bloße Redensart mehr, daß Religion und Gottesfurcht die einzigen festen Grundlagen des Lebens und der Staaten sind; sondern es ist bitterer Ernst, und fängt wohl an, sich je mehr und mehr als Ernst zu bewähren, je klarer es in der Weltgeschichte einleuchtet, daß alles Andere, ohne dieses Eine, was Noth ist, nichts helfen und fruchten will.« Schlegel: Signatur S. 559 (s. oben Anm. 6).

36 Der Titel einer Schrift Franz von Baaders, 1815. In: Franz von Baader: Sämtliche Werke. Hrsg. von Franz Hoffmann. Bd. 6. Leipzig 1854. S. 11 ff.

Adam Müller: »Die Idee des Gemeinschaftlichen, der Körperschaften, des Nationalen waren einstweilen verschwunden mit der Religion. Worauf sollte der Mensch Vertrauen setzen, als auf sich selbst, auf das unendlich bereicherte Individuum? Wüßten wir nicht, daß die Welt und die ganze bürgerliche Ordnung der Dinge im Wesen untergegangen und aufgelös't worden ist, zugleich mit der alten religiösen Einheit von Europa, so würden wir es errathen aus dem Bestreben aller großen Individuen des siebzehnten und achtzehnten Jahrhunderts, sie wieder zu bauen, aus ihren Atomen freilich, nur nach mechanischem Gesetz.«[37]

Die starke Abhängigkeit dieser konservativen Forderung nach einer neuerlichen Verbindung von Religion und Politik von der gegnerischen rationalistischen Position zeigen Sätze Ludwig Feuerbachs, die ebenso von Novalis stammen könnten: »Denn *religiös* müssen wir wieder werden, – die *Politik* muß unsere Religion werden – aber das kann sie nur, wenn wir ein Höchstes in unserer Anschauung haben, welches uns die Politik zur Religion macht.«[38] Die Tendenz zur ›Staatsvergottung‹ findet sich also auf der konservativen wie auf der progressiv-rationalistischen Seite[39]. Schon der Aufklärer Bacon

37 Adam Müller: Ueber Friedrich II. und die Natur, Würde und Bestimmung der Preußischen Monarchie. Berlin 1810. S. 66 f.

38 Zitiert nach Helmut Gollwitzer: Die marxistische Religionskritik und der christliche Glaube. In: Marxismusstudien. 4. Folge, S. 58 (s. oben Anm. 24); vgl. auch Gollwitzers Hinweis auf Günter Rohrmosers Deutung Feuerbachs, ebd. S. 49, und auf Karl Löwiths Vergleich von Kierkegaard und Feuerbach, ebd. S. 58.

39 »Die politische Religion hat zwei Quellen, Rousseaus Lehre von der Heiligkeit des Gesellschaftsvertrages, die in der Revolution zum Dogma von der ›Nation une et indivisible‹ wird, und Herders Lehre vom Geist der Völker.« Otto Heinrich von der Gablentz: Die Krisis der säkularen Religionen. Eine religionssoziologische Skizze. In: Kosmos und Ekklesia. Festschrift für Wilhelm Stählin. Hrsg. von Heinz-Dietrich Wendland. Kassel 1953. S. 250. Vgl. auch Ernst Troeltsch: Deutscher Geist und Westeuropa. Gesammelte kulturpolitische Aufsätze und Reden. Hrsg. von Hans Baron. Tübingen 1928. S. 96. Auf die schon von Hegel gerügte niveaulose Weise drückt Carl Ludwig von Haller das Gegenseits-Verhältnis von Politik und Religion so aus: »Inzwischen muß diejenige Lehre, wodurch ein einzelner Mensch sich eine *ausgebreitete* und *dauernde* Herrschaft über eine Menge von Jüngern und Gläubigen verschaffen kann, nicht nur eine wahre, sondern auch eine *religiöse* und *nützliche* seyn.« Carl Ludwig von Haller: Restauration der Staatswissenschaft. Bd. 4. 2. Auflage. Winterthur 1822. Neudruck Aalen 1964. S. 12. Innerhalb der Konservativen mag Haller mit solch einem Satz gern noch eigens als ›Rationalist‹ gelten.

verfocht eine soziologische Definition von Religion: »Religio prae-
cipuum humanae societatis vinculum«[40].

Bei der konservativen Verteidigung religiöser Ursprünge für politische Formen fällt auf, daß blasse Bezeichnungen wie ›Religiosität‹, ›Religion‹, ›Gläubigkeit‹, ›Glaube der Väter‹ gegenüber stärker
theologisch geprägten Begriffen wie Glaube an Gott, Glaube an
Christus vorherrschen. Der Konservative ist an dem sozialen Inte-
grationswert der Religion stärker interessiert als an den religiösen
Inhalten selbst[41]. Es geht dem Konservatismus um Religion überhaupt, nicht um diese oder jene Ausformung des Glaubens. Wer aber
»über Religiosität spricht, anstatt über Gott, denkt schon innerhalb
der Aufklärungstradition«[42]. Nicht zufällig waren viele konservative Theoretiker zu eigener religiöser Bindung nicht fähig[43].

Bezeichnend ist, daß der Konservatismus die Vorstellung von der
sozialen Integrationskraft einer Religion nicht am Christentum, sondern an den antiken Religionen gewonnen hat: »Die berühmtesten
Völker des Altertums, die ernstesten und weisesten zumal, wie die
Ägypter, die Etrusker, die Spartaner und Römer, besaßen auch die
religiösesten Verfassungen, und die Dauer der Reiche stand stets im
Verhältnis zu dem Grade des Einflusses, den religiöse Grundsätze
auf die Staatsverfassung hatten.«[44] Adam Müller bezieht sich auf

40 Zitiert nach: Joachim Wach: Religionssoziologie. Nach der 4. Auflage übersetzt von Helmut Schoeck. Tübingen 1951. S. 7.

41 In diesem Sinne stellt Friedrich Meinecke für Adam Müller fest: »Er hatte,
um ein Wort zu variieren, das über sein Verhältnis zur Religion gesagt worden
ist, mehr Gefühl für den Wert der Ideen als Ideen selbst in sich.« Friedrich Meinecke: Weltbürgertum und Nationalstaat. Hrsg. von Hans Herzfeld. München
1962. S. 119 f. (Werke Bd. 5).

42 Arnold Gehlen: Sozialpsychologische Probleme in der industriellen Gesellschaft. Tübingen 1949. S. 21 (Schriftenreihe der Akademie Speyer 2).

43 »So war in der Romantik gewiß viel Sehnsucht nach Religion – aber
eben die zeigt gerade das Nichthaben der Religion an.« Alfred von Martin: Romantischer »Katholizismus« und katholische »Romantik«. In: Hochland 23
(1925/26), S. 336. Dasselbe gilt auch für die Action française: »Die Action Française hat sich ihre Stellung unter den französischen Katholiken erst allmählich erobern müssen. Denn *man kann nicht sagen, daß sie von gläubigen Katholiken gegründet worden war.*« Waldemar Gurian: Der integrale Nationalismus in Frankreich. Charles Maurras und die Action Française. Frankfurt a. M. 1931. S. 96.

44 Joseph de Maistre: Über den schöpferischen Urgrund der Staatsverfassungen. In: derselbe: Politische Betrachtungen. Hrsg. von Peter Richard Rohden.
Berlin 1924. S. 150 (Klassiker der Politik Bd. 11).

»jene uralte natürliche Vereinigung des Staates und der Religion«[45] als das ideale Modell solcher Verbindung von Religion und Politik. Für die antiken Religionen galt die Teilnahme am sozialen Leben für unmittelbar religiöse Pflicht[46]. Im Horizont antiker Religion und Politik ist es möglich, von einer Politischen Theologie zu sprechen. Die Säkularisierung theologischer Begriffe führte innerhalb der antiken Welt nicht zu Glaubenslosigkeit. Die Verfassung des politischen Lebens wurde zunehmend philosophisch begründet, blieb aber Gottesdienst[47]. Der Konservatismus hat meist versucht, das Christentum im Sinne der griechisch-ontologischen Vermittlung umzudeuten, um so die Möglichkeit einer Politischen Theologie nach antikem Muster zu bekommen. Ein schon von den altchristlichen Apologeten beschrittener Weg dazu ist die Behauptung, alle Religionen seien im Grunde miteinander verwandt[48]. Meist nimmt allerdings die christliche Ausformung dieser allgemeinen Religiosität den höchsten Rang ein.

Religion soll nach konservativer Auffassung nicht Privatreligion sein und sich nicht auf individualistische Antriebe oder kosmopolitische Verbrüderungsabsichten beschränken. Adam Müller beklagt die »Privatisirung und Entnationalisirung aller Empfindungen des Lebens« und führt diese auf den Verlust der Öffentlichkeit der Religion zurück[49]. Die öffentliche Ordnung einer Gesellschaft wird vor allem sichtbar in ihrer rechtlichen Gestaltung. Diese aber gründet sich nach konservativer Auffassung auf ein religiöses Fundament. In seinen Vorlesungen über den Geist der griechischen Gesetzgebungen entwickelt Adam Müller den engen Zusammenhang zwischen

45 Adam Müller: Die Elemente der Staatskunst. Hrsg. von Jakob Baxa. Bd. 1. Jena 1922. S. 218 (Die Herdflamme Bd. 1,1).

46 Vgl. Arnold A. T. Ehrhardt: Politische Metaphysik von Solon bis Augustin. 2 Bde. Tübingen 1959.

47 Ebd. Bd. 1, S. 69.

48 »Es ist nur eine Religion, welche Einheit ihre Mannigfaltigkeit nicht ausschließt.« Franz von Baader: Sämtliche Werke. Hrsg. von Franz Hoffmann. Hauptabteilung 1, Bd. 9: Gesammelte Schriften zur Religionsphilosophie 3. Leipzig 1855. S. 367. Dieser Harmonisierungsversuch hat eine alte Tradition und spielt innerhalb der christlichen Theologie und Kirchengeschichte eine große Rolle. Vgl. Martin Greiffenhagen: Skepsis und Naturrecht in der Theologie Jeremy Taylors (1613–1667). Hamburg 1967. S. 74 ff. (Theologische Forschung 42).

49 Müller: Elemente Bd. 1, S. 299; vgl. auch S. 291 (s. oben Anm. 45).

der antiken Polis-Gesetzgebung und ihrer religiösen Fundierung. Alle Gesetzgebung sei einem Zustand entsprungen, in dem Religion, Sitte und Recht noch unzertrennt waren [50].

Was für die Verbindung von Religion und Politik gilt, gilt ebenso für den Zusammenhang von Religion und Moral, für den sich alle Konservativen mit Vorliebe auf griechische Vorbilder stützen. Die Geltung von Recht und Sitte hängt von der Kraft der sie tragenden religiösen Überzeugung ab. »Will man... etwas erhalten, so weihe man es«, sagt de Maistre [51] und beklagt, daß die Feste seiner Zeit nur noch in sehr entferntem Zusammenhang mit religiösen Vorstellungen stehen [52].

Ein häufig anzutreffendes Argument zur Stützung der Religion gibt einen weiteren Schlüssel zum Verständnis der konservativen Verteidigung des Christentums ab: Man verteidigt den christlichen Glauben im Sinne der ›Religion der Väter‹, das heißt als Traditionsquelle und Vermittlerin geschichtlichen Herkunftsbewußtseins. Durch die Religion werden gesellschaftlich relevante Werte weitergereicht und in ihrer Dauer verbürgt. Diese erhaltende und tradierende Funktion der Religion ist dem Konservativen außerordentlich wichtig. Der christliche Glaube scheint solchermaßen das stärkste Bindeglied zu sein, das die Moderne mit früheren Zeiten verknüpft, in welchen das ›alte Wahre‹ noch Gegenwart war. Voraussetzung dieser Verbindung ist natürlich, daß die Theologien solche Brückenschläge erlauben. Peter Richard Rohden urteilt über das Schicksal des politischen Katholizismus unmißverständlich: »Mit der Abkehr der Kurie von den Traditionen des ancien régime war das Schicksal des christlichen Konservatismus besiegelt. Denn der Protestantismus war infolge seiner Stellung als Staatskirche allein nicht stark genug, um sich dem Überwuchern der biologischen Argumentation erfolgreich entgegenzustemmen. Der Machtgedanke, der schon in der po-

50 Ebd. S. 232 ff.

51 de Maistre: Urgrund S. 169 (s. oben Anm. 44).

52 Joseph de Maistre: Betrachtungen über Frankreich. In: derselbe: Politische Betrachtungen S. 63 (s. oben Anm. 44). Die Dialektik dieses restaurativen Versuches, durch religiöse Weihe säkulare Dinge und Verhältnisse zu erhalten, hat Walter Benjamin in einem brillanten Aperçu aufgedeckt: »Unter den Operationen zur Säkularisierung der Theologie ist nicht die letzte die, profane Texte so zu betrachten, als wären es heilige.« Walter Benjamin: Schriften Bd. 1. Hrsg. von Theodor W. und Gretel Adorno. Frankfurt a. M. 1955. S. XVI.

litischen Romantik schlummerte, in der christlichen Liebesgesinnung
jedoch ein starkes Gegengewicht erhalten hatte, trat nun unverhüllt
hervor. Die einstigen Träger einer christlichen Politik wurden die
rücksichtslosen Verfechter der Machtidee in der Form des Alldeutsch-
tums, des Panslawismus, des Chauvinismus usw.«[53]

Die sozialintegrative und institutionelle Auffassung der Religion
verbindet so verschiedene Geister wie Justus Möser und – um ein
Extrem der Moderne zu nennen – Charles Maurras, der als Atheist
den katholischen Glauben predigte, um ein integrales Frankreich zu
schaffen. Bei Maurras (wie in der Action française überhaupt) enthüllt die Politische Theologie ihren politischen, und das heißt in bezug auf die christliche Religion: ihren atheistischen Charakter.
Maurras – so inkonsequent und unvernünftig sein atheistischer Katholizismus sich ausnimmt – ist der konsequenteste aller jener Me-
tapolitiker, die sich unter dem Namen der Politischen Theologie zu-
sammenfassen lassen. Seine ›Theologie‹ des Integralismus lebt in den
verschiedensten Formen bis heute weiter[54].

Die konservative Auffassung des Christentums läßt sich noch an
einigen weiteren Perspektiven vorführen. Wir behandeln nachein-
ander die konfessionellen Einigungsbestrebungen (3), konservative

53 Rohden: Gedankenwelt S. 349 f. (s. oben Anm. 33).
54 Daß die katholische Lehre und Kirche selber immer wieder in Gefahr steht,
sich als Politische Theologie zu verstehen, zeigen die folgenden Sätze Hermann
Bahrs über Charles Maurras, die sich in der katholischen Zeitschrift ›Hochland‹,
24 (1927), Bd. 1, finden: »Maurras nennt sich und meint sich ungläubig. Das beweist noch nicht, daß er es darum auch wirklich ist, sich selbst kennt der Mensch
am wenigsten. Maurras wird nicht widersprechen, wenn man ihn, seiner inneren
Form nach, einen Griechen heißt. Waren Griechen ungläubig, war es Athen?«
(S. 457). »Je schwerer einem echten Manne der Teufel zusetzt, desto leichter hat
es dann Gott mit ihm. Ein Vorgefühl, das freilich nichts beweist, sagt mir, daß
auch Maurras noch heimfinden wird. Wer ein Verhältnis zur Sprache hat, dem
verrät sich jedermann durch seinen Stil, und so wird man mich nicht mißverste-
hen, wenn ich aus jedem Satze, den Maurras spricht, den Katholiken zu hören
glaube, den er sich selbst noch nicht eingestehen will« (S. 458). Der Hinweis auf
die Religiosität der Griechen ist symptomatisch und kennzeichnet das starke ontologische Moment in der katholischen Theologie. Dagegen betont die evangelische Theologie in immer stärkerem Maße ihre »Religionslosigkeit« (Dietrich
Bonhoeffer). Vgl. etwa Heinz-Dietrich Wendland: Über das Verhältnis von Ontologie und Eschatologie in der christlichen Soziallehre. In: Philosophisches Jahrbuch 66 (1958), S. 194 ff.

Modelle von Konversionen (4), den theologischen Eklektizismus eines konservativ verstandenen Christentums (5) und als Beispiele für diesen Eklektizismus das Christentum als ›natürliche Religion‹ (a), die Vorstellung vom christlichen Gott als Schöpfergott (b) und das Christentum als Religion der Vermittlung (c).

3. Konfessionelle Einigungsbestrebungen

Der wichtigste Repräsentant konfessioneller Einigungsbestrebungen im 18. Jahrhundert war Leibniz. Er hatte reale Pläne für eine Zusammenführung beider Konfessionen und korrespondierte mit allen bedeutenden Geistern deswegen [55]. – Gegen Ende des Jahrhunderts schreibt Justus Möser einen Brief »über die künftige Vereinigung der Evangelischen und Katholischen Kirche« [56], der sein durchgängiges Desinteresse an theologischen Fragen deutlich zeigt. Möser geht es einzig um den Anschluß an eine vergehende Gesellschafts- und Lebensform, nicht um die Erörterung theologischer Probleme. So schreibt er über die theologische Problematik des Abendmahls: »Im Abendmahl glauben wir Alle den wahren Leib Christi zu empfangen; es ist blos das *Wie*? worüber wir streiten; und hierüber könnte die Kirche, ohne dem einen oder andern Theile zu nahe zu thun, gar wohl das Stillschweigen gebieten. Der Streit ist ohnehin nicht sehr erbaulich, und im Grunde die Sache vielleicht zu hoch für die menschlichen Begriffe.« [57] Zum Schluß dieses Briefes formuliert er das Prinzip, nach dem er grundsätzlich die Frage einer konfessionellen Einigung oder Annäherung betrachtet sehen will: »Der Plan zu unsrer Vereinigung, edler Menschenfreund, ist demnach also anzulegen; daß *zuerst die politischen*, und hernach die theologischen Schwierigkeiten geebnet werden.« [58] Die konservativen Einigungsbestrebungen reichen weiter über die lutherische Hochorthodoxie Preußens [59] bis in die Gegenwart. Die Gesichtspunkte variieren

---

55 Vgl. Hans Heinz Holz: Leibniz. Stuttgart 1958. S. 110 ff. (Urban-Bücher 34); vgl. auch Gerhard Krüger: Leibniz als Friedensstifter. Frankfurt a. M. 1947 (Reihe der Vorträge und Schriften des Freien Deutschen Hochstifts 9).

56 Justus Möser: Kleinere, den Patriotischen Phantasien verwandte Stücke. Werke Bd. 5. S. 264 ff. (s. oben Anm. 34).

57 Ebd. S. 265.

58 Ebd. S. 271.

59 Vgl. Hans Joachim Schoeps: Das andere Preußen. Konservative Gestalten

leicht, leitend bleibt jedoch der politisch-soziologische Aspekt einer dauerhaften Einheit, die schon Novalis im Auge hatte: »Soll der Protestantismus nicht endlich aufhören und einer neuen, dauerhafteren Kirche Platz machen?«[60] Der Pietismus neigte zu Beginn des 19. Jahrhunderts sehr stark einer Vereinigung beider Konfessionen zu. Die pietistische Form des Protestantismus wurde sowohl von der Romantik als auch vom Katholizismus mit Sympathie betrachtet. Franz von Baader schrieb damals: »Wenn die nihilistische, scientifische Form oder Unform des neuen Protestantismus keine Schonung verdient, so verdient solche allerdings der Pietismus, sowohl darum, weil alles religiöse Leben sich aus der Nullität der äußern Nichtkirche nothwendig in diese Form retten muß, als auch darum, weil dieser Pietismus, ohne es zu wissen und zu wollen, als ein mächtiges Solvens aller Confessionen wirkt, welche sich von der Kirche separirt haben und insofern alle protestantisch sind.«[61]

4. Konversion – ›Die zweite Religiosität‹[62]

Wie die konfessionellen Einigungsbestrebungen sind auch die Konversionen aus konservativem Geiste vornehmlich nicht unter theologischen, sondern unter politischen Gesichtspunkten zu beurteilen. »Meine Bekehrung zu den richtigen Prinzipien verdanke ich in erster Linie der Barmherzigkeit Gottes und dann dem gründlichen Studium der Revolutionen«, schreibt Donoso Cortés an den Grafen Montalembert[63]. Die katholische Kirche repräsentierte das Mittel-

und Probleme im Zeitalter Friedrich Wilhelms IV. 2. bearb. Auflage. Honnef/Rhein 1957, insbesondere das Kapitel: »Evangelische Katholizität«, S. 219 ff.

60 Novalis: Christenheit S. 524 (s. oben Anm. 2).

61 Baader: Sämtliche Werke Bd. 1. S. 75 (s. oben Anm. 5).

62 Der Ausdruck stammt von Oswald Spengler und bezeichnet das, was Max Scheler polemisch »eine durchaus schwächliche, labile und charakterlose Wiederanknüpfung an die älteren echt religiösen Denkweisen« nennt. Max Scheler: Probleme einer Soziologie des Wissens. S. 101 (s. oben Anm. 11).

63 Zitiert nach Donoso Cortés: Staat Gottes. Vorwort S. 26 (s. oben Anm. 23). Zum Konversionsproblem vgl. Gottfried Salomon: Das Mittelalter als Ideal in der Romantik. München 1922. S. 60. Der von Salomon herausgestellte ästhetische Gesichtspunkt hängt eng mit dem sozialpsychologischen zusammen. Eine knappe Geschichte der wichtigsten Konversionen in der Romantik gibt Franz Schnabel: Deutsche Geschichte im neunzehnten Jahrhundert. Bd. 1: Die Grundla-

alter hindurch eine gewisse Einheit von Religion, Kultur und Gesellschaft. Wer diese Einheit zurückgewinnen wollte, dem bot sich der Weg über die Religion an. Im Zentrum des Interesses stand aber nicht die katholische Kirche, sondern die katholische Kultur- und Gemeinschaftsordnung[64]. Der Versuch, sich durch Konversion zum Katholizismus in den Horizont einer versunkenen oder doch versinkenden Epoche zu begeben, ist im Kern psychologisch. Im übrigen zeigt er die dialektische Struktur konservativen Denkens besonders deutlich: Es ist eher die Gegnerschaft gegen die revolutionären Ideen, die etwa einen Mann wie Carl Ludwig Haller zur Konversion bewegt, als die Sympathie für die römische Kirche[65]. »Das Katholisieren ist immer ein Zeichen, daß man eben *nicht* katholisch *ist*.«[66] Bis heute versucht die konservative Apologetik über das religiös-psychologische Argument die Säkularisation der christlichen Kultur rückgängig zu machen, und noch immer gilt für viele konservative Konversionen, was Carl Vogelsang über die seine schrieb: »Wer wahrhaft konservativ sein will, nicht etwa aus Rücksichten auf den Geldbeutel, sondern aus Gewissensrücksichten, der wird sich stets verpflichtet fühlen, seine ganze Persönlichkeit von konservativen Prinzipien bestimmen zu lassen und sich allen Konsequenzen gerne zu unterwerfen. Deshalb habe ich, um auch mit keiner Finger-

gen. 5. Auflage. Freiburg i. Br. 1959. S. 268 ff. Vgl. auch David August Rosenthal: Convertitenbilder aus dem neunzehnten Jahrhundert. Bd. 1, Teil 1–3. 2. Aufl. Schaffhausen 1871/72; Gustav Reich: Die Konversionen in der Romantik. Diss. Bonn 1927; Käte Friedemann: Die Religion in der Romantik. In: Philosophisches Jahrbuch 38 (1925), S. 118 ff. und 249 ff.; Hans Felix Hedderich: Die Gedanken der Romantik über Staat und Kirche. Gütersloh 1941.

64 Vgl. Salomon: Mittelalter S. 61 (s. oben Anm. 63). – Zum politischen Katholizismus vgl. Carl Schmitt: Römischer Katholizismus (s. oben Anm. 28); Karl Gerhard Steck: Politischer Katholizismus als theologisches Problem. In: Theologische Existenz Heute. Neue Folge Nr. 27 (München 1951), bes. S. 14 ff.; Karl Buchheim: Geschichte der christlichen Parteien in Deutschland. München 1953. S. 23 ff.; Spaemann: Ursprung S. 181 ff. (s. oben Anm. 21); Ernst-Wolfgang Böckenförde: Der deutsche Katholizismus im Jahre 1933. Eine kritische Betrachtung. In: Hochland 53 (1960/61), S. 215 ff.; ausführliches Literaturverzeichnis bei Ernst Rudolf Huber: Deutsche Verfassungsgeschichte seit 1789. Bd. 2. Stuttgart 1960. S. 345 ff.

65 Vgl. Meinecke: Weltbürgertum S. 201 (s. oben Anm. 41).

66 Alfred von Martin: Romantische Konversionen. In: Logos 17 (1928), S. 147. Vgl. auch Rohden: Gedankenwelt S. 336 (s. oben Anm. 33).

spitze der Revolution und dem Geist, der stets verneint, anzugehö-
ren, allem Irr- und Unglauben entsagt und bin im Jahre 1850 zu
Innsbruck in den Schoß der heiligen katholischen Kirche aufgenommen worden.«[67]

Eines der bedeutendsten Dokumente für den Versuch, die Einheit
einer christlichen Kultur dadurch wiederzugewinnen, daß man das
Faktum der Reformation und die Revolutionen der Gegenwart in
Richtung auf den Gedanken und die politische Realität einer wahr-
haft allumfassenden Kirche hintergeht, ist ›Die Christenheit oder
Europa‹ von Novalis. Die katholische Kirche gilt Novalis als der
einzig in der Gegenwart greifbare Beweis für die Möglichkeit, im
Anschluß an die christliche Tradition die politischen und sozialen
Verwirrungen seiner Zeit zu lösen und in Richtung auf ein integra-
les Europa zu überwinden.

Das unauflösbare Ineinander von theologischen und soziologischen
Argumenten, das den Konvertiten in den wenigsten Fällen selber
bewußt war, schildert Golo Mann in bezug auf die Konversion Adam
Müllers, die bis heute für Konversionen aus konservativer Gesinnung paradigmatisch bleibt: »1804 bekehrte Müller sich zum Katholizismus, getrieben von echter Glaubensangst, wie von sozialpoli-

67 Johann Christoph Allmayer-Beck: Vogelsang. Vom Feudalismus zur Volksbewegung. Wien 1952. S. 25 (Beiträge zur neueren Geschichte des christlichen
Österreich). – Eine zu deutliche Pragmatisierung religiöser Transzendenz (vgl.
Hermann Heller: Europa und der Fascismus. Berlin und Leipzig 1929. S. 29)
wird übrigens von gläubigen Konservativen auch kritisch beurteilt. So unterscheidet Donoso Cortés sehr deutlich zwischen einer rein religiös motivierten Konversion (die er selbst erlebt zu haben glaubt) und einer aus zeitkritischer Abwen-
dung von Säkularisations- und Revolutionsbewegungen. Sehr genau bezeichnet er
den Eklektizismus, der rein pragmatischen Konversionen innewohnt: »Gewisse
Leute sind zwar in unseren Tagen anscheinend von der Notwendigkeit überzeugt,
daß die Welt, um nicht zugrunde zu gehen, die Unterstützung und die Hilfe unserer heiligen Religion und der heiligen Kirche haben muß. Allein sie fürchten sich,
ihrem Joche sich zu unterwerfen, das den Demütigen süß und dem menschlichen
Stolz schwer ist, und so suchen sie einen Ausweg durch das Verfahren, einige Vor-
schriften von der Kirche und der Religion anzunehmen und die anderen, die sie
für übertrieben halten, abzulehnen.« Donoso Cortés: Über die Irrtümer unserer
Zeit. Schreiben an Seine Eminenz den Herrn Kardinal Fornari. (1852). In: Kulturpolitik S. 25 (s. oben Anm. 31). Vgl. hierzu Rohden: Gedankenwelt S. 336 (s.
oben Anm. 33); ferner Karl Löwith: Der Okkasionelle Dezisionismus von C.
Schmitt. In: Gesammelte Abhandlungen zur Kritik der geschichtlichen Existenz.
Stuttgart 1960. S. 101.

tischen Spekulationen und snobistischer Bewunderung der Hierarchie. Andere seines Types taten es ihm nach, aus ähnlichen Motiven. Sie hatten Angst vor ihrem eigenen, durch die geistige Revolution der Zeit aufgewühlten Denken, und hatten Angst vor den durch die soziale Revolution der Zeit aufgewühlten Massen. Es lockte sie die katholische Ordnung, die Traditionen, dies Stück prachtvoller Vergangenheit in der Gegenwart, und die vornehm näselnde österreichisch-spanische Aristokratie, zu der man nur als Katholik Zulaß hatte.«[68]

5. Der Eklektizismus eines konservativ verstandenen Christentums

In seiner Berufung auf das Christentum trifft der Konservatismus eine ihn selbst kennzeichnende Auswahl aus den christlichen Glaubens- und Überlieferungsgehalten. Die folgenden Sätze aus der ›Europa‹ des Novalis zeigen diesen Eklektizismus eindrücklich: »Wo ist jener alte, liebe, alleinseligmachende Glaube an die Regierung Gottes auf Erden, wo ist jenes himmlische Zutrauen der Menschen zu einander, jene süße Andacht bei den Ergießungen eines gottbegeisterten Gemüths, jener allesumarmende Geist der Christenheit? Das Christenthum ist dreifacher Gestalt. Eine ist das Zeugungselement der Religion, als Freude an aller Religion. Eine das Mittlerthum überhaupt, als Glaube an die Allfähigkeit alles Irdischen, Wein und Brod des ewigen Lebens zu seyn. Eine der Glaube an Christus, seine Mutter und die Heiligen. Wählt, welche ihr wollt, wählt alle drei, es ist gleichviel, ihr werdet damit Christen und Mitglieder

68 Golo Mann: Friedrich von Gentz. Geschichte eines europäischen Staatsmannes. Zürich und Wien 1947. S. 89 – Wie wenig Hegel von solchen Konversionen hielt, zeigen diese Sätze aus der Rechtsphilosophie: »Es kann daher die Sehnsucht nach einer Objektivität entstehen, in welcher der Mensch sich lieber zum Knechte und zur vollendeten Abhängigkeit erniedrigt, um nur der Qual der Leerheit und der Negativität zu entgehen. Wenn neuerlich manche Protestanten zur katholischen Kirche übergegangen sind, so geschah es, weil sie ihr Inneres gehaltlos fanden, und nach einem Festen, einem Halt, einer Autorität griffen, wenn es auch eben nicht die Festigkeit des Gedankens war, die sie erhielten.« Georg Wilhelm Friedrich Hegel: Grundlinien der Philosophie des Rechts, § 141 Zusatz. Sämtliche Werke. Jubiläumsausgabe. Hrsg. von Hermann Glockner. Bd. 7. Neudruck Stuttgart–Bad Cannstatt 1964. S. 225.

einer einzigen, ewigen, unaussprechlich glücklichen Gemeinde.«[69]
Die Regierung Gottes auf Erden, von der Novalis spricht, bringt
den Inhalt aller Politischen Theologie auf die kürzestmögliche Formel: Gott sei der Schlußstein des Gewölbes der menschlichen Gesellschaft[70]. Als dieser Schlußstein hält die Religion menschliche Gesellschaft zusammen. Wie wenig theologisch bestimmt dieses religiöse Prinzip ist, zeigt die Auswahl, die Novalis anbietet: Christus, die
Mutter, die Heiligen, »wählt, welche ihr wollt«. Der politische Sinn
der Religion ist offenbar dann erfüllt, wenn ein alle verbindender
Glaube die Menschen zu »einer einzigen, ewigen unaussprechlich
glücklichen Gemeinde« verbindet. Die Kriterien dieser theologisie-
renden Politikwissenschaft sind Homogenität und Dauer der Gesellschaft, nicht Fragen der Christologie oder der Trinität. Das Christentum soll als Religion fähig sein, das irdische Leben mit dem
himmlischen zu vermitteln und zu versöhnen[71]. Auf diese ›Allfähigkeit‹ des Christentums kommt alles an.

a) Das Christentum als ›natürliche Religion‹

Der Konservatismus versteht das Christentum als Äußerung einer
im Menschen angenommenen religiösen Anlage, die sowohl als Quell
des sittlichen Sinnes wie auch in soziologischer Hinsicht als Gemein-
schaftssinn gilt: »Wir wissen, und setzen unsern Stolz darein, zu
wissen, daß der Mensch ein zur Religion geschaffnes Wesen ist, daß
der Atheismus nicht allein mit unsrer Vernunft, sondern so gar mit
unsern Instinkten streitet und daß er nie anhaltend die Herrschaft
führen kann«[72], schreibt Edmund Burke. Durch den Verlust seiner
religiösen Grundlage wird der Mensch unsicher, die Gesellschaft un-
ruhig und die bestehende Ordnung wankend. Stabilität jeder Ge-

69 Novalis: Christenheit S. 523 (s. oben Anm. 2).

70 Adam Müller: Von der Notwendigkeit einer theologischen Grundlage der
gesamten Staatswissenschaften und der Staatswirtschaft insbesondere. In: derselbe:
Schriften zur Staatsphilosophie. Hrsg. von Rudolf Kohler. München 1923. S. 195.

71 Novalis spricht diesen Gedanken noch deutlicher aus, indem er emphatisch
fragt: »... sollten nicht alle wahrhafte Religionsverwandte voll Sehnsucht werden, den Himmel auf Erden zu erblicken?« Novalis: Christenheit S. 524 (s. oben
Anm. 2).

72 Edmund Burke: Betrachtungen über die französische Revolution. Bearb.
und hrsg. von Friedrich Gentz. Bd. 1. Neue Auflage. Berlin 1794. S. 132.

sellschaft beruht auf der Stabilität der in dieser Gesellschaft herrschenden religiösen Überzeugungen, und die Gleichgesinntheit einer Gesellschaft geht auf die Homogenität religiöser Überzeugung zurück. Unnötig zu sagen, daß diese Vorstellung von der konservierenden Kraft christlicher Glaubensgehalte ebenso richtig wie falsch ist. Alle Formen der Entzweiung des modernen Geistes und der modernen Gesellschaft sind, wie man weiß, im Christentum selber angelegt, und die modernen europäischen Revolutionen sind ohne jene theologischen Revolutionen, welche die christlich-paulinische Theologie gegenüber griechischer Ontologie bewirkte, nicht denkbar[73]. Der Konservatismus betont die besonders im Mittelalter sich zeigende homogenisierende Wirkung des Christentums als institutionalisierter Religion, wie überhaupt sein Verständnis christlicher Theologie und Kirche vornehmlich institutionell bleibt.

b) Der christliche Gott als Schöpfergott

»Die Welt als Gewachsenes zu erleben, bedeutet stets, über ihr einen Schöpfer zu ahnen und zu wissen, der alles blühen, gedeihen und vergehen läßt, während die Welt als Gemachtes anzusehen heißt, sie als ein Schaltwerk von Regeln zu begreifen, die aus einer farblos – abstrakten Weltvernunft fließen«, schreibt heute der Konservative Hans Mühlenfeld[74]. Der Satz steht genau in der Tradition konservativen Weltverständnisses, dem es weniger um einen christlich-theologischen Gottesbegriff als vielmehr darum geht, die Welt als

73 Vgl. Martin Greiffenhagen: Die Verstehensproblematik im Dialog zwischen Soziologie und Theologie, untersucht am Beispiel der Institution. In: Zeitschrift für evangelische Ethik (1960), H. 3, S. 159 ff.
74 Hans Mühlenfeld: Politik ohne Wunschbilder. Die konservative Aufgabe unserer Zeit. München 1952. S. 334. In demselben Sinne schreibt der protestantische Revolutionär-Konservative de Quervain: »Wir können diesen evangelischen, diesen christlichen ›Konservatismus‹ zunächst so umschreiben: der Mensch wird der Schöpfung wieder eingefügt und eingeordnet. Denn er lebt nicht mehr in dem Wahne, als müsse er durch sein Denken oder durch sein Tun Gott rechtfertigen, seinem Leben einen Sinn geben, die Welt erlösen. Es ist also die zum Glaubensprinzip erhobene Revolution, von unten, von oben, von der Kirche her, verurteilt, die Selbstherrlichkeit der Vernunft, der Moral, des religiösen Enthusiasmus.« Alfred de Quervain: Die theologischen Voraussetzungen der Politik. Grundlinien einer politischen Theologie. Berlin 1931. S. 63.

Gewachsenes zu erleben. Nun ist die Welt nach christlicher Auffassung aber nicht gewachsen, sondern geschaffen: im Wege einer creatio ex nihilo. Dieser theologischen Vorstellung gegenüber hatte schon de Maistre lakonisch festgestellt: »Ich für mein Teil werde nie an die Fruchtbarkeit des Nichts glauben.«[75] Der Ursprung der Welt liegt nach christlicher Auffassung in Gottes Willen, der sie aus dem Nichts zu sein hieß. Ihre Existenz ist durch diesen Willen Gottes garantiert, der sie weiterhin zu sein heißt. Von dieser christlichen Sicht unterscheidet sich die griechisch-ontologische Auffassung der Welt, der zufolge der Kosmos keinen absoluten Anfang gehabt hat, sondern von einem Stoff ausgeht, der allen Schöpfungsakten ontologisch vorausliegt. Nach christlicher Vorstellung ist sie umgekehrt zeitlich begrenzt und, wenn man will, ewig im Raum, da auch der Raum als Gegenstand des göttlichen Schöpferwillens gedacht werden muß.

Der eigentliche Kern des konservativen Interesses an kosmologischen Problemen ist seine Gesellschaftslehre. Die mittelalterliche Ständelehre wurde von Thomas von Aquin in unmittelbarem Zusammenhang mit der durch Aristoteles begründeten Ontologie verbunden[76]. Dabei gibt die relative Stabilität der mittelalterlichen Gesellschaftsstruktur das Argument für die Evidenz solcher Ontologie ab. Eine wichtige Verbindung zwischen ontologischer Argumentationsweise und der christlichen Offenbarungsreligion ist ein für Konservative bezeichnender apologetischer Rückgriff auf die Insti-

75 Dieser Satz de Maistres findet sich in seinen ›Betrachtungen über Frankreich‹, S. 62 (s. oben Anm. 52 und 44) und bezieht sich nicht auf das christliche Schöpfungsdogma, sondern auf die neue französische Staatsgrundlage, die er als aus der Vernunft künstlich entworfene ablehnt. Er zeigt jedoch unfreiwillig den tiefen Zusammenhang des modernen Rationalismus mit dieser christlich-jüdischen Vorstellung.

76 »Das allgemein Gültige, Dauernde, auf ewigen Voraussetzungen Gegründete im Werk des Aquinaten will einer verwirrten Gegenwart Besinnung und Erhebung über die Enge der Tagespolitik bedeuten«, schreibt Friedrich Schreyvogl in seiner Vorrede zu den ›Ausgewählten Schriften zur Staats- und Wirtschaftslehre des Thomas von Aquino‹, Jena 1923, S. 3 (Die Herdflamme. Hrsg. von Othmar Spann. Bd. 3). Er faßt das Wesen der thomistischen Theologie völlig richtig, wenn er in seinem Kommentar zur Wirtschaftslehre des Thomas sagt: »... der thomistische Kommentar zur aristotelischen Politik und Ethik sucht im einzelnen die Wesensidentität aristotelischer Philosophie mit der christlichen Gedankenwelt darzustellen.« Ebd. S. 289.

tution der katholischen Kirche. »Mit dem Katholizismus erschien auf Erden eine übernatürliche, eine alles überragende, eine vollkommene Gesellschaft, eine Gesellschaft, die Gott zu ihrem Gründer, Erhalter und Lenker hat...«[77] Donoso Cortés nennt die Kirche »eine zweite Schöpfung« und stellt sie der modernen bürgerlichen Gesellschaft als Beispiel hin[78]. Einige konservative Theoretiker haben jedoch deutlich empfunden, daß mit einem rein institutionellen Verständnis des Christentums wesentliche Stücke der christlichen Lehre als Offenbarungsreligion unterschlagen werden. Der apologetische Ton in der Behandlung christlich-theologischer Fragen bezeugt dies immer wieder. So beklagt Adam Müller, daß manche »der edleren und kräftigeren Naturen... zweierlei Religionen im Herzen tragen«, eine christliche und eine heidnische[79]. Diese Spaltung bedeutet für das Christentum, wie Müller sich apologetisch ausdrückt: »Der *Privat-Charakter* Christi, wenn ich mich so ausdrücken darf, ist von ihnen verstanden worden, doch nicht der *politische*: sie verkennen die heiligen Institutionen des Mittelalters, welche auf unsre Zeit herabgekommen sind; sie übersehen das Wesen dieser ihnen theuren Gesetze; sie versäumen die Spuren Dessen, der jenen herrlichen Bau begründete, folglich auch das eigentlich Dauerhafte und Ewige darin... Und so entsteht denn die Zwietracht zwischen persönlich-christlicher und politisch-heidnischer Religion...«[80] Das Christen-

77 Donoso Cortés: Staat Gottes S. 51 (s. oben Anm. 23).

78 »Überrascht von dieser wunderbaren Erscheinung, sagte ich zur bürgerlichen Gesellschaft: ›Du bist arm und elend und die Kirche ist reich. Bitte sie um das, was dir fehlt! Sie wird es dir nicht verweigern; denn ihre Hände sind voll Wohltaten und ihr Herz ist voller Barmherzigkeit. Du suchst die Ordnung: Erbitte das Geheimnis der Ordnung von jener, die ihre Ordnung auf der christlichen Vollkommenheit aufgebaut hat! Du suchst die Freiheit: Gehe zu jener in die Schule, die frei ist! Du suchst die Ruhe: Du wirst sie nur in der Kirche und durch die Kirche finden; denn sie allein besitzt die wunderbare Kraft, alles zu besänftigen und den Seelen den Frieden zu bringen. Du suchst die christliche Idee von der Obrigkeit: Studiere die großen Maßnahmen ihrer großen Päpste! Du suchst das Geheimnis der Ständeordnungen: Frage die glänzende Schar ihrer Bischöfe! Du willst wissen, wie man Würde mit Gehorsam und Gehorsam mit Würde vereinen kann: Blicke hin auf die Kämpferschar ihrer Priester! Du willst reich an Söhnen sein, die für ihr Vaterland zu leben und zu sterben wissen: Erbitte von ihr das Geheimnis der Heiligung und das Geheimnis des Martyriums.‹« Cortés: Staat Gottes S. 58 f. und Vorwort S. 56 (s. oben Anm. 23).

79 Müller: Elemente Bd. 2, S. 176 (s. oben Anm. 19).

80 Ebd. S. 186 f. Daß Adam Müller der antiken Staatsvorstellung näher steht,

tum hat von seinem Ursprung her keine Nähe zu ethischen oder zu politischen Fragestellungen[81]. Erst geschichtliche Machtbildungsprozesse haben aus ihm ein ›Kulturprinzip‹ gemacht[82]. Die dialektische Abhängigkeit des konservativen Beweises der Spaltung des Christentums in einen privaten und einen politisch-relevanten Teil wird nirgends deutlicher als im Vergleich mit der berühmten Stelle aus dem 8. Kapitel des 4. Buches des ›Contrat social‹ Rousseaus, der allerdings offen zur Konstruktion einer religion civile auffordert (wie es später der revolutionäre Konservatismus mit seiner Mythosidee tun sollte)[83].

c) Das Christentum als Religion der Vermittlung

Der Konservatismus hat, besonders in seiner romantischen Phase, bestimmte Inhalte des christlichen Lehrgebäudes im Sinne einer Religion der Vermittlung verwandt[84]. Vermittlung hat dabei einen verschiedenen Sinn. Für eine Vermittlungstheologie spricht sich Friedrich Schlegel aus: »Es ist sehr einseitig und anmaßend, daß es gerade nur Einen Mittler geben soll. Für den vollkommnen Christen,

liegt auf der Hand; vgl. Georg Weippert: Das Prinzip der Hierarchie. Hamburg 1932. S. 122. Zu dem von Müller apostrophierten Mißverhältnis zwischen Privatmensch und Staatsbürger, wie es seit Rousseau Thema der abendländischen Gesellschaftsphilosophie ist, vgl. vor allem Karl Löwith: Von Hegel zu Nietzsche. Der revolutionäre Bruch im Denken des neunzehnten Jahrhunderts. 5. Auflage. Stuttgart 1964. S. 255 ff.: Das Problem der bürgerlichen Gesellschaft.

81 Vgl. Felix Flückiger: Geschichte des Naturrechtes. Bd. 1: Altertum und Frühmittelalter. Zollikon–Zürich 1954; Ernst Troeltsch: Politische Ethik und Christentum. Göttingen 1904. S. 31.

82 Vgl. Franz von Baader: Das Christenthum als Culturprincip. Sämtliche Werke. Hrsg. von Franz Hoffmann. Hauptabteilung 1, Bd. 5: Gesammelte Schriften zur Societätsphilosophie 1. Leipzig 1854. S. 310 ff.

83 Jean-Jacques Rousseau: Der Gesellschaftsvertrag (Le contrat social). Einleitung von Romain Rolland. München 1948. S. 213. Für das Verhältnis von Staat und Religion bei Rousseau vgl. Karl Dietrich Erdmann: Das Verhältnis von Staat und Religion nach der Sozialphilosophie Rousseaus (Der Begriff der »religion civile«). Berlin 1935. S. 19, 33, 63 (Historische Studien H. 271); Iring Fetscher: Rousseaus politische Philosophie. Zur Geschichte des demokratischen Freiheitsbegriffs. Neuwied am Rhein und Berlin 1960. S. 183 ff. (Politica Bd. 1). Für de Bonalds Kritik an Rousseau vgl. Spaemann: Ursprung S. 163 f. (s. oben Anm. 21).

84 Vgl. Hedderich: Romantik S. 31 f. (s. oben Anm. 63).

dem sich in dieser Rücksicht der einzige Spinoza am meisten nähern dürfte, müßte wohl alles Mittler seyn.«[85] Nun kennzeichnet dieser Pantheismus bekanntlich die romantische Religiosität überhaupt[86]. Die Vermittlungsphilosophie Hegels ist der bedeutendste Ausdruck einer pantheistischen Grundstimmung, die für den Konservatismus der romantischen Phase bezeichnend ist. Franz von Baader gibt mit dem immer wieder auftauchenden Begriff der Liebe deutlich an, in welchem Sinne die christliche Religion jene Vermittlung von Geist und Natur, von Himmel und Erde leisten soll: »das hier bemerklich gemachte Princip der Cultur, welches in der Liebe zur Mutter-Erde unmittelbar, mittelbar aber in der Liebe Gottes und des Menschen seinen Sitz hat«[87].

Als der eigentliche Mittler und Versöhner gilt der christlichen Theologie Christus selbst[88]. Dieses Kernstück christlicher Lehre wird zuweilen in konservativem Sinne verwandt und zur Stützung einer Politischen Theologie herangezogen. Es ist der problematischste Weg, aus dem Christentum ein harmonisierendes Kulturprinzip zu machen, und zeigt am deutlichsten die Unbrauchbarkeit christlicher

---

85 Friedrich Schlegel: Romantische Fragmente. 1797–1800. Zitiert nach: Gesellschaft und Staat im Spiegel deutscher Romantik. Hrsg. von Jakob Baxa. Jena 1924. S. 68 (Die Herdflamme. Hrsg. von Othmar Spann. Bd. 8); vgl. auch S. 70.

86 Über die Theologie des größten Vermittlungstheologen der Romantik, Schleiermacher, sagt Theobald Ziegler salopp, aber treffend: »Im übrigen aber ist die Glaubenslehre der große Eiertanz, den der pantheistische Redner und Dialektiker mit der in der christlichen Kirchengemeinschaft geltenden Lehre, die nicht pantheistisch ist, aufzuführen hatte.« Theobald Ziegler: Die geistigen und sozialen Strömungen Deutschlands im neunzehnten Jahrhundert. Berlin 1911. S. 37. Vgl. grundsätzlich Alfred von Martin: Das Wesen der romantischen Religiosität. In: Deutsche Vierteljahrsschrift für Literaturwissenschaft und Geistesgeschichte 2 (1924), S. 367 ff.; insbesondere über Novalis S. 382 ff. – Zur Dialektik, in der die irrationalistische Immanenzlehre der Romantik sich gegenüber der rationalistischen Immanenzphilosophie befindet, siehe Hermann Heller: Die politischen Ideenkreise der Gegenwart. Breslau 1926. S. 30 f.

87 Franz von Baader: Socialphilosophische Aphorismen. Sämtliche Werke. Hrsg. von Franz Hoffmann. Hauptabteilung 1, Bd. 5: Gesammelte Schriften zur Societätsphilosophie 1. Leipzig 1854. S. 275 f.; vgl. auch S. 310: »Dem Verhalten des Menschen zu Gott entspricht sein Verhalten zum Grund und Boden, dem Cultus die Cultur, und wie er mit seinem Vater im Himmel steht, so steht er mit seiner Mutter – der Erde.«

88 Vgl. Friedemann: Religion S. 262 f. (s. oben Anm. 33).

Glaubensgehalte für konservative Zwecke[89]. Adam Müller bedient sich des christologischen Argumentes für seine Vermittlungsphilosophie mit besonderer Vorliebe: »Kurz, es mußte ein Dolmetscher, ein Vermittler kommen, der alle Nationen der Erde unter sich, und mit Gott, über die Frage: wie zu leben sey? verständigte; der sie in, für Alle faßlichen, Zeichen über ihre ewigen Verhältnisse unter sich und zu Gott belehrte.«[90] Solche Berufung auf die Christologie hat für ihn wiederum vornehmlich soziologischen Sinn: die Vermittlung des Einzelnen mit der Gesamtheit. Aber diese soziale Vermittlung ist innerhalb des Christentums und der christlichen Theologie gerade Problem, so daß die Inanspruchnahme dieses Teils der christlichen Theologie äußerst fragwürdig bleibt[91].

6. Exkurs: Bild – Gestalt – Repräsentation

Über die soziale Mittlerschaft hinaus soll die Religion nach konservativer Auffassung auch in ästhetischem Sinne dazu befähigen, die Welt als Gestalt des Göttlichen zu erfahren[92]. Als Kriterium echter Religion gilt deshalb ihre Bildfähigkeit, d. h. die Kraft, Welt-

89 Oscar Stillich ist auch dieser Meinung, vgl.: Die politischen Parteien in Deutschland. Bd. 1: Die Konservativen. Leipzig 1908, S. 32. Er begründet sie aber nicht. Interessant ist das Urteil Georg Quabbes: »Eine der erstaunlichsten Tatsachen unserer geistigen politischen Verfassung ist für mich die auf unserer Seite mit naiver Sicherheit vertretene Personal- und Realunion zwischen dem landläufigen Konservativismus und der christlichen Religion (ich sage: landläufig, denn in der Tat bin ich der Ansicht, daß der bis zum Ende gedachte konservative Gedanke sich mit dem Christentum mindestens theoretisch vereinbaren läßt; wenn es anders wäre, würde ich ernstliche Zweifel, nicht über die Natur, aber über die moralische Vertretbarkeit konservativer Anlagen haben).« Georg Quabbe: Tar a Ri. Berlin 1927. S. 131.

90 Müller: Elemente Bd. 2, S. 207; vgl. auch S. 208 ff. (s. oben Anm. 19). – Zum Begriff der Liebe bei Adam Müller s. Ferdinand Reinkemeyer: Adam Müllers ethische und philosophische Anschauungen im Lichte der Romantik. Phil. Diss. Köln 1926. S. 30 ff.

91 So, wenn Adam Müller schreibt: »Die persönliche Hingebung des Einzelnen an das Ganze ward erst möglich, nachdem durch das innerlich lebendige christliche Gesetz das Verhältniß des Menschen zur Menschheit rein in seiner wahren unendlichen Gegenseitigkeit aufgestellt und mit dem schönsten Tode, d. h. mit eigner vollständigster Hingebung, besiegelt.« Müller: Elemente Bd. 1, S. 279; vgl. auch S. 309 (s. oben Anm. 45).

92 Alfred Stange: Die Welt als Gestalt. Köln 1952; vgl. besonders die Kapitel

liches in göttlicher Gestalt zu erfahren und umgekehrt. Eine Religion, die diese ästhetische Qualität nicht aufweist, kann nicht darauf rechnen, vom Konservatismus geachtet zu werden. Deshalb erfährt nicht nur die protestantische Ausformung des Christentums, sondern auch das Alte Testament eine mehr oder weniger deutliche Ablehnung[93]. Beide entbehren in der eher rationalen und voluntativen Ausprägung fast völlig biomorpher Elemente. Technomorphe und soziomorphe Vorstellungen herrschen vor[94]. Der Gegensatz von ›Bild‹ und ›Begriff‹[95] beherrscht die konservative Ideologie von Anbeginn bis in die Gegenwart.

»Kunst und Religion«, S. 197 ff., und »Religiöse Themen sicherste Wirklichkeit«, S. 216 ff.

93 Vgl. Paul Tillich: Die sozialistische Entscheidung. In: derselbe: Christentum und soziale Gestaltung. Frühe Schriften zum Religiösen Sozialismus. Hrsg. von Renate Albrecht. Stuttgart 1962. S. 254 f. (Gesammelte Werke Bd. 2).

94 Vgl. Topitsch: Ursprung S. 46 f. (s. oben Anm. 25).

95 Zur Verdeutlichung dieses Begriffspaares zitieren wir einen längeren Abschnitt von Gerhard Nebel, der das konservative Spektrum gut entfaltet: »Das Verhältnis der beiden metaphysischen Instrumente des Menschen, des Begriffs und des Bildes, bietet einen unerschöpflichen Stoff zu Vergleichen. So kann man sagen, daß der Begriff unproduktiv ist, sofern er nur Vorhandenes, Entdecktes, Verfügbares ordnet, während das Bild geistige Wirklichkeit erzeugt und dem Sein bisher verschlossene Momente abringt. Der Begriff nimmt sorgenvoll Distinktionen und Gruppierungen innerhalb fertiger Tatbestände vor, das Bild greift abenteuerlich und unbekümmert ins Weite und Unbegrenzte hinaus. Der Begriff lebt von der Angst, das Bild von der triumphierenden Festlichkeit der Entdeckung. Der Begriff muß seine Beute, wenn er nicht überhaupt nur einen Kadaver übernahm, töten, das Bild läßt schäumendes Leben erscheinen. Der Begriff als Begriff schließt das Geheimnis aus, das Bild ist insofern eine paradoxe Einheit der Gegensätze, als es zugleich erhellt und das Dunkel ehrt. Der Begriff ist greisenhaft, das Bild immer frisch und jung. Der Begriff ist ein Opfer der Zeit und veraltet schnell, das Bild ist immer schon jenseits der Zeit. Der Begriff ist dem Fortschritt zugeordnet, weshalb denn auch die Wissenschaften unter die Kategorie des Fortschritts gehören, während das Bild Eigentum des Augenblicks ist. Der Begriff ist Sparsamkeit, das Bild Verschwendung. Der Begriff ist, was er ist, das Bild ist immer mehr als das, was es zu sein vorgibt. Der Begriff appelliert an den Kopf, das Bild an das Herz. Der Begriff bewegt nur eine periphere Schicht, das Bild wirkt auf das Ganze oder wenigstens auf den Kern der Existenz. Der Begriff ist endlich, das Bild unendlich. Der Begriff ist vereinfacht, das Bild ehrt die Vielheit. Der Begriff nimmt Partei, das Bild enthält sich des Urteils. Der Begriff ist allgemein, das Bild zunächst individuell, und auch da, wo man das Bild allgemein machen und ihm Erscheinungen unterordnen kann, erinnern diese Aktionen an aufregende Jagden, und die Lan-

Wir wollen im folgenden zeigen, daß sich das Christentum von Anfang an dem konservativen Bedürfnis nach bildhafter Gestalt und nach Repräsentation des Himmlischen durch das Irdische verschließt. Dieser Nachweis ist nicht ohne Belang, stützt sich der Konservatismus in Deutschland und im Abendland doch bis heute immer auch auf seine »christliche Haltung«[96]. Gegen Ende des 19. Jahrhunderts kam in Deutschland vor allem durch Paul de Lagarde die Frage auf, ob Konservatismus und Christentum wirklich so eng verbunden seien, wie die Romantik annahm. Nietzsche hat den Gegensatz von griechischer Ontologie und christlicher Theologie radikal herausgestellt, und die sogenannte ›Konservative Revolution‹ war weitgehend antichristlich orientiert.

»Die Israeliten scheinen in der Alten Welt die einzigen zu sein, deren Gott nicht nur eine verborgene Gestalt hat, sondern auch je und je in unaufhebbarer Verborgenheit bleibt oder der sich doch, wenn er nicht seit alters in ihr gewesen ist, in sie entrückt. Sein Allerheiligstes ist vollkommenes Dunkel. Jahwe als einziger unter den Göttern scheint wirklich nur die geheime Gestalt zu haben, die Keiner kennt. Hat er überhaupt, was Gestalt genannt werden darf?« fragt Hubert Schrade[97] und kommt zu dem Ergebnis, daß nichts von dem, was für die Völker Vorderasiens und Ägyptens an Gottesvorstellungen und -darstellungen zutrifft, für die jüdische Religion Geltung hat[98]. Alle Religionen des Altertums zeichnen sich durch eine reiche religiöse Bilderwelt aus: »Der Himmel, die Erde, die dunklen Tiefen, die Gestirne, die Wasser, die milden, die gewaltigen Winde, die Feuer des Himmels und der Erde, die Berge, die Steine, Bäume und Blumen, die Vögel in den Lüften, die Tiere auf

geweile der generellen Subsumtion ist ihnen fern. In diesen Bestimmungen läßt sich ohne Grenzen fortfahren...« Gerhard Nebel: Auf ausonischer Erde. Bd. 1: Latium und Abruzzen. Wuppertal 1949. S. 285 f. Zitiert nach: Armin Mohler: Die Konservative Revolution in Deutschland 1918–1932. Stuttgart 1950. S. 28 f.

96 Vgl. den bezeichnenden Untertitel der Zeitschrift ›Tradition und Leben‹ hrsg. von Heinrich Frhr. von Massenbach, Köln 1948 ff., der die traditionalen Elemente konservativen Denkens schlagwortartig und durchaus in der Reihenfolge konservativer Logik zur Sprache bringt: »Monatsschrift für christliche Haltung – monarchische Staatsauffassung – und nationale Besinnung«.

97 Hubert Schrade: Der verborgene Gott. Gottesbild und Gottesvorstellung in Israel und im alten Orient. Stuttgart 1949. S. 131.

98 Ebd. S. 24.

der Erde, die Fische in Fluß und Meer – alle können sie unmittelbar Götter offenbaren und sein.«[99]

Nun hat es mit der Repräsentation des Göttlichen eine merkwürdige Bewandtnis: Einerseits stellt das Bild die Gottheit dar, gibt eine Vorstellung von ihr, auf der anderen Seite bekommt die Gottheit erst durch die bildhafte Gestaltung die Kraft zur Repräsentation, d. h. aber ihr eigentliches Leben. »So paradox es klingt: das Urbild wird erst vom Bilde her zum Bilde – und doch ist das Bild nichts als die Erscheinung des Urbildes.«[100] Die Gottheit bedarf des Bildes, wenn sie selber als Quell von Wirklichkeit soll vorgestellt werden können. Das religiöse Bild zeigt die Möglichkeit bildhafter Darstellung in ursprünglichem Sinne[101]. Da das Göttliche nur in menschlicher Darstellung lebt, bedarf es der Repräsentation, und nur weil dem Göttlichen Wirklichkeit zugesprochen wird, kann es im Bilde repräsentiert werden: »Denn was ganz wirklich ist, muß Bild werden können, bezeugt erst dadurch, daß es Bild wird, seine Wirklichkeit.«[102]

99 Ebd. S. 16. In diesem Sinne auch Arnold Gehlen: Urmensch und Spätkultur. Bonn 1956. S. 192 ff. Nicht von ungefähr sind es konservative Kunsttheoretiker wie Schrade, Gehlen, Sedlmayer und Eliade, welche die in Rede stehende Frage behandeln.

100 Hans-Georg Gadamer: Wahrheit und Methode. Grundzüge einer philosophischen Hermeneutik. 2. Auflage. Tübingen 1965. S. 134. Gadamer weist auf den wichtigen Umstand hin, daß zoon auch einfach »Bild« bedeutet, so wie imago im Mittelalter stets Bild in Menschengestalt meinte; ebd. Anm. 1 zu S. 131. Diese Dialektik wird bei dem Repräsentationsbild besonders anschaulich: »Wie sich der Herrscher, der Staatsmann, der Held zeigt und darstellt, das wird im Bilde zur Darstellung gebracht. Was heißt das? Doch nicht dies, daß durch das Bild der Dargestellte eine neue eigentlichere Erscheinungsweise gewinnt. Vielmehr ist es umgekehrt: *weil* der Herrscher, der Staatsmann, der Held sich zeigen und den Seinen darstellen muß, weil er repräsentieren muß, gewinnt das *Bild* seine eigene Wirklichkeit. Trotzdem liegt hier ein Umschlagspunkt. Er selbst muß, wenn er sich zeigt, der Bilderwartung, die ihm entgegengebracht wird, entsprechen. Nur weil er derart ein Sein im Sichzeigen hat, wird er ja eigens im Bilde dargestellt.« Ebd. S. 135.

101 »Das Bild ist Inbegriff des Höchsten, erschöpfender Ausdruck, vollkommene Verwirklichung der Beziehung des Menschen zum Höchsten.« Schrade: Gott S. 23 (s. oben Anm. 97).

102 Schrade: Gott S. 23 (s. oben Anm. 97). – Zur Geschichte einer Philosophie des Bildes vgl. Ludwig Klages: Der Geist als Widersacher der Seele. Kapitel 57: Aus der Vorgeschichte der Entdeckung der Bilder. S. 850 ff. (s. oben Anm. 8).

Die jüdisch-christliche Religion ist durch ihre Bilderlosigkeit gekennzeichnet. Der Gott des Alten Testamentes ist definiert durch
sein Gebot, sich kein Bild von ihm zu machen. Er ist der verborgene
Gott, der Gott in verborgener Gestalt. Der Grund für das Bilder-
verbot der jüdischen Religion trifft genau den Sinn des Bildes: Weil
die Dialektik bildhafter Vergegenständlichung das Bild an die Stelle Gottes setzt, den es repräsentiert, dürfen die Juden ihren Gott
nicht im Bild verehren. Hinzu kommt, daß die Natur, die Elemente,
ja das Leben selbst als etwas von Gott Gemachtes und nicht als aus
sich heraus Seiendes, als Eigenständiges vorgestellt werden. Es ist
nicht die Natur, »die den Willen Gottes und die Weise seines Seins
verkünden und zu repräsentieren vermöchte. Statt dessen spricht Gott
selbst.«[103] Die Bilderlosigkeit des jüdischen Monotheismus ist die
Folge seines Schöpfungsbegriffes. Der Quell der Schöpfung liegt in
dem Willensentschluß eines Geist-Gottes, nicht in einer dem geform-
ten Sein vorausliegenden materiellen Substanz. Voraussetzung der
Welt und ihres Entstehens ist somit der Wille Gottes, sonst
›nichts‹[104].

Die jüdische Gottesvorstellung hat unmittelbare Konsequenz für
das Selbstverständnis des Menschen innerhalb dieser Religion. Der
Mensch ist aus Staub gemacht und wie die Welt im ganzen nur durch
den göttlichen Willen zusammengehalten[105]. »Aber kann Staub
überhaupt Gestalt annehmen? Nur durch ein Wunder. Der Töpfer
jedenfalls bildet mit Tonerde, die sich kneten und formen läßt, nicht
mit Staub, der zerfällt.« – »Es ist der Ausdruck der vollkommenen
Nichtigkeit des Menschen vor Gott.«[106] So wenig wie diese aus
Staub geschaffene Welt ist der Mensch imstande, Gott zu repräsentieren. Der Gedanke der Ebenbildlichkeit ist im Grunde Frevel:
»Tatsächlich ist es nach der Vorstellung des Jahwisten jener Gedanke, der auf den Menschen den Fluch der Gottheit herabzieht. Gott-
gleich zu sein, greift der Mensch nach der Frucht vom Baume der Er-

103 Schrade: Gott S. 26 (s. oben Anm. 97).
104 Zum voluntativen Offenbarungsbegriff des alttestamentlichen Gottes und
dem voluntaristischen Charakter der israelitischen Psychologie vgl. Johannes
Hempel: Altes Testament und Geschichte. Gütersloh 1930. S. 53 f. (Studien des
apologetischen Seminars 27).
105 »Staub bist du, und zu Staub mußt du wieder werden« (Genesis 3, 19).
106 Schrade: Gott S. 25 (s. oben Anm. 97).

kenntnis. ›Der Mensch ist geworden wie unsereiner‹, sagt Jahwe (Gen. 3,22). Deshalb verstößt Gott den Menschen aus dem Paradiese.«[107] In anderen orientalischen Religionen ist es häufig nicht möglich zu entscheiden, ob eine frühe Statue einen Gott oder einen König repräsentiert[108]. Auch verliert eine Gottheit nichts von ihrer übermenschlichen Gestalt, wo sie sehr menschlich erscheint[109]. Im Alten Testament gibt es dagegen keinen Beleg für die Gestalthaftigkeit Gottes. Selbst die Berufungsvision des Jesaja (1. Kön. 22 ff.) gibt keinen Anhaltspunkt: »Denn der Erscheinende sitzt zwar auf einem Thron; doch welcher Gestalt kann er sein, wenn die Säume seines Kleides bis an die Wände des Tempels reichen? Seine Füße und das Antlitz bedecken die Flügel der Seraphe. Gestalt hat er, wie ein Thronender Gestalt haben muß und verbirgt doch Leib und Füße und das Angesicht – alles, was ihn als einem Menschen ähnlich kann erkennen lassen.«[110] Dieser Bericht vermittelt noch eine andere Einsicht: Nicht daß Jesaja Jahwe ›gesehen‹ hat, schreckt ihn und läßt ihn den Tod fürchten, sondern weil er ›unreiner Lippen‹ ist und unter einem Volk unreiner Lippen wohnt. »Das Reden scheint entweihender noch als das Schauen, das Wort dem Wesen der Gottheit näher zu kommen als das Gesicht.«[111] Gottes Wesen ist nicht in seiner Gestalt zu greifen, seine Repräsentation geschieht nicht im Bilde, sondern im Wort. Deshalb hat der Gott des Alten Testamentes im Grunde keinen Namen. »Denn diesen Gott erreicht keiner der Namen, die Menschen geben. Er hört und antwortet auf keinen von ihnen.«[112]

Den für die jüdische Religion charakteristischen Zug der Bildlosigkeit eines Gottes, welcher wesentlich Wort und Wille ist, hat die christliche Religion voll rezipiert. Christus ist das Fleisch gewordene Wort Gottes, der durch ihn spricht. Das Wort steht weiterhin im Mittelpunkt der Theologie, ist Quell des Heils, Gegenstand des Glaubens und Halt der endzeitlichen Hoffnung. Jede radikale Reformation dieses Kernes der jüdisch-christlichen Worttheologie bringt den

107 Ebd.
108 Ebd. S. 17.
109 Ebd. S. 19.
110 Ebd. S. 181.
111 Ebd. S. 182.
112 Ebd. S. 260.

ursprünglich rationalen und voluntaristischen Wesenszug wieder
zum Vorschein. Häufig verbindet sich mit solchen an die Wurzeln
des theologischen Ursprungs zurückführenden Radikalismen eine
Kunstfeindschaft, die nur das Feld der Musik und der Dichtkunst
verschont, die auch im Alten Testament in religiösem Dienst standen.

Wo immer der Konservatismus Religion und Kunst zusammen-
bindet, begibt er sich notwendig in einen Gegensatz zu einem solchermaßen radikal verstandenen Christentum und ist auf den Weg eines
ontologisch vermittelten Verständnisses christlicher Gehalte verwiesen. Die Kunst (verstanden als Darstellung von etwas, das außerhalb des Menschen Bestand hat) wird bis in die Gegenwart vom Konservatismus als die wirksamste Überwindung eines krassen Rationalismus beschworen[113]. Sie erscheint als Gegenpol zur modernen
Philosophie, so daß Adam Müller überzeugt ist, daß »indem ich die
bildende Kunst beschrieb, auch von der Philosophie in erschöpfender Rede gesprochen worden sey«[114]. Die Kunst soll die Philosophie ablösen, wie Gestalt und Bild das Wort verdrängen sollen. Man
preist das dichterische Wort, das im Sprachleib zugleich die Sache
zur Sprache bringt. Die Kunst soll jene Totalität wiederbringen,
die durch das rationale System verlorengegangen ist[115].

Die Irrationalität des Konservatismus erscheint in ästhetischer
Perspektive wesentlich als ein Rückgang zu den Ausdruckskräften
bildhafter Gestaltung, allerdings im rationalen Gegenzug gegen die
Rationalität einer durch das Christentum inaugurierten Kultur des
Wortes und des Willens. Die Dialektik dieses Rückbezuges ist dem
Konservatismus bis gegen Ende des 19. Jahrhunderts verborgen geblieben, und es bedurfte erst des revolutionären Stadiums seiner Geschichte, um sie – dann allerdings in radikaler Deutlichkeit – hervortreten zu lassen.

113 Vgl. unten S. 233 f.
114 Adam Müller: Prolegomena einer Kunst-Philosophie. In: derselbe: Kritische, ästhetische und philosophische Schriften. Kritische Ausgabe hrsg. von Walter
Schroeder und Werner Siebert. Bd. 2. Neuwied und Berlin 1967. S. 175. – Unnötig zu betonen, daß der gegenstandslosen Malerei von dieser Position aus der
Kampf angesagt werden muß.
115 Vgl. hierzu die kritischen Bemerkungen von Georg Lukács: Geschichte und
Klassenbewußtsein. (1923). Werke Bd. 2: Frühschriften II. Neuwied und Berlin
1968. S. 317 ff.

VI. Zeitwendebewußtsein und Kulturkritik

»Es war überall eine gewisse unangenehme Spannung, eine heimliche Beklemmung und Spaltung, eine verborgene Unruhe sichtbar, welche mehr oder minder alle Kreise des menschlichen Lebens bis in die innersten Familienverhältnisse durchdrang, ja auch jeden einzelnen in der eignen Brust mit sich selbst in Zwiespalt und inneren Unfrieden versetzte. Auch das individuelle und innere Familienglück war durch den Umsturz der alten Ordnung in einem so großen Teile von Europa, und hie und da selbst durch den gewaltsamen Umschwung der Rettung auf das heftigste mit erschüttert worden.«[1] Konservatives Denken ist Ausdruck eines Zeitwendebewußtseins, das sich in diesem Satze Friedrich Schlegels aus dem Jahre 1820 ebenso ausprägt wie in gegenwärtigen Reflexionen konservativer Denker[2]. Wer immer nach den »Grundzügen des gegenwärtigen Zeitalters«[3] fragt oder eine »Theorie des gegenwärtigen Zeitalters«[4] zu entwickeln bemüht ist, läßt erkennen, daß er nicht in selbstverständlichem Einklang mit seiner Zeit und den sie bewegenden Kräften lebt, sondern das Bewußtsein hat, in einer Zeit des Umbruchs, der Wende, oder um das Wort in seinem eigentlichen Sinne zu gebrauchen: in einer ›epoché‹ zu leben. Die Einteilung in Altertum, Mittelalter und Neuzeit entstammt selbst solchem Zeitwendebewußtsein. Das wird besonders deutlich in dem konservati-

1 Friedrich Schlegel: Signatur des Zeitalters. In: Concordia. Eine Zeitschrift, hrsg. von Friedrich Schlegel. I.–VI. Heft. 1820–1823. Wien 1823. In: Friedrich Schlegel: Studien zur Politik. Hrsg. von Ernst Behler. München/Paderborn/Wien/Zürich 1966. S. 484 f. (Kritische Schlegel-Ausgabe Bd. 7).

2 »Bis zum letzten denkenden Zeitgenossen – jedenfalls in Mittel- und Osteuropa – hat sich die Erkenntnis durchgesetzt, daß wir in einer Zeitwende leben.« Reinhard Wittram: Historismus und Geschichtsbewußtsein. In: Historische Zeitschrift 157 (1938), S. 229.

3 Johann Gottlieb Fichte: Die Grundzüge des gegenwärtigen Zeitalters. (1804). Sämtliche Werke. Hrsg. von J. H. Fichte. Bd. 7 = 3. Abteilung, Bd. 2: Zur Politik, Moral und Philosophie der Geschichte. Berlin 1846. Neudruck Berlin 1965. S. 2–256.

4 Hans Freyer: Theorie des gegenwärtigen Zeitalters. Stuttgart 1955.

ven Versuch, den früher eingeführten Epochebegriff des Mittelalters für die Zeit der modernen Zeitwende zu beanspruchen. So meinte Friedrich Schlegel, »daß wir eigentlich selbst in *dem wahren Mittelalter leben*, und dieses fälschlich in die vergangne Zeit versetzt haben, die man meistens so zu nennen, und unter diesem Titel ihre Geschichte zu behandeln pflegt, da doch die Epoche des deutschen Kaisertums von Karl dem Großen bis Kaiser Friedrich dem Zweiten, keineswegs bloß ein Übergang aus einem Zustand in einen andern, sondern unstreitig an sich selbst etwas sehr Bestimmtes war ... dahingegen wir wohl nur die Grenze zweier sehr verschiedenen Zeitalter zu bilden, und eben darum in so mancher Rücksicht den Charakter der Nullität an uns zu tragen bestimmt scheinen können.«[5]

Das Gefühl, an einer Zeitenwende zu stehen, findet sich seit der Wende zum 19. Jahrhundert auf allen politischen Flügeln. Der Sinn dieses epochalen Einschnitts aber wird verschieden erfahren. Die Konservativen empfinden die neue Welt durchgängig als Abfall von der alten Ordnung, als eine Krankheit des Kultursystems, die ›Progressiven‹ als positive, sprunghafte Entwicklung nach vorn. Wennschon das konservative Zeitwendebewußtsein an der Schwelle zum 19. Jahrhundert teilweise deutlichen Ausdruck fand[6], gewinnt das Krisenbewußtsein des Konservatismus erst im Laufe des 19. Jahrhunderts und zu Beginn des 20. Jahrhunderts seine eigentliche Schärfe. Erfand der Jungkonservatismus das Wort ›Zwischengeschichte‹[7], so

5 Friedrich Schlegel: Reise nach Frankreich. In: Europa. Eine Zeitschrift. Hrsg. von Friedrich Schlegel. Ersten Bandes Erstes Stück. Frankfurt a. M. 1803. In: Schlegel: Studien zur Politik S. 72 (s. oben Anm. 1). In demselben Sinne schreibt Herman Schmalenbach ein Jahrhundert später: »Ein breiter Graben, in dem die Welt langsam zur Ruhe kommt, trennt zwei Kulturen, von denen die neue aber doch auf dem Grunde der alten aufbaut, langsam zum ›Mittelalter‹ heranwächst.« Herman Schmalenbach: Die soziologische Kategorie des Bundes. In: Die Dioskuren. Jahrbuch für Geisteswissenschaften. Hrsg. von Walter Strich. Bd. 1. München 1922. S. 105.

6 Besonders eindrücklich, wennschon nicht in spezifischem Sinne konservativ, ist die Zeitkritik Schillers, wie sie sich in den Briefen ›Über die ästhetische Erziehung des Menschen‹ (vgl. besonders den 6. Brief) findet. Vgl. dazu Heinrich Popitz: Der entfremdete Mensch. Zeitkritik und Geschichtsphilosophie des jungen Marx. Basel 1953. S. 28 ff. (Philosophische Forschungen. N. F. Bd. 2).

7 Vgl. Heide Gerstenberger: Der revolutionäre Konservatismus. Ein Beitrag zur Analyse des Liberalismus. Berlin 1969. S. 34 (Sozialwissenschaftliche Abhandlungen H. 14).

macht heute Arnold Gehlen die Tradition moderner Kulturkritik zum Maßstab für die Tiefe jener ›Kulturschwelle‹, die er zu bemerken glaubt [8]. Rudolf Pannwitz verwirft die überkommene Einteilung von Altertum, Mittelalter und Neuzeit völlig [9]. Romano Guardini spricht vom »Ende der Neuzeit« [10] und Ernst Jünger von einer Situation »An der Zeitmauer« [11]. Eine besondere Verschärfung erfuhr das Zeitwendebewußtsein im Deutschland der zwanziger Jahre. Einige Zeitschriften dieser Epoche weisen auf das ›Zeitwende‹bewußtsein schon im Titel hin [12]. Ernst Niekisch versteht seine Generation als das »Geschlecht der Weltwende« [13], Oswald Spengler schreibt: »Wir leben heute ›zwischen den Zeiten‹« [14], und Ferdinand Fried vermutet, »daß wir an einer ähnlichen Zeitenwende stehen wie vor anderthalb Jahrhunderten« [15] – Die konservative Kulturkritik entfaltet sich in verschiedenen Richtungen, von denen hier nur die wichtigsten perspektivisch vorgeführt werden sollen.

1. Kultur – Zivilisation

Die terminologische Unterscheidung geht auf Kant zurück [16]. Das Thema einer kulturkritischen Entgegensetzung aber ist alt und fin-

8 Arnold Gehlen: Das Ende der Persönlichkeit? In: Merkur 10 (1956), S. 1150.

9 »Dies hat es so oder ähnlich noch nicht gegeben. Was sich vergleichen läßt, entspricht weder im Kern noch dem Grade nach. Wir befinden uns auf einer neuen Stufe.« Rudolf Pannwitz: Das Weltalter und die Politik. 1968. S. 5.

10 Romano Guardini: Das Ende der Neuzeit. Ein Versuch zur Orientierung. Basel 1950.

11 Ernst Jünger: An der Zeitmauer. Stuttgart 1959. Vgl. dazu Hans-Peter Schwarz: Der konservative Anarchist. Politik und Zeitkritik Ernst Jüngers. Freiburg i. Br. 1962. S. 222 ff. (Freiburger Studien zu Politik und Soziologie).

12 ›Zeitwende‹. Monatsschrift. Hrsg. von Tim Klein, Otto Gründler, Friedrich Langenfaß. München 1925 ff.; ›Zwischen den Zeiten‹. In Gemeinschaft mit Karl Barth, Friedrich Gogarten, Eduard Thurneysen hrsg. von Georg Merz. München 1923–1925.

13 Ernst Niekisch: Entscheidung. Berlin 1930. S. 185.

14 Oswald Spengler: Jahre der Entscheidung. Deutschland und die weltgeschichtliche Entwicklung. Teil 1. München 1933. S. 17.

15 Ferdinand Fried (d. i. Friedrich Zimmermann): Das Ende des Kapitalismus. Jena 1931. S. 3 (Tat-Schriften).

16 Vgl. Hermann Lübbe: Politische Philosophie in Deutschland. Studien zu ihrer Geschichte. Basel/Stuttgart 1963. S. 193.

det sich der Sache nach schon in der ›Germania‹ des Tacitus[17]. Rousseau preist die Einfachheit ursprünglicher Sitte gegenüber der durch Wissenschaft und Luxus hervorgerufenen ›décadence‹[18]. Die kulturkritische Wendung gegen Luxus, Dekadenz und Verfeinerung der Sitten schließt stets eine Frontstellung gegenüber rationaler Wissenschaft und Technik ein und mündet häufig in eine Kritik an der Stadt als dem Ort solcher zivilisatorischer Errungenschaften[19].

Oswald Spengler faßt das kritische Verhältnis von Kultur und Zivilisation als ein Verhältnis notwendiger Abfolge: »Die Zivilisation ist das unausweichliche Schicksal einer Kultur. Hier ist der Gip-

17 Vgl. Eugen Lemberg: Nationalismus. Bd. 1: Psychologie und Geschichte. Reinbek bei Hamburg 1964. S. 110 ff. (rowohlts deutsche enzyklopädie 197/98); Paul Joachimsen: Vom deutschen Volk zum deutschen Staat. Eine Geschichte des deutschen Nationalbewußtseins. Bearb. von Joachim Leuschner. Göttingen 1956. S. 24 (Kleine Vandenhoeck-Reihe 24/25); Hans Kohn: Die Idee des Nationalismus. Ursprung und Geschichte bis zur Französischen Revolution. Frankfurt a. M. 1962. S. 134 f.

18 Jean-Jacques Rousseau: Abhandlung über die Frage: Hat der Wiederaufstieg der Wissenschaften und Künste zur Läuterung der Sitten beigetragen? (Discours sur les sciences et les arts). 2. Teil. In: derselbe: Schriften zur Kulturkritik. Hrsg. von Kurt Weigand. Hamburg 1955. S. 41 ff. (Philosophische Bibliothek Bd. 243).

19 Ein anschauliches Beispiel konservativer Stadtkritik findet sich in der ›Kreuzzeitung‹ aus dem Jahre 1904: »Die übergroßen Städte mit ihrem trostlosen Einerlei, Begründer und Brutstätten des sozialen Massenelends können gleichsam die Mühlen genannt werden, welche das Mehl des großen Gleichheitsbreis mahlen. Dazu verderben sie mit den Dunstwolken aus ihren Schloten die Luft, das Lebenselixier von Hunderttausenden, machen die gesunden Wohnstätten auf dem Lande veröden und wirken nicht nur durch die Rieselfelder, sondern auch in anderer Hinsicht verpestend. Man sollte sich hüten, diese Krankheitserscheinung eines Volkes, untrügliche Vorboten der Dekadenz eines Staates, als Kulturzentren lediglich zu preisen und zu begünstigen. Außer Schädlichem verbreiten sie auch das Häßliche. Infolge ihres Einflusses schämt sich die Landbevölkerung ihrer hergebrachten Kleidung. Volkstrachten verschwinden, dagegen erstehen, als Pioniere der kosmopolitischen Gleichheit, deren ganze Lächerlichkeit ad oculos demonstrierend, Asiaten und Afrikaner in europäischer Modetracht ausstaffiert.« Kreuzzeitung Nr. 529, 1904. Zitiert nach: Oscar Stillich: Die politischen Parteien in Deutschland. Bd. 1: Die Konservativen. Eine wissenschaftliche Darlegung ihrer Grundsätze und ihrer geschichtlichen Entwickelung. Leipzig 1908. S. 183. Noch zwanzig Jahre später wünscht der konservative Revolutionär Ernst Niekisch »der Großstadt den Untergang in Pech und Schwefel ...« Niekisch: Entscheidung S. 112 (s. oben Anm. 13).

fel erreicht, von dem aus die letzten und schwersten Fragen der historischen Morphologie lösbar werden. Zivilisationen sind die *äußersten* und *künstlichsten* Zustände, deren eine höhere Art von Menschen fähig ist. Sie sind ein Abschluß; sie folgen dem Werden als das Gewordene, dem Leben als der Tod, der Entwicklung als die Starrheit, dem Lande und der seelischen Kindheit... als das geistige Greisentum und die steinerne, versteinernde Weltstadt. Sie sind ein *Ende,* unwiderruflich...«[20] Nicht in historischer Abfolge, sondern als ewigen Weltgegensatz begreift dagegen Thomas Mann im Jahre 1916 das Begriffspaar: »Zivilisation und Kultur sind nicht nur nicht ein und dasselbe, sondern sie sind Gegensätze, sie bilden eine der vielfältigen Erscheinungsformen des ewigen Weltgegensatzes und Widerspieles von Geist und Natur. Niemand wird leugnen, daß etwa Mexiko zur Zeit seiner Entdeckung Kultur besaß, aber niemand wird behaupten, daß es damals zivilisiert war. Kultur ist offenbar nicht das Gegenteil von Barbarei; sie ist vielmehr oft genug nur eine stilvolle Wildheit, und zivilisiert waren von allen Völkern des Altertums vielleicht nur die Chinesen. Kultur ist Geschlossenheit, Stil, Form, Haltung, Geschmack, ist irgendeine gewisse geistige Organisation der Welt, und sei das alles auch noch so abenteuerlich, skurril, wild, blutig und furchtbar. Kultur kann Orakel, Magie, Päderastie, Vitzliputzli, Menschenopfer, orgiastische Kultformen, Inquisition, Autodafés, Veitstanz, Hexenprozesse, Blüte des Giftmordes und die buntesten Greuel umfassen. Zivilisation aber ist Vernunft, Aufklärung, Sänftigung, Sittigung, Skeptisierung, Auflösung, – Geist. Ja, der Geist ist zivil, ist bürgerlich: er ist der geschworene Feind der Triebe, der Leidenschaften, er ist antidämonisch, antiheroisch, und es ist nur ein scheinbarer Widersinn, wenn man sagt, daß er auch antigenial ist.«[21]

2. Kapitalismus

Eine Hauptstoßrichtung der konservativen Kulturkritik betrifft das kapitalistische Wirtschaftssystem. »Der Kapitalismus ist seiner gei-

---

20 Oswald Spengler: Der Untergang des Abendlandes. Umrisse einer Morphologie der Weltgeschichte (1923). Hrsg. von Hildegard Kornhardt. München 1950. Bd. 1: Gestalt und Wirklichkeit. S. 41.
21 Thomas Mann: Friedrich und die große Koalition. Berlin 1916. S. 7 f. (Sammlung von Schriften zur Zeitgeschichte).

stigen Natur nach... die Sintflut der Äußerlichkeit, die dadurch erzeugt wurde, daß der Mensch seine Kräfte von aller ideellen Bindung frei macht, sein Geistiges in mächtigste Außenwirkung verwandelt – deshalb, weil er innerlich verarmt, einsam, durch Bindung und Verbindung ungestützt und unbefeuert ist. In dem Augenblick, in welchem sich der Einzelne von der intelligiblen Ordnung und dem großen, geistigen Zusammenhange lossagt, bleibt ihm, da er den Sieg in Händen zu haben glaubt, nichts mehr übrig.«[22] Das kapitalistische Erwerbsstreben hat durch seine Dynamik jenen Prozeß allgemeiner Mobilität in Gang gebracht, in dessen Strom der Konservative nach Orientierung sucht und diese nur im Rückgang auf die ständische Gesellschaftsordnung und die vorkapitalistische, an traditioneller Bedarfsdeckung orientierte Wirtschaftsweise zu finden meint. Zusammen mit dem kapitalistischen Wirtschaftssystem wird der Welthandel als Zerstörung der traditionellen staatlichen und landsmannschaftlichen Ordnungen gegeißelt. Das Geld erscheint als Ausdruck der Mobilität aller Dinge[23]. Der Erwerbstrieb wuchert und vernichtet alle anderen Kräfte im Menschen[24].

Das kapitalistische Wirtschaftssystem reduziert nach konservativer Meinung den Menschen auf seine Konsumfunktion. Im Unterschied zum vorkapitalistischen Menschen, »der noch nicht auf dem Kopfe balanciert und mit den Händen läuft (wie es der Wirtschaftsmensch unserer Tage tut), sondern mit beiden Beinen fest auf dem Boden steht und auf ihnen durch die Welt schreitet«[25], entfremdet »das sekundäre System« (Hans Freyer) den Menschen von seinen ursprünglichen Lebensbedingungen. »Denn der Lebensstandard ist

22 Othmar Spann: Der wahre Staat. Vorlesungen über Abbruch und Neubau der Gesellschaft. (1921). 4., mit Zusätzen vers. Auflage. Jena 1938. S. 67.
23 Spengler: Untergang Bd. 2: Welthistorische Perspektiven S. 604 (s. oben Anm. 20). Dafür, daß die kapitalistische Eigentumsordnung gleichzeitig durchgängig bejaht wird, vgl. Helga Grebing: Konservative gegen die Demokratie. Konservative Kritik an der Demokratie in der Bundesrepublik seit 1945. Frankfurt a. M. 1971. Teil III, 3. Kapitel: Demokratie und Ordo des Kapitalismus.
24 Schon Adam Müller hatte sich gegen eine »bloß physische Ordnung der Dinge« gewandt. Adam Müller: Die Elemente der Staatskunst. Hrsg. von Jakob Baxa. Bd. 2. Jena 1922. S. 58 (Die Herdflamme. Hrsg. von Othmar Spann. Bd. 1, 2).
25 Werner Sombart: Der Bourgeois. Zur Geistesgeschichte des modernen Wirtschaftsmenschen. München und Leipzig 1913. S. 11.

der Gott dieses Zeitalters, und die Produktion ist sein Prophet. Auch das ist eine Reduktion des Menschen, sogar eine sehr radikale: der Mensch wird auf den Normalverbrauch reduziert, differenziert nach schematischen Stufen des Aufwandes, z. B. chic in allen Preislagen von 17.80 bis zu mehreren Tausend, motorisiert vom schweren Wagen bis zum Kleinmotor am Fahrrad. Diese Reduktion ist die feinste. Sie ist als Reduktion kaum merkbar, weil sie im Gewand einer Bereicherung einhergeht.«[26]

Die Kapitalismuskritik findet sich im revolutionären Konservatismus[27] ebenso wie in der Gegenwart[28] und zeigt stets die antiliberale Front: Anstelle einzelner, nach dem Prinzip der Konkurrenz wirtschaftender Unternehmungen soll der Staat die wirtschaftlichen Abläufe selber in die Hand nehmen. Der Staat soll neue Führer hervorbringen, im Staat sollen auch die durch die liberale Wirtschaft verursachten Klassenunterschiede ausgeglichen werden[29]. Autarkiepolitik führt zur Auflösung der Weltwirtschaft[30]. Im 20. Jahrhundert kommt die Notwendigkeit staatlicher Planung der konservativen Kritik am Privatkapitalismus entgegen[31].

---

26 Freyer: Theorie S. 91 (s. oben Anm. 4). Zu Hans Freyer vgl. kritisch Hermann Lübbe: Die resignierte konservative Revolution. In: Zeitschrift für die gesamte Staatswissenschaft 115 (1959), S. 134. Zur Kapitalismuskritik der Konservativen Revolution vgl. Heide Gerstenberger: Der revolutionäre Konservatismus. Ein Beitrag zur Analyse des Liberalismus. Berlin 1969. S. 48 ff. (Sozialwissenschaftliche Abhandlungen H. 14).

27 Vgl. Fried: Ende (s. oben Anm. 15).

28 Vgl. Grebing: Konservative (s. oben Anm. 23).

29 »Der Staat wird identisch mit der sozialen Gegenbewegung, wird den letzten entscheidenden Vorstoß gegen eine Wirtschaft machen, die ihm keinerlei inneren Widerstand mehr entgegensetzt. Wie unter Bismarck Post und Eisenbahn, werden dann wahrscheinlich alle Wirtschaftsgebilde verstaatlicht, die diesem Ziel schon aus sich selbst zu voller Reife entgegengewachsen sind: die großen Konzerne und Trusts, Kartelle und Syndikate. Nebenher wird eine Vermögens-Auseinandersetzung mit den Besitzenden gehen. Die Gewerbefreiheit wird eingeschränkt: es ist nun keine ›Entfaltung‹ mehr nötig und möglich, sondern ein Nahrungs- und Lebensspielraum. Die Gesamtwirtschaft wird planmäßig geführt und in nationaler Betontheit zur Autarkie hinstreben.« Fried: Ende S. 23 (s. oben Anm. 15).

30 Ebd. S. 191 ff.

31 Vgl. Gerstenberger: Revolutionärer Konservatismus S. 150 (s. oben Anm. 26).

Die konservative Kritik und Verachtung der Technik [32] ist zu oft beschrieben worden, als daß wir hier weit ausholen sollten. Die eingehendste konservative Technikkritik der Gegenwart findet sich in Friedrich Georg Jüngers Buch ›Die Perfektion der Technik‹[33]. In der Tradition des Kampfes gegen die Idee des Homo faber verteidigt Jünger ›die Erde‹ gegen alle gewaltsamen Eingriffe [34]. Der organische Zusammenhang von Dienst und Nutzung, auf den auch Arnold Gehlen hinweist [35], werde zunehmend mißachtet [36].

Jünger sieht eine enge Verbindung zwischen Technik und Kapitalismus. Kapitalistische Wirtschaftsweise sei in ihrem ausbeuterischen Charakter nicht vorzustellen ohne Technik. »Der Kapitalismus selbst bis in seine letzten Phasen ist nichts anderes als die Anwendung mechanischer Gesetzlichkeit auf die Geldwirtschaft.«[37] Mechanik aber ist »anorganisch«[38]. Ihr Automatismus wirkt notwendig auf den Menschen zurück und gewinnt Macht über ihn [39].

32 Für die neuerliche Hinwendung des technokratischen Konservatismus zur technischen Zivilisation vgl. unten S. 336 ff.

33 Friedrich Georg Jünger: Die Perfektion der Technik. (1944). 2. erw. Auflage. Frankfurt a. M. 1949.

34 Ebd. S. 29 f.

35 Arnold Gehlen: Urmensch und Spätkultur. Philosophische Ergebnisse und Aussagen. Bonn 1956. S. 17.

36 »Der Mensch, welcher die Kuh nutzt, kann sich diesem Gesetz nicht entziehen, weder in seiner Arbeit, noch in seinem Denken, noch in seiner täglichen Lebensweise, die ein Leben hindurch wiederkehrt. Die Kuh, die er sich unterworfen hat, unterwirft auch ihn, sie unterwirft ihn mit der Kraft der wiederkäuenden Sanftmut und Ruhe, die ihr eigen ist, sanft aber unerbittlich. Er muß sie säubern, pflegen, melken, weiden, hüten; er ist der unzertrennliche Wärter und Begleiter des Tieres geworden. Wie sie von ihm nicht loskommt, so kann er sich nicht von ihr freimachen. Darin liegt ein Leiden, und aus diesem Leiden wächst vielleicht die Erkenntnis, daß es sich lohnt, ein Leben mit diesem Tiere zu verbringen. Es lohnt sich, nicht weil das Tier dabei vernutzt wird, sondern weil es in dem sorglichen und pflegsamen Umgange schöner, stärker und fruchtbarer wird und williger die Früchte gibt, die der Mensch kraft seiner Pflege und Wartung von ihm verlangen darf. Nutzung ohne Pflege ist Raub.« Jünger: Perfektion S. 30 (s. oben Anm. 33).

37 Ebd. S. 38.

38 Ebd. S. 34.

39 Ebd. S. 32.

Trotz seiner heftigen Kritik sieht Jünger zuweilen scharfsinnig, daß die Technik auf ursprüngliche Weise menschlicher Intelligenz entspringt, die auch Jünger nicht ohne weiteres unmenschlich nennen mag. So fragt er einmal: »Warum ist die Betrachtung der Maschine so genußreich? Weil die Urform menschlicher Intelligenz an ihr sichtbar wird, und weil diese konstruktive, zusammensetzende Intelligenz sich vor unseren Augen Macht erzwingt und anhäuft, weil sie einen rastlosen Triumph über die Elemente erficht, die von ihr geschlagen, gepreßt und geschmiedet werden.« [40]

Wie die Kritik am Kapitalismus verbindet sich auch die Technikkritik häufig mit der Kritik am Internationalismus. Ein sprechendes Beispiel liefert Ludwig Klages. Ich zitiere den folgenden Abschnitt in voller Länge, weil er auf einzigartige Weise die Linie zeigt, welche von dem Kulturkritiker Klages zurück zu den Kulturkritikern Achim von Arnim und Heinrich von Kleist reicht: »Zerrissen ist der Zusammenhang zwischen Menschenschöpfung und Erde, vernichtet für Jahrhunderte, wenn nicht für immer, das Urlied der Landschaft. Dieselben Schienenstränge, Telegraphendrähte, Starkstromleitungen durchschneiden mit roher Geradlinigkeit Wald und Bergprofile, sei es hier, sei es in Indien, Ägypten, Australien, Amerika; die gleichen grauen vielstöckigen Mietskasernen reihen sich einförmig aneinander, wo immer der Bildungsmensch seine ›segenbringende‹ Tätigkeit entfaltet; bei uns wie anderswo werden die Gefilde ›verkoppelt‹, d. h. in rechteckige und quadratische Stücke zerschnitten, Gräben zugeschüttet, blühende Hecken rasiert, schilfumstandene Weiher ausgetrocknet; die blühende Wildnis der Forste von ehedem hat ungemischten Beständen zu weichen, soldatisch in Reihen gestellt und ohne das Dickicht des ›schädlichen‹ Unterholzes; aus den Flußläufen, welche einst in labyrinthischen Krümmungen zwischen üppigen Hängen glitten, macht man schnurgerade Kanäle; die Stromschnellen und Wasserfälle, und wäre es selbst der Niagara, haben elektrische Sammelstellen zu speisen; Wälder von Schloten steigen an ihren Ufern empor, und die giftigen Abwässer der Fabriken verjauchen das lautere Naß der Erde – kurz, das Antlitz der Festländer verwandelt sich allgemein in *ein* mit Landwirtschaft durchsetztes Chikago! ›O mein Gott‹, rief schon vor hundert

40 Ebd. S. 17.

Jahren der ritterliche Achim von Arnim aus, ›wo sind die alten Bäume, unter denen wir noch gestern richteten, die uralten Zeichen fester Grenzen, was ist damit geschehen, was geschieht? Fast vergessen sind sie schon unter dem Volke, schmerzlich stoßen wir uns an ihren Wurzeln. Ist der Scheitel hoher Berge nur einmal ganz abgeholzt, es wächst da kein Holz wieder; daß Deutschland nicht so verwirtschaftet werde, sei unser Bemühen!‹ Und Lenau faßte die landschaftlichen Eindrücke, die er in unsrer Heimat empfangen, in die Worte zusammen, man habe die Natur an der Gurgel gepackt, daß ihr das Blut aus allen Poren spritzte. Was würden diese Männer heute sagen! Heute zögen sie es vielleicht vor, gleich Heinrich von Kleist eine Erde zu verlassen, die ihr entarteter Sohn, der Mensch, solchermaßen geschändet hat. ›Die Verwüstungen des Dreißigjährigen Krieges haben nicht so gründlich in Stadt und Land mit dem Erbe der Vergangenheit aufgeräumt wie die Übergriffe des modernen Lebens mit einer rücksichtslos einseitigen Verfolgung praktischer Zwecke.‹«[41]

4. Massengesellschaft und Pluralismus. Die konservative Persönlichkeit

Zusammen mit der Kritik an der kapitalistischen Konsumgesellschaft und der wissenschaftlich-technischen Zivilisation findet sich die Kritik an der Massengesellschaft und an der pluralen Verbands- und parteienstaatlichen Verfaßtheit moderner Industriegesellschaften[42]. Die Massenpsychologie Le Bons und Ortega y Gassets zeigt die Situation einer Gesellschaft des Umbruchs. Diese Situation wurde von den Intellektuellen besonders schmerzlich erfahren[43]. »Was

41 Ludwig Klages: Mensch und Erde. (1913). In: derselbe: Mensch und Erde. Sieben Abhandlungen. 5. Auflage. Jena 1937. S. 22 ff. Für die konservative Technikkritik nach dem Zweiten Weltkrieg siehe auch A. C. Kunz: Die konservative Idee. Innsbruck 1949. S. 17 ff., und Wilhelm Kütemeyer: Die Krankheit Europas. Beiträge zu einer Morphologie. Frankfurt a. M. 1951, der von dem »Geist der Wüste« spricht (S. 69).

42 Für die konservative Kritik an der Massengesellschaft in Deutschland nach 1945 vgl. Grebing: Konservative (s. oben Anm. 23). Grebing stellt besonders das sich in solcher Kritik verbergende elitäre Denken heraus.

43 Vgl. Martin Greiffenhagen: Die Intellektuellen in der deutschen Politik. In: Der Monat 20 (1968), H. 233, S. 33–43.

die massenpsychologische Ideologie gibt, ist letzten Endes eine Antwort auf die Frage, warum der Intellektuelle der Jahrhundertwende nicht mehr in seiner Zeit zu Hause ist. Er sagt sich, dies läge nicht an ihm, sondern an der Zeit, deren Vermassung trüge daran Schuld. Dabei klingt fast immer so etwas wie Wehmut an, die Erinnerung nämlich an eine unbestimmt datierte ›gute alte Zeit‹, in der die großen Einzelnen den Gang der Welt lenkten.«[44]

Parteipolitik hat stets die Kritik des Konservatismus herausgefordert und tut es bis heute. Anstelle »mediatisierender Gewalten«[45] bevorzugt der Konservative die Theorie der sogenannten »dritten Gewalt«[46]. In der Parteikritik verbindet sich der Konservatismus völkischer Richtung mit den preußischen Konservativen. Noch das Arbeitsprogramm der Deutschen Partei für den zweiten deutschen Bundestag (Mai 1953) zeigt diese Verbindung: »Wohl und Ehre des deutschen Volkes und Vaterlandes stehen über allem. Daher: Staatspolitik vor Parteipolitik!«[47]

In Konsequenz seiner Kritik an der Massengesellschaft und am Parteienstaat verteidigt der Konservative das Individuum und setzt sich damit leicht der Gefahr aus, in Nähe zur liberalen Position zu geraten. Artur Mahraun versuchte »die Befreiung des Einzel-

44 Peter R. Hofstätter: Gruppendynamik. Die Kritik der Massenpsychologie. Hamburg 1957. S. 10 f. (rowohlts deutsche enzyklopädie 38).

45 Vgl. Werner Weber: Spannungen und Kräfte im westdeutschen Verfassungssystem. 2. erw. Auflage. Stuttgart 1958; derselbe: Die Verfassung der Bundesrepublik in der Bewährung. Göttingen/Berlin/Frankfurt a. M. 1957 (dazu die Kritik von Otto Heinrich von der Gablentz: Autorität und Legitimität im heutigen Staat. In: Zeitschrift für evangelische Ethik, 1959, S. 78 ff.); Werner Weber: Die Teilung der Gewalten als Gegenwartsproblem. In: Festschrift für Carl Schmitt zum 70. Geburtstag. Hrsg. von Hans Barion u. a. Berlin 1959. S. 253 ff. – Zur gegenwärtigen konservativen Kritik vgl. das Kapitel »Pluralismus« bei Grebing: Konservative (s. oben Anm. 23).

46 Vgl. Arthur Moeller van den Bruck: Das dritte Reich. Hrsg. von Hans Schwarz. 3. Auflage. Hamburg 1931. S. 229 ff.

47 Zitiert nach: Deutsche Parteiprogramme. Hrsg. von Wilhelm Mommsen. 2. durchges. und erg. Auflage. München 1964. S. 715 (Deutsches Handbuch der Politik Bd. 1). Zur Kritik der konservativen Staatslehre nach dem Zweiten Weltkrieg vgl. Christian Graf von Krockow: Staatsideologie oder demokratisches Bewußtsein – Die deutsche Alternative. In: Politische Vierteljahresschrift 6 (1965), S. 118 ff., und Martin Greiffenhagen: Staatsgesinnung oder rechtsstaatliches Bewußtsein? In: Gewerkschaftliche Monatshefte 15 (1964), S. 705 ff.

menschen aus der Gesetzlichkeit der Massen, aus der Atmosphäre der destruktiven politischen Machtkämpfe und der Abhängigkeiten von willkürlichen Organisationen«[48] noch in Gestalt einer neuen korporativen Bindung der Nachbarschaft[49]. Arnold Gehlen nennt die Persönlichkeit »eine Institution in *einem* Fall«[50], und Hans Freyer bezieht sich auf das Wort der Magd Panthalis im zweiten Teil des Faust: »Nicht nur Verdienst, auch Treue wahrt uns die Person.«[51]

Der konservative Hinweis auf das Gegengewicht der Person und des Individuums erscheint, systematisch betrachtet, als die letzte Rückzugsposition konservativen Denkens. Historisch begegnet das Argument jedoch gleich am Anfang der Bewegung. Anstelle gesellschaftlicher Totalität, die man vermißt und sehnsüchtig in vergangenen sozialen Strukturen vermutet, tritt die umfassende Persönlichkeit[52]. Dabei sind Anklänge an organologische Gedanken nicht zu

48 Artur Mahraun: Der Protest des Individuums. Gütersloh 1949. S. 7.

49 »Die Wiederherstellung der nachbarlichen Gemeinde gibt also dem Menschen einen festen Platz in der beweglichen Umwelt des politischen Lebens.« Mahraun: ebd. S. 31.

50 Arnold Gehlen: Sozialpsychologische Probleme in der industriellen Gesellschaft. Tübingen 1949. S. 45 (Schriftenreihe der Akademie Speyer 2). Vgl. dazu die temperamentvolle Kritik von Friedrich Fürstenberg in: Neue Politische Literatur 4 (1959), Sp. 430 ff.

51 Freyer: Theorie S. 240 (s. oben Anm. 4). Zu den »haltenden Mächten und ihren Sachwaltern« gehören für ihn »die mit Bewußtsein und Entschiedenheit Gestrigen. Sie wissen aus Instinkt oder aus Einsicht, daß dem entfremdeten System, wenn wir ihm gewachsen sein sollen, eine Menschlichkeit entgegengeworfen werden muß, die nicht aus ihm stammt und nicht aus ihm entwickelt werden kann, die vielmehr aus den Reserven unserer Geschichtlichkeit geschöpft werden muß. So sind sie denn bestrebt, möglichst viel von den Formen und Ordnungen zu bewahren, die die Menschlichkeit sichern, statt an ihr zu zehren, und die die Innerlichkeit anreichern, statt sie zu reduzieren. Jedes Stück Bodenständigkeit, das, sei es auch als Fremdkörper, zwischen den Betonquadern des sekundären Systems erhalten werden kann, jedes Gesetz und Recht, das sich forterbt, gilt ihnen als heilsames Gegengewicht gegen den Fortschritt und als eine Insel des Menschlichen, die man durch Eindeichung schützen muß. Es ist ihr persönliches Opfer, daß sie sich an diese haltenden und zurückhaltenden Ordnungen auch mit ihrer eigenen Existenz binden und, wenn es der Gang der Geschichte so fügt, mit ihnen abzusterben bereit sind.« Ebd. S. 239 f.

52 Als Vorbild personhafter Totalität erscheint häufig Goethe. Vgl. etwa Gerhard Krüger: Das Problem der Autorität. In: Offener Horizont. Festschrift für Karl Jaspers. München 1953. S. 58.

überhören, wenn Lagarde etwa formuliert: »Menschen müssen wirken, als seien sie Institutionen, Institutionen, als seien sie Personen.«[53]

Die Austauschbarkeit von Person und sozialer Institution begegnet uns schon bei Herder[54]. Der Gegensatz von Personalismus und Transpersonalismus[55] wird auf diese Weise dialektisch aufgehoben[56]. Einerseits wird die Person in der Tradition der Psychologie des deutschen Staatsgedankens[57] dem Staate untergeordnet. Andererseits erscheint die Person einem pluralistischen Staatswesen gegenüber als die jedenfalls psychologisch noch herzustellende Gestalt organischer Totalität. Diese Dialektik taucht zum erstenmal in der politischen Romantik auf und ist überhaupt ein Kennzeichen romantischer Sozialpsychologie[58]. Scharfsinnig hat Carl Schmitt die sozialen Voraussetzungen für die konservative Dialektik von Personalismus und Transpersonalismus aufgedeckt: »Nur in einer individualistisch aufgelösten Gesellschaft konnte das ästhetisch produzierende Subjekt das geistige Zentrum in sich selbst verlegen, nur in einer bürgerlichen Welt, die das Individuum im Geistigen isoliert, es an sich selbst verweist und ihm die ganze Last aufbürdet, die sonst in einer sozialen Ordnung in verschiedenen Funktionen hierarchisch verteilt war. In dieser Gesellschaft ist es dem privaten Indivi-

53 Paul de Lagarde: Konservativ? In: derselbe: Deutsche Schriften. Hrsg. von Karl August Fischer. 2. Auflage. München 1934. S. 16 (Paul de Lagarde: Schriften für das deutsche Volk. Bd. 1). In demselben Sinne Harald Höffding: »Die Persönlichkeit, das Selbst, ist ein anderes Beispiel einer Totalität, die uns unmittelbar entgegentritt...« Harald Höffding: Der Totalitätsbegriff. Eine erkenntnistheoretische Untersuchung. Leipzig 1917. S. 89, und Erich Kaufmann: »In der Persönlichkeit haben wir also den Idealtypus einer Einheit: auf sich selbst beruhende Innerlichkeit und konkreteste Lebendigkeit.« Erich Kaufmann: Studien zur Staatslehre des monarchischen Prinzipes. Jur. Diss. Leipzig 1906. S. 71.

54 Vgl. Kohn: Nationalismus S. 423 (s. oben Anm. 17).

55 Vgl. Hermann Heller: Hegel und der nationale Machtstaatsgedanke in Deutschland. Ein Beitrag zur politischen Geistesgeschichte. Leipzig und Berlin 1921. S. 1 ff.

56 Vgl. hierzu auch unten S. 231 ff.

57 Vgl. Paul Joachimsen: Zur historischen Psychologie des deutschen Staatsgedankens. In: Die Dioskuren. Jahrbuch für Geisteswissenschaften. Hrsg. von Walter Strich. Bd. 1. München 1922. S. 106 ff.

58 Vgl. die schneidende Kritik von Carl Schmitt: Politische Romantik. 2. Auflage. München und Leipzig 1925. S. 110, 119 ff., 141, 146.

duum überlassen, sein eigener Priester zu sein, aber nicht nur das, sondern, wegen der zentralen Bedeutung und Konsequenz des Religiösen, infolgedessen auch der eigene Dichter, der eigene Philosoph, der eigene König, der eigene Dombaumeister an der Kathedrale seiner Persönlichkeit. Im privaten Priestertum liegt die letzte Wurzel der Romantik und der romantischen Phänomene.«[59]

Unter den Bedingungen der industriellen Gesellschaft läßt sich die eigentlich liberale Maxime von der Persönlichkeit als dem höchsten Glück der Erdenkinder auch in ihrer konservativ-resignierenden Verwandlung nicht mehr halten. Der Konservatismus befindet sich deshalb mit seinem Hinweis auf die Person in seiner letzten Verteidigungsposition und, im Blick auf seine ursprüngliche Intention, auf verlorenem Posten. Das wird deutlich in Titeln wie ›Das soziale Ganze und die Freiheit der Einzelnen unter den Bedingungen des industriellen Zeitalters‹[60] oder ›Das Ende der Persönlichkeit?‹[61] Die Entfremdungsdiskussion öffnet somit von Anbeginn nicht nur marxistische, sondern auch konservative Aspekte[62].

Der konservative Rückzug auf die Person läßt die Verbitterung spüren, die denjenigen befällt, der mit dem Rücken an der Wand oder schon im Untergrund zu kämpfen gezwungen ist. In seiner Kritik des Buches von Russell Kirk hat Gordon K. Lewis zu Recht den Eindruck, dies Buch sei geschrieben »with the conscious bias of the partisan«[63]. Hans Freyer vergleicht diese konservativen Partisanen mit den Priestern unserer Zeit[64]. Martin Heidegger hat in seinem Aufsatz ›Der Feldweg‹ Technikkritik mit der konservativen Hoffnung auf die überdauernde Kraft personhafter Totalität

59 Carl Schmitt: Romantik. In: Hochland 22 (1924/25), S. 171.
60 Hans Freyer: Das soziale Ganze und die Freiheit der Einzelnen unter den Bedingungen des industriellen Zeitalters. Göttingen/Berlin/Frankfurt a. M. 1957.
61 Arnold Gehlen: Das Ende der Persönlichkeit? (s. oben Anm. 8).
62 Vgl. Plessners Kritik an dieser Diskussion in: Helmuth Plessner: Das Problem der Öffentlichkeit und die Idee der Entfremdung. Eine Rede. Göttingen 1960, und derselbe: Soziale Rolle und menschliche Natur. In: Erkenntnis und Verantwortung. Festschrift für Theodor Litt. Hrsg. von Josef Derbolav und Friedhelm Nicolin. Düsseldorf 1960. S. 105 ff.
63 Gordon K. Lewis: The metaphysics of conservatism. In: The Western Political Quarterly 6 (1953), S. 732.
64 Freyer: Theorie S. 239 (s. oben Anm. 4). Vgl. auch den Abschnitt: »Die Persönlichkeit« bei Ferdinand Fried (d. i. Friedrich Zimmermann): Der Umsturz der Gesellschaft. Stuttgart 1950. S. 361 ff.

verbunden: »Aber der Zuspruch des Feldweges spricht nur so lange,
als Menschen sind, die, in seiner Luft geboren, ihn hören können.
Sie sind Hörige ihrer Herkunft, aber nicht Knechte von Machen-
schaften. Der Mensch versucht vergeblich, durch sein Planen den
Erdball in eine Ordnung zu bringen, wenn er nicht dem Zuspruch
des Feldweges eingeordnet ist. Die Gefahr droht, daß die Heutigen
schwerhörig für seine Sprache bleiben. Ihnen fällt nur noch der
Lärm der Apparate, die sie fast für die Stimme Gottes halten, ins
Ohr. So wird der Mensch zerstreut und weglos. Den Zerstreuten erscheint das Einfache einförmig. Das Einförmige macht überdrüssig.
Die Verdrießlichen finden nur noch das Einerlei. Das Einfache ist
entflohen. Seine stille Kraft ist versiegt. Wohl verringert sich rasch
die Zahl derer, die noch das Einfache als ihr erworbenes Eigentum
kennen. Aber die Wenigen werden überall die Bleibenden sein. Sie
vermögen einst aus der sanften Gewalt des Feldweges die Riesen-
kräfte der Atomenergie zu überdauern, die sich das menschliche
Rechnen erkünstelt und zur Fessel des eigenen Tuns gemacht
hat.«[65]

5. ›Krankheit der Kultur‹

In ihren Zeitanalysen bedienen sich konservative Kulturkritiker
gern medizinischer Begriffe und Bilder. In der Tradition organologischer Gesellschaftsvorstellungen[66] sprechen sie von einer »kranken Gesellschaft« oder gar von einer »Krankheit Europas«[67]. In
einem Aufsatz mit dem Titel ›Pathologie des Zeitgeistes‹[68] findet
sich der Satz: »Eine sachgerechte Diagnose setzt die Sammlung der

65 Martin Heidegger: Der Feldweg. In: Wort und Wahrheit 5 (Wien 1950),
S. 268.

66 Vgl. auch unten S. 200 ff.

67 Wilhelm Kütemeyer: Die Krankheit Europas (s. oben Anm. 41), und der-
selbe: Soziale Krankheit und kranke Gesellschaft. Eine ärztliche Untersuchung.
In: Frankfurter Hefte 5 (1950), S. 819 ff. Kütemeyer betont ausdrücklich, die
Rede von einer »kranken Gesellschaft« sei nicht nur paradigmatisch gemeint: »Der
Zusammenhang ist also pathologischer Art. Pathologisch ist er nicht in seiner Pe-
ripherie, sondern in seinem Kern. Es liegt eine Erkrankung der Gesellschaft vor.
Dies nicht als Metapher, sondern in seinem eigentlichen Sinne verstanden.« Soziale Krankheit S. 825. Vgl. auch: Die Krankheit Europas S. 105, 119, 176, 208,
214, 240, 302.

68 Joachim Bodamer: Pathologie des Zeitgeistes. In: Zeitwende. Die neue
Furche 25 (1954), S. 79 ff.

Krankheitserscheinungen voraus, eine Symptomatologie also der Züge im Bilde unseres Daseins, die eine Störung, einen krankhaften Prozeß anzeigen.«[69] Das Bild der kranken Gesellschaft gibt es schon bei Plato, es taucht immer wieder auf. Modern ist dagegen das Paradigma der Entwurzelung: »So sind wir heutige Menschen zu entwurzelten Pflanzen geworden, die, vom Winde hin und her getrieben, frei über die Erde schweben, die uns eine tote, erstarrte Dingwelt geworden. Wir klagen, wie Schelling, daß uns irdischen Menschen die echte Beziehung zur Welt verloren gegangen und suchen in der Rückwendung zum Mythos die innige Verbindung mit der Mutter Erde zu erneuern, der wir vielleicht unsere schwer errungene geistige Freiheit gar zu opfern bereit wären.«[70]

Es wäre interessant und lohnend, an dieser Stelle den Verbindungen nachzugehen, die zwischen konservativem Denken und der Psychoanalyse bestehen. Dieses Verhältnis ist ambivalent. Einerseits hat Freud mit rationalistisch-mechanischen Modellen die aufklärerische Tradition um eine entscheidende kopernikanische Wende bereichert. Andererseits scheinen die solchermaßen gewonnenen Ergebnisse psychoanalytischer Wissenschaft viele konservative Vermutungen und ›Werte‹ zu bestätigen. Im Werk Herbert Marcuses finden Freud und Marx zu einer rational-progressiven Verbindung, in der Heidelberger Schule und anderswo scheint Freud, mehr noch sein Schüler C. G. Jung, eine konservative Interpretation zu verlangen[71].

69 Ebd. S. 80.
70 Gerbrand Dekker: Die Rückwendung zum Mythos. Schellings letzte Wandlung. München und Berlin 1930. S. 217.
71 Vgl. etwa C. G. Jung: Gegenwart und Zukunft, wo sich die folgenden Sätze finden: »Die Verlorenheit des Bewußtseins in unserer Welt rührt in erster Linie vom Instinktverlust her und hat ihren Grund in der menschlichen Geistesentwicklung im Laufe des vergangenen Äons. Je mehr sich der Mensch der Natur bemächtigt hat, desto mehr stieg ihm die Bewunderung seines Wissens und Könnens in den Kopf und desto tiefer wurde seine Verachtung für das bloß Natürliche und Zufällige, d. h. das irrational Gegebene, inklusive die objektive Psyche, welche eben gerade das Bewußtsein nicht ist. Im Gegensatz nämlich zum Subjektivismus des Bewußtseins ist das Unbewußte objektiv, indem es sich hauptsächlich in der Form von widerstrebenden Gefühlen, Phantasien, Emotionen, Impulsen und Träumen manifestiert, die man allesamt nicht absichtlich macht, sondern von denen man objektiv befallen wird.« C. G. Jung: Gegenwart und Zukunft. Zürich und Stuttgart 1958. S. 43.

VII. Tradition

1. Das konservative Zeitverständnis

Das konservative Zeitverständnis entwickelt sich im Gegensatz zum rationalistischen Fortschrittsdenken [1]. Für den Rationalismus liegt der Sinnhorizont des menschlichen und gesellschaftlichen Lebens in der Zukunft. Die Dynamik radikalen Zweifelns bewirkt, zusammen mit der radikalen Philosophie der Endlichkeit, ein starkes zeitliches Gefälle nach vorn. Die sogenannte Fortschrittsgläubigkeit der Moderne liegt in der wissenschaftlichen und gesellschaftlichen Situation des Noch-nicht, des Unfertigen und prinzipiell nicht Abschließbaren begründet. Die Zukunft erscheint deshalb in ihrer Qualität als Möglichkeit und Entwurf. Der pragmatische Sinn verwandelt eschatologische Hoffnung und geschichtsphilosophische Erwartung in den technischen und sozialen Plan, der die erwünschte Zukunft im Wege menschlicher Anstrengung herstellt. Zukunft wird wesentlich erfahren als noch nicht geschaffene, aber durch den Plan in den Bereich der Möglichkeit gerückte Wirklichkeit.

Die Struktur dieses auf Zukunft gerichteten Zeitverständnisses entspringt der christlichen Eschatologie [2]. Der christliche Glaube an ein inhaltlich vorgegebenes Ziel der menschlichen Geschichte im Horizont der Heilsgeschichte hat sich im Laufe der Zeit und über viele Stufen der Säkularisierung [3] verweltlicht. Der spezifisch-religiöse Inhalt der eschatologischen Heilserwartung ist dem modernen Bewußtsein verlorengegangen. Obwohl damit der Anlaß für die Zukunftgerichtetheit des christlichen Zeitverständnisses entfallen war, behielt das moderne Bewußtsein den Blick auf die Zukunft als solchen bei und radikalisierte diese Blickrichtung in gewissem Sinne noch, indem sie das eschatologische Ziel säkular in die menschliche

---

1 »Der ›historische Sinn seit Herder‹ ist Reflexion über bedrohte Ordnungen.« Hermann Heimpel: Geschichte und Geschichtswissenschaft. In: Vierteljahrshefte für Zeitgeschichte 5 (1957), S. 15.

2 Vgl. Karl Löwith: Weltgeschichte und Heilsgeschehen. Stuttgart 1953.

3 Zu dem hier in Rede stehenden Verständnis von Säkularisation vgl. besonders Friedrich Gogarten: Verhängnis und Hoffnung der Neuzeit. Die Säkularisierung als theologisches Problem. 2. Auflage. Stuttgart 1958.

Geschichte selbst hineinlegte. Das Christentum hat sich nie der Illusion hingegeben, menschliche Geschichte sei eine in irgendeinem Sinne qualitativ fortschreitende Entwicklung[4], sondern war überzeugt, daß sich die heilsgeschichtliche Erlösung der Menschheit gerade entgegen aller weltgeschichtlichen Evidenz erfüllen werde. Dagegen bestimmt die Frage ›Wohin gehen wir?‹ das Schicksal der Moderne[5].

Anstatt zur ursprünglich christlichen Unterscheidung von Weltgeschichte, die nicht fortschreitet, und Heilsgeschichte, die sich entgegen jeder weltgeschichtlichen Evidenz erfüllen soll, zurückzukehren, bezieht sich die konservative Zeitphilosophie auf orientalisch-griechische Zeitvorstellungen, für die Kreis und Kugel die Symbole liefern. Im Jahre 1891 schreibt die konservative ›Kreuzzeitung‹: »Eines der markantesten Gesetze der Weltgeschichte ist die Analogie, d. h. es wiederholen sich in bestimmten Zeiträumen dieselben Erscheinungen und Bewegungen, nur modifiziert durch gewisse neu hinzugekommene Umstände. Wäre dies nicht der Fall, so könnte man aus der Weltgeschichte nichts lernen (was zwar im allgemeinen auch so nicht geschieht). Sehr bezeichnend stellt darum die Heilige Schrift die Weltgeschichte unter dem Bilde des Rades dar: Es ist immer dasselbe Rad mit denselben Umwälzungen, nur auf immer anderem Boden.«[6] Diese Sätze zeigen in populärer Form die konservative Zeitauffassung, zusammen mit dem für den christlichen Konservatismus bezeichnenden Versuch der Versöhnung dieser Vorstellung mit der Bibel. Zur selben Zeit hatten andere Konservative längst erkannt, daß das Christentum einen schlechten Gewährsmann für die antike Kreistheorie abgibt[7].

Moeller van den Bruck beschwört die Macht der »räumlichen Sehweise« und will Vergangenes an Künftiges dergestalt binden, daß das Seiende als das Bleibende und Überdauernde anerkannt

4 Löwith: Weltgeschichte S. 13 (s. oben Anm. 2).

5 Vgl. grundsätzlich Helmuth Plessner: Die verspätete Nation. Über die politische Verführbarkeit bürgerlichen Geistes. Stuttgart 1959. S. 94 f.

6 Zitiert nach Oscar Stillich: Die politischen Parteien in Deutschland. Bd. 1: Die Konservativen. Eine wissenschaftliche Darlegung ihrer Grundsätze und ihrer geschichtlichen Entwickelung. Leipzig 1908. S. 20 f.

7 Paul de Lagarde: Deutsche Schriften. Hrsg. von Karl August Fischer. 2. Auflage. München 1934. S. 425 f. (Paul de Lagarde: Schriften für das deutsche Volk Bd. 1).

wird[8]. Für den modernen Konservatismus deutscher Prägung stellte Nietzsche die wichtigste Quelle eines sich am antiken Kreislaufdenken orientierenden Zeitverständnisses dar. In seiner Bestandsaufnahme der Konservativen Revolution widmet ihm Armin Mohler unter dem Titel »Die Wiederkehr« eine ausführliche Interpretation[9].

Das kosmologische Kreisdenken kann für die Zukunft keine Aspekte eröffnen, die den Erfahrungshorizont der Vergangenheit zu erweitern vermöchten. Die Hoffnung erfuhr deshalb bei den Griechen als der Zukunft zugewandte Modalität menschlichen Seins eine zwielichtige Beurteilung: Sie gehört zu den Übeln in der Büchse der Pandora, weil sie den Menschen ihre Zukunft in einem trügerisch-optimistischen Lichte zeigt. Andererseits hält sie gerade durch dieses ihr Wesen die geplagten Menschen davon ab, ihrem Leid durch freiwilligen Tod ein Ende zu setzen[10]. Die Griechen haben die Dialektik von Hoffnung und Verzweiflung, die erst in der christlichen Epoche zu einer Antinomie werden sollte, deutlich beschrieben. Erfüllung und Versagung findet der Mensch nach griechischer Auffassung innerhalb seiner Natur. Diese Natur überschreiten zu wollen, bedeutet dem Griechen Vermessenheit. Hybris wird im antiken Mythos stets mit einem Fall bestraft, dessen Tiefe der überspannten Maßlosigkeit entspricht, der sich der Mensch in seiner Vermessenheit überlassen hat. Maßstab für sein zeitliches Dasein ist dem Griechen nicht ein übermenschlicher Glaube, der die Welt überwindet und Berge versetzt, sondern der Kosmos selber in seiner ewigen Dauer

8 Arthur Moeller van den Bruck: Das dritte Reich. Hrsg. von Hans Schwarz. 3. Auflage. Hamburg 1931. S. 187.

9 Armin Mohler: Die Konservative Revolution in Deutschland 1918–1932. Grundriß ihrer Weltanschauungen. Stuttgart 1950. S. 106 ff. – Zu Nietzsches Versuch, das Christentum im Rückgriff auf die griechische Kosmologie zu hintergehen, vgl. Karl Löwith: Nietzsches Philosophie der ewigen Wiederkehr des Gleichen. Stuttgart 1956. Daß Löwith selbst über die Position Nietzsches nicht hinausgelangt, zeigen Hans-Georg Gadamer: Wahrheit und Methode. Grundzüge einer philosophischen Hermeneutik. 2. Auflage. Tübingen 1965. S. 472 ff., und Jürgen Habermas: Karl Löwiths stoischer Rückzug vom historischen Bewußtsein. In: derselbe: Theorie und Praxis. Sozialphilosophische Studien. Neuwied am Rhein und Berlin 1963. S. 352 ff. (Politica Bd. 11).

10 Robert von Ranke-Graves: Griechische Mythologie. Quellen und Deutung. Bd. 1. Hamburg 1960. S. 129 (rowohlts deutsche enzyklopädie 113/114).

und dem gleichgültigen Wechsel von Werden und Vergehen. Die Dauer des Kosmos ist repräsentiert durch den Umschwung der Gestirne im Großen und das Bestehen der irdischen Dinge im Kleinen. Der Mensch ist durch seine Sterblichkeit definiert und kann auch mit Hilfe seiner Vernunft das von Natur aus Seiende nicht prinzipiell übersteigen, sondern nur bewundernd erkennen. In seiner Front gegen den fortschrittsgläubigen Rationalismus stellt sich der Konservatismus, meist ohne es zu wollen oder auch zu wissen, zugleich gegen die christliche Heilslehre, wenn er sich auf die griechische Kreistheorie stützt. Alle Vermittlungsversuche müssen an der prinzipiellen Gegensätzlichkeit der beiden Zeitverständnisse scheitern. Das hat Konsequenzen für die Werte, die der Konservatismus aus seinem Zeitverständnis heraus gewinnt: Dauer, Ewigkeit, Tradition, Herkunft sind Begriffe, die nur im engsten Zusammenhang mit dem konservativen Zeitverständnis sich zugleich als Werte erweisen lassen. Der Konservatismus steht mit der Verteidigung dieser Werte in dem bis heute andauernden Kampf zwischen eschatologischem und ontologischem Denken[11].

11 »Das moderne Denken zehrt noch immer von beiden Sinnbildern: dem Kreuz und dem Kreis, und die Geistesgeschichte der abendländischen Menschheit ist ein dauernder Versuch, Antike und Christentum zu vermitteln. Dieser Versuch kann nicht gelingen, es sei denn durch einen Kompromiß zwischen prinzipiell Unvereinbarem. Sowohl Nietzsche wie Kierkegaard haben gezeigt, daß die ursprüngliche Entscheidung zwischen Christentum und Heidentum nach wie vor wesentlich ist. Denn wie könnte die antike Theorie von der Ewigkeit der Welt mit dem christlichen Glauben an die Schöpfung, der Kreislauf mit einem *eschaton* und die heidnische Anerkennung des Fatums mit der christlichen Pflicht zur Hoffnung je in Einklang gebracht werden.« Löwith: Weltgeschichte S. 153 (s. oben Anm. 2). – Zum christlichen und griechischen Zeitverständnis vgl. weiter Oscar Cullmann: Christus und die Zeit. Die urchristliche Zeit- und Geschichtsauffassung. 2. Auflage. Zollikon-Zürich 1948; Wilhelm Stapel: Kann ein Konservativer Gegner des Christentums sein? In: Deutsches Pfarrerblatt 51 (1951), S. 323 ff. (eine Antwort auf Mohlers Annahme der Unversöhnbarkeit christlicher und konservativer Zeitauffassung; vgl. Mohler: Konservative Revolution S. 151 ff., 175 f., 207; s. oben Anm. 9); Stapels Versuch zeigt die Vermittlungsbemühung eines christlichen Konservativen in unserer Zeit, zugleich aber die Aussichtslosigkeit eines solchen Unterfangens. Vgl. ferner Friedrich Delekat: Reformation, Revolution und Restauration, drei Grundbegriffe der Geschichte. In: Zeitschrift für Theologie und Kirche 49 (1952), S. 85 ff.; Carl Heinz Ratschow: Anmerkungen zur theologischen Auffassung des Zeitproblems. Ebd. 51 (1954), S. 360 ff.

2. Der konservative Traditionsbegriff

Der Traditionsbegriff bezeichnet den Angelpunkt des konservativen Selbstverständnisses. In der Entfaltung des Sinnes von Tradition wird deutlich, was der Konservatismus seinem eigenen Verständnis zufolge sein will. Von diesem Kernbegriff aus führen Wege zu allen anderen Grundbegriffen der konservativen Theorie, zur Autorität ebenso wie zur Institution, zum konservativen Staatsverständnis wie zu seiner Auffassung der Religion. Die Frontstellung des Konservatismus gegen die moderne Philosophie und Politik formuliert er selber immer wieder am Leitfaden seines Traditionsverständnisses.

Nun ist das Traditionsproblem eines der verwickeltsten Probleme überhaupt[12]. Die Schwierigkeit, über Tradition etwas zu sagen, liegt darin, daß derjenige, der sich zum Problem der Tradition äußert, selber in einer Reihe von Traditionsströmen steht, die ihn befangen machen. Für das Phänomen der Tradition gilt besonders,

12 Vgl. Joachim Ritter in der Diskussion zum Aufsatz von Josef Pieper: Über den Begriff der Tradition. Köln und Opladen 1958. S. 44 (Arbeitsgemeinschaft für Forschung des Landes Nordrhein-Westfalen. Geisteswissenschaften H. 72). Die Schrift enthält eine gute Literaturangabe der wichtigsten Arbeiten zum Traditionsproblem. Vgl. ferner: Studium Generale 4 (1951), H. 6, sowie die Verhandlungen des 13. Deutschen Soziologentages in Bad Meinberg 1956. Köln und Opladen 1957 (Deutsche Gesellschaft für Soziologie). Pieper sieht das Traditionsproblem aufs engste mit dem christlichen Offenbarungsbegriff zusammen. Pieper: Begriff S. 24 ff. (s. oben). Nicht zufällig wird das Traditionsproblem in Deutschland als besonders bedrängend empfunden und hat »kaum je zu einer unpolemischen, gegenständlichen und nüchternen Sachbehandlung ... ausreifen können«. Carl Jantke: Industriegesellschaft und Tradition. In: Verhandlungen des 13. Deutschen Soziologentages, S. 31 (s. oben). Vgl. auch das Kapitel »Traditionslosigkeit und Bedürfnis nach geschichtlicher Rechtfertigung des Lebens« bei Plessner: Nation S. 83–91 (s. oben Anm. 5). In konservativ gefärbter Resignation äußert sich Gerhard Krüger: »*Wir leben nur noch von unserer Inkonsequenz*, davon, daß wir nicht wirklich *alle* Tradition zum Schweigen gebracht haben. Aber unser Leben wird zusehends geschichtlicher, hinfälliger, katastrophaler. Wir gehen der *radikalen Unmöglichkeit der sinnvollen und gemeinsamen Existenz* entgegen, obwohl sich dieses Ende niemand vorstellen kann.« Gerhard Krüger: Geschichte und Tradition. Stuttgart 1948. S. 28 (Lebendige Wissenschaft 12). Vgl. auch Rudolf Bultmann: Reflexionen zum Thema Geschichte und Tradition. In: Weltbewohner und Weimaraner. Ernst Beutler zugedacht. Hrsg. von Benno Reifenberg und Emil Staiger. Zürich und Stuttgart 1960. S. 9 ff.

was allgemein für die Erkenntnis zutrifft: daß man ein Phänomen nur im Horizont seines Verlustes erkennen kann. Für das Traditionsproblem sind es besonders die verschiedenartigen Medien, welche diese Befangenheit ausmachen. Wir wollen im folgenden jene Elemente herausstellen, die im konservativen Traditionsverständnis besonders auffällig zutage treten.

Das konservative Traditionsverständnis stellt einen engen Zusammenhang zum Phänomen der Dauer her. Tradition gewährleistet Dauer in der Zeit. Dauer ist durch ihre Zeitunabhängigkeit definiert[13]. Tradition und Dauer vereinen sich dem Konservativen zum Begriff der Kontinuität[14]. Stets beruft sich der Konservative auf die Dauer im Sinne solcher Kontinuität als des wichtigsten Lebensprinzipes[15]. »Permanence, persistence is the first condition of all fruitfulness in the ways of men«, schreibt Thomas Carlyle in seinem das Phänomen der Dauer behandelnden Buch[16]. Schon Adam Müller stellte seine ›Elemente der Staatskunst‹ vornehmlich auf den Gedanken der Dauer ab[17]. Anstelle des Begriffs der Dauer erscheint auch das Wort Ewigkeit. Der bekannte Ausspruch Moeller van den Brucks: »Konservativismus hat die Ewigkeit für sich«[18], zeigt die spezifische Dialektik der konservativen Berufung auf Dauer, Kontinuität und Tradition zu einer Zeit, wo ihre Geltung schwindet.

Die Berufung auf Dauer und Ewigkeit zwingt zu der Frage, die das entscheidende Problem für den Traditionsbegriff darstellt: Was eigentlich ist das, was Ewigkeit haben, wem in der Tradition Dauer

13 Vgl. für viele Ludwig Klages: Der Geist als Widersacher der Seele. 4. Auflage. München/Bonn 1960. S. 24 ff.

14 Vgl. die Verhandlungen des 13. Deutschen Soziologentages, S. 123 (s. oben Anm. 12).

15 Vgl. Peter Richard Rohden: Die politische Gedankenwelt der Neuzeit in ihren weltanschaulichen Grundlagen. In: Archiv für Politik und Geschichte 3 (1924), S. 329 (= 2. Jahr, 2. Teil).

16 Thomas Carlyle: Past and present. London 1888. S. 237.

17 Adam Müller: Die Elemente der Staatskunst. Hrsg. von Jakob Baxa. Bde. 1 und 2. Jena 1922 (Die Herdflamme. Hrsg. von Othmar Spann. Bd. 1). Vorlesungen 1, 4, 9, 11, 20, 25, 26 und 33. Vgl. dazu Otto Weinberger: Die Wissenschafts- und Gesellschaftslehre Adam Müllers. In: Zeitschrift für die gesamte Staatswissenschaft 78 (1924), S. 394 ff.

18 Moeller van den Bruck: Drittes Reich S. 187 (s. oben Anm. 8).

gegeben werden soll? Mit anderen Worten: Was ist das Traditum oder Tradendum selbst? Diese Frage zielt auf den inhaltlichen Grund der Tradition, den Grund ihrer Geltung [19].

Grund von Dauer kann nur Dauerndes selbst sein, der Mensch aber ist zeitlich und sterblich. Er hat einen Anfang und nimmt ein Ende in der Zeit. Diese Einsicht führt den Konservativen zu der Folgerung, das Traditum müsse als Grund der Tradition dem sterblichen Menschen vorausliegen und könne somit nur als Göttliches gedacht werden. Herder hatte schon vermutet, die Religion sei »die älteste und heiligste Tradition der Erde« und alle Tradition nähre sich aus dieser Quelle [20]. Franz von Baader führt diesen Gedanken fort, indem er Tradition als göttliches Wissen dialektisch aus der Kritik am rationalistischen Wissensbegriff entwickelt. Gegenüber dem kartesianischen cogito, »das das Nachdenken der Kreatur dem Urdenken Gottes vorsetzte«, verweist er auf den Grund eines traditionellen Wissens: »...der Mensch...weiß nur, indem er sich von einem ihm Höheren gewußt weiß. Sein Wissen (Gewißheit wie Gewissen) kommt ihm also nicht, wie die Rationalisten meinen, per generationem aequivocam oder von ihm selber, sondern per traducem, das heißt durch Mitteilung (nicht durch Teilsein) und Eingerücktsein in ein in Bezug auf ihn a priori bestehendes, vollendetes oder fertiges Schauen und Wissen.« [21] Das Wissen, welches Dauer beansprucht, kann nicht vom Menschen selbst stammen, sondern muß ihn und seine Endlichkeit transzendieren. Nur heiliges Wissen ist traditionsfähig.

In der konservativen Literatur zum Traditionsproblem herrscht Einigkeit darüber, daß der Grund aller Tradition ursprünglich religiöser Art ist [22]: In der Tradition übermittelt der Mensch nicht

19 »Eben das ist es vielmehr, was wir Tradition nennen: der Grund ihrer Geltung.« Gadamer: Wahrheit S. 265 (s. oben Anm. 9).

20 Johann Gottfried Herder: Ideen zur Philosophie der Geschichte der Menschheit. In: J. G. Herder: Mensch und Geschichte. Hrsg. von Willi A. Koch. Stuttgart 1935. S. 261 ff. (Kröner Ausgabe Bd. 136).

21 Franz von Baader: Über den Zwiespalt des religiösen Glaubens und Wissens als die geistige Wurzel des Verfalls der religiösen und politischen Societät in unserer wie in jeder Zeit. Hrsg. von Carl Linfert. 2. Auflage. Darmstadt 1958. S. 60 (Libelli Bd. 18).

22 Dabei spielt es in unserem Zusammenhang keine Rolle, ob man, wie Pieper, genauere Unterscheidungen zwischen der christlichen Lehrüberlieferung, den My-

Selbstgefundenes, Selbstgedachtes, sondern er beruft sich auf das Dauernde einer ihm prinzipiell überlegenen Macht, die ihn sowohl in seinem Sein wie in Hinsicht auf die zeitliche Struktur seines Daseins übertrifft[23]. – Wenn immer das Alter eine besondere Nähe zur Tradition hat, so wird diese Nähe vom Konservativen nicht im Sinne des Bejahrten, Erfahrenen oder Greisenhaften verstanden, sondern im Sinne des dem Ursprung Nahen, des Frühen und Anfänglichen[24]. Den Gedanken der heiligen Frühe des Anfangs, dem sich das Alter verbunden weiß, haben die Römer entwickelt. Für sie lag der Höhepunkt des menschlichen Lebens nicht in den erwachsenen Mannesjahren, sondern im Alter. Alles Wachsen erstreckte sich ihnen nicht in die Zukunft, sondern in die Vergangenheit[25]. Die Weisheit des Alters ist somit eine Tugend, die mehr dem Altsein als der Erfahrung im modern-empirischen Sinne zu danken ist. Da die Alten der Frühe enger verbunden sind als die Jungen, bewahren sie das Traditionsgut stärker als diese. Erfahrung ist zuallererst Wissen des Ursprungs, nicht Kenntnis wechselnder Lebensumstände.

In dem Maße, wie Tradition sich mit dem Gedanken des heiligen Ursprungs verbindet, bekommt Geschichte einen sowohl statischen wie kreisförmig in sich selbst zurücklaufenden Sinn. Menschliche Geschichte erscheint unter dem Gesichtspunkt der Ewigkeit, und das Dauernde der Tradition wird als Abschattung ontologischer Verhältnisse begriffen. In diesem Sinne sagt Novalis: »Wo ewige unabän-

then und dem macht, was er »Ur-Offenbarung« nennt. Pieper: Begriff S. 29 f. (s. oben Anm. 12). Wichtig ist, daß allen diesen Formen ein im weiteren Sinne des Wortes religiöser, d. h. den endlichen Menschen transzendierender Charakter zukommt. Das gilt auch noch für die »urtümlichen Ideen« C. G. Jungs (vgl. C.G. Jung: Psychologie und Religion. Zürich/Leipzig 1940. S. 76), die Pieper völlig richtig zu den religiösen Tradita rechnet. Pieper: Begriff S. 32.

23 Nur so läßt sich in formaler Hinsicht vorstellen, was Josef Pieper fordert, wenn er sagt, »daß der tradierende Teil im Traditionsvorgang nicht etwas Eigenes, Selbsterworbenes weitergibt, sondern etwas gleichfalls von anderswoher Empfangenes«. Josef Pieper: Tradition als Herausforderung. München 1963. S. 22.

24 Pieper: Begriff S. 21 (s. oben Anm. 12).

25 Vgl. Hannah Arendt: Was ist Autorität? In: dieselbe: Fragwürdige Traditionsbestände im politischen Denken der Gegenwart. Vier Essays. Frankfurt a. M. 1959. S. 156; Arnold A. T. Ehrhardt: Politische Metaphysik von Solon bis Augustin. Bd. 1. Tübingen 1959. S. 273 ff.

derliche Gesetze walten, da ist Altertum und Vergangenheit.«[26]
Geschichte ist Vergegenwärtigung des Ewigen, Repräsentation der
Dauer in menschlicher Zeit. Vergangenheit ist somit nicht als das bloß
Gewesene von Interesse, sondern als die dem Ursprung nahe Repräsentation ewiger Ordnung[27]. Immer wo der Konservative von Vergangenheit spricht, meint er in Wahrheit Herkunft, Ursprung und
die verpflichtende Kraft ursprünglich göttlicher Satzung[28]. Der angemessene Gegenbegriff zum zukunftsorientierten rationalistischen
Gegner ist auf konservativer Seite deshalb nicht der Begriff der Vergangenheit oder Tradition, sondern der Begriff der Herkunft. Das
Begriffspaar Zukunft und Herkunft bezeichnet den genauen Front-
verlauf des Gegensatzes, der gemeinhin unter Begriffspaaren wie
Fortschritt und Beharrung gefaßt, in seiner philosophischen Dimension aber selten verstanden wird[29].

Nicht von ungefähr taucht innerhalb des konservativen Traditionsverständnisses der Gedanke der ewigen Wiederkehr des Gleichen auf. Diese Idee ist dem ontologischen Traditionsbegriff immanent und wird vom Konservatismus häufig vorgetragen. Der »ewige,
unverrückbare Grund des Konservatismus«[30] offenbart sich als die
generationsweise Wiederkehr menschlicher Grundbefindlichkeit. Der
Konservatismus ist seinem eigenen Selbstverständnis zufolge keine

26 Zitiert nach Richard Samuel: Die poetische Staats- und Gesellschaftsauffassung Friedrich von Hardenbergs (Novalis). Studien zur romantischen Geschichtsphilosophie. Frankfurt a. M. 1925. S. 22 (Deutsche Forschungen H. 12).
27 Diesen Gedanken belegt Friedrich Sengle für die romantische Dichtung
(Grillparzer, Gotthelf, Stifter) in seinem Aufsatz: Voraussetzungen und Erscheinungsformen der deutschen Restaurationsliteratur. In: Deutsche Vierteljahrsschrift
für Literaturwissenschaft und Geistesgeschichte 30 (1956), S. 133/277 ff.
28 Arendt: Autorität S. 152 (s. oben Anm. 25).
29 »Das Ergebnis der Historisierung der Herkunft zur ›Vergangenheit‹ wäre
damit die Freiheit oder die Geschichtslosigkeit der Gegenwart.« Jürgen Moltmann: Exegese und Eschatologie der Geschichte. In: Evangelische Theologie 22,
N. F. 17 (1962), S. 33. Vgl. grundsätzlich Wilhelm Dilthey: Das geschichtliche
Bewußtsein und die Weltanschauungen. In: derselbe: Weltanschauungslehre. Abhandlungen zur Philosophie der Philosophie. Leipzig und Berlin 1931. S. 3 ff.
(Gesammelte Schriften Bd. 8): »So entsteht das Problem, das diese Epoche auf-
gibt. Die Relativitäten müssen mit der Allgemeingültigkeit in einen tieferen Zusammenhang gebracht werden. Das mitfühlende Verstehen alles Vergangenen muß
zu einer Kraft werden, das Künftige zu gestalten.« Ebd. S. 167.
30 Georg Oertel: Der Konservatismus als Weltanschauung. Leipzig 1893. S. 3.

Zeitmeinung, sondern eine Weltanschauung[31], d. h. die ewig sich gleichbleibende Anschauung einer Welt, welche letztlich nicht als Geschichte, sondern als Natur verstanden wird[32]. Die natürliche sich gleichbleibende Welt wiederkehrender Erfahrungen entzieht sich menschlicher Einflußnahme. Tradition ist in der Natur selbst angelegt: als die ewige Wiederkehr des Gleichen, durch alle Zeiten hindurch Dauernden[33].

Die Frage nach dem Wesen des Traditum als der Qualität des heiligen Anfangs aller Tradition wird vom Konservatismus in zweifacher Richtung beantwortet: einmal im Sinne der christlichen Offenbarungstheologie, zum anderen im Sinne der antiken Ontologie, anders gesagt: unter Berufung auf den christlichen Gott oder auf den natürlichen Kosmos. Der Widerspruch zwischen beiden Auffassungen ist uns aus den vorangehenden Kapiteln vertraut: Das Verständnis der Welt als Geschichte steht im Gegensatz zu dem Verständnis der Welt als Natur. Christliche Zeitlichkeit und griechische Ewigkeit lassen sich nicht vermitteln. Damit ist schon gesagt, daß ›christliche Tradition‹ für den Konservativen ein Problem enthält[34]. Die Konsequenz der konservativen Berufung auf Dauer führt eher in die Rich-

31 Ebd. S. 9 f.
32 Die konservative Berufung auf die Geschichte ist deshalb in der Regel austauschbar mit dem Verweis auf die ewige Kraft der Natur. Der Goethesche Begriff des »alten Wahren« zeigt diese Identität.
33 Zum konservativen Verständnis des Gedankens der ewigen Wiederkehr des Gleichen vgl. Mohler: Konservative Revolution S. 146 und 104 ff. (s. oben Anm. 9). Zu dieser Idee bei Nietzsche s. Karl Löwith: Nietzsches Philosophie der ewigen Wiederkehr des Gleichen. Stuttgart 1956 (s. oben Anm. 9).
34 Heinz-Dietrich Wendland erkennt die Gefahr einer Ontologisierung der christlichen Heilslehre deutlich: »Dann ist also eine Ontologie der ewigen, in sich ruhenden Urordnung ausgeschlossen. Das aber hat die große Bedeutung, daß ein Rückfall der christlichen Soziallehre in die verschiedenen Formen des *Ursprungsmythos* unmöglich gemacht ist, der überall dort als Gefahr droht, wo die eschatologische Grundstruktur des christlichen Denkens vergessen wird. Damit, daß der Ursprungsmythos, wie etwa auf dem abendländischen Geschichtsboden, christliche Begriffe wie Schöpfer und Schöpfung an sich zieht und benutzt, ist er noch keineswegs christlich geworden. Unter diesem Gesichtspunkt wären in der christlichen Soziallehre alle *konservativen* Gedankenbildungen zu prüfen, wobei diese, wie Paul Tillich mit Recht bemerkt hat, im Zusammenhange mit dem kirchlichen Konservativismus stehen, und der letztere dürfte auf eine Mischung der Lehre von der Schöpfung mit dem heidnischen Ursprungsmythos zurückgehen, insofern dieser seinerseits die ganze antike Ontologie mitbestimmt hat.« Heinz-Dietrich

tung des ontologischen Argumentes von der Ewigkeit der Welt. Der Konservatismus hat dies stets gewußt und versucht, christliche Offenbarungstheologie ontologisch einzuschmelzen. Als Beispiel sei ein Satz von Adam Müller zitiert, der sich sehr griechisch ausnimmt: »Der Planet, den wir bewohnen, hat alle Zeichen größerer Dauerhaftigkeit; er ist älter als das menschliche Geschlecht, und wird wahrscheinlich das menschliche Geschlecht auch überleben.«[35] Eine völlige Verschmelzung christlicher und antiker Motive konnte Adam Müller nicht gelingen.

3. Boden

Eine Ausprägung des ontologischen Traditionsverständnisses ist jene Philosophie des Bodens, die seit dem Beginn des 19. Jahrhunderts in der konservativen Theorie eine zunehmend wichtige Rolle spielt. Der Boden erscheint in dieser konservativen Theorie nicht als eine Kategorie des Raumes, sondern der Zeit, deren Dauer er repräsentiert[36]. Die Traditionsgebundenheit menschlicher Gesellschaft wird am Boden demonstriert, wozu man sich auf die etymologische Stammsilbe von Gesellschaft (sal – Raum, selida – Wohnung) beruft[37]. Adam Müller ist in Deutschland der erste leidenschaftliche Anwalt einer Philosophie des Raumes: »...der Boden an sich hat keinen Werth für... den Menschen... Die eigentliche wunderbare, ich möchte sagen göttliche, Eigenschaft des Bodens... kommt erst durch langen Umgang *desselben* Besitzers, *derselben* Familie, *desselben* Landesherrn mit *demselben* Boden zum Vorschein. Da, bekräftigt durch ganze Jahrhunderte, durch den aufgehäuften, edlen Fleiß mehrerer Geschlechter, entwickelt sich eine Liebe, eine Treue, ein Glaube an das Gemeinwesen, eine Innigkeit und Tiefe des Credits, gegen die alle Associationen der Zeitgenossen unter einander locker und lose sind.«[38] Nun bestehen in der Tat enge soziologische Beziehungen zwischen der Seßhaftigkeit des Menschen und seinem

Wendland: Über das Verhältnis von Ontologie und Eschatologie in der christlichen Soziallehre. In: Philosophisches Jahrbuch 66 (1958), S. 197.

35 Müller: Elemente Bd. 1, S. 54 (s. oben Anm. 17).

36 Vgl. Sengle: Restaurationsliteratur S. 133/277 ff. (s. oben Anm. 27).

37 Vgl. den Artikel »Gesellschaft« im Fischer Lexikon Soziologie. Hrsg. von René König. Neuausgabe. Frankfurt a. M. 1967. S. 104 ff.

38 Adam Müller: Über König Friedrich II. und die Natur, Würde und Be-

Sinn für traditionale Lebensweise. Adam Müller hat diese Beziehung deutlich gesehen[39]. Gegen die in seiner Zeit wachsende Mobilität versuchte er, anstelle des liberalen Begriffes ›Zeitgenosse‹ den

stimmung der Preußischen Monarchie. Berlin 1810. S. 86. Ebenso S. 69: »...wenn der Boden die Eigenschaft des Bleibens nicht seinem Eigenthümer ... mittheilt, so ist die vergänglichste Sache mehr werth, als er.«

39 Ebd. S. 96 f. Zur heutigen Diskussion der Agrargesellschaft und dem von ihr abhängigen konservativen Denken siehe Arnold Gehlen: Sozialpsychologische Probleme in der industriellen Gesellschaft. Tübingen 1949. Bes. S. 18 ff. (Schriftenreihe der Akademie Speyer 2). Gehlen sieht eine seiner »Kulturschwellen« im Übergang von der Jägerkultur zur Seßhaftigkeit, die andere im modernen Industrialismus.

Eine für konservatives Denken systematische Darstellung der sozialen Bedeutung des Bodens gibt Mircea Eliade: »Sich in einem Gebiet niederlassen, heißt, dieses Gebiet weihen. Für die seßhaften Völker, die sich nicht wie die Nomaden nur für kurze Zeit, sondern für immer an einem Orte festsetzen wollen, bedeutet jedes Sich-Niederlassen eine lebenswichtige Entscheidung, an welche die Existenz der ganzen Gemeinschaft gebunden ist. Sich an einem Ort festsetzen, ihn einrichten und bewohnen, sind Handlungen, die eine existentielle Wahl voraussetzen, die Wahl des Universums, das man ›schaffen‹ und dadurch auf sich nehmen will. Dieses ›Universum‹ aber ist immer die Nachbildung des exemplarischen Universums, das die Götter geschaffen haben und bewohnen; es hat also teil an der Heiligkeit des göttlichen Werks.« Mircea Eliade: Das Heilige und das Profane. Vom Wesen des Religiösen. Hamburg 1957. S. 21 (rowohlts deutsche enzyklopädie 31). Dieser »ontologische Durst« treibt die Menschen, auch dem Göttlichen selbst Häuser, »Wohnstätten« zu bauen und die eigenen Bauten und Städte wiederum als das Zentrum der Welt zu begreifen: »Jeder Bau, jedes Verfertigen hat deshalb die Kosmogonie zum Modell.« Ebd. S. 27. – Auch Carl Schmitt sieht in der »Landnahme« die raumhafte Anfangsordnung, den »Ursprung aller weiteren konkreten Ordnung und allen weiteren Rechts«. Carl Schmitt: Der Nomos der Erde im Völkerrecht des Jus Publicum Europaeum. Köln 1950. S. 19.

Die jüdisch-christliche Religion kennt weder eine an sich heilige Schöpfung noch Heiligtümer Gottes, in denen er wohnend anwesend ist. Sie hat folglich auch nicht die Möglichkeit, Bauten und Orte wahrhaft zu weihen. Die jüdisch-christliche Religion ist eine Wüstenreligion. Die Wüste aber ist kein ›Boden‹ in dem hier gemeinten Sinn, sondern vielmehr eine Zeitbestimmung mit Blick auf die Zukunft: das Verlassen der Wüste. Die Wüste verschließt sich jeder ontologischen Bestimmung und öffnet sich allein der Eschatologie als dem leidenschaftlichen Willen zur Zukunft. Der jüdisch-christliche Voluntarismus hat hier seine Quelle. Adam Müller hat diesen für die konservative Auffassung problematischen Sachverhalt gesehen: »...den Israeliten fehlte jenes Reich der Ideen, jene Verklärung des Lebens, jene Tausendfältigkeit der sinnlichen Formen, welche die göttliche Idee zu durchdringen nicht verschmähet.« Müller: Elemente Bd. 1, S. 240 (s. oben Anm. 17).

konservativen Begriff des ›Raumgenossen‹ einzuführen[40]: »Der Staat ist nicht bloß die Verbindung vieler *neben einander lebender*, sondern auch vieler *auf einander folgender* Familien; sie soll nicht nur unendlich groß und innig im Raum seyn, sondern auch unsterblich in der Zeit. Die Lehre von der Verbindung auf einander folgender Generationen ist ein leeres Blatt in allen unsern Staats-Theorieen; und darin liegt ihr großes Gebrechen, darin liegt es, daß sie ihre Staaten, wie für einen Moment, zu erbauen scheinen, und daß sie die erhabenen Gründe der Dauer des Staates und seine vorzüglichsten Bindungsmittel – wohin vor allen andern der Geburtsadel gehört – nicht kennen und nicht würdigen.«[41] Die Stabilität des Staates hängt nach konservativer Vorstellung an der Erhaltung des Grundeigentums. In diesem Sinne schreibt Friedrich August Ludwig von der Marwitz in seiner Denkschrift an Hardenberg: »Wir begehren den Beistand unsres königlichen Herrn und seiner Ratgeber für die möglichste Erhaltung der bisherigen Grundeigentümer bei ihren Besitzungen, indem wir dafür halten, daß die Rettung des Staats von der Befestigung des alten Besitzes und von der Erhaltung des hergebrachten Verbandes der Grundstücke untereinander abhänge, und daß es nur *eine* Art der radikalen Revolutionierung gebe, nämlich das Zerschneiden der Bande, welche den Eigentümer an den Boden knüpfen. Alle Dienst- und Untertänigkeitsverhältnisse, die Patrimonialgerichtsbarkeit, selbst die verrufenen Gemeinheiten, haben dazu beigetragen, diese innersten und heiligsten Bande, also den Staat selbst, zu befestigen.«[42]

Später sollte der Kampf gegen die Freizügigkeit eine wichtige Forderung konservativer Restaurationspolitik werden. So fordert Georg Oertel im Jahre 1893: *»Das Freizügigkeitsgesetz muß geändert, zum Teil aufgehoben werden.* Unser Volk muß wieder zur Seßhaftigkeit erzogen werden, der heimflüchtigen Hast müssen Hemmnisse bereitet, Riegel vorgeschoben werden.«[43]

40 Müller: Elemente Bd 1. S. 60 (s. oben Anm. 17).

41 Ebd. S. 60.

42 Friedrich August Ludwig von der Marwitz an den Staatskanzler Hardenberg, 1811. Zitiert nach: Deutsche Parteiprogramme. Hrsg. von Wilhelm Mommsen. 2. durchges. und erg. Auflage. München 1964. S. 25 (Deutsches Handbuch der Politik Bd. 1).

43 Oertel: Konservatismus S. 79 (s. oben Anm. 30).

Das konservative Verständnis des Bodens als Garanten der Tradition hat paradigmatischen Sinn für die konservative Geschichtsauffassung: Natur wird zu einer geschichtlichen Kategorie, da sie das wichtigste Medium gesellschaftlicher Verhältnisse abgibt. Natur wird selbst zu einer gesellschaftlichen Kategorie. Dieser Satz aber offenbarte schon für Adam Müller eine Dialektik, die Hegel und Marx voll entfalten sollten: »... das Organische, was die Menschen in der Natur sehen, ist nichts anderes als ihre in die Natur hineingetragene Kunst... Wo er (der Mensch, Zus. d. V.) die Natur betrachtet und behandelt, wird sie immerfort unter seinen Augen und Händen zum Kunstwerk.«[44] Die dialektische Abhängigkeit des Konservatismus vom Rationalismus zeigt sich gerade da am deutlichsten, wo er sich am stärksten von ihm zu unterscheiden meint. Die Naturauffassung im Sinne der griechischen Physis, die durch ihr Aus-sich-selbst-Sein bestimmt war, ging schon durch die christliche Theologie verloren und konnte ihren ontologischen Charakter durch die mittelalterliche Philosophie nur mit Mühe bewahren. Descartes hat die Natur den Gesetzen der Mechanik unterworfen und sie dem Menschen damit prinzipiell erkennbar und dienstbar gemacht. Der romantische Konservatismus versuchte sich aus dem Dilemma zu retten, indem er behauptete, der Mensch erzeuge »allenthalben organisches«[45]. Diese Dialektik aber schließt zu kurz, um dem Vorwurf der Petitio principii zu entgehen, versteht doch der Konservatismus unter ›organisch‹ wiederum Geschichtliches[46].

In neuerer Zeit legt sich das konservative Zeitverständnis gern mit dem Begriff des Mythos aus, der den Naturbegriff zum Teil ersetzt[47]. Der Mythos verbindet Natur und Geschichte so, daß eines durch das andere jeweils interpretiert werden kann. In diesem Sinne versteht Bachofen den Mythos als Raum und Zeit verbindende Kategorie: »Der mythologische Gesichtspunkt ist vom historischen getrennt: die Urzeit ist nicht wiederum als eine geschichtliche Periode der Menschheit aufzufassen. Sie ist vielmehr eine Zeit vor der geschichtlichen Zeit, eine Zeit ohne Chronologie, ohne alle Bestim-

44 Adam Müller: Vermischte Schriften über Staat, Philosophie und Kunst. Bd. 2. Wien 1812. S. 329.
45 Ebd.
46 Zum besseren Verständnis dieses Dilemmas s. unten S. 152, Anm. 50.
47 Vgl. unten S. 278 ff.

mung – kein Wunder, daß der Geschichtsschreiber sie verachtet. Man würde auch besser tun, von einem mythischen *Raume* als von einer mythischen *Zeit* der Menschheit zu reden. In der Epoche des Mythus ist noch alles beieinander. Die zeitliche Trennung hat noch nicht stattgefunden.«[48] Bachofen nennt die Natur die »Vergangenheit des Geistes«[49] und gelangt über die Ahnenverehrung mitten hinein in den Bereich der Religion: »Die ursprüngliche Tiefe der Zeiten, in die nicht mehr der Einzelne, nur die Kette der Generationen, welche das Volk ist, hinabreicht, geht schließlich über in die Ewigkeit. Die Zeiten verlieren sich in ›die‹ Zeit.«[50]

4. Adel

In dem Maße, wie der Sinn für Tradition den Kern der konservativen Weltanschauung ausmacht, findet sich eine Hochschätzung des Adels und des aristokratischen Familiensinns[51]. Das adlige Selbst-

48 Johann Jakob Bachofen: Der Mythus von Orient und Occident. Eine Metaphysik der alten Welt. Ausgew. von Manfred Schroeter. Mit einer Einleitung von Alfred Baeumler. München 1926. S. XCII.

49 Ebd. S. CXX f.

50 Ebd. – Ernst Bloch hat die konservative Verbindung von Natur und Geschichte, besonders in ihrer romantischen Ausprägung, ebenso scharfsinnig wie ironisch beschrieben: »Das Geschichtliche verband sich . . . wachsend mit Archaischem und dieses mit Chthonischem, so daß das Geschichts-Innere bald wie Erd-Inneres selber dreinsah. Dies Truhengefühl, dies Inzestwesen des Eingehenwollens in den Mutterschoß Nacht und Vergangenheit kulminiert spät bei Bachofen, dem Lehrer des Mutterrechts, doch mit Grabliebe für die chthonische Demeter schlechthin. Der Nachtsicht kommt auch psychologisch jegliches Gute, Ahnungsvolle an den Nachtpol des Bewußtseins: Schöpfung geht mit Trieb und Instinkt, mit atavistischem Hellsehen und Raunen des Abgrunds heimatlich zusammen; auf der Tagseite, sogar auf der Gestalt- und Erfüllungsseite wohnte dem Romantiker nichts halb so Vertrautes. Jede Produktivität, ja gerade der Erwartungscharakter, an dem die Romantik so paradox reich ist, meditierte sich hier in antiquarische Bilder ein, in Vergangenheit, in Unvordenkliches, in Mythos, als Halt gegen die Zukunft, welche immer mehr nur als Spreu, Leere, Wind gilt. Nicht überraschend also, wenn hier Jugend und Produktivität jedes Bewußtseins ihres Noch-Nichtbewußten bis zum Ahnenkult redressierten: die andere Sprengkraft, außer der Produktivität: die erfaßte Zeitwende fehlte.« Ernst Bloch: Das Prinzip Hoffnung. Teil 2. Frankfurt a. M. 1959. S. 152 f. (Gesamtausgabe Bd. 5,1).

51 Vgl. Roberto Michels' Artikel »Conservatism« in: Encyclopaedia of the Social Sciences Vol. 4 (New York 1930, 13th print. 1959), S. 230. Die Behaup-

verständnis ist durch die Idee der Dauer gekennzeichnet. Man soll die Welt nicht ändern, weil man Gefahr läuft, dabei die Position zu verlieren, die man auf Dauer gestellt sehen möchte [52]. In seiner Wissenssoziologie hat Max Scheler gezeigt, daß der Adel als Oberklasse zu einer ontologischen Betrachtung der Welt neigt, im Unterschied zur mechanischen der Unterklasse [53]. Die Vergangenheit gilt dem adligen Selbstverständnis als verpflichtende Herkunft und als Grundlage der Gegenwart und Zukunft; prinzipiell soll nichts Neues unter der Sonne geschehen [54]. Die adlige Hochschätzung einer durch Tradition garantierten Dauer in der Zeit läßt sich in verschiedener Hinsicht entfalten: als Verteidigung von Boden und Heimat (a), als Hochschätzung der Familie (b), in den Tugenden der Ehre, des Dienstes, der Treue (c).

tung Michels', Konservative hätten viel gemeinsam mit Aristokraten, gilt ebensowenig ohne Einschränkungen wie die Behauptung Sigmund Neumanns, der Träger des preußischen Konservatismus im 19. Jahrhundert sei der preußische Adel gewesen. Sigmund Neumann: Die Stufen des preußischen Konservatismus. Ein Beitrag zum Staats- und Gesellschaftsbild Deutschlands im 19. Jahrhundert. Berlin 1930. Neudruck Vaduz 1965. S. 7 (Historische Studien H. 190). Die Theoretiker des Konservatismus waren nicht nur in Deutschland vornehmlich Bürgerliche, Intellektuelle, ja häufig Fremdstämmige. Das Bürgertum ist Träger der romantischen Bewegung gewesen, auch der politischen Romantik; vgl. Carl Schmitt: Romantik. In: Hochland 22 (1924/25), S. 165. Auf der anderen Seite läßt sich nicht leugnen, daß in der Praxis der Adel »die soziale Kernschicht des Konservatismus« gewesen ist; vgl. Gerhard Ritter: Die preußischen Konservativen und Bismarcks deutsche Politik 1858 bis 1876. Heidelberg 1913. S. 66 (Heidelberger Abhandlungen H. 43). Zum Unterschied des »seigneurialen« und des bürgerlichen Menschen vgl. Werner Sombart: Der Bourgeois. Zur Geistesgeschichte des modernen Wirtschaftsmenschen. München und Leipzig 1913. S. 260 ff. Vgl. auch Ernst Rudolf Huber: Deutsche Verfassungsgeschichte seit 1789. Bd. 2. Stuttgart 1960. S. 310. Treffend charakterisiert Goethe den Unterschied der adligen und bürgerlichen Seinsweise in ›Wilhelm Meisters Lehrjahren‹, 5. Buch, 3. Kap.; vgl. Jürgen Habermas: Strukturwandel der Öffentlichkeit. Untersuchungen zu einer Kategorie der bürgerlichen Gesellschaft. Neuwied 1962. S. 24 f. (Politica Bd. 4). Vgl. ferner Thomas Mann: Betrachtungen eines Unpolitischen. Berlin 1918. S. 506.

52 Vgl. Werner Stark: Die Wissenssoziologie. Ein Beitrag zum tieferen Verständnis des Geisteslebens. Eingeleitet von Gottfried Eisermann. Stuttgart 1960. S. 43.

53 Max Scheler: Die Wissensformen und die Gesellschaft. 2. durchges. Auflage hrsg. v. Maria Scheler. Bern und München 1960. S. 171.

54 Vgl. Alois Dempf: Kulturphilosophie. München und Berlin 1932. S. 52 ff.

a) Boden und Heimat

»Der Boden bleibt. Was heißt das: er bleibt? Nehmlich für den Eigenthümer. Wenn aber der Eigenthümer geraubt und beraubt wird: – bleibt der Boden noch? – Für den Staat nicht; denn wenn der Boden die Eigenschaft des Bleibens nicht seinem Eigenthümer, also allen Institutionen, also dem Staate, mittheilt, so ist die vergänglichste Sache mehr werth, als er.«[55] Der Boden galt dem Adel als die ursprüngliche Form des Eigentums. An ihm zeigt sich der Charakter der Verpflichtung, den jedes Eigentum (im Unterschied zur liberalen Auffassung als einer freien Sache, über die man willkürlich verfügen kann) an sich hat. Ihren deutlichsten Ausdruck findet die konservative Ablehnung des individualistischen Eigentumsverständnisses im juristischen Institut des Fideikommisses[56].

Adam Müller nennt als Hauptsymptom der politischen Krankheit seiner Zeit die Zerrüttung des Grundeigentums[57]. Friedrich Julius Stahl preist den Grundbesitz als das bedeutendste Moment der politischen Repräsentation, weil er »die stetige Seite des öffentlichen Zustandes« darstellt[58]. Heinrich Leo schildert die Vorteile des Fi-

und 83 f. (Handbuch der Philosophie, Sonderausgabe). Übrigens betont auch Dempf die Dialektik der Verherrlichung adliger Lebensweise durch bürgerliche.

55 Müller: Friedrich II. S. 69 (s. oben Anm. 38).

56 »Unter einem Fideikommiß versteht man ein gebundenes (d. h. unveräußerliches und einer bestimmten Erbfolge unterworfenes) Gut, das auf Grund rechtsgeschäftlicher Bestimmung des Stifters als Sondervermögen einer bestimmten Familie erhalten bleibt. In Norddeutschland gewannen diese Fideikommisse vor allem seit dem 18. Jahrhundert größere Bedeutung und waren in der Gesetzgebung eingehend geregelt. Mit der französischen Revolution und der Einführung des Code Napoléon in verschiedenen deutschen Ländern wurden sie zwar größtenteils aufgehoben, um jedoch nach 1815 wieder allgemein anerkannt zu werden. Auch ihr Verbot durch die deutschen Grundrechte von 1848 und ebenso durch zahlreiche deutsche Staaten war nur vorübergehend. Mit der beginnenden Reaktion wurden sie fast ausnahmslos wieder eingeführt. Das deutsche Reich bestimmte schließlich, daß die Regelung der Fideikommißfrage dem Landesrecht vorbehalten bleiben solle. Der spätere mehrmalige Versuch, das Fideikommißrecht zu verbessern, ist immer erfolglos gewesen. Mit der Revolution von 1918 wurde schließlich dieses Institut aufgehoben.« Neumann: Stufen S. 39 (s. oben Anm. 51).

57 Müller: Friedrich II. S. 75 (s. oben Anm. 38).

58 Friedrich Julius Stahl: Die Philosophie des Rechts. Bd. 2: Rechts- und

deikommisses: »Die Folge von dieser Eigenschaft des Grundes und Bodens, daß er die Menschen *bindet,* wo nicht neben ihm eine sehr bedeutende Masse beweglichen Vermögens ist, diese Eigenschaft läßt auch soziale Verhältnisse erstarren. Die Familie, welche ein Gut durch Jahrhunderte besessen, wird ihrer geistigen Natur nach Teil des Gutes und entwickelt einen so bestimmten starren Familiencharakter, daß Vater, Sohn und Enkels Enkel in derselben Haltung bleiben, wie man bei Beobachtung aller Aristokratien sehen kann.«[59] Im Lehen erschließt sich der eigentliche Sinn des Eigentums: »Es giebt nur Nießbrauch, aber keinen unbedingten Besitz.«[60] Wenn die Grundherrschaft Tradition garantieren soll, darf sie nicht als eine menschliche Erfindung angesehen werden, »die zu ihrer Zeit gute Zwecke gehabt und erfüllt habe, nunmehr aber, unter ganz anderen Menschen und Zeiten, andern Einrichtungen nothwendig Platz machen müsse, weil sie morsch und hinfällig geworden sei«[61]. Wenn der Boden als Repräsentation der Dauer Geltung haben soll, muß auch dauerhafte Verfügung über ihn garantiert sein. Wohl die eindrücklichste Verteidigung der konservativen Auffassung des Eigentums gab Ludwig von Gerlach in einer Rede vor dem sogenannten Junkerparlament im Jahre 1848: »Nur in Verbindung mit den darauf haftenden Pflichten ist das Eigentum heilig; als bloßes Mittel des Genusses ist es nicht heilig, sondern schmutzig. Gegen ein Eigentum ohne Pflichten hat der Kommunismus recht. Privilegiensucht, die sich als Konservativismus verkleidet, ist ein stinkendes Laster. Das einzige Mittel gegen den Kommunismus ist, daß die höheren Stände ihre Vorzüge als ein ihnen anvertrautes Gut für ihre Nebenmenschen ansehen. Die Lehre vom freien Eigentum ist genauso gottlos wie die Lehre von der Volkssouveränität. Das Eigentum nur als Genußmittel geschätzt ist ein fürchterliches Zeichen, das Jahrhunderte von Revolutionen ankündigt. Heilig ist das Eigentum nur in den Händen derer, die nicht für sich besitzen, die also die an ihnen haftenden so-

Staatslehre auf der Grundlage christlicher Weltanschauung. 5. Auflage. Tübingen 1878. Nachdruck Darmstadt 1963. S. 324. Der Grundbesitz gilt ihm auch als die »natürliche Unterlage der königlichen Gewalt«. Ebd. S. 249.

59 Heinrich Leo: Zu einer Naturlehre des Staates. Eingel. von Kurt Mautz. Frankfurt a. M. 1948. S. 125 (Civitas gentium).

60 Müller: Elemente Bd. 1, S. 269 (s. oben Anm. 17).

61 Müller: Friedrich II. S. 126 (s. oben Anm. 38).

zialen Pflichten voll anerkennen. Auch das Eigentum ist ein Amt, von Gott gestiftet.«[62]

Die konservativen Gesichtspunkte zur Verteidigung adligen Landlebens[63] gelten auch für die bäuerliche Lebensweise. Adam Müller sieht im Bauernstand »die erweiterte Familie des Adels«[64], denn die »erste Grundeigenschaft des Feldbau's war, daß mehrere auf einander folgende Geschlechter derselben Familie verbunden und accumulirend wirken müssen, damit er wahrhaft ersprießlich getrieben werden könne. Die zweite ist, daß er ganz unberechenbare gegenseitige persönliche Hülfs- und Dienstleistungen der neben einander stehenden Feldbauer erheischt.«[65] Adel und Bauerntum unterscheiden sich von dem Mobilismus bürgerlicher Lebensweise[66]. Das Recht auf Freizügigkeit wird deshalb von Konservativen stets mit Mißtrauen betrachtet. Man will das Volk wieder zur Seßhaftigkeit erziehen, der heimflüchtigen Hast einen Riegel vorschieben[67].

Bauernstand und Adel verbindet ein besonders ausgeprägter Sinn für die Heimat als die zuverlässige Voraussetzung der eigenen Existenzweise. Wie man im Boden die einzige Quelle des Reichtums zu sehen geneigt ist[68], so soll die landschaftliche und landsmannschaftliche Kontinuität eine buchstäbliche Verwurzelung zu Wege bringen. In seinem Buch ›Heimat als Grundlage menschlicher Existenz‹ spricht der Konservative Kurt Stavenhagen von der kosmischen Verlassenheit des Menschen und seiner totalen Heimatlosigkeit[69] und beweist mit dieser Feststellung wieder das Gesetz konservativer Erkenntnis: Voraussetzung dafür, daß Heimat ein konservativer Wert werden konnte, ist die wachsende Mobilität der modernen Industrie-

62 Zitiert nach Hans Joachim Schoeps: Konservative Erneuerung. Ideen zur deutschen Politik. Stuttgart 1958. S. 94 f.

63 Vgl. grundsätzlich Heinz Gollwitzer: Die Standesherren. Die politische und gesellschaftliche Stellung der Mediatisierten 1815–1918. Ein Beitrag zur deutschen Sozialgeschichte. 2. durchges. und erg. Auflage. Göttingen 1964.

64 Müller: Friedrich II. S. 103 (s. oben Anm. 38).

65 Ebd. S. 96 f.

66 Vgl. Eugen Lemberg: Nationalismus. Bd. 1: Psychologie und Geschichte. Reinbek bei Hamburg 1964. S. 56 ff. (rowohlts deutsche enzyklopädie 197/98).

67 Oertel: Konservatismus S. 87 f. (s. oben Anm. 30).

68 Vgl. Hildegard Götting: Die sozialpolitische Idee in den konservativen Kreisen der vormärzlichen Zeit. Diss. Berlin 1920. S. 21.

69 Kurt Stavenhagen: Heimat als Grundlage menschlicher Existenz. Göttingen 1939. S. 92.

gesellschaft[70]. Wie aber alle konservativen Werte in dem Augenblick, in dem sie formulierbar werden, gerade nicht mit den vergangenen oder vergehenden Inhalten identisch sind, auf die sie sich beziehen, so ging es auch mit dem konservativen Heimatbegriff. Nach seiner Romantisierung hat er inzwischen die Gestalt einer problematischen politischen Forderung eingenommen, die einen anderen konservativen Wert, Skepsis und Nüchternheit politischer Beurteilung, gefährden[71].

Der konservative Hinweis auf den ewigen Wert heimatlicher Seßhaftigkeit hält einer kritischen anthropologischen Prüfung nicht stand. Wenn immer man so etwas wie eine ursprüngliche Lebensweise des Menschen annehmen will, so muß das Nomadentum als solche gelten. Die Seßhaftigkeit ist gerade eine Erfindung des Homo faber und ergibt sich als Kombination der Einsicht in das Gesetz der generativen Vermehrung mit der Fähigkeit, Haustiere zu halten und überhaupt über eine längere Strecke hinaus planend vorzusorgen. Die Seßhaftigkeit, weit entfernt davon, eine dem Menschen adäquate Lebensweise gewesen zu sein, war zu Beginn eine höchst riskante Weise, sein Leben planend zu führen[72].

b) Familie

Die konservative Hochschätzung der Familie entstammt einerseits der Erkenntnis, daß die Familie die dauerhafteste Institution ist und somit Tradition in hohem Maße verbürgt, zum anderen der Tatsache, daß für jede Erziehung die verpflichtende Kraft der Herkunft eine nicht unbeträchtliche Rolle spielt. Im übrigen lehrt die Familie

70 Stavenhagens Buch beginnt konsequent mit dem Kapitel: »Die Zersetzung der Heimat«. Ebd. S. 5 ff.
71 Zur Problematik des Heimatrechtes vgl. Eberhard Menzel: Völkerrecht. Ein Studienbuch. München und Berlin 1962. S. 186 f.; vgl. ferner Rudolf Laun: Das Recht auf die Heimat. Hannover/Darmstadt 1951; Friedrich Berber: Lehrbuch des Völkerrechts. Bd. 1: Allgemeines Friedensrecht. München und Berlin 1960. S. 75, 371; Georg Bluhm: Die Oder-Neiße-Linie in der deutschen Außenpolitik. Freiburg i. Br. 1963 (Freiburger Studien zu Politik und Soziologie); Die Lage der Vertriebenen und das Verhältnis des deutschen Volkes zu seinen östlichen Nachbarn. Eine evangelische Denkschrift. Hannover 1965. S. 27 ff.
72 Max Horkheimer – Theodor W. Adorno: Dialektik der Aufklärung. Philosophische Fragmente. Amsterdam 1944, Neudruck Lichtenstein 1955. S. 97.

als objektive Institution den Verzicht auf Durchsetzung der Subjektivität.

Die erste Forderung, welche Konservative in der Regel an die Familie stellen, ist deshalb, daß sie kein subjektives Liebesverhältnis zur Grundlage hat. Heinrich Leo nennt schon die Ehe, wenn sie »ein rein subjektives Verhältnis zur Grundlage hat, eine *unsittliche* Ehe, weil sie der Intention nach ganz egoistisch, dem Bestand nach in jeder Weise prekär ist, selbst bei dem besten Willen, in derselben leidenschaftlichen Beziehung zu verharren«[73]. Vielmehr hängen Ehe und Dienst in der Weise zusammen, daß beide erst die wahre Familie ausmachen[74]. Die Familie als objektive Institution verbürgt durch die Folge der Geschlechter Dauer in der Zeit: »Die horizontalen Fäden unsers individuellen Lebens für sich würden ewig kein Gewebe bilden: deshalb muß es sich ohne Ende in die perpendikularen Fäden des Familienlebens verflechten; der Augenblick muß durch die Dauer verbürgt werden, wenn sich ein Staat bilden soll.«[75] Die Familie ist auf diese Weise die natürliche Institution der Tradierung alter Werte, ja sogar der Restauration[76].

Die entscheidende Rolle für die Vermittlung des traditionellen Erbes nimmt die Frau als Mutter ein. Mütterlich erscheint dem Konservativen »die *Vergangenheit*, in deren Schoß alles Gewesene ruht, im Gegensatz zu der fordernden, väterlich-unruhigen Zukunft«[77]. Die durch die Emanzipationsbewegung sich einebnenden gesellschaft-

73 Leo: Naturlehre S. 89 (s. oben Anm. 59).

74 Ebd. S. 85.

75 Müller: Friedrich II. S. 94 (s. oben Anm. 38). Vgl. auch ders.: Elemente Bd. 1, S. 103 ff. (s. oben Anm. 17).

76 Dieser Meinung gab Adalbert Stifter in seinen Romanen ›Nachsommer‹ und ›Witiko‹ Ausdruck, vgl. Clemens Heselhaus: Wiederherstellung. Restauratio – Restitutio – Regeneratio. In: Deutsche Vierteljahrsschrift für Literaturwissenschaft und Geistesgeschichte 25 (1951), S. 59. Für die Ehetheorie des Novalis vgl. Hans Wolfgang Kuhn: Der Apokalyptiker und die Politik. Studien zur Staatsphilosophie des Novalis. Freiburg i. Br. 1961. S. 198 ff. (Freiburger Studien zu Politik und Soziologie).

77 Alfred Baeumler in der Einleitung zu Johann Jakob Bachofen: Der Mythus von Orient und Occident. Ausgew. von Manfred Schroeter. München 1926. S. CXCIV. »Als Bachofen in der dämmerig-großartigen Wildnis seiner Seele das Wort ›Mutter‹ fand, da hatte er unwissend die blaue Blume gefunden, nach der die Romantiker suchend umhergeirrt waren. In Bachofens ›Mutterrecht‹ spricht die Romantik ihr eigenes Losungswort aus ...« Ebd. Zur konservativen Beurtei-

lichen Unterschiede zwischen Mann und Frau werden vom Konservativen strikt festgehalten: »Die Leugnung der grundsätzlichen Verschiedenheit von Mann und Frau ist das schwerste Verbrechen an der Natur, Sünde wider die Ganzheit des Lebens.«[78]

c) Ehre, Dienst, Treue

Die konservative Moralphilosophie orientiert sich wesentlich an der Frage, ob eine Moral gesellschaftlicher Stabilität dient oder nicht. Man wendet sich kritisch gegen subjektive Tugenden und Glücksvorstellungen. »Vordem arbeitete ein jeder für seinen Nachruhm, jetzt für den Tag, den ihm der Himmel giebt. Unbekümmert um den Tadel wie um den Ruhm der spätern Zeiten, genießt er, was er findet, verzehrt, was er hat, und dient, um genießen und verzehren zu können. Der Glanz eines kurzen Tages hat mehr Reiz für ihn als der größte Dank des spätesten Jahrhunderts, und das Glück, mit Sechsen fahren zu können, ist ihm köstlicher als die Ehre eines marmornen Denkmals. Das ist die kurze Geschichte; und nun erwäge, ob die Sitte der vorigen oder der jetzigen Zeiten die beste sei? In beiden Fällen kömmt es auf die Befriedigung einer Ehrbegierde an. Aber die erstere Art der Befriedigung ist dem Staate unstreitig weit nachtheiliger als die letztere.«[79] Die Ehre ist eine Standestugend und gilt nur, solange es feste gesellschaftliche Institutionen gibt[80]. Ursprünglich war sie überhaupt nichts anderes als ein Standesbegriff gewesen, keine moralische Kategorie[81].

Der Ehre, die einem aus Stand und Herkommen zukommt, ent-

lung von Bachofens Mutterrecht vgl. auch Ludwig Klages: Der Geist als Widersacher der Seele. 4. Auflage. München/Bonn 1960. S. 1330 ff.

78 Edgar J. Jung: Die Herrschaft der Minderwertigen, ihr Zerfall und ihre Ablösung durch ein Neues Reich. 2. Auflage. Berlin 1930. S. 189.

79 Justus Möser: Die Ehre nach dem Tode. Sämtliche Werke Bd. 2. Hrsg. von J. W. J. v. Voigts. Berlin 1858. S. 315 f.

80 »Die Ehre ist nichts anderes als diese auf einen Sonderzustand gegründete Regel, laut welcher ein Volk oder eine Klasse Lob oder Tadel austeilt.« Alexis de Tocqueville: Über die Demokratie in Amerika. 2. Teil. Werke und Briefe. Hrsg. von J. P. Mayer u. a. Bd. 2. Stuttgart 1962. S. 250.

81 Vgl. Otto Friedrich Bollnow: Ehre und guter Ruf. In: Die Sammlung 7 (1952), S. 34. Vgl. grundsätzlich Hans Reiner: Die Ehre. Kritische Sichtung einer abendländischen Lebens- und Sittlichkeitsform. Darmstadt 1956.

spricht die Ehrfurcht vor dem, was Ehre stiftet[82]. Ehrfurcht ist die angemessene Haltung der Tradition gegenüber, insofern sie einem als objektiv gestiftete, nicht von Menschen ersonnene begegnet. Ehrfurcht ist die Tugend im Umgang mit Göttlichem. Diese Tugend schwindet deshalb stets dann, wenn der metaphysische Grund, auf den sie sich bezieht, problematisch wird[83].

Die Tugend des Dienstes steht im adligen Sittenkodex obenan und bildet zugleich den Schlußstein konservativer Moralität. Der Mensch gilt nur als Glied einer Kette von Generationen und erfüllt sein Dasein im Dienst an der Gemeinschaft. Subjekt ist somit nicht er selbst in seiner Individualität, sondern die Institution, die ihm seinshaft vorgeordnet und werthaft überlegen ist. Dienen erzeugt deshalb beides: historische Kontinuität und geschichtlichen Sinn. Besonders in seiner preußischen Ausprägung hat der deutsche Konservatismus diesen Gedanken herausgearbeitet[84]. Der preußische Adel verstand sich wesentlich im Horizont der Dienstidee[85]. In seiner Schrift ›Friedrich und die große Koalition‹ (1916) nennt Thomas Mann das Wort Dienst das »deutscheste Wort«[86] und meint noch 1918, das Dienenwollen sei ein unsterblicher menschlicher Drang[87].

Während sich die konservative Tugend des Dienstes nicht nur

82 Vgl. Otto Friedrich Bollnow: Die Ehrfurcht. Frankfurt a. M. 1947. Bollnow hat sich vorzugsweise mit konservativen Tugenden beschäftigt und ihren Verlust oder Wandel immer wieder dargestellt; vgl. derselbe: Wesen und Wandel der Tugenden. Berlin 1958 (Ullstein Buch Nr. 209).

83 Umgekehrt erhebt der wissenschaftliche Rationalismus des modernen Bürgertums gegen Ehrfurcht und Scham den Vorwurf, solche Gefühle verzögerten den wissenschaftlichen Fortschritt; vgl. Max Scheler: Vom Umsturz der Werte. Abhandlungen und Aufsätze. 4. durchges. Auflage hrsg. von Maria Scheler. Bern 1955. S. 29.

84 Vgl. Huber: Verfassungsgeschichte Bd. 2, § 2, I: Die preußische Staatsidee. S. 15 ff. (s. oben Anm. 51).

85 Vgl. Neumann: Stufen S. 54 (s. oben Anm. 51).

86 Thomas Mann: Friedrich und die große Koalition. Berlin 1916. S. 11.

87 »Daß es keine Diener mehr gibt, liegt daran, daß es keine Herren mehr gibt, – will sagen, keine solchen, denen zu dienen mit gutem aristokratischen Gewissen möglich ist. Wo die Rangordnung etwas durchaus Willkürliches, Momentanes und Unbegründetes ist, kommt der Instinkt des Dienenwollens nicht mehr auf seine Kosten; und so steht es ja heute mit der Rangordnung allerdings.« Thomas Mann: Betrachtungen S. 493 (s. oben Anm. 51).

auf Personen, sondern fast mehr noch auf Institutionen bezieht, bewährt sich die Tugend der Treue nur als personale Beziehung. Die Treue hat eine ähnliche Struktur wie der Dienst. In ihr lege ich mich fest, unbeschadet wechselnder Umstände, die ich für die Zukunft gewärtigen muß[88]. Treue ist ihrem Wesen nach ewige Treue[89].

Unverbrüchliche Dauer ist es, die der Konservative durch die Tugenden der Ehre, des Dienstes und der Treue in ethischer Hinsicht verbürgen will. Voraussetzung ist die ewige Geltung eines traditionstiftenden Aktes oder Seins, eine Autorität, die Ewigkeit verbürgt.

Die konservative Tugendlehre hat sowohl in ihrer völkischen (als Rassentreue) wie auch in ihrer preußischen Version (als Pflichterfüllung) dem Nationalsozialismus Vorschub geleistet. Jedenfalls war sie nicht geeignet, ihn zu verhindern oder zu beseitigen. Der Wahlspruch der SS »Meine Ehre heißt Treue« erscheint im nachhinein als eine paradoxe Totalisierung konservativer Tugenden, die einstmals auf die Restaurierung vergangener gesellschaftlicher Zustände gerichtet waren. Im 20. Jahrhundert aber teilen sie das Schicksal anderer konservativer Werte, die als Werte weiterhin behauptet werden, ohne daß ihnen eine politische Realität entspräche, auf die sie sich sinnvoller Weise beziehen könnten[90].

5. Die Dialektik der Tradition

Das Phänomen der Tradition eröffnet zwei Aspekte, einen rationalen und einen irrationalen, anders gesagt: einen aktiven und einen passiven. Versteht man Tradition als die bloße Weitergabe und Reinerhaltung des Traditum, das aus sich selbst lebt und dem durch die Überlieferung nichts hinzuwächst, so steht die passive Vorstellung bloßen Erinnerns und Wiederholens im Vordergrund. Tradieren heißt dann Bewahren im Sinne von Reinerhalten[91].

Von diesem passiven Traditionsverständnis unterschieden ist eine Auffassung, die den aktiven Akt einer rationalen Annahme des Traditum betont. Hans-Georg Gadamer legt den Ton auf dieses freiheitliche Moment willentlicher Ergreifung und rationaler Pflege von

88 Bollnow: Wesen S. 159 (s. oben Anm. 82).
89 Ebd. S. 160.
90 Vgl. unten S. 265 ff.
91 Vgl. Pieper: Begriff S. 19 f. (s. oben Anm. 12).

Tradition und nennt sie »eine Tat der Vernunft«[92]. Im genauen Gegensatz dazu meint Josef Pieper: »Sobald ich ein traditum annehme als etwas von mir selbst Nachgeprüftes und kritisch Gewußtes, verliert es, für mich, seinen Überlieferungscharakter.«[93] Pieper meint, das kritische Prüfen einer Tradition bedeute schon ihr Ende, weil solche Prüfung nach Maßgabe von Kriterien erfolgt, die nicht selber aus der Tradition stammen.

In der Tat liegt in dem Moment rationaler Prüfung ein die Tradition bedrohendes Element. Der radikale Rationalismus verwirft alle Tradition als Vorurteil, und die modernen Wissenschaften unterscheiden sich prinzipiell von aller durch Tradition vermittelten Weisheit darin, daß sie sich als voraussetzungslose Wissenschaften von allen traditionalen Bindungen, vor allem der Religion, befreit haben. Die modernen Wissenschaften sind in diesem Sinne grundsätzlich traditionslos[94].

Der Konservatismus hat die Erfahrung solcher prinzipiellen Absage an die Tradition hinter sich und ist ohne diese Erfahrung nicht zu denken. Der Traditionsbruch ist die Voraussetzung konservativen Traditionsverständnisses, wie Tradition überhaupt erst da in den Blick rückt, wo sie radikal verneint wird[95]. Die Reflexion auf Tradition schafft gewissermaßen das Traditionsbewußtsein erst[96].

92 Von der Gadamer allerdings sagt, sie sei »durch Unauffälligkeit ausgezeichnet«. Gadamer: Wahrheit S. 265 f. (s. oben Anm. 9).

93 Pieper: Begriff S. 16 (s. oben Anm. 12).

94 Joachim Ritter in der Diskussion zum Aufsatz von Pieper: Begriff S. 45 (s. oben Anm. 12). Dagegen Josef Pieper in seiner, seinen katholischen Standpunkt nicht verleugnenden Antwort ebd. S. 54. Zur theologischen Erörterung des Traditionsbegriffes vgl. Heinrich Bacht S. J.: Tradition als menschliches und theologisches Problem. In: Stimmen der Zeit 159 (1956/57), S. 285 ff., sowie: Henri de Lubac: Betrachtungen über die Kirche. Graz/Wien/Köln 1954. S. 13.

95 Es ist also gerade nicht, wie Karl Mannheim annimmt: »Das originäre konservative Erleben ist also am ehesten dort erfahrbar, wo die traditionelle Kontinuität jener Lebenskeime und Lebenskreise, aus welchen es seine geistige und seelische Nahrung schöpft, noch nicht zerstört ist«, sondern das konservative Erlebnis von Tradition ist im Gegenteil nur dort erfaßbar, wo Tradition gefährdet oder vernichtet ist. Karl Mannheim: Das konservative Denken. In: Archiv für Sozialwissenschaft und Sozialpolitik 57 (1927), S. 104. Wiederabgedruckt in: derselbe: Wissenssoziologie. Hrsg. von Kurt H. Wolff. Berlin und Neuwied 1964. S. 408 ff.

96 In diesem Sinne faßt Hans Freyer Tradition völlig richtig, vgl.: Theorie

Es ist deshalb nur bedingt richtig, wenn Robert Spaemann in der Auslegung von de Bonald sagt: »Die Revolution hat durch die Umkehrung aller traditionellen Ordnung den Grund dieser Ordnung allererst hervortreten lassen, der den früheren großen Philosophen verborgen bleiben mußte.«[97] Wenn immer die selbstverständliche Geltung einer Ordnung zu ihrer Qualität wesentlich hinzugehört, zeigt die später in ihren Bedingungen erkannte Ordnung eben doch ein anderes Gesicht. Daraus folgt, daß das Ende einer Tradition nicht notwendig bedeutet, »daß das traditionelle Begriffsgerüst seine Macht über die Gedanken der Menschen verloren hat. Diese Macht kann im Gegenteil gerade dann tyrannisch werden, wenn die Tradition ihre lebendige Kraft verloren hat...«[98] Die Folge des Traditionsverlustes kann somit gerade die krampfhafte Verherrlichung alles Vergangenen sein.

Der Konservatismus meint in einem für ihn typischen Fehlschluß, das bloße Sichtbarmachen von Phänomenen sei bereits der erste Schritt ihrer unverfälschten Wiedergewinnung. Ebenso wie Novalis, dessen »Europa« ein einziges Beispiel für diesen Trugschluß ist[99], argumentiert Adam Müller: »Was kann also die Europäischen Völker verbinden, ohne ihre alten Eigenthümlichkeiten und National-Schranken zu zerstören, und ohne die natürliche Entwickelung dieser Nationalität zu hemmen? – Vielleicht das lebhaft angefrischte, durch *wahre* Geschichte erneuerte, Gedächtniß ihres gemeinschaftlichen Ursprunges, ihres ehemaligen Verbandes. Dieses Gedächtniß würde den politischen Ursprung und zugleich mit ihm den heiligen

des objektiven Geistes. 3. Auflage. Leipzig/Berlin 1934. S. 122. Hans-Georg Gadamer legt die Dialektik von Aufklärung und Romantik am Phänomen der Tradition aus: »Nun ist freilich der Fall der romantischen Kritik an der Aufklärung kein Beispiel für die selbstverständliche Herrschaft von Tradition, in der sich das Überkommene ungebrochen durch Zweifel und Kritik bewahrt. Es ist vielmehr eine eigene kritische Besinnung, die sich hier der Wahrheit der Tradition erst wieder zuwendet und sie zu erneuern sucht...« Gadamer: Wahrheit S. 265 (s. oben Anm. 9).

97 Robert Spaemann: Der Ursprung der Soziologie aus dem Geist der Restauration. Studien über L. G. A. de Bonald. München 1959. S. 37.

98 Hannah Arendt: Tradition und die Neuzeit. In: dies.: Traditionsbestände S. 24 (s. oben Anm. 25).

99 Vgl. Joachim Ritter: Hegel und die französische Revolution. Köln und Opladen 1957. S. 60, Anm. 23 (Arbeitsgemeinschaft für Forschung des Landes Nordrhein-Westfalen, Geisteswissenschaften H. 63).

Glauben zurückrufen, dessen Nothwendigkeit, dessen Weltherrschaft von allen Herzen, selbst den ärmsten, gefühlt wurde.«[100]

Anstatt daß Tradition, nachdem ihr Wert durch ihre eigene Krise erkannt ist, in ihrer Ursprünglichkeit wiederhergestellt und bewahrt würde, geschieht etwas anderes: Ihr Sinn ändert sich so, daß nicht mehr ihr Ursprung, das Traditum, im Zielpunkt des Interesses steht, sondern der Prozeß des Tradierens selber. In dieser Umwandlung des Traditionsverständnisses liegt die dialektische Verbindung des modernen Fortschrittdenkens mit dem konservativen Traditionsbegriff als der »schöpferischen Kraft alles historischen Geschehens«[101]. Nicht mehr der Grund der Tradition ist Gegenstand konservativen Bewahrungswillens, sondern die Tradition, der Überlieferungsvorgang als solcher. Der Traditionsprozeß wird selber heilig und abstrakte Dauer ein Wert an sich selbst[102]. Dem konservativen Soziologen Arnold Gehlen ist heute viel daran gelegen, daß »Institutionen, selbst von innen her leerlaufend, eine ungeheure Lebensdauer haben, weil sie schließlich noch die abstrakte Dauer verkörpern, die selbst ein Wert ist«[103].

Im Sinne solcher Philosophie der Dauer gab schon Edmund Burke seine berühmte Definition des Staates als einer »Gemeinschaft zwischen denen, welche leben, denen, welche gelebt haben, und denen, welche noch leben sollen«[104]. Adam Müller hatte diesen Satz im Ohr, als er seine eigene Definition gab[105]. Die Dauer wird auf diese Weise ihres religiös–traditionellen Charakters entkleidet und selber zur Religion. Die dialektische Abhängigkeit von seinem fortschrittsgläubigen Gegner bleibt dem Konservativen dabei meist verborgen. Statt sich, wie er vorgibt, am Ewigen zu orientieren, verteidigt der Konservatismus, je weiter er in der Zeit nach vorn geht,

100 Müller: Elemente Bd. 2, S. 169 (s. oben Anm. 17).

101 Rohden: Politische Gedankenwelt S. 347 (s. oben Anm. 15).

102 Dagegen sagt Josef Pieper richtig: »Wer etwas überliefern will, der muß nicht von ›Tradition‹ reden, sondern er muß dafür sorgen, daß die zu überliefernden Inhalte, die ›alten Wahrheiten‹, wirklich präsent gehalten werden...« Pieper: Tradition als Herausforderung S. 25 (s. oben Anm. 23).

103 Arnold Gehlen: Urmensch und Spätkultur. Philosophische Ergebnisse und Aussagen. Bonn 1956. S. 48.

104 Edmund Burke: Betrachtungen über die französische Revolution. Übersetzt von Friedrich Gentz. Bd. 1. Neue Auflage Berlin 1794. S. 140.

105 Müller: Elemente Bd. 1, S. 60 (s. Anm. 17); vgl. oben S. 150.

das Althergebrachte. Dieses nennt er zwar das Dauernde, zuweilen auch das Ewige. Aber nicht die Herkunft aus einem für alle Zeit verbindlichen Quell ist ihm Tradition, sondern die Vergangenheit als bloßes Perfektum. – Dieses Traditionsverständnis zwingt den Konservatismus im Laufe seiner eigenen Geschichte und Tradition ständig, nach seinem Wesen zu fragen. Die Frage nach sich selbst und seinen Inhalten ist deshalb mit dem Konservatismus unablösbar verbunden. Sie wird in verschiedenen Epochen notwendig verschieden beantwortet. Diese zeitlich wechselnde Varietät seiner inhaltlichen Bestimmungen unterscheidet den Konservatismus grundlegend von seinen definitorischen Gegnern Liberalismus und Sozialismus.

6. Das Verhältnis des Konservatismus zur eigenen Tradition

Die Dialektik des konservativen Traditionsverständnisses entfaltet sich notwendig innerhalb des konservativen Selbstverständnisses: In dem Maße, wie die sozioökonomischen und technischen Verhältnisse sich ändern und das Tempo dieser Veränderung sich beschleunigt, verändern sich auch die Inhalte, die der Konservatismus unter Berufung auf ihre Dauer jeweils verteidigt. Ebenso ändert sich das Tempo dieser inhaltlichen Ablösung. Auf diese Weise entsteht eine gleitende Skala konservativer Inhalte. Da der Konservatismus (bis zu seinem Kopfsprung in die ›Konservative Revolution‹[106]) zunächst jedenfalls das Bestehende gegenüber dem Neuen, die Erhaltung dem Wandel gegenüber verteidigte, erscheint seine Geschichte als ein Rückzugsgefecht mit wechselnden Fronten. Erst gegen Ende des 19. Jahrhunderts hat der Konservatismus den Wandel selbst als den Kern seines Wesens behauptet. Bis heute desavouiert jeweils eine konservative Position die andere als »pseudokonservativ«[107]. Beispiele für die Tatsache, daß es nicht eine konservative Position gibt, die nicht von einer späteren als pseudokonservativ bezeichnet wurde, gibt es die Fülle.

Seine erste Position fand der deutsche Konservatismus in der Negation des absolutistischen Rationalismus. Justus Möser wandte sich

---

106 S. unten S. 241 ff.
107 Vgl. James Harvey Robinson: The spirit of conservatism in the light of history. In: The Journal of Philosophy, Psychology and Scientific Methods 13 (New York 1911), S. 268.

gegen den Mechanismus der Bürokratie, wenn er seine berühmten Sätze gegen »die Herrn beim Generaldepartement« schrieb: »Die Herrn beim Generaldepartement möchten gern Alles, wie es scheinet, auf einfache Grundsätze zurückgeführt sehen. Wenn es nach ihrem Wunsche ginge, so sollte der Staat sich nach einer academischen Theorie regieren lassen, und jeder Departementsrath im Stande sein, nach einem allgemeinen Plan den Localbeamten ihre Ausrichtungen vorschreiben zu können... In der That aber entfernen wir uns dadurch von dem wahren Plan der Natur, die ihren Reichthum in der Mannigfaltigkeit zeigt, und bahnen den Weg zum Despotismus, der Alles nach wenig Regeln zwingen will, und darüber den Reichthum der Mannigfaltigkeit verlieret.«[108] Ähnlich beurteilt Adam Müller die Friderizianische Staatsauffassung, wenn er über Friedrich II. sagt, er sei »zuvörderst der erste und größte Staats-Mechaniker, den die Welt gesehen«[109], und den absolutistischen Staat überhaupt ein »großes Arbeitshaus« nennt: »diese äußere Souveränetät, dieses Schaffner-Regiment über das bloß irdische Reisegepäck, über das kümmerliche Lebensgeräth...«[110]. Gleichzeitig wendet sich Adam Müller aber schon gegen den revolutionären Demokratismus und die liberale Demokratie, welche in seinen Augen die Atomisierung der Gesellschaft vollendet hat. Nun ist der politische Konservatismus, wie man weiß, in diesem Zweifrontenkrieg sehr bald ein taktisches Bündnis mit dem absoluten Staat eingegangen. Die Erhaltung des Bestehenden war deshalb manchem Konservativen gleichbedeutend mit der Erhaltung des absoluten Staates. Auf diese Weise wurde der Konservatismus leicht der Front des Liberalismus eingereiht[111].

108 Justus Möser: Der jetzige Hang zu allgemeinen Gesetzen und Verordnungen ist der gemeinen Freiheit gefährlich. In: derselbe: Patriotische Phantasien. Hrsg. von J. W. J. v. Voigts. Sämtliche Werke Bd. 2. Berlin 1858. S. 20 f.

109 Müller: Friedrich II. S. 54 (s. oben Anm. 38). Zu dieser wichtigen Schrift Müllers vgl. grundsätzlich Ernst Rudolf Huber: Adam Müller und der preußische Staat. In: Zeitschrift für deutsche Geisteswissenschaft 6 (1943/44), S. 170 ff.

110 Müller: Friedrich II. S. 31 (s. oben Anm. 38).

111 »Was der feinnasigen Demagogenriecherei der österreichischen Polizei bei diesem Übereinenkammscheren aller der Staatsbevormundung widerstrebenden Elemente allerdings entging, war der Umstand, daß die antidespotische Tendenz des Konservatismus von der äußerlich gleichgearteten des Liberalismus durch eine unüberbrückbare Kluft geschieden ist... Der Konservative dagegen bekämpft im Despotismus gerade den rationalen Sündenfall, dessen zentralisierende und uni-

Ungeachtet dieser ursprünglich verabscheuten gemeinsamen Front aber pries der Konservatismus der Jahrhundertwende die vom Absolutismus geschaffene Trias von Königtum, Beamtentum und Heer als die traditionell überkommene Garantie staatlicher Dauer.

Wollen einige Autoren den Beginn des Konservatismus in der politischen Romantik sehen[112], so wird gerade diese Phase konservativen Denkens von anderen als die erste Verfallsform des Konservatismus betrachtet[113]. Andere wieder geben den Konservatismus in dem Augenblick verloren, wo er sich vor aller Welt mit handfesten Interessen, sei es des ostelbischen Adels, sei es des modernen Kapitalismus verbindet. In diesem Sinne meint Walter Benjamin, daß es seit achtzig Jahren keinen Konservatismus mehr gebe[114]. Heute ist Hans Mühlenfeld geneigt, die gesamte Geschichte des Konservatismus bis in die Gegenwart zu verurteilen, ohne jedoch die Forderung einer konservativen Weltanschauung deshalb aufzugeben[115].

formierende Tendenz auf Ertötung der korporativen und individuellen Eigenart abzielt. Die Despotie ist in seinen Augen der Schrittmacher der Demokratie.« Rohden: Politische Gedankenwelt S. 344 (s. oben Anm. 15).

112 Alfred von Martin: Weltanschauliche Motive im altkonservativen Denken. In: Deutscher Staat und deutsche Parteien. Beiträge zur deutschen Partei- und Ideengeschichte. Friedrich Meinecke zum 60. Geburtstag dargebracht. Hrsg. von Paul Wentzcke. München und Berlin 1922. S. 347.

113 Hans Mühlenfeld: Politik ohne Wunschbilder. Die konservative Aufgabe unserer Zeit. München 1952. S. 211 ff.

114 Walter Benjamin: Wider ein Meisterwerk. Zu Max Kommerell: Der Dichter als Führer. In: Walter Benjamin: Schriften. Hrsg. von Theodor W. und Gretel Adorno. Bd. 2. Frankfurt a. M. 1955. S. 307.

115 Mühlenfeld wirft auch dem Konservatismus eines Haller, Hegel und Stahl vor, was den Kern des Vorwurfes des Pseudokonservatismus ausmacht: den Pakt mit dem Gegner. Vgl. Mühlenfeld: Politik S. 212 (s. oben Anm. 113); ebenso schreibt von der Gablentz in der Besprechung dieses Buches: »... der deutsche konservative Gedanke ist von Anfang an verfälscht worden durch Renegaten der Aufklärung vom Schlage Adam Müllers und durch die Interessenten. Er ist von Anfang an pseudokonservativ ...« Otto Heinrich von der Gablentz: Erneuerung konservativen Denkens? In: Politische Literatur 2 (1953), S. 164. Ein amüsantes Beispiel für die gleitende Skala konservativer Inhalte ist die verschiedene Bewertung der für den technischen Fortschritt und die soziale Mobilität wichtigen technischen Erfindungen des Autos oder der Eisenbahn: Zur Zeit ihrer Entstehung als Teufelsinstrument des Fortschritts verdammt und als für den Menschen unnatürlich und ungesund verfemt, wird die Eisenbahn hundert Jahre später zum Symbol der guten alten Zeit, die Hans Joachim Schoeps in einer für Konservative ty-

Im 20. Jahrhundert wird der Vorwurf des Pseudokonservatismus immer häufiger erhoben. Anstelle dieses Begriffs tritt nun mehr und mehr die kritische Unterscheidung von Konservatismus, Restauration und Reaktion [116]. Ein anderer Weg, dem Dilemma einer konservativen Theorie mit wechselnden Inhalten zu entgehen, ist, außer einem naiven Eklektizismus [117], eine Kunst des Vergessens, die der rational fortschrittlichen Vergeßlichkeit und Gedächtnislosigkeit genau entspricht [118].

Neben der Verurteilung pseudokonservativer Abweichungen als Akkomodationserscheinungen an den rationalen Zeitgeist geht die

---

pischen Weise beschwört: »Wir sehnen uns alle nach den halkyonischen, den windstillen Jahren des neunzehnten Jahrhunderts zurück. Nur spricht leider wenig dafür, daß diese bald wiederkehren werden.« Hans Joachim Schoeps: Die letzten dreißig Jahre. Rückblicke. Stuttgart 1956. S. 176. Wie wenig diese Haltung innerhalb der konservativen Theorie selber reflektiert wird, zeigt die Beurteilung der Situation des Arbeiters, die Schoeps aus einem alten Zeitungsbericht anführt: »Wie leicht war es doch einmal, sich unter den Menschen auszukennen. In der Welt unserer Großväter wußte man auf den ersten Blick, woran man mit einem Unbekannten war. Bildungsgang und Beruf, Beschäftigung und Stellung, Vermögen und Einkommen hatten ihren fast unverwechselbaren Ausdruck in Kleidung und Gebaren. Das Gros der Menschen war auf Anständigkeit bedacht, d. h. auf ein dem jeweiligen Stande gemäßes Verhalten. Der Arbeiter hatte noch nicht die Aktentasche bei sich, jenes unabdingbare Attribut jedes modernen Menschen, das man einst ›Portefeuille‹ nannte und nur aus den Ministerialkanzleien in die Kabinettssitzungen trug. Er, der ›Proletarier‹, behalf sich mit dem Rucksack oder steckte sich seine Flasche mit dem landesüblichen Getränk ganz einfach unter den Arm, das Stück Brot in die Tasche, und im emaillierten Henkeltopf nahm er sich etwas zum Aufwärmen mit. An seiner Mütze war er schon von weitem zu erkennen. Mit solchen Unterscheidungsmerkmalen käme man aber heutzutage nicht weit. Vielmehr ist es erstaunlich zu sehen, wie gleichartig sich die Menschen innerhalb von drei bis vier Jahrzehnten der äußeren Erscheinung nach geworden sind.« Zitiert von Hans Joachim Schoeps in seinem Aufsatz: Diagnose des Massendaseins. In: Die politische Meinung 5 (1960), S. 45. Wie wichtig Schoeps diese Sätze sind, beweist die Tatsache, daß er sie auch in seinem Buch: Konservative Erneuerung. Ideen zur deutschen Politik. Stuttgart 1958, zitiert (S. 125). Schoeps sieht nicht, daß sein Kampf gegen die rationale Gesellschaft dadurch nicht an Schlagkraft gewinnt, daß er sich auf frühere Stufen einer Klassengesellschaft beruft, die sich mit dem besten Willen nicht mehr ständisch-konservativ interpretieren läßt.

116 Vgl. oben S. 31 ff.

117 Vgl. Michels: »Conservatism« S. 231 (s. oben Anm. 51).

118 Vgl. A. B. Wolfe: Conservatism, radicalism, and scientific method. New York 1923. S. 12.

Verteidigung des Konservatismus als Theorie des kontinuierlichen Wandels einher[119]. In solcher positiven Beurteilung des Wandels konservativer Inhalte schreibt Kuno Graf Westarp über die Rolle der konservativen Partei: »Sie gehe so, bewußt und furchtlos ihres Weges; fest aber nicht starr; hat sie doch in ihrer politischen Vergangenheit große Wandlungen durchgemacht; vom Absolutismus zum konstitutionellen Prinzip, vom Freihandel zum Schutzzoll, von einer wesentlichen Besitzer- und Agrar-Politik zur volksumfassenden Sozialpolitik unter Vertretung von Industrie und reellem Handel, von einer gewissen binnenländischen, mehr die Landverhältnisse berücksichtigenden Haltung zur Beachtung auch der Aufgaben, die uns das Aufstreben zu einer Weltmacht gebracht hat, – sie wird auch weiterhin in allmählichem Weiterschreiten hinter den Aufgaben des Tages und der Gegenwart nicht zurückbleiben.«[120]

Diese Theorie des Wandels verbindet sich leicht mit zwei Vorstellungen, die zum Arsenal konservativer Begrifflichkeit gehören: dem Begriff des Organismus und dem des Kompromisses. »Etwas Totes erhalten und etwas Organisches erhalten ist zweierlei. Wer etwas Organisches, eine Pflanze erhalten will, der darf nicht daran denken, den jeweiligen Bestand des betreffenden Organismus zu einem dauernden zu machen, sondern der muß dafür sorgen, daß die Pflanze, das Tier, der Organismus sich entsprechend weiter entwickle.«[121] Von dieser Position aus wird die Erhaltung des jeweiligen Zustandes als reaktionär abgelehnt. Das Organismusargument gibt Freiheit in der Auswahl der für wichtig gehaltenen Züge des Überkommenen, die man nach der Art der Unterscheidung von Substanz und Akzidenz begreift. Der Organismusbegriff hängt sich dergestalt gern hinter den der Kontinuität, so daß manche meinen, konservativ sage nichts anderes als Bewahrung der Kontinuität[122].

---

119 Vgl. Thornton Anderson: Brooks Adams. Constructive conservative. New York 1951. S. 3; Francis Graham Wilson: The case for conservatism. Washington 1951. S. 3.

120 Kuno Graf Westarp: Konservative Politik im letzten Jahrzehnt des Kaiserreiches. Bd. 1: Von 1908 bis 1914. Berlin 1935. S. 406.

121 Oertel: Konservatismus S. 14 f. (s. oben Anm. 30).

122 Stapel: Konservativer S. 324 (s. oben Anm. 11). Diese Bewahrung aber könnte nur die Bewahrung des Konservatismus allein sein, wie Roberto Michels mit seinem ironischen Satz vermutet: »So conservatism must fight to conserve it-

Unter dem Gesichtspunkt einer durch den technischen und sozio-ökonomischen Fortschritt erzwungenen gleitenden Skala von Inhalten nimmt der Kompromiß die Gestalt der Tugend des sogenannten nächsten Schrittes an: »Der Konservative besitzt kein Arsenal fertiger Formeln, keine Hausrezepte aus Urvätertagen; Schritt für Schritt geht er vorwärts auf dem geschichtlichen Boden, der ihn hervorgebracht hat, sich des Verses Kardinal Newmans erinnernd: ›I do not ask to see the distant scene, one step enough for me.‹«[123] Diese Tugend des nächsten Schrittes verteidigt man gegen die berechtigte Skepsis, welche in der Definition Hermann Wageners lebt: »Konservative Gesinnung ist etwas Höheres und Tieferes als der kleinmütige Wunsch, das, was man hat, möglichst langsam zu verlieren.«[124]

Hatte sich der Konservatismus im 19. Jahrhundert zunächst noch auf bestimmte Inhalte beziehen können[125], so ist bereits eine deutliche Skepsis zu spüren, wenn Heinrich Leo in seinem berühmten Vortrag ›Was ist conservativ?‹ sagte: »Ich kenne kein abstractes Zerrbild eines Conservatismus im Allgemeinen, sondern überall nur die Aufgabe, das gottgegebene, wirkliche Leben in seiner auf verschiedenste Weise aus inneren Kräften hervorströmenden Entwickelung in angemessener, d. h. auch verschiedenster Weise zu schützen.«[126] In den zwanziger Jahren unseres Jahrhunderts spricht Georg Quabbe nur noch von einer konservativen Anlage, die auf die Dauer mit bestimmten inhaltlichen Idealen nicht zu füllen sei[127].

self.« Michels: Conservatism S. 231 (s. oben Anm. 117). Zum konservativen Begriff des Organismus vgl. unten S. 200 ff.

123 Franz Josef Schöningh: Was heißt heute konservativ? In: Hochland 46 (1953/54), S. 34.

124 Zitiert nach Schoeps: Erneuerung S. 51 (s. oben Anm. 115.)

125 »Konservieren will der Konservatismus vor allem die Grundlagen unseres Volkstums: die christliche Lebensanschauung, das schöne Treuverhältnis zwischen König und Volk, die altpreußische Straffheit und Pflichttreue im Heere und im Beamtentum, die gesunde Gliederung des sozialen Körpers...« Konservatives Handbuch. 3. Auflage. Berlin 1898. S. 315. Zitiert nach Stillich: Parteien Bd. 1: Die Konservativen. S. 15 (s. oben Anm. 6).

126 Heinrich Leo 1864 vor dem »Preußischen Volksverein« in Halle. Zitiert nach Schoeps: Erneuerung S. 7 (s. oben Anm. 115).

127 Georg Quabbe: Tar a Ri. Variationen über ein konservatives Thema. Berlin 1927. S. 166; auch S. 176. – Das Dilemma, in das der Konservatismus mit seinem Traditionsverständnis gerät, das keine festen Inhalte und keine transzendenten Garantien zuläßt, kennzeichnet in sarkastischer Weise Gordon Lewis in

Es bleibt die Frage, ob der Konservatismus im Angesicht seines eigenen Fortschrittes an einigen materialen Inhalten prinzipiell festhalten kann oder nicht. Eine eindeutige Antwort auf diese Frage gibt es nicht. Wir selbst versuchen, wenigstens einige Prinzipien herauszustellen. Diese Grundzüge aber werden material in verschiedenen Zeiten sehr verschieden gefüllt. Im 20. Jahrhundert ist der Konservatismus wesentlich skeptischer und resignierender als zu Beginn des 19. Den Umschlag bildet die sogenannte Konservative Revolution, deren paradoxe Situation Moeller van den Bruck so formulierte: »...konservativ ist, Dinge zu schaffen, die zu erhalten sich lohnt.«[128] Heute wird seine Frage: »Wann wird wieder Konservativismus möglich sein?«[129] immer noch gestellt[130].

seiner Kritik des Buches von Russell Kirk: »It is a weakness of logic characteristic of all conservative thought: it erects a philosophy which must oppose fundamental change and then, when change has been effected by the operation of social-cultural factors, it proceeds to incorporate its compelled accommodation to the new facts as an example of the remarkable wisdom of willing concession. Accommodation, admittedly, is wiser than violent resistance. But it is a secondary wisdom. The primary wisdom is that wider vision of statesmanship which can take a large view of the national destiny and thereby can replace hasty adjustment to sudden illness with a planned system of preventive social medicine. As it is, conservatism historically has rarely revealed such a wisdom. At best, its wisdom has been thrust upon it by social and political forces that have compelled it to reeducate itself ...« Gordon K. Lewis: The metaphysics of conservatism. In: The Western Political Quarterly 6 (1953), S. 730 f. Lewis vermutet deshalb, die richtige Antwort auf die Theorie des Konservatismus sei seine eigene Geschichte; vgl. ebd. S. 739.

128 Moeller van den Bruck: Drittes Reich S. 202; vgl. auch S. 205 f. (s. oben Anm. 8).

129 Ebd. S. 215.

130 Vor allem von Hans Mühlenfeld, vgl. sein Buch: Politik ohne Wunschbilder (s. oben Anm. 113). Vgl. dazu die Besprechung von O. H. von der Gablentz S. 163 f. (s. oben Anm. 115).

VIII. Autorität

1. Tradition und Autorität

»Indem wir nun von Überlieferung sprechen, sind wir unmittelbar aufgefordert, zugleich von Autorität zu reden. Denn genau betrachtet, so ist jede Autorität eine Art Überlieferung.«[1] Bis heute gilt diese von Goethe vermutete Beziehung von Tradition und Autorität dem Konservativen für verbürgt. Dabei wird die Priorität beider Werte verschieden akzentuiert, so daß in unseren Tagen Hans-Georg Gadamer die Tradition eine Form der Autorität nennen kann[2]. Die Frage, welchem der beiden Phänomene der ontologische Vorrang gebühre, verliert an Schärfe, wenn man, wie es der Konservatismus durchgängig tut, als gemeinsame Quelle von Autorität wie Tradition die Religion vermutet: »Historisch können wir sagen, daß Autoritätsverlust – das heißt der radikale Zweifel nicht an der Legitimität gerade herrschender Gewalten, sondern an der Legitimität von Autorität überhaupt – nur das letzte und dann allerdings entscheidende Stadium einer Entwicklung ist, in der Jahrhunderte lang nur Tradition und Religion wirklich erschüttert waren. Von diesen dreien: Tradition – Religion – Autorität, die... wesentlich zusammengehören, hat sich Autorität als das stabilste Element erwiesen.«[3] Die Autorität der Tradition beruht demnach nicht auf ihrem Alter, sondern in einem ihr eigenen Grunde: der göttlichen Stiftung. Das Tra-

1 Johann Wolfgang v. Goethe: Materialien zur Geschichte der Farbenlehre. Zitiert nach Josef Pieper: Über den Begriff der Tradition. Köln und Opladen 1958. S. 20 (Arbeitsgemeinschaft für Forschung des Landes Nordrhein-Westfalen. Geisteswissenschaften. H. 72).

2 »Das durch Überlieferung und Herkommen Geheiligte hat eine namenlos gewordene Autorität, und unser geschichtliches endliches Sein ist dadurch bestimmt, daß stets auch Autorität des Überkommenen... über unser Handeln und Verhalten Gewalt hat.« Hans-Georg Gadamer: Wahrheit und Methode. Grundzüge einer philosophischen Hermeneutik. 2. Auflage. Tübingen 1965. S. 264; zum geschichtlichen Verständnis von Autorität vgl. auch Karl Jaspers: Von der Wahrheit. 1947. Neuausgabe München 1958. S. 768 f. (Philosophische Ethik Bd. 1).

3 Hannah Arendt: Was ist Autorität? In: dieselbe: Fragwürdige Traditionsbestände im politischen Denken der Gegenwart. Vier Essays. Frankfurt a. M. S. 118.

ditum der Tradition erhält seine Autorität nicht durch menschliche
Überlieferung, sondern allein durch übermenschlich-göttliche Gründung: Autorität bedeutet ursprünglich Stiftung[4]. Weil die Ahnen
dem Ursprung der Tradition näher sind als die Lebenden, verdienen sie die Autorität der Früheren, dem Ursprung Näheren. Sie
sind Vorbild und Beispiel für die Gegenwart. Allein unter dieser
Bedingung: daß Autorität göttliche Urheberschaft bedeutet, hat Tradition zur Autorität die Nähe, welche der Konservatismus vermutet[5].

2. Die konservative Theorie der Autorität

Autorität hat den Charakter des Maßgebenden. So wie der göttliche
Urheber oder der menschliche Stammvater die Dinge der Welt geordnet hat, sollen sie durch Tradition weiter erhalten werden[6]. Das
konservative Autoritätsverständnis verwahrt sich gegen die Vorstellung, die Freiheit, Autorität anzunehmen, bedeute die Möglichkeit
eigener Prüfung der Voraussetzungen dieser oder jener Autorität.
Das Vertrauen, das ich in eine Autorität setze, beweise vielmehr nur
meine Freiheit, mich ihr zu beugen. In dem Glauben an eine Autorität erkenne ich in ihr zugleich meinen eigenen Ursprung, wie Karl
Jaspers in durchaus konservativer Gesinnung urteilt[7]. Konservativ

4 Vgl. Ulrich Gmelin: Auctoritas, römischer Princeps und päpstlicher Primat.
In: Geistige Grundlagen römischer Kirchenpolitik. Stuttgart 1937 (Forschungen
zur Kirchen- und Geistesgeschichte. Hrsg. von Erich Seeberg u. a. Bd. 1; mit Literatur); Richard Heinze: Auctoritas. In: Hermes. Zeitschrift für klassische Philo-
logie 60 (1925), S. 358; Arnold A. T. Ehrhardt: Politische Metaphysik von Solon
bis Augustin. Bd. 1: Die Gottesstadt der Griechen und Römer. Tübingen 1959.
S. 8 und S. 277 ff.; Arendt: Autorität S. 130 ff. (s. oben Anm. 3).
5 Wie immer voraussetzungsvoll diese Vermutung des Konservatismus sein
mag, so läßt sich nicht leugnen, daß die in der Tradition gründende Autorität bisher eine ihrer wichtigsten Formen gewesen zu sein scheint. Max Weber bringt
selbst die charismatische Autorität noch in Zusammenhang mit der Tradition.
Max Weber: Wirtschaft und Gesellschaft. Grundriß der verstehenden Soziologie. 4. Auflage, besorgt von Johannes Winckelmann. 2. Halbbd. Tübingen 1956.
S. 670.
6 Zur Bestimmung der Autorität als Vorbild und Maßgabe vgl. Jaspers: Wahrheit S. 767–831 (s. oben Anm. 2), insbesondere S. 767; Gerhard Krüger: Das
Problem der Autorität. In: Offener Horizont. Festschrift für Karl Jaspers. Hrsg.
von Klaus Piper. München 1953. S. 54.
7 »Gehaltvolle Freiheit findet sich erst in einer Welt, die ihr entgegenkommt

verstandene Autorität ist notwendig an ihre eigene Tradition gebunden. Max Weber hat dieses Autoritätsverständnis in dem reinen Typ der traditionalen Herrschaft gefaßt: gehorcht wird Ordnungen und Herren kraft der durch die Tradition ihnen zugewiesenen Eigenwürde, und: »Gehorcht wird nicht Satzungen, sondern der durch Tradition oder durch den traditional bestimmten Herrscher dafür berufenen *Person*, deren Befehle legitim sind...«[8]

Das Verhältnis des Autorität Besitzenden und des dieser Autorität Folgenden ist somit für den Konservativen kein duales, mit den Mitteln der Sozialpsychologie aufschließbares[9]. Nach konservativer Vorstellung beziehen sich beide Partner der durch Autorität gestifteten Beziehung auf ein Drittes: »...die autoritäre Beziehung zwischen dem, der befiehlt, und dem, der gehorcht, beruht weder auf einer beiden Teilen gemeinsamen Vernunft noch auf der Macht des Befehlenden. Was beide gemeinsam haben, ist die Hierarchie selber, deren Legitimität beide Parteien anerkennen und die jedem von ihnen seinen von ihr vorbestimmten, unveränderbaren Platz anweist.«[10] Beide, der Befehlende und der Gehorchende, stehen in einem Horizont, durch den ihr Verhältnis in hierarchischem Sinne geordnet und in seiner Gestalt vorbestimmt ist[11]. Das Autoritätsphä-

als Träger der Wahrheit, welche sie selbst aus eigenem Ursprung wiederfindet. Es ist dieses Grundverhältnis: Der Einzelne will als eigene Wahrheit im Ursprung seiner selbst erkennen, was als Autorität von außen an ihn herankommt.« Jaspers: Wahrheit S. 797 (s. oben Anm. 2).

8 Weber: Wirtschaft und Gesellschaft 1. Halbbd., S. 130; ebenso 2. Halbbd., S. 552 f. (s. oben Anm. 5).

9 Zur sozialpsychologischen Diskussion dieses Verhältnisses vgl. Willy Strzelewicz, der das »Element der freiwillig empfundenen Anerkennung« ebenfalls betont: Willy Strzelewicz: Zum Autoritätsproblem in der modernen Soziologie. In: Kölner Zeitschrift für Soziologie und Sozialpsychologie 11 (1959), S. 198 ff. (bes. S. 204). Auf die im engeren Sinne sozialpsychologischen Implikationen des Autoritätsbegriffes können wir hier nicht eingehen. Vgl. hierfür Theodor W. Adorno, Else Frenkel-Brunswik, Daniel J. Levinson und R. Nevitt Sanford: Studies in prejudice. Hrsg. von Max Horkheimer und S. H. Flowerman. New York 1950. Dazu kritisch Peter Heintz: Zur Problematik der »Autoritären Persönlichkeit«. In: Kölner Zeitschrift für Soziologie und Sozialpsychologie 9 (1957), S. 28 ff.

10 Arendt: Autorität S. 118 (s. oben Anm. 3). Jaspers meint eben diesen Sachverhalt, wenn er sagt: »Autorität bleibt der in der Transzendenz ruhende Anspruch, dem auch der Befehlende gehorcht.« Wahrheit S. 791 (s. oben Anm. 2).

11 Franz von Baader beschreibt diesen Sachverhalt exakt: »Ist aber die Association durch eine Subordination bedungen, so langt man doch mit dem blossen

nomen zeigt eine Dialektik, die wir schon bei der konservativen
Theorie der Tradition kennenlernten: Erst der Autoritätsverlust, wie
er in der Moderne auf vielen Feldern erfahren wird, gibt den Blick
für ein konservatives Autoritätsverständnis überhaupt frei. In diesem Sinne korrigiert Hannah Arendt den Titel ihres Aufsatzes »Was
ist Autorität?« schon im ersten Satz und formuliert nach ihrer Meinung erkenntnistheoretisch richtig: »Was war Autorität?«[12]. Sie
meint, es sei wenig sinnvoll, über ›Autorität überhaupt‹ zu sprechen,

Dualismus des Herrn und des Dieners (des Obern und Untern) nicht aus, falls
nicht beide wieder zugleich einem Dritten oder Ersten untergeordnet oder subji-
cirt sind. Mit anderen Worten, und weil über dem Menschen nur Gott ist: der Regent und die Regierten werden und bleiben nur dadurch von einander frei und
gegen einander sicher, dass sie beide einem und demselben, nicht wieder menschlichen, sondern göttlichen Gesetze sich unterwerfen, oder dass sie einem und demselben Gott dienen. Wo darum diese Subjicirung oder dieser Gottesdienst nicht
statt findet, wo Regent, Administration und Volk atheistisch geworden sind, da
lösen sich die Bande der Societät von innen heraus, und diese Lösung gibt sich in
ihrem Beginne damit kund, dass die Action von oben abwechselnd erschlafft und
drückend oder despotisch wird, so wie die Reaction von unten abwechselnd sich
empörend und revolutionär oder servil zeigt, und dass ein gleichsam vulkanisches
Beben, Erzittern und Schwanken durch die ganze Gesellschaft in persönlichen sowohl als in sachlichen Verhältnissen sich fühlbar macht.« Franz von Baader: Über
den Begriff der Autorität. Sämtliche Werke. Hrsg. von Franz Hoffmann. Hauptabteilung 1, Bd. 5: Gesammelte Schriften zur Societätsphilosophie 1. Leipzig 1854.
S. 296. – Max Weber hat erkannt, daß die Vorgeordnetheit von Autoritätsver-
hältnissen auch die Inhalte der autoritativen Gebote noch mit bestimmt, da sie
nur so bei dem Gehorchenden das durch die Tradition übermittelte Vorver-
ständnis von Tradition trifft: »Der Inhalt der Befehle ist durch Tradition gebunden,
deren rücksichtslose Verletzung seitens des Herrn die Legitimität seiner eigenen,
lediglich auf ihrer Heiligkeit ruhenden, Herrschaft selbst gefährden würde.« Weber: Wirtschaft Bd. 2, S. 552 f.; vgl. auch Bd. 1, S. 133 (s. oben Anm. 5). Max
Weber teilt deshalb nicht die rein psychologische Betrachtung des Autoritätsphä-
nomens, wie sie Roberto Michels anstellt, wenn er von dèm »sense of inferiority«
spricht. Roberto Michels: Artikel »Authority«. In: Encyclopaedia of the Social
Sciences. Vol. 2 (New York 1930, 13th print. 1959), S. 319. Auch Rudolf Schottländer begreift das Autoritätsverhältnis psychologisch als ein einseitiges Ver-
trauensverhältnis: »Auf seiten des Autoritätsgläubigen nun entspricht dem unbedingten Vertrauen, das er der Autoritätsperson als ein ihr gebührendes ›Plus‹
zusendet, sein eigenes *Minus* an *Selbst*vertrauen.« Rudolf Schottländer: Theorie
des Vertrauens. Berlin 1957. S. 35.

12 Arendt: Autorität S. 117 (s. oben Anm. 3); vgl. auch Gerhard Krüger:
Freiheit und Weltverwaltung. Aufsätze zur Philosophie der Geschichte. München
1958. S. 231 ff.

da das moderne Autoritätsverständnis historisch durch eine ganz bestimmte Auffassung von Autorität geformt sei[13]. Dieses Autoritätsverständnis sei heute verlorengegangen. Hannah Arendt behauptet auf diese Weise, durchaus in konservativem Geiste argumentierend, nichts weniger, als »daß wir in der modernen Welt kaum noch Gelegenheit haben zu erfahren, was Autorität eigentlich ist...«[14].

Der Verlust derjenigen Autorität, die der Konservatismus für originär, ja für den allein tauglichen Begriff von Autorität hält, geht auf den systematischen Zweifel der Aufklärung zurück. Der Rationalismus erscheint bei allen konservativen Autoren, die sich mit dem Autoritätsphänomen beschäftigen, als der entscheidende Gegner. Für den Konservativen gibt es keine rational sich legitimierende Autorität[15]. Gegen den funktionalen Autoritätsbegriff der Moderne sich wendend, schreibt Ernst Forsthoff: »Es gibt keine Autorität der Buchhalter, der Fräser, der Schlosser, der Chauffeure, der Fleischbeschauer, da es sich hier um partielle Funktionen handelt, in denen die Ganzheit des Menschen nicht in Erscheinung tritt.«[16] In demselben Sinne wendet sich schon Friedrich Julius Stahl gegen die Vorstellung, Autorität lasse sich in rationaler Weise aus Funktionen und Vertragsverhältnissen ableiten: »Denn Pietät schuldet man nur

13 Arendt: Autorität S. 117 (s. oben Anm. 3).

14 Ebd.

15 Für die moderne Autoritätsdiskussion vgl. Arnold Gehlen: Sozialpsychologische Probleme in der industriellen Gesellschaft. Tübingen 1949 (Schriftenreihe der Akademie Speyer 2); Michels: Authority S. 319 ff. (s. oben Anm. 11); Bronislaw Malinowski: Kultur und Freiheit. Wien/Stuttgart 1951. S. 147; R. M. McIver: Macht und Autorität. Frankfurt a. M. 1953. S. 77; Erich Fromm: Der moderne Mensch und seine Zukunft. Eine sozialpsychologische Untersuchung. Frankfurt/M. 1960. S. 137; Gerhard Möbus: Autorität und Disziplin in der Demokratie. Köln und Opladen 1959; Dolf Sternberger: Autorität, Freiheit und Befehlsgewalt. Tübingen 1959; Strzelewicz: Autoritätsproblem (s. oben Anm. 9); Amadeo Silva Tarouca: Das Problem der Autorität. In: Philosophisches Jahrbuch 67 (1959), S. 279.

16 Ernst Forsthoff: Das politische Problem der Autorität. In: derselbe: Rechtsstaat im Wandel. Verfassungsrechtliche Abhandlungen 1950–1964. Stuttgart 1964. S. 101. Hannah Arendt erklärt: »Argumentieren setzt Autorität immer außer Kraft. Der egalitären Ordnung des Überzeugens steht die autoritäre Ordnung gegenüber, die ihrem Wesen nach hierarchisch ist. Will man also Autorität überhaupt definieren, so würde es sich vor allem darum handeln, sie klar sowohl gegen Zwang wie gegen Überzeugen durch Argumente abzugrenzen.« Arendt: Autorität S. 118 (s. oben Anm. 3).

Rechtsverhältnissen und sittlichen Banden, nicht aber einer Urkunde.«[17]

3. Autorität und Macht

Die Unterscheidung von Autorität und Macht ist ein bevorzugtes Thema der konservativen Theorie. Moderne Philosophie und Politik hatten diese Differenzierung längst vorbereitet. Der Autonomiegedanke der Aufklärung[18] wandte sich gegen die Vorstellung einer religiös begründeten Autorität, welche die Souveränität des Menschen, seine Welt geistig, physisch und sozial in Besitz zu nehmen, einschränken könnte. In dem Maße, wie seit Hobbes die Unterscheidung von Autorität und Macht in der politischen Theorie Platz greift[19], versucht der Konservatismus, die im Religiösen begründete Autorität wiederherzustellen. Dieser Versuch beweist auf Schritt und Tritt seine dialektische Abhängigkeit vom rationalistischen Denken. Ebenso wie der konservative Versuch einer Restauration Gottes setzt auch die konservative Theorie der Autorität mit dem Gedanken ihrer politischen Restauration ein.

Bereits Adam Müller stellt sich ganz offen auf die Seite des Machtprinzipes, wenn er sich auf den Theoretiker beruft, der als erster

17 Friedrich Julius Stahl: Die Philosophie des Rechts. Rechts- und Staatslehre auf der Grundlage christlicher Weltanschauung. Bd. 2, Abteilung 2. 5. Auflage. Tübingen 1878. Neudruck Darmstadt 1963. S. 303.

18 Vgl. Immanuel Kant: Beantwortung der Frage: Was ist Aufklärung? (1783). Absatz 1. Werke. Hrsg. von Wilhelm Weischedel. Bd. VI: Schriften zur Anthropologie, Geschichtsphilosophie, Politik und Pädagogik. Frankfurt a. M. 1964. S. 53.

19 Richard Hauser hebt in seinem Werk: Autorität und Macht. Die staatliche Autorität in der neueren protestantischen Ethik und in der katholischen Gesellschaftslehre. Heidelberg 1949, als Katholik den protestantischen Anteil am modernen Machtbegriff besonders stark heraus, indem er die protestantische Gottesvorstellung unter dem Aspekt der Macht darstellt, der katholischen dagegen die Autorität vorbehält. Es ist nicht zu leugnen, daß der Herrschaftscharakter in der Auffassung Gottes von Calvin bis zu Karl Barth und der Gedanke der ›Sündenordnung‹ von Luther bis zu Friedrich Gogarten sich von der katholischen Betonung des Schöpfergottes und dem aus einem ontologisch gefaßten Gottesbegriff resultierenden Verständnis des Staates als societas perfecta deutlich unterscheidet. Dennoch scheint uns Hauser der Gefahr einer ›politischen Theologie‹ selber nicht immer zu entgehen, einer Gefahr, die er sehr scharfsinnig bei Gogarten und Georg Wünsch aufweist.

dieses Prinzip als Quelle des sozialen Lebens offen behauptet hatte: »Für alle Zeiten wahr und richtig bleibt die Ansicht des Machiavelli von der Einheit der Macht.«[20] Die schwindende religiöse Autorität wird im weiteren Fortgang konservativer Theorie mit staatlicher Macht zu stützen gesucht[21]. Wie stark der konservative Rettungsversuch politischer Autorität in die Abhängigkeit vom revolutionären Gegner gerät, zeigt die berühmte Rede des Donoso Cortés über die Diktatur (1849), in welcher Cortés die mit der Autorität gegebene Spannung von Freiheit und Bindung fallenläßt und eindeutig für das Machtprinzip votiert. Er sieht nur noch die Alternative »zwischen der Diktatur der Auflehnung und der Diktatur der Regierung« und wählt diejenige, »welche von oben kommt, weil sie aus reinlicheren und ausgeglicheneren Gegenden stammt. Es handelt sich schließlich, zu wählen zwischen der Diktatur des Dolches und der Diktatur des Säbels; ich wähle mir die Diktatur des Säbels, denn sie ist die vornehmere.«[22]

4. Die konservative Staatsauffassung

In scharfer Kontrapunktik zum liberal-demokratischen Staatsverständnis entwickelt der Konservatismus seine Staatstheorie unter dem Leitgesichtspunkt der Autorität. »Allein fürs Erste auch da, wo die Obrigkeit gewählt wird, übt sie dennoch ihr *Amt nicht kraft Ermächtigung der Wähler*, sondern kraft einer höheren Autorität über

20 Adam Müller: Vermischte Schriften über Staat, Philosophie und Kunst. 1. Theil. Wien 1812. S. 52.

21 Nicht von ungefähr zitiert heute Ernst Jünger Rivarols Meinung über diesen Zusammenhang. Ernst Jünger: Rivarol. Frankfurt a. M. 1962. S. 66 (Fischer Bücherei 487).

22 Donoso Cortés: Über die Diktatur. In: derselbe: Drei Reden. Übertragen von Johannes Langenegger. Zürich 1948. S. 49. Donoso Cortés war Katholik. Die »auffällige Verbundenheit« des protestantischen Staatsbegriffes »mit jener modernen, profanen Staatsauffassung..., die aus der Renaissance und von Macchiavelli herkommt«, die Richard Hauser (Autorität und Macht S. 11, s. oben Anm. 19) feststellt, gilt also nicht durchgängig. Es handelt sich eher um eine Gleichursprünglichkeit modernen Denkens, an dem auch und gerade der katholisch-konservative Impuls beteiligt war. – Die Entscheidung für die Diktatur von oben kündigt sich schon bei Rivarol an: »Es kann der absolute Fürst ein Nero sein, doch ist er zuweilen auch ein Titus oder Marc Aurel. Das Volk ist häufig Nero und niemals Marc Aurel.« Jünger: Rivarol S. 66 (s. oben Anm. 21).

ihnen, ähnlich wie der Mann durch die Einwilligung seiner Frau ihr Eheherr wurde, aber dennoch sein eheherrliches Ansehen über sie nicht kraft ihrer Einwilligung, sondern kraft Gottes Gebot und Ordnung über die Ehe übt.«[23] Alle Autoritätsstrukturen in Familie und Gesellschaft finden ihre Krönung in der obrigkeitlichen Autorität. Obrigkeitliche Macht gründet in göttlicher Autorität, ist von Gottes Gnaden[24]. Nicht allein protestantische Konservative berufen sich deshalb mit Vorliebe auf das Bibelwort nach Römer 13[25]. Gegenüber dem demokratischen Prinzip einer politischen Willensbildung durch Majorität setzt der Konservative eine im Religiösen wurzelnde Autorität. Politische Herrschaft ist deshalb für den Kon-

23 Friedrich Julius Stahl: Die gegenwärtigen Parteien in Staat und Kirche. Berlin 1863. S. 299.

24 Für die gegenwärtige konservativ-christliche Staatstheorie vgl. das Kapitel »Wiederkehr des christlichen Staates« bei Helga Grebing: Konservative gegen die Demokratie. Konservative Kritik an der Demokratie in der Bundesrepublik seit 1945. Frankfurt a. M. 1971.

25 »Insbesondere hat die Obrigkeit Ansehen und Gewalt von Gott. Sie ist von Gottes Gnaden. ›Wo aber Obrigkeit ist, die ist von Gott verordnet‹ (Römer 13). Von sich selbst kann kein Mensch obrigkeitliche Gewalt über andere Menschen haben, auch nicht die Sämmtlichen über den Einzelnen. Noch auch können die Menschen durch Vertrag obrigkeitliche Gewalt gründen, da sie über ihr Leben und ihre Freiheit nicht verfügen, daher nicht Jemanden Gewalt einräumen können. Das ist das göttliche Recht der Obrigkeit. Es hat seine Geltung in allen Staatsformen, für die Komitien und Magistraturen in der Republik nicht minder als für den Krieger in der Monarchie, für den Wahl- wie für den Erbkönig. Denn wenn auch die Personen für die Obrigkeit durch die Wahl bezeichnet werden, so gründet sich doch ihr Amt und Ansehen selbst nicht auf Willen und Ermächtigung der Wähler, sondern allein auf Gottes Gebot und Ermächtigung.« Stahl: Philosophie des Rechts. Rechts- und Staatslehre S. 176 f. (s. oben Anm. 17). Stahl wehrt sich allerdings gegen die katholische Vorstellung einer Übertragung kirchlicher Autorität auf den König: »Die weltliche Gewalt leitet ihr Ansehen nicht von einer auf übernatürliche Weise durch besondere That Gottes empfangenen Vollmacht her, daß Christus sie dem Petrus, Petrus dem Papste, der Papst dem Könige übertragen, sondern auf natürliche Weise aus der allgemeinen Ordnung Gottes, aus dem Gebote: ›seyd gehorsam der Obrigkeit!‹ Daraus ergiebt sich, daß die weltliche Obrigkeit *unmittelbar von Gott* ist, nicht durch den Papst vermittelt, und daß sie eine *unabhängige* Gewalt von Gott hat, nicht untergeben dem Papste. Dieses ursprüngliche und selbständige Ansehen der weltlichen Obrigkeit von Gott ist das *göttliche Recht der Fürsten,* von welchem jenes katholische Organ mit Recht sagt, daß es eine protestantische Erfindung sey.« Friedrich Julius Stahl: Der Protestantismus als politisches Princip. 2. Auflage. Berlin 1853. S. 15 f.

servativen notwendig persönliches Regiment. Als persönliche aber ist die politische Gewalt stets eine und prinzipiell unteilbar. Der rationalistische Rückgriff auf privatrechtliche Vertragsgedanken verfälscht den allen Institutionen übergeordneten Seinssinn des Staates[26]. Der politische Kosmos braucht einen Herrn, der seine Ordnung garantiert und die Einheit seines Geordnetseins repräsentiert. Die gewählten Repräsentanten des liberalen parlamentarischen Verfassungsstaates dagegen bedeuten dem Konservativen ebensowenig Herrschaft wie das Volk, von dem Carl Schmitt ironisch sagt: »...der Souverän verschwindet in der Wahlzelle...«[27] Eine bloße »Verwaltung von Sachen« ersetzt die notwendige Herrschaft von Menschen über Menschen nicht, sondern verschleiert nur den Herrschaftscharakter solcher Verwaltung, weil er nicht mehr durch Repräsentation sichtbar wird[28].

Die dem Konservativen als ursprünglich (›natürlich‹) geltende Staatsform ist das Königtum. In ihm wird die notwendige Beziehung des Staates zur Religion deutlich; der soziale Kosmos hängt unmittelbar mit dem Weltkosmos zusammen. Nach christlicher Auffassung ist der König Statthalter Gottes auf Erden. Von Gott hat er seine Autorität, die mehr ist und anderes als die reale Macht, über die er gebietet. Der Glanz göttlicher Autoritätsfülle strahlt auf den König, der über sein Volk herrscht. Sinn und Inhalt seines Herrschens aber ist nicht nur das Wohlbefinden, sondern ebenso die Tugend seiner Untertanen. Auf diese Weise sind Sitte und Sittlichkeit über das Königtum mit Gott verbunden[29].

26 Die privatrechtliche Begründung königlicher Macht bei Carl Ludwig von Haller: Restauration der Staatswissenschaft. Bd. 2. 2. Auflage. Winterthur 1820. Neudruck Aalen 1964, S. 11 ff., 20 ff., fällt aus diesem konservativen Begründungszusammenhang heraus; vgl. Georg von Below: Der deutsche Staat des Mittelalters. Bd. 1: Allgemeine Fragen. Leipzig 1914. S. 176 f. Dennoch zeigt sich gerade bei Haller die Tendenz, politische Herrschaft jedenfalls als eine unteilbare, aus einem Quell und Prinzip deduzierbare zu begreifen.
27 Carl Schmitt: Wesen und Werden des faschistischen Staates. (1929). In: derselbe: Positionen und Begriffe im Kampf mit Weimar – Genf – Versailles, 1923–1939. Hamburg 1940. S. 111.
28 Vgl. Hans Freyer: Theorie des gegenwärtigen Zeitalters. Stuttgart 1955. S. 102 ff.; Carl Schmitt: Politische Theologie. Vier Kapitel zur Lehre von der Souveränität. München und Leipzig 1934. S. 82.
29 Vgl. das wichtige Werk von John Neville Figgis: The divine right of

Die Geschichte des Legitimismus [30] zeigt den Versuch des Konservatismus, das Königtum auch noch zu einer Zeit zu halten, wo seine religiösen Voraussetzungen entfallen waren. In dem Augenblick nämlich, in dem der christliche Gott der mittelalterlichen Welt- und Gesellschaftsordnung nicht mehr geglaubt wurde, mußte die Berufung auf ihn problematisch werden und in das Dilemma einer unterschwelligen zweiten Begründung führen, die sich als ›reale‹ an der Macht orientierte. Der Weg in das machtstaatliche Denken ist somit von Anbeginn unvermeidlich und zeigt die innere Abhängigkeit des Konservatismus von seinem rationalistischen Gegner, der wie etwa Hobbes die Macht als ersten und letzten Faktor der Politik behauptet, um dann nach ihrem weisesten und wenigst schädlichen Gebrauch zu suchen [31]. Das liberale System der Gewalten›unterscheidung‹ ist ein Machtverteilungsprinzip und verdankt seine Erfindung der Skepsis gegenüber der Macht überhaupt [32]. Der Kampf

kings. 2. Auflage. Cambridge 1914. Die Theorie des Königtums »is essentially one of obedience, and of obedience from motives based upon religion«. Ebd. S. 51.

30 Vgl. Theodor Schieder: Das Problem der Revolution im 19. Jahrhundert. In: derselbe: Staat und Gesellschaft im Wandel unserer Zeit. Studien zur Geschichte des 19. und 20. Jahrhunderts. München 1958. S. 25.

31 Nicht von ungefähr interessiert sich der Konservative Carl Schmitt für den ›Leviathan‹ des Rationalisten Hobbes; vgl. Carl Schmitt: Der Leviathan in der Staatslehre des Thomas Hobbes – Sinn und Fehlschlag eines politischen Symbols. Hamburg 1938. Er nennt Hobbes in engem Zusammenhang mit Donoso Cortés, über den er schreibt: »Demnach bleibt für ihn nur ein Resultat: die Diktatur. Es ist das Resultat, zu dem auch Hobbes gekommen ist, aus derselben, wenn auch mit einem mathematischen Relativismus vermischten Konsequenz dezisionistischen Denkens. Autoritas, non veritas facit legem.« Schmitt: Politische Theologie S. 66 (s. oben Anm. 28).

32 In der Vorrede seiner ›Elemente der Staatskunst‹ kritisiert Adam Müller die Gewaltenteilung, indem er ihren mechanischen Charakter geißelt: »Das, worauf Montesquieu einen so hohen Werth legt, die mechanische Theilung der Gewalten, die künstliche Beschränkung der Souveränetät um der Freiheit willen, ist, nach unsern Erfahrungen, völlig unpraktisch, eine Curiosität, eine Antiquität; und diese politische Quacksalberei steht den Versuchen des Theophrastus Paracelsus, in seinen chemischen Retorten und Flaschen Menschen zu machen, viel näher, als man glaubt.« Adam Müller: Die Elemente der Staatskunst. Hrsg. von Jakob Baxa. Bd. 1. Jena 1922. S. XVII (Die Herdflamme. Hrsg. von Othmar Spann. Bd. 1,1). – Vgl. grundsätzlich Georg Jellinek: Allgemeine Staatslehre. (1900). 3. Auflage (1913). 7. Neudruck Bad Homburg v. d. Höhe 1960. S. 615 f.; Carl Schmitt: Verfassungslehre. (1928). 3., unveränd. Auflage. Berlin 1957. S. 126 f. und 182 ff.

gegen ›parteiische Sonderinteressen‹ war von Anbeginn ein wichtiger Punkt konservativer Parteiprogramme. So heißt es im Wahljahr 1867: »Die Berechtigung des Parteiwesens verkennen wir nicht; aber seine Auswüchse und Übertreibungen weisen wir entschieden zurück. Weder billigen wir die Unterwerfung charakterfester Männer unter den Dogmatismus einer politischen Schule, noch die Unterordnung der vaterländischen Interessen unter die Sonderinteressen der Parteiung. Nicht über umfassende Theorien verständigen wir uns, sondern über praktische Fragen der Gegenwart. Wir setzen das *Vaterland stets über die Partei,* wir stellen das *National*interesse über *alles.*« [33]

Konservativ eingestellte Staatsrechtler befassen sich in der kritischen Durchdringung der modernen Verfassungswirklichkeit daher heute vornehmlich mit der »Teilung der Gewalten als Gegenwartsproblem« [34]. So trennt etwa Werner Weber, ganz in der Tradition

---

33 Zitiert nach: Deutsche Parteiprogramme. Hrsg. von Wilhelm Mommsen. 2. durchges. und erg. Auflage. München 1964. S. 54 (Deutsches Handbuch der Politik Bd. 1). In welche Schwierigkeiten der Konservatismus als politische Partei mit solcher Gemeinwohlideologie geriet, zeigen Sätze aus dem Aufruf des Ausschusses der Reichs- und Freikonservativen Partei (1876): »Wir weisen entschieden die Bestrebungen einzelner Klassen zurück, welche die politischen Wahlen zur Vertretung ihrer Einzelinteressen mißbrauchen wollen, allein für ebenso ungerechtfertigt halten wir es, berechtigte Klagen großer Erwerbs- und Wirtschaftsgruppen mit Schlagwörtern abzufertigen. Der unleugbare Druck, unter welchem Handel, Ackerbau, Gewerbe leiden, scheint uns die Notwendigkeit aufzuerlegen, eine genaue Prüfung anzustellen, wie Wandel zu schaffen ist. Es wird Aufgabe des nächsten Reichstages sein zu prüfen, inwieweit die hervorgetretenen wirtschaftlichen Schäden durch gesetzgeberische Maßregeln zu heilen sind. Als solche werden ins Auge zu fassen sein: die Revision der Aktiengesetzgebung, die endliche einheitliche Regelung der Eisenbahn-Frachtbriefe, die Rücksichtnahme auf die heimischen Produktionsverhältnisse beim Abschluß neuer Handelsverträge. Es wird zu prüfen sein, inwieweit hierbei das Prinzip der Gegenseitigkeit zur Geltung zu bringen ist, inwieweit Zölle beizubehalten oder zu vermindern sind gemäß den Erschwerungen, welche deutschen Produkten beim Eintritt in andere Länder auferlegt werden.« Zitiert nach Mommsen, ebd. S. 70.

34 Der Titel des Beitrages von Werner Weber in: Festschrift für Carl Schmitt zum 70. Geburtstag. Hrsg. von Hans Barion, Ernst Forsthoff, Werner Weber. Berlin 1959. S. 253 ff. Für die Kritik am Parteienstaat der Weimarer Republik vgl. Kurt Sontheimer: Antidemokratisches Denken in der Weimarer Republik. Die politischen Ideen des Deutschen Nationalismus zwischen 1918 und 1933. Studienausgabe. München 1968. S. 155 ff.

konservativ-staatlichen Denkens stehend, scharf zwischen dem Staat und den realen politischen Kräften als der »Vielheit oligarchischer Aktionsgemeinschaften und Einflußgruppen«, zu denen er an erster Stelle die Parteien rechnet[35], und formuliert: »Die oligarchischen Machtträger (Parteien, Interessengruppen usw.) sind nicht der Staat selbst; sie sind auch nicht Obrigkeit.«[36] Genau diese Position hatte schon Adam Müller eingenommen, wenn er schrieb: »Ein durchaus falscher Weg ist der, welchen man eingeschlagen hat, indem man die gemischten und s. g. beschränkten Regierungsformen empfohlen hat.«[37] Die Lehre vom monarchischen Prinzip[38] ist ein konservativer Gegenschlag gegen die Volkssouveränitätslehre und die Lehre von der Gewaltenteilung[39]. Sie richtet sich weniger ge-

35 Weber: Teilung S. 261 (s. oben Anm. 34).

36 Ebd. S. 264.

37 Adam Müller: Ueber Machiavelli. In: derselbe: Vermischte Schriften 1, S. 52 (s. oben Anm. 20); und ebenso deutlich: »Die Macht soll, wie es die Natur gebietet, aus der Beschränkung und gegenseitigen Subordination aller Individuen und Stände hervorgehen, weil es nicht anders möglich ist: aber wenn sie errichtet ist, so sollen ihr nicht hintennach legislative Körper und andre äußere Schranken in den Weg gelegt und die göttlichsten Werke der Politik wieder zerstört werden.« Ebd. S. 53.

38 Vgl. Erich Kaufmann: Studien zur Staatslehre des monarchischen Prinzipes. Leipzig 1906; Otto Hintze: Das monarchische Prinzip und die konstitutionelle Verfassung. In: Preußische Jahrbücher 144 (1911), S. 381 ff.; Heinrich O. Meisner: Die Lehre vom monarchischen Prinzip im Zeitalter der Restauration und des Deutschen Bundes. Breslau 1913 (Untersuchungen zur deutschen Staats- und Rechtsgeschichte Bd. 122); vgl. auch Thomas Ellwein: Das Erbe der Monarchie in der deutschen Staatskrise. Zur Geschichte des Verfassungsstaates in Deutschland. München 1954. S. 85 ff.; Ernst Rudolf Huber: Deutsche Verfassungsgeschichte seit 1789. Bd. 1: Reform und Restauration. Stuttgart 1957. S. 651 ff.; Dieter Grosser: Grundlagen und Struktur der Staatslehre Friedrich Julius Stahls. Köln und Opladen 1963 (Staat und Politik Bd. 3); Hartwig Brandt: Landständische Repräsentation im deutschen Vormärz. Politisches Denken im Einflußfeld des monarchischen Prinzips. Neuwied am Rhein und Berlin 1968 (Politica Bd. 31). Zur allgemeinen Charakteristik des monarchischen Prinzips vgl. die Literaturangaben bei Norbert Gehrig: Parlament – Regierung – Opposition. Dualismus als Voraussetzung für eine parlamentarische Kontrolle der Regierung. München 1969. S. 46, Anm. 93 (Münchener Studien zur Politik 14).

39 Erich Kaufmann hat diesen Zusammenhang deutlich erkannt: »...obgleich Stahl zeitlich nach Rousseau und Hegel steht und das monarchische Prinzip geschichtlich als ein späteres Gegenspiel der Volkssouveränitätslehre und der Gewaltenteilung erscheint«. Kaufmann: Monarchisches Prinzip S. 8 (s. oben Anm. 38).

gen die parlamentarische Institution, die der Konservatismus noch im Laufe des 19. Jahrhunderts akzeptierte, als gegen die demokratische Interpretation dieser Institution [40]. So behielt sich der preußische König auch nach 1848 die Formel ›von Gottes Gnaden‹ vor und bekundete damit deutlich die Ablehnung der Vorstellung von der Volkssouveränität [41].

Die konservativen Begründungen für das Königtum zeigen das ganze Spektrum dieses Denkens. Justus Möser verglich den Staat mit einer Pyramide, deren Spitze möglichst schmal sein muß [42]. »Nach diesem Grundsatze sollte man meinen, daß ein geistlicher Staat, dessen Fürst nicht heirathen darf, allemal der beste sein müßte, weil hier der Kopf durch keine Aussteuern, Witwensitze und Apanagen zu sehr vergrößert werden kann.«[43] Anderen bedeutete der König die Spitze der ständisch gegliederten Gesellschaft [44]. Dieses aristokratische Königsideal findet sich vornehmlich im preußischen Adel, der jedoch auch den Gedanken der Monarchie als politischer Vaterschaft vertrat [45]. Alle konservativen Begründungen

40 »Mit einer oligarchischen Ständevertretung, so renitent sie auch sein mochte, oder mit einem plutokratischen Parlamente der Besitzenden, die an der Aufrechterhaltung der Ruhe und Ordnung interessiert waren, glaubte man, fertig werden zu können, aber vor den stürmischen Forderungen der Menge, der Zahl, die sich durch Demagogen leiten ließ, empfand man ein unbestimmtes Grauen. Das Gleichheitsgeschrei der Revolution gellte den Machthabern damals noch in den Ohren, dagegen erschien das Wesen halb auf Standschaft, halb auf Grundbesitz beruhender Parlamente wie des englischen dank der konservativen Einkleidung durch das Premierministertum vertrauenerweckend und harmlos. Darum Kampf dem demokratischen, aber nicht dem parlamentarischen Prinzip! An dieser Eigenart des monarchischen Prinzips dürfen wir uns durch scheinbare Widersprüche in der formalen Ausgestaltung seiner Dogmen nicht täuschen lassen.« Meisner: Monarchisches Prinzip S. 198 f. (s. oben Anm. 38).

41 Hintze: Monarchisches Prinzip S. 394 (s. oben Anm. 38).

42 Justus Möser: Den Staat mit einer Pyramide verglichen. Eine erbauliche Betrachtung. Sämtliche Werke. Hrsg. von J. W. J. v. Voigts. Bd. 2. Berlin 1858. S. 250 ff.

43 Ebd. S. 251.

44 Vgl. Peter Richard Rohden: Die politische Gedankenwelt der Neuzeit in ihren weltanschaulichen Grundlagen. In: Archiv für Politik und Geschichte 3 (1924), S. 344 f. (= 2. Jahr, 2. Teil).

45 Vgl. Hans Joachim Schoeps: Das andere Preußen. Konservative Gestalten und Probleme im Zeitalter Friedrich Wilhelms IV. 2. erw. Auflage. Honnef/ Rhein 1957. S. 28 ff.

des Königtums heben den Gesichtspunkt des persönlichen Regimentes hervor. Der Staat soll im Fürsten »persönlich werden« [46]. Noch im Erlaß Kaiser Wilhelms I. vom 4. 1. 1882 findet sich dieser Gedanke: »Es ist deshalb Mein Wille, daß sowohl in Preußen als in den gesetzgebenden Körpern des Reiches über Mein und Meiner Nachfolger verfassungsmäßiges Recht zur *persönlichen Leitung der Politik Meiner Regierung* kein Zweifel gelassen und der Meinung stets widersprochen werde, als ob die in Preußen jederzeit bestandene, durch Artikel 43 der Verfassung ausgesprochene Unverletzlichkeit der Person des Königs oder die Nothwendigkeit der verantwortlichen Gegenzeichnung Meiner Regierungsakten die Natur *selbständiger königlicher* Entschließungen benommen hätte.« [47]

Durchgängig findet sich der institutionelle Gesichtspunkt der Stützung königlicher Autorität. Nicht ein Mensch soll über Millionen regieren, »sondern ... eine Institution, die Stellung eines über alle Unterthanen-Interessen unbefangenen Herrschers, eines Mittel- und Einheitspunktes der Nation, die Institution, die da aufgerichtet ist, grade damit die Menschen ein höheres Ansehen als ihren eigenen Willen über sich haben« [48]. Das Königtum erscheint deshalb als die »*Idee des Staates selber*. Der Name des Königs ist für die Masse der Ausdruck der Staatsgewalt, der Hof des Fürsten ist identisch mit der Pracht und Herrlichkeit des Staats, der Wille desselben ist der unmittelbar persönlich erscheinende allgemeine Wille gewesen.«[49] Dieser institutionelle Gesichtspunkt wird durch den Hinweis auf die repräsentative Funktion des Königs ergänzt. Der König ist der wahre Repräsentant der Nation, der »gemeinschaftliche Ausdruck des Ganzen« [50]. Schon Novalis hatte die Idee der

46 Stahl: Philosophie des Rechts S. 240 (s. oben Anm. 17).

47 Zitiert nach: Konservatives Handbuch. 3. umgearb. u. verm. Auflage. Hrsg. von Angehörigen beider konservativen Parteien. Berlin 1898. S. 383.

48 Stahl: Philosophie des Rechts S. 242 (s. oben Anm. 17).

49 Lorenz von Stein: Das Königtum, die Republik und die Souveränität der französischen Gesellschaft seit der Februarrevolution 1848. (1850). Hildesheim 1959. S. 3 (Geschichte der sozialen Bewegung in Frankreich von 1789 bis auf unsere Tage. Bd. 3).

50 Friedrich Schlegel: Philosophische Vorlesungen aus den Jahren 1804–1806. Zitiert nach: Deutsche Vergangenheit und deutscher Staat. Hrsg. von Paul Kluckhohn. Leipzig 1935. S. 194 (Deutsche Literatur in Entwicklungsreihen. Reihe Romantik Bd. 10).

Repräsentation auf politische Gegenstände bezogen[51]. Der Repräsentationsgedanke gehört zum Kern der konservativen Weltauffassung, insofern alle Dinge für den Konservativen nicht ohne weiteres für sich selbst stehen, sondern sich auf hinter ihnen liegende Wesenheiten beziehen, als deren Ausdruck sie begriffen werden[52].

Gegen Mitte des 19. Jahrhunderts beginnt sich im konservativen Staatsverständnis ein Gesichtspunkt durchzusetzen, der bis in die Gegenwart herrschend geblieben ist: Der König bedeutet, wie Hegel sich ausdrückt, »das Moment der letzten Entscheidung«[53]. Stahl spricht vom König als dem »Punkt auf das i«[54] und bekundet damit das dem konservativen Staatsdenken immanente Interesse an der Souveränitätslehre. »Kein Souverän ohne Nation, keine Nation ohne Souverän«[55], hatte schon de Maistre als Maxime verkündet. Hegel begreift die Souveränität als die »grundlose *Selbstbestimmung* des Willens, in welcher das Letzte der Entscheidung liegt«[56]. Die Geschichte des Souveränitätsgedankens fällt zusammen mit dem Schwinden der theologischen Fundierung in der Politik[57]. Robert Spaemann vermutet, daß sowohl de Maistre als auch de Bonald den

[51] »Der ganze Staat läuft auf Repräsentation hinaus.« Novalis: Fragmente. IX, Nr. 495. Zitiert nach: Deutsche Vergangenheit S. 188 (s. oben Anm. 50); Novalis gibt übrigens schon die dann durch Carl Schmitt klassisch gewordene Definition der Repräsentation als »einem Gegenwärtigmachen des Nichtgegenwärtigen«, ebd. S. 188; vgl. Gerhard Leibholz: Das Wesen der Repräsentation und der Gestaltwandel der Demokratie im 20. Jahrhundert. 2. erw. Auflage. Berlin 1960. S. 26: »Rein sprachlich gesehen bedeutet Repräsentieren, daß etwas nicht real Präsentes wieder präsent, d. h. existentiell wird, etwas, was nicht gegenwärtig ist, wieder anwesend gemacht wird. Durch die Repräsentation wird somit etwas als abwesend und zugleich doch gegenwärtig gedacht. In diesem Vorgang liegt die spezifische Dialektik, die dem Begriff der Repräsentation eigen ist.«

[52] Vgl. oben S. 115 ff.

[53] Georg Wilhelm Friedrich Hegel: Grundlinien der Philosophie des Rechts § 275. Sämtliche Werke. Jubiläumsausgabe in zwanzig Bänden. Bd. 7. Neudruck Stuttgart – Bad Cannstatt 1964. S. 377.

[54] Stahl: Philosophie des Rechts S. 242 (s. oben Anm. 17).

[55] Joseph de Maistre: Vom Pabst. Bd. 1. Frankfurt a. M. 1822. S. 213.

[56] Hegel: Philosophie des Rechts § 279. Werke Bd. 7. S. 381 (s. oben Anm. 53). Vgl. die Kritik von Karl Marx in seiner ›Kritik des Hegelschen Staatsrechts‹ § 278, 279. Frühe Schriften. Bd. 1. Hrsg. von Hans-Joachim Lieber und Peter Furth. Stuttgart 1962. S. 282 ff. (Karl Marx: Werke-Schriften-Briefe Bd. 1).

[57] Robert Spaemann: Der Ursprung der Soziologie aus dem Geist der Restauration. Studien über L. G. A. de Bonald. München 1959. S. 81 ff.

Schöpfer der modernen Souveränitätslehre, Bodin, kannten, jedenfalls aber mit dem Inhalt seiner Lehre vertraut waren [58]. Indem
sich der Konservatismus gegen die Lehre von der Volkssouveränität
als einer Contradictio in adjecto wendet [59], leistet er dem Gedanken der monarchischen Souveränität als einer letztlich grundlosen
Entscheidungskraft Vorschub. De Bonald definiert die Souveränität am Kriterium der Macht, auch das Böse ungestraft tun zu können: »Es wird immer in letzter Analyse eine absolute Macht geben,
die das Böse ungestraft tun kann, die also unter diesem Gesichtspunkt despotisch ist in der ganzen Kraft des Wortes.«[60] Wichtig
ist nun nicht mehr, wie entschieden, sondern daß überhaupt entschieden wird. Dieser Gedanke, der von Hobbes als Unterscheidung
von auctoritas und potestas entwickelt wurde, findet sich durchgängig in der deutschen konservativen Staatslehre bis hin zu Carl
Schmitt, der eine eigene politische Theorie der Entscheidung erfand [61]. Die Souveränität wird zunehmend als Herrscherwille verstanden, wie ihn schon Friedrich Julius Stahl in seiner Staatslehre
definierte [62]. Und wirklich ist die einzig widerspruchsfreie Form
der Souveränitätstheorie diejenige, welche verlangt, »daß nur derjenige regieren solle, der entschlossen ist, seine Macht unter keinen
Umständen aufzugeben«[63]. Auf diese Weise gerät der Konservatismus notwendig in den Strom modernen Machtstaatsdenkens; und die
Forderung, politische Macht müsse, um verantwortlich zu sein, persönlich ausgeübt werden [64], öffnete schließlich der Führerdiktatur

58 Ebd. S. 82.
59 So de Bonald, vgl. Spaemann: Ursprung S. 83 (s. oben Anm. 57).
60 Zitiert nach Spaemann: Ursprung S. 83 (s. oben Anm. 57).
61 Vgl. unten S. 249 ff.
62 »Die Souveränität ist sonach die erste, ursächliche und oberste Gewalt, die
alle Organe und Verrichtungen bedingt und *umschließt*, sie alle entweder positiv
bestimmt oder doch wenigstens negativ begränzt. Sie ist der Herrscherwille, der im
ganzen Bereiche des Staates gegenwärtig und wirksam ist, seine innerste Persönlichkeit.« Stahl: Philosophie des Rechts S. 190 f. (s. oben Anm. 17).
63 »Die Anhänger des Prinzips von Führertum sollten dieser logischen Konsequenz ihres Bekenntnisses offen ins Auge sehen: Von seinen Widersprüchen befreit, verlangt es nicht die Herrschaft des Besten oder des Weisesten, sondern die
Herrschaft des Machthungrigen.« Karl R. Popper: Der Zauber Platons. Aus dem
Englischen. Bern 1957. S. 361 (Karl R. Popper: Die offene Gesellschaft und ihre
Feinde. Bd. 1).
64 »Souverän kann daher nur ein selbstbewußtes, in sich einiges Wesen, kann

den Weg. Ernst Troeltsch hat richtig erkannt, daß ein logisch durchge-
arbeiteter Machtstaatsgedanke gegen die Frage nach der Staatsform
gleichgültig ist[65]. Der Herrschaftswille, wenn er sich von jeder ihn
transzendierenden Bindung befreit hat, setzt sich als solcher durch
und rechtfertigt sich durch reine Faktizität. Die konservative
Staatstheorie ist diesen Weg der Formalisierung und Positivierung
des Herrschaftsbegriffes mitgegangen und am Ende konsequent bei
der Verherrlichung der bindungslosen Herrschaft angelangt.

Die großen Schwierigkeiten, vor denen eine deutsche konservative Staatstheorie nach dem Ende des Ersten Weltkrieges stand, findet eine ebenso amüsante wie staatssoziologisch treffende Darstellung in den ›Betrachtungen eines Unpolitischen‹ von Thomas
Mann: »Als Knabe personifizierte ich mir den Staat gern in meiner
Einbildung, stellte ihn mir als eine strenge, hölzerne Frackfigur mit
schwarzem Vollbart vor, einen Stern auf der Brust und ausgestattet
mit einem militärisch-akademischen Titelgemisch, das seine Macht
und Regelmäßigkeit auszudrücken geeignet war: als General Dr.
von Staat.«[66] Heute fragt Otto Dibelius als konservativ denken-
der Theologe in seiner Schrift ›Obrigkeit?‹, wie er diesen Lutherschen Begriff modern übersetzen solle und kommt zu dem Schluß:
»Das Wort ist verschwunden, weil die Sache verschwunden ist.«[67]

im vollsten Sinne darum nur eine Persönlichkeit seyn. Selbst die Volksversamm-
lung in der Republik hat die Fähigkeit zur Souveränetät nur durch eine künstliche Nachbildung dieser Einheit mittelst geordneter Formen und durch eine Ergänzung an der natürlichen Persönlichkeit der Magistrate. Dagegen daß die Ge-
sammtmasse der Einzelnen, also das Volk, grade außer der Einheit seiner verfas-
sungsmäßigen Ordnung, nach der es bereits Autoritäten unterworfen ist, souverän
seyn soll, ist thatsächlich unmöglich.« Stahl: Philosophie des Rechts S. 534 f. (s.
oben Anm. 17).
65 Ernst Troeltsch: Aufsätze zur Geistesgeschichte und Religionssoziologie. IV.
Die moderne Welt. 1. Das Wesen des modernen Geistes. Hrsg. von Hans Baron.
Tübingen 1925. S. 305 (Ernst Troeltsch: Gesammelte Schriften Bd. 4).
66 Thomas Mann: Betrachtungen eines Unpolitischen. Berlin 1918. S. 230 f.
Zum Versuch einer konservativen Umdeutung des Reichspräsidentenamtes zu einem mit monarchischer Autorität ausgestatteten Ersatzkaiser vgl. Hellmut Diwald in: Lebendiger Geist. Festschrift für Hans Joachim Schoeps. Leyden/Köln
1959. S. 217.
67 Zitiert nach: Stimme der Gemeinde 11 (Darmstadt 1959), Sp. 620. Woran
sich Dibelius bei seiner Vorstellung von Obrigkeit orientiert, sagt er selbst:
»Obrigkeit – das ist ein schönes Wort. In dem Wort ist Seele und Gemüt. Es ist et-

Schließlich ist die konservative Staatslehre durch den Versuch gekennzeichnet, die liberale Unterscheidung von Staat und Gesellschaft wieder aufzuheben oder doch in der Weise zu modifizieren, daß dem Staat substantiellere Bedeutung zukommt, als die liberale Staatslehre ihm läßt[68]. Staatlichkeit bedeutet dem Konservativen mehr als das Gewand, »womit sich die augenblickliche, ephemere Gesellschaft drappirt«[69]. In der Konfrontation mit der liberalen Trennung von Staat und Gesellschaft, Autorität und Interesse, ent-

was von vaterländischer Autorität darin – wie denn auch Martin Luther nicht müde geworden ist, die Parallele zu ziehen zwischen der väterlichen Autorität und der Obrigkeit. Die Obrigkeit findet man vor, wenn man zur Welt kommt. Man kann sie sich nicht machen, ebensowenig, wie man sich seinen Vater selber machen kann. Sie steht da, von Gott gesetzt. Sie mag von guten oder schlechten Menschen dargestellt werden, von Christen oder Türken – sie ist da, und wir müssen uns ihr willig beugen. Und dahinter steht, durch alles hindurchscheinend, Gottes Wille.« Ebd. S. 620. Vgl. auch Otto Dibelius: Grenzen des Staates. Tübingen 1949. S. 24. – Symptomatisch für die konservative Sehnsucht nach der Monarchie sind die folgenden Zeilen von Jochen Klepper: »Herr, laß uns wieder einen König sehen, / bevor die Welt der Könige vergißt. / Denn sonst vermöchten wir nicht zu verstehen, / nach welchem Maß man deine Ordnung mißt.« Zitiert nach: Hans Joachim Schoeps: Die letzten dreißig Jahre. Rückblicke. Stuttgart 1956. S. 174. Eine wichtige Schrift zur theologischen Verteidigung politischer Autorität in den Jahren der Konservativen Revolution ist Friedrich Gogarten: Wider die Ächtung der Autorität. Jena 1930.

68 Ernst Rudolf Huber hat recht, wenn er die Unterscheidung von Staat und Gesellschaft, abgesehen von der liberalen Differenzierung, prinzipiell faßt: »Der Gegensatz von Staat und Gesellschaft ist an und für sich keine spezifische Vorstellung des Liberalismus; er ist ein allgemeines Problem jeder Staatlichkeit, da kein Staat in völliger Identität mit dem Menschen in seiner natürlichen Daseinsweise gedacht werden kann. Das Besondere und Auszeichnende an der liberalen Auffassung von Staat und Gesellschaft ist, daß die Gesellschaft hier als absoluter Wert gefaßt und dem Staat entgegengesetzt wird; in diesem Sinne einer absoluten Antinomie ist der Gegensatz von Staat und Gesellschaft allerdings eine nur dem klassischen Liberalismus zugehörige Vorstellung.« Ernst Rudolf Huber: Bedeutungswandel der Grundrechte. In: Archiv des öffentlichen Rechts NF. 23 (1933), S. 86 f. Zur gegenwärtigen konservativen Staatstheorie vgl. das Kapitel »Der Staat als ›die Wirklichkeit der konkreten Freiheit‹« bei Helga Grebing: Konservative (s. oben Anm. 24).

69 Adam Müller: Staatsverfassungen. In: Vermischte Schriften S. 230 (s. oben Anm. 20). Adam Müller trennt die Begriffe Staat und Gesellschaft nicht, vgl.: Elemente Bd. 1, S. 50 (s. oben Anm. 32). Vgl. auch Karl Muhs: Individualismus, Universalismus und Gemeinschaftsidee im Weltbild der Romantik. In: Zeitschrift für die gesamte Staatswissenschaft 104 (1944), S. 185.

wickel der Konservatismus seine Lehre vom Vorrang staatlicher Autorität vor gesellschaftlichen Interessen. In der Demokratie werde der Staat der Gesellschaft preisgegeben, schreibt Stahl[70], und Hegel hat in seiner Rechtsphilosophie die bürgerliche Gesellschaft als eine nur durch Interessen zusammengehaltene Gemeinschaft vom Staat als substantieller Gemeinsamkeit unterschieden[71]. Der Staat soll über den Parteien stehen und darf nicht nach dem Vertragsmodell begriffen werden. Für diesen Gedanken beruft sich der deutsche Konservatismus gern auf die berühmten Sätze Edmund Burkes: »...es wäre frevelhaft, den Staatsverein wie eine alltägliche Kaufmannssocietät, wie einen unbedeutenden Gemeinhandel mit Pfeffer oder Caffee zu betrachten, den man treibt, so lange man Lust hat, und aufgiebt, wenn man seinen Vortheil nicht mehr absieht. Ein Staat ist eine Verbindung von ganz andrer Art, und von ganz andrer Wichtigkeit. Er ist nicht blos eine Gemeinschaft in Dingen, deren die grobe thierische Existenz des vergänglichen Theils unsers Wesens bedarf, er ist eine Gemeinschaft in allem was wissenswürdig, in allem was schön, in allem was schätzbar und gut, und göttlich im Menschen ist. Da die Zwecke einer solchen Verbindung nicht in einer Generation zu erreichen sind, so wird daraus eine Gemeinschaft zwischen denen, welche leben, denen, welche gelebt haben, und denen, welche noch leben sollen.«[72] Die Oekonomisierung des politischen Lebens wird, je weiter sie fortschreitet, desto heftiger angegriffen und gilt Oswald Spengler durchgängig als Zeichen des Verfalls der Staatshoheit[73].

70 Stahl: Philosophie des Rechts S. 484 f. (s. oben Anm. 17).

71 »Wenn der Staat mit der bürgerlichen Gesellschaft verwechselt und seine Bestimmung in die Sicherheit und den Schutz des Eigenthums und der persönlichen Freiheit gesetzt wird, so ist *das Interesse der Einzelnen als solcher* der letzte Zweck, zu welchem sie vereinigt sind, und es folgt hieraus ebenso, daß es etwas Beliebiges ist, Mitglied des Staates zu seyn. – Er hat aber ein ganz anderes Verhältniß zum Individuum; indem er objektiver Geist ist, so hat das Individuum selbst nur Objektivität, Wahrheit und Sittlichkeit, als es ein Glied desselben ist. Die *Vereinigung* als solche ist selbst der wahrhafte Inhalt und Zweck, und die Bestimmung der Individuen ist ein allgemeines Leben zu führen.« Hegel: Philosophie des Rechts § 258. Sämtliche Werke Bd. 7. S. 329 (s. oben Anm. 53).

72 Edmund Burke: Betrachtungen über die französische Revolution. Übersetzt von Friedrich Gentz. Bd. 1. Neue Auflage Berlin 1794. S. 139 f.

73 Oswald Spengler: Jahre der Entscheidung. München 1933. S. 28.

Die Entwicklung der konservativen Staatstheorie zeigt die Abhängigkeit vom liberalen Gegner auf Schritt und Tritt. Ob man in legitimistischer Weise an der alten obrigkeitsstaatlichen Trias von Fürst, Beamtentum und Armee festhalten wollte, ob man für einen autoritären Staat eintrat, ob man den totalen Staat oder die totale Bewegung forderte, stets blieb der Konservatismus Gefangener seiner Gegnerschaft gegen die liberale Unterscheidung von Staat und Gesellschaft, die er voraussetzen mußte, um sie überwinden zu wollen.

IX. Institution

Der dritte zentrale Begriff der konservativen Theorie stellt eine Verbindung der zuvor behandelten Begriffe Autorität und Tradition dar. Jede Institution garantiert nach konservativer Auffassung die Dauer gesellschaftlicher Verfassung gegen individuelle Willkür und gründet sich auf eine durch Autorität garantierte Tradition. Wie Tradition und Autorität sind auch Institutionen der konservativen Theorie zufolge nur religiös zu begründen: »Was man selbst hervorbringt, hat man unter sich, das ist nicht Gegenstand der Scheu; so der selbstgemachte König, die selbstgemachte Verfassung... In England ist die Verfassung nicht vom Volk gegeben, sondern das Werk der Jahrhunderte, ein Bestehendes über ihm, darum ist sie hier ehrwürdig, man rührt nur mit Scheu an ihr.«[1] In seiner Kirchenlehre unterscheidet Stahl streng zwischen der Gemeinde als zwar geistgestifteter, aber subjektiver Verbindung von Einzelnen und der Kirche als einer Institution »mit ihrem bindenden Ansehn über den Menschen«[2]. Das konservative Denken versteht den Normcharakter von Rechtssätzen nicht im Sinne positiven Sollens, sondern versucht, den Sinn rechtlicher Normierung auf dem Wege einer institutionellen Auslegung zu gewinnen. Auf diese Weise soll der »Zusammenhang mit der Seinssphäre« gewahrt werden[3].

In der Institution des Königtums konvergieren alle zentralen Begriffe konservativen Denkens. Die Monarchie ist Stahl zufolge »eine der uralten heiligen Grundlagen des menschlichen Daseyns, wie Grundbesitz, wie Ehe«[4]. Die moderne demokratische Repräsentationstheorie steht solchem institutionellen Denken entgegen,

1 Friedrich Julius Stahl: Die Philosophie des Rechts. Rechts- und Staatslehre auf der Grundlage christlicher Weltanschauung. Bd. 2, Abteilung 2. 5. Auflage. Tübingen 1878. Neudruck Darmstadt 1963. S. 533.

2 Friedrich Julius Stahl: Wider Bunsen. 2. Auflage. Berlin 1856.

3 Ernst Forsthoff: Lehrbuch des Verwaltungsrechts. Bd. 1: Allgemeiner Teil. 8. neubearb. Auflage. München und Berlin 1961. S. 152. Forsthoff versteht sich selber als einen Vertreter der institutionellen Methode, ebd. S. 151 ff., bes. S. 153.

4 Stahl: Philosophie des Rechts Bd. 2,2. S. 260 (s. oben Anm. 1).

weshalb Stahl den Gedanken der ständischen Vertretung bevorzugt, derzufolge »das Volk repräsentirt wird, nicht bloß Menschen, sondern auch und vor Allem Sachen, d. i. objektive Zustände und Anstalten, menschliche Lebensstellungen..., und die Absicht... der Vertretung ist es nicht, den Willen der einzelnen Menschen im Staate, sondern das innewohnende Interesse jener Stände und Berufsstellungen und die aus ihnen hervorgehende Eine Gesammtgesinnung zur Geltung zu bringen«[5]. Der Charakter der Repräsentativverfassung wird von Stahl konsequent umgedeutet: »Die Verfassung ist aber nicht ein bloßes gegenseitiges Verhältniß unter den Menschen (den Herrschenden und Gehorchenden), sondern das Verhältniß einer Anstalt über ihnen, der Zusammenhang dieser Anstalt in ihr selbst, von dem erst folgeweise auch das Rechtsverhältniß zwischen Regenten und Unterthanen sich ergibt.«[6]

Der für den Konservatismus bezeichnende Unterschied zwischen ›natürlich‹ und ›künstlich‹ tritt besonders in der Institutionsdiskussion auf. Institution bezeichnet die ›natürliche‹, ›gewachsene‹ gesellschaftliche Ordnung, die traditional überkommen ist, wogegen neuentstehende Institutionen als ›künstliche‹ gemeinhin mit ›Organisation‹ bezeichnet werden. Der ›Heiligkeit‹ der natürlichen Ordnung steht die bloße ›Nützlichkeit‹ der Organisation gegenüber[7]. Für natürlich gilt durchgängig die ständische Ordnung, wogegen alle demokratischen Institutionen als bloße Organisation der Nützlichkeit erscheinen. Das institutionelle Denken des Konservatismus geht auf diese Weise mit organologischen Vorstellungen einher. Die Deutung politischer Körper als überindividueller Lebenseinheiten verbindet sich mit der institutionellen Vorstellung von der Heiligkeit der Gemeinschaft, welche »besser denkt und gründlicher als der Einzelne«[8], in gemeinsamer Front gegen den Individualismus.

Eine Institution, die sich besonderer konservativer Hochschätzung erfreut, ist die Sprache. Die Homogenität einer Gesellschaft repräsentiert sich vornehmlich in der Einheit ihrer Sprache. Alle Institutionen werden in sprachlicher Gestalt objektiviert und tradiert. In-

---

5 Ebd. S. 323.

6 Ebd. S. 209.

7 Georg Weippert: Das Prinzip der Hierarchie. Hamburg 1932. S. 12.

8 Adam Müller: Vermischte Schriften über Staat, Philosophie und Kunst. 1. Theil. Wien 1812. S. 373.

dem der Mensch eine Sprache lernt, wird er hineingeführt in das institutionelle Geflecht, die reale Verfaßtheit der Gesellschaft, deren Sprache er sprechen wird. Die Sprache, wennschon Ausdruck der Subjektivität, bildet doch gleichzeitig die Grenze, innerhalb deren das Individuum seine Subjektivität in der Gesellschaft zur Geltung bringen kann[9]. Sprache ist das entscheidende Medium der Tradition und in der Regel von größerer Stabilität als menschliche Sozialordnungen. Ihr gilt deshalb von Anfang an das Interesse des Konservatismus. De Bonald hat in der Sprache die Vermittlungsfunktion von Theologie und Soziologie gesehen[10]. Im Hören auf die Sprache gewinnt der Konservative den Blick für das alte Wahre. Eine Ontologie der Sprache erleichtert die Ontologie gesellschaftlicher Strukturen. Die ›Gewachsenheit‹ der Sprache weist den Konservativen auf die historische Herkunft ihres sozialen Grundes. Deshalb kann dem Konservativen die Sprache bis heute als »Haus des Seins« (Martin Heidegger) gelten.

1. Zur konservativen Theorie des Opfers

Die Überlegenheit der Institution gegenüber dem Individuum schließt die Opferfähigkeit des Einzelnen für alle Formen sozialer Gruppen ein. Dabei kann diese Opferfähigkeit einen sowohl aktiven wie passiven Sinn haben. In der Bereitschaft zum Tode und zum Töten zeigt sich die Stärke der Institution gegenüber einer bloß subjektiv-individuellen Lebensauffassung. Die Frage, welcher Art das Überindividuelle sein müsse, um dem Anspruch institutioneller Überlegenheit zu genügen, ist von der konservativen Theorie in verschiedenen Zeiten verschieden beantwortet worden. Einig sind sich alle Theoretiker aber in einer zugrunde liegenden Politischen Theologie: Das Opfer des Lebens kann nur in göttlichem Auftrag oder im Dienste heiliger Werte gefordert werden[11]. Nur solange

9 Vgl. Martin Greiffenhagen: Die Einheit der Bestimmungen des Menschen als animal rationale und animal sociale. In: Gestalt, Gedanke, Geheimnis. Festschrift für Johannes Pfeiffer zu seinem 65. Geburtstag. Hrsg. von Rolf Bohnsack u. a. Berlin 1967. S. 128.

10 Vgl. Robert Spaemann: Der Ursprung der Soziologie aus dem Geist der Restauration. Studien über L.G.A. de Bonald. München 1959. S. 64 ff.

11 Adam Müller: Die Elemente der Staatskunst. Hrsg. von Jakob Baxa. Bd. 2.

eine Institution für auf irgendeine Weise ›heilig‹ gilt, gibt das Opfer des Einzelnen Sinn. Der aufklärerischen, kosmopolitischen Vaterlandstheorie zufolge galt das Opfer des Lebens als ein Akt der Dankbarkeit, eine Erstattung erwiesener Vorteile[12]. Solche Erklärung ist dem Konservatismus nicht genug, und seit seiner Entstehung bekämpft er den Gedanken eines utilitaristischen Pazifismus als eine die Kraft von Religion und Institution gleichermaßen zerstörende Lehre. Die Abschaffung des Krieges bedeutet ihrem Wesen nach Staatsauflösung[13]. Die Idee des Opfers fehlt bei keinem der konservativen Theoretiker. Sie reicht von Adam Müller[14] bis zu Ernst Jünger[15] und Carl Schmitt, der in seinem ›Begriff des Politischen‹ den Opfergedanken besonders herausstellt[16].

Gegen Ende des 19. Jahrhunderts findet sich eine interessante Verschiebung der Opfertheorie: Anstatt für Ziele, die für selbstverständlich gelten, Opfer zu fordern, sucht die konservative Theorie Werte und Institutionen, für die ein Opfer zu bringen sich lohnt. Lagarde schreibt 1885: »Ich klage nicht, daß unserer Jugend Idealität mangele: ich klage an: die Männer, vor Allem die Staatsmänner klage ich an, welche der Jugend die Ideale nicht bieten, an denen allein der überall vorhandene Idealismus der Jugend zur Idealität zu werden vermag.«[17] In dem Maße, wie bisherige religiöse, politische und sittliche Sinngehalte problematisch werden, verschiebt sich das konservative Interesse an einem Wert, für den man sich opfert, auf den Akt des Opfers selbst, bis am Ende dieser Entwicklung Ernst

Jena 1922. S. 202 (Die Herdflamme. Hrsg. von Othmar Spann. Bd. 1,2). Vgl. auch Bd. 1. S. 275, 279. – Wilhelm Stapel: Der christliche Staatsmann. Eine Theologie des Nationalismus. Hamburg 1932. S. 161.

12 Eugen Lemberg: Nationalismus. Bd. 1: Psychologie und Geschichte. Reinbek b. Hamburg 1964. S. 95 (rowohlts deutsche enzyklopädie 197/198).

13 Stapel: Staatsmann S. 161 (s. oben Anm. 11). Vgl. unten S. 258 ff.

14 »Das ganze Leben des freien Menschen ist ein beständiges Hingeben des Geringeren, um das Größere zu erlangen.« Adam Müller: Über König Friedrich II. und die Natur, Würde und Bestimmung der Preußischen Monarchie. Berlin 1810. S. 310.

15 Ernst Jünger: Der Arbeiter. Hamburg 1932. S. 71.

16 Carl Schmitt: Der Begriff des Politischen. (1927). 3. Auflage. Berlin 1933. S. 18. Vgl. dazu: Karl Löwith: Der Okkasionelle Dezisionismus von Carl Schmitt. In: derselbe: Gesammelte Abhandlungen. Zur Kritik der geschichtlichen Existenz. Stuttgart 1960. S. 103 f., 107, 110 ff.

17 Paul de Lagarde: Deutsche Schriften. 5. Auflage. Göttingen 1920. S. 413.

Jünger überhaupt nicht mehr nach einem das Opfer rechtfertigenden Wert fragt, sondern das Erlebnis und den Prozeß des Opferns selbst als höchsten Wert behauptet: »Das tiefste Glück des Menschen besteht darin, daß er geopfert wird ...«[18] Das Absurde dieser Verkehrung von Mittel und Zweck ist von revolutionären Konservativen nie geleugnet worden. Dieses erst im revolutionären Konservatismus voll entwickelte Verständnis des Opfers als des Quells von Werten und Institutionen[19] wurde im 19. Jahrhundert vorbereitet. Schon Donoso Cortés begreift das Opfer selbst als eine Institution: »Die blutigen Opfer sind eine geheimnisvolle, menschlich gesprochen geradezu unbegreifliche Institution. Gleichwohl stellen sie eine allgemeine konstante Tatsache dar, die bei allen Völkern und in allen Ländern auftritt. Diese universalste unter allen sozialen Institutionen erscheint gleichzeitig als die unfassbarste, als etwas, was dem Absurden sehr nahe kommt.«[20]

Die Auffassung des Opfers als Öffnung zu neuen Sinngehalten findet sich bereits bei Franz von Baader: »Jedes Opfer hat nämlich den Zweck der Öffnung, Herstellung oder Erneuerung eines (effektiven, bekräftigenden) Rapports eines Niedrigeren mit einem Mächtigeren.«[21] Das Opfer wird auf diese Weise zum Garanten der Institution. In dem Augenblick, in dem die Institution selber ihre Überzeugungskraft einbüßt oder völlig zerbricht, gilt das Opfer als die Kraft zur Wiedergewinnung des verlorenen Sinnes. In seinem programmatischen Buch ›Anti-Cartesianismus‹ schreibt Franz Böhm: »Wenn wir uns heute zu dem Satz bekennen: das *Opfer* wird uns frei machen, so ist damit keineswegs nur eine äußere ›politische‹ Freiheit, sondern das entscheidende Ethos des deutschen Menschen

18 Zitiert nach Friedrich Glum: Philosophen im Spiegel und Zerrspiegel. Deutschlands Weg in den Nationalismus und Nationalsozialismus. München 1954. S. 238. Vgl. auch Christian Graf von Krockow: Die Entscheidung. Eine Untersuchung über Ernst Jünger, Carl Schmitt, Martin Heidegger. Stuttgart 1958. S. 51 (Göttinger Abhandlungen zur Soziologie Bd. 3).

19 Vgl. unten S. 265 ff.

20 Donoso Cortés: Der Staat Gottes. Eine katholische Geschichtsphilosophie. Hrsg. von Ludwig Fischer. Karlsruhe 1933. S. 338.

21 Franz von Baader: Schriften zur Gesellschaftsphilosophie. Hrsg. von Johannes Sauter. Jena 1925. S. 492 (Die Herdflamme. Hrsg. von Othmar Spann. Bd. 14).

gemeint...«[22] Das sogenannte Kriegserlebnis des Ersten Weltkrieges wurde wesentlich unter dem Gesichtspunkt des Opfers begriffen. Seine Beschwörung offenbart deutlich die institutionellen Schwierigkeiten, in denen sich das deutsche Volk und der deutsche Staat in jenen Jahren befanden. Hans Joachim Schoeps berichtet von einer nationalsozialistischen Jugendversammlung, in der ein Redner auf die Frage, warum diese Jugend nicht zur Republik stehe, die charakteristische Antwort gab: »Weil wir uns für Stresemann nicht totschießen lassen können«[23]. Die Bedeutung von Langemarck lag, wie Ernst Niekisch sagt, in der »triumphierenden Hingabe an ein Höheres und Überindividuelles, das Ewige in uns...«[24] Der Nationalsozialismus hat die revolutionär-konservative Idee des Opfers als der Kraft zu neuem Werden in den Dienst einer Ideologie gestellt, die das Opfer und die Opferung von Millionen kosten sollte.

2. Das konservative Freiheitsverständnis

»Das Wesentliche einer politischen Institution... ist, daß der gebrechliche launenhafte Wille der Individuen durch gehörige Gegengewichte zu einem allgemeinen und dauerhaften Willen erhoben werde.«[25] Mit diesem Satz Adam Müllers zeigt sich schon zu Beginn der konservativen Bewegung, daß das Freiheitsverständnis des Konservatismus nur im Horizont seines Institutionsbegriffes zu gewinnen ist. Freiheit hat für den Konservativen erst Sinn, wenn die institutionellen Schranken schon festgestellt und eingewachsen

22 Franz Böhm: Anti-Cartesianismus. Deutsche Philosophie im Widerstand. Leipzig 1938. S. 218.
23 Hans Joachim Schoeps: Die letzten dreißig Jahre. Rückblicke. Stuttgart 1956. S. 199. Die folgenden Sätze von Schoeps zeigen, in wie starkem Maße er selber diesem Gedanken verpflichtet ist: »Das aber ist der entscheidende Punkt, denn diese Jugend sucht nach Ideen und Symbolen, für die wieder opfervoller Einsatz möglich ist, und ihr Instinkt sagt ihr nur zu deutlich, daß der republikanische Staat von heute beziehungsweise die ihn repräsentierende Führerschicht kein Verständnis für vitalen Heroismus hat, sondern daß das ihn beherrschende Lebensgefühl das der risikolosen Versicherung und Versorgung ist. Die seelische Ausrichtung auf den Geldsack aber wird von dieser Jugend aus tiefstem Grunde verabscheut, genauso wie das Schrebergartenideal sozialistischer Gewerkschaftssekretäre.« Ebd. S. 199.
24 Ernst Niekisch: Entscheidung. Berlin 1930. S. 5.
25 Müller: Vermischte Schriften 1. Theil. S. 182 (s. oben Anm. 8).

sind [26]. Hatte die deutsche Romantik die erste Phase der Französischen Revolution zunächst als Durchbruch zur Freiheit vom absolutistischen Zentralismus begrüßt, so stand sie wenige Jahre später aus Sorge vor dem ›Despotismus der Vernunft‹ (Alexander Rüstow) auf der Seite der Reaktion. Die politische Romantik lehnte die demokratische Verbindung von Freiheit und Gleichheit durchgängig ab: »Nichts kann der Freiheit, wie ich sie beschrieben habe, und wie sie nicht bloß mit dem Gesetze besteht, sondern vom Gesetze erzeugt und getragen wird... mehr widersprechen, als der Begriff einer äußeren *Gleichheit*.«[27] Im Gegensatz zum demokratischen Freiheitsbegriff orientierte sich der Konservatismus von Anbeginn an den Vorstellungen korporativer Freiheit, wie er sie in der deutschen Geschichte in vielfältigen Formen vorfand und wie sie noch Othmar Spann zu neuem Leben zu erwecken versuchte. Unter der Devise des Suum cuique unterscheidet der Konservative gern zwischen einer negativen und einer positiven Freiheit [28]. Die Menschen sind in den Augen des Konservativen zu verschieden, als daß sie in gleicher Weise politische Freiheit verdienen [29]. Wennschon mit der Entwicklung von der politischen Romantik zur stärker institutionellen Auffassung des Staates bei Stahl [30] eine leichte Verschiebung im Verhältnis zum liberalen Freiheitsverständnis eintrat, bleibt das konservative Freiheitsverständnis bis zum Ende des Konservatismus in Deutschland prinzipiell antidemokratisch [31]. Auch das stän-

26 Vgl. Adam Müller ebd. S. 231.

27 Adam Müller: Die Elemente der Staatskunst. Hrsg. von Jakob Baxa. Bd. 1. Jena 1922. S. 151 (Die Herdflamme. Hrsg. von Othmar Spann. Bd. 1,1).

28 Ebd. S. 133 und 313 f. Der Konservative bevorzugt deshalb vor dem Singular generalis den Gebrauch des Plurals und spricht von Freiheiten.

29 Das Vorbild konservativer Berufung auf korporative Freiheiten bleibt bis heute Edmund Burke. Vgl. Edmund Burke: Betrachtungen über die französische Revolution. Übersetzt von Friedrich Gentz. Neue Auflage. Berlin 1794. Bd. 1. S. 42; Bd. 2. S. 93 f. und 109 ff.

30 Stahl: Philosophie des Rechts Bd. 2,2 (s. oben Anm. 1), Kapitel 16: Die öffentliche Meinung und die Presse. S. 487 ff.; Kapitel 17: Die Erklärung der Rechte. S. 518 ff.; Kapitel 18: Das Volk und die Lehre von der Volkssouveränität. S. 529 ff.

31 Alfred von Martin: Weltanschauliche Motive im altkonservativen Denken. In: Deutscher Staat und deutsche Parteien. Beiträge zur deutschen Partei- und Ideengeschichte. Friedrich Meinecke zum 60. Geburtstag dargebracht. Hrsg. von Paul Wentzcke. München und Berlin 1922. S. 347; Kurt Sontheimer: Antidemo-

dische Prinzip wird bis in die dreißiger Jahre unseres Jahrhunderts hindurch festgehalten, und der Grundrechtskatalog der demokratischen Verfassungen wird von konservativer Seite stets unter dem Hinweis auf die bloße Negativität dieser Rechte kritisiert. In seinen ›Betrachtungen eines Unpolitischen‹ wendet sich Thomas Mann gegen die grenzenlose Negativität des Freiheitsbegriffes als eines nihilistischen Begriffes, der nur in geringsten Dosen heilsam sein könne: »Freiheit, – dieses Negativum enthält seine Würde ja nicht in sich selbst (denn Negation an sich ist ohne Würde), sondern empfängt sie erst aus seiner Ergänzung, durch das, was damit negiert wird.«[32] Der Gegensatz des demokratisch-rationalen Freiheitsbegriffes zum konservativen Institutionsverständnis hat über Carl Schmitt[33] bis zu Arnold Gehlen gewirkt, der heute eine neue Institutionenlehre entwickelt, in deren Horizont Freiheit als »Entscheidungszumutung« und als Last erscheint[34].

kratisches Denken in der Weimarer Republik. Studienausgabe mit einem Ergänzungsteil: Antidemokratisches Denken in der Bundesrepublik. München 1968. Bes. S. 267 ff.

32 Thomas Mann: Betrachtungen eines Unpolitischen. Berlin 1918. S. 528. – Wie stark der institutionelle Freiheitsbegriff in Deutschland auch über die im engeren Sinne des Wortes konservative Haltung hinaus verbreitet war, zeigen Sätze, die Ernst Troeltsch im Jahre 1925 schrieb: »Die Freiheit, sofern sie gestaltende Mitwirkung an der Bildung des Staatswillens ist, ist uns nicht die Hervorbringung des Regierungswillens aus der Summierung der Einzelwillen und nicht die Kontrolle der Geschäftsführer durch den Auftraggeber, sondern die freie, bewußte, pflichtmäßige Hingabe an das durch Geschichte, Staat und Nation schon bestehende Ganze. Es soll als Ausdruck und Inbegriff des Gesamtwesens frei gewollt und immer neu in eigener Tätigkeit hervorgebracht werden.« Ernst Troeltsch: Deutscher Geist und Westeuropa. Gesammelte kulturpolitische Aufsätze und Reden. Hrsg. von Hans Baron. Tübingen 1925. S. 94.

33 Vgl. besonders Carl Schmitts Aufsatz: Freiheitsrechte und institutionelle Garantien der Reichsverfassung. (1931). In: derselbe: Verfassungsrechtliche Aufsätze aus den Jahren 1924–1954. Materialien zu einer Verfassungslehre. Berlin 1958. S. 140 ff.

34 Vgl. Arnold Gehlen: Urmensch und Spätkultur. Philosophische Ergebnisse und Aussagen. Bonn 1956. S. 49. Vgl. dazu: Friedrich Jonas: Die Institutionenlehre Arnold Gehlens. Tübingen 1966 (Soziale Forschung und Praxis Bd. 24). Vgl. grundsätzlich unten S. 316 ff.

X. Organologie

Die Ausbildung organologischen Denkens ist eine spezifische Eigenart des deutschen Konservatismus. Im Unterschied zum französischen Konservatismus, der keine organologische Theorie entwickelt hat[1], ist die Tradition deutschen konservativen Denkens ohne die Organismustheorie nicht zu denken[2]. Die Frage, wer als Schöpfer des organischen Denkens gelten kann, ist strittig[3]. Einige sehen in Edmund Burke den Stifter der organischen Staatswissenschaft[4], anderen gilt Justus Möser als erster organologischer Denker[5]. Andere wieder sehen in Adam Müllers ›Elementen der Staatskunst‹ das Grundbuch der organischen Theorie[6]. Wieder andere meinen in

1 Carl Schmitt: Politische Theologie. Vier Kapitel zur Lehre von der Souveränität. 2. Auflage. München und Leipzig 1934. S. 78.

2 Vgl. grundsätzlich den gut informierenden Aufsatz von Dankmar Ambros, der besonders die ästhetische Theorie Kants berücksichtigt. Dankmar Ambros: Über Wesen und Formen organischer Gesellschaftsauffassung. In: Soziale Welt 14 (1963), S. 14 ff. Die erste mir bekannte kritische Darstellung findet sich bei Albert Th. van Krieken: Über die sogenannte Organische Staatstheorie. Ein Beitrag zur Geschichte des Staatsbegriffs. Leipzig 1873. Für gegenwärtige organologische Vorstellungen in der Bundesrepublik vgl. Helga Grebing: Konservative gegen die Demokratie. Konservative Kritik an der Demokratie in der Bundesrepublik seit 1945. Frankfurt a. M. 1971. Teil III, 2. Kapitel.

3 Vgl. grundsätzlich Paul Barth: Die Philosophie der Geschichte als Soziologie. 3. und 4. Auflage 1922. Teil 1, Kapitel 7: Die Gesellschaft ein geistiger Organismus. S. 105 ff.; Ernst Troeltsch: Der Historismus und seine Probleme. Gesammelte Schriften Bd. 3. Tübingen 1922. S. 277 ff.: Die Organologie der deutschen historischen Schule.

4 So Hans Barth in: Die Idee der Ordnung. Beiträge zu einer politischen Philosophie. Erlenbach-Zürich und Stuttgart 1958. S. 56 ff. Der Begriff ›organisch‹ kommt bei Burke nicht wörtlich, aber dem Sinne nach vor, vgl. Friedrich Meusel: Edmund Burke und die französische Revolution. Berlin 1913. S. 83 ff.

5 Vgl. Heinrich von Srbik: Geist und Geschichte vom deutschen Humanismus bis zur Gegenwart. Bd. 1. München und Salzburg 1950. S. 138; Ernst Rudolf Huber: Lessing, Klopstock, Möser und die Wendung vom aufgeklärten zum historisch-individuellen Volksbegriff. In: Zeitschrift für die gesamte Staatswissenschaft 104 (1944), S. 136 f.

6 Friedrich Bülow: Der deutsche Ständestaat. Nationalsozialistische Gemeinschaftspolitik und Wirtschaftsorganisation. Leipzig 1934. S. 16.

Schelling den eigentlichen Erfinder dieses Denkens entdecken zu können [7].

In ideengeschichtlicher Hinsicht ist eine gewisse Vorarbeit Kants für die Ausbildung des Organismusgedankens von Interesse. Wennschon Kant die Übertragung der Kategorie des Organischen aus dem Bereich der Ästhetik auf den Bereich der Politik selber nicht vorgenommen hat [8], schuf er doch durch seine ästhetische Theorie (den Gedanken der Einheit von Wirkung, Ursache und Endursache, von der Gleichursprünglichkeit von Mittel und Zweck) die systematische Voraussetzung organologischen Denkens [9].

7 Ernst Troeltsch: Aufsätze zur Geistesgeschichte und Religionssoziologie. Hrsg. von Hans Baron. Gesammelte Schriften Bd. 4. Tübingen 1925. S. 607. Vgl. auch Reinhold Aris: History of political thought in Germany from 1789 to 1815. London 1936. S. 288 ff.; Hugo Preuß: Die Persönlichkeit des Staates, organisch und individualistisch betrachtet. In: Archiv für öffentliches Recht 4 (1889), S. 63. In diesem interessanten Aufsatz weist Preuß den Versuch ab, den Keim der organischen Staatstheorie in die Antike zu verlegen und ihren Anfangspunkt in der Lehre des Aristoteles von dem Vorrang des Ganzen vor den Teilen zu erblicken. Dagegen stellt er ganz in unserem Sinne die negativ-kritische Bedeutung der organischen Staatsanschauung heraus: »Sie verwirft den Gedanken, daß der Staat eine willkürliche Schöpfung des bewußten menschlichen Willens sei.« Ebd. S. 68.

8 Sehr zurückhaltend spricht Kant von dieser Möglichkeit: »Man kann umgekehrt einer gewissen Verbindung, die aber auch mehr in der Idee als in der Wirklichkeit angetroffen wird, durch eine Analogie mit den genannten unmittelbaren Naturzwecken Licht geben. So hat man sich bei einer neuerlich unternommenen gänzlichen Umbildung eines großen Volks zu einem Staat des Wortes *Organisation* häufig für die Einrichtung der Magistraturen usw. und selbst des ganzen Staatskörpers sehr schicklich bedient. Denn jedes Glied soll freilich in einem solchen Ganzen nicht bloß Mittel, sondern zugleich auch Zweck und, indem es zu der Möglichkeit des Ganzen mitwirkt, durch die Idee des Ganzen wiederum seiner Stelle und Funktion nach bestimmt sein.« Immanuel Kant: Kritik der Urteilskraft § 65. Hrsg. von Karl Vorländer. Hamburg 1959. S. 238 (Philosophische Bibliothek Bd. 39 a); vgl. dazu Ambros: Gesellschaftsauffassung S. 17 f. (s. oben Anm. 2).

9 Die wichtigsten Sätze sind diese: »Soll aber ein Ding als Naturprodukt in sich selbst und seiner inneren Möglichkeit doch eine Beziehung auf Zwecke enthalten, d. i. nur als Naturzweck und ohne die Kausalität der Begriffe von vernünftigen Wesen außer ihm möglich sein, so wird ... dazu erfordert, daß die Teile desselben sich dadurch zur Einheit eines Ganzen verbinden, daß sie voneinander wechselseitig Ursache und Wirkung ihrer Form sind. Denn auf solche Weise ist es allein möglich, daß umgekehrt (wechselseitig) die Idee des Ganzen wiederum die Form und Verbindung aller Teile bestimme: nicht als Ursache — denn da wäre es ein Kunstprodukt —, sondern als Erkenntnisgrund der systema-

Die organische Staatstheorie ist nicht zu verstehen ohne die rationalistische Staatstheorie, gegen die sie sich wendet. Die Organologie hat somit stets auch kritisch-negativen Charakter [10]. Diese Front beschreibt Friedrich Schlegel in seinem Concordia-Aufsatz sehr eindrücklich: »Organisch aber ist im allgemeinen das lebendig Gegliederte; ein organisches Wirken und Verfahren also ein solches, welches in dem gegliederten Zusammenhange und Einklange des Lebens sich bewegt, entwickelt und fortschreitet; es steht entgegen einesteils dem atomistischen Zustande, und andrerseits allem Wirken und Verfahren in Masse. Das ist ja aber auch im Politischen das Wesen alles revolutionären Beginnens, erst den Staatskörper in seine einzelne Atome zu zerschlagen, in seine Elemente aufzulösen, und dann mit diesen aufgelösten Elementen, mit diesen einzelnen Atomen in Masse dynamisch, d. h. nach einem bloßen Gegengewicht der Kräfte zu wirken. Das organische Verfahren beruht auf der rechten lebendigen Erkenntnis desselben, und eben an diesem organischen Verstande fehlt es unserm Zeitalter, obgleich dasselbe alle andre Arten von Verstand und Sophisterei, von kritischen Verstandessubtilitäten und diplomatischer Feinheit und Schlauigkeit im Überfluß besitzen mag, und wirklich besitzt.« [11] Verschiedene Autoren haben diesen

tischen Einheit der Form und Verbindung alles Mannigfaltigen, was in der gegebenen Materie enthalten ist, für den, der es beurteilt. Zu einem Körper also, der an sich und seiner inneren Möglichkeit nach als Naturzweck beurteilt werden soll, wird erfordert, daß die Teile desselben einander insgesamt, ihrer Form sowohl als Verbindung nach, wechselseitig und so ein Ganzes aus eigener Kausalität hervorbringen, dessen Begriff wiederum umgekehrt (in einem Wesen, welches die einem solchen Produkt angemessene Kausalität nach Begriffen besäße) Ursache von demselben nach einem Prinzip sein, folglich die Verknüpfung der *wirkenden Ursachen* zugleich als *Wirkung durch Endursachen* beurteilt werden könnte.« Kant: Urteilskraft § 65, S. 236 (s. oben Anm. 8). Zur Organologie Kants vgl. Erich Kaufmann: Über den Begriff des Organismus in der Staatslehre des 19. Jahrhunderts. Heidelberg 1908. S. 5 f.; Reinhold Aris: Die Staatslehre Adam Müllers in ihrem Verhältnis zur deutschen Romantik. Tübingen 1929. S. 52; Hermann U. Kantorowicz: Volksgeist und historische Rechtsschule. In: Historische Zeitschrift 108 (1912), S. 315.

10 Preuß: Persönlichkeit S. 68 (s. oben Anm. 7).

11 Friedrich Schlegel: Signatur des Zeitalters. Teil 2 (Concordia, Wien 1823). In: derselbe: Studien zur Geschichte und Politik. Kritische Ausgabe, hrsg. von Ernst Behler u. a. Bd. 7. München/Paderborn/Wien/Zürich 1966. S. 539. Ebenso hält es Heinrich Leo in seiner Staatslehre für äußerst wichtig, »diesen Unterschied des Vorwaltens organischen oder mechanischen Charakters in einem

Zusammenhang bemerkt, wennschon wenige so weit gehen wie Erich Kaufmann, der (in Übereinstimmung mit unserem systematischen Interpretationsansatz) feststellt, daß die weltgeschichtliche Geburtsstunde des modernen Organismusbegriffes und des modernen Staatsgefühles die gleiche war [12]. Friedrich Engels hat in einem Brief an

Staatsleben durch die ganze Geschichte hindurch festzuhalten...« – »Nennen wir im Gegensatz dieser mechanischen Staaten *die* aus dem unmittelbaren Leben der in einem unabhängigen gesellschaftlichen Verband sich befindenden Individualitäten herausgebildeten, nicht weiter vermittelten Zustände *organische,* so ergibt sich Folgendes als der Unterschied des organischen und mechanischen Staates: Die Regel des Lebens des organischen Staates geht aus dem Gesamtleben seiner Glieder natürlich hervor; die Regel des Lebens des mechanischen Staates wird durch ein *einzelnes* entweder von Natur mächtigeres oder von den natürlichen mächtigeren Staatsgliedern als wichtiger anerkanntes Interesse gegeben, und *alle Gliederung fügt sich durch äußeren Zwang diesem Interesse.«* Heinrich Leo: Zu einer Naturlehre des Staates. Eingeleitet von Kurt Mautz. Frankfurt a. M. 1948. S. 43.

12 Kaufmann: Organismus S. 3 (s. oben Anm. 9). Auch Hans Kelsen sieht die Gleichursprünglichkeit beider Theorien, wenn er, allerdings mit stärkerem Interesse an der rationalistischen Staatslehre, bemerkt, »daß die Organismustheorie selbst in ihren extremsten Hypostasierungen nur die folgerichtige Fortführung der mechanistisch-psychologistischen Soziologie ist. In der die sozialen Gebilde begründenden ›Wechselwirkung‹ steckt der Keim des Staatskörpers wie der Staatsseele. Und es ist nicht uninteressant zu beobachten, wie die psychologische Soziologie zwar vor den Konsequenzen der mythologischen Organismustheorie zurückscheut, immer wieder aber die Vorstellung des Organismus in einem die Analogie weit überschreitenden Sinn heranziehen muß, um die ›reale‹, ›objektive‹ Verbindung der Menschen zu sozialen Einheiten im Wesen der Wechselwirkung begreiflich zu machen.« Hans Kelsen: Der soziologische und der juristische Staatsbegriff. Kritische Untersuchung des Verhältnisses von Staat und Recht. Neudruck der 2. Auflage von 1928. Aalen 1962. S. 37. Ernst-Wolfgang Böckenförde hält sich in seiner Interpretation eher an die Theorie des ›Gegenschlages‹, wenn er schreibt: »Je weiter die geschichtliche Entwicklung auf dem durch die Ideen von 1789 vorgezeichneten Weg voranschritt, desto anachronistischer und wirklichkeitsferner wurde diese Theorie. Schließlich eine reine Gegenideologie zum individualistischen und autonomistischen Ordnungsbild der Aufklärung, war sie eben in der Verneinung doch eng an dieses gebunden.« Ernst-Wolfgang Böckenförde: Der deutsche Katholizismus im Jahre 1933. Eine kritische Betrachtung. In: Hochland 53 (1960/61), S. 236 f. Ernst Troeltsch sieht den Zusammenhang der organologischen Theorie mit der rationalistischen Staatsauffassung überhaupt nicht und betont nur die Grundverschiedenheit der organischen Gesellschaftsauffassung von der Comteschen und der Spencerschen. Troeltsch: Historismus S. 280 f. (s. oben Anm. 3).

den russischen Geschichtsphilosophen Lawrow die gegenseitige Abhängigkeit der rationalistischen und der organologischen Staatslehre erkannt und formuliert: »Die ganze Darwinsche Lehre vom Kampf ums Dasein ist einfach die Übertragung der Hobbesschen Lehre vom bellum omnium contra omnes, und der bürgerlich-ökonomischen von der Konkurrenz, nebst der Malthusschen Bevölkerungstheorie, in die belebte Natur. Nachdem man dies Kunststück fertiggebracht ..., so rücküberträgt man dieselben Theorien aus der organischen Natur wieder in die Geschichte, und behauptet nun, man habe ihre Gültigkeit als ewige Gesetze der menschlichen Gesellschaft nachgewiesen.«[13]

1. Die organologische Staatsauffassung

Seit Platons staatstheoretischen Schriften ist der Biologismus in der Philosophie und der Gesellschaftstheorie stets die Basis von reaktionären Tendenzen gewesen[14]. Die gliedhafte Vorstellung des gesellschaftlichen Aufbaus taucht in der Geschichte der politischen Theorie immer wieder auf, bei Augustin[15] ebenso wie bei Thomas von Aquin[16]. Die moderne organologische Gesellschaftslehre unterscheidet sich jedoch von diesen älteren Formen darin, daß die ständisch-agrarische Gesellschaft unter den Bedingungen des beginnenden industriellen Zeitalters als solche zum Gegenstand konservativer Besinnung wird und somit die organologische Theorie weit mehr leisten muß, als sie bisher leistete[17].

13 Friedrich Engels in einem Brief vom 15.–17. November 1875 an Pjotr Lawrowitsch Lawrow. Zitiert nach Ernst Topitsch: Das Problem der Wissenssoziologie. In: Philosophisches Jahrbuch 65 (1957), S. 358.
14 Georg Lukács: Die Zerstörung der Vernunft. Neuwied am Rhein/Berlin 1962. S. 577 (Werke Bd. 9). Zu Plato vgl. kritisch Karl R. Popper: Der Zauber Platons. Aus dem Englischen. Bern 1957 (Die offene Gesellschaft und ihre Feinde Bd. 1).
15 Vgl. den interessanten Exkurs zur Lehre vom Corpus Mysticum bei Gerd Heinz-Mohr: Unitas Christiana. Studien zur Gesellschaftsidee des Nikolaus von Kues. Trier 1958. S. 17 ff.
16 Vgl. Franz Faller: Die rechtsphilosophische Begründung der gesellschaftlichen Autorität bei Thomas von Aquin. Heidelberg 1954. S. 66.
17 Vgl. Alfred Weber: Die Krise des modernen Staatsgedankens in Europa. Berlin und Leipzig 1925. S. 127.

Die organische Gesellschaftsauffassung bezieht sich stets auf ein ständisches Gesellschaftsmodell, und je primitiver die Formen soziopolitischer Verfassung sind, desto eher lassen sich organologische Analogien in anthropomorpher oder soziomorpher Form versuchen[18]. Gegenüber der Vorstellung einer Staatsgesellschaft in Analogie zum Menschen und zur Familie ist die technomorphe Auffassung des Staates als Maschine ebenso neu wie die biomorphe Analogie zur Pflanze oder zum Baum. Gerade diese beiden Modelle sind aber deshalb einander besonders scharf entgegengesetzt[19].

a) Der Staat als Person

Die anthropomorphe Auffassung des Staates zeigt die konservative Abhängigkeit vom rationalistischen Gegner besonders deutlich. Wenn Adam Müller fragt: »Darf eine Armee wirklich etwas anderes seyn als der erweiterte, armirte Arm des Helden? Sollte die einfache Wirksamkeit tausendfältiger Individuen im wahren Staate wirklich etwas anders seyn, als das erweiterte Haupt des wahren Beherrschers?«[20], beschwört er damit die Staatsvorstellung des Thomas Hobbes[21]. Die Modernität des Organismusgedankens zeigt sich be-

18 Vgl. Harald Höffding: Der Totalitätsbegriff. Eine erkenntnistheoretische Untersuchung. Leipzig 1917.

19 Bereits bei Herder wird das Volk nach Analogie der Pflanze begriffen. Vgl. Rudolf Stadelmann: Der historische Sinn bei Herder. Halle 1928. S. 50. Bevor wir die wichtigsten Aspekte der organologischen Staatslehre vorführen, sei für viele kritische Stimmen die Verurteilung dieser Ideologie mit einem Zitat paradigmatisch geleistet: »Die Gesellschaft ist nicht, wie die alten ›organizistischen‹ Theoretiker meinten, ein natürlicher Organismus, der sich gliedert und wächst, und dessen Funktionen sich naturnotwendig zu einem Ganzen fügen; sie ist vielmehr etwas geschichtlich Werdendes, das sich nicht aus ›Gliedern‹ und ›Organen‹ zusammensetzt, sondern aus lebendigen Menschen mit ihren nur zum Teil sich ergänzenden, noch öfter aber konfliktierenden, sich reibenden und zusammenprallenden Interessen. Weit davon entfernt, eine ›natürliche‹ Struktur zu sein, die man sich selbst überlassen kann, ist Gesellschaft ein überaus künstliches, gebrechliches, und zerbrechliches, in seiner Tatsächlichkeit geradezu unwahrscheinliches Gebilde, dessen leidliches Funktionieren (in ›normalen‹ Zeiten) einem ›Wunder‹ viel ähnlicher sieht als einer organischen Struktur.« W. E. Mühlmann: Aspekte einer Soziologie der Macht. In: Archiv für Rechts- und Sozialphilosophie 40 (1952/53), S. 84 ff.

20 Adam Müller: Vermischte Schriften über Staat, Philosophie und Kunst. Teil 2. Wien 1812. S. 308. Vgl. grundsätzlich Gisela von Busse: Die Lehre vom

sonders in der starken Abstraktheit, Mechanik und Gewaltsamkeit, mit der die Allegorie durchgesetzt wird. Je mobiler und pluraler die Staatsgesellschaft sich im Laufe der Zeit ausnimmt, desto rigider besteht der Konservatismus auf der organologischen Vorstellung. Organität wird nicht von ungefähr am Ende zur Forderung nach politischer Totalität, wie sie seit Adam Müller gedanklich bereits vorgeprägt war[22]. Politisch tendiert die Neigung, Kollektive zu personifizieren, dahin, ein Ziel der Übertragung zu schaffen und die Konstitutionsform der Einherrschaft zu rechtfertigen[23].

Wie Novalis und Ranke[24] ist noch Lagarde außerstande, sich das Leben eines Staates anders klarzumachen denn als Analogon des indivi-

Staat als Organismus. Kritische Untersuchungen zur Staatsphilosophie Adam Müllers. Berlin 1928; F. W. Coker: Organismic theories of the state. Nineteenth century interpretations of the state as organism or as person. London/New York 1910.

21 Vgl. die Reproduktion des Bildes, das der ersten Ausgabe der Hobbesschen Schrift beigefügt war, bei Carl Schmitt: Der Leviathan in der Staatslehre des Thomas Hobbes – Sinn und Fehlschlag eines politischen Symbols. Hamburg 1938.

22 »Der Staat ist die Totalität der menschlichen Angelegenheiten, ihre Verbindung zu einem lebendigen Ganzen.« Adam Müller: Die Elemente der Staatskunst. Hrsg. von Jakob Baxa. Bd. 1. Jena 1922. S. 48 (Die Herdflamme. Hrsg. von Othmar Spann. Bd 1, 1).

23 Max Imboden: Die Staatsformen. Versuch einer psychologischen Deutung staatsrechtlicher Dogmen. Basel und Stuttgart 1959. S. 35 f. Neuausgabe 1964. S. 160.

24 »... der Staat ist immer ein Makroanthropos gewesen – die Zünfte = die Glieder und einzelnen Kräfte – die Stände = die Vermögen. Der Adel war dies sittliche Vermögen – die Priester das religiöse Vermögen – die Gelehrten die Intelligenz – der König der Wille. Allegorischer Mensch.« Novalis: Fragmente IX, Nr. 910. Zitiert nach: Deutsche Vergangenheit und deutscher Staat. Bearbeitet von Paul Kluckhohn. Leipzig 1935. S. 189 (Deutsche Literatur in Entwicklungsreihen. Reihe Romantik Bd. 10). – »*Carl:* In diesem Sinne verstehst du es, daß die Staaten Individuen seien. *Friedrich:* Individualitäten, eine der anderen analog, – aber wesentlich unabhängig voneinander. Statt jener flüchtigen Konglomerate, die sich dir aus der Lehre vom Vertrag erheben wie Wolkengebilde, sehe ich geistige Wesenheiten, originale Schöpfungen des Menschengeistes, – man darf sagen, Gedanken Gottes.« Leopold von Ranke: Politisches Gespräch. Sämtliche Werke. Zweite und dritte Gesamtausgabe. Bd. 49/50. Hrsg. von Alfred Dove. Leipzig 1887. S. 329. – Zur anthropomorphen Staatsauffassung vgl. grundsätzlich: Ernst Topitsch: Vom Ursprung und Ende der Metaphysik. Eine Studie zur Weltanschauungskritik. Wien 1958.

duellen Lebens einer Person[25]. Zur anthropomorphen Staatsauffassung gehört auch die umgekehrte Vorstellung, nach der jeder Mensch »eine kleine Gesellschaft« ist[26]. Hier liegt der Ursprung der konservativen Auffassung von der Totalität der Person, wie sie besonders für die letzte Phase des konservativen Denkens Bedeutung hat und bis heute die wichtigste konservative Position darstellt. In dem Maße, wie Staat und Gesellschaft die alte soziale Ordnung nicht mehr repräsentieren, soll diese sich in der Person jedenfalls psychologisch auf der Ebene der Erinnerung wiederherstellen lassen[27].

Die durchaus zwielichtige Haltung des Konservatismus zur Person wird innerhalb der anthropomorphen Auffassung des Staates besonders augenscheinlich. Bei jeder totalen Auffassung der Staatsgesellschaft muß die Person in ihrer Bedeutung zurückstehen[28]. Auf der anderen Seite kann der Konservative sich zugunsten der Person und ihrer Würde aussprechen, wenn Staat und Gesellschaft konservativen Vorstellungen und Hoffnungen in keiner Weise mehr entsprechen. Das war die Situation, in der sich die konservativen Widerstandsgruppen während des Dritten Reiches fanden. Gegenüber dem Totalitätsanspruch einer sittlich nicht mehr ausgewiesenen Staatsmacht wollte man die Würde der Person verteidigen. Sieht man sich jedoch die Verfassungsentwürfe der Konservativen an, so zeigt sich auf den ersten Blick, daß man im Unterschied zu liberalen Vorstellungen nicht bereit war, im Individuum und seinem Glücksstreben den Sinn staatlicher Politik zu sehen[29]. Nicht nur im Widerstand

25 Paul de Lagarde: Konservativ? (1853). In: derselbe: Deutsche Schriften. Hrsg. v. Karl August Fischer. 2. Auflage. München 1934. S. 10 (Paul de Lagarde: Schriften für das deutsche Volk. Bd. 1).
26 Novalis: Fragmente (1798). Zitiert nach: Gesellschaft und Staat im Spiegel deutscher Romantik. Hrsg. von Jakob Baxa. Jena 1924. S. 176 (Die Herdflamme. Hrsg. von Othmar Spann. Bd. 8). In demselben Sinne: »Ein vollkommener Mensch ist ein kleines Volk.« Zitiert nach: Deutsche Vergangenheit. Hrsg. von Paul Kluckhohn. S. 181 (s. oben Anm. 24).
27 Vgl. unten S. 232 f., 313 f.
28 Vgl. Hermann Heller: Hegel und der nationale Machtstaatsgedanke in Deutschland. Ein Beitrag zur politischen Geistesgeschichte. Leipzig und Berlin 1921. S. 3; und: Theodor Litt: Individuum und Gemeinschaft. Grundlegung der Kulturphilosophie. 2. neubearb. Auflage. Leipzig/Berlin 1924, S. 152 ff.
29 Vgl. Hans Rothfels: Die deutsche Opposition gegen Hitler. Eine Würdigung. Krefeld 1949; Gerhard Ritter: Carl Goerdeler und die deutsche Wider-

gegen Hitlers Staat, sondern auch gegen die Ideen von 1848 findet sich der Name v. Thadden-Trieglaff [30].

b) Der Staat als Familie

»Eine Nation ist gleichsam eine große allumfassende Familie, wo mehrere Familien und Stämme durch Einheit der Verfassung, der Sitten, Gebräuche, der Sprache, des allgemeinen Interesse zu einem gemeinschaftlichen Ganzen verbunden sind, nur daß diese Verbindung des größern Umfangs wegen nicht von der intensiven Stärke und Innigkeit seyn kann, wie in der Familie.« [31] Die soziomorphe Auffassung des Staates ist uralt, sie war in China ebenso bekannt wie bei Aristoteles. Der moderne Konservatismus aber gab ihr einen neuen Charakter: Als Reaktion auf den absoluten Staat, der zum erstenmal ein völlig neues mechanistisches technomorphes Staatsverständnis entwickelte, versuchte die romantische Staatstheorie die Idee eines sozialen Organismus, in welchen sich die Familie als Zelle einfügt. Die Familie wird als die von der Natur vorgegebene organische Urzelle des Staates verstanden, und »dasselbe Gesetz organischen Werdens, welches die Zellen zu immer complicirteren Lebewe-

standsbewegung. Stuttgart [1954]; Eberhard Zeller: Geist der Freiheit. Der Zwanzigste Juli. 5. Auflage. München [1965]. Vgl. auch unten S. 300 f.

30 Vgl. v. Thadden-Trieglaff: Votum gegen ein Wahlgesetz auf breitester Grundlage, 1848: »Das preußische Volk bildet nicht ein Aggregat von gleichen Individuen, in welchem der Besitzer eines Gutes als 1 und 20 seiner Tagelöhner als 20, also sie zusammen als 21, der Meister und seine 7 Gesellen als 8, der Fabrikbesitzer und seine 100 Arbeiter als 101 gezählt werden können, so wenig als ein menschlicher Körper ein Klumpen von soundso viel Pfund Fleisch ist. Vielmehr existiert das Volk nur in seiner rechtlichen Gliederung. Der Entwurf abstrahiert von aller Wirklichkeit und paßt ebensogut und ebenso schlecht auf einen Negerstaat im inneren Afrika, als auf den preußischen. Er verletzt und bedroht also alle Rechte und Freiheiten und kann nach der Natur der Sache und dem Zeugnisse der Geschichte, wo Ähnliches versucht worden, nur zu revolutionären Konvulsionen, ja zu eigentlicher Sklaverei führen; gerade wie ein menschlicher Leib erkranken und sterben müßte, den man behandelte als sei er kein Organismus, sondern eine Fleischklumpen.« Zitiert nach: Deutsche Parteiprogramme. Hrsg. von Wilhelm Mommsen. 2. durchges. und erg. Auflage. München 1964. S. 37 (Deutsches Handbuch der Politik Bd. 1).

31 Novalis: Aus den Philosophischen Vorlesungen 1804–1806. Zitiert nach: Gesellschaft und Staat, hrsg. von Jakob Baxa. S. 91 (s. oben Anm. 26); vgl. auch Adam Müller: Vermischte Schriften Teil 1, S. 22 (s. oben Anm. 20).

sen zusammenfügt, bildet aus dem Familienorganismus die höheren socialen Lebewesen. Wie im Protoplasma der Mensch, so ist in der Familie der Staat gegeben.«[32]

Sowohl die Vorstellung des Staates als einer Großfamilie[33] wie umgekehrt die Vorstellung der Familie als der ›Keimzelle des Staates‹ erlaubt über den Gedanken der ›Einordnung‹ die Unterordnung des Einzelnen unter staatliche Ziele, bis schließlich der totale Staat die völlige Verplanung, Vernutzung und Vernichtung seiner Bürger mehr oder weniger offen postulierte[34]. Nicht von ungefähr richtet sich die Kritik der konservativen Staatstheorie besonders gegen Kant, der sich unmißverständlich zu einer vertraglichen Betrachtungsweise menschlicher Societätsformen bekannt hat und mit der Durchsetzung dieses Prinzipes auch vor der Ehe nicht haltmachte. Nun unterscheidet sich aber unter anthropologischem Gesichtspunkt die Familie von jeder anderen menschlichen Gruppe dadurch, daß »sie kein außerhalb ihrer selbst gelegenes Bedürfnis befriedigt; sie ist Selbstzweck und niemals Mittel zu einem anderen Zweck. Eben in diesem Sinne ist jedoch die Gruppe (und also auch der Staat, M. G.) im Prinzip nicht Selbstzweck, sondern eine Vorkehrung, mit deren Hilfe sich die verschiedensten Ziele erreichen lassen.«[35] Der Konservative

32 Preuß: Persönlichkeit S. 71 (s. oben Anm. 7); vgl. auch Paul Krannhals: Das organische Weltbild. Grundlagen einer neuentstehenden deutschen Kultur. 2 Bde. München 1928.

33 »Der erste Staat ist die patriarchalisch geordnete Familie ... Hier sind die Verhältnisse, die sich nachher zu gesondertem Daseyn entfalten ... gleichsam noch im Keime gedrungen.« Friedrich Julius Stahl: Die Philosophie des Rechts. Bd. 2: Rechts- und Staatslehre auf der Grundlage christlicher Weltanschauung. 5. Auflage. Tübingen 1878. Neudruck Darmstadt 1963. S. 170.

34 In der ›Kreuzzeitung‹ des Jahres 1881 finden sich für diese Entwicklung bereits deutliche Anzeichen: »Die organische Weltanschauung verlangt die Einordnung des Individuums in den Organismus der Gesellschaft, der Kirche, des Staates, dessen Unterwerfung unter die Zwecke des Organismus und scheut, wenn der individualistische Freiheitstrieb des Individuums diese Zwecke zu gefährden droht, nicht die zwangsweise Zurückführung desselben auf seine natürliche Stelle im Organismus.« Kreuzzeitung Nr. 85 (1881). Zitiert nach Oscar Stillich: Die politischen Parteien in Deutschland. Bd. 1: Die Konservativen. Eine wissenschaftliche Darlegung ihrer Grundsätze und ihrer geschichtlichen Entwickelung. Leipzig 1908. S. 56.

35 Peter R. Hofstätter: Gruppendynamik. Die Kritik der Massenpsychologie. Hamburg 1957. S. 21 (rowohlts deutsche enzyklopädie 38). Übrigens distanziert

spricht im Wege der soziomorphen Organologie dem Staate den Selbstwert zu, den allein die Familie hat. Die Erfahrung mit totalitären Staaten hat gezeigt, daß in dem Maße, wie für die staatliche Organisation das Modell der Familie gelten soll, der Intimbereich der Familie notwendig zerstört wird. Gerade diese Konsequenz wurde von den Konservativen nicht gewollt. Dennoch kann es nicht strittig sein, daß die soziomorphe Auffassung des Staates als Familie einer solchen Entwicklung Vorschub geleistet hat [36].

c) Der Staat als Pflanze

Nach biomorpher Auffassung erscheint der Staat meist als Baum. Diese Vorstellung ist im Unterschied zu den beiden vorangehenden, die stark innenpolitisch gerichtet sind, meist außenpolitisch orientiert: Die Staaten ringen wie Bäume um den ›Platz an der Sonne‹. Staaten haben wie Pflanzen die Tendenz, sich auszubreiten, sich zu vergrößern, im Wachstum fortzuschreiten. »Aus diesem gegenseitigen Regen und Dehnen der Europäischen Staaten, aus diesem Agiren und Reagiren, aus diesem Sich-gegenseitig-Beschränken und Treiben, entsteht das höchste, schönste und regelmäßigste Wachsthum aller Einzelnen, wie Kant den Fortschritt der Cultur aus dem Nebeneinanderstehen und gegenseitigen Drängen der einzelnen menschlichen Individuen erklärte, die gleich dicht gepflanzten Bäumen eines

sich Wilhelm Heinrich Riehl, der durchweg organologisch denkt, in diesem Punkte von der üblichen konservativen Identifizierung der Familie mit dem Staat: »Der Staat setzt die Familie voraus, aber er ist keineswegs, wie man so oft behauptet hat, die erweiterte Familie, noch ist der Organismus der Familie schlechthin ein Vorbild des Staatsorganismus.« Wilhelm Heinrich Riehl: Die Familie. 10. Auflage. Stuttgart 1889. S. 121 (W. H. Riehl: Die Naturgeschichte des Volkes als Grundlage einer deutschen Social-Politik Bd. 3).

36 Diese verhängnisvolle Rolle zeigt etwa Julius Binder, der seine organische Staatsauffassung gegen Stahl verteidigt: »Und so kann er auch den Staat selbst nicht aus sich selbst begreifen, den Staat, der für uns *die wahre Volksgemeinschaft* ist, die Einheit des allgemeinen und des besonderen Willens, der als diese Einheit vernünftiger Wille, freier Wille und deshalb schlechthin berechtigt und notwendig und Wirklichkeit des Geistes ist, sondern er muß diese Autorität zurückführen auf eine andere Autorität, als welche natürlich nur die Autorität Gottes in Frage kommen kann.« Und: »Der Staat ist nicht ein Mittel für außer ihm liegende Zwecke, sondern Selbst- und Endzweck.« Julius Binder: Der autoritäre Staat. In: Logos 22 (1933), S. 152, 153.

Waldes, einander zu einem geraden und stolzen Wuchse in die Höhe treiben, während der einzelne Baum in nachtheiliger Freiheit verkrüppelt und näher am Boden bleibt. Jenes gemeinschaftliche, gleichmäßige Wachsen und Gedeihen der neben einander lebenden Staaten ist im Zeitalter der Begriffe mit dem Worte *Gleichgewicht* bezeichnet worden, welches Wort zu unzähligen Mißverständnissen Anlaß gegeben hat, eben weil die wichtigste Eigenheit dieses Zustandes der Dinge, nehmlich die gemeinschaftliche Bewegung, nicht darin ausgedrückt ist.«[37] Hier zeigt sich deutlich die Abhängigkeit vom rationalistischen Gegner. Hatte die rationalistische Gesellschaftslehre das Axiom des »survival of the fittest«, den rücksichtslosen Kampf um Erhaltung und Ausweitung der Existenz, verkündet, so übernimmt der Konservatismus diese Idee, entkleidet sie aber scheinbar ihres individualistischen Charakters[38]. Deshalb kann sich der Konservatismus, wie seine Geschichte zeigt, auch mit dem Imperialismusgedanken verbinden. Sogar in Heinrich Leos Vorstellung verschlingt der stärkere Staat mit naturgesetzlicher Notwendigkeit den schwächeren[39].

Aber auch für die innenpolitische Staatsvorstellung leistet die biomorphe Auffassung dem Konservativen Modellhilfe. Wie jede Pflanze als das Produkt verschiedener organischer Funktionen zu begreifen ist, so soll auch staatliches Wirken als die organische Gliederung naturhafter Funktionen verstanden werden. Hier rückt die biomorphe Vorstellung nahe an die anthropomorphe Staatstheorie heran. Für beide liefert die ständische Staatsphilosophie den sozialen Hintergrund[40]. Die Lehre vom Lehr-, Wehr- und Nährstand, dem Adam Müller noch einen Verkehrsstand angliedert, wird deshalb als eine Vermittlung zwischen Mittelalter und Gegenwart gefaßt[41]. Bis in die Zeit vor dem Zweiten Weltkrieg erscheint unter

37 Müller: Elemente Bd. 1, S. 82 f. (s. oben Anm. 22). Der Hinweis auf Kant ist natürlich problematisch.

38 Vgl. Theodor W. Adorno: Theorie der Halbbildung. In: Der Monat 11 (1959), H. 132, S. 31.

39 Vgl. Gerhard Ritter: Die preußischen Konservativen und Bismarcks deutsche Politik 1858 bis 1876. Heidelberg 1913. S. 189.

40 Vgl. Max Scheler: Die Wissensformen und die Gesellschaft. 2. Auflage hrsg. von Maria Scheler. Bern und München 1960. S. 118 f. (Gesammelte Werke Bd. 8).

41 Müller: Elemente Bd. 2. S. 41 (s. oben Anm. 22).

Konservativen die ständische Gliederung als die in fast physiologischem Sinne natürliche: »Je näher die menschliche Gesellschaft der Natur steht, desto näher hält sie an der ständischen Gliederung fest.«[42]

Das abstruseste mir bekannte Beispiel einer modernen biomorphen Staatslehre ist die ›Staatsbiologie‹ von J. von Uexküll[43]. Schon der Untertitel »Anatomie – Physiologie – Pathologie des Staates« zeigt den biologistischen Ansatz. Gegenüber der rationalistischen Vertragstheorie entwickelt Uexküll einen in engster Analogie zu einem biologischen Bauplan sich haltenden »Bauplan des Staates«, der »Erzeugungsorgane« ebenso kennt wie »Tauschmittelorgane« und »Ordnungsorgane«. Diese Organe können erkranken, so daß es ihm möglich scheint, eine Pathologie des Staates zu entwerfen, in der es »das Verwachsen der Staatsgewebe« oder ihre Auflösung ebenso zu beobachten gibt wie die ungerechtfertigte Herrschaft einzelner Organe oder »parasitäre Erkrankungen« (mit der feinsinnigen Unterscheidung innerer und äußerer Parasiten). Diese Staatsbiologie schließt denn auch konsequent mit einem Kapitel »Die Gesundheitspflege des Staates«.

d) Der ›kranke‹ Staat

Alle drei Formen organischer Staatsvorstellung erlauben eine »Pathologie von Staat und Gesellschaft«[44]. Solche Krankheit kann verschiedene Ursachen haben, z. B. das »Wuchern« eines Teiles vor den anderen[45], zuviel oder zuwenig »Ernährung«, den »Aufstand der Glieder gegeneinander« usw., so daß es nicht schwer fällt, jede politische Lagebeurteilung mit Hilfe einer solchen Pathologie zu begründen. Die konservative politische Kritik arbeitet gern mit dem organologischen Krankheitsbegriff. Sie tut es selbst da, wo die organische Staatstheorie als solche gar nicht verwandt oder ausdrücklich abge-

42 Georg Weippert: Das Prinzip der Hierarchie. Hamburg 1932. S. 13; vgl. dazu Heinrich Herrfahrdt: Das Problem der berufsständischen Vertretung von der französischen Revolution bis zur Gegenwart. Stuttgart und Berlin 1921.

43 J. von Uexküll: Staatsbiologie. Anatomie – Physiologie – Pathologie des Staates. Berlin 1920 (Deutsche Rundschau. Hrsg. von Rudolf Pechel. Sonderheft).

44 Vgl. Oskar Hertwig: Der Staat als Organismus. Jena 1922. S. 79. Beispiele aus der ›Kreuzzeitung‹ bringt Stillich: Die Konservativen S. 56 f. (s. oben Anm. 34).

45 Müller: Elemente Bd. 1. S. 324 (s. oben Anm. 22).

lehnt wird[46]. Die Flut dieser diagnostischen Schriften ist uferlos und reicht bis in die Gegenwart, in der sich Hans Mühlenfeld folgendermaßen ausdrückt: »Wo der Mensch natürlich-geschichtliche Individualität zu sein vermag und das heißt, wo die existentiellen Ansprüche und Bedürfnisse seines Wesens befriedigt werden, da sind Staat, Gesellschaft und Wirtschaft *gesund*. Wo das nicht der Fall ist, da herrschen nach konservativer Auffassung *ungesunde* Zustände, die wie eine *Krankheit* zu betrachten und zu behandeln sind, indem man die Grundprinzipien des konservativen Gedankens als Ziel und die Strukturelemente des konservativen Denkens als Verfahren der *Heilung* verwendet, um Natur und Geschichte ihr bestrittenes oder verletztes Recht wiederzugeben.«[47]

Die Kategorie der Krankheit unterscheidet sich von der rationalistischen Vorstellung eines politischen Betriebsunfalls dadurch, daß stets das Ganze von Gesellschaft und Staat betroffen ist und es folglich um eine erneuernde Gesundung an Haupt und Gliedern geht. Fernerhin liefert das Bild der kranken Staatsgesellschaft die Vorstellung eines Verhängnisses, dem nur durch geschichtliche Einsicht zu begegnen ist. Schließlich gibt es Krankheiten, die unheilbar sind, welche Vorstellung dem konservativen Rückzug auf die Person, der tragischen Weltauffassung und der Ironie Raum gibt[48].

2. Machen, Wachsen, ›Wachsenlassen‹

Bis in unsere Tage berufen sich Konservative auf die »substantiellen Selbstverständlichkeiten des Gewachsenen«[49]. Die konservative Organologie lebt von dem Unterschied zwischen Wachsen und Machen.

46 So urteilt etwa Hans Sedlmayr völlig apolitisch: »Die Erkenntnis nun, daß das Schwergewicht des Menschengeistes sich in die Sphäre des Anorganischen verrückt hat, zeigt aber zweifellos, daß es sich um eine Störung im Zustand des Menschen handelt.« Hans Sedlmayr: Verlust der Mitte. Die bildende Kunst des 19. und 20. Jahrhunderts als Symptom und Symbol der Zeit. Frankfurt a. M. 1959. S. 127 (Ullstein Buch Nr. 39).

47 Hans Mühlenfeld: Politik ohne Wunschbilder. Die konservative Aufgabe unserer Zeit. München 1952. S. 368.

48 Vgl. unten S. 234 ff.

49 Arnold Gehlen: Über kulturelle Kristallisation. Bremen 1961. S. 3. Wiederabgedruckt in: derselbe: Studien zur Anthropologie und Soziologie. Neuwied am Rhein und Berlin 1963. S. 311 ff. (Soziologische Texte Bd. 17).

Das Machen als das planerische Verfertigen eines Kunstproduktes steht gleich zu Beginn des Konservatismus im Brennpunkt der Kritik. Dem Techniker, der sich etwas völlig Neues, nie Dagewesenes ausdenkt und zu verfertigen unternimmt, stellt der Konservative den Schöpfer entgegen, der sein Werk ›zeugt‹ oder ›gebiert‹, auf nicht systematisch-planende, sondern eher naturhaft-unbewußte Weise. Nachdem de Maistre kategorisch feststellte: »In seinem Wirkungskreis kann der Mensch alles verändern, aber er schafft nichts«[50], fragt er provozierend: »Wie konnte er auf den Gedanken kommen, er hätte die Macht, eine Verfassung zu schaffen? Aus der Erfahrung vielleicht? Sehen wir zu, was sie uns lehrt. Alle auf Erden bekannten freien Verfassungen sind auf zweierlei Weise entstanden. Entweder sie sind unsichtbar *gewachsen*, und zwar durch Zusammentreffen einer Menge von Umständen, die wir zufällig nennen, oder sie haben manchmal einen einzigen Urheber gehabt, der wie ein Wunder erscheint und sich Gehorsam verschafft.«[51] Der Ausdruck Wachsen hat neben der naturhaften eine geschichtliche und eine religiöse Dimension, die beide das konservative Herkunftsbewußtsein bestimmen[52]. Gewachsenes verpflichtet als entweder göttlich Geschaffenes oder aus historischem Urgrund Geschöpftes. Friedrich Julius Stahl verwahrt sich eigens gegen ein naives Mißverständnis, welches unter Konservativen selber anzutreffen ist: »Es liegt nicht in dem Unterschiede von Alt und Jung, sondern im Unterschiede von Naturwüchsig-Geschichtlich und Gemacht. Ein Pfahlwerk mag noch so lange stehen, es wird nicht zum Walde.«[53] Geschaffenes hat ontologische Qualität, Gemachtes nur zeitliche Bedeutung. Die bei Stahl auftauchende Verbindung von naturwüchsig und geschichtlich ist eine Mischung der christlichen Lehre von der Schöpfung mit dem Ursprungsmythos, der die antike Ontologie mitbestimmt hat[54].

50 Joseph de Maistre: Betrachtungen über Frankreich. Hrsg. von Peter Richard Rohden. Berlin 1924. S. 68 (Klassiker der Politik Bd. 11).
51 Ebd.
52 Vgl. Peter Richard Rohden: Die politische Gedankenwelt der Neuzeit in ihren weltanschaulichen Grundlagen. In: Archiv für Politik und Geschichte 2 (1924), S. 347.
53 Stahl: Philosophie des Rechts Bd. 2. S. 304 (s. oben Anm. 33).
54 Heinz-Dietrich Wendland: Über das Verhältnis von Ontologie und Escha-

Die Gleichursprünglichkeit der rationalistischen und der konservativen Position zeigt sich auch in bezug auf das Begriffspaar Machen und Wachsen [55]. In dem Maße, wie der Konservative während der Entstehung der technisch industriellen Gesellschaft das Prinzip des Wachsens zugunsten der Maxime des Machens zurücktreten sieht und selber gezwungen ist, Verhältnisse in seinem Sinne politisch zu gestalten, d. h. aber zu machen, ersetzt er den Begriff des Machens durch den des ›Wachsenlassens‹ [56]. Dies gilt besonders für die Zeit der sogenannten Konservativen Revolution [57]. Hier dient die Rede vom Wachsenlassen einer Umpolung des revolutionären Schwunges in Richtung Herkunft. Es gilt, im revolutionären Ausbruch und Umbruch die Ursprünge wieder ans Licht zu bringen. Das Bild des Vulkanausbruchs, welches auch von den Rationalisten für die Revolution verwandt wird, hat hier einen organologischen Sinn. Der Konservativen Revolution gilt der Plan und die Zukunft nichts, das Feuer der Bewegung und die Kraft des Ursprungs alles. Man will zunächst den Boden von allen Fabrikaten rationalistischer Politik säubern, damit auf ihm die der Herkunft verpflichteten Zustände wieder entstehen können, die man dann ›wachsen lassen‹ will. Die gedankliche Schwierigkeit dieser Vorstellung haben intelligente Kon-

tologie in der christlichen Soziallehre. In: Philosophisches Jahrbuch 66 (1958), S. 196 f.

55 Die radikalste Ablehnung jeglicher Schöpfungsvorstellung findet sich in den Frühschriften von Marx, wo es heißt: »Ein *Wesen* gilt sich erst als selbständiges, sobald es auf eignen Füßen steht, und es steht auf eignen Füßen, sobald es sein *Dasein* sich selbst verdankt. Ein Mensch, der von der Gnade eines andern lebt, betrachtet sich als ein abhängiges Wesen. Ich lebe aber vollständig von der Gnade eines andern, wenn ich ihm nicht nur die Unterhaltung meines Lebens verdanke, sondern er noch außerdem mein *Leben geschaffen* hat, wenn er der *Quell* meines Lebens ist, und mein Leben hat notwendig einen solchen Grund außer sich, wenn es nicht meine eigne Schöpfung ist. Die *Schöpfung* ist daher eine sehr schwer aus dem Volksbewußtsein zu verdrängende Vorstellung. Das Durchsichselbstsein der Natur und des Menschen ist ihm *unbegreiflich*, weil es allen *Handgreiflichkeiten* des praktischen Lebens widerspricht.« Karl Marx: Nationalökonomie und Philosophie. Hrsg. von Erich Thier. Köln und Berlin 1950. S. 196.

56 Vgl. Martin Greiffenhagen: Das Dilemma des Konservatismus. In: Gesellschaft in Geschichte und Gegenwart. Beiträge zu sozialwissenschaftlichen Problemen. Eine Festschrift für Friedrich Lenz. Hrsg. von Siegfried Wendt. Berlin 1961. S. 45.

57 Vgl. unten S. 241 ff.

servative stets bemerkt, so Georg Quabbe, wenn er in bezug auf die Organologie Othmar Spanns die Ungereimtheit aufdeckt, die darin liegt, daß der »Stand der Könige« erst einmal existieren muß, bevor er nach Maßgabe »des Besten« herrschen kann [58].

3. Totalität

»Da nun der Wille des wahren und totalen Volkes *immer* gut und göttlich ist, weil er vollständig ist, weil alle Gegensätze unter den neben einander Stehenden, und alle unter den auf einander Folgenden ihn formiren helfen; so hat der Gesetzgeber nur auf die Totalität zu sehen, und das Gute und Göttliche wird ihm dann von selbst zufallen.« [59] Dieser Satz Adam Müllers könnte ebensogut von Rousseau geschrieben sein. Im Angesicht der beginnenden Mobilität und Pluralisierung der Gesellschaft will der Konservative die ›Entfremdung‹ [60] in Richtung auf eine homogene vergangene Gesellschaftsform hintergehen, während der Progressive die Aufhebung der Entfremdung in der Zukunft sucht. Totalität hat für den Konservativen über das Ziel politischer Integration hinaus einen allgemeinen Sinn. »Das Universum, nach dem sie sich sehnten, war ein Universum menschlicher Kultur.« [61] Von Adam Müller bis zu Carl Schmitt suchen die deutschen Konservativen die »absorptive Gemeinschaft« [62].

Die politische Front, gegen die sich die konservative Totalitätsforderung richtet, ist die liberale Demokratie. Der Einzelne soll kei-

---

58 »Es ist, soviel ich sehe, die einzige in sich widerspruchsvolle Stelle des Systems; denn selbst wenn sie bedeuten soll, daß ›das Beste‹ die qualitätvolle Arbeit der Standesangehörigen ist, kann doch nicht die Prämisse übergangen werden, daß es erst einmal nötig ist, den ›Stand der Könige‹, und zwar gemäß seiner Beziehung zum höchsten Wert, zu *schaffen*.« Georg Quabbe: Das letzte Reich. Wesen und Wandel der Utopie. Leipzig 1933. S. 61.

59 Adam Müller: Ueber König Friedrich II. und die Natur, Würde und Bestimmung der Preußischen Monarchie. Berlin 1810. S. III f.

60 Vgl. unten S. 223 ff.

61 Ernst Cassirer: Vom Mythus des Staates. Zürich 1949. S. 241 (Erasmus-Bibliothek 5); vgl. auch Aris: Staatslehre Adam Müllers (s. oben Anm. 9).

62 Erich Kaufmann: Die anthropologischen Grundlagen der Staatstheorien. In: Rechtsprobleme in Staat und Kirche. Festschrift für Rudolf Smend. Göttingen 1952. S. 180. Über die Theorie des totalen Staates bei Carl Schmitt und Ernst Forsthoff s. unten S. 263 f., 279.

nen Eigenwert haben, sondern Teil der politischen Totalität sein. »Darum behauptet das Einzelne hier keinen Bestand in sich, es verliert sich willig an jenes Ganze, das alle Theile aus sich hervorgetrieben, und sie nun in einer stetigen Gemeinschaft hält, so daß ein Jegliches in dem Andern sey, und jeder Theil, der zum Organe des Allgemeinen wird, seine ganze Kraft erhält.«[63]

In modernen Zeiten gelingt solche Totalisierung jedoch nicht als Restauration des statischen Ständestaates, sondern bedarf einer das ganze Volk ergreifenden Bewegung. Nur die Bewegung auf ein gemeinsames Ziel hin schafft die reale Erfahrung einer zeitweiligen Totalität, d. h. einer hohen ideologischen Homogenität. Der totale Staat lebt von der totalitären Bewegung[64]. Totalität ist unter den Bedingungen der modernen Zivilisation nur noch dynamisch zu denken. Das hatte übrigens schon Hegel erkannt, als er Totalität als Prinzip der Lebendigkeit formulierte[65].

Der Streit, ob der moderne ›Totalitarismus‹[66] seine Wurzeln eher

63 Joseph Görres: Teutschland und die Revolution. (1819). Gesammelte Schriften Bd. 13: Politische Schriften (1817–1822). Hrsg. von Günther Wohlers. Köln 1929. S. 111. – Othmar Spann hat in der Nachfolge der politischen Romantik eine umfängliche Ganzheitslehre entwickelt. Vgl. Othmar Spann: Gesellschaftslehre. (1914). 3. neubearb. Auflage. Leipzig 1930; Das Verhältnis von Ganzem und Teil in der Gesellschaftslehre. Betrachtung zu einer gesellschaftswissenschaftlichen Kategorienlehre. In: Zeitschrift für Volkswirtschaft und Sozialpolitik N. F. 1 (1921), S. 477 ff.; Sechs Sätze über das Wesen der Ganzheit. Ebd. N. F. 3 (1923), S. 611 ff.; Die Ausgliederungsordnung der Wirtschaft und ihre Vorrangverhältnisse. In: Jahrbuch für Nationalökonomie und Statistik 122. 3. Folge Bd. 67 (1924), S. 721 ff.; Hauptpunkte der universalistischen Staatsauffassung. (1929). 2. Auflage. Berlin 1931; Gesellschaftsphilosophie. In: Handbuch der Philosophie. Hrsg. von A. Baeumler und M. Schröter. Abt. IV: Staat und Geschichte. München und Berlin 1934. Teil B. S. 1 ff. Vgl. Otto Friedrich Bollnow: Zum Begriff der Ganzheit bei Othmar Spann. In: Finanzarchiv N. F. 6 (1939), S. 271 ff.; Ralph H. Bowen: German theories on the corporative state. New York/London 1947.
64 Vgl. Hans Barth: Die totale Mobilmachung in Krieg und Frieden. In: derselbe: Fluten und Dämme. Der philosophische Gedanke in der Politik. Zürich 1943. S. 203 ff.
65 Vgl. Georg Lukács: Geschichte und Klassenbewußtsein. (1923). Neuwied und Berlin 1968. S. 322 f. (Werke Bd. 2: Frühschriften II).
66 Zur Problematik dieses Begriffs vgl. Martin Greiffenhagen: Der Totalitarismusbegriff in der Regimenlehre. In: Politische Vierteljahresschrift 9 (1968), S. 372 ff.

in der Aufklärung oder eher in den organizistischen Theorien des politischen Irrationalismus habe, ist im Lichte unserer Voraussetzungen unerheblich. Da beide Positionen nur verschiedene Antworten auf dieselbe historische und soziale Situation sind, beide die Entfremdung auf Totalität hin überwinden wollen, stimmt der eine Satz Theodor W. Adornos: »Aufklärung ist totalitär«[67] ebenso wie der andere Satz: »Der kulturelle Traditionalismus und der Terror der neuen russischen Gewaltherrschaft sind eines Sinnes.«[68] Aufklärung und Gegenaufklärung sind beide an der Entwicklung des totalitären Denkens beteiligt[69]. Rousseau und de Bonald waren sich darin einig, daß die verlorengegangene Homogenität einer im Einklang mit ihren Institutionen lebenden Gesellschaft um jeden Preis zurückgewonnen werden muß, durch eine neuzuschaffende »religion civile« oder im restaurativen Rückgang auf die alte Religion.

In der Geschichte des deutschen Konservatismus ist der Zug zur totalen Auffassung des Staates von Anbeginn nachzuweisen, etwa in Mösers Vorschlag zu einer allgemeinen Landesuniform für besonders verdiente Staatsbürger[70]. Ein ähnlicher Gedanke findet sich auch bei Novalis[71]. Kurt Mautz hat deshalb unrecht, wenn er in bezug auf die Staatslehre Heinrich Leos meint, sie stelle eine ideologische Metamorphose zur Theorie des mechanischen Totalitarismus nationalistischer Prägung dar[72]. Dieses mechanische Verständnis von Totalität liegt bereits von Anbeginn im konservativen Denken und verbirgt sich nur in organologischer Rede.

67 Max Horkheimer und Theodor W. Adorno: Dialektik der Aufklärung. Philosophische Fragmente. Amsterdam 1944. Neudruck Lichtenstein S. 16.

68 Theodor W. Adorno: Kulturkritik und Gesellschaft. In: derselbe: Prismen. Berlin und Frankfurt 1955. S. 21.

69 Vgl. auch Alexander Rüstow: Ortsbestimmung der Gegenwart. Eine universalgeschichtliche Kulturkritik. Bd. 3: Herrschaft oder Freiheit? Erlenbach–Zürich und Stuttgart 1957. S. 250 ff. und prinzipiell J. L. Talmon: Die Geschichte der totalitären Demokratie. Köln und Opladen 1961, 1963. Bd. 1: Die Ursprünge der totalitären Demokratie. 1961; Bd. 2: Politischer Messianismus. Die romantische Phase. 1963.

70 Vgl. oben S. 57 f.

71 Vgl. Hans Wolfgang Kuhn: Der Apokalyptiker und die Politik. Studien zur Staatsphilosophie des Novalis. Freiburg i. Br. 1961. S. 110 ff. (Freiburger Studien zu Politik und Soziologie).

72 Kurt Mautz: Einleitung zu: Heinrich Leo, Zu einer Naturlehre des Staates. Frankfurt a. M. 1948. S. 29 (Civitas gentium).

XI. Dialektik

Seit der Frühschrift Adam Müllers ›Die Lehre vom Gegensatze‹ (1804) ist das dialektische Denken dem Konservatismus immanent. In Hegels Philosophie hat es seinen Höhepunkt gefunden[1]. Die

1 Wir rücken, was die Dialektik betrifft, Adam Müller und Hegel enger zusammen, als es etwa Karl Mannheim tut, der die Verbindung in diesem Punkte auch sieht. Vgl. Karl Mannheim: Das konservative Denken. Soziologische Beiträge zum Werden des politisch-historischen Denkens in Deutschland. In: Archiv für Sozialwissenschaft und Sozialpolitik 57 (1927), S. 493. Über die Beziehung von Adam Müllers »Lehre vom Gegensatze« zu Hegels Dialektik vgl. Wilhelm Metzger: Gesellschaft, Recht und Staat in der Ethik des deutschen Idealismus. Aus dem Nachlaß hrsg. von Ernst Bergmann. Heidelberg 1917. S. 260. In seinen Prolegomena einer Kunstphilosophie formuliert Adam Müller der Sache nach das Hegelsche Schema der Dialektik: »Es liegt in dem von mir gewählten Ausdruck: Antigegensatz schon angedeutet, daß das Wesen, welches ich damit bezeichne, nie als absolutes, letztes erscheinen könne: anschaubar ist der Antigegensatz nie anders als in und neben dem Gegensatze, und in demselben Augenblick, wo ich ihn dem Gegensatze gegenüber stelle, giebt es in mir schon einen andern höheren Antigegensatz, der den vorigen Antigegensatz dem Gegensatz entgegenstellt.« Adam Müller: Vermischte Schriften über Staat, Philosophie und Kunst. Teil 2. Wien 1812. S. 294. Über die Frage, wer die moderne dialektische Methode erfand, herrscht keine Einigkeit. Glaubt Arnold Gehlen, Fichte habe sie ins Leben gerufen (Arnold Gehlen: Über die Geburt der Freiheit aus der Entfremdung. In: Archiv für Rechts- und Sozialphilosophie 40 [1952/53], S. 340), so meint Georg Lukács: »Speziell der sehr zu Unrecht vergessene Solger nimmt neben Fr. Schlegel mit seinen scharfen Fragestellungen als Vorläufer der dialektischen Methode zwischen Schelling und Hegel eine etwas ähnliche Stellung ein wie Maimon zwischen Kant und Fichte.« Georg Lukács: Geschichte und Klassenbewußtsein. (1923). Neuwied und Berlin 1968. S. 321, Anm. 1 (Werke Bd. 2: Frühschriften II). Theodor Haering verweist auf die zentrale Bedeutung der Dialektik bei Novalis, vgl. Theodor Haering: Novalis als Philosoph. Stuttgart 1954. S. 24. Vgl. ebd. S. 45: »Novalis ist geradezu unerschöpflich im Finden immer neuer Bilder und Namen für dies ›Ergänzen‹ eines Einzelnen, Isolierten, Abstrakten zur Ganzheit oder das Erheben ins Dialektische. Ein solches ›Totalisieren‹ bedeutet für ihn ein ›vivifizieren‹ oder Verlebendigen der zunächst sozusagen ›toten‹ ›disjecta membra‹ einer solchen Einheit.« Paul Kluckhohn dagegen sieht in Adam Müllers »Lehre vom Gegensatze« Hegels dialektische Methode vorweggenommen. Paul Kluckhohn: Einführung zu: Deutsche Vergangenheit und deutscher Staat. Leipzig 1935. S. 18 f. (Deutsche Literatur in Entwicklungsreihen. Reihe Romantik Bd. 10); desgleichen auch Metz-

Dialektik ist der letzte vergebliche Versuch des Konservatismus, der in ihm selbst angelegten Gefahr der Restauration zu entgehen und sich über die Zeiten hinweg als ein in gleicher Weise ursprüngliches und aktuelles Denken zu behaupten. In Gestalt des dialektischen Denkens versucht der Konservatismus bis in die Gegenwart hinein zu überleben [2].

Das moderne dialektische Denken ist, wissenssoziologisch betrachtet, das Produkt der realen gesellschaftlichen Spannungen, die das konservative Denken auf den Plan riefen [3]. An ihm selbst betrachtet, ist es ein Reflexionsdenken, das sich gegen die eigene Rationali-

ger: Gesellschaft S. 260 (s. oben Anfang der Anmerkung). Für diese Vermutung spricht einiges, wennschon Adam Müller nicht eigentlich ein systematischer und kaum ein produktiver Kopf war. Gesehen hat er das dialektische Problem: »Noch einmal: die Natur steht nicht stille, weil ihr sie darstellen wollt. – Ohne euch selbst zu bewegen, werdet ihr nie die Bewegung des Universums darstellen können.« Adam Müller: Vermischte Schriften, Teil 2. S. 270 (s. oben Anfang der Anmerkung).

2 Vgl. unten S. 353.

3 Vgl. Reinhart Koselleck: Kritik und Krise. Ein Beitrag zur Pathogenese der bürgerlichen Welt. Freiburg/München 1959. Insbes. S. 102 f.; und grundsätzlich: Bernhard Groethuysen: Die Entstehung der bürgerlichen Welt- und Lebensanschauung in Frankreich. Bde. 1 und 2. Halle/Saale 1927/1930. – Georg Lukács hat die dialektische Antinomie des bürgerlichen Bewußtseins immer wieder zum Gegenstand seiner Überlegung gemacht, vgl.: Georg Lukács: Geschichte und Klassenbewußtsein, bes. S. 122 ff. (s. oben Anm. 1); ders.: Die Zerstörung der Vernunft. Der Weg des Irrationalismus von Schelling zu Hitler. (1953). Neuwied am Rhein/Berlin 1962. S. 87 ff. (Werke Bd. 9). Abgesehen von seiner eindeutig marxistischen Beurteilung der »bürgerlichen Philosophie«, die Marx eben doch sehr zu Unrecht aus der Dialektik von Revolution und Restauration herausnimmt, scheint mir Lukács die ohnehin einseitige Methode der Wissenssoziologie zu strapazieren. Es reicht nicht aus, die Dialektik ausschließlich auf soziologische Ursachen im 18. und 19. Jahrhundert zurückzuführen. Das moderne dialektische Denken hat Wurzeln, die ins Mittelalter und in die christliche Theologie hineinreichen. Schon die Zweifelsbetrachtung des Descartes etwa trägt dialektische Züge. Dem radikalen dubito (das in keinem Verhältnis zur antiken Skepsis steht) antwortet ein ebenso radikales cogito (mit der Folge aller modernen Dogmatismen, die in ihrer Radikalität ebenfalls nicht mit früheren Erscheinungen zu vergleichen sind); und das cogito ›entspringt‹ dem dubito – auf dialektische Weise. Der Zweifel bleibt der Motor aller modernen Philosophie und Wissenschaft, die eine unendliche Wissenschaft der Endlichkeit des Menschen ist. Zur Dialektik bei Descartes vgl. Robert Heiss: Wesen und Formen der Dialektik. Köln/Berlin 1959. S. 31 ff.

tät wendet und diese mit Hilfe eines Denkens, das sich ständig in Bewegung hält, zu überwinden trachtet. Indem die Dialektik die einseitige Rationalität des ›abstrakten‹ aufklärerischen Denkens gerade mit dessen Gegensatz, dem Gefühl, der ›Anschauung‹ oder allgemein der Kunst, ins Spiel bringt, will es zu einem substantiellen, ›konkreten Denken‹ oder umgekehrt zu einer ›intellektuellen Anschauung‹ gelangen, d. h. aber zurückkehren. Durch das solchermaßen synthetische Verfahren der Dialektik sollen alle realen wie bewußtseinsmäßigen Gegensätze dergestalt vermittelt werden, daß am Ende ›das Wahre‹ als ›das Ganze‹ herauskommt[4]. Adam Müller wollte die Gegensätze zwischen dem »Reich der Gesellschaft« und dem »Reich der Wissenschaft und Kunst« mit seiner Lehre vom Gegensatz noch lediglich im Bewußtsein vermitteln: »Wir unserntheils haben es immer für nothwendig gehalten, die Ansicht beider, vor unsern Augen so unglücklich getrennten Welten in uns in gleicher Schwebung zu erhalten, und so glauben wir jetzt, daß das feindselig geschiedene sich in unserm Innern wieder glücklich durchdrungen und vereinigt habe.«[5] Hegel will dagegen die reale Entzweiung seiner gesellschaftlichen und geistigen Gegenwart als in sich vernünftig begreifen, so daß »das Ergründen des Vernünftigen« zugleich »das Erfassen des Gegenwärtigen und Wirklichen«[6] ist. Das aber würde in der Tat die Wiedergewinnung jener Welt bedeuten, die man die heile, die ganze, die ursprüngliche zu nennen sich angewöhnt hat. –

4 Georg Wilhelm Friedrich Hegel: Vorrede zur Phänomenologie des Geistes. Sämtliche Werke. Jubiläumsausgabe in zwanzig Bänden. Bd. 2. Neudruck Stuttgart 1964. S. 24.

5 Adam Müller: Die Lehre vom Gegensatze. Berlin 1804. S. XI f.

6 Georg Wilhelm Friedrich Hegel: Vorrede zu den Grundlinien der Philosophie des Rechts. Jubiläumsausgabe Bd. 7. Stuttgart 1964. S. 32 (s. oben Anm. 4). – Vgl. hierzu die Analyse von Joachim Ritter: Hegel und die französische Revolution. Köln und Opladen 1957 (Arbeitsgemeinschaft für Forschung des Landes Nordrhein-Westfalen. Geisteswissenschaften H. 63). Der entscheidende Satz lautet: »Über diese Form der innerlichen Versöhnung wird Hegel durch die Theorie der bürgerlichen Gesellschaft hinausgeführt; sie bringt die entscheidende Wende und öffnet ihm den Weg zur positiven Deutung auch der Entzweiung selbst und der sie hervortreibenden Objektivität.« Ebd. S. 40. Zu der Folgerung Ritters, Hegel gebe gerade durch die Reduzierung der Gesellschaft auf den Naturbereich der menschlichen Gesellschaft »die nicht auf sie reduzierbaren Lebenszusammenhänge frei« (ebd. S. 42), siehe den gewichtigen Einwand von Josef Pieper in der anschließenden Diskussion, ebd. S. 73.

Zusammen mit dem Begriff der Totalität wird somit der Begriff synthetischer Vermittlung Prinzip konservativ-dialektischen Denkens. Dadurch, daß man die Gegensätze ›zusammendenkt‹, sollen sie ihren Oppositionscharakter verlieren und zu einer höheren, zugleich aber ursprünglichen Wirklichkeit zusammenschmelzen. Gegensatzpaare wie Bindung und Freiheit, Einheit und Vielheit, Subjektivität und Objektivität, Individuum und Gemeinschaft, Staat und bürgerliche Gesellschaft sind die Pole, um die konservatives Denken seit je kreist[7]. In der mittelalterlichen Kultur schienen jene Gegensätze nicht zu bestehen. Wie die Einheit des Reiches nur in der Gliederung der Einzelstaaten, so war die Einheit der Gesellschaft nur in der Gliederung der Stände, Zünfte und Korporationen gewährleistet. Einheit konnte ohne gegliederte Vielheit, Freiheit ohne Bindung nicht ›gedacht‹ werden, d. h. diese Harmonie wurde eben nicht gedacht, sondern praktisch gelebt und erlebt als die gottgegebene, natürliche und selbstverständliche Ordnung. Der Zerfall dieser Einheit fiel zusammen mit dem Beginn der Reflexion über ihre nun als getrennt und gegensätzlich erscheinenden Teile.

Ein wesentliches Moment des dialektischen Denkens ist seine Dynamik. Die Gegensätze, die das dialektische Denken in Bewegung bringt, werden im dynamischen Prozeß miteinander vermittelt. So fordert Adam Müller ein neues politisches Denken, das diesem dynamisch-dialektischen Prinzip gerecht wird: »Eben so soll die *Staatskunst*, die ich meine, den Staat im Fluge, im Leben, in der Bewegung behandeln, nicht bloß Gesetze hinein werfen und hinein würfeln, und dann müßig zusehen, wie es gehen wird. Der Staatsmann soll die allgegenwärtige Seele der bürgerlichen Gesellschaft seyn, und kriegerisch und friedlich zugleich handeln.«[8] Ein Denken, das sich auf die Wirklichkeit positiv einläßt und nicht versucht, sie manipulieren zu wollen, wird, so argumentiert man durchgängig, der Wahrheit näher kommen: »Der Theoretiker stützt sich auf die Vernunft, auf die schulgerechte, symmetrische Form seiner Ansicht,

---

7 Hier wird deutlich, daß die Soziologie ihren Ursprung als »Oppositionswissenschaft (Carl Brinkmann) dem Konservatismus ebenso verdankt wie dem Sozialismus. Vgl. Robert Spaemann: Der Ursprung der Soziologie aus dem Geist der Restauration. Studien über L. G. A. de Bonald. München 1959.

8 Adam Müller: Die Elemente der Staatskunst. Hrsg. von Jakob Baxa. Bd. 1. Jena 1922. S. 11 (Die Herdflamme. Hrsg. von Othmar Spann. Bd. 1,1).

und auf allgemeine Gesetze; der Praktiker auf Erfahrung, auf die Realität und Bedeutung seines Geschäftes, und auf die Localität. Der Eine schwebt in den Lüften über allen Ländern und Zeiten; der Andre hält sich an seinen Grund und Boden, und an das, was er mit Händen greifen... kann.«[9] In der so getroffenen Unterscheidung von Theorie und Praxis verbirgt sich bereits die dem Wesen des Konservatismus immanente Rechtfertigung alles Bestehenden als geschichtlich Gewordenen. Unter Berufung darauf, daß etwas war, wird die innere Wahrheit dieses Geschehens als geschichtliche konstatiert, und alle Wahrheit wird geschichtlich. Bei Hegel ist dieser geschichtliche Wahrheitsbegriff zum Prinzip gemacht.

1. Entfremdung

Der Begriff der Entfremdung ist »der wahre Geheimbegriff des 19. Jahrhunderts«[10]. Das Wort erscheint schon bei Adam Müller, der von der »Zersplitterung, Entfremdung und Auswärtigkeit der Geister« spricht[11]. Die sozioökonomischen Voraussetzungen faßt bereits Schiller ins Auge, wenn er im 6. Brief über die ästhetische Erziehung des Menschen schreibt: »Auseinandergerissen wurden jetzt der Staat und die Kirche, die Gesetze und die Sitten; der Genuß wurde von der Arbeit, das Mittel vom Zweck, die Anstrengung von der Belohnung geschieden. Ewig nur an ein einzelnes kleines Bruchstück des Ganzen gefesselt, bildet sich der Mensch selbst nur als Bruchstück aus; ewig nur das eintönige Geräusch des Rades, das er umtreibt, im Ohre, entwickelt er nie die Harmonie seines Wesens, und anstatt die Menschheit in seiner Natur auszuprägen, wird er bloß zu einem Abdruck seines Geschäfts, seiner Wissenschaft.«[12]

Der Träger der konservativen Bewegung wird im 19. Jahrhundert zunehmend das Bürgertum. Dieses findet sich besonders in Deutschland in einer unsicheren Position: Hatte es zunächst durch-

9 Ebd. S. 12 f.

10 Hans Freyer: Das soziale Ganze und die Freiheit der Einzelnen unter den Bedingungen des industriellen Zeitalters. Göttingen/Berlin/Frankfurt 1957. S. 15.

11 Müller: Elemente Bd. 1. S. 35 (s. oben Anm. 8).

12 Friedrich Schiller: Über die ästhetische Erziehung des Menschen, in einer Reihe von Briefen. 6. Brief. Werke. Hrsg. von Ludwig Bellermann. Bd. 8. Leipzig und Wien 1895. S. 186.

gängig die erste Phase der Französischen Revolution als den Durchbruch zu wirtschaftlicher und geistiger Freiheit begrüßt, so stand es 1848 bereits wieder auf der anderen Seite der Barrikade, als es sich gegen das revolutionäre Proletariat verteidigte[13]. Das deutsche Bürgertum ist auf diese Weise durch zwei Negationen wesentlich definiert: durch die Abwehr des absolutistischen Staates und der herrschenden Kirche auf der einen und den Kampf gegen die proletarische Revolution auf der anderen Seite. Franz von Baader hat diese Situation mit einem Scharfblick erkannt, den man zur selben Zeit nur bei Marx findet. In seiner berühmten Abhandlung über den Proletair schreibt er: »Wenn man schon fast allgemein die theils wirklich bereits geschehene Revolutionirung... theils die schier überall bestehende leichte Revolutionirbarkeit oder Entzündbarkeit der Societät in unserer Zeit einem solchen in ihr haftenden Schaden oder Krankheit mit Recht zuschreibt, so halte ich mich doch überzeugt, daß man über die eigentliche Natur dieser Krankheit noch ziemlich im Dunkeln ist und daß die tiefer liegende Wurzel dieser krankhaften Revolutionirbarkeit keineswegs, wie noch allgemein geglaubt wird, in einem Mißverhältnisse der Regierungsformen zu den Regierten zu suchen ist (so daß also durch Umformung der Regierungen oder gar durch Wechsel der Regierenden dem Uebel abzuhelfen wäre), sondern *in einem bei der dermaligen Evolutionsstufe der Societät, ihrer Gesittung und Lebensweise eingetretenen Mißverhältnisse der Vermögenslosen oder der armen Volksklasse hinsichtlich ihres Auskommens zu den Vermögenden...*«[14]

Der für den Konservatismus wichtigste Aspekt der allgemeinen Krise betrifft die Entzweiung von Individuum und Gesellschaft. Immer wieder klagt Adam Müller über die Trennung des Privatlebens vom öffentlichen Leben: »Solche Zustände unsrer politischen Welt, wo das öffentliche von dem Privatleben getrennt ist, und jedes von beiden abgesonderte Zwecke verfolgt, habe ich neulich *Interregna* genannt. Niemand kann zweien Herren dienen: das *öffent-*

---

13 Vgl. Carl Schmitt: Romantik. In: Hochland 22 (1924/25), S. 165.
14 Franz von Baader: Über das dermalige Mißverhältniß der Vermögenslosen oder Proletairs zu den Vermögen besitzenden Classen der Societät. 1835. Sämtliche Werke. Hrsg. von Franz Hoffmann. Hauptabteilung 1, Bd. 6: Gesammelte Schriften zur Societätsphilosophie 2. Leipzig 1854. S. 129.

liche Leben verlangt großmüthige Hingebung der besonderen Nei-
gungen und Besitzthümer an das Allgemeine. Das *Privatleben* verlangt ausschließenden Genuß, ein rund abgeschlossenes, möglichst
üppiges, unabhängiges, in sich bereichertes Daseyn; diesen beiden
unter sich entzweiten Herren kann niemand dienen. Wenn also
Privat- und öffentliches Leben getrennt sind, so giebt es niemanden,
der *dient;* also *herrscht* auch eigentlich niemand: es findet ein Inter-
regnum statt.«[15] Der Egoismus wird allgemein, und »der Sinn für
das Gemeinschaftliche, für Ideen, ist ausgestorben«[16]. Was bei
Rousseau als die problematische Trennung zwischen Homme, Bourgeois und Citoyen erscheint[17], wird von den Konservativen auf mannigfache Weise reflektiert. Gemäß der theologischen Verankerung
konservativen Denkens geht eine wesentliche Richtung des Interesses auf das Verhältnis von Glauben und Wissen. Die Tatsache der
Zerreißung des Menschen in einen privaten Menschen und einen
Staatsbürger hat besonders für Hegel die Form des Problems der
Zerreißung des Menschen in einen glaubenden und einen wissenden
Teil[18].

2. Idee und Begriff

»Wenn der Gedanke, den wir von einem solchen erhabenen Gegen-
stande gefaßt haben, sich erweitert; wenn er sich bewegt und wächst,
wie der Gegenstand wächst und sich bewegt: dann nennen wir den
Gedanken, nicht den Begriff von der Sache, sondern *die Idee* der Sache, des Staates, des Lebens. Unsre gewöhnlichen Staats-Theorien sind
Aufhäufungen von Begriffen, und daher todt, unbrauchbar, unpraktisch: sie können mit dem Leben nicht Schritt halten, weil sie
auf dem Wahne beruhen, der Staat lasse sich vollständig Ein- für
allemal begreifen; sie stehen still, während der Staat in's Unendli-

15 Adam Müller: Ueber König Friedrich II. und die Natur, Würde und Bestimmung der Preußischen Monarchie. Berlin 1810. S. 28.

16 Müller: Elemente Bd. 1. S. 123 (s. oben Anm. 8).

17 Vgl. dazu Karl Löwith: Von Hegel zu Nietzsche. Der revolutionäre Bruch
im Denken des neunzehnten Jahrhunderts. 5. Auflage. Stuttgart 1964. S. 255 ff.

18 Vgl. Ludwig Landgrebe: Das Problem der Dialektik. In: Marxismusstudien. Dritte Folge. Hrsg. von Iring Fetscher. Tübingen 1960. S. 15 f. (Schriften
der evangelischen Studiengemeinschaft 6).

che fortschreitet.«[19] Die Subjektivität soll übergriffen werden von der Bewegung des Seins selber. Einheit aber kann nur noch unter der Voraussetzung der Bewegung gedacht werden. Fichte hat die Momente dieses sowohl an Intersubjektivität als auch an Bewegung interessierten Denkens verbunden: »... sein Leben an die Gattung setzen, läßt daher sich auch also ausdrücken: sein Leben an die Ideen setzen; denn die Ideen gehen eben auf die Gattung als solche, und auf ihr Leben; und sonach besteht das vernunftmäßige und darum rechte, gute und wahrhaftige Leben darin, daß man sich selbst in den Ideen vergesse, keinen Genuß suche noch kenne, als den in ihnen und in der Aufopferung alles anderen Lebensgenusses für sie.«[20]

Im Unterschied zum rechnenden, statischen Verstandesdenken beschränkt sich die Erfahrung der Idee oder die intellektuelle Anschauung auf einen Kreis Auserwählter, und »die Erkenntnis der Gottheit ist nur für die von der Gottheit Auserwählten möglich«[21]. Dieses soziale Moment im Kampf des Konservatismus gegen die Aufklärungsphilosophie läßt sich nicht übersehen: Sowohl Franz von Baader (besonders in seiner Schrift über den Zeitbegriff[22]) als auch Adam Müller wenden sich erklärtermaßen gegen die Aufklärung des Pöbels: »In dem beständigen Wechselverhältniß, Neben- und Gegen-einanderstehn von Religion und Wissenschaft, von wissenschaftlichem Gefühle und religiösen Gedanken besteht das Wesen der reicheren und immer reicheren Menschen; von daher strömen die Erzeugnisse wahrer Kunst, dort finden wir eine feste, ruhige, philosophische Ansicht der Natur. Wo die Wissenschaft sich starr und ein-

19 Müller: Elemente Bd. 1, S. 20 (s. oben Anm. 8); zum Begriffspaar Idee und Begriff vgl. Otto Weinberger: Die Wissenschafts- und Gesellschaftslehre Adam Müllers. In: Zeitschrift für die gesamte Staatswissenschaft 78 (1924), S. 421 ff. und Metzger: Gesellschaft S. 260 (s. oben Anm. 1).

20 Johann Gottlieb Fichte: Die Grundzüge des gegenwärtigen Zeitalters. (1804). Sämtliche Werke. Hrsg. von J. H. Fichte. Bd. 7 = 3. Abteilung, Bd. 2: Zur Politik, Moral und Philosophie der Geschichte. Berlin 1846. Neudruck Berlin 1965. S. 37; vgl. auch S. 57 ff. und 72 ff.

21 Lukács: Zerstörung S. 132 (s. oben Anm. 3). Dieser »Aristokratismus der Erkenntnistheorie«, der sich besonders in der Philosophie Schellings zeigt, gilt für das gesamte deutsche konservative Denken. Ebd. S. 131 f. Er lebt noch in der phänomenologischen Methode fort.

22 Franz von Baader: Über den Begriff der Zeit. (1818). Hrsg. von Carl Linfert. 2. Auflage. Darmstadt 1958 (Libelli Bd. 18).

zeln losreißt, entsteht eine kalte, leere, unbiegsame Regel, der Pöbel wird aufgeklärt und rebellisch, der Gelehrte trocken und nichtswürdig...«[23]

Adam Müller fand die Dialektik von Idee und Begriff überall am Werke und trieb dieses Prinzip in abstruse Konsequenzen. So sah er etwa in Napoleons Unifizierung Europas eine notwendige, wenn auch einseitige Antwort auf frühere Mannigfaltigkeit[24]. Und doch verdient Müller die Härte der Kritik nicht, mit der Carl Schmitt seine Argumentation als »oratorische Leistung« kritisierte[25]. Gleichwohl findet sich in der konservativen Literatur das dialektische Denken häufig in einer trostlosen Verfallsform und als leeres Begriffsgeklapper[26].

3. Die Dialektik von Beharrung und Fortschritt

Je weiter der Konservatismus in der eigenen Geschichte voranschreitet, desto stärker versucht er, im Wege dialektischen Denkens, den Gegensatz von Fortschritt und Beharrung in der eigenen Position zu vermitteln, indem er seine eigene Rückwendung noch als notwendiges Moment der geschichtlichen Bewegung begreift[27]. Der solcher-

---

23 Müller: Gegensatz S. 116 (s. oben Anm. 5).

24 Golo Mann: Friedrich von Gentz. Geschichte eines europäischen Staatsmannes. Zürich/Wien 1947. S. 198 f.

25 Carl Schmitt: Politische Romantik. 2. Auflage. München und Leipzig 1925. S. 191 f.

26 So z. B. der von Friedrich Julius Stahl ins Auge gefaßte Gegensatz von Protestantismus und Jesuitismus. Friedrich Julius Stahl: Der Protestantismus als politisches Princip. 2. Auflage. Berlin 1853. S. 94 f. und S. 100.

27 Peter R. Hofstätter gibt für diesen Versuch eine gute kulturpsychologische Erklärung, indem er annimmt, »daß die Verbindlichkeit des Denkens in einer Zeit nur solange gewährleistet ist, als diese Zeit über verbindliche und selbstverständliche Prämissen verfügt, über gültige Axiome. Indem das Denken einer Kultur aber im Reifen von Jahrhunderten die Axiomatik eben dieser Kultur objektiviert und damit ihrer unbeschauten Verbindlichkeit entkleidet, verliert es sein inneres Richtmaß. Damit läßt sich aber auch nurmehr kritisieren und verstehen, nicht mehr jedoch schlicht behaupten. Hat man nämlich einmal alle möglichen von der eigenen Anschauung abweichenden Positionen als Konsequenzen einer jeweils andersartigen Axiomatik verstanden, dann klingt auch jedes eigene Postulat falsch.« Peter R. Hofstätter: Gruppendynamik. Die Kritik der Massenpsychologie. Hamburg 1957. S. 12 (rowohlts deutsche enzyklopädie 38).

maßen dialektische Konservative unterscheidet sich damit von dem naiven, der seine Widerstandsposition nicht reflektiert und einfachhin feststellt: »Überall sind es die großen Erschütterungen in Staat, Kirche und Gesellschaft, kurz gesagt, die Revolutionen, welche den Conservatismus allererst veranlassen, mit einem prägnanten Parteicharakter aufzutreten... Was ist nun seine nächste und wichtigste Tätigkeit? Offenbar der *Widerstand*... Daniederschlagen, daniederdrücken und daniederhalten ist sein Streben.«[28] Ebenso rigid formuliert Friedrich August Ludwig von der Marwitz in seiner Denkschrift an den Staatskanzler Hardenberg (1811) den Gegensatz von Fortschritt und Beharrung: »Unmöglich aber können die reinsten Hände, welche je die bürgerliche Gesellschaft besorgten, sich mit jenen *Grundsätzen* der Revolution befassen, die, wie das Böse selbst, nur in die Welt gekommen sind, damit die wahren Grundsätze der Ordnung und der Erhaltung sich an ihnen läutern und durch sie befestigen.«[29]

Eine interessante Zwischenposition nimmt Novalis ein. Er sieht sich selbst am Ende einer dialektischen Bewegung, welche die Position eines einseitigen Rationalismus geschichtlich überholt hat und den Weg frei macht zu einer Form vermittelnden Denkens und vermittelnder Politik in Europa: »Jetzt stehn wir hoch genug, um auch jenen oberwähnten, vorhergegangenen Zeiten freundlich zuzulächeln und auch in jenen wunderlichen Thorheiten merkwürdige Kristallisationen des historischen Stoffs zu erkennen. Dankbar wollen wir jenen Gelehrten und Philosophen die Hände drücken; denn dieser Wahn mußte zum Besten der Nachkommen erschöpft, und die wissenschaftliche Ansicht der Dinge geltend gemacht werden. Reizender und farbiger steht die Poesie, wie ein geschmücktes Indien dem kalten, todten Spitzbergen jenes Stubenverstandes gegenüber.«[30]

28 Constantin Frantz: Kritik aller Parteien. (1862). Zitiert nach: Hundert Jahre conservativer Politik und Literatur. Hrsg. von Rudolph Meyer. Bd. 1: Literatur. Wien und Leipzig o. J. S. 167.
29 Friedrich August Ludwig von der Marwitz: Denkschrift an den Staatskanzler Hardenberg. (1811). Zitiert nach: Deutsche Parteiprogramme. Hrsg. von Wilhelm Mommsen. 2. durchges. und erg. Auflage. München 1964. S. 26 (Deutsches Handbuch der Politik Bd. 1).
30 Novalis: Die Christenheit oder Europa. Ein Fragment. Schriften Bd. 3: Das

Rein dialektisch faßt Friedrich Gentz seine konservative Position, wenn er von zwei Prinzipien ausgeht, welche die moralische und die intelligible Welt konstituieren: »Das eine ist das des immerwährenden Fortschrittes, das andere das der notwendigen Beschränkung dieses Fortschrittes. Regierte jenes allein, so wäre nichts mehr fest und bleibend auf Erden und die ganze gesellschaftliche Existenz ein Spiel der Winde und Wellen. Regierte dieses allein, oder gewänne auch nur ein schädliches Übergewicht, so würde alles versteinern und verfaulen.«[31] Auch Paul de Lagarde bedient sich des dialektischen Denkens, wenn er den Gegensatz von konservativ und liberal als notwendige Ergänzung begreift: »Konservativ ist, wer die lebendigen Kräfte einer Nation, eines Staates erhalten wissen und erhalten will, liberal derjenige, welcher darüber wacht, daß die Produkte des Lebens dieser Nation, dieses Staates nicht der Lebenskraft gleich gesetzt und gleich geachtet werden, durch welche sie ins Dasein gerufen worden sind. Der Liberalismus ist, so gefaßt, die notwendige Ergänzung des Konservatismus...«[32]

Am entschiedensten hat Georg Quabbe den Konservatismus selber dem dialektischen Prinzip unterworfen und ihn als ein Moment im Kampf zwischen Beharrung und Fortschritt begriffen: »Konservativismus und Fortschritt sind nicht bloß gegensätzliche, es sind miteinander durch ihre Vertreter kämpfende Anlagen, ›Funktionen des Antagonismus‹, der unser Leben durchzieht und aufrechterhält.«[33] Quabbe sieht in den beiden genannten Prinzipien ein »Mittel der Natur«, durch das sich das Leben selbst erhält[34] und spricht von einem »Pendelgesetz der Weltgeschichte: Der Aufklärung antwortete Burke; dann kam wieder von links der scharfe Klang des Marxschen Manifestes, und nun muß wohl nach der ewigen Regel unter

philosophische Werk 2. Hrsg. von Richard Samuel u. a. Stuttgart/Berlin/Köln/Mainz 1968. S. 520.

31 Friedrich Gentz an Johannes von Müller, 23. Dezember 1805. Zitiert nach: Jakob Baxa: Einführung in die romantische Staatswissenschaft. 2. Auflage. Jena 1931. S. 231 (Ergänzungsbände zur Sammlung Herdflamme Bd. 4).

32 Paul de Lagarde: Konservativ? In: derselbe: Deutsche Schriften. Hrsg. von Karl August Fischer. 2. Auflage. München 1934. S. 19 (Paul de Lagarde: Schriften für das deutsche Volk. Bd. 1).

33 Georg Quabbe: Tar a Ri. Variationen über ein konservatives Thema. Berlin 1927. S. 170.

34 Ebd. S. 171.

uns der Weise aufstehen, der Marx die Antwort gibt und sie einem anderen als Frage weiterreicht.«[35]

Zusammen mit einer die konservative Position historisch relativierenden Dialektik erscheint bei Quabbe ein psychologischer Aspekt: Es gibt eine konservative und eine fortschrittliche Anlage im Menschen. Ist die Aufgabe der fortschrittlichen Anlage, »eine drohende Stagnation, das Einschlafen des Lebens zu verhindern, so wirkt die andere als retardierendes Moment, um die Uhr des Lebens nicht abrasen zu lassen. Jede dient ihrer Aufgabe, indem sie die andere wütend bekämpft, und dieser Kampf gewährleistet, solange die Natur Menschen beider Art noch hervorbringen kann, den Bestand geistigen Lebens.«[36] Es kommt auf diese Weise zur Wirkung einer List der geschichtlichen Vernunft, die unter anderem dafür sorgte, »daß der Plebejer Luther eine bis heute wirksame Unterstützung der autoritären Gewalt im Staate in Lauf brachte, während der Aristokrat Calvin, bemüht, die Herrschaft der geistigen und geistlichen Aristokratie über die als roh und unbelehrbar erkannte Masse sicherzustellen, der geistige Schöpfer des demokratischen Gedankens wurde«[37].

In dem Augenblick, in dem der Kampf zwischen Konservatismus und Fortschrittsglaube als ewiger behauptet und für natürlich erklärt wird, muß der Konservatismus wesentliche Voraussetzungen seines Ursprungs fallenlassen. War die ewige Menschennatur ihm früher eindeutig konservativ und nicht zugleich fortschrittlich, so werden jetzt die bisherigen Inhalte des Konservatismus fragwürdig. Was übrigbleibt ist das reine Formalprinzip eines konservativen Aspektes: »Es gibt keinen einzigen Wahrheitssatz, kein ›das und das ist so und so‹, die man als inhaltlich konservativ reklamieren könnte. Die Anlage stößt uns auf einen Gedanken und auch dann nur unter der Bedingung, daß auf der anderen Seite der entgegengesetzte Gedanke schon entstanden ist oder keimt; *sie selbst ist kein Gedanke.* Eine konservative Idee, ein konservatives Prinzip, eine konservative Hypothese gibt es daher nicht.«[38] Dieser Punkt bezeichnet systematisch das Ende des konservativen Gedankens.

35 Ebd. S. 189.
36 Ebd. S. 25 f.
37 Ebd. S. 30.
38 Ebd. S. 176.

4. Vermittlung

Zusammen mit der Dialektik und als Ergebnis dialektischen Denkens erscheint der Begriff der Vermittlung als ein originärer konservativer Terminus[39]. »Der Konservativismus ist das Weltbild des verlorengegangenen ›Und‹ der zueinander in fruchtbarem Spannungsverhältnis existierenden Lebensprinzipien... Es ist das Prinzip der ›Mitte‹, das hier zum Austrag kommt.«[40] Der Konservativismus begreift sich als Prinzip der Mitte, als dritte Partei, dritter Weg, drittes Reich. Diese Vermittlung soll sowohl in der Realität wie auch in der Reflexion geleistet werden. Das Schicksal der Hegelschen Philosophie hat Hegels großartigen »Wahn, die säkularisierte Reflexion durch das Reflektieren selbst überwinden zu können«[41], als letzten Vermittlungsversuch im Abendland offenbart. Marx und Kierkegaard haben unabhängig und auf verschiedenen Wegen gezeigt, daß Hegel die Widersprüche der Wirklichkeit zwar im Denken vermittelt, nicht aber wirklich versöhnt hat. Der Grund dafür lag in Hegels Auffassung der Dialektik selbst, welche »die dialektische Aufhebung des Endlichen... mit der Erhebung über das Endliche gleichsetzt«[42]. Die beiden Antworten Marxens und Kierkegaards reißen den gesellschaftlichen Widerspruch der Moderne aufs neue auf und zeigen zugleich seine religiöse Herkunft: Der christlich-existierende Einzelne Kierkegaards ›widerspricht‹ dem atheistisch-vergesellschafteten Wesen Marxens. Kierkegaard und Marx übernahmen die dialektische Methode und stellten sie in den Dienst ihrer Philosophie, die für sie jedoch nicht mehr eine Lehre von der Versöhnung, sondern ein Aufruf zur Entscheidung ist[43]. Der Widerspruch verliert auf diese Weise seinen theoretischen Charakter und treibt zur Aktion. Die Dialektik ist – in beiderlei Gestalt und Verständnis – bis heute unser aller Schicksal, wie die Wi-

39 Vgl. die politisch-theologische Explikation oben S. 113 ff.

40 Bernhard Hülsmann: Das Schicksal des Konservativismus im deutschen Raum. In: Neues Abendland 6 (1951), S. 403.

41 Gerhard Krüger: Die Herkunft des philosophischen Selbstbewußtseins. In: Logos 22 (1933), S. 272.

42 Ernst Bloch: Subjekt – Objekt. Erläuterungen zu Hegel. Berlin 1952. S. 129.

43 Vgl. die Analyse Karl Löwiths in: Von Hegel zu Nietzsche. S. 168 (s. oben Anm. 17).

dersprüchlichkeit von Individuum und Gesellschaft, die sie (sei es durch richtiges ›Verstehen‹ oder durch die richtige ›Entscheidung‹) versöhnen will und doch nur spiegeln kann[44]. – Der wahrhaft und in einem tiefen Sinn konservative Versuch Nietzsches, die Welt mit sich selbst zu versöhnen, indem er das Christentum in direkter Hinwendung zu vorchristlichen Gedanken umging und hinterging, mußte scheitern, geschah doch auch sein Philosophieren im Horizont christlichen Denkens, wenn schon gegen es. So rächte sich das Gesetz der Dialektik gerade an ihm, der es hinter sich lassen wollte[45].

Als einzig mögliche Vermittlung erscheint vom Anbeginn des modernen Konservatismus allein die Totalität der Person. Nur in der

44 Helmuth Plessner nennt in seiner Göttinger Rektoratsrede die Idee von der menschlichen Selbstentfremdung einen »Rest von Romantik«. Helmuth Plessner: Das Problem der Öffentlichkeit und die Idee der Entfremdung. Göttingen 1960. S. 12 (Göttinger Universitätsreden 28). Das Problem der Entfremdung ist in der Tat längst vor Marx von den konservativen Soziologen und Sozialpolitikern erfaßt worden, nämlich als die für das Abendland prinzipielle Spannung von Individuum und Gesellschaft. Ergebnis dieser Antinomie ist unter anderem die Wissenschaft der Soziologie selbst, in der diese Dialektik als die Spannung von autonomer Moralperson und dem Menschen als »zerstückeltem, exemplarischem, determiniertem Aggregat von Rollen« weiterbesteht. Ralf Dahrendorf: Homo Sociologicus. Ein Versuch zur Geschichte, Bedeutung und Kritik der Kategorie der sozialen Rolle. Köln und Opladen 1959. S. 55. Zur Kritik dieses Selbstverständnisses der Soziologie vgl. Helmuth Plessner: Soziale Rolle und menschliche Natur. In: Erkenntnis und Verantwortung. Festschrift für Theodor Litt. Hrsg. von Josef Derbolav und Friedhelm Nicolin. Düsseldorf 1960. S. 105 ff., insbes. S. 112 ff. Zur philosophischen Problematik vgl. Karl Löwith: Das Individuum in der Rolle des Mitmenschen. München 1928.

45 Vgl. das Kapitel »Die antichristliche Wiederholung der Antike auf der Spitze der Modernität« bei Karl Löwith: Nietzsches Philosophie der ewigen Wiederkehr des Gleichen. Stuttgart 1956. S. 113 ff. – Wie weit Nietzsche selbst dem romantisch-dialektischen Prinzip verhaftet war, bezeichnet ein Abschnitt aus seiner Schrift ›Über Wahrheit und Lüge im außermoralischen Sinn‹ (1873): »Jenes ungeheure Gebälk und Bretterwerk der Begriffe, an das sich klammernd der bedürftige Mensch sich durch das Leben rettet, ist dem freigewordnen Intellekt nur ein Gerüst und ein Spielzeug für seine verwegensten Kunststücke: und wenn er es zerschlägt, durcheinanderwirft, ironisch wieder zusammensetzt, das Fremdeste paarend und das Nächste trennend, so offenbart er, daß er jene Nothbehelfe der Bedürftigkeit nicht braucht und daß er jetzt nicht von Begriffen, sondern von Intuitionen geleitet wird. Von diesen Intuitionen aus führt kein regelmäßiger Weg in das Land der gespenstischen Schemata, der Abstraktionen ...« Friedrich Nietzsche: Werke. Taschen-Ausgabe Bd. 1. Leipzig 1906. S. 521.

Person läßt sich Totalität überhaupt noch erfahren: »Die Gesinnungen müssen wieder vereinigen, was die äußeren Begebenheiten zerrissen haben«, schreibt August Wilhelm Schlegel 1807 [46], und in demselben Sinne Friedrich Schlegel: »Nichts ist mehr Bedürfnis der Zeit, als ein geistiges Gegengewicht gegen die Revolution... Wo sollen wir dieses Gegengewicht suchen und finden? Die Antwort ist nicht schwer; unstreitig in uns...« [47]

5. Kunst und Spiel

Kunst und Spiel gelten seit der romantischen Philosophie als wichtigste Vermittlungsmedien unversöhnbarer Gegensätze. Georg Lukács hat auf diesen Umstand hingewiesen und gezeigt, daß das Schaffen einer konkreten künstlerischen Totalität in der Lage ist, durch die Herstellung eines materiellen Substrats und einer konkreten Inhaltlichkeit die zufällige Beziehung der Elemente aufzulösen [48]. Karl Jaspers meint, echtes dialektisches Denken kreise stets um eine spezifische Anschaulichkeit [49]. Das konservative Denken hat von seinen romantischen Anfängen an eine besondere Affinität zur Kunst gehabt [50] und hält diese Nähe bis heute. Voraussetzung dafür ist allerdings, daß die Kunst in ihren Produktionen als Repräsentation des Göttlichen oder Natürlichen, des Ewigen oder des alten Wahren gelten kann [51].

46 August Wilhelm Schlegel an Luise Gräfin von Voß, 20. 6. 1807. Zitiert nach: Deutsche Vergangenheit und deutscher Staat. Bearbeitet von Paul Kluckhohn. Leipzig 1935. S. 247 (Deutsche Literatur in Entwicklungsreihen. Reihe Romantik Bd. 10).

47 Friedrich Schlegel: Romantische Fragmente. 1798–1800. Zitiert nach Baxa: Romantische Staatswissenschaft S. 71 f. (s. oben Anm. 31).

48 Lukács: Geschichte und Klassenbewußtsein S. 317 f. (s. oben Anm. 1). »Bekanntlich hat bereits Kant in der ›Kritik der Urteilskraft‹ diesem Prinzip die Vermittlungsrolle zwischen den sonst unversöhnbaren Gegensätzen, also die Funktion der Vollendung des Systems, zugewiesen.« Ebd. S. 318.

49 Karl Jaspers: Von der Wahrheit. München 1947. S. 80 (Philosophische Ethik Bd. 1).

50 »Die Kunst ist eine *konservative* Macht, die stärkste unter allen; sie bewahrt seelische Möglichkeiten, die ohne sie – vielleicht – aussterben würden.« Thomas Mann: Betrachtungen eines Unpolitischen. Berlin 1918. S. 397; zur romantischen Kunst vgl. ebd. S. 415, und Schmitt: Politische Romantik S. 20 (s. oben Anm. 25).

51 Vgl. oben S. 115 ff.

Auch das Spiel gibt die Illusion zeit- und bruchloser Sinnfülle.
Das Wort Schillers, der Mensch sei nur da ganz Mensch, wo er spielt,
spannt das Spielmotiv weit über die Ästhetik hinaus und will in
ihm den Schlüssel zur Lösung der Frage nach dem Sinn des gesellschaftlichen Daseins des Menschen suchen. »Es wird auf der einen
Seite erkannt, daß das gesellschaftliche Sein den Menschen als Menschen vernichtet hat. Es wird zugleich auf der anderen Seite das
Prinzip aufgezeigt: *wie der gesellschaftlich vernichtete, zerstückelte,
zwischen Teilsystemen verteilte Mensch gedanklich wieder hergestellt werden soll.*«[52]

Die Gleichnishaftigkeit des Spiels erlaubt auf der einen Seite die
Vorstellung, es repräsentiere das Leben, und gibt auf der anderen
Seite die Illusion freien Handelns[53]. Konservative Philosophen haben die Philosophie des Spiels stets geschätzt, und nicht von ungefähr stellt sich Nietzsche die vollkommenste Stufe menschlichen
Selbstverständnisses und Weltverständnisses im Bilde des spielen-
den Kindes vor. Spiel ist die vollendetste Form der Versöhnung, ist
Einheit von Bewußtsein und Tat, Vermittlung der in der Wirklichkeit sich findenden Gegensätze. Spiel ist auch hohe institutionelle
Verwirklichung, Bindung in Rollen und sinnhafte Repräsentation
gesetzhafter Weltdeutung.

6. Tragische Weltauffassung

In engem Zusammenhang mit der konservativen Auffassung der
vermittelnd-versöhnenden Rolle der Kunst steht das tragische Lebensgefühl und Weltverständnis. Der Konservative sieht in der Un-
auflösbarkeit der die Welt durchziehenden Widersprüche eine tragische Notwendigkeit. Er ist deshalb Pessimist. »Wenn wir an das
Tragische in seiner tiefsten Bedeutung glauben wollen, wenn die
Tragödie nicht ein zufälliges ›Außerhalb‹ in unserer künstlerischen
und wissenschaftlichen Kultur sein soll, dann *müssen* wir an die
Wahrheit des metaphysischen Pessimismus glauben. Der Pessimismus, wozu die Tragödie hinleitet, ist nicht zu verwechseln mit dem

52 Lukács: Geschichte und Klassenbewußtsein S. 319 (s. oben Anm. 1).
53 Johan Huizinga: Homo ludens. Vom Ursprung der Kultur im Spiel. Hamburg 1956. S. 15 f. (rowohlts deutsche enzyklopädie 21). Vgl. auch grundsätzlich
Friedrich Georg Jünger: Die Spiele. München 1959 (List-Bücher 128).

lyrischen Erguß einer augenblicklichen Stimmung, er hat nichts zu thun mit persönlicher Erfahrung und persönlichem Leid, vielmehr hat er sich emanzipiert in allen Beimischungen der Stimmung oder der Melancholie; er ist nicht Weltschmerz, sondern *Welterkennt-nis.*«[54] Leopold Ziegler beruft sich in seiner Theorie des Tragischen auf Schelling und Novalis, auf Schopenhauer, Jakob Böhme und Plotin und erkennt den philosophischen Ansatz des Descartes als mit tragischer Weltauffassung unvereinbar: »Wenn es ein Tragisches geben soll, so muß es auch ein immanentes Schicksal geben, dann *müssen* wir ein schöpferisches und aktives Prinzip postulieren, das unser Bewußtsein nährt, denn im Ich treffen wir auf gar nichts als auf passive Vorstellungen: die Welt ist meine *Vorstellung.* Mit anderen Worten: *das erste und wichtigste Postulat alles Tragischen ist die Verneinung des cogito ergo sum.*«[55] Im Ich, das sich selbst souverän setzt, ist »kein Schicksal anzutreffen«, »im Ich ist keine Tragik.«[56] Tragik kann erst empfunden werden, wenn ein un-aufhebbares Mißverhältnis zwischen objektiver Geltung und subjektivem Wollen entsteht. Diese Tragik ist deshalb konservativer Natur, weil sich die Institution, das göttliche Recht, Natur und Geschichte als die letztlich stabilen überdauernden Kräfte erweisen. Der Konservative bejaht deshalb das tragische Weltverständnis und nimmt aus ihm wesentliche Elemente seiner Philosophie.

7. Ironie

Ironie ist die sublimste Form konservativen Selbstverständnisses. »Ironie und Konservativismus sind nahe verwandte Stimmungen. Man könnte sagen, daß Ironie der Geist des Konservativismus sei...«[57] Die Einsicht Thomas Manns findet sich im Ansatz schon bei Adam Müller[58]. Immer wieder taucht der Gedanke der ironi-

54 Leopold Ziegler: Zur Metaphysik des Tragischen. Eine philosophische Studie. Leipzig 1902. S. 75.

55 Ebd. S. 64.

56 Ebd.

57 Thomas Mann: Betrachtungen S. 604 (s. oben Anm. 50).

58 »Um das Handeln, nemlich die Gemeinschaft des Handelnden und Behandelten zu begreifen, müsse, behaupten wir, der Mensch mit freyer Unpartheylichkeit, mit wahrer Ironie über und in dem Gegensatz von Handelndem und Behandeltem schweben.« Müller: Vermischte Schriften Teil 2, S. 296 (s. oben Anm. 1).

schen Existenz in der konservativen Theorie auf, meist verbunden mit einer auf Resignation gestimmten Kulturkritik. Die konservative Theorie der Person als dem letzten Refugium möglicher Versöhnung lebt von der Ironie. Die »mit Bewußtsein und Entschiedenheit Gestrigen« Hans Freyers bedürfen ironischer Kraft, um wie Mönche in der Profanität bestehen zu können [59].

Die ironische Existenz ist zugleich die höchste Form konservativer Dialektik. In ihr wird das Dilemma des Konservatismus reflektiert und, jedenfalls als persönliche Haltung, ausgehalten. Anstelle falscher Entschlossenheit oder radikaler Verzweiflung über die Undurchführbarkeit konservativer Politik und Undenkbarkeit konservativer Theorie macht man die Gegensätze und Spannungen zum Thema ironischer Betrachtung. »Radikalismus ist Nihilismus. Der Ironiker ist konservativ. Ein Konservativismus ist jedoch nur dann ironisch, wenn er nicht die Stimme des Lebens bedeutet, welches sich selber will, sondern die Stimme des Geistes, welcher nicht sich will, sondern das Leben.« [60] Mit diesen Sätzen hat Thomas Mann den Kern des konservativen Dilemmas, jedenfalls in philosophischer Hinsicht, getroffen. Das Problem des Konservatismus liegt in der widerspruchsvollen Zweiheit von ›Geist‹ und ›Leben‹ begründet: dem Schmerz des Geistes darüber, daß er des ›Lebens‹ entbehren muß – und dem Schmerz des Lebens, daß es des ›Geistes‹ bedarf. Dieses Dilemma zieht sich durch das Gesamtwerk Thomas Manns, ist seit Nietzsche ausdrückliches, seit Descartes unterschwelliges Thema der abendländischen Philosophie und hat seinen Ursprung im Christentum, das den göttlichen Geist auf radikale Weise von allem Natürlichen unterscheidet. Die spannungsvolle Sehnsucht beider Prinzipien nach einander lebt im Konservatismus; und das Dilemma des Konservatismus ist das Dilemma der christlichen Welt selber. Die konservative Verneinung des Geistes zugunsten des Lebens will dieses Dilemma nach einer der beiden möglichen Seiten hin entscheiden, wird jedoch bei diesem radikalen Versuch stets auf diesen Verneinungsprozeß des Geistes und damit auf ihn selbst verwiesen.

Im Gegensatz zu allen radikalen Entscheidungen der Moderne

59 Hans Freyer: Theorie des gegenwärtigen Zeitalters. Stuttgart 1955. S. 239 f.
60 Mann: Betrachtungen S. 587 (s. oben Anm. 50).

versucht Thomas Mann, auf dem Wege der Ironie die Einheit des konservativen Bewußtseins gegenüber dem Rationalismus und dem Irrationalismus zu erhalten. Wie wenig er jedoch mit diesem ironischen Rettungsversuch das Dilemma des Konservatismus überwinden kann, zeigt er selbst, wenn er die soziologische Dimension der Ironie beschreibt. »Ironie als Bescheidenheit, als rückwärts gewandte Skepsis ist eine Form der Moral, ist persönliche Ethik, ist ›innere Politik‹.«[61] Als schönen Ausdruck konservativer Ironie zitiert Thomas Mann einen Brief des alternden Friedrich von Gentz an eine junge Freundin, der auf einzigartige Weise die ironische Existenz eines konservativen Theoretikers und zugleich Politikers kennzeichnet. »Die Weltgeschichte ist ein ewiger Übergang vom Alten zum Neuen. Im steten Kreislauf der Dinge zerstört alles sich selbst, und die Frucht, die zur Reife gediehen ist, löset sich von der Pflanze ab, die sie hervorgebracht hat. Soll aber dieser Kreislauf nicht zum schnellen Untergange alles Bestehenden, mithin auch alles Rechten und Guten führen, so muß es notwendig neben der großen, *zuletzt immer überwiegenden* Anzahl derer, welche für das Neue arbeiten, auch eine kleinere geben, die mit Maß und Ziel das Alte zu behaupten und den Strom der Zeit, wenn sie ihn auch nicht aufhalten kann noch will, in einem geregelten Bette zu erhalten sucht... Ich war mir stets bewußt, daß ungeachtet aller Majestät und Stärke meiner Kommittenten und ungeachtet aller der einzelnen Siege, die sie erfochten, der Zeitgeist zuletzt mächtiger bleiben würde, als wir, daß die Presse, so sehr ich sie in ihren Ausschweifungen verachtete, ihr furchtbares Übergewicht über alle unsere Weisheit nicht verlieren würde, und daß die Kunst so wenig als die Gewalt dem Weltenrade in die Speichen zu fallen vermag. *Dies war aber kein Grund,* die mir einmal zugefallene Aufgabe nicht mit Treue und Beharrlichkeit zu verfolgen; nur ein schlechter Soldat verläßt seine Fahne, wenn das Glück ihr abhold zu werden scheint; und Stolz genug besitze ich auch, um mir selbst in den finsteren Momenten zu sagen: victrix causa Diis placuit, sed victa Catoni.«[62]

61 Ebd. S. 596.
62 Ebd. S. 603 f.

Teil 3
Das Dilemma

Der erste technische und gegen Ende totale Krieg hatte mit einem
Schlage deutlich gemacht, daß das Abendland in eine neue Epoche
seiner Geschichte eingetreten war. Das Gesicht der Welt hatte sich
verändert. Die Gesellschaft war industriell und fungibel geworden.
Die in sich gegliederten Stämme Deutschlands, seine Dörfer und
Städte verloren in zunehmendem Maße ihre historische Individualität und Kontinuität. Die geistige Welt verwandelte sich in einen
Pluralismus gleichzeitig bestehender Kulturen, Religionen und Philosophien. Die Malerei nahm in wachsendem Maße Motive aus anderen Erdteilen auf [1], die Musik desgleichen, und in der Literatur
wuchsen Skepsis und Zynismus. Es schien nichts mehr zu geben, dessen historisches Wachstum man hätte pflegen können, und selbst der
historisierende Weg einer verinnerlichten Aneignung alter Werte
schien unter dem Ansturm der Technik verlegt. – Für diese allgemeine Auflösung der alten Welt schien der Liberalismus die volle
Verantwortung zu tragen [2]. Da er neben dieser die abendländische
Welt im ganzen betreffenden Entwicklung auch noch für die nationalen Unglücksfälle der deutschen Nachkriegszeit verantwortlich
gemacht wurde, steigerte sich die Kritik des Konservatismus an der
Rationalität in Geist und Wirklichkeit zu extremen Formen [3]. Weil
der Konservatismus jedoch gleichzeitig einsehen mußte, daß die
Verbindung zu den gesellschaftlichen Zuständen, auf die er sich als
die wahren und zu bewahrenden berief, längst abgerissen war, ent-
schloß er sich zu einer Art Verzweiflungstat – er wurde revolutionär.

1 Für die konservative Beurteilung dieses Prozesses vgl. Hans Sedlmayr: Verlust der Mitte. Die bildende Kunst des 19. und 20. Jahrhunderts als Symptom
und Symbol der Zeit. Berlin 1959. S. 120 (Ullstein Buch Nr. 39).
2 »Am Liberalismus gehen die Völker zu Grunde, weil der Liberalismus das
Elementare zersetzt...« Walter Gerhart (d. i. Waldemar Gurian): Um des Reiches Zukunft. Freiburg i. Br. 1932. S. 63.
3 Für die praktische Politik der konservativen Parteien in der Weimarer Republik vgl. das Urteil von Hans Booms: Die Deutschkonservative Partei. Preußischer Charakter, Reichsauffassung, Nationalbegriff. Düsseldorf 1954. S. 58 (Beiträge zur Geschichte des Parlamentarismus und der politischen Parteien H. 3).

Als revolutionärer Konservatismus machte er den Maßstab seiner Kritik am Rationalismus zum politischen Programm und wurde so, als revolutionäre Gegenideologie zum Liberalismus, selber offen und vor aller Welt zur Ideologie. Hans Freyer beschrieb diesen Schritt von der kritischen zur revolutionären Haltung, wenn er in seinem damals (1931) berühmten Buch ›Revolution von rechts‹ über die Rolle der Konservativen sagte: »Noch vor einem Menschenalter waren solche Menschen auf isolierte Existenz, auf ein heimliches Verstehen untereinander und auf das ehrenvolle aber negative Werk der Kulturkritik angewiesen. Heute sind sie der Typus, der gilt, und die Zukunft des Ganzen.«[4]

Die innere Verzweiflung dieses Schrittes vom restaurativen zum revolutionären Denken, der doch von Anfang an im Konservatismus angelegt war, tritt nirgends deutlicher zutage als in der Begründung dieser Art Revolution selbst: Es gilt, so wird durchgängig argumentiert, die bestehenden Verhältnisse völlig umzustürzen, reinen Tisch zu machen und den Boden zu säubern, auf dem dann das Neue, d. h. aber das Alte ›wachsen‹ kann. Ziel der Revolution ist die zukünftige Rückgewinnung eines vergangenen Zustandes. »Der konservative Mensch... sucht heute wieder die Stelle, die Anfang ist. Er ist jetzt notwendig Erhalter und Empörer zugleich. Er wirft die Frage auf: was ist erhaltenswert?«[5] Um sie aber erhalten zu können, muß die Welt erst im Sinne des Konservatismus umgestaltet werden, so daß Moeller van den Bruck wenige Seiten später

4 Hans Freyer: Revolution von rechts. Jena 1931. S. 72. Noch deutlicher wird dieser Schritt von skeptischer Kulturkritik zur revolutionären Aktion von Werner Sombart bezeichnet, der 1915 schreibt: »Wir hatten die feste Überzeugung gewonnen, daß es mit der Menschheit zu Ende sei, daß der Rest ihres Daseins auf der Erde ein überaus unerfreulicher Zustand der Verpöbelung, der Verameisung sein werde, daß der Händlergeist sich überall einzunisten im Begriffe stehe, und daß ›die letzten Menschen‹ heraufkämen, die da sprechen: wir haben das Glück erfunden und blinzeln. Da ereignete sich das Wunder. Der Krieg kam. Und aus tausend und abertausend Quellen brach ein neuer Geist hervor; nein – kein neuer Geist! Es war der alte, deutsche Heldengeist, der nur unter der Asche geglommen hatte, und der nun plötzlich wieder zur Flamme entfacht worden war... es lebte noch ein Überindividuelles, ein Ganzes, ein Leben außer uns: das Volk, das Vaterland, der Staat.« Werner Sombart: Händler und Helden. Patriotische Besinnungen. München und Leipzig 1915. S. 117 f.

5 Arthur Moeller van den Bruck: Das dritte Reich. 3. Auflage. Hrsg. von Hans Schwarz. Hamburg 1931. S. 189.

formulieren muß: »...konservativ ist, Dinge zu schaffen, die zu erhalten sich lohnt.«[6] Damit aber taucht die alte Dialektik auf, die der Konservatismus nie hat zur Versöhnung bringen können: die Dialektik von ›Wachsen‹ und ›Machen‹. Der Konservatismus läßt, seinem eigenen Selbstverständnis zufolge, nur das Gewachsene gelten und bekämpft im Liberalismus den Geist des ›Machens‹, das herstellende Denken. In seinem revolutionären Stadium aber wird er gezwungen, den Geist des Machens als bei sich selbst herrschend zu offenbaren. Er muß sich damit als eine im Horizont der Moderne argumentierende ›Bewegung‹ erkennen, für die der Begriff der Revolution und der Geist des Machens einander nicht ausschließen, sondern bedingen[7].

Der Begriff der Konservativen Revolution[8] bezeichnet diese letzte Phase eines spezifisch deutschen Konservatismus in ihrer aus-

6 Ebd. S. 202. Ebenso schon Paul de Lagarde: »Darum verlange ich, um konservativ sein zu können, Zustände, welche des Konservierens wert sind.« Paul de Lagarde: Konservativ? (1853). In: derselbe: Deutsche Schriften. Hrsg. von Karl August Fischer. 2. Auflage. München 1934. S. 13 (Paul de Lagarde: Schriften für das deutsche Volk. Bd. 1). In diesem Sinne auch die Definition Edgar J. Jungs: »Konservative Revolution nennen wir die Wiedereinsetzung all jener elementaren Gesetze und Werte, ohne welche der Mensch den Zusammenhang mit der Natur und mit Gott verliert und keine wahre Ordnung aufbauen kann.« Edgar J. Jung (Hrsg.): Deutsche über Deutsche. Die Stimme des unbekannten Politikers. München 1932. S. 380.

7 Bruno Seidel führt unter den Wesensbestimmungen der modernen Revolution als wichtiges Merkmal »das Moment des bewußten ›Machens‹ bzw. des bewußten Organisierens« auf. Bruno Seidel: Das Zeitalter der Revolution. In: Aspekte sozialer Wirklichkeit. Berlin 1958. S. 138. Für die hier wichtige Verbindung von Revolution und Reflexion vgl. Arnold A. T. Ehrhardts Beurteilung der Sophisten in seinem Buch: Politische Metaphysik von Solon bis Augustin. Bd. 1. Tübingen 1959. S. 4 ff.

8 Der Begriff stammt vermutlich von Thomas Mann, der ihn schon um 1920 benutzte. Hofmannsthal hat ihn erst später gebraucht, aber ihn mit seiner Rede ›Das Schrifttum als geistiger Raum der Nation‹ (1927) in Deutschland heimisch gemacht. Vgl. Kurt Sontheimer: Thomas Mann und die Deutschen. München 1961. S. 79. Armin Mohler: Die Konservative Revolution in Deutschland 1918–1932. Grundriß ihrer Weltanschauungen. Stuttgart 1950. S. 149 f. Allgemein vgl. Kurt Sontheimer: Antidemokratisches Denken in der Weimarer Republik. Die politischen Ideen des deutschen Nationalismus zwischen 1918 und 1933. Studienausgabe. München 1968. S. 118 ff., und Heide Gerstenberger: Der revolutionäre Konservatismus. Ein Beitrag zur Analyse des Liberalismus. Berlin 1969. Bes. S. 34 ff. (Sozialwissenschaftliche Abhandlungen H. 14).

weglosen Absurdität am besten. Der widerspruchsvolle Ausdruck gibt allerdings nur dann Sinn, wenn man berücksichtigt, daß der Konservatismus in dem Moment, in dem er revolutionär wird, strenggenommen zu bestehen aufhört. Er zerbricht an sich selbst und mündet ein in die mancherlei modernen Bewegungen, die sich in irrationalem Gegenschlag gegen den Liberalismus wenden[9]. Die Kritik am ›Westen‹ wird schrill[10], der Antikartesianismus durchgängig[11], und Humanität gilt für schwächlich[12].

Sieht man genauer hin, so trägt der deutsche Konservatismus dieses Moment des revolutionären Kopfsprunges von Anfang an in sich. Die Versuchung zum revolutionären Umschlag gehört notwendig zu seinem ›Begriff‹ und ist als Möglichkeit stets latent. So vermutete schon Friedrich Schlegel, es möchte wohl auch unter den Gegnern der Revolution Geister geben, »welche die Staaten und die Welt überhaupt, nach alter Weise wieder fester gründen möchten auf Religion und ehrerbietigen Gehorsam gegen die rechtmäßige Autorität in Staat und Kirche, im Hause und in der Schule, einzelne solche, die dem so natürlichen Hange ebenfalls nicht widerstehen können, sich eine Welt, wie sie sein sollte, in Gedanken nach ihrem

9 »Der späte Liberalismus, der Parlamentarismus, die Demokratie als Herrschaft der Zahl, ein geistiges Franzosentum und ein Europäertum, dessen Metaphysik die des Speisewagens ist, ein Amerikanismus, mit der Gleichsetzung von Fortschritt und Komfort, eine östliche Orientierung unter dem Gesichtswinkel der inneren Politik, – dieses ganze Gewirr von überalteten und überfremdeten Dingen gleicht einem dichten Telephonnetz, zu dem das Deutsche keinen Anschluß hat.« Deutsches Volkstum. Monatsschrift für das deutsche Geistesleben. Hrsg. von Wilhelm Stapel und Albrecht Erich Günther. Hamburg 1929, August-Heft, S. 58 f. Vgl. Herbert Marcuse: Der Kampf gegen den Liberalismus in der totalitären Staatsauffassung. In: Zeitschrift für Sozialforschung 3 (Paris 1934), S. 161 ff. Wiederabgedruckt in: Herbert Marcuse: Kultur und Gesellschaft I. Frankfurt a. M. 1965. S. 17 ff. (edition suhrkamp 101); Martin Greiffenhagens Besprechung von Ernst Niekisch: Gewagtes Leben. Begegnungen und Begebnisse. Köln/Berlin 1958. In: Zeitwende 31 (1960), S. 557.

10 Vgl. Otto-Ernst Schüddekopf: Linke Leute von rechts. Die nationalrevolutionären Minderheiten und der Kommunismus in der Weimarer Republik. Stuttgart 1960. S. 27.

11 Vgl. Franz Böhm: Anti-Cartesianismus. Deutsche Philosophie im Widerstand. Leipzig 1938.

12 Vgl. Thomas Mann: Betrachtungen eines Unpolitischen. Berlin 1918. S. 451, 462; Helmuth Plessner: Die verspätete Nation. Über die politische Verführbarkeit bürgerlichen Geistes. Stuttgart 1959. S. 42 ff.

Sinne zu entwerfen, ... und die sich dann mit ganzer Leidenschaft für dieses Ideal von Einrichtung der menschlichen Dinge ereifern und entzünden«[13]. Die Romantik selbst war eine »volle wirkliche Revolution«[14], und das Prinzip der Konservativen Revolution, Dinge zu schaffen, die zu erhalten sich lohnt, findet sich schon bei Justus Möser, wenn er gewisse Sitten wieder restaurieren oder gar neue Institutionen im Dienste der Wiederbelebung alter institutioneller Vorstellungen schaffen will[15]. Als Symptome einer revolutionären Epoche zeigen sich am Konservatismus stets Kennzeichen der geistigen und politischen Position, die er bekämpft[16].

Konservative haben sich gegen diese Einsicht stets gesperrt. Wilhelm Stapel wendet gegen den Begriff der ›Konservativen Revolution‹ ein, er sei eine Contradictio in adjecto. Konservatismus könne nach Wesen und Gehalt nie revolutionär sein, könne es auch nie werden[17]. Selbst ein so reflektierter Konservativer wie Georg Quabbe meint, der Konservative perhorresziere die Revolution so sehr, daß er sie als Mittel nicht einmal gegen die Revolution selbst anwenden wolle[18].

13 Friedrich Schlegel: Signatur des Zeitalters. Teil 2 (Concordia, Wien 1823). In: derselbe: Studien zur Geschichte und Politik. Kritische Ausgabe, hrsg. von Ernst Behler u. a. Bd. 7. München/Paderborn/Wien/Zürich 1966. S. 540.

14 »... eine Revolution gegen respektablen Bürgergeist und gegen allgemeine gleichheitliche Moral, vor allem aber gegen den ganzen westeuropäischen mathematisch-mechanischen Wissenschaftsgeist, den Utilitarismus und Moral verschmelzenden Begriff des Naturrechts und gegen die kahle Abstraktion einer allgemeinen und gleichen Menschheit. Gegenüber der Explosion des westeuropäischen Naturrechts und seinen Revolutionsstürmen entwickelte sie sich immer bewußter zum Gegenstück einer konservativen Revolution, die kontemplativ und mystisch aus der reichen Fülle des Gegebenen die inneren Triebkräfte herausschaut und sie in der Richtung auf einen reichen Kosmos individueller menschlicher Geistesbildungen fortentwickeln möchte.« Ernst Troeltsch: Deutscher Geist und Westeuropa. Gesammelte kulturpolitische Aufsätze und Reden. Hrsg. von Hans Baron. Tübingen 1925. S. 13 f.

15 Vgl. oben S. 56 ff.

16 Henry A. Kissinger: The conservative dilemma: reflections on the political thought of Metternich. In: The American Political Science Review 48 (1954), S. 1018.

17 Wilhelm Stapel: Kann ein Konservativer Gegner des Christentums sein? In: Deutsches Pfarrerblatt 51 (1951), S. 324.

18 Georg Quabbe: Tar a Ri. Variationen über ein konservatives Thema. Berlin 1927. S. 157. – An anderer Stelle allerdings scheint er für politische Aktio-

Wie die rationalistische Revolution will auch die konservative im Rückgriff auf einen möglichst reinen Ursprung die Zukunft sichern. Radikalität aber ist bisher von den Konservativen als schlimmer politischer Sündenfall abgelehnt worden. Jetzt soll sie als letztes Mittel auch ihm dienen dürfen. Nirgends zeigt sich die dialektische Abhängigkeit vom politischen Rationalismus deutlicher als in der Verteidigung dieser seiner revolutionären Phase. Die ontologische Verankerung konservativen Denkens tritt zugleich deutlich ans Licht: Wie die Rationalisten einen wie immer gearteten Urzustand annehmen, der ihnen als goldenes Zeitalter, zugleich aber als Maßstab für die zu verwirklichende zukünftige Gesellschaft gilt, so sucht sich auch der konservative Revolutionär eine bestimmte Phase vergangener Geschichte, die ihm als die einzig wahre und künftig wiederherzustellende erscheint[19].

Im Unterschied zu konservativen Bewegungen in anderen europäischen Ländern hat der deutsche Konservatismus stets ein gespanntes Verhältnis zur historischen Kontinuität gehabt. Die eng-

nen der Konservativen Revolution durchaus Sinn gehabt zu haben: »Leugnen wir nicht, daß unsere Sympathien im innerpolitischen Bereich auf seiten Benito Mussolinis sind. Über Südtirol wird noch einmal – vielleicht auf seine Weise – mit ihm gesprochen werden, aber mit befriedigtem Schmunzeln stellten die Konservativen aller Länder fest, daß der Fortschritt einmal mit seiner höchst eigenen Erbwaffe, der revolutionären Aktion, geschlagen wurde und teils über diese offenbare Patentverletzung höchlich erbost war, teils plötzlich die ›Einwilligung der Regierten‹ als letzte Instanz beschwor. Dazu kam das ästhetische Vergnügen am Anblick dieses seltenen Gemischs von Entschlußkraft und geistiger Freiheit und für uns Deutsche das schmerzliche Gefühl hoffnungslosen Neides. Dennoch sehe ich es als ein großes Glück für die deutschen Konservativen an, daß der Faschismus bei uns in einer unglaublich geistlosen und brutalen Form auftrat und seine reformatorische Unfähigkeit aufs Deutlichste klarstellte.« Ebd. S. 155. Der letzte Satz zeigt übrigens, wie starke Vorbehalte es unter Konservativen dem Nationalsozialismus gegenüber gegeben hat.

19 Robert Michels erweitert diese Einsicht zu einem allgemeinen Gesetz konservativer Parteipolitik: »When the concrete forms and the legal institutions pleasing to their Weltanschauung are abolished, they shift their allegiance to the status quo ante. Thus dethroned conservative parties become in their actual politics and aims more or less revolutionary.« Roberto Michels: Artikel »Conservatism«, in: Encyclopaedia of the Social Sciences. Vol. 4 (New York 1930, 13th print. 1959), S. 231. – In diesem Sinne vertrat der Nationalsozialismus mit seinem Rückgriff auf die germanische Frühzeit eine besonders ›revolutionäre‹ Ideologie.

lischen und französischen Konservativen pflegten der vorwärts-schreitenden Zeit gemäßigten Schrittes zu folgen und die gerade vergehende oder vergangene Epoche als Verpflichtung für die Gegenwart zu empfinden. Es gab diese Tendenz für kurze Zeit auch im deutschen Konservatismus. So berief man sich im legitimistischen Konservatismus auf die absolutistische Staatsstruktur, die Möser noch als rationalistisch bekämpft hatte. Aber der stark völkische Charakter hat den deutschen Konservatismus eine sinnvolle Kontinuität zu Epochen und Gesellschaftsformen, die zu erhalten gewesen wären, nicht mehr sehen lassen. Je weiter der deutsche Konservatismus in der Geschichte voranschritt, desto ferner gelegene Maßstäbe und Idole wählte er sich für sein goldenes Zeitalter. Novalis berief sich bereits auf das Mittelalter. Im 20. Jahrhundert ging man noch weiter zurück, zu Karl dem Großen, zur Völkerwanderungszeit, bis die Nationalsozialisten in Verfolgung dieser Linie schließlich in der germanischen Frühzeit angelangt waren. Dieser paradoxe Rückgriff auf immer entfernter liegende Zeiten findet sich in keinem anderen europäischen Konservatismus. Kein anderer Konservatismus ist deshalb in den dreißiger Jahren in ein Dilemma geraten, das dem des deutschen Konservatismus vergleichbar wäre. Zwar haben auch andere faschistische Bewegungen Europas, der italienische Faschismus und die Action française in dem Maße Verbindungen zu konservativen Bewegungen gehabt, in dem der Konservatismus wie der Faschismus vornehmlich an einer integralen Gesellschaft interessiert sind und sich deshalb im Kampf gegen den Liberalismus verbinden können. Aber keine der genannten Bewegungen hat sich von Tradition und Geschichte so weit entfernt wie der deutsche Konservatismus der dreißiger Jahre. Weder die Action française noch das Vichy-Regime noch der Algerienkrieg haben die französische Rechte in einen vergleichbaren politischen und moralischen Mißkredit bringen können [20].

Ordnet man alle gleichzeitig auftretenden Momente des konservativ-revolutionären Denkens in ihre logische Folge, so ergibt sich zuerst die Zerstörung des Liberalismus als Geist und Wirklichkeit. Mit dieser Angriffsrichtung gerät der Konservatismus in die Nähe

20 Der englische Konservatismus hat radikale Aktionen stets skeptisch beurteilt. Vgl. A. B. Wolfe: Conservatism, radicalism, and scientific method. New York 1923. S. 12.

jener vitalistischen Philosophien und Soziallehren, die in der Nachfolge Nietzsches und Bergsons dem ›Leben‹ den höchsten Wert zu-
sprechen [21]. Dieser moderne Irrationalismus ist dem Rationalismus
als dessen unvernünftige Gegenbewegung dialektisch verbunden.
Rein sprachlich zeigt sich schon die Schwierigkeit, das angeblich über-
rationale oder vorrationale Denken gegenüber einem ›bloßen Verstandesdenken‹ abzugrenzen. So verteidigte schon Hegel die Vernunft gegen den Verstand, Adam Müller die Idee gegen den Begriff.
Im zwanzigsten Jahrhundert nennt Ludwig Klages den Geist den
Widersacher der Seele und Martin Heidegger die Vernunft den
Widersacher des Denkens. Der moderne Irrationalismus ist in dem
Existentialismus Heideggers ebenso zu finden wie in der dialekti-
schen Theologie Karl Barths und dem politischen Dezisionismus
Carl Schmitts [22]. Er ist Ausdruck eines allgemeinen Zeitwendebe-

21 Vgl. Sontheimer: Denken S. 56 ff. (s. oben Anm. 8), mit guten Beispielen. –
Paul Tillich unterscheidet den alten Konservatismus von seiner revolutionären
Form: »Die erste bewahrt den Ursprungsmythos in der überlieferten religiösen
Gestalt und sucht von ihm her Weltbild und Gesellschaftsbau zu bestimmen. Hinter ihm stehen die Kirchen, soweit sie sich mit der politischen Romantik verbunden haben, sowie kirchlich beeinflußte Gruppen altkonservativer Art. Die zweite
begründet den Ursprungsmythos lebensphilosophisch, nimmt ihm also den eigentlich mythischen Charakter, selbst wenn sie vom neuen Mythos spricht. Hier-
her gehören vor allem die Gruppen des revolutionären Typus.« Paul Tillich: Die
sozialistische Entscheidung. In: derselbe: Christentum und soziale Gestaltung.
Frühe Schriften zum Religiösen Sozialismus. Hrsg. von Renate Albrecht. Stuttgart 1962. S. 248 (Gesammelte Werke Bd. 2). Tillich sieht aber auch, daß beide
durch den gemeinsamen Gegner Aufklärung definiert sind.
22 Zu Carl Schmitt vgl. Peter Schneider: Ausnahmezustand und Norm. Eine
Studie zur Rechtslehre von Carl Schmitt. Stuttgart 1957 (Veröffentlichungen des
Instituts für Zeitgeschichte, Quellen und Darstellungen zur Zeitgeschichte Bd. 1);
Jürgen Fijalkowski: Die Wendung zum Führerstaat. Ideologische Komponenten
in der politischen Philosophie Carl Schmitts. Köln und Opladen 1958 (Schriften
des Instituts für Politische Wissenschaft Berlin Bd. 12); Hasso Hofmann: Legitimität gegen Legalität. Der Weg der politischen Philosophie Carl Schmitts. Neuwied und Berlin 1964 (Politica Bd. 19). Zu Ernst Jünger, Carl Schmitt und Martin Heidegger vgl. Christian Graf von Krockow: Die Entscheidung. Stuttgart
1958 (Göttinger Abhandlungen zur Soziologie Bd. 3); ferner Alexander Schwan:
Politische Philosophie im Denken Heideggers. Köln und Opladen 1965 (Ordo Politicus Bd. 2). – Karl Barths dialektische Theologie gehört in den Umkreis dezisionistischen Denkens unbedingt hinein. Das geistesgeschichtlich richtige Urteil
von Schoeps aber läßt den theologischen Aspekt dieses Dezisionismus zu Unrecht
außer acht: »Die Barthianer glaubten freilich eine Schlacht für den lieben Gott zu

wußtseins, dessen Vernunftfeindlichkeit Othmar Spann mit dem Begriff »Gegenrenaissance«[23] gut kennzeichnete.

Der Grundtenor dieses Bewußtseins liegt in einer ebenso heroischen wie nihilistischen Entschlossenheit, die nicht weiß und auch nicht wissen will, wozu sie entschlossen ist[24]. »Das revolutionäre Prinzip, das einem Zeitalter innewohnt, ist seinem Wesen nach keine Struktur, keine Ordnung, kein Aufbau. Sondern es ist reine Kraft, reiner Aufbruch, reiner Prozeß... Denn es kommt gerade darauf an, daß das neue Prinzip das aktive Nichts in der Dialektik der Gegenwart, also die reine Stoßkraft zu bleiben wagt; sonst ist es über Nacht eingebaut und kommt nie zu seiner Aktion.«[25]

Die philosophische, theologische und politische Bewegung des Dezisionismus[26] ist der augenfälligste Beweis für die Unmöglichkeit der Konservativen Revolution, über die Verherrlichung eines nihilistischen Vitalismus hinaus ein Ziel anzugeben, auf das die Revolution sich hinspannte. Die Entschiedenheit an sich, die Entschlossenheit zu irgend etwas, notfalls zu nichts, ist es, die man emphatisch preist. Anstelle der Objektivität, auf die der Konservative sich bisher berief, feiert nun die Subjektivität höchste Triumphe. Die Entscheidung entspringt einem normativen Nichts[27] und beweist sich allein in der vitalen Kraft ihres Mutes zu sich selbst[28].

schlagen; in Wirklichkeit ebneten sie der herannahenden Barbarei die Bahn.« Hans Joachim Schoeps: Die letzten dreißig Jahre. Rückblicke. Stuttgart 1956. S. 84. – Zum Dezisionismus Friedrich Gogartens vgl. Karl Löwith: Gesammelte Abhandlungen. Zur Kritik der geschichtlichen Existenz. Stuttgart 1960. S. 124 ff. und Theodor Strohm: Theologie im Schatten politischer Romantik. Eine wissenschafts-soziologische Anfrage an die Theologie Friedrich Gogartens. München/Mainz 1970 (Gesellschaft und Theologie, Syst. Beiträge 2).

23 Othmar Spann: Der wahre Staat. Vorlesungen über Abbruch und Neubau der Gesellschaft. 4. Auflage. Jena 1938. S. 3.

24 Karl Löwith: Heidegger: Denker in dürftiger Zeit. Frankfurt 1953. S. 51; Alfred von Martin: Der heroische Nihilismus und seine Überwindung. Krefeld 1958.

25 Freyer: Revolution S. 53 (s. oben Anm. 4). »Die Frage, zu welcher Form es (das revolutionäre Prinzip, M. G.) sich fügen wird, wenn es am Ziel seiner Bewegung ist, ist nicht nur falsch sondern feige. Denn es kommt gerade darauf an, daß das neue Prinzip das aktive Nichts in der Dialektik der Gegenwart, also die reine Stoßkraft zu bleiben wagt.« Ebd.

26 Vgl. Krockow: Entscheidung (s. oben Anm. 22).

27 Vgl. Carl Schmitt: Politische Theologie. Vier Kapitel zur Lehre von der Souveränität. Zweite Ausgabe. München und Leipzig 1934. S. 19.

Der in der Konservativen Revolution geforderte emphatische Verzicht auf das Denken findet sich, wie wir gesehen haben, schon im Ansatz der konservativen Theorie[29]. Anstelle der Berufung auf materiale Entscheidungsmodi (z. B. Tradition oder das monarchische Prinzip[30]) wird nun die Entschiedenheit selbst als rein formales Prinzip beschworen. In ihr aber lebt das gegnerische Prinzip rationaler Diskussion dialektisch fort. Bei der geforderten Entschiedenheit handelt es sich nämlich um einen jeweils »okkasionellen Dezisionismus«[31]. Carl Schmitt begreift die Romantik als »subjektivierten Occasionalismus« und die Unfähigkeit, sich zu entscheiden[32]. Prototyp dieser Haltung ist ihm Adam Müller, der jeder starken Suggestion zur Verfügung stand[33].

28 Der Glaube an die erlösende Kraft der Entscheidung, gleich wofür, entspricht dem Glauben an die Heiligkeit des Opfers, des guten Kampfes, der befreienden Tat (vgl. unten S. 265 ff.). Dieser ›Glaube an den Glauben‹ (vgl. die paradoxe Struktur des atheistischen Katholizismus bei Charles Maurras oben S. 103) ist die dialektische Kehrseite des rationalistischen Vernunftglaubens. Carl Schmitt hat diese Dialektik scharfsinnig erkannt und immer wieder zum Gegenstand seiner Reflexion gemacht. So übernimmt er von Donoso Cortés die Definition der Bourgeoisie als einer »Clasa discutidora« (Schmitt: Politische Theologie S. 79, s. oben Anm. 27) und meint mit ihm, das Bürgertum wolle mit der Diskussion der politischen Entscheidung ausweichen (ebd. S. 75). Vgl. auch Carl Schmitt: Die geistesgeschichtliche Lage des heutigen Parlamentarismus. Zweite Auflage. München und Leipzig 1926. S. 61.

29 Vgl. oben S. 62 ff.

30 Schmitt: Politische Theologie S. 70 ff. (s. oben Anm. 27).

31 Vgl. Karl Löwith: Der Okkasionelle Dezisionismus von C. Schmitt. In: derselbe: Gesammelte Abhandlungen. Zur Kritik der geschichtlichen Existenz. Stuttgart 1960. S. 93 ff.

32 Carl Schmitt: Politische Romantik. 2. Auflage. München und Leipzig 1925. S. 23 und 162.

33 Ebd. S. 177 ff. Adam Müllers persönliche moralische Unsicherheit ist jedoch kein Einwand gegen die Bedeutung seiner ›Elemente der Staatskunst‹, der größten systematischen Leistung der politischen Romantik. Schmitts leidenschaftliche Verurteilung geht an der Leistung Müllers vorbei (vgl. die Kritik von Paul Kluckhohn: Persönlichkeit und Gemeinschaft. Halle a. d. Saale 1925. S. 96 f.) und verrät, wenn man sie heute liest, nur die eigene Anfälligkeit für ein okkasionelles Denken, das Schmitts Dezisionismus auf dialektische Weise zugrunde liegt. – Übrigens muß auch der in konservativen Kreisen auftretende Antisemitismus unter dem Gesichtspunkt des Selbsthasses gesehen werden: Im Judentum bekämpften die Konservativen die ihrem eigenen Denken vorausliegende Prämisse mangelnder sozialer Verortung. Die Widersprüche, in die ein konservativ sich be-

Mit erstaunlichem Scharfblick hat bereits Thomas Mann die dialektische Struktur des konservativ-revolutionären Entscheidungsfanatismus aufgedeckt. Ironisch macht er sich über die Rede von dem »gotischen Menschen« lustig [34]. Das Denken in der Kategorie

gründender Antisemitismus dabei jedoch gerät, zeigt Quabbe sehr schön: »Es ist immerhin bemerkenswert, daß die hervorragenden konservativen Theoretiker der neueren Zeit Fremdstämmige waren: Burke war Halbire, Lord Beaconsfield und Friedrich Julius Stahl waren Rassejuden.« Quabbe: Tar a Ri S. 7 f. (s. oben Anm. 18). Und: »Bergson, diabolischerweise Franzose und Jude, hat die konservative Metaphysik unserer Zeit geschrieben.« Ebd. S. 139. Das Urteil Otto Weiningers: »Der Jude ist nichts, im tiefsten Grunde darum, weil er nichts glaubt« (Geschlecht und Charakter. Eine prinzipielle Untersuchung. 10. Auflage. Wien und Leipzig 1908. S. 437), findet sich bei Konservativen in steter Wiederholung (vgl. etwa Lagarde: Deutsche Schriften S. 30 f., s. oben Anm. 6). Wie deutscher Konservatismus und Judentum sich verbinden können, zeigt besonders Walther Rathenau, der sich (wie Disraeli) auf das Judentum als auf den »strengsten Konservatismus, den die Geschichte kennt« beruft (Zur Kritik der Zeit. Berlin 1912. S. 229), gleichzeitig aber den folgenden Satz schreibt: »Der Antisemitismus ist die falsche Schlußfolgerung aus einer höchst wahrhaften Prämisse: der europäischen Entgermanisierung; und somit kann derjenige Teil der Bewegung, der Rückkehr zum Germanentum wünscht, sehr wohl respektiert und verstanden werden, wenn er auch die praktische Unmöglichkeit einer Volksentmischung postuliert« (Ebd. S. 98). Unter dem Zwang zur soziologischen Analyse stehen Konservative wie Juden, vgl. René König: Die Freiheit der Distanz. Der Beitrag des Judentums zur Soziologie. In: Der Monat 13 (1961). H. 155, S. 70 ff. Zum konservativen Antisemitismus vgl. für viele Zeugnisse: Konservatives Handbuch. 3. umgearb. u. verm. Auflage. Hrsg. von Angehörigen beider konservativen Parteien. Berlin 1898. Artikel »Antisemitismus«. S. 16 ff.; Hamburger Beschlüsse der Deutsch-sozialen Reformpartei, 1899: »Dank der Entwicklung unserer modernen Verkehrsmittel dürfte die Judenfrage im Laufe des 20. Jahrhunderts zur Weltfrage werden und als solche von den anderen Völkern gemeinsam und endgültig durch völlige Absonderung und (wenn die Notwehr es gebietet) schließliche Vernichtung des Judenvolkes gelöst werden.« Zitiert nach: Deutsche Parteiprogramme. Hrsg. von Wilhelm Mommsen. 2. Auflage. München 1960. S. 84 (Deutsches Handbuch der Politik Bd. 1).

34 »Jetzt, eben jetzt hat alles sich gewendet, und die halbtausendjährige Epoche der bürgerlichen Lockerkeit ist zu Ende gegangen: die Zeitschriften sagen es, – die Zeitschriften haben sich, wie der alte Goethe, gewöhnt, ›in Jahrtausenden zu leben‹. Wißt ihr, wer angekommen ist? Der gotische Mensch! Habt ihr noch nicht vom gotischen Menschen gehört? Dann seid ihr schlecht auf dem Laufenden. Der gotische Mensch ist der Mensch der neuen Intoleranz, der neuen Antihumanität des Geistes, der neuen Geschlossenheit und Entschlossenheit, des Glaubens an den Glauben; er ist der nicht mehr bürgerliche, der *fanatische* Mensch ... Ich fürchte, der gotische Mensch ist kein Savonarola, sondern irgendein Literatenjüngling und

einer grundlosen und zu allem oder nichts entschlossenen Entscheidung zeigt die äußerste Spitze des konservativen Dilemmas in Deutschland. Da der Weg für eine kontinuierliche Politik und der historische Rückgriff auf Tradition verlegt ist, glaubt man an die revolutionäre Bewegung und hofft auf die Wiedergewinnung irgendeines alten Wahren, für das aber keine realen geschichtlichen Anhaltspunkte sich zeigen. Man will kämpfen, man will sich opfern, man will auch andere opfern [35], man sucht Führer, weil man keine Ziele kennt, und will sich entscheiden, ohne eine Situation vorher vernünftig geschieden zu haben, wie es die alte philosophische Entscheidungslehre forderte. Hier zeigt sich die wahre Paradoxie des Ausdrucks ›Konservative Revolution‹ und die Ausweglosigkeit der sie bedingenden geschichtlichen Lage. Hitler hat aus ihr das nihilistische Verzweiflungskapital geholt, dessen er bedurfte, um sein Regime zu errichten.

Der sich schon in der Romantik findende Zug zum Nihilismus [36] tritt in der Konservativen Revolution offen hervor. Man preist den »Mut zum Abgrund« [37] als die Voraussetzung neuer Werte. In seiner berühmten Rede spricht Hofmannsthal von »produktiver Anarchie« [38] und gerät damit in deutliche Nähe zum Anarchismus [39].

Zeitschriftenmitarbeiter mit Hornbrille und schlechtem Teint.« Thomas Mann: Betrachtungen eines Unpolitischen. Berlin 1918. S. 507. Eine sozialpsychologische Deutung der konservativ-revolutionären Entscheidungswut (als »Egoschwäche«) gibt Peter Heintz: Soziale Vorurteile. Köln 1957.

35 Zu der Dialektik von Todes- und Tötungsbereitschaft vgl. Carl Schmitt: Der Begriff des Politischen. (1927). 4. Auflage. Hamburg 1933. S. 30 ff. und Carl Brinkmann: Soziologische Theorie der Revolution. Göttingen 1948. S. 39.

36 Vgl. Werner Kohlschmidt: Nihilismus der Romantik. In: derselbe: Form und Innerlichkeit. Beiträge zur Geschichte und Wirkung der deutschen Klassik und Romantik. München 1955. S. 157 ff. (Sammlung Dalp Bd. 81).

37 Ernst Niekisch: Entscheidung. Berlin 1930. S. 162.

38 Hugo von Hofmannsthal: Das Schrifttum als geistiger Raum der Nation. Rede, gehalten am 10. Januar 1927. Gesammelte Werke. Hrsg. von Herbert Steiner. Prosa IV. Frankfurt a. M. 1955. S. 400.

39 Vgl. etwa den folgenden Satz von Michael Bakunin: »Laßt uns also dem ewigen Geiste vertrauen, der nur deshalb zerstört und vernichtet, weil er der unergründliche und ewig schaffende Quell alles Lebens ist. – Die Lust der Zerstörung ist zugleich eine schaffende Lust!« Zitiert nach Theodor Schieder: Staat und Gesellschaft im Wandel unserer Zeit. Studien zur Geschichte des 19. und 20. Jahrhunderts. München 1958. S. 56, Anm. 99.

Schon Novalis hatte die Anarchie als ein Zeugungselement gepriesen[40] und Adam Müller die Bewegung das Prinzip wahren Schöpfertums genannt[41]. In dem Maße, wie der Weg nach rückwärts historisch abgeschnitten und eine Aufnahme geschichtlicher Kontinuität nicht möglich ist, verrennt sich das konservativ-revolutionäre Denken in die Vorstellung von der zeugenden Kraft des Chaos: »Alle anderen Weltvölker haben einen Charakter durch ihre *Vergangenheit* erhalten. Wir hatten keine erziehende Vergangenheit und wir müssen deshalb den Charakter, der als Keim in unserem Blute liegt, erst wecken, entfalten, erziehen.«[42] Der Konservatismus empfindet sich in seiner revolutionären Phase dergestalt als ›Anwalt des Lebens‹ und verbindet sich zeitweilig nahtlos mit Positionen der Lebensphilosophie[43]. Die Lebensphilosophie erscheint solchermaßen als ein Aspekt des deutschen Konservatismus selbst. Sie liefert zu einer Zeit, wo deutsches Geschichtsbewußtsein in seine schwerste Krise gerät, den einzigen Ersatz für Geschichte[44]. Man will die Rückkehr zum Ursprung erzwingen, ohne auf geschichtliche Kontinuität verwiesen zu sein.

Hier zeigt sich die spannungsvolle Dialektik von Zukunft und Herkunft, welche die Konservative Revolution bestimmt und ihre Abhängigkeit vom Geist der Zeit, der zwischen Fortschrittsoptimismus und Dekadenzphilosophien hin und her schwankte, offenbart[45].

40 Novalis: Die Christenheit oder Europa. Ein Fragment. (1799). Schriften Bd. 3: Das philosophische Werk 2. Hrsg. von Richard Samuel u. a. Stuttgart/Berlin/Köln/Mainz 1968. S. 517.

41 Adam Müller: Die Elemente der Staatskunst. Hrsg. von Jakob Baxa. Bd. 1. Jena 1922. S. 3 ff. (Die Herdflamme. Hrsg. von Othmar Spann. Bd. 1, 1).

42 Oswald Spengler: Jahre der Entscheidung. 1. Teil. München 1933. S. X.

43 Eine gute knappe Beschreibung der Lebensphilosophie findet sich bei Friedrich Jonas: Sozialphilosophie der industriellen Arbeitswelt. Stuttgart 1960. S. 43.

44 Vgl. Plessner: Nation S. 87 ff. (s. oben Anm. 12).

45 Ein frühes Beispiel für die Dialektik herkunftsorientierter Zukunftsvorstellungen ist der Streit Thibauts ›Über die Notwendigkeit eines allgemeinen bürgerlichen Rechts für Deutschland‹ und Savignys ›Vom Beruf unserer Zeit für Gesetzgebung und Rechtswissenschaft‹; beide Schriften erschienen 1814 in Heidelberg (Neue Ausgabe unter dem Titel: Thibaut und Savigny. Ein programmatischer Rechtsstreit auf Grund ihrer Schriften. Hrsg. von Jacques Stern. Darmstadt 1959). Der Streit zwischen Thibaut und Savigny wurde, was leicht verkannt wird (so z. B. Hans Barth: Die Idee der Ordnung. Beiträge zu einer politischen Philosophie. Erlenbach–Zürich und Stuttgart 1958. S. 208 ff.), innerhalb des

Schon Fichte hatte aus der Einsicht, daß die Deutschen »ohne Geschichte gewachsen sind«[46], die Konsequenz gefordert, einen Nationalgeist zu schaffen[47]. Das zu schaffende Neue aber muß stets zugleich das Ursprüngliche sein, z. B. das alte Reich: »Es ist nun einmal so, daß in der Stunde tiefster Erregung, also in der Stunde der Volksnot, das Ziel geboren wird... Das Reich ist kein subjektiver Wunschtraum, keine Flucht in eine Illusion, sondern eine uralte politische Realität metaphysischer Art, der wir untreu geworden sind.«[48] Lagarde bekannte sich offen dazu, bei seinem konservativen Wiedergewinnungsentwurf auf historische Kontinuität zu verzichten: »Mein Konservatismus ist auf diesem Felde so reaktionär, daß er bis in die Tage der salischen und sächsischen Kaiser zurückgreift und alles zwischen diesen und uns Liegende gestrichen wissen will.«[49] Edgar Jung glaubte, auf diese Weise öffne ein neues Mittelalter seine Pforten[50]; und fand die Frage, ob ein Volk alt oder jung sei, unerheblich[51].

Horizontes konservativen Denkens selbst ausgetragen; nur daß Thibaut bereits auf der geschichtlich erst sehr viel späteren Stufe eines nationalen, ja wenn man will ›revolutionären‹ Konservatismus argumentiert, indem er, das Gegenargument Savignys mit den Worten »Ein ... von vielen Seiten zu erwartender Haupteinwand wird die Heiligkeit des Herkömmlichen zur Grundlage nehmen« (Thibaut und Savigny, 1959, S. 64) vorwegnehmend, schreibt: »Allein grade jene Unwandelbarkeit, jene segenvolle Stimmung des Volks zur Ehrfurcht gegen das Alterthum, kann erst durch ein allgemeines Gesetzbuch erreicht werden, welches aus der ganzen Nationalkraft hervorging, und ein Ehrenwerk genannt zu werden verdient ... Gebt uns also ein solches gediegenes Ehrenwerk ..., um doch wenigstens den Nachkommen ein gutes Erbe zu hinterlassen. Ein solches Werk ... wird unsern Kindern und Kindeskindern ein Heiligthum werden, und so, aber auch nur so allein wird es endlich gelingen, unserm Volke die Stetigkeit und feste Haltung zu geben, welche ihm in jeder Hinsicht so sehr anpaßt« (Ebd. S. 64 f.).

46 Zitiert nach Friedrich Meinecke: Weltbürgertum und Nationalstaat. Hrsg. von Hans Herzfeld. München 1962. S. 109 (Werke Bd. 5).

47 In demselben Sinne Oswald Spengler: Der Untergang des Abendlandes. Umrisse einer Morphologie der Weltgeschichte. Bd. 2: Welthistorische Perspektiven. München 1922. S. 555.

48 Wilhelm Stapel: Der christliche Staatsmann. Eine Theologie des Nationalismus. Hamburg 1932. S. 7.

49 Lagarde: Deutsche Schriften S. 13 (s. oben Anm. 6).

50 Edgar J. Jung: Die Herrschaft der Minderwertigen, ihr Zerfall und ihre Ablösung durch ein Neues Reich. 2. Auflage. Berlin 1930. S. 86.

51 Ebd. S. 75.

Die Dialektik von Herkunft und Zukunft wird häufig in der Weise vermittelt, daß konservativ-revolutionäre Forderungen als Ergebnisse eines ›Denkens aus dem Ursprung‹ begriffen werden, das sich empört gegen die rationalistische Überfremdung. Auf welche Weise die emotionale Quelle der Konservativen Revolution mit ihrer Zielvorstellung in eines gedacht ist, zeigen in besonders krasser Form Sätze Ernst Niekischs: »Ruht noch germanische Substanz in den Tiefen unseres Wesens, dann ist unsere geschichtliche Aufgabe eindeutig vorgezeichnet; sie befiehlt, zu den Goldadern dieser Substanz vorzudringen, sie bloßzulegen, alle Schalen, mit denen die Jahrhunderte sie überdeckten, zu durchstoßen, zu zermahlen und fortzuräumen. Das bedeutet, daß wieder Fäden aufgenommen werden müssen, die seit langem abgerissen sind. Wir kommen voran und aufwärts nur, indem wir zurückkehren bis hinter Karl den Großen, die Varusschlacht, bis hinter die Zeit förmlich, in der zuerst sich eines Römers Fuß auf deutsche Erde setzte.«[52] Im Horizont

52 Niekisch: Entscheidung S. 165 f. (s. oben Anm. 37). Die Berufung auf den Nationalbolschewisten Niekisch für konservativ-revolutionäre Ideen rechtfertigt sich aus der nicht nur in der Weimarer Zeit zu beobachtenden gemeinsamen Frontstellung des Sozialismus und des Konservatismus gegen den Liberalismus. Vgl. Otto Ernst Schüddekopf: Linke Leute von rechts. Die nationalrevolutionären Minderheiten und der Kommunismus in der Weimarer Republik. Stuttgart 1960; derselbe: Konservatismus. In: Internationales Jahrbuch für Geschichtsunterricht 7 (1959/60), S. 312. Konservatismus und Sozialismus haben stets eine gewisse Affinität zueinander gehabt, auf deren Hintergründe hier nicht näher eingegangen werden kann. Vgl. hierzu Hans Freyer: Theorie des gegenwärtigen Zeitalters. Stuttgart 1955. S. 89, wo der Begriff der ›Entfremdung‹ als beide verbindender entwickelt wird; ferner Hans Freyer: Die Bewertung der Wirtschaft im philosophischen Denken des 19. Jahrhunderts. Leipzig 1921. Neudruck Hildesheim 1966. S. 160; Heinrich Popitz: Der entfremdete Mensch. Zeitkritik und Geschichtsphilosophie des jungen Marx. Basel 1953 (Philosophische Forschungen N. F. Bd. 2), besonders das 1. Kapitel; Siegmund Rubinstein: Romantischer Sozialismus. München 1921; Friedrich Lenz: Über Adam Müllers Staats- und Gesellschaftslehre. In: Jahrbücher für Nationalökonomie und Statistik 118, 3. Folge Bd. 63 (1922), S. 218; Gottfried Salomon: Das Mittelalter als Ideal in der Romantik. München 1922. S. 111; Bruno Seidel: Industrialismus und Kapitalismus. Meisenheim a. Glan 1955. S. 271, mit dem wichtigen Hinweis auf die Schrift Franz Baaders ›Über das dermalige Mißverhältniss der Vermögenslosen oder Proletairs zu den Vermögen besitzenden Classen der Societät‹ (1835), Sämtliche Werke. Hrsg. von Franz Hoffmann. Hauptabteilung 1, Bd. 6. Leipzig 1854. S. 125 ff. Die entscheidenden, an Marx erinnernden Sätze lauten: »... die Proletairs ..., deren Lohn sich nemlich

solcher Gedanken wird dem Industrialismus und dem Kapitalismus gleichermaßen der Kampf angesagt. Man fordert vom deutschen Volk den Willen zur Armut[53], wünscht der Großstadt den Untergang in Pech und Schwefel[54] und will den Boden im ganz elementaren, landschaftlichen Sinne reinigen von der Überfremdung durch die Industrie, will den internationalen Warenstrom stoppen, der die Überfremdung auf der Konsumseite vorantreibt, und erhofft sich als Ergebnis von allem eine neue ›Bodengebundenheit‹ des Denkens und die Vernichtung der sozial freischwebenden Intelligenz. Auf welche Weise sich die herkunftsorientierten nationalen Zukunftsspekulationen Niekischs zu realen politischen Forderungen verdichten konnten, zeigt das 1921 erschienene Buch von Othmar Spann ›Der wahre Staat‹, in dem es heißt: »Wir verstehen heute klar, warum Polen, Böhmen, Ungarn, Südslawien (selbst Griechenland) einstens deutsche Lehen waren. So muß es wieder kommen. Wenn das deutsche Volk seinen Mann stellt und die Dinge den durch ihre Natur gesetzten Verlauf nehmen, wird eine glänzende, an die alte Kaiserzeit gemahnende Zukunft unserer harren.«[55]

beständig tief unter dem *natürlichen* Werth und Preis *ihrer* Waare (nemlich ihrer Arbeit) hielten. Welchem offenbaren Unrecht am allerwenigsten in den Kammern und Parlamenten Abhilfe geschehen kann, da gerade hier die Fabrikherren Partei und Richter in einer Person sind, und die Repräsentation des Interesses des armen Arbeitervolkes in diesen Kammern verpönt ist. Da nun die Freiheit der Concurrenz (hier zwischen Arbeitern und ihren Lohnsherren), wie man sagt, kein Monopol verträgt, effectiv aber von letzteren gegen erstere das drückendste Monopol ausgeübt wird, so frage ich, ob ein solches Mißverhältniss und ein solcher Druck den Namen einer frei sich bewegenden Industrie verdient? Ich frage, ob man es diesen Proletairs verargen kann, wenn auch sie ihrerseits sich gegen ihre Lohnsherren zu gleichem Zwecke zu associiren bestrebt sind?« Ebd. S. 135 f. Ähnlich wie Seidel spricht Kurt Mautz von einer »Vorwegnahme von Problemstellungen und Erkenntnissen, die erst Marx und Engels wieder zum Ausgangspunkt ihrer Arbeiten machten«. Kurt Mautz: Einleitung zu Heinrich Leo: Zu einer Naturlehre des Staates. Frankfurt a. M. 1948. S. 26; vgl. auch Hans Joachim Schoeps: Das andere Preußen. Konservative Gestalten und Probleme im Zeitalter Friedrich Wilhelms IV. 2. Auflage. Honnef/Rhein 1957. S. 246 ff.: Hermann Wagener, ein konservativer Sozialist.

53 Spann: Staat S. 74 und 97 (s. oben Anm. 23); ähnlich Niekisch: Entscheidung S. 79 ff. (s. oben Anm. 37).

54 Niekisch: Entscheidung S. 109 ff. (s. oben Anm. 37).

55 Spann: Staat S. 78 (s. oben Anm. 23).

XIII. Die konservative Theorie des Krieges

Ideen der Konservativen Revolution wurden wesentlich von der sogenannten Frontgeneration vertreten und speisten sich aus dem Kriegserlebnis des Ersten Weltkrieges [1]. Im ›Jungdeutschen Manifest‹ Artur Mahrauns hat die Verbindung von Weltkriegsgeneration und Konservativer Revolution paradigmatischen Ausdruck gefunden: »Das Frontgeschlecht ist also die Summe der Menschen, für die das Erlebnis der außergewöhnlichen Zeit des Weltkrieges nicht nur eine würdige Erinnerung, sondern den Auftakt zu einer neuen Zeit volklicher und menschlicher Erneuerung bedeutet.« [2] Die Kriegsbücher von Ernst Jünger [3] versuchen, Erfahrungen im Kriege poli-

1 »Die konservative Revolution aber ist der Krieg.« Hans Zehrer: Die Revolution der Intelligenz. Bruchstücke zukünftiger Politik. In: Die Tat 21 (1929), S. 487. Zur konservativen Deutung des Ersten Weltkrieges vgl. Max Scheler: Der Genius des Krieges und der Deutsche Krieg. Leipzig 1915; Werner Sombart: Händler und Helden. Patriotische Besinnungen. Leipzig 1915; Thomas Mann: Friedrich und die große Koalition. Berlin 1916; derselbe: Betrachtungen eines Unpolitischen. Berlin 1918; Oswald Spengler: Preußentum und Sozialismus. München 1920; dazu Armin Mohler: Die Konservative Revolution in Deutschland 1918–1932. Grundriß ihrer Weltanschauungen. Stuttgart 1950. S. 43 ff.; Alexander Rüstow: Ortsbestimmung der Gegenwart. Eine universalgeschichtliche Kulturkritik. Bd. 3: Herrschaft und Freiheit. Erlenbach-Zürich und Stuttgart 1957. S. 284 ff.: Kriegsbegeisterung; Kurt Sontheimer: Antidemokratisches Denken in der Weimarer Republik. Die politischen Ideen des deutschen Nationalismus zwischen 1918 und 1933. Studienausgabe. München 1968. S. 93 ff. Weitere Literatur bei Hermann Lübbe: Politische Philosophie in Deutschland. Studien zu ihrer Geschichte. Basel/Stuttgart 1963. S. 173 ff.; Heide Gerstenberger: Der revolutionäre Konservatismus. Ein Beitrag zur Analyse des Liberalismus. Berlin 1969. S. 17 (Sozialwissenschaftliche Abhandlungen H. 14).

2 Artur Mahraun: Das Jungdeutsche Manifest. Volk gegen Kaste und Geld, Sicherung des Friedens durch Neubau der Staaten. 2. Auflage. Berlin 1928. S. 8.

3 Vgl. Ernst Jünger: In Stahlgewittern. Aus dem Tagebuch eines Stoßtruppführers. Hannover 1920; Der Kampf als inneres Erlebnis. Berlin 1922; Das Wäldchen 125. Eine Chronik aus den Grabenkämpfen 1918. Berlin 1925; Feuer und Blut. Ein kleiner Ausschnitt aus einer großen Schlacht. Magdeburg 1925; Krieg und Krieger. Hrsg. von Ernst Jünger. Berlin 1930. Zu Jüngers Kriegsphilosophie vgl. Christian Graf von Krockow: Die Entscheidung. Stuttgart 1958. S. 44 ff. (Göttinger Abhandlungen zur Soziologie Bd. 3).

tisch auszuwerten. In seinem Buch ›Der Arbeiter‹ und der programmatischen Schrift ›Die totale Mobilmachung‹[4] überträgt er das Ethos des Krieges ausdrücklich auf den industriellen Arbeitsprozeß und die kriegerische Homogenitätserfahrung auf politische Gruppen in Friedenszeiten. Die konservativ-revolutionäre Hochschätzung des Krieges ist jedoch nicht nur zeitbedingtes Ergebnis der besonderen Erfahrungen einer Kriegsgeneration, sondern beruht auf einer positiven Bewertung des Krieges, die der konservativen Theorie prinzipiell eignet[5].

1. Der Krieg als Lebensprinzip

Unter Berufung auf den Satz des Heraklit, Kampf sei der Vater aller Dinge, behauptet der Konservatismus, der Krieg sei ein Urgesetz des Lebens. Kriegerische Auseinandersetzungen rücken auf diese Weise in den Umkreis von Naturgesetzen: »Sind die Greuel des Krieges haarsträubend, – nun, mir sträubten sich einmal die Haare, als in sechsunddreißig Stunden ein Mensch geboren wurde. Das war nicht menschlich, es war *höllisch,* und solange es das gibt, darf es meinetwegen auch Krieg geben. Jedermann fühlt und weiß, daß im Kriege ein mystisches Element enthalten ist: es ist dasselbe, das allen Grundmächten des Lebens, der Zeugung und dem Tode, der Religion und der Liebe eignet.«[6] Wie Leben und Tod gehört der Krieg zur »Ordnung des Lebens und statuiert ein Exempel an ihr...«[7]. Der Krieg ist aus der Sphäre moralischer Entscheidung und Verantwortung herausgenommen und rückt in die Nähe kosmischer Gesetze[8]. Die umfassendste konservative Philosophie des

4 Ernst Jünger: Die totale Mobilmachung. Berlin 1931; derselbe: Der Arbeiter. Herrschaft und Gestalt. Hamburg 1932.

5 Vgl. oben S. 210 f.

6 Thomas Mann: Betrachtungen S. 471 (s. oben Anm. 1).

7 Friedrich Georg Jünger: Krieg und Krieger. In: Krieg und Krieger S. 60 (s. oben Anm. 3).

8 Vgl. Ernst Topitsch: Vom Ursprung und Ende der Metaphysik. Eine Studie zur Weltanschauungskritik. Wien 1958. S. 118 f. Auch das berühmte Kapitel Jacob Burckhardts über die »Geschichtlichen Krisen« gehört in den Umkreis einer konservativen Auffassung des Krieges. Jacob Burckhardt: Weltgeschichtliche Betrachtungen. Hrsg. von Alfred von Martin. Krefeld 1948. S. 67 ff. – Eine christlich-theologische Variante, den Krieg aus der moralischen in eine überindividuelle

Krieges schrieb Max Scheler mit seinem Buch ›Der Genius des Krieges und der Deutsche Krieg‹[9]. Die Hochschätzung des Krieges aber findet sich schon zu Beginn der modernen konservativen Bewegung. So schreibt etwa Adam Müller: »Denn wie der Mensch unter Leiden und Unglück sein Herz kennen lernt, so lernen unter Calamitäten, *Bewegungen* und Stürmen aller Art die Völker sich selbst kennen und achten. Das Glück verzieht, verwöhnt, schläfert ein und isolirt die Menschen, wie die Völker; da hingegen das Unglück wach erhält, reitzt, bindet und erhebt.«[10]

Mögliche Einwände aus der christlichen Moraltheologie werden sorgfältig ausgeräumt, etwa von dem Sozialpolitiker Viktor Aimé Huber: »Auch hier gilt es mit dem Apostel: ›dem Fleisch seine Ehre geben‹.«[11] Die konservative ›Kreuzzeitung‹ argumentiert durchgän-

Sphäre zu rücken, findet sich bei Friedrich Gogarten: »Der Weg, auf dem wir gingen, war der der schlechthinnigen Selbstmächtigkeit und Souveränität des Menschen, ein wahnwitziges Vertrauen auf die Humanitas. Hat man je so wenig wie bei diesem Krieg gewußt, daß Kriege Strafgerichte Gottes sind, nicht über dieses oder jenes Volk, sondern über die Völker? Als man ihn beendigte und den Frieden diktierte, wußte man es jedenfalls nicht. Wie wäre es sonst möglich gewesen, von einem Volk ein Schuldbekenntnis erzwingen zu wollen? Es gibt in der ganzen Menschengeschichte kein Dokument so wahnwitzigen Vertrauens auf die Humanitas wie den Versailler Friedensvertrag: die Humanitas gilt als souveräne Herrin über die Geschichte; sie kann die Geschicke der Einzelnen und der Völker vernünftig lenken; bricht ein Krieg aus, so muß einer daran schuldig sein.« Friedrich Gogarten: Politische Ethik. Versuch einer Grundlegung. Jena 1932. S. 3. Zur protestantischen Beurteilung des Ersten Weltkrieges vgl. Wolfgang Huber: Evangelische Theologie und Kirche beim Ausbruch des Ersten Weltkriegs. In: Historische Beiträge zur Friedensforschung. Hrsg. von Wolfgang Huber. Stuttgart/München 1970. S. 134 ff. (Studien zur Friedensforschung Bd. 4).

9 Vgl. oben Anm. 1.

10 Adam Müller: Die Elemente der Staatskunst. Hrsg. von Jakob Baxa. Bd. 1. Jena 1922. S. 6 f. (Die Herdflamme. Hrsg. von Othmar Spann. Bd. 1, 1). Über Friedrich Schlegels Verteidigung des Krieges als des Vaters aller Dinge vgl. Karl Joel: Der Ursprung der Naturphilosophie aus dem Geiste der Mystik. Jena 1906. S. 176. In Frankreich schreibt zur selben Zeit de Maistre: »Man betrachte die Völker in allen möglichen Stadien, vom Zustand der Barbarei bis zu der verfeinertesten Kultur: stets wird man Krieg finden. Aus diesem Grunde, der die Hauptursache ist, und aus allen, die damit zusammenhängen, hat das Vergießen von Menschenblut auf Erden nie ein Ende gehabt.« Joseph de Maistre: Betrachtungen über Frankreich. Hrsg. von Peter Richard Rohden. Berlin 1924. S. 48 (Klassiker der Politik Bd. 11).

11 Viktor Aimé Huber: Ausgewählte Schriften über Socialreform und Genos-

gig auf dieser Linie und verurteilt alle Bestrebungen zu einer end-gültigen Beseitigung des Krieges. Über die Haager Friedenskonferenz machte man sich in dieser Zeitung nur lustig[12]. Die Sündhaftigkeit der Menschennatur verbiete es dem Christen, der Utopie eines dauernden Friedens nachzujagen. Friedensentwürfe offenbarten im Gegenteil nur Unglauben und verstiegene Selbstüberschätzung. In Deutschland war es besonders Kants berühmte Abhandlung ›Zum ewigen Frieden‹, die dieser konservativen Einschätzung des Krieges eine paradigmatische Angriffsfläche bot. »Die schiedlich-friedliche Völkergesellschaft ist Chimäre. Der Ewige Friede wäre nur möglich bei völliger Vermengung und Verschmelzung der Rassen und Völker, – womit es, sage man leider oder gottlob dazu, gute Weile hat. Wer aber den Krieg für unsterblich hielte, der beschimpfte damit die Menschheit nicht, – er täte eher das Gegenteil.«[13] Dem Frieden gegenüber erscheint der Krieg bei vielen Konservativen als der eher normale Zustand. »Friedenszustände nämlich sind jene Zustände, in denen der Krieg latent ist. Der Friede ist der Vater des Krieges; er ist jene Ordnung, die den Krieg immer aufs neue aus sich entläßt und ihn mit den Mitteln versieht, deren er zu seiner

senschaftswesen. Hrsg. von Karl Munding. Berlin 1894. S. 73. »Liegt es nun aber in der Natur der Sache (wenn auch nur als Wirkung der Sünde und der Herzenshärtigkeit), daß die aus jenem Bedürfnisse hervorgehenden Ansprüche der verschiedenen nationalen Elemente häufig mehr oder weniger in Widerspruch mit einander stehen, und daß es für die Entscheidung solchen Streites keine ordentlichen Richter gibt, so geht daraus die höhere Berechtigung der vielverschrieenen Diplomatie und des noch mehr verabscheuten Krieges hervor. Es erscheint dann der Krieg allerdings als ein Gottesurteil, um das *Recht zu finden* ...« Ebd.

12 Kreuzzeitung Nr. 249 (1899), zitiert bei: Oscar Stillich: Die politischen Parteien in Deutschland. I.: Die Konservativen. Eine wissenschaftliche Darlegung ihrer Grundsätze und ihrer geschichtlichen Entwickelung. Leipzig 1908. S. 64. Als phrasenhaft und nichtig bezeichnet Max Scheler den Versuch einer Transformierung der Maxime »si vis pacem, para bellum« in den Satz »si vis pacem, para iustitiam«, der den Bau des Haager Friedenspalastes schmückt. Scheler: Genius S. 82 (s. oben Anm. 1).

13 Thomas Mann: Betrachtungen S. 470 (s. oben Anm. 1). Vgl. auch Max Scheler zu den Friedensentwürfen von Rousseau, von dem Abbé Castel de Saint Pierre und Kant in: Genius S. 24 ff. (s. oben Anm. 1). Werner Sombart nennt Kants Friedensschrift »die einzige, unrühmliche Ausnahme« innerhalb der deutschen politischen Philosophie. Sombart: Händler S. 93 (s. oben Anm. 1).

Existenz bedarf.«[14] Der Friede erscheint als die »rein *negative* Korrelatividee des Krieges«[15].

2. Der Krieg als Jungbrunnen der Nation

Im Horizont der konservativen Organismustheorie erscheint der Krieg als Mittel, das Volk vor dem Verfaulen und Verwildern zu schützen[16]. Das böse Wort Heinrich Leos vom »frischen und fröhlichen Krieg, der das skrofulöse Gesindel wegfegen soll«[17], begeg-

14 F. G. Jünger: Krieg und Krieger. In: Krieg und Krieger, S. 58 (s. oben Anm. 3); ebenso de Maistre: Betrachtungen S. 45 (s. oben Anm. 10).

15 Scheler: Genius S. 115 (s. oben Anm. 1). Dieser Gedanke findet sich schon bei Adam Müller: »Wenige Europäische Staaten sind so gründlich mit dem unglücklichen Wahn geschmeichelt worden, daß der Friedensstand, oder vielmehr der Zustand des geschlossenen, neutralen Justizstaates, der einzig natürliche Zustand civilisirter Nationen sei, daß demnach Armeen und Waffen nur ein nothwendiges Uebel, ein unumgängliches Mittel zur Abwehrung der immer fortwährenden Kriegsbarbarei wären, und daß man es der Zukunft überlassen müsse, ob es nicht vielleicht noch endlich einmal der Moral oder der Industrie gelingen möchte, den Krieg aus Europa hinaus zu industriren oder zu moralisiren. Diesem allergefährlichsten Irrthum, dieser Brut des allerschlaffsten, allerentartetsten Privatlebens, welches sich nie über den eigenen Küchenschrank, die eigene Scheure und die Sicherheit der eigenen Haut zu etwas Höherem und Göttlicherem erhoben, müssen wir begegnen, mit welcher Kraft es sey, am liebsten mit der Kraft der über Krieg und Frieden, über Bewegung und Ruhe, und über alle einzelnen vergänglichen Zustände erhabenen Idee.« Adam Müller: Ueber König Friedrich II. und die Natur, Würde und Bestimmung der Preussischen Monarchie. Berlin 1810. S. 309 f.; vgl. auch Müller: Elemente Bd. 1, S. 86 und Bd. 2, S. 50 (s. oben Anm. 10); ebenso: Adam Müller: Vermischte Schriften über Staat, Philosophie und Kunst. 1. Theil. Wien 1812. S. 6 f.

16 »Es ist durchaus nicht leicht zu beweisen, warum der Krieg verschiedene Wirkungen zeitigt, je nachdem die Ursachen verschieden sind. Man sieht nur deutlich, daß die Menschheit als ein Baum betrachtet werden kann, der von unsichtbaren Händen dauernd beschnitten wird und dabei oft gewinnt. Allerdings kann der Baum zugrunde gehen, wenn man den Stamm trifft oder ihn wie eine Weide kappt, aber wer kennt die Grenzen der Lebensdauer des Menschenbaumes? Wir wissen nur, daß großes Blutvergießen häufig mit Übervölkerung zusammentrifft...« de Maistre: Betrachtungen S. 49 (s. oben Anm. 10). Für die sich im letzten Satz zeigende Abhängigkeit vom Rationalisten Malthus vgl. Robert Spaemann über de Bonald, der ebenfalls Malthusianer war. Robert Spaemann: Der Ursprung der Soziologie aus dem Geist der Restauration. Studien über L. G. A. de Bonald. München 1959. S. 171.

17 Zitiert nach Jacob Burckhardt: Weltgeschichtliche Betrachtungen S. 172 (s. oben Anm. 8).

net in der konservativen Literatur der Sache nach immer wieder. Aber auch ohne Bezug auf organologische Vorstellungen wird der Krieg als eine notwendige Bewährung des Menschen unter härteren Bedingungen für notwendig gehalten. Schon Justus Möser formulierte als Maxime: »Der Schluß muß sein: das Gezänk muß, wie der Krieg, in der Welt bleiben, damit der Mensch speculire, arbeite, tapfer, und nicht dumm werde.«[18] Der Friede als die Zeit der Sicherheit und Ruhe lehrt die Menschen den Sinn für Besitz, Bequemlichkeit, Muße und fördert den Egoismus, die Antriebskraft des Handels. Der Kampf gegen den Handel wird nicht nur unter dem Gesichtspunkt der gefürchteten und verabscheuten Internationalisierung geführt[19], sondern weil im Handel jedes Individuum als Wirtschaftssubjekt seinen eigenen Vorteil im Auge hat, anstatt das Allgemeinwohl zu bedenken. Hatte Kant gerade im Handelsgeist das wirksamste Mittel gegen den Krieg gesehen[20], so erscheint dem Konservativen der Krieg als der Quell aller Kultur[21], und der Gegensatz von »Händlern und Helden«[22] verbindet sich mit dem Gegensatz von Kultur und Zivilisation[23]. Dabei hält sich der Konservative allein an das zeitweilige, aber keineswegs sichere, ja noch nicht einmal wahrscheinliche Ergebnis früherer kriegerischer Überlagerungen[24].

18 Justus Möser. Ueber symbolische Bücher. Sämtliche Werke Bd. 5. Hrsg. von B. R. Abeken. Berlin 1843. S. 293.

19 Vgl. oben S. 127, 130.

20 Immanuel Kant: Zum ewigen Frieden. Ein philosophischer Entwurf. (1795). Werke. Hrsg. von Wilhelm Weischedel. Bd. 6. Frankfurt a. M. 1964. S. 226. Vgl. dazu Kurt von Raumer: Ewiger Friede. Friedensrufe und Friedenspläne seit der Renaissance. Freiburg/München 1935. S. 151 ff. (Orbis academicus); Otto Dann: Die Friedensdiskussion der deutschen Gebildeten im Jahrzehnt der Französischen Revolution. In: Historische Beiträge zur Friedensforschung. Hrsg. von Wolfgang Huber. Stuttgart/München 1970. S. 95 ff. (Studien zur Friedensforschung Bd. 4).

21 Vgl. Scheler: Genius S. 58 ff. (s. oben Anm. 1).

22 Vgl. den Titel des Buches von Werner Sombart, oben Anm. 1.

23 Vgl. die Darstellung der Identifizierung des Zeitalters der Ökonomie mit der Periode der Dekadenz bei Hans Freyer durch Georg Lukács: Die Zerstörung der Vernunft. Neuwied am Rhein/Berlin-Spandau 1962. S. 562 (Werke Bd. 9).

24 Das kulturelle Ergebnis gewaltsamer Überlagerung darf nicht darüber hinwegtäuschen, daß vorhandene Kulturen zunächst zerstört wurden und es einer langen Zeit der Ruhe bedurfte, damit eine neue Mischkultur auf den Resten der alten entstehen konnte. Vgl. Alexander Rüstow: Ortsbestimmung der Gegen-

»Die Gesundheit eines Staats offenbart sich im allgemeinen nicht sowohl in der Ruhe des Friedens als in der Bewegung des Kriegs; jene
ist der Zustand des Genusses und der Tätigkeit in Absonderung...
im Kriege aber zeigt sich die Kraft des Zusammenhangs aller mit dem
Ganzen, wieviel von ihnen fordern zu können er sich eingerichtet
hat, und wieviel das taugt, was aus eigenem Triebe und Gemüte für
ihn sie tun mögen.«[25] Diese Sätze Hegels enthalten wichtige Momente der Beziehung, welche die konservative Theorie zwischen
Krieg und Staat herstellt: Krieg erzwingt als Bewegung nationale
Integration (a); Krieg erzwingt das Opfer des Einzelnen für die Nation (b). Das Moment der Führung (c) trat besonders in der Kriegs-
theorie der Konservativen Revolution hervor.

a) Bewegung und Integration

Der erste konservative Theoretiker eines ›Staates in Bewegung‹ ist
Adam Müller. Er hat als erster den Zusammenhang zwischen politischer Integration und kriegerischer Dynamik erkannt: »Kurz, das
Wesentliche am Staate, Das, wovon seine Existenz abhängt, kommt
am deutlichsten unter Bewegungen und Kriegen zum Vorschein. Was
die Menschen eigentlich auf Leben und Tod verbindet, so, daß eine
bürgerliche Gesellschaft, ein politisches Ganzes, ein Staat, aus ihnen
entsteht – diese Bande und ihre Kraft müssen am besten erprüft
und studiert werden können, wenn viele feindselige Mächte zusam-
mentreten, um sie aufzulösen und zu zerstören.«[26] Hier kündigt
sich bereits die von Carl Schmitt entwickelte politische Theorie des
Freund-Feind-Verhältnisses an[27], und der totale Staat sollte später
das eindrücklichste Beispiel für diese vom Konservatismus früh gese-

wart. Eine universalgeschichtliche Kulturkritik. Bd. 1: Ursprung der Herrschaft.
Erlenbach–Zürich 1950.

25 Georg Wilhelm Friedrich Hegel: Die Verfassung Deutschlands. Hrsg. von
Hermann Heller. Leipzig [1923]. S. 12 (Reclams Universalbibliothek Nr. 6139/
40).

26 Adam Müller: Elemente Bd. 1, S. 7 (s. oben Anm. 10).

27 Carl Schmitt: Der Begriff des Politischen. (1927). 3. Auflage. Hamburg
1933. S. 7 ff.

hene und gepriesene Kombination von Integration und Dynamik geben und zeigen, daß es eines totalen Feindes bedarf, wenn die totale Integration eines in politische Bewegung geratenen Volkes gelingen soll [28].

Im Kriege zeigt sich das Volk als Einheit [29]. Max Scheler nennt den Krieg den »*mächtigsten Einheitsbildner* unter Menschen« [30], und Leopold Ziegler beschreibt die homogenisierende Wirkung der Begeisterung bei Kriegsausbruch 1914: »Was in den ersten Kriegswochen in Deutschland geschah, wird selbst der Geschichtsschreiber, der von Berufs wegen zum Zweifel verpflichtet ist, als die Aktualisierung des Volkes in den Annalen verzeichnen müssen. Damals erlebte es jeder, daß und auf welche Weise er Volk sei, – er brauchte es in den Augenblicken, wo er selber völlig außer sich getreten war, nicht mehr außer sich zu suchen. Damals war es aber auch offenkundig, wer Volk sei. Das sonst verborgene Substratum des gemeinschaftlichen Lebens, das wunderliche ›Es‹, drang in die einzelnen Zellen des nationalen Organismus ein, ja, es brachte einen solchen Organismus überhaupt erst im Übergang des Ich zu diesem Es hervor. Jeder war er und nicht mehr er, ein gespaltenes und doch einheitliches Bewußtsein mit doppelter Polarität. Jeder schwamm sozusagen wieder, wie vor seiner Geburt, inmitten seines mütterlichen Fruchtwassers, trank und lebte davon, nur jetzt ein Fühlender und Wissender.« [31]

Anstelle einer langen gemeinsamen Geschichte waren es wesentlich kriegerische Ereignisse, die Idee und Forderung einer deutschen Nation hervorriefen. Das deutsche Nationalbewußtsein hat somit von vornherein einen militanten Zug [32]. Die Homogenität eines in krie-

28 Vgl. dazu Aufsätze Carl Schmitts wie: »Totaler Feind, totaler Krieg, totaler Staat« (1937), »Über das Verhältnis der Begriffe Krieg und Feind« (1938), »Völkerrechtliche Neutralität und völkische Totalität« (1938), »Neutralität und Neutralisierungen« (1939), alle in: derselbe: Positionen und Begriffe im Kampf mit Weimar–Genf–Versailles, 1923–1939. Hamburg 1940.

29 »Unter allen Bindungsmitteln der Staatsvereinigung ist der wahre Krieg das wirksamste und dauerhafteste, weil gemeinschaftliche Noth und Thränen besser und fester binden als das Glück, weil alles Einzelne, was sich im Frieden verbergen und verheimlichen kann, nun nothwendig öffentlich hervortreten und dem Ganzen hergegeben werden muß.« Adam Müller: Elemente Bd. 1, S. 80 (s. oben Anm. 10).

30 Scheler: Genius S. 97 (s. oben Anm. 1).

31 Leopold Ziegler: Volk, Staat und Persönlichkeit. Berlin 1917. S. 16.

32 Gerhard Ritter: Europa und die deutsche Frage. München 1948. S. 63.

gerische Bewegung geratenen Volkes hat Adam Müller als erster mit
dem Begriff der Totalität gefaßt, indem er gegen das liberal-vertrag-
liche Staatsverständnis seine berühmt gewordene Definition setzte:
»… der Staat ist nicht eine bloße Manufactur, Meierei, Assecuranz-
Anstalt, oder mercantilische Societät; *er ist die innige Verbindung
der gesammten physischen und geistigen Bedürfnisse, des gesammten
physischen und geistigen Reichthums, des gesammten inneren und
äußeren Lebens einer Nation, zu einem großen energischen, unendlich bewegten und lebendigen Ganzen.«*[33] *»Der Staat ist die Totalität der menschlichen Angelegenheiten, ihre Verbindung zu einem
lebendigen Ganzen.«*[34] Voraussetzung für die integrative Wirkung
des Krieges ist allerdings, daß die ganze Nation daran Anteil nimmt.
Nur dann kann es sich um einen wahrhaft totalen Krieg handeln.
Max Scheler nennt deshalb alle Kabinettskriege im Stile des
18. Jahrhunderts ungerecht, da ihre Antriebskräfte im Ehrgeiz, in
Geld- und Ländergier, in militärischer Ruhmsucht gründeten und
den Interessen einer Klasse oder einer politischen Partei dienten[35].

b) Opfer

Im Opfer liegt die Anerkennung eines übergeordneten Wertes, einer
vorgeordneten Institution[36]. In der Phase der Konservativen Revolution aber wird der Begründungszusammenhang zwischen Opfer und Wert auf den Kopf gestellt: Gemeinhin opfert man sich nur
für etwas, das man als allgemein verpflichtend und seinem indivi-

33 Adam Müller: Elemente Bd. 1, S. 37 (s. oben Anm. 10).
34 Ebd. S. 48. Friedrich Georg Jünger hat richtig bemerkt, daß solcher Totalität stets ein anonymer Charakter eignet: »Etwas Unaussprechliches, Namenloses
teilt sich dem Geschehen mit. Es scheint, daß der grandiose Aspekt, den der Krieg
bietet, zum großen Teile aus seinem Gehalt an Anonymität hervorgeht. Bedenkt
man die Wucht des anonymen Geschehens, so versinkt jeder Versuch privater
Haftbarmachung ins Unzulängliche.« F. G. Jünger: Krieg und Krieger. In: Krieg
und Krieger S. 57 (s. oben Anm. 3).
35 Scheler: Genius S. 159 (s. oben Anm. 1). An diesem Punkte hätte es zu einem
Konflikt zwischen der legitimistischen und der völkischen Tendenz im deutschen
konservativen Denken kommen können. Die rasch einsetzende Restaurationspolitik der deutschen Regierungen und die Angst vor demokratischen Experimen-
ten hat den möglichen Konflikt jedoch nicht aufkommen lassen.
36 Vgl. oben S. 194 ff.

duellen Leben übergeordnet empfindet. Der konservative Revolutionär aber hat diese Werte und Institutionen verloren und versucht, zu neuen (d. h. aber ›ursprünglichen‹) Werten zu gelangen, indem er dem Opfer einen Wert an sich selbst zuspricht, im Vertrauen darauf, daß sich die fehlenden Inhalte im Prozeß des Opferns selbst einstellen werden. Aus der Heiligkeit des Opfers, nicht dessen, wofür man sich opfert, erwartet er die Geburt einer Wertwelt, der gegenüber er dann seine Funktion, zu bewahren, zu erhalten und zu schützen, wieder ausüben kann[37]. Dostojewski, dessen politische Schriften sich in Kreisen der Konservativen Revolution besonderer Hochschätzung erfreuten, hat diesen Zusammenhang deutlich gesehen und die Verbindung von Krieg und Opfer, ganz im Sinne der Konservativen Revolution, formuliert: »Es gibt keine höhere Idee, wie die, sein eigenes Leben zu opfern, indem man seine Brüder und sein Vaterland beschützt, oder einfach, indem man die Interessen seines Vaterlandes verteidigt. Die Menschheit kann nicht ohne hochherzige Ideen leben, und ich vermute sogar, daß die Menschheit gerade deswegen den Krieg liebt, weil sie sich an einer hochherzigen Idee beteiligen will.«[38]

Was für das Opfer gilt, gilt ebenso für den Kampf. Der Kampf erhält einen Wert an sich, da nicht ohne weiteres auszumachen ist, welches Ziel ihn rechtfertigen könnte. »Nicht wofür wir kämpfen, ist das Wesentliche, sondern wie wir kämpfen.«[39] Auf den ›guten Kampf‹ kommt es an, nicht auf das gute Ziel. Im Prozeß des Kampfes, in seiner (wörtlich verstandenen) Unbedingtheit liegt die Tugend. Der Krieg scheint als Vater aller Dinge auch Schöpfer neuer Wertordnungen zu sein: »Weil aber im Kriege erst alle Tugenden ... zur vollen Entfaltung kommen, ... darum erscheint uns ... der Krieg

37 Hier findet eine ähnliche Verschiebung statt, wie sie im konservativen Traditionsverständnis vorliegt: In dem Maße, in dem das Traditum seine Glaubwürdigkeit einbüßt, verlagert der Konservative sein Interesse auf den Prozeß der Tradition selbst. Nicht die Heiligkeit des eine Tradition begründenden und stiftenden Ereignisses, sondern das alte Wahre, die Tradition, der Glaube der Väter sind es, an die sich der Konservative im Strom der Zeit und unter dem Ansturm des Fortschritts halten möchte.

38 F. M. Dostojewski: Politische Schriften. Hrsg. von Dmitri Mereschkowski. 2. Auflage. München und Leipzig o. J. S. 169 (Sämtliche Werke. Hrsg. von Moeller van den Bruck. 2. Abt. Bd. 13).

39 Ernst Jünger: Kampf S. 76 (s. oben Anm. 3).

selbst als ein Heiliges, als das Heiligste auf Erden.«[40] Auf einzigartige Weise bezeugt die sogenannte Meißner-Formel der Freideutschen Jugend diese inhalts- und ziellose Haltung reiner Aktivität: »Die Freideutsche Jugend will aus eigener Bestimmung vor eigener Verantwortung, mit innerer Wahrhaftigkeit ihr Leben gestalten.«[41]

c) Führung

Im Kriege gilt der Wert einheitlicher Führung. Die Soziologie der Armee gestaltet sich notwendig nach dem Prinzip von Befehl und Gehorsam. In dem Maße, wie die konservative Theorie den Krieg als Wesenselement staatlichen Seins begreift, muß sie nach einem autokratischen Führungssystem verlangen. Dies geschieht durchgängig. Die frühere Verteidigung des monarchischen Prinzipes [42] erfährt in der Konservativen Revolution eine gewisse Veränderung zum Führerprinzip hin. Für Stahl war der König der erste Krieger im Lande [43]. Adam Müller sah im diktatorischen Held den Kopf des Staates [44]. Heinrich Leo verlangte einen Cromwell für Deutschland [45], Lagarde sehnte sich anstelle von Parlamenten nach einem Führer [46],

---

40 Sombart: Händler S. 88 (s. oben Anm. 1).

41 Zitiert nach Armin Mohler: Die Konservative Revolution in Deutschland 1918–1932. Grundriß ihrer Weltanschauungen. Stuttgart 1950. S. 42. Auf literarisch anspruchslose, aber ungemein treffende Weise findet sich derselbe Sachverhalt in vier Zeilen eines bündischen Liedes: »Kameraden, unsre Speere / werfen wir in fremde Meere, / schwimmen nach und holn sie ein. / Kameraden unsre Speere / sollen Pfeil und Ziel uns sein.« Zitiert nach Mohler, ebd. S. 192. Zur Psychologie der befreienden Tat vgl. Richard Behrendt: Politischer Aktivismus. Leipzig 1932. S. 127; und allgemein: Hermann Lübbe: Politische Philosophie in Deutschland. Studien zu ihrer Geschichte. Basel/Stuttgart 1963. S. 173 ff.: Die philosophischen Ideen von 1914.

42 Vgl. oben S. 183 ff.

43 Friedrich Julius Stahl: Die Philosophie des Rechts. Rechts- und Staatslehre auf der Grundlage christlicher Weltanschauung. Bd. 2, Abteilung 2. 5. Auflage. Tübingen 1878. Neudruck Darmstadt 1963. S. 247 f.

44 Adam Müller: Die Elemente der Staatskunst. Hrsg. von Jakob Baxa. Bd. 2. Jena 1922. S. 46 f. (Die Herdflamme. Hrsg. von Othmar Spann. Bd. 1, 2).

45 Vgl. Paul de Lagarde: Konservativ? (1853). In: derselbe: Deutsche Schriften. Hrsg. von Karl August Fischer. 2. Auflage. München 1934. S. 21 (Paul de Lagarde: Schriften für das deutsche Volk. Bd. 1).

bis in der Konservativen Revolution die Sehnsucht nach dem Führer allgemein wird.

Wie in bezug auf Kampf und Opfer spielt auch für das konservativ-revolutionäre Verständnis von Führung nicht das Ziel, sondern die Tatsache der Führung als solche die wichtige Rolle; man preist die Führerfunktion als die Fähigkeit, Werte und Inhalte zu setzen. Führungskraft aber wird nicht als Vernunft, sondern als Wille, Entscheidung und Entschlossenheit, oder, um es mit dem Titel einer maßgebenden Zeitschrift dieser Bewegung zu sagen, als »Tat«[47] verstanden. Im Horizont solchen ›existenziellen‹ Führungsverständnisses schreibt Martin Heidegger 1933 in der Freiburger Studentenzeitung: »Nicht Lehrsätze und ›Ideen‹ seien die Regeln Eures Seins. Der Führer selbst und allein ist die heutige und künftige deutsche Wirklichkeit und ihr Gesetz.«[48] Moeller van den Bruck hat zwar nicht an Hitler gedacht, seine politische Gestalt aber doch in gewisser Weise antizipiert, als er die Sätze schrieb: »Wir brauchen Führer, die sich mit der Nation in eines gesetzt fühlen, die das Schicksal der Nation mit ihrer eigenen Bestimmung verbinden, zu der sie der Umsturz aufrief, und die, ob sie nun der alten Führerschicht entstammen oder allmählich eine neue bilden, die Zukunft der Nation auf ihren Willen, auf ihre Entscheidung, und wäre es auf ihren Ehrgeiz für Deutschland zu nehmen entschlossen sind.«[49] Das Verlangen nach einem Führer[50] entsprang eben nicht politischem Durchsetzungswillen, sondern war Ausdruck von Ratlosigkeit[51].

46 Paul de Lagarde: Programm für die konservative Partei Preußens. In: Deutsche Schriften (ebd.) S. 427.

47 Vgl. Kurt Sontheimer: Der Tatkreis. In: Vierteljahreshefte für Zeitgeschichte 7 (1959), S. 229 ff. Ein anderes bedeutendes konservatives Organ bringt mit seinem Titel ›Der Ring‹ den Kreislaufgedanken des Konservatismus zur Geltung. Beide Gedanken gehören als die dem Konservatismus immanente Dialektik von revolutionärem ›Machen‹ und schicksalhaftem ›Wachsen‹ zusammen.

48 Zitiert nach Herbert Marcuse: Der Kampf gegen den Liberalismus in der totalitären Staatsauffassung. (1934). In: derselbe: Kultur und Gesellschaft I. Frankfurt a. M. 1965. S. 54 (edition suhrkamp 101).

49 Arthur Moeller van den Bruck: Das dritte Reich. Hrsg. von Hans Schwarz. 3. Auflage. Hamburg 1931. S. 214.

50 Vgl. auch Georg Quabbe: Tar a Ri. Variationen über ein konservatives Thema. Berlin 1927. S. 189.

51 Vgl. Sigmund Neumann: Die deutschen Parteien. Wesen und Wandel nach dem Kriege. Berlin 1932. S. 103.

In der Konsequenz konservativer Theorie liegt die Forderung, Politik müsse persönlich sein. Der Konservative »ist Monarchist, weil er an die Macht des führenden Menschen als eines vorbildlichen Menschen glaubt«[52]. Das von der Konservativen Revolution geforderte Führertum erscheint somit als Ersatz für das untergegangene monarchische Regiment[53]. Wie man in der Praxis der Weimarer Republik die politische Position des Reichspräsidenten zu der eines Ersatzmonarchen umdeutete, verlangte man später nach der Autorität und dem Willen eines Führers, der nicht nur auf vorgegebene Ziele hinlenken, sondern solche Ziele selber zu setzen imstande sein müsse. Der deutsche Nationalismus entstammt nicht wie in anderen Ländern der politischen Freiheitsidee, sondern dem kollektiven Wunsch nach starker Führung, der immer dann auftritt, wenn politische Wünsche auf rationale Weise nicht zu erfüllen sind[54]. In seiner Schrift ›Vom Deutschen Nationalgeist‹ hat Friedrich Carl von Moser jeder Nation einen bestimmten politischen Grundsatz zugeordnet: Gehorsam in Deutschland, Freiheit in England, Handel in Holland, die Ehre des Königs in Frankreich[55]. Da es in Deutschland nie eine geglückte Revolution aus eigener Kraft gegeben hat, blieb die Gehorsamsbereitschaft bis in die Gegenwart erhalten, und ein Kritiker von Mosers Schrift hat leider recht mit seiner Bemerkung, es sei kaum vorstellbar, daß in Deutschland ein Genie auftauchen könnte, dessen Befehl unseren Gehorsam erschöpfen könnte[56].

4. Politik und Moral

Jede große politische Ideologie nimmt Stellung zu der Frage, ob der Mensch von Natur gut oder böse sei[57]. Es ist merkwürdig, daß die

52 Moeller van den Bruck: Drittes Reich. S. 213 (s. oben Anm. 49).

53 Vgl. Carl Brinkmann: Soziologische Theorie der Revolution. Göttingen 1948. S. 53 f.

54 Vgl. Ernst Cassirer: Vom Mythus des Staates. Zürich 1949. S. 365 (Erasmus-Bibliothek 5).

55 Vgl. Hans Kohn: Die Idee des Nationalismus. Ursprung und Geschichte bis zur Französischen Revolution. Frankfurt a. M. 1962. S. 330.

56 Ebd.

57 Vgl. Carl Schmitt: Politische Theologie. Vier Kapitel zur Lehre von der Souveränität. 2. Ausgabe. München und Leipzig 1934. S. 72; derselbe: Begriff des Politischen S. 41 und 45 (s. oben Anm. 27).

Frage nach dem Menschenbild, das den verschiedenen Staatstheorien zugrunde liegt, bisher kaum gestellt worden ist [58]. Unter den politischen Ideenströmen der Neuzeit ist diese Frage für den Konservatismus am leichtesten zu beantworten. Im dialektischen Gegenschlag gegen den aufklärerischen Glauben an die Humanisierung gesellschaftlicher Verhältnisse ist der Konservative von der durchgängigen ›Gefährlichkeit‹ des Menschen überzeugt. Der Mensch ist primär kein Vernunft-, sondern ein Sinnenwesen, das seinen Trieben lebt und deshalb in Zucht genommen werden muß. »Wer diese traurige Natur gehörig studirt hat, weiß es, daß der *Mensch im Allgemeinen*, wenn er sich selbst überlassen ist, *zu bösartig ist, um frei seyn zu können.«*[59] Staatliche Gewalt wird von Konservativen durchgängig mit der Gefährlichkeit des Menschen begründet [60]. Ein untrügliches Kennzeichen dieser Beurteilung der Menschennatur ist bis heute die konservative Apologie für einen harten Strafvollzug. »Das Gefängnis hat für viele gar nichts Abschreckendes, auch das Zuchthaus genügt als Abschreckungsmittel nicht mehr. Es fehlt uns ein wirksames Strafmittel, das die entmenschten Verbrecher genügend abschreckt... Das wäre eine schöne Humanität, die aus übertriebener Milde gegen den Verbrecher die Verbrechen züchtete! Von dieser Art von Humanität will unser Volk nichts mehr wissen. Es verlangt trotz der liberalen Phrasen die Prügelstrafe für gewisse Arten von Verbrechen und Verbrechern wieder, und zwar eine ausgiebige Anwendung, die eine genügend abschreckende Wirkung nach sich zu zie-

58 Erich Kaufmann: Die anthropologischen Grundlagen der Staatstheorien. In: Rechtsprobleme in Staat und Kirche. Festschrift für Rudolf Smend. Göttingen 1952. S. 177. Vgl. auch Martin Greiffenhagen: Menschenbild und Staatsverfassung. In: Schweizer Monatshefte 46 (1966), S. 419 ff. Den bisher besten Beitrag zu dem Problem liefert Walter Euchner: Demokratietheoretische Aspekte der politischen Ideengeschichte. In: Politikwissenschaft. Eine Einführung in ihre Probleme. Hrsg. von Gisela Kress und Dieter Senghaas. Frankfurt a. M. 1969. S. 38 ff.

59 Joseph de Maistre: Vom Pabst. Bd. 2. Frankfurt 1822. S. 25.

60 Führt der konservative Pessimismus in Deutschland durchgängig zu einer Verteidigung der politischen Macht, so wirkt der anthropologische Skeptizismus der Väter der amerikanischen Verfassung im Gegenteil in Richtung auf ein gewaltenteiliges Regierungskonzept: Es kommt nur darauf an, an welcher Stelle des politischen Prozesses man die Bosheiten der Menschen am meisten fürchtet, auf der Seite des Volkes oder auf der Seite der Machthaber. Vgl. Martin Greiffenhagen: Menschenbild und Staatsverfassung S. 419 ff. (s. oben Anm. 58).

hen geeignet ist.«[61] Der geschichtsphilosophische Fatalismus[62] verbindet sich leicht mit der konservativen Ablehnung der liberalen, fortschrittsgläubigen Milieu-Theorie und statt dessen dem nativistischen Hinweis auf die Kraft der Erbanlagen[63].

Die pessimistische Anthropologie des Konservatismus führt ihn zu einer radikalen Unterscheidung von Moral und Politik. Die Moralisierung der Politik gilt dem Konservativen als eine Erfindung der Aufklärung. Ihre Tendenz, durch Geschichtsphilosophie, Pädagogik und modernes Vernunftrecht das Individuum in seinem Verhältnis zu Gesellschaft und Staat als dominierende Größe zu erfassen und die zwischenmenschlichen Beziehungen rational zu begründen, lehnt er ab. Die Frage nach dem Guten verwandelt sich für den Konservativen stets in die Frage nach dem Überkommenen und durch Tradition Bewährten. Das angestammte Gute hat den Vorrang vor allen rationalen Humanisierungen. Der Glaube an die Perfektionierbarkeit des Menschen wird vom Konservatismus von einem Standpunkt des anthropologischen Pessimismus oder doch Skeptizismus verworfen. Er glaubt nicht, daß der Mensch durch die Steigerung seiner vernünftigen Fähigkeiten irgend etwas an den Grundbefindlichkeiten seiner Existenz zu ändern vermöchte, sondern ist im Gegenteil der Ansicht, durch eine verstiegene Vernunftgläubigkeit verschlechtere der Mensch seine vitale Situation, indem er den ›Grundhaushalt der Seele‹ durcheinanderbringt. Die konservative Anthropologie ist somit gleichzeitig quietistisch. »Allem unvermeidlichen Uebel ist nicht anders zu begegnen, als indem man sich mit Freiheit und Willigkeit darein ergibt.«[64] Gern beruft sich der Konservative für seine skeptische Beurteilung der moralischen Möglichkeiten des

61 Georg Oertel: Der Konservatismus als Weltanschauung. Leipzig 1893. S. 74.

62 »Der konservative Mensch ist sehr viel skeptischer. Er glaubt an keinen Fortschritt um des Fortschrittes willen, der zur Wirklichkeit wird, und wie die Vernunft sie fordert. Er glaubt vielmehr an die Katastrophe, an die Ohnmacht der Menschen, sie zu vermeiden, an die Zwangsläufigkeit, mit der sie den Geschicken entrollt, und an die furchtbare Enttäuschung, die der verführten Gutgläubigkeit am Ende nur bleibt.« Moeller van den Bruck: Drittes Reich S. 223 (s. oben Anm. 49): vgl. auch Mohler: Konservative Revolution S. 158 (s. oben Anm. 1).

63 Für die Beziehung zwischen konservativer Ideologie und nativistischem Denken vgl. Peter Heintz: Soziale Vorurteile. Köln 1957. S. 31.

64 Adam Müller: Elemente Bd. 2. S. 72 (s. oben Anm. 44).

Menschen auf die christliche Lehre von der Erbsünde [65]. Auch die Geschichte lehrt den Konservativen gerade nicht die Verbesserung der Moral, sondern das Gegenteil, nämlich die Dauerhaftigkeit der boshaften Menschennatur [66]. »Die Geschichte muß keine Lehrerin der Moral, sondern der Politik bleiben«, schrieb Justus Möser in einem Brief an Basedow [67].

Der landläufige Gegensatz von Konservatismus und Naturrechtslehre sieht diese Beziehung nur vordergründig. Der Konservatismus kennt ebenso wie das ältere Naturrecht eine konstante Menschennatur, anerkennt die ständische Bindung und ›ewige Werte‹. Anders steht es mit dem modernen Vernunftrecht [68]. Der englische Konservatismus stützt sich durchgängig auf das ältere Naturrecht [69]. Besonders die in der klassischen Naturrechtslehre vertretene Theorie des Vorranges überindividueller Größen vor den ›Grillen der Menschen‹ findet sich in der konservativen Theorie wieder [70]. Der Streit zwischen Savigny und Thibaut [71] wird nicht nur innerhalb der konservativen, sondern gleichzeitig innerhalb der naturrechtlichen Theorie ausgetragen.

Nach dem Zweiten Weltkrieg hat der christliche Konservatismus katholischer Provenienz versucht, gegen die romantisch-völkisch-

65 Vgl. Quintin Hogg: The case for conservatism. West Drayton 1947 (Penguin Book Nr. 635).

66 In diesem Sinne war Jacob Burckhardt ein konservativer Historiker; vgl. Karl Löwith: Weltgeschichte und Heilsgeschehen. Die theologischen Voraussetzungen der Geschichtsphilosophie. Kapitel »Burckhardt«: »Wie schöpferisch große Umwälzungen und Zerstörungen sich auch erweisen mögen, so bleibt, nach Burckhardt, Böses doch böse und die Ökonomie der Weltgeschichte vermögen wir nicht zu ergründen. Wenn etwas aus dem Studium der Geschichte zu lernen ist, so die nüchterne Erkenntnis unserer wirklichen Situation: Kampf und Leiden, kurzer Ruhm und langes Elend, Kriege und zwischendurch Perioden des Friedens. Alles ist gleicherweise bedeutsam, und nichts offenbart einen letzten Sinn...« S. 31.

67 Zitiert nach Ernst Rudolf Huber: Lessing, Klopstock, Möser und die Wendung vom aufgeklärten zum historisch-individuellen Volksbegriff. In: Zeitschrift für die gesamte Staatswissenschaft 104 (1944), S. 139.

68 Vgl. Hans Welzel: Naturrecht und materiale Gerechtigkeit. Göttingen 1962.

69 Quintin Hogg: Case S. 74 f. (s. oben Anm. 65).

70 Peter Richard Rohden hat diesen Zusammenhang deutlich gesehen, vgl.: Die politische Gedankenwelt der Neuzeit in ihren weltanschaulichen Grundlagen. In: Archiv für Politik und Geschichte 3 (1924), S. 332 (= 2. Jahr. 2. Teil).

71 Vgl. oben S. 253, Anm. 45.

organologische Tradition des deutschen Konservatismus die ältere
Naturrechtslehre für den konservativen Gedanken fruchtbar zu
machen. Diese Entwicklung entsprach der allgemeinen Front gegenüber dem Positivismus und Historismus, wie sie sich nach den Erfahrungen des Dritten Reiches nach dem Kriege überall bildete. Die
Textauswahl von Hans Barth und Walter Lippmanns Buch sind
Zeichen für diese Tendenz[72]. Die Diskussion über die durchgängig
gleiche Natur des Menschen im Wandel seiner geschichtlichen Existenz hält bis heute an und ist durch die Wissenssoziologie neu in
Gang gebracht worden. Die Front, gegen die sich die Naturrechtslehre zusammen mit dem Konservatismus richtet, ist die Behauptung
einer Wandlung der Natur des Menschen selbst[73]. Wir haben oben
gezeigt, daß die konservative Theorie notwendig eine philosophische Ontologie voraussetzt[74]. Diese Ontologie kann durchaus von
der älteren Naturrechtslehre bereitgestellt werden. Der katholische
Konservatismus bietet hierfür reiches Anschauungsmaterial[75].

»Der Krieg ist eine notwendige und natürliche Form des gesamten Lebensprozesses. Wie der Kampf in anderen Formen dem Individuum unausweichbares Schicksal ist, so der Krieg den Staaten und

72 Hans Barth: Der konservative Gedanke. In ausgewählten Texten dargestellt. Stuttgart 1958. Für seine Kritik am Historismus und Positivismus vgl. Hans
Barth: Die Idee der Ordnung. Beiträge zu einer politischen Philosophie. Erlenbach–Zürich und Stuttgart 1958. S. 199 ff.; Walter Lippmann: Philosophia publica. Vom Geist des guten Staatswesens. München 1957. Ein symptomatischer
Aufsatz jener Zeit ist der von Julius Ebbinghaus: Der Begriff des Rechts und die
naturrechtliche Tradition. In: Studium Generale 4 (1951), S. 345 ff.

73 Diderot hat in seinen späten Schriften an eine solche Wandlung gedacht, vgl.
Spaemann: Ursprung S. 149 (s. oben Anm. 16). Arnold Gehlen hält sie
für nicht unwahrscheinlich, wenn er »eine echte Änderung der Bewußtseinsstrukturen, nicht bloß der Inhalte« für möglich hält. Arnold Gehlen: Urmensch und
Spätkultur. Philosophische Ergebnisse und Aussagen. Bonn 1956. S. 110. Vgl. die
Besprechung dieses Buches von W. E. Mühlmann in: Kölner Zeitschrift für Soziologie und Sozialpsychologie 9 (1957), S. 682 ff. Eine aus konservativem Geist geschriebene Beurteilung der beiden Standpunkte gibt Theodor Haecker: Vergil, Vater des Abendlandes. 5. Auflage. München 1947. S. 11 ff.

74 Vgl. oben S. 85 ff.

75 Vgl. heute die Gruppe um das ›Neue Abendland‹, wie: Hubert Becher
S. J., Emil Franzel, Otto von Habsburg, Gerhard Kroll, Erik von Kuehnelt-Led-
dihn, Hans-Joachim von Merkatz, Georg Fürst von Waldburg zu Zeil u. a. Vgl.
Helga Grebing: Konservative gegen die Demokratie. Konservative Kritik an der
Demokratie in der Bundesrepublik seit 1945. Frankfurt a. M. 1971.

Völkern.«[76] Im Rückgriff auf die Bosheit und Aggressivität der Menschennatur rechtfertigt der Konservative die Notwendigkeit zwischenstaatlicher Konflikte. Gegenüber dieser den Konservatismus durchgängig kennzeichnenden These lassen sich ernsthafte anthropologische und soziologische Einwände vortragen, die hier nur skizziert werden sollen[77]. Es läßt sich wohl kaum bestreiten, daß zwischen individueller Aggressivität und Krieg gewisse Zusammenhänge bestehen. Dennoch läßt sich das Wesen des Krieges nicht einfach als Summierung der Aggressivitäten aller Beteiligten begreifen. »Wäre der Krieg im wesentlichen eine Kollektivgelegenheit zur Abreaktion individueller Aggressivitäten, Sadismen, so müßte sich in Ländern wie etwa Norwegen, Schweden, Dänemark, Holland oder der Schweiz, denen dies Abfuhrventil in der letzten Generation versagt blieb, eine Anstauung von nichtabreagierter Aggressivität bemerkbar machen, während Völker, denen der Weltkrieg überreiche Möglichkeiten der Abfuhr geboten hatte, einen besonders entspannten Eindruck machen müßten. Niemand wird behaupten wollen, daß die Tatsachen dieser Erwartung auch nur im geringsten entsprächen.«[78] Der Krieg liegt nicht in der Natur der Menschen, es hat ihn auch nicht immer gegeben, und es braucht ihn nicht immer zu geben[79]. Ähnlich wie Alexander Rüstow urteilt Helmuth Plessner, der ebenfalls die Reduktion des Politischen auf das Anthropologische bei den Rechtsparteien kritisiert[80]. Übrigens hat schon Rousseau im ›Contrat social‹ die Ansicht vertreten, der Krieg sei keineswegs eine Beziehung von Mensch zu Mensch, sondern eine politische Beziehung

76 Werner Best: Der Krieg und das Recht. In: Krieg und Krieger S. 152 (s. oben Anm. 3).

77 Wir halten uns dabei an einen Aufsatz von Alexander Rüstow: Zur soziologischen Ortsbestimmung des Krieges. In: Die Friedenswarte 39 (Zürich 1939), S. 81 ff. und verzichten darauf, die interessante sozialpsychologische Literatur heranzuziehen. Vgl. Alexander Mitscherlich: Auf dem Weg zur vaterlosen Gesellschaft. Ideen zur Sozialpsychologie. München 1963; Konrad Lorenz: Das sogenannte Böse. Zur Naturgeschichte der Aggression. 3. Auflage. Wien 1964; Arno Plack: Die Gesellschaft und das Böse. Eine Kritik der herrschenden Moral. 4. Auflage. München 1969. Bes. S. 273 ff., dort auch weitere Literatur.

78 Rüstow: Soziologische Ortsbestimmung S. 83 (s. oben Anm. 77).

79 »Das Ziel des Weltfriedens ist nicht utopisch.« Ebd. S. 94.

80 Helmuth Plessner: Macht und menschliche Natur. Versuch zur Anthropologie der geschichtlichen Weltansicht. Berlin 1931. S. 14 (Fachschriften zur Politik und staatsbürgerlichen Erziehung).

von Staat zu Staat, bei der die Einzelnen nur zufällig Feinde sind, »nicht als Menschen, nicht einmal als Staatsbürger, sondern als Soldaten«[81]. Kriege entsprängen als bewaffnete Auseinandersetzungen den Konfliktsituationen von Gruppen[82].

Anstelle einer moralischen Beurteilung des Krieges, welche der Konservatismus verwirft, findet sich häufig ein ästhetischer Aspekt, wie er von Konservativen auch auf die Politik im allgemeinen angewandt wird[83]. So begreift Wilhelm von Schramm den Krieg »als Kunst, als höchster und edelster Stil des Streites zwischen Männern, als kunstvolle eigengesetzliche Fassung des Kampfes zwischen den Völkern...«[84]. Diese Kunst allerdings sei nach dem Tode Friedrichs des Großen durch »die Einbeziehung der Massen, des schlechteren Blutes, der praktischen, bürgerlichen Gesinnung, kurz des gemeinen Mannes, vor allem in Offizierskorps und Unteroffizierskorps« mehr und mehr verfallen[85]. Auch die Vorstellung vom Krieg als dem

81 Jean-Jacques Rousseau: Der Gesellschaftsvertrag. Eingel. von Romain Rolland. München 1948. S. 54.

82 Ebd. S. 54. Die Vermutung von Arno Plack (der sich auf Alexander Mitscherlich, Erich Neumann und Herbert Marcuse stützt; vgl. Plack: Gesellschaft S. 273 ff., s. oben Anm. 77), Kriege entstünden aus sexueller Verdrängung oder Aggression, scheint mir unbewiesen und wenig überzeugend. Man kann Gruppenkonflikte mit außenpolitischen Konflikten identifiziert. Dabei weiß man längst, auf welche Weise im diplomatischen Feld Kriege entstehen, die von keiner der betroffenen ›Großgruppen‹ gewollt sind.

83 Für Novalis ist »ein wahrhafter Fürst... der Künstler der Künstler«. Novalis: Glauben und Liebe oder Der König und die Königin. (1798). Zitiert nach: Gesellschaft und Staat im Spiegel deutscher Romantik. Hrsg. von Jakob Baxa. Jena 1924. S. 167 (Die Herdflamme. Hrsg. von Othmar Spann. Bd. 8). Heinrich Leo nennt den Staat »ein Kunstwerk göttlichen Ursprungs«. Heinrich Leo: Zur Naturlehre des Staates. Eingel. von Kurt Mautz. Frankfurt a. M. 1948. S. 40 (Civitas gentium). Über den ästhetischen Charakter der Action française vgl. Waldemar Gurian: Der integrale Nationalismus in Frankreich. Charles Maurras und die Action Française. Frankfurt a. M. 1931. S. 21.

84 Wilhelm von Schramm: Schöpferische Kritik des Krieges. Ein Versuch. In: Krieg und Krieger S. 41 (s. oben Anm. 3).

85 Ebd. S. 42. In demselben Band befindet sich allerdings eine Äußerung von Friedrich Georg Jünger, der im Anschluß an die Gedanken seines Bruders (Ernst Jünger: Der Arbeiter. Hamburg 1932) von der mächtigen Arbeit, die der Krieg verrichtet, schreibt (Krieg und Krieger S. 55; s. oben Anm. 3). Weder das Kunstwerk noch das Arbeitsprodukt aber lassen sich nach ethischen Gesichtspunkten messen, und es gibt hier ›sachlogische‹ Maßstäbe, die ihre eigene Wertskala haben mögen, aber jedenfalls keine ethischen Maximen hervor-

ernstesten aller Spiele taucht im Horizont konservativen Denkens auf.

Wennschon der Gedanke des totalen Krieges von Adam Müller bis zu Carl Schmitt eine (wenngleich streckenweise verborgene) Kontinuität aufweist, gibt es gleichzeitig eine konservative Tradition der Bändigung und Hegung des Krieges innerhalb der europäischen Staatenwelt[86]. Nicht jeder Krieg wurde von deutschen Konservativen gebilligt. Besonders Bismarcks Krieg gegen Österreich wurde von preußischen Konservativen scharf verurteilt, und zwar aufgrund moralischer Maßstäbe[87]. Erst in der Konservativen Revolution,

bringen. Thomas Mann sieht im Prinzip der Organisation das Kunst und Krieg Verbindende: »Sind es nicht völlig gleichnishafte Beziehungen, welche Kunst und Krieg miteinander verbinden? Mir wenigstens schien von jeher, daß es der schlechteste Künstler nicht sei, der sich im Bilde des Soldaten wiedererkenne. Jenes siegende kriegerische Prinzip von heute: Organisation – es ist ja das erste Prinzip, das Wesen der Kunst. Das Ineinanderwirken von Begeisterung und Ordnung; Systematik; das strategische Grundlagen schaffen, weiter bauen und vorwärts dringen mit ›rückwärtigen Verbindungen‹; Solidität, Exaktheit, Umsicht; Tapferkeit, Standhaftigkeit im Ertragen von Strapazen und Niederlagen, im Kampf mit dem zähen Widerstand der Materie; Verachtung dessen, was im bürgerlichen Leben ›Sicherheit‹ heißt (›Sicherheit‹ ist Lieblingsbegriff und lauteste Forderung des Bürgers), die Gewöhnung an ein gefährdetes, gespanntes, achtsames Leben; Schonungslosigkeit gegen sich selbst, moralischer Radikalismus, Hingebung bis aufs Äußerste, *Blutzeugenschaft*, voller Einsatz aller Grundkräfte Leibes und der Seele, ohne welchen lächerlich scheint, irgend etwas zu unternehmen; als ein Ausdruck der Zucht und Ehre endlich Sinn für das Schmucke, das Glänzende: Dies alles ist in der Tat zugleich militärisch und künstlerisch.« Thomas Mann: Friedrich S. 10 f. (s. oben Anm. 1).

86 Vgl. zu de Bonald: Spaemann: Ursprung S. 161 ff. (s. oben Anm. 16), und Carl Schmitt: Der Nomos der Erde im Völkerrecht des Jus Publicum Europaeum. Köln 1950. Carl Schmitt vertritt in verschiedenen Phasen beide Richtungen.

87 Vgl. Hans Joachim Schoeps: Das andere Preußen. Konservative Gestalten und Probleme im Zeitalter Friedrich Wilhelms IV. 2. bearb. und erw. Auflage. Honnef/Rhein 1957. S. 87 ff., 116 ff. »Vor den von [Ludwig von] Gerlach vertretenen Geboten der christlichen Ethik erscheint Bismarck tatsächlich als der ›Antichrist‹, um so mehr, als er ihm mit Recht vorwerfen konnte, daß er seine Räuberpolitik noch durch besondere Buß- und Bettage... verbräme.« Ebd. S. 89. Schoeps führt ferner ein Zitat Erich Marcks' an, der, obwohl dem Denken der Bismarckzeit verhaftet, den Standpunkt der preußischen Konservativen gegenüber Bismarck positiv würdigt: »Die konservativen Ultras, Staatsmänner und Parteimänner haben in dem Konflikt mit Österreich die Rücksicht auf die Politik, die doch einmal die Politik ihres Staates war, manchmal indiskret ganz übersprungen und den internationalen Gegner behandelt, als sei er der Parteigenosse, die eigene Regie-

besonders in den Schriften Ernst Jüngers, tritt die ästhetische Auffassung des Krieges rein hervor[88]. Jünger versteht den Krieg als einen Mythos, nicht aber als das Leiden und Sterben Unzähliger, wie es in dem Kriegsbuch von Erich Maria Remarque[89] geschieht. Jünger und Remarque bezeichnen die beiden kontrapunktischen Positionen in der Beurteilung des Fronterlebnisses im Ersten Weltkrieg.

rung, als sei sie lediglich eine ihnen gleichgeordnete Partei. Doch barg sich hinter dieser Verletzung der Staatspflicht, die unleugbar ist, in sonderbarer Verquickung der Gegensätze *gerade* ein gut Stück lebendiger Staatsgesinnung.« Ebd. S. 119.

88 »Diese Haltung der Schlachtenführer, die hinter der Verbrennung die Veränderung sieht, hat mich von jeher ergriffen, als Zeichen hoher Lebensgesundheit, die den blutigen Schnitt nicht scheut. So empfinde ich Vergnügen bei dem Gedanken an das für Chateaubriand so ärgerliche Wort von der consumption forte, vom starken Verzehr, das Napoleon zuweilen in jenen für den Feldherrn untätigen Augenblicken der Schlacht zu murmeln pflegte, in denen alle Reserven auf dem Marsche sind, während die Front unter dem Angriff von Reitergeschwadern und dem Beschuß der vorgezogenen Artillerie wie unter einer Brandung von Stahl und Feuer zerschmilzt. Das sind Worte, die man nicht missen möchte, Fetzen von Selbstgesprächen an Schmelzöfen, die glühen und zittern, während im rauchenden Blute der Geist in die Essenz eines neuen Jahrhunderts überdestilliert.« Ernst Jünger: Das abenteuerliche Herz. Figuren und Capriccios. 2. Fassung. 4. Auflage. 1938/42. S. 78 f. Robert Spaemann vermutet für Maurras, was für Ernst Jünger sicher gilt: »Eine Darstellung des persönlichen Werdeganges Maurras' würde allerdings wahrscheinlich ästhetische Kategorien als die Grundsubstanz seines Denkens aufzeigen müssen.« Robert Spaemann: »Politik zuerst?« Das Schicksal der Action Française. In: Wort und Wahrheit 8 (1953), S. 659. Zu Ernst Jünger vgl. Christian Graf von Krockow: Die Entscheidung. Eine Untersuchung über Ernst Jünger, Carl Schmitt, Martin Heidegger. Stuttgart 1958. S. 115 (Göttinger Abhandlungen zur Soziologie Bd. 3). Über Nietzsches Ästhetizismus und die »Nachbarschaft von Ästhetizismus und Barbarei« vgl. Thomas Mann: Nietzsches Philosophie im Lichte unserer Erfahrung. Berlin 1948. S. 45 ff.

89 Erich Maria Remarque: Im Westen nichts Neues. Berlin 1929.

In der Konservativen Revolution offenbart sich das Dilemma, in das der Konservatismus mit seiner Berufung auf die Religion als die Quelle gesellschaftlicher Bindung notwendig gerät[1]. Der Konservatismus hatte immer schon Religion mit Religiosität, die Überzeugung von der Notwendigkeit eines Glaubens mit diesem selbst verwechselt[2]. Nun, im Verzweiflungsstadium der Konservativen Revolution, reflektiert man dieses Dilemma offen und argumentiert eindeutig mit soziologischen Argumenten, wenn man die Restauration religiöser Kräfte fordert. Allein auf der Grundlage eines neuen religiösen Gefühls könne die völkische und staatliche Gemeinschaft wiedergewonnen werden: »Wenn die abendländische Menschheit wirklich an der Wende einer neuen Zeit steht, wenn neue Wertmaßstäbe und neues Lebensgefühl im Wachsen sind, so wird wahrhafte Neugestaltung des Gemeinschaftslebens nur auf einer religiösen Grundlage möglich sein, die heute ehrfürchtig erahnt, aber nicht im einzelnen bestimmt werden kann ... Die Zukunft der Deutschen hängt von der Inbrunst ab, mit welcher sie religiös-geistiges Leben in den Mittelpunkt ihres Seins stellen.«[3] Wilhelm Schäfer spricht emphatisch von »der Gestaltwerdung Gottes in einem Volk«. Diese Gestaltwerdung aber sei eine Leistung des Volkes selber, das auf diese Weise zu sich selbst komme[4]. Volk erscheint auf diese Weise

1 Vgl. grundsätzlich oben S. 85 ff.

2 »Unser Unglück besteht darin, ... daß wir Religiosität, das heißt die mehr oder minder starke Sehnsucht nach Religion, mit Religion, das heißt, einer objektiven, nicht herbeigewünschten, sondern uns haltenden und bindenden, unsern Willen unter Umständen brechenden, jedenfalls ihm Richtung gebenden, nicht nach dem Zeitgeiste sich modelnden, sondern den Zeitgeist neu gebärenden Macht verwechseln.« Paul de Lagarde: Über das Verhältnis des deutschen Staates zu Theologie, Kirche und Religion. In: derselbe: Deutsche Schriften. Hrsg. von Karl August Fischer. 2. Auflage. München 1934. S. 89 (Paul de Lagarde: Schriften für das deutsche Volk Bd. 1).

3 Edgar J. Jung: Die Herrschaft der Minderwertigen, ihr Zerfall und ihre Ablösung durch ein Neues Reich. 2. Auflage. Berlin 1930. S. 65.

4 Wilhelm Schäfer: Der deutsche Gott. Fünf Briefe an mein Volk. München 1923. S. 12.

selber als »die stärkste metaphysische Gebundenheit des Einzelmenschen«[5].

In seiner damals (1933) berühmten Schrift ›Der totale Staat‹ formuliert Ernst Forsthoff in bezug auf die Schöpfung einer neuen Religion als Grundlage völkischer Homogenität noch zurückhaltend: »Und da sich Weltanschauungen nicht züchten lassen, sondern wachsen müssen, kann auch an dieser Stelle nicht programmatisch umschrieben werden, welche besondere Weltanschauung dem heutigen Staate als ihm gemäß zugeordnet ist. Trotzdem aber kann der Staat nicht darauf verzichten, eine unmittelbare Beziehung zur Metaphysik und zur Weltanschauung überhaupt zu haben und im Rahmen seiner Möglichkeiten ... missionarisch für die Erweckung einer neuen, metaphysisch fundierten Staatsgesinnung tätig zu sein ...«[6] Dennoch zeigt sich in diesen Sätzen die Dialektik von Wachsen und Machen auf eindrückliche Weise. In seinem revolutionären Stadium kann der Konservatismus nicht darauf warten, daß Weltanschauung und Volk ›wachsen‹, sondern beide müssen ›geschaffen‹ werden. Hans Freyer wendet sich unter diesem Gesichtspunkt sogar gegen die Vorstellung des Volkes als gewachsener Organismus: »Volkwerdung ist kein Wachstum, sondern ein geschichtliches Werk, das der Krise der industriellen Gesellschaft und der liberalen Demokratie abgerungen werden mußte.«[7] In seiner Schrift ›Der Staat und die Philosophie‹ (1935) hat Arnold Gehlen die Positionen Forsthoffs und Freyers dergestalt verbunden, daß er der Philosophie (als Lebensphilosophie) eine Art Geburtshelferrolle bei dem Akt der Volkwerdung zuwies[8].

Die gewünschte Einheit von Volk und Religion wurde schon in

5 Jung: Herrschaft S. 118 (s. oben Anm. 3).

6 Ernst Forsthoff: Der totale Staat. Hamburg 1933. S. 32.

7 Hans Freyer: Gegenwartsaufgaben der deutschen Soziologie. In: Zeitschrift für die gesamte Staatswissenschaft 95 (1935), S. 141.

8 »Nicht nur ist das Volk und die konkrete Daseinsordnung, die es sich gibt, in der es sich ebensowohl ausdrückt wie selbst erst hervorbringt, der zentrale Ansatzpunkt derjenigen philosophischen Bemühung, die die Zusammenhänge des Daseienden in ihren Brennpunkten fassen will – auch die höheren existentiellen Erfahrungen, die eine Philosophie beleben müssen, können heute nicht unpolitisch sein, so wenig sie etwa im 13. Jahrhundert religiös indifferent sein konnten.« Arnold Gehlen: Der Staat und die Philosophie. Leipzig 1935. S. 26 (Wissenschaft und Zeitgeist 3).

der Romantik in dem Begriff des Mythos gesucht. Der Mythos ermöglicht dem Volk seine Verankerung im Göttlichen wie Naturhaft-Urgeschichtlichem [9]. Arnold Gehlen begreift Mythen als »geschichtsbildende Taten, die weder in die Praxis des Tages noch in die Theorie des Gedanklichen aufzuteilen sind, sondern die wirksamer und größer sind als diese Unterscheidung« [10]. Der Mythosbegriff setzt »ein überwältigendes Gefühl vom Dasein und Wert des Vergangenen« voraus [11]. Das Volk knüpft über den Mythos »unmittelbar an das Ewige an. Das Volk ist die Natur noch einmal, gleichsam auf höherer Stufe: es ist nicht ein Stück der natura naturata, sondern stammt, als zweite Natur, aus der ewigen Quelle selbst.« [12]

In dem Maße, wie durch Inflation und Arbeitslosigkeit das soziale und ökonomische System Deutschlands von Zusammenbruch bedroht war und weder von der Homogenität des Volkes noch von der Kraft irgendeiner Religion etwas zu spüren war [13], versuchte die Konservative Revolution, ein ganzheitliches Gefüge der politisch-religiösen Wirklichkeit wiederzugewinnen [14]. Hier wird das Dilemma des Konservatismus unübersehbar. In dem Augenblick, in dem die geschichtliche Lage prekär wird, appelliert man an den Mut zum

9 Vgl. Hubert Becher S. J.: Die Romantik als totale Bewegung. In: Scholastik. Vierteljahresschrift für Theologie und Philosophie 20–24 (1949), S. 204. – Zum politischen Begriff des Mythos vgl. Ernst Cassirer: Vom Mythus des Staates. Zürich 1949 (Erasmus-Bibliothek 5); ferner: Symphilosophein. Bericht über den Dritten Deutschen Kongreß für Philosophie, Bremen 1950. Hrsg. von Helmuth Plessner. München 1952.

10 Arnold Gehlen: Rede über Fichte. In: Zeitschrift für die gesamte Staatswissenschaft 98 (1938), S. 210.

11 Alfred Baeumler in seiner Einleitung zu: Johann Jakob Bachofen: Der Mythus von Orient und Occident. Ausgew. von Manfred Schroeter. München 1926. S. CIII.

12 Ebd. S. CXXI.

13 Vgl. Cassirer: Mythus S. 361 (s. oben Anm. 9): »Er erreicht seine volle Kraft, wenn der Mensch einer ungewöhnlichen und gefährlichen Situation begegnen muß.«

14 »Was mit unserer Volkwerdung entsteht, ist nicht nur ein politisches Gebilde im engeren Sinne des Wortes, sondern – zum erstenmal seit dem Verlust geschlossener Weltbildlichkeit – eine ›Welt‹, die wieder Kosmos ist: ganzheitliches und einheitliches Gefüge unserer Wirklichkeit.« Franz Böhm: Anti-Cartesianismus. Deutsche Philosophie im Widerstand. Leipzig 1938. S. 232.

Mythos als dem schlechthin Ungeschichtlichen. »Jede *Kraft*, die Geschichte wirken will, ist ungeschichtlich, unmittelbar, ursprünglich.«[15] Die scheinbar geschichtliche Berufung auf ›das Germanentum‹[16] ist deshalb in Wahrheit nicht historisch gemeint, sondern bedeutet gerade die Absage an jede geschichtliche Argumentation, wie überhaupt die Erneuerung des mythischen Denkens »nicht so sehr bei den eigens zum Zweck des Rückfalls ersonnenen nationalistischen, heidnischen und sonstigen modernen Mythologien zu suchen ist, sondern bei der in Furcht vor der Wahrheit erstarrenden Aufklärung selbst«[17].

Die Mythosbesessenheit der Konservativen Revolution trägt alle Zeichen einer Religion des Als-ob[18]. Hielt der Konservatismus im 19. Jahrhundert die Notwendigkeit des Glaubens für wichtiger als Inhalte, die man glauben solle, so will auch der konservative Revolutionär den Nihilismus durch Glaubensneuschöpfungen überwinden[19]. Das Dilemma, »nicht zu glauben, was man glaubt«[20], wird aber nur desto sichtbarer. Edgar J. Jung fragt: »Aber ist Wille zum

---

15 Ebd. S. 247. Arnold Gehlen zieht aus dieser Position die Konsequenz für den totalen Krieg: »Kommt aber über uns die Macht des Auslandes, so tritt der göttliche Widerstand ein, der Krieg wird ein heiliger Krieg, weil es nicht um Besitz und Einfluß geht, sondern um die Existenz des Urvolkes selbst, also um die Natur.« Gehlen: Fichte S. 214 (s. oben Anm. 10).

16 S. unten S. 289.

17 Max Horkheimer und Theodor W. Adorno: Dialektik der Aufklärung. Philosophische Fragmente. (1944). Neudruck Lichtenstein 1955. S. 8. Vgl. auch Gerhard Krüger: Abendländische Humanität. Zwei Kapitel über das Verhältnis von Humanität, Antike und Christentum. Stuttgart 1953.

18 »Während der echte religiöse Mythos das Symbol ist für das im religiösen Akt gemeinte unbedingte Reale, die Wirklichkeit Gottes, ist der Sorelsche Mythos nur eine Religion des ›Als Ob‹.« Hermann Heller: Europa und der Fascismus. Zitiert nach Siegfried Marck: Der Neuhumanismus als politische Philosophie. Zürich 1938. S. 30.

19 Dabei kommt es, wie Paul Tillich schon gesehen hat, mehr »auf das Entspringen und nicht auf das Ursprüngliche« an. Paul Tillich: Die sozialistische Entscheidung. In: derselbe: Christentum und soziale Gestaltung. Frühe Schriften zum Religiösen Sozialismus. Hrsg. von Renate Albrecht. Stuttgart 1962. S. 249 (Gesammelte Werke Bd. 2).

20 Ein Ausdruck von Charles Péguy, zitiert nach: Robert Spaemann: Der Ursprung der Soziologie aus dem Geist der Restauration. Studien über L. G. A. de Bonald. München 1959. S. 186.

Glauben nicht schon Glauben selbst?«[21] und beweist damit nur die sich schon in der Umdeutung des Kampfes, des Opfers, der Entscheidung offenbarende Ratlosigkeit. Man interessiert sich immer weniger für die Reflexion der theologisch-philosophischen Problematik[22], sondern erwägt statt dessen allein die politische Seite des Problems: »Den kommenden Führern der deutschen Seele wird die Politik zugleich Religion sein...«[23] Von diesem Satz ist es nicht weit bis zu der Vorstellung Carl Schmitts, nur im wirklichen Krieg

21 Jung: Herrschaft S. 88 (s. oben Anm. 3).

22 Georg Lukács hat gezeigt, daß das Religiös-Werden des Atheismus mit der zunehmenden Dekadenz des Bürgertums und seiner Ideologie »immer mehr zu einem Aufgeben eines jeden kritischen Standpunkts in Weltanschauungsfragen« geführt hat. Georg Lukács: Die Zerstörung der Vernunft. Neuwied am Rhein/Berlin-Spandau 1962. S. 261 (Werke Bd. 9). Der religiöse Atheismus führt zum Religionsersatz für jene, die an dogmatische Religionen nicht mehr zu glauben imstande sind, ebd. S. 192, 259. Zur atheistischen Katholizität Charles Maurras' vgl. Waldemar Gurian: Die politischen und sozialen Ideen des französischen Katholizismus. München-Gladbach 1929. S. 304 ff. Symptomatisch sind die folgenden Sätze Otto Weiningers: »Glaube aber ist alles. Mag ein Mensch an Gott glauben oder nicht, es kommt nicht alles darauf an; wenn er nur wenigstens an den Atheismus glaubt.« Otto Weininger: Geschlecht und Charakter. Eine prinzipielle Untersuchung. 10. Auflage. Wien und Leipzig 1908. S. 437. – Wie wenig die konservativ-revolutionäre Rede vom Mythos sich mit christlichen Vorstellungen verträgt, sagt Alfred de Quervain deutlich: »Subjekt des Glaubens ist nicht das Volk, sondern der einzelne, als Glied der Gemeinde, freilich der konkrete, geschichtliche, durch sein Volk bestimmte Mensch. Erwählt ist nicht das Volk, sondern dieser einzelne, und zwar wiederum als Glied der Gemeinde. Sünder ist dieser einzelne, nicht das Volksglied; er empfängt Vergebung. Mit Gott versöhnt ist der einzelne, nicht das Volk. Einheit, Versöhnung, Erwählung sind Kategorien der Kirche. Von ihnen spricht die Kirche; außerhalb der Kirche, außerhalb des Leibes Christi sind sie ihres Sinnes entleert. Sie weisen auf Christus hin (Galater 3,26–29, Epheser 2, 11–22, Epheser 1).« Alfred de Quervain: Die theologischen Voraussetzungen der Politik. Grundlinien einer politischen Theologie. Berlin 1931. S. 153. Vgl. auch Gerhard Szczesny: Die Zukunft des Unglaubens. Zeitgemäße Betrachtungen eines Nichtchristen. München 1958. S. 47 ff. Vgl. auch die soziologische Analyse bei Helmuth Plessner: Die verspätete Nation. Über die politische Verführbarkeit bürgerlichen Geistes. Stuttgart 1959. S. 130 ff. Eine gescheite Kritik an der Mythoskritik (»Lehrformeln«) von Ernst Topitsch: Vom Ursprung und Ende der Metaphysik. Eine Studie zur Weltanschauungskritik. Wien 1958, verbindet Jürgen Habermas mit der Kritik an Walter Brökers These, Philosophie könne heute nur noch als Mythos wieder lebendig werden. Jürgen Habermas: Der befremdliche Mythos: Reduktion oder Evokation? In: Philosophische Rundschau 6 (1958), S. 215 ff.

entstehe ein Mythos [24]. <u>Aus der Religion, deren politisch-integrierende Wirkung der Konservatismus des 19. Jahrhunderts wiederherstellen wollte, wird im 20. mit Notwendigkeit der Mythos der
Gewalt</u> [25].

Das Dilemma der konservativ-revolutionären Mythoserwartung
zeigt sich nicht zuletzt in der dialektischen Abhängigkeit von den
utopischen Entwürfen des rationalistischen Gegners. Karl Mannheim hat deshalb das konservative Denken zu Recht dem utopischen
Bewußtsein zugeordnet [26]. Der Ursprungsmythos soll aus der historischen Misere durch schöpferischen Impuls befreien [27]. Der Rückgriff auf den Mythos ist aber durch das Christentum jeder christlichen oder nachchristlichen Epoche versagt [28]. Hier zeigt sich die

23 Paul Krannhals: Das organische Weltbild. Grundlagen einer neuentstehenden deutschen Kultur. (1928). Neuausgabe München 1936. Bd. 1. S. 185.

24 Carl Schmitt: Politische Romantik. 2. Auflage. München und Leipzig 1925.
S. 225.

25 Für Sorel, dessen Lehre hier zugrunde liegt, siehe vor allem: Michael
Freund: Georges Sorel. Der revolutionäre Konservatismus. Frankfurt a. M. 1932,
und Hans Barth: Masse und Mythos. Die ideologische Krise an der Wende zum
20. Jahrhundert und die Theorie der Gewalt: Georges Sorel. Hamburg 1959
(rowohlts deutsche enzyklopädie 88).

26 Karl Mannheim: Ideologie und Utopie. 3. verm. Auflage. Frankfurt a. M.
1952. S. 199 ff.

27 »Der echte Ursprungs-Mythos aber verdankt seine Ehrwürdigkeit der Tatsache, daß er den schöpferischen Impuls verherrlicht, der eine geschichtliche Bewegung ins Leben rief.« Marck: Neuhumanismus S. 17 (s. oben Anm. 18). Vgl.
auch Robert Michels: Der Patriotismus. Prolegomena zu seiner soziologischen Analyse. München und Leipzig 1929, dessen erstes Kapitel: »Der Mythos des Vaterlandes« sich in die beiden Abschnitte: »Der Mythos des Woher (Ursprung)« und
»Der Mythos des Wohin (Mission)« gliedert, ebd. S. 12 ff.

28 »Es zeigt sich nämlich, daß ein nachchristliches Heidentum grundsätzlich
anders ist als ein vorchristliches. Das vorchristliche Heidentum kennt echte Götter,
an die man glaubt. Man denke an die Welt Homers, man denke an Äschylos und
in etwa auch noch an Sophokles. Wer aber durch jene Entmächtigung hindurch-
gegangen ist, die Christus an den Göttern vollzogen hat – sei es auch nur so, daß
er einer Kultur angehört, die mit jenem christlichen Wissen gesättigt war oder
ist –, der steht in einer entgötterten Welt und kann nicht zu jener frühen mythischen Kindlichkeit zurück, die vom Olymp und seinen seligen Göttern wußte.«
Helmut Thielicke: Der Nihilismus. Entstehung, Wesen, Überwindung. Tübingen
1950. S. 108. Lagarde versuchte dennoch, den Mythos einer germanischen Rasse
mit der Idee der Kirche zusammenzubringen: »Ich wende mich zu der germanischen Naturanlage, welche in der Kirche der Zukunft sich geltend machen muß.«
Lagarde: Deutsche Schriften S. 274 (s. oben Anm. 2).

alte Dialektik von Wachsen und Machen in ihrer schärfsten Form: Mythen lassen sich nicht machen, man kann sie auch nicht ›wachsen lassen‹. Utopien dagegen werden im Blick auf eine zukünftig herzustellende gesellschaftliche Formierung entworfen.

Die Dialektik von Utopie und Mythos ist übrigens in Kreisen der Konservativen Revolution teilweise durchschaut worden. So sagt Ernst Jünger in ›Heliopolis‹, wo man den Mythos verloren habe, bleibe einem nur die Utopie, »d. h. ein verklärtes Ziel- und Zweckbild, dessen ich bedarf und das ich wie ein Modell meines Gestaltens errichte. Die Utopie ist also die künstliche Nachbildung des Mythos, sozusagen der synthetische Mythos.«[29] Die Rede vom Mythos ist der hilflose Versuch, auf rationale Weise zu irrationalen Quellen zurückzukehren[30]. In diesem Versuch zeigt sich das Dilemma des deutschen Konservatismus wie sonst an keinem Punkte. Im Unterschied zu allen anderen europäischen konservativen Bewegungen hat sich der deutsche Konservatismus von Geschichte und Überlieferung so weit entfernt, daß ihm nichts anderes übrigblieb, als im Mythos, dieser längst entschwundenen Einheit von gesellschaftlicher Institution und naturwüchsiger Religion, seine Zuflucht zu suchen. Die Hoffnung, aus der erinnernden Vergegenwärtigung mythischer Urgewalten Kraft zu schöpfen für eine neue Zukunft, die zugleich das alte Wahre ans Licht bringen werde, hat sich nicht erfüllt. Der Mythos der Volksgemeinschaft wurde von den Nationalsozialisten in den Dienst einer totalitären Herrschaftsapparatur gestellt, und der Mythos der Führung verführte ein ganzes Volk, einem zwar skrupellosen, im Menschlichen aber klein dimensionierten Eroberer zu folgen[31].

29 Zitiert nach Thielicke: Nihilismus S. 109 (s. oben Anm. 28).

30 Karl R. Popper: Falsche Propheten. Hegel, Marx und die Folgen. Bern 1958. S. 302 ff. (Karl R. Popper: Die offene Gesellschaft und ihre Feinde, Bd. 2. Sammlung Dalp Bd. 85).

31 Karl Popper hat unmißverständlich ausgesprochen, was auch heute noch im Blick auf jede Versuchung mythischen Denkens gilt: »Ich habe zu zeigen versucht, daß die Wahl, vor der wir stehen, eine Wahl ist zwischen einem Glauben an die Vernunft und an menschliche Individuen und einem Glauben an die mystischen Fähigkeiten des Menschen, die ihn zum Bestandteil eines Kollektivs machen; und daß diese Wahl zur gleichen Zeit die Wahl ist zwischen einer Einstellung, die die Einheit aller Menschen anerkennt, und einer Einstellung, die die Menschen in Freunde und Feinde, in Herren und Sklaven einteilt.« Ebd. S. 304. Vgl. auch

In der konservativ-revolutionären Volksideologie treffen verschiedene Topoi zusammen: das Interesse an gesellschaftlicher Homogenität, ›Politische Theologie‹, der Mythosgedanke, auch die konservative Kriegsphilosophie. Die Verspätung der nationalen Selbstfindung soll durch den Rückgriff auf ein naturhaftes Verständnis von Volk ausgeglichen werden [32]. Volk soll vor allem Tradition in einem substantiellen Sinne garantieren, in dem Sinn und Wert der Herkunft durch die bloße Existenz des Volkes manifest zu sein scheinen. Volk ist deshalb dem Konservativen nicht Zielgemeinschaft, sondern Herkunftsgemeinschaft. In scharfer Antithese gegen das liberal-demokratische Volksverständnis [33] definiert Adam Müller: »... ein Volk ist die erhabene Gemeinschaft einer langen Reihe von vergangenen, jetzt lebenden und noch kommenden Geschlechtern, die alle in einem großen innigen Verbande zu Leben und Tod zusammenhangen, von denen jedes einzelne, und in jedem einzelnen Geschlechte wieder jedes einzelne menschliche Individuum, den gemeinsamen Bund verbürgt, und mit seiner gesamten Existenz wieder von ihm verbürgt *wird*; welche schöne und unsterbliche Gemeinschaft sich den Augen und den Sinnen darstellt in gemeinschaftlicher Sprache, in gemeinschaftlichen Sitten und Gesetzen, in tausend segensreichen Instituten...«[34] Anstelle des Versuchs einer ›Allgemeinen Staatslehre‹ nach rationalem Konzept hat der deutsche Konservatismus sich stets auf die Kraft nationaler Tradition berufen [35]. Das Wort Deutschheit kommt schon gegen Ende des 18. Jahrhun-

Poppers »conspiracy theory of society«, in: Karl R. Popper: Towards a rational theory of tradition. In: The Rationalist annual for the year 1949. Ed. by Frederick Watts. London 1949. S. 40.

32 Vgl. Helmuth Plessner: Die verspätete Nation. Über die politische Verführbarkeit bürgerlichen Geistes. Stuttgart 1959; Kurt Sontheimer: Antidemokratisches Denken in der Weimarer Republik. Die politischen Ideen des deutschen Nationalismus zwischen 1918 und 1933. Studienausgabe. München 1968. S. 244 f.

33 »Auf die Frage: ›was ist das Volk?‹ antworten sie: das Bündel ephemerer Wesen mit Köpfen, zwei Händen und zwei Füßen, welches in diesem Einen, gegenwärtigen, armseligen Augenblick auf der Erdfläche, die man Frankreich nennt, mit allen äußeren Symptomen des Lebens neben einander steht, sitzt, liegt...« Adam Müller: Die Elemente der Staatskunst. Hrsg. von Jakob Baxa. Bd. 1. Jena 1922. S. 145 (Die Herdflamme. Hrsg. von Othmar Spann. Bd. 1, 1).

34 Ebd. S. 145 f.
35 Ebd. S. 65.

derts auf [36], und der Weg zur deutschen Kulturnation wurde von Herder mit seiner folgenschweren Gleichsetzung des Humanitätsideals mit dem Ideal angeblich deutscher Grundeigenschaften beschritten [37]. Die Verehrung alles dessen, was in Wahrheit deutsch sei, reicht denn auch von Justus Möser bis in die Gegenwart [38]. Im Zuge dieser deutschen Bewegung galt Savigny der Staat als die leibliche Gestalt der Volksgemeinschaft [39].

Friedrich Meinecke hat darauf hingewiesen, daß der konservative Nationalstaatsgedanke auf die Forderung verzichtete, die Kulturnation politisch zusammenzufassen [40]. Es sei nicht erlaubt, deutsche Provinzen, welche lange Zeit vertragsmäßig nichtdeutschen Fürsten gehört haben, unter dem Vorgeben zu annektieren, deutsche Erde dürfe kein fremdes Joch tragen, war die Meinung des konservativen Wochenblattes [41]. Dennoch sah auch der konservative Nationalismus die Kulturnation als den fruchtbaren Mutterboden an, aus dem die politischen Gebilde erwachsen und das deutsche Wesen seine Gestalt empfangen solle. Erst später, nachdem dieser konservative Nationalismus im Kampf gegen Bismarck unterlag und die Wilhelminische Reichsidee an Boden gewann [42], hat sich der deutsche Kon-

36 Paul Joachimsen: Vom deutschen Volk zum deutschen Staat. Eine Geschichte des deutschen Nationalbewußtseins. Bearb. von Joachim Leuschner, Göttingen 1956. S. 40 (Kleine Vandenhoeck-Reihe 24/25). Vgl. auch Harry Pross (Hrsg.): Die Zerstörung der deutschen Politik, Dokumente 1871–1933. Frankfurt a. M. 1959. S. 264 ff. (Fischer Bücherei Bd. 264).

37 Joachimsen: ebd. S. 37; Friedrich Meinecke: Weltbürgertum und Nationalstaat. Hrsg. von Hans Herzfeld. München 1962. S. 39, 66, 73, 77 f., 216 ff., 262 (Werke Bd. 5); Hermann U. Kantorowicz: Volksgeist und historische Rechtsschule. In: Historische Zeitschrift 108 (1912), S. 295 ff.; Erich Rothacker: Einleitung in die Geisteswissenschaften. 2. Auflage. Tübingen 1930. S. 82 ff.: Max Hildebert Boehm: Das eigenständige Volk. Grundlegung der Elemente einer europäischen Völkersoziologie. (1932). Neuausgabe Darmstadt 1965; Plessner: Die verspätete Nation S. 47 ff. (s. oben Anm. 32); Hans Kohn: Die Idee des Nationalismus. Ursprung und Geschichte bis zur Französischen Revolution. Frankfurt a. M. 1962. S. 309 ff.

38 Vgl. Julien Benda: La trahison des clercs. Paris 1927. S. 71.

39 Erich Kaufmann: Über den Begriff des Organismus in der Staatslehre des 19. Jahrhunderts. Ein Vortrag. Heidelberg 1908. S. 12.

40 Meinecke: Weltbürgertum S. 213 ff. (s. oben Anm. 37).

41 Ebd. S. 217 f.

42 Zur Hinwendung des preußischen Konservatismus zum Nationalismus vgl.

servatismus in das Fahrwasser der bisher vom Liberalismus vertretenen Reichsidee manövrieren lassen, bis einige völkische Ideologen der Konservativen Revolution sogar die Wiederherstellung der Grenzen des mittelalterlichen Reiches forderten[43].

Wichtig für das Verständnis der konservativen Volksauffassung ist die theologische Komponente. Hatte der Konservatismus im Volk anfänglich den angemessenen Adressaten der Religion gesehen, so wird das Volk schon im 19. Jahrhundert immer mehr zum Quell der Religion, bis es im 20. Jahrhundert an die Stelle Gottes rückt. Man sprach dem Volk metaphysische Qualität zu und verstand es als »eine mythische Persönlichkeit von eigentümlichstem Gepräge«[44]. Die offene Erhebung des Volkes zur Heiligkeit durch den Nationalsozialismus[45] bildete den Schlußpunkt dieser Entwicklung.

Wie die Lebensphilosophie in Deutschland versuchte, mangelnde historische Kontinuität durch den Rückgriff auf Vitalität zu ersetzen, versuchte die konservative Volksideologie über den Mythosbegriff, in der Vorzeit jenen nahtlosen Übergang von Naturgeschichte in Menschengeschichte zu entdecken, der das ontologische Bedürfnis konservativer Traditionsphilosophie rechtfertigen und zugleich das politische Homogenitätsdefizit der Weimarer Staatsgesellschaft abdecken sollte. Alle Geschichtsbrüche werden auf diese Weise übersprungen, und das Hakenkreuzsymbol bezeichnet nicht zufällig das Ende dieses verzweifelten Versuches, mangelnde geschichtliche Tradition durch vorgeschichtliche Spekulationen zu ersetzen[46].

Das Volk wird nach konservativ-revolutionärem Verständnis somit ebenso als natürliche wie als historische, dazu als mystische Ein-

Gerhard Ritter: Die preußischen Konservativen und Bismarcks deutsche Politik 1858 bis 1876. Heidelberg 1913 (Heidelberger Abhandlungen H. 43).

43 Vgl. Sontheimer: Antidemokratisches Denken S. 241 ff., 244 ff. (s. oben Anm. 32).

44 Thomas Mann: Betrachtungen eines Unpolitischen. Berlin 1918. S. 232.

45 Otto Heinrich von der Gablentz: Die Krisis der säkularen Religionen. In: Kosmos und Ekklesia. Festschrift für Wilhelm Stählin. Kassel 1953. S. 251.

46 »Das Hakenkreuzsymbol des sich drehenden Sonnenrades ist kein eigentlich geschichtliches, sondern ein vorgeschichtliches, kosmogonisches Wahrzeichen!« Hans Joachim Schoeps: Die letzten dreißig Jahre. Rückblicke. Stuttgart 1956. S. 94.

heit aufgefaßt [47]. Der Nationalismus der Konservativen Revolution nimmt (wo er reflektiert ist), die dialektische Voraussetzung, nämlich die Einsicht und das Eingeständnis geschichtlicher Brüche, mit in das neue Nationalbewußtsein auf. »Aber Zeit und Geschichte haben diesem Staate ein Ende bereitet. Nur die Nation ist geblieben: Und nur aus ihr kann das neue Mysterium der Vaterlandsliebe kommen.«[48] Die sich in solchen Sätzen verbergende Unsicherheit findet ihre dialektische Kehrseite in einer maßlosen Übersteigerung des Nationalstolzes auf der einen und des Machtgedankens auf der anderen Seite. Der deutsche Konservatismus hat auf diese Weise eine Schwenkung vollzogen, wie sie paradoxer kein Konservatismus in anderen Ländern sich geleistet hat. Denn »Macht um der Macht willen, in der inneren Politik als Klassenkampf, in der äußeren Politik als Verabsolutierung des Selbstbestimmungsrechts der Völker, – das war es ja gerade, was die Romantik der Revolution zum Vorwurf gemacht hatte«[49]. Wohl die schlimmsten Belegstellen für die konservativ-revolutionäre Übersteigerung des Nationalbewußtseins liefert das Buch ›Händler und Helden‹ von Werner Sombart, in dem sich diese Sätze finden: »So sollen auch wir Deutsche in unserer Zeit durch die Welt gehen, stolz, erhobenen Hauptes, in dem sicheren Gefühl, das Gottesvolk zu sein. So wie des Deutschen Vogel, der Aar, hoch über allem Getier dieser Erde schwebt, so soll der Deutsche sich erhaben fühlen über alles Gevölk, das ihn umgibt, und das er unter sich in grenzenloser Tiefe erblickt.«[50]

47 Vgl. Baeumler: Einleitung zu Bachofen S. CXX (s. oben Anm. 11). Zum Nationalismus der deutschen Romantik vgl. Edmond Vermeil: Deutsche Romantik und Nationalismus. In: Europa und der Nationalismus. Bericht über das dritte internationale Historiker-Treffen in Speyer, 17. bis 20. Oktober 1949. Baden-Baden 1950. S. 67 ff.

48 Arthur Moeller van den Bruck: Das dritte Reich. Hrsg. von Hans Schwarz. 3. Auflage. Hamburg 1931. S. 234.

49 Peter Richard Rohden: Die politische Gedankenwelt der Neuzeit in ihren weltanschaulichen Grundlagen. In: Archiv für Politik und Geschichte 3 (1924), S. 350 (= 2. Jahr, 2. Teil).

50 Werner Sombart: Händler und Helden. Patriotische Besinnungen. München und Leipzig 1915. S. 143. Und in wirklicher Verblendung: »Im Grunde brauchen wir Deutsche in geistig-kultureller Hinsicht niemand. Kein Volk der Erde kann uns auf dem Gebiete der Wissenschaft, der Technologie, der Kunst oder der Literatur irgend etwas Nennenswertes geben, das zu entbehren für uns schmerzlich wä-

Der militant-aggressive Charakter dieses Nationalismus entspringt natürlich nicht, wie der konservative Revolutionär gern annahm und unter Berufung auf ›das Germanentum‹ behauptete, einer Erbanlage des ›deutschen Menschen‹, sondern dem geschichtlichen Umstand, daß die tiefste bis dahin erlebte politische Demütigung Deutschlands, die große Katastrophe von 1803–1812, diesen Nationalismus plötzlich hervorbrachte, wie es überhaupt Kriegserlebnisse waren, die dem deutschen Volk zu politischem Selbstbewußtsein, dem deutschen Nationalbewußtsein gleichzeitig aber zu einem militanten Zug verhalfen[51]. Die Berufung auf die Germanen ist fast nie historisch, sondern stets im Sinne mythischen ›Uranfangs‹ gemeint. Der Rückgriff auf die germanische Frühzeit leistet dem Konservativen beides: Herkunftsbewußtsein aus mythischer Vorzeit[52] und zugleich die Vorstellung eines jungen Volkes[53]. Die Kultur der romanisch orientierten westeuropäischen Länder gilt dem deutschen Konservativen für alt, wogegen ihm die germanische Welt als elementar, ja im bejahten Sinne als ›barbarisch‹ erscheint[54]. Die Ver-

re. Besinnen wir uns doch auf den unerschöpflichen Reichtum des deutschen Wesens, das alles in sich schließt, was menschliche Kultur an wirklichen Werten zu erzeugen vermag. Man braucht kein Deutschfex zu sein, um das einzusehen.« Ebd. S. 135.

51 Vgl. Gerhard Ritter: Europa und die deutsche Frage. München 1948. S. 57, 63; Fritz Valjavec: Die Entstehung der politischen Strömungen in Deutschland 1770-1815. München 1951. S. 328 ff.

52 »Der erste Mythos ist der vom deutschen Volke, von seiner Mission und vom göttlichen Widerstand.« Gehlen: Fichte S. 213 (s. oben Anm. 10).

53 »... so kann ich an unserm germanischen Völkerstamm bis jetzt wenigstens noch gar keine deutliche Spur von alterndem Verfall wahrnehmen, man müßte denn einige Erscheinungen bei dem in seinem alten Gebirgszustande seit Jahrhunderten fixierten Schweizervolk, oder dem im Welthandel ergrauten holländischen See- und Küstenlande dahin deuten wollen; denn England gehört nur zur Hälfte dem germanischen Stamm an, dem größeren Teile aber und dem vorherrschenden Charakter seiner jetzigen innern Beschaffenheit nach, muß es mehr zur romanischen Abteilung gezählt werden.« Friedrich Schlegel: Signatur des Zeitalters. Teil 1 (Concordia, Wien 1823). In derselbe: Studien zur Geschichte und Politik. Kritische Ausgabe, hrsg. von Ernst Behler u. a. Bd. 7. München/Paderborn/Wien/Zürich 1966. S. 504.

54 Niekisch rät denn auch dem deutschen Volk zu neuerlichem Mut zu diesem angestammten Barbarentum. Ernst Niekisch: Entscheidung. Berlin 1930. S. 100. Vgl. dazu kritisch Alois Dempf: Kritik der historischen Vernunft. München 1957. S. 173.

herrlichung des Cherusker-Fürsten Arminius begann bereits mit Klopstock, und auch Justus Möser hat sich in seiner Jugend an einem Arminius-Drama versucht [55]. In welche Widersprüche der Konservatismus mit seiner Berufung auf so weit zurückliegende Epochen der ›deutschen Geschichte‹ geriet, zeigt Friedrich Hielscher, wenn er in seiner Rekonstruktion der deutschen Geschichte Karl den Großen als »Sachsenschlächter« und »Römling« verunglimpft [56].

---

55 Vgl. Ernst Rudolf Huber: Lessing, Klopstock, Möser und die Wendung vom aufgeklärten zum historisch-individuellen Volksbegriff. In: Zeitschrift für die gesamte Staatswissenschaft 104 (1944), S. 124.

56 Ernst Robert Curtius: Deutscher Geist in Gefahr. Stuttgart/Berlin 1932. S. 24.

XV. Konservatismus und Nationalsozialismus

So wenig eine Beschäftigung mit dem deutschen Konservatismus der Frage ausweichen kann, ob die konservative Ideologie den Nationalsozialismus verschuldet oder doch verursacht habe [1], so schwierig ist es, auf diese Frage eindeutig zu antworten. Leugnen die einen jeden Zusammenhang zwischen Nationalsozialismus und Konservatismus [2], so sehen andere im Nationalsozialismus die direkte Fortsetzung konservativer Ideen und verweisen darauf, daß es Hitler am sogenannten ›Tag von Potsdam‹ gelang, eine ganze Reihe von Konservativen zu täuschen, so daß dieser Tag manchem bedeutete, was er seinem Anspruch nach sein sollte: »die Vermählung... zwischen den Symbolen der alten Größe und der jungen Kraft« [3], oder, wie es im Flaggenerlaß Hindenburgs hieß: die Verbindung der »ruhmreichen Vergangenheit des Deutschen Reiches und der kraftvollen Wiedergeburt der deutschen Nation« [4]. Dagegen werten andere, und nicht zuletzt heutige Konservative selbst, Hitler und seine Bewegung als die letzte Konsequenz des politischen Rationalismus und legen auf diese Weise die Gaskammern von Auschwitz der Aufklärung, nicht der Gegenaufklärung zur Last [5]. Wieder andere meinen, der

1 Vgl. auch oben S. 19 ff.

2 »Die meisten Gruppen der Rechten wurden vom Totalitarismus der rechtsradikalen Bewegung aufgesogen, Restbestände der konservativen Gedankenwelt wurden umgedeutet und eingeschmolzen in eine ›Weltanschauung‹, die mit Konservativismus nicht das geringste zu tun hatte.« Hans Schuster: Konservativ in unserer Zeit. In: Merkur 13 (1959), S. 79. Ebenso Hans-Joachim Schwierskott: »Das Gewissen«. In: Lebendiger Geist. Festschrift für Hans Joachim Schoeps. Hrsg. von Hellmut Diwald. Leyden/Köln 1959. S. 168, Anm. 25.

3 Adolf Hitler: Rede am 21. 3. 1933. Zitiert nach Max Domarus: Hitler. Reden und Proklamationen 1932–1945. Würzburg 1962. Bd. 1: Triumph (1932 bis 1938). S. 227.

4 Kundgebung des Reichspräsidenten vom 12. 3. 1933 über die Reichsflagge. In: Dokumente der Deutschen Politik und Geschichte von 1848 bis zur Gegenwart. Hrsg. von Johannes Hohlfeld. Bd. 4: Die Zeit der nationalsozialistischen Diktatur 1933–1945. I: Aufbau und Entwicklung 1933–1938. Berlin und München o. J. S. 26.

5 »Belsen is the end to which our century of enlightenment has brought us at

Nationalsozialismus habe jederfalls nicht ohne ein bestimmtes geistig-politisches Klima entstehen können, ein Klima, das die Konservative Revolution geschaffen habe. Dagegen nun wird wieder von anderer Seite vorgebracht, die Opposition gegen Hitler sei zum großen Teil gerade von Männern der Konservativen Revolution getragen worden, unterstützt von den preußisch gesinnten Konservativen alten Stils. Gegen diesen Hinweis läßt sich wiederum einwenden, die Verfassungsentwürfe der Opposition gegen Hitler hätten keineswegs den parlamentarischen Verfassungsstaat zum Vorbild gehabt, sondern seien sich mit dem Nationalsozialismus in der Front gegen die liberale Staatsauffassung einig gewesen[6].

last.« Quintin Hogg: The case for conservatism. West Drayton 1947. S. 20 (Penguin books 635). Ähnlich Eric Voegelin, der annimmt, daß die Säkularisierung des Lebens, welche die Humanitätsidee mit sich führte, eben der Boden sei, auf dem antichristliche religiöse Bewegungen wie der Nationalsozialismus erst aufwachsen konnten. Eric Voegelin: Die politischen Religionen. Stockholm 1939. S. 9. Sehr massiv Emil Franzel: Das Reich der braunen Jakobiner. Der Nationalsozialismus als geschichtliche Erscheinung. München 1964. Ambivalent ist das Urteil Arnold Gehlens, der die Richtstätten und Gaskammern sowohl der Blauen Blume der Romantik und ihrer »Teufelsbotanik« wie auch dem »Gefühl der Freiheit und der großen Bestimmung des Menschen« zuordnet. Das beide Bewegungen Verbindende ist jede Art von Enthusiasmus als »Schrittmacher der Guillotine«. Arnold Gehlen: Über die Geburt der Freiheit aus der Entfremdung. In: Archiv für Rechts- und Sozialphilosophie 40 (1952/53), S. 351.

6 Ernst Nolte kennt vier Positionen, von denen aus der Nationalsozialismus vornehmlich beurteilt wird: »Der liberalen Konzeption ist zuzugestehen, daß der Nationalsozialismus im engsten Zusammenhang mit konservativen Kräften emporgewachsen ist; er darf darüber hinaus sogar dem weitesten Begriff des Konservativismus subsumiert werden. Aber die konservative Auffassung weist gleichwohl nicht zu Unrecht auf die vielen linken Charakterzüge dieser Bewegung hin; die Spannung innerhalb des Konservativismus datiert indessen keineswegs erst seit Hitler, und der Nationalsozialismus führte sie nur auf einen Höhepunkt, der schließlich das Zerreißen der alten Verbindung bedeutete. Der liberal-konservative Begriff des Totalitarismus betrifft den Nationalsozialismus zwar ohne Zweifel, aber als ein allzu formaler und insofern ungenügender. Das kommunistische Verständnis erklärt den Nationalsozialismus mit Recht als ein Endstadium, aber er war nicht die letzte Phase des Kapitalismus, der sich ja um 1930 erst im Anfang seiner Entwicklung befand, sondern des Konservativismus der sich auflösenden feudalen Gesellschaftsordnung, insofern er sich mit seinen Wertungen und Denkgewohnheiten als solcher und im ganzen siegreich durchzusetzen versuchte.« Ernst Nolte: Konservativismus und Nationalsozialismus. In: Zeitschrift für Politik 11 (1964), S. 19.

Wenn immer die Beurteilung des nationalsozialistischen Regimes Teil unserer politischen Gegenwart ist, gehört eine Verständigung über den Einfluß von konservativen Bewegungen auf den National-sozialismus ebenfalls zur Beurteilung der gegenwärtigen politischen Szene, ja mehr: Das Urteil über diese Beziehung gibt geradezu einen Probierstein ab für die Beurteilung heutiger konservativer Posi-tionen, handele es sich um den Konservatismus eines Franz Joseph Strauß, eines Eugen Gerstenmaier oder um Positionen innerhalb der NPD (gerade die Austrittsbegründungen bisher führender NPD-Po-litiker heben immer auf die Unterscheidung von Konservatismus und Nationalsozialismus ab). Aber auch die Faschismuskritik der neuen Linken beschäftigt sich mit diesem Thema, wenn sie als gemeinsame Quelle von Konservatismus und Nationalsozialismus die sozioöko-nomischen Verhältnisse einer kapitalistischen Gesellschaft vermu-tet [7].

Im Jahre 1932 erschien ein von Albrecht Erich Günther herausge-gebener Sammelband unter dem Titel ›Was wir vom Nationalsozia-lismus erwarten‹ [8]. Nicht alle Autoren dieses Werkes sind später Nationalsozialisten im parteipolitischen Sinne des Wortes geworden. Die Titel dieser Beiträge werfen ein bezeichnendes Licht auf die Rich-tung des konservativ-revolutionären Interesses: »Staatserneuerung und Volksordnung«, »Die Bildung einer politischen Elite«, »Deut-sche Elite, Entstehung und Aufgabe«, »Schule und Schulpolitik im Dienste deutscher Nationalerziehung«, »Liberale oder autoritäre Strafrechtsreform«. Deutlich zieht sich durch alle Beiträge die Ver-zweiflung am gegenwärtigen Zustand. Man hat das Gefühl, am En-de zu sein oder aber einen neuen Anfang riskieren zu müssen. Wil-helm Grewe schrieb: »Wahlrechtsreformen interessieren nicht mehr. Es geht nicht um Reformen oder um Restauration, es geht um das Ganze, um das Reich oder das Ende.« [9]

7 Vgl. Herbert Marcuse: Der Kampf gegen den Liberalismus in der totali-tären Staatsauffassung. In: Zeitschrift für Sozialforschung 3 (Paris 1934), S. 161 ff. Neudruck: derselbe: Kultur und Gesellschaft I. Frankfurt a. M. 1965. S. 17 ff. (edition suhrkamp 101); Otto Bauer, Herbert Marcuse, Arthur Rosenberg u. a.: Faschismus und Kapitalismus. Theorien über die sozialen Ursprünge und die Funktion des Faschismus. Hrsg. von Wolfgang Abendroth. Frankfurt a. M. 1967 (Politische Texte); Barrington Moore: Social origins of dictatorship and demo-cracy. Lord and peasant in the making of the modern world. London 1967.
8 Heilbronn 1932.

Am stärksten kam die nationalsozialistische Forderung nach neuer staatlicher Autorität dem Neukonservatismus entgegen. Als Beweis dafür, in wie starkem Maße das Dritte Reich im Anfang von konservativen Männern getragen wurde, die sich von ihm eine neue Einheit von Herrschaft und Sittlichkeit versprachen, mag eine Botschaft des Landesbruderrates der Evangelisch-lutherischen Landeskirche Bayerns gelten, die am Ostersonntag 1933 von allen Kanzeln verlesen wurde: »Ein Staat, der wieder anfängt, nach Gottes Gebot zu regieren, darf in diesem Tun nicht nur des Beifalls, sondern auch der freudigen und tätigen Mitarbeit der Kirche sicher sein. Mit Dank und Freude nimmt die Kirche wahr, wie der neue Staat der Gotteslästerung wehrt, der Unsittlichkeit zu Leibe geht, Zucht und Ordnung mit starker Hand aufrichtet, wie er zur Gottesfurcht ruft, die Ehe heilig gehalten und die Jugend christlich erzogen wissen will, wie er der Väter Tat wieder zu Ehren bringt und heiße Liebe zu Volk und Vaterland nicht mehr verfehmt, sondern in tausend Herzen entzündet.«[10]

9 Wilhelm Grewe: Verfassungspolitische Aufgaben eines nationalsozialistischen Staates. In: Was wir vom Nationalsozialismus erwarten. Zwanzig Antworten hrsg. von Albrecht Erich Günther. Heilbronn 1932. S. 99.

10 Zitiert nach Paul Althaus: Die deutsche Stunde der Kirche. Göttingen 1933. S. 5. Vgl. auch: Die Nation vor Gott. Zur Botschaft der Kirche im Dritten Reich. Hrsg. von Walter Künneth und Helmuth Schreiner. Berlin 1933. Für die genau gleiche Stimmung in der katholischen Kirche vgl. Ernst-Wolfgang Böckenförde: Der deutsche Katholizismus im Jahre 1933. In: Hochland 53 (1961), S. 215 ff. Selbst Armin Mohler, der Konservative Revolution und Nationalsozialismus deutlich voneinander unterscheidet (vgl. Armin Mohler: Die Konservative Revolution in Deutschland 1918–1932. Grundriß ihrer Weltanschauungen. Stuttgart 1950. S. 11 ff.), gibt zu, daß der Konservatismus es für möglich hielt, den Nationalsozialismus als politische Kraft für eigene Ziele zu gebrauchen: »Der deutsche Konservatismus ist ein Opfer des Faschismus. Wenn es heute in der Bundesrepublik weder ein festumgrenztes konservatives Lager noch ein unverfälschtes konservatives Ideengut gibt, so ist daran das Dritte Reich schuld. Und das nicht nur deshalb, weil Hitler und seine Bewegung in ihrem Ideologienkessel neben manchem anderen auch konservative Ideen verheizt haben. Daraus könnte man dem Konservatismus keinen Vorwurf machen; bestohlen zu werden ist kein Verbrechen. Die Kompromittierung durch den Nationalsozialismus geht jedoch tiefer. Recht viele Konservative haben damals geglaubt, innerhalb des Dritten Reiches ihre Politik durchsetzen zu können. Es gab nicht nur den einen Stauffenberg, der am 30. Januar 1933 in Uniform den Fackelzug in seinem Standort anführte, ehe er dann am 20. Juli 1944 seine Bombe unter den Tisch stellte. Später einmal,

Man war sich auf beiden Seiten einig, daß das demokratische Formprinzip abgewirtschaftet, das parlamentarische System seine geschichtlichen Voraussetzungen verloren habe[11]. Gegenüber Parteienpluralismus und liberaler Demokratie wollte man den Sinn für staatliche Ordnung und staatliche Hoheit stärken. Unter Berufung auf Carl Schmitts vielgelesene Schrift über ›Die geistesgeschichtliche Lage des heutigen Parlamentarismus‹[12] verlangte man einen neuen Sinn für staatliche Einheit und völkische Homogenität. War man sich über den Volksbegriff weithin einig, so gab es doch entscheidende Differenzen im Blick auf die Rassenlehre, die der Nationalsozialismus aus dem Sozialdarwinismus des 19. Jahrhunderts übernommen und in gefährlich popularisierter Form sich zu eigen gemacht hatte. Der Antisemitismus der Konservativen Revolution, wenn immer es ihn gab[13], war nicht von dieser brutalen, auf Ausrottung sinnenden Art, wie Hitler ihn in ›Mein Kampf‹ schon früh proklamiert hatte[14]. Immerhin bot Deutschland im Vergleich zu anderen europäischen Staaten für die Rassentheorie insofern einen fruchtbaren Boden, als eine die gesamte nationale Gemeinschaft verbindende politische Idee fehlte[15]. Allerdings rechnete kaum einer der konservati-

wenn die Schwarzweißbilder von heute nicht mehr obligatorisch sind, wird man sogar feststellen müssen, daß der Nationalsozialismus nur deshalb das deutsche Volk erobern konnte, weil er neben jenen Antrieben, die man heute allein sehen will, auch starke konservative Impulse in sich trug.« Armin Mohler: Konservativ 1962. In: Der Monat 14 (1962), H. 163, S. 23.

11 Grewe: Aufgaben S. 97 (s. oben Anm. 9).

12 Carl Schmitt: Die geistesgeschichtliche Lage des heutigen Parlamentarismus. 2. Auflage. München und Leipzig 1926.

13 Zur Rassenlehre und zum Antisemitismus des revolutionären Konservatismus vgl. Heide Gerstenberger: Der revolutionäre Konservatismus. Ein Beitrag zur Analyse des Liberalismus. Berlin 1969. S. 60 ff. (Sozialwissenschaftliche Abhandlungen H. 14).

14 Zum Antisemitismus Hitlers vgl. Eberhard Jäckel: Hitlers Weltanschauung. Entwurf einer Herrschaft. Tübingen 1969.

15 »Die deutsche Nation ist im Vergleich mit den westlichen jung in dem Sinn, daß eine Idee des deutschen politischen Menschen, von der die ganze Nation beherrscht wäre, in der Weise wie eine solche Idee in Frankreich und Amerika seit dem 18. Jahrhundert, in England seit noch älterer Zeit besteht, nicht vorhanden ist.« Eric Voegelin: Rasse und Staat. Tübingen 1933. S. 17. Zur Unterscheidung von Rasse und Nation vgl. Eugen Lemberg: Nationalismus. Teil 1: Psychologie und Geschichte. Reinbek bei Hamburg 1964. S. 224 f. (rowohlts deutsche enzyklopädie 197/198). Zur Geschichte des Rassenbegriffs und seiner Abhängigkeit

ven Revolutionäre damit, daß Hitler im Ernst Millionen Juden liquidieren würde. Gleichartigkeit aber war der politische Begriff, mit dem man auf beiden Seiten versuchte, aus der nationalen Not des deutschen Staates eine politische Tugend des deutschen Volkes zu machen, und von dem formalen Begriff der Gleichartigkeit zur politischen Kampfesformel der Artgleichheit war, wie Carl Schmitts verschiedene Auflagen seines ›Begriffs des Politischen‹ zeigten, kein weiter Schritt[16].

Einig waren sich Konservative Revolution und Nationalsozialismus vor allem in einem Kulturpessimismus, der überall in Europa das Entstehen faschistischer Strömungen begünstigt und Konservative mit Faschisten zusammengeführt hat[17]. Ein des Nationalsozialismus so unverdächtiger Mann wie Ferdinand Tönnies hatte schon gegen Ende des 19. Jahrhunderts mit seinem Buch ›Gemeinschaft und Gesellschaft‹ ein romantisch-naturwüchsiges Verständnis von Volk vorbereitet, das die Nationalsozialisten mit ihrem Begriff der Volksgemeinschaft dann in die Konsequenz des totalen Staates trieben[18]. In völlig unkritischer Weise setzte der Nationalsozialismus den Weg der Konservativen Revolution in die germanische Frühgeschichte fort und versuchte, eine eindeutige Kontinuität von nordischen Felszeichnungen, germanischen Sonnenrädern bis in die Gegenwart der industriellen Arbeitswelt herzustellen.

Wie für die Konservative Revolution gibt auch für den Nationalsozialismus der Liberalismus den definitorischen Gegner ab. Beiden gilt der Mensch für gefährlich, aufsässig, andererseits für bequem und schmarotzend, weshalb er einer autoritären Führung bedarf

vom Selbstverständnis des jüdischen Volkes vgl. Rudolf Stadelmann: Der historische Sinn bei Herder. Halle a. d. Saale 1928. S. 151, sowie das Kapitel über Disraeli bei Hannah Arendt: Elemente und Ursprünge totaler Herrschaft. Frankfurt am Main 1955. 3: »Die Juden und die Gesellschaft: Die Karriere Benjamin Disraelis«. S. 118 ff.

16 Vgl. Karl Löwith: Der Okkasionelle Dezisionismus von Carl Schmitt. In: derselbe: Gesammelte Abhandlungen. Zur Kritik der geschichtlichen Existenz. Stuttgart 1960. S. 109, 112 f.

17 Vgl. grundsätzlich Fritz Stern: Kulturpessimismus als politische Gefahr. Bern/Stuttgart/Wien 1963.

18 Vgl. Ralf Dahrendorf: Soziologie und Nationalsozialismus. In: Deutsches Geistesleben und Nationalsozialismus. Eine Vortragsreihe der Universität Tübingen. Hrsg. von Andreas Flitner. Tübingen 1965. S. 117.

und in einem Staate leben soll, der ihn institutionell scharf an die Kandare legt[19].

Zeigen sich in ideologischer Hinsicht (Volksbegriff, Hochschätzung des Krieges als Stahlbad der Nation, autoritäres Führertum, Kulturkritik, Parlamentarismuskritik, Ablehnung von Intellektuellentum in Kunst und Philosophie) eine ganze Reihe von Parallelen, so bleibt immer noch die Frage, ob Hitler dem deutschen Konservatismus seinen Aufstieg praktisch verdankte. Hermann Rauschning berichtet von dem denkwürdigen Ausspruch von Papens nach der Machtübernahme: »Hitler an der Macht? Engagiert ist der Herr, von uns engagiert! *Wir* regieren.«[20] Abgesehen von solchen parteipolitischen Spekulationen hat Martin Broszat gezeigt, daß Erfolg oder Mißerfolg der NSDAP wesentlich davon abhing, ob die politischen Kräfte der bürgerlichen Mitte und der konservativen Rechten bereit waren, mit dieser Partei zu paktieren oder nicht[21]. Auch Kurt Sontheimer meint, die Konservative Revolution sei der Massenbewegung des Nationalsozialismus zugute gekommen[22].

19 Die gemeinsame Gegnerschaft von Konservatismus und Nationalsozialismus gegenüber dem Liberalismus sieht Klemperer wohl. Vgl. Klemens von Klemperer: Konservative Bewegungen zwischen Kaiserreich und Nationalsozialismus. München und Wien 1957. S. 35 ff. Klemperer meint aber, diese Parallele sei oberflächlich. Der konservative Pessimismus unterscheide sich in seiner »intuitiven Tiefenerkenntnis« von der Herrschaftsideologie des Nationalsozialismus, der auf Nivellierung aus sei. Ebd. S. 37 f.

20 Hermann Rauschning: Die konservative Revolution. Versuch und Bruch mit Hitler. New York, N. Y. 1941. S. 59.

21 »Erfolg oder Mißerfolg hingen wesentlich davon ab, daß die politisch-gesellschaftlichen Kräfte der bürgerlichen Mitte und konservativen Rechten bereit waren, sich auf die NSDAP einzulassen, zu ihr überzugehen oder mit ihr zu paktieren. Der plötzliche, seit 1929/30 einsetzende Massenzustrom zur NSDAP überstieg bei weitem die Größenordnung aller anderen Fluktuationen zwischen den Parteien der Weimarer Republik. Er basierte fast ausschließlich auf der Mobilisierung der bisherigen Nichtwähler und der Masse der mittelständischen Wähler, die in den locker gefügten bürgerlichen Interessenparteien eine weit weniger feste politische Heimat besessen hatten als die ideologisch gebundenen Anhänger des Zentrums und der sozialistischen Parteien. Es handelte sich dabei nicht um eine Verlagerung innerhalb des demokratischen Parteigefüges, sondern um dessen Sprengung durch Aktivierung und Sammlung derjenigen, die bisher am demokratischen Entscheidungsprozeß nicht oder nur mißvergnügt teilgenommen hatten. Solchen Umschwung vermochte die NSDAP nicht aus eigener Kraft zu bewirken. Sie bedurfte dazu, wie schon vor 1923 in München, der Protektion oder wenig-

Hans Zehrer beschreibt die fatale Nähe beider Bewegungen, die durch dasselbe geistig-politische Klima bestimmt war, in welchem Konservative Revolution und Nationalsozialismus nach Lösungen von unlösbar scheinenden politischen Fragen suchten: »Noch nie wurde in Deutschland so viel gedacht und geplant. Die Kruste war plötzlich durchbrochen, als die alten Mächte, die des Weimarer Systems, endlich abzutreten begannen. Über die Nebelwolken des Jargons reckten sich auf einmal allerorten die Köpfe und begannen, in einer Sprache zu reden, die ihnen in einem neuen Sinne gemeinsam war. Plötzlich gab es die alten, sturen Einteilungen nicht mehr, diese blödsinnigen Reservate von links und rechts... Es war wie ein Rausch. Alles schien möglich, wenn es nur recht angepackt werde, und überall waren schon die Kräfte dabei, es anzupacken. Nichts schien mehr zu stimmen, was jahrelang als endgültige Weisheit gepredigt worden war, alles gewann einen neuen Sinn. Aber dann zeigte es sich bei jeder Diskussion, daß einer dabei war, ein stummer Gast, der meist gar nicht sichtbar war und der doch die Diskussion beherrschte, weil er die Themen stellte, die Methodik vorschrieb und die Richtung bestimmte. Und dieser stumme Gast hieß Adolf Hitler.«[23]

stens der wohlwollenden Duldung tonangebender bürgerlicher und konservativer Kräfte in Regierung, Verwaltung, Militär, Kirche, Wirtschaft und Politik.« Martin Broszat: Der Staat Hitlers. Grundlegung und Entwicklung seiner inneren Verfassung. München 1969. S. 14 (dtv-Weltgeschichte des 20. Jahrhunderts Bd. 9).

22 Vgl. das Kapitel »Nationalsozialismus und Konservative Revolution« in Kurt Sontheimer: Antidemokratisches Denken in der Weimarer Republik. Die politischen Ideen des deutschen Nationalismus zwischen 1918 und 1933. Studienausgabe München 1968. S. 297 ff.; derselbe: Antidemokratisches Denken in der Weimarer Republik. In: Der Weg in die Diktatur 1918 bis 1933. Zehn Beiträge. München 1962. S. 51 ff. (piper paperback). Vgl. ferner das Kapitel »Neu-conservatismus und Nationalsozialismus« in Klemens von Klemperer: Konservative Bewegungen S. 209 ff. (s. oben Anm. 19); Hermann Rauschning: Die Revolution des Nihilismus. Kulisse und Wirklichkeit im Dritten Reich. Erg. und verb. Auflage. Zürich/New York 1938. S. 160 ff., 164, 175 ff., 184, 190 f.; und derselbe: Konservative Revolution (s. oben Anm. 20).

23 Zitiert nach Ernst von Salomon: Der Fragebogen. Hamburg 1951. S. 220 f. In demselben Sinne Hermann Rauschning: »Uns bestach im Nationalsozialismus etwas, das keine andere Partei in Deutschland hatte: wenn man über die Grenzen des Routinemäßigen und über die Anmaßung des Experten hinaus gezwungen ist, das Ungewöhnliche zu wagen, – und das ist der Fall immer in Zeiten großer Kri-

Trotz dieser Nähe in der Problemstellung ist es nie zu einer eigentlich politischen Kooperation zwischen Männern der Konservativen Revolution und Hitler gekommen, im Gegenteil. Schon im Jahre 1922 fand durch Rudolf Pechels Vermittlung ein Besuch Hitlers im konservativen ›Juniklub‹ statt. Hitler war mit der Bitte um geistige Unterstützung für seine Bewegung gekommen und soll seinen konservativen Gesprächspartnern gesagt haben, sie hätten alles das, was ihm fehle: »Sie erarbeiten das geistige Rüstzeug zu einer Erneuerung Deutschlands. Ich bin nichts als ein Trommler und Sammler. Lassen Sie uns zusammenarbeiten!«[24] Aber seine Bitte wurde abgeschlagen, und Moeller van den Bruck soll gesagt haben: »Pechel, der Kerl begreift's nie!«[25] Männer wie Moeller, Spengler, die Brüder Jünger verachteten den Kleinbürger Hitler und seine Trommlermethoden. So mag das Urteil Alexander Rüstows, die Konservative Revolution habe, strenggenommen, nie stattgefunden, richtig sein[26]. Oder, in den Worten Franz Josef Schöninghs: »Hitler machte dann die Revolution, und die Konservativen wurden mißbraucht oder beseitigt.«[27]

sen und Wandlungen, – dann gehört zum Gelingen eines großen Wurfes vor allem ein unbändiger Glaube und eine Vitalität, deren Temperatur die normale Gradzahl weit überschreitet. Wo war so ein Glaube in Deutschland? Wo war er bis vor kurzem in den ganzen demokratischen Ländern? Waren es nicht Zagheit, Skeptizismus, Resignation, bestenfalls halber Glaube, die die eigentlichen Ursachen des großen Desasters der Welt bildeten; die Bedenklichkeit, die die ursprüngliche Farbe des Entschlusses verwischt; die Bedächtigkeit, die immer zu spät kommt, das Selbstmitleid, berufen zu sein, eine aus den Fugen geratene Welt wieder in Gang zu bringen, anstatt sich seinem Lebensgenuß hinzugeben. Dieses mit halbem Herzen bei der Sache sein, an seine eigene Sache nicht recht glauben, diese Erleichterung, wenn man Entschuldigungsgründe findet, um nicht handeln zu müssen und die Akten schließen zu können: alles dies stand einer Bewegung gegenüber, die durch ihren unbändigen Glauben in einer skeptischen Umgebung grotesk und infantil erschien.« Hermann Rauschning: Konservative Revolution S. 211 f. (s. oben Anm. 20).

24 Rudolf Pechel: Deutscher Widerstand. Zürich 1947. S. 280. Zitiert nach Klemperer: Konservative Bewegungen S. 211 (s. oben Anm. 19).

25 Ebd.

26 Alexander Rüstow: Ortsbestimmung der Gegenwart. Eine universalgeschichtliche Kulturkritik. Bd. 3: Herrschaft oder Freiheit? Erlenbach-Zürich und Stuttgart 1957. S. 608.

27 Franz Josef Schöningh: Was heißt heute konservativ? In: Hochland 46 (1953/54), S. 27.

Viele Neukonservative wurden von Hitler verfolgt, ausgewiesen oder ermordet, wie Edgar Jung, der als Mitverfasser der Marburger Rede Papens eine kritische Distanz zum Nationalsozialismus aufrechterhielt [28]. Andere wiederum versuchten ihre Widerstandsideen trotz des politischen Druckes zu einem geistig politischen Forum zu machen, wie Rudolf Pechel mit der ›Deutschen Rundschau‹. Pechel wurde im April 1942 verhaftet und in ein KZ gebracht [29].

Am Juliputsch gegen Hitler hat eine ganze Reihe konservativer Militärs und Politiker teilgenommen. Stark war hier das preußische Element des alten Konservatismus vertreten [30], für den Hitler den Tag von Potsdam arrangiert hatte. Gerade im Blick auf diese konservativen Kräfte des Widerstandes aber scheint mir das Urteil Broszats richtig: »Dem konservativen Widerstand gegen Hitler gebührt *moralisch* alle Ehre. *Politisch* war er kaum weniger ratlos, wie die konservativen Partner Hitlers im Jahre 1933.«[31] Immer noch war

28 Vgl. Leopold Zieglers Erinnerungsschrift: Edgar Julius Jung. Denkmal und Vermächtnis. Salzburg 1955 (Stifter-Bibliothek Bd. 61). Heide Gerstenberger ist jedoch nachdrücklich zuzustimmen, wenn sie meint, gerade diese mutige Rede enthülle die Bedenklichkeit der politischen Position Jungs: »Dem Totalitätsanspruch der einen Partei setzte Jung ›die Logik der antiliberalen Bewegung‹ entgegen, die ›das Prinzip einer organischen Willensbildung (verlange), die auf Freiwilligkeit *aller* Volksteile beruht‹. Eben dieses inhaltlich nicht bestimmte organische Prinzip ließ sich aber sehr wohl *auch* totalitär interpretieren. Wer, wenn nicht Hitler, wurde im übrigen je als ›gewachsener‹ Führer empfunden und erfüllte somit die höchsten Anforderungen, die Jung an einen ›organischen‹ Führer stellte?« – »Dem Regime wurde vielfach nicht deswegen Widerstand geleistet, weil es den Grundlagen der eigenen Weltanschauung widersprach, sondern weil Jung und andere einsahen, daß die vermutete Identität konservativrevolutionärer und nationalsozialistischer Ziele nicht gegeben war. Noch im Widerstand wurden nicht die geistigen Grundlagen, sondern lediglich deren praktische Verwirklichung bekämpft.« Gerstenberger: Revolutionärer Konservatismus S. 107, 108 (s. oben Anm. 13). Ähnliches gilt für das Verhältnis Wilhelm Stapels zum Nationalsozialismus, vgl. ebd. S. 94.

29 Über die Reaktion der Neukonservativen gegenüber dem Nationalsozialismus vgl. Klemperer: Konservative Bewegungen S. 221 ff. (s. oben Anm. 19).

30 Vgl. etwa: Bodo Scheurig: Ewald von Kleist-Schmenzin. Ein Konservativer gegen Hitler. Oldenburg und Hamburg 1968.

31 Broszat: Staat Hitlers S. 441 (s. oben Anm. 21). Die Begründung, die Broszat gibt, deckt sich mit der Meinung Dahrendorfs, der Nationalsozialismus habe einen »Stoß in die Modernität« bedeutet. Ralf Dahrendorf: Gesellschaft und Demokratie in Deutschland. München 1965. S. 445. »Denn gerade die Tatsache, daß die Überwindung der autoritären, obrigkeitsstaatlichen Struktur der deutschen

man nicht geneigt, die demokratische Staatsform in ihrer westlich-parlamentarischen Gestalt anzunehmen. Immer noch sollte das Volk in seiner Einheit den Vorrang haben vor Parteienpluralismus und Verbandsinteressen. Immer noch verfolgte man ein Autoritätsideal, das in der modernen Industriegesellschaft längst keine reale Basis mehr hatte [32].

Gesellschaft als notwendig und längst überfällig empfunden wurde, der demokratische Versuch zu ihrer Überwindung aber nicht genügend Rückhalt und Erfolg gehabt hatte, verlieh der Hitler-Bewegung ihre ebenso blinde wie dynamische soziale Schubkraft. Wenn der entschlossene und fanatische Umsturzwille des Nationalsozialismus so massenhaften Zulauf fand, so war dies doch auch ein klares Zeichen dafür, daß breite Kräfte der Gesellschaft auf die Lösung aus traditionellen Bindungen, zu größerer sozialer Mobilität und Egalität drängten.« Broszat ebd.

32 »Goerdeler sprach von einer Lösung zwischen ›russischem Bolschewismus und angelsächsischem Kapitalismus‹, Schulenburg wollte eine ›neue Gemeinschaftsordnung‹ als Überwindung von ›parasitärem Kapitalismus‹ und ›kollektivistischem Bolschewismus‹, Leuschner die Synthese von Individualismus und Kollektivismus im Begriff der ›Person‹. Der Versuch, wie Gerstenmaier es formulierte, eine neue soziale und wirtschaftliche Ordnung zu schaffen, die die alten Parteidoktrinen transzendierte, führte zwischen westlicher Formaldemokratie und östlichem Totalitarismus, zwischen subjektivem Staats- und objektivem Volksbegriff, zwischen persönlicher wirtschaftlicher Initiative und sozialistischer Planwirtschaft hindurch.« – »Die antipluralistische ... Grundhaltung hinderte den Widerstand des 20. Juli daran, in seinen gesellschaftspolitischen Vorstellungen die soziale Bedingtheit seines Ausgangspunktes wie seines Selbstverständnisses als legitime Elite zu überwinden und zu einer demokratisch verfaßten offenen Gesellschaft vorzudringen, die eine Erstarrung der politischen Willensbildung durch eine zu weit gehende institutionelle Kanalisierung der divergierenden sozialen und politischen Konflikte vermied. Das Verfassungsdenken des deutschen Widerstands hat sich bei der Wiedererstehung einer deutschen Staatlichkeit nach 1945 in allen grundsätzlichen Fragen nicht durchgesetzt.« Hans Mommsen: Gesellschaftsbild und Verfassungspläne des deutschen Widerstandes. In: Der deutsche Widerstand gegen Hitler. Vier historisch-kritische Studien von Hermann Graml, Hans Mommsen, Hans-Joachim Reichhardt und Ernst Wolf. Hrsg. von Walter Schmitthenner und Hans Buchheim. Köln/Berlin 1966. S. 162, 165 (Information 17).

XVI. Exkurs: Deutscher Konservatismus nach dem Zweiten Weltkrieg[1]

Nach dem Kriege hatte man zunächst den Eindruck, konservatives Denken und konservative Politik seien in Deutschland nicht mehr gefragt[2]. »Es gehört zu den unheilvollen Kennzeichen der geistigen Lage der Gegenwart, daß die Ideen der ›Konservativen Revolution‹ um ihrer kompromittierenden Nähe zum Nationalsozialismus willen meist nicht unvoreingenommen gesichtet, sondern gleich von vornherein als Ganzes verworfen werden. Dies schafft eine Lage, welche durchaus nicht neu ist: die Beschäftigung mit diesen schicksalsbestimmenden Fragen wird wie schon einmal einerseits den esoterischen Zirkeln überlassen, die das Wissen um solche Fragestellungen einkapseln und im Verborgenen weitergeben, andererseits aber den niederen Sekten, welche mit vergröberten und verfälschten Fassungen zu gegebener Zeit fanatisierte Massen anstecken werden.«[3] Solche Zirkel und Sekten gab es eine ganze Reihe. Der politisch am wenigsten belastete Kreis war der um Hans Joachim Schoeps, der versuchte, den monarchischen Gedanken neu zu beleben. Aber eine »Konservative Erneuerung«[4] konnte auch er nicht ins Leben rufen. Es blieb nämlich die Frage, ob das Ende des preußischen Staates über alle historische Zufälligkeit hinaus nicht ein tieferliegendes Dilemma offenbart: die Unmöglichkeit nämlich, sich im Zeitalter und in der Wirklichkeit der pluralistischen Verbandsdemokratie und der Technokratie auf jene die preußische Staatsstruktur bis zum Ende

---

1 Die folgenden Bemerkungen fallen aus dem Rahmen dieses Buches heraus, insofern wir keine Geschichte des Konservatismus in Deutschland bieten. Auch die Darstellung konservativer Gruppen und Parteiungen war nicht unsere Absicht. Dies hat Helga Grebing jetzt in dankenswerter Gründlichkeit getan. Vgl. Helga Grebing: Konservative gegen die Demokratie. Konservative Kritik an der Demokratie in der Bundesrepublik seit 1945. Frankfurt a. M. 1971.

2 Vgl. auch oben S. 7 ff.

3 Armin Mohler: Die Konservative Revolution in Deutschland 1918–1932. Grundriß ihrer Weltanschauungen. Stuttgart 1950. S. 211.

4 Vgl. Hans Joachim Schoeps: Konservative Erneuerung. Ideen zur deutschen Politik. Stuttgart 1958; derselbe: Kommt die Monarchie? Wege zu neuer Ordnung im Massenzeitalter. Ulm 1953.

der Weimarer Republik hin kennzeichnende Trennung von Staat und Gesellschaft weiterhin zu berufen.

Noch im Jahre 1959 stellte Hans Schuster im ›Merkur‹ fest, daß von einer Einigung der konservativen Gedankenwelt, soweit es sich um Parteibildung handelt, wenig zu erkennen sei: »Das Bedürfnis danach ist wohl vorhanden, aber es kristallisiert sich nicht in bestimmten Organisationen oder Parteien. Selbst Politikern, die sich konservativ nennen, bleibt freilich nicht verborgen, daß der Begriff konservativ eine ganze Skala von negativen Empfindungen hervorruft, vom Unbehagen bis zur Ablehnung, vom Spott bis zum Haß.«[5] Es schien also, als ob mit der Konservativen Revolution die Geschichte des Konservatismus in Deutschland beendet sei[6]. Aber einmal wurde der Konservatismus stets begleitet von der Vorstellung, die gegenwärtige Zeit erlaube die Rede vom Konservieren nicht mehr. So schrieb Alois von Liechtenstein im Jahre 1875: »Wir müssen nun zunächst constatiren, daß es eigentlich nichts mehr gibt, was wir noch conserviren könnten. Denn die alte Gesellschafts- und Rechtsordnung, an die man denken könnte, ist unwiderruflich dahin, und die Dinge haben inzwischen dergestalt sich verändert, daß eine Wiederherstellung derselben schon thatsächlich zu den Unmöglichkeiten gehört.«[7] Zum anderen ging eben, wie wir heute wissen, sowohl das konservative Denken wie auch konservative Politik weiter ihren Weg. So konnte es nicht ausbleiben, daß sensible Geister schon nach wenigen Jahren sich über den »restaurativen Charakter der Epoche«[8] Gedanken machten.

5 Hans Schuster: Konservativ in unserer Zeit. In: Merkur 13 (1959), S. 76. Schuster sieht hier einen deutlichen Unterschied zu der Entwicklung in Frankreich, wo die Rechte sich aus verschiedensten Elementen wieder gesammelt hat, nachdem sie 1944 zerschlagen worden war, ebd. S. 71.

6 »Man sollte es ohne Sentimentalität aussprechen, daß mit Edgar Julius Jung und seinen Weggefährten der Konservatismus als Ideologie endet. Heute ist er eine politische Verhaltensweise und bedeutet nicht mehr eine das ganze Leben ausfüllende und beherrschende Daseinsgestaltung.« Joachim H. Knoll: Konservatives Krisenbewußtsein am Ende der Weimarer Republik. Edgar Julius Jung – ein geistesgeschichtliches Porträt. In: Deutsche Rundschau 87 (1961), S. 930.

7 Über Interessenvertretung im Staate mit besonderer Beziehung auf Oesterreich. Hrsg. von Alois Prinz Liechtenstein. Wien und Pest 1875. S. 7.

8 Vgl. Walter Dirks: Der restaurative Charakter der Epoche. In: Frankfurter Hefte 5 (1950), S. 942 ff.; Eugen Kogon: Die Aussichten der Restauration. Über die gesellschaftlichen Grundlagen der Zeit. In: Frankfurter Hefte 7 (1952),

Walter Dirks meinte damals (1950), die einzige konservative Position von einiger Bedeutung sei die der Gewerkschaften. Der Großgrundbesitz habe seine Basis verloren, das Bauerntum könne sich guten Gewissens nicht mehr durch Bewahrung retten, sondern nur noch durch Wandlung. Dasselbe gelte von allen anderen überlieferten Positionen: »Sie alle können nicht mehr konservativ sein, sondern stehen vor der Wahl, sich durch Restauration oder durch Wandlung zu retten.«[9] Gleichzeitig aber stellte er fest, daß gleichwohl der Geist der Restauration in allen Institutionen anzutreffen sei. Ob Katholiken oder Protestanten, Sozialisten oder Christ-Demokraten, Universitäten, studentische Verbindungen oder Wirtschaftsmächte, überall werde versucht, Fäden nach hinten wieder anzuknüpfen. Vor allem aber sei das sozioökonomische System, das noch den Nationalsozialismus getragen hatte, tradiert: »Es war ein restauratives Symptom, daß nicht zuerst Wohnungen, Volkshäuser und Schulen, sondern Cafés, Luxusgeschäfte, Restaurants und Goethe-Häuser gebaut wurden. Jeder Blick in fast jede Illustrierte Zeitung zeigt, wo die Interessen der Leser vermutet werden: in der Vergangenheit.«[10] Ungebrochenen Konservatismus aber lasse die Epoche nicht zu.

Der entscheidende restaurative Akt geschah in den Augen Walter Dirks' mit der Währungsreform[11]. Die folgenden Sätze bekamen mit jedem Jahr größere Bedeutung: »Jetzt sind wir bereits wieder so weit, daß eine bestimmte Schicht von Industriellen nicht nur die Stahlproduktion sich erhöhen, sondern dahinter auch die Macht zurückkehren sieht. Zu ihrem restaurativen Geist gehört jener Schuß Angst um die neuen Konjunkturgewinne, der sie nach parteipolitischen Rückversicherungen Ausschau halten und mannigfache Deckungen im internationalen Gefüge der Restauration suchen läßt.«[12] Dirks beschwört im übrigen die Vorstellung einer gesamteuropäischen Entwicklung konservativen Charakters[13].

S. 165 ff.; Siegfried Landshut: Restauration und Neo-Konservativismus. In: Hamburger Jahrbuch für Wirtschafts- und Gesellschaftspolitik. Hrsg. von Heinz-Dietrich Ortlieb. Bd. 2. Tübingen 1957. S. 45 ff.

9 Dirks: ebd. S. 944.

10 Ebd. S. 950.

11 »Diese Währungsreform war ein Akt der Restauration.« Ebd. S. 951.

12 Ebd.

13 »In Bonn, Rom, Wien, Brüssel, Lissabon sind Machtpositionen erobert, in

Eine völlig andere Beurteilung restaurativer Tendenzen lieferte Helmut Schelsky fünf Jahre später mit seinem Aufsatz ›Über das Restaurative in unserer Zeit‹[14]. Dieser Aufsatz zeigt die konservative Ideologie auf Schritt und Tritt. Schelsky glaubt, das Festhalten an veralteten sozialen Leitbildern habe seine Ursache darin, »daß das Sicherheitsbedürfnis des Menschen der hohen Mobilität und Dynamik unserer Gesellschaftsverfassung nicht gewachsen ist. Gerade in seinen privaten Lebensanstrengungen bedarf der Mensch der Vorstellung eines stabilen und dauerhaften sozialen Zustandes, dem er zustrebt: ihn aber vermag die moderne soziale Gesetzlichkeit und Entwicklung ihrer Natur nach nicht mehr zu bieten, weshalb die einzelnen in ihren Selbstanschauungen an den letzten statischen Positionen ihrer Gruppe festhalten und festhalten müssen: an denen der bürgerlich-proletarischen Klassengesellschaft.«[15] Auf diese Weise zeige die allerorten zu beobachtende restaurative Tendenz eine »Gefährdung des Menschen« an[16]. »Das Restaurative wird so zur Sehnsucht nach dem, was wir einst fraglos besessen haben und was, wie wir immer mehr spüren, Fundamente des Daseins enthielt, auf die wir allzu unwissend oder leichtfertig verzichtet haben.«[17]

In den Augen mancher war der Konservatismus schon deshalb zu

Frankreich ist noch nichts verbaut, Spanien ist ein heimlicher Bundesgenosse und wird eines Tages ein offener sein, – und sind nicht in England die künftigen Herren, die eine europäische Politik begünstigen, die Konservativen? Wie mischt sich in diesem Konzept das Interesse der Privilegierten, das Weltbild des Bürgers, das Denken der Alten, die Angst vor der Zukunft, der gute Wille zum Ausgleich, die Sorge um das Christentum!« Ebd. S. 953.

14 Helmut Schelsky: Über das Restaurative in unserer Zeit. (1955). In: derselbe: Auf der Suche nach Wirklichkeit. Gesammelte Aufsätze. Düsseldorf/Köln 1965. S. 405 ff.

15 Ebd. S. 408.

16 Ebd. S. 409 f.

17 Ebd. S. 410. Schelsky zitiert hier (ohne Quelle) eine aufschlußreiche Passage aus Arnold Gehlen: »In der gegenwärtigen Zeit fordern alle Symptome, die auf Stabilisierung hindeuten, das höchste Interesse. Ob es sich um das Heruntergehen der Scheidungszahlen handelt, um die sinkende Aktualität vieler Streitfragen, um die Festigkeit der D-Mark, das Verschwinden fragwürdiger Figuren von der Bildfläche, die Wiedergutmachung erlittenen Unrechts, um das überall bemerkbare Rechnen mit längeren Fristen – alles ist gleich willkommen, weil allein durch eine Stabilisierung der Verhältnisse das Schon-Verständigtsein erreichbar ist, auf das alles ankommt. Stabilisierung kann letzten Endes nur ein Neuanlegen von Traditionen oder ein Wiederanknüpfen an abgebrochene bedeuten.«

Ende, weil eine allgemeine Entideologisierung nach dem Zweiten Weltkrieg Platz gegriffen habe[18]. Der Begriff konservativ tauge zur Kennzeichnung von gegenwärtigen Erscheinungen kaum noch, meinte Siegfried Landshut[19]. Hans Schuster schrieb, der Gegensatz zwischen konservativ und liberal, der in der Zeit des Kulturkampfes seinen Höhepunkt erreicht habe, gehöre heute der Geschichte an[20]. Nun benutzten Konservative diese Entideologisierungsthese gern, um der für sie immer unangenehmen Frage auszuweichen, was denn jeweils unter konservativ zu verstehen sei[21]. Ein gewisses Recht allerdings kann man etwa Hans Mühlenfeld nicht absprechen, wenn er zeigt, daß auch im Neoliberalismus sich Elemente konservativen Denkens finden[22]. Sowohl bei Wilhelm Röpke als auch bei Alexander Rüstow, auch bei Friedrich August Hayek und Franz Böhm findet sich, beim einen mehr, beim andern weniger, eine kritische Einstellung zum zivilisatorischen Fortschritt[23]. Man folgt

18 »Die Melodien der Aufklärungszeitalter sind durchgespielt und haben alle in ihren Zukunftshoffnungen und -versprechungen getrogen. Unser Zeitalter wird durch das Fehlen jedes neuen Gedankens einer Welt- oder Gesellschaftsordnung gekennzeichnet, der noch die Menschen zu einer gläubigen Hingabe an eine Zukunftsgestaltung und -planung ergriffe. Es gibt nur Neo-ismen. Jede ›Bewegung‹ wird in sich selber konservativ, und selbst Kommunismus oder Nationalsozialismus wären in unserer Gesellschaft nur noch als Restaurationsbemühungen denkbar. Ein stillgestandenes Bewußtsein bemüht sich um die bloße Reproduktion der Welt in vorwiegend technischer und organisatorischer Daseinsbewältigung.« Ebd. S. 411.

19 Landshut: Restauration S. 45 (s. oben Anm. 8).

20 Schuster: Konservativ S. 83 (s. oben Anm. 5).

21 Franz Josef Schöningh: Was heißt heute konservativ? In: Hochland 46 (1953/54), S. 21.

22 Hans Mühlenfeld: Politik ohne Wunschbilder. Die konservative Aufgabe unserer Zeit. München 1952. S. 57 ff. Ähnliches behauptet Mühlenfeld auch für den freiheitlichen Sozialismus, ebd. S. 89 ff. Auch Kuehnelt-Leddihn stellt den Neoliberalismus in enge Nähe zum Neukonservatismus; vgl. Erik von Kuehnelt-Leddihn: Neukonservatismus und Neuliberalismus. In: Neues Abendland, Jahrbuch für Politik und Geschichte, N. F. 11 (1956), S. 128.

23 Vgl. etwa Wilhelm Röpke: Civitas Humana. Grundfragen der Gesellschafts- und Wirtschaftsreform. 3. Auflage. Erlenbach-Zürich 1949; derselbe: Die Gesellschaftskrisis der Gegenwart. 5. durchges. Auflage. Erlenbach-Zürich 1948; derselbe: Maß und Mitte. Erlenbach-Zürich 1950; Alexander Rüstow: Zwischen Kapitalismus und Kommunismus. Godesberg 1949; derselbe: Das Versagen des Wirtschaftsliberalismus. 2. Auflage. Bad Godesberg/Düsseldorf 1950; Franz Böhm: Reden und Schriften. Karlsruhe 1960.

zwar dem liberalen Konzept, soweit es sich auf die Wettbewerbs-
ordnung bezieht, sieht auch die Notwendigkeit eines ständig wachsenden Sozialprodukts ein. Trotzdem schlug Alexander Rüstow,
der sich der Jugendbewegung zeitlebens verbunden wußte, einmal
allen Ernstes vor, in bestimmten Produktionszweigen die Heimar-
beit wieder einzuführen: morgens solle ein Lastwagen die Rohpro-
dukte bei den zu Hause bleibenden Arbeitern abladen, um sie
abends in bearbeiteter Form wieder einzusammeln [24]. Im Anschluß
an die Toenniessche Unterscheidung von ›Gemeinschaft und Gesellschaft‹ kritisierte er die Versachlichung der sozialen Beziehungen in
der modernen Industriegesellschaft [25]. Wilhelm Röpkes Verdikt gegen die »Hybris der Vernunft«, die »Irrwege des Rationalismus«,
den »alles überwuchernden Intellektualismus, Positivismus, Kritizismus und Technizismus« [26] erinnert noch stärker an die Sprache
der Konservativen Revolution.

Noch ein anderes Argument wurde in den fünfziger Jahren gegen
die Vorstellung einer Wiederbelebung konservativen Denkens geltend gemacht: die Idee einer Weltgesellschaft und Weltethik mache
den Rekurs auf nationale Herkunft unmöglich [27]. »Eine konservative Reform, die der Revolution entgegentreten will, muß ein Menschenbild haben, das ihr gewachsen ist. Es darf nicht abendländisch
oder bürgerlich beschränkt sein. Es geht heute um die ganze Menschheit, gerade auch um die Völker, die bisher die Freiheit der Person
noch nicht gekannt haben, die in Gefahr sind, unmittelbar aus der
organischen Gebundenheit der dumpfen magischen Gemeinschaft in
die mechanische des Apparates überzugehen.« [28] Aus der Verlegen-
heit, sich in Deutschland immer weniger auf nationale Traditionen
berufen zu können, haben einige Konservative nach dem Kriege die

24 Im Heidelberger Seminar, Sommersemester 1955.

25 Rüstow: Kapitalismus S. 41 f. (s. oben Anm. 23).

26 Röpke: Civitas Humana S. 105, 107, 111, 149 (s. oben Anm. 23).

27 »... it is painfully evident that current definitions of the conservative ethic
are so diverse as to be almost meaningless for the purpose of contemporary public
policies.« Gordon K. Lewis: The metaphysics of conservatism. In: The Western
Political Quarterly 6 (1953), S. 741.

28 Otto Heinrich von der Gablentz: Reaktion und Restauration. In: Zur Geschichte und Problematik der Demokratie. Festgabe für Hans Herzfeld. Hrsg. von
Wilhelm Berges und Carl Hinrichs. Berlin 1958. S. 76.

Tugend einer europäischen Gesinnung zu machen gesucht. Europapolitik wurde ein Stichwort konservativer Denkhaltung[29].

Trotz ideologischer und realpolitischer Entwicklungen, die der Entstehung neuer konservativer Positionen selbst in den Augen von Konservativen ungünstig waren, erschienen schon in den fünfziger Jahren Schriften, die eine »Konservative Erneuerung«[30] verlangten, eine »Konservative Funktion«[31] behaupteten, oder eine konservative »Politik ohne Wunschbilder«[32] vorschlugen. Solchen Schriften lag eine Vorstellung zugrunde, die der Schweizer Konservative Peter Dürrenmatt im Auge hatte, wenn er schrieb, daß zwar das Wort konservativ eine Entwertung erfahren habe und »unter allen Kräften, die in den letzten vierzig Jahren versagt haben, kaum eine andere gründlicher versagte als die konservative. Daher gibt es heute keine konservativen Parteien mehr, nur noch Möglichkeiten zu einer konservativen Haltung.«[33]

Obwohl Hans-Joachim von Merkatz der Meinung war, ein übergroßer Teil unseres Lebens habe »gar nichts mehr mit natürlicher Entwicklung zu tun«[34], und es auch für unmöglich hielt, ein vollendetes Gesamtbild konservativen Verhaltens zu geben[35], glaubte

29 »Die Frage bleibt deshalb auch heute immer noch offen, welchen Kräften schließlich die Formung der Zukunft im alten europäischen Geschichtsraum zufallen wird: den Zwangs- und Ersatzordnungen der Massengesellschaft und ihrer Funktionäre oder den Hoffnungen auf eine tiefpflügende geistig-seelische Erneuerung.« Klaus Hornung: Der Jungdeutsche Orden. Düsseldorf 1958. S. 144 (Beiträge zur Geschichte des Parlamentarismus und der politischen Parteien Bd. 14). Vgl. kritisch dagegen Richard F. Behrendt, der die Europa-Idee für den Kern eines Restaurations-Mythos hält. Richard F. Behrendt: Regionale Integration oder erdweite Universalisierung? In: Gewerkschaftliche Monatshefte 14 (1963), S. 337.

30 Schoeps: Konservative Erneuerung (s. oben Anm. 4).

31 Hans-Joachim von Merkatz: Die konservative Funktion. Ein Beitrag zur Geschichte des politischen Denkens. München 1957 (Konservative Schriftenreihe Bd. 1).

32 Mühlenfeld: Politik ohne Wunschbilder (s. oben Anm. 22).

33 Peter Dürrenmatt: Konservative Politik. In: Deutsche Rundschau 77 (1951), S. 216. Vgl. auch Ferdinand A. Westphalen: Die Renaissance der konservativen Idee. In: Naturordnung in Gesellschaft, Staat und Wirtschaft. Festschrift für Johannes Messner. Hrsg. von J. Höffner u. a. Innsbruck/Wien/München 1961. S. 89: »Wir kommen damit von einer vielleicht unerwarteten Seite her zu jenem Phänomen, das wir die *Renaissance konservativer* Ideen sehr wohl nennen können.«

34 Merkatz: Konservative Funktion S. 11 (s. oben Anm. 31).

35 Ebd. S. 9.

er doch, eine »konservative Funktion« als Anwalt und Verteidiger des Lebens gegenüber den Gefahren einseitiger Abstraktion, Theorie und Systematik fordern zu sollen [36]. Mühlenfeld ging sehr viel weiter, indem er den Versuch einer Neubegründung der konservativen Theorie wagte [37]. – Zur gleichen Zeit breitet sich unter Konservativen das Gefühl einer gewissen Zusammengehörigkeit aus. Das Thema ist nicht mehr obsolet, sondern wird in Sondernummern von Zeitschriften behandelt [38].

In dem Maße, wie die christlichen Kirchen von dem moralischen und politischen Bankerott des Hitlerregimes verschont blieben und nach dem Kriege eine Reihe von politischen Aufgaben wahrnehmen konnten, in dem Maße auch, wie der Rechtspositivismus durch das nationalsozialistische Regime in Mißkredit geraten war und die Naturrechtslehre die juristische Theorie und Praxis wieder zu bestimmen begann [39], versuchten konservative Kräfte, im Christentum den Boden einer neuen konservativen Gesinnung zu sehen. Ernst Jünger machte eine christliche Phase durch [40], und Ferdinand Fried meinte, es gebe heute keine andere dauerhafte und stetige Grundlage als einen »Geist, der sich seiner göttlichen Bindung und Verpflichtung wieder bewußt wird – eine neue Fleischwerdung des Logos.

36 Ebd. S. 79.
37 Mühlenfeld: Politik S. 17 (s. oben Anm. 32). »Bemüht man sich nämlich vom Standpunkt heutiger Erfahrung und heutigen Wissens um eine theoretische Erfassung und Formung seiner ursprünglichen Intentionen, so ergibt sich ohne viel Mühe eine *moderne Theorie* des konservativen Gedankens, die von den Mängeln der Vergangenheit frei ist.« Ebd. S. 18.
38 Vgl. Neues Abendland, Jahrbuch für Politik und Geschichte. N. F. 11 (1956), H. 2. Das Heft wird eingeleitet mit einem längeren Zitat aus Arthur Moeller van den Bruck: Das dritte Reich, und enthält Beiträge von Hans-Joachim von Merkatz, Otto von Habsburg, Erik von Kuehnelt-Leddihn, Gerhard Kroll, Emil Franzel, Herbert Blank, Heinrich Ludwig. Vgl. ferner die Diskussion, die die Zeitschrift ›Der Monat‹ 1962 unter dem Thema veranstaltete: »Was ist heute eigentlich konservativ?« Der Monat 14 (1962), H. 163, 164, 165, 166, 168, und 15 (1962), H. 169.
39 Vgl. Albrecht Langner: Der Gedanke des Naturrechts seit Weimar und in der Rechtsprechung der Bundesrepublik. Bonn 1959.
40 Ernst Jünger: Der Friede. Ein Wort an die Jugend Europas und an die Jugend der Welt. Hamburg 1945. Vgl. dazu Hans-Peter Schwarz: Der konservative Anarchist. Politik und Zeitkritik Ernst Jüngers. Freiburg i. Br. 1962. S. 169 ff. (Freiburger Studien zu Politik und Soziologie).

Und so führen die Fragen unserer Gemeinschaft schließlich doch wieder zu Gott zurück. Die geistigen Minderheiten werden erst dann wieder schöpferisch werden, wenn sie sich wieder an Gott binden.«[41] Auf katholischem Felde war es vornehmlich die ›Abendländische Aktion‹ und die ›Abendländische Akademie‹[42], mit denen versucht wurde, den modernen Säkularismus wieder rückgängig zu machen und die Gesellschaft zurückzuführen in neue naturrechtliche Bindungen. Hier zeigte sich denn auch gleich die Gefahr der Klerikalisierung[43]. Zugleich mit dem Rückgriff auf das Naturrecht kam die alte Ständeordnung wieder in den Blick: »Man erinnert an die natürliche Lebensgemeinschaft auf dem Dorf, an den bürgerlich-handwerklichen Haushalt, wie er im späten Mittelalter entstanden ist; man preist das Vorbild der sozialen Leistung der agrarischen Epoche... und stellt es dem gegenwärtigen ›Stoppelwerk von Renten und Versicherungen‹ entgegen.«[44]

Das Verhältnis solcher naturrechtlich argumentierenden Gesellschaftsvorstellung zur Demokratie war von Anfang an nicht eindeutig. Das zeigte sich vor allem an der Beurteilung der Parteien und des Parlamentarismus[45]. Entsprechend dem Subsidiaritätsprinzip sollen die Gewerkschaften lediglich die Vertretung der Arbeiterinteressen betreiben, nicht aber allgemein politische Aktivität entfalten. Neben die katholischen Vertreter eines ständisch oder autoritär (wenn nicht neofaschistisch) orientierten Staatsbildes[46] treten Protestanten wie Wilhelm Stählin und Hans Asmussen, welche die Una-Sancta-Bewegung auf evangelischer Seite repräsentieren und auch

41 Ferdinand Fried: Der Umsturz der Gesellschaft. Stuttgart 1950. S. 357. Allerdings zeigt dieses Buch aufs neue, daß die Beschwörung eines neuen Glaubens einzig einer neuen Homogenität unter Menschen dienen soll: »Mit der Gott-Suche werden sie die neue, echte Gemeinschaft der Menschen begründen, die vom heiligen Geist wieder erfüllt ist und in der die Freundschaft leuchten wird.« Ebd. S. 368.

42 Vgl. Grebing: Konservative gegen die Demokratie. Teil III, 1. Kapitel: »Wiederkehr des christlichen Staates« (s. oben Anm. 1).

43 Vgl. Schuster: Konservativ S. 83 (s. oben Anm. 5). Zum Verhältnis des Katholizismus zur Demokratie vgl. grundsätzlich Thomas Ellwein: Klerikalismus in der deutschen Politik. München 1955. S. 37 ff. (Heiße Eisen. Eine Schriftenreihe zu umstrittenen Problemen der Gegenwart. Bd. 1).

44 Grebing: Konservative (s. oben Anm. 1; nach Manuskript zitiert).

45 Ebd.

46 Namen gibt Helga Grebing: Konservative (s. oben Anm. 1).

für eine stärkere Rückgewinnung politischer Autorität gegenüber den Demokratisierungstendenzen sich aussprechen. Der Protestantismus richtet sich in seiner politischen Orientierung eher auf eine Kultur- und Zivilisationskritik[47]. Aber auch nationale Töne schwangen teilweise stark mit, etwa bei Wilhelm Stapel[48]. Symptomatisch ist die damals viel diskutierte Schrift von Otto Dibelius ›Obrigkeit‹[49]. Aber auch Theologen wie Künneth[50] und Thielicke[51] wollen dem Staat, in der Nachfolge Luthers, wieder stärkere Autorität zurückgewinnen[52].

Eine starke Position gewann der deutsche Konservatismus nach dem Kriege in einer wörtlich verstandenen Staatslehre, wie sie Werner Weber, Ernst Forsthoff, Herbert Krüger (um die wichtigsten Namen zu nennen[53]) vertreten. Wilhelm Stapel, einst Mitstreiter in der Konservativen Revolution, bekundete unmißverständlich den konservativen Haß gegen den Parteienstaat: »Charaktere achten einander, auch wenn sie verschiedener Meinung sind, Parteien übergaunern einander. Charaktere sind frei, Parteien sind gelenkt. Der Konservative von heute wird, über allem Parteitreiben stehend, die echten, ursprünglichen Lebenskräfte des deutschen Volkes zu erwecken und zur Geltung zu bringen suchen; er wird nicht ›Politik trei-

---

47 Vgl. Grebing ebd.

48 »Zu den Kräften, aus denen das deutsche Volk seit seiner Entstehung im achten und neunten Jahrhundert erwachsen und so geworden ist, wie es ist, gehört das Christentum. Es ist nicht nur ›ein Stück Geschichte‹, das vergeht, sondern eine geistige Zeugungskraft, von deren Bedeutung sich jeder überzeugen kann, der die alten Dokumente, die alten Bilder, die alten Lieder und Dichtungen zur Kenntnis nimmt. Mit einer Entchristlichung würde das deutsche Volk aufhören, deutsch zu sein.« Wilhelm Stapel: Kann ein Konservativer Gegner des Christentums sein? In: Deutsches Pfarrerblatt 51 (1951), S. 325.

49 Otto Dibelius: Obrigkeit. Stuttgart/Berlin 1963; derselbe: Grenzen des Staates. Tübingen 1949.

50 Walter Künneth: Politik zwischen Dämon und Gott. Berlin 1954.

51 Helmut Thielicke: Theologische Ethik. Bd. 2: Entfaltung, Teil 2: Ethik des Politischen. Tübingen 1958.

52 Für die Verbindung solcher Vorstellungen zur Konservativen Revolution vgl. Theodor Strohm: Theologie im Schatten politischer Romantik. Eine wissenschafts-soziologische Anfrage an die Theologie Friedrich Gogartens. München/Mainz 1970 (Gesellschaft und Theologie. Abt.: Systematische Beiträge Nr. 2).

53 Vgl. Grebing: Konservative gegen die Demokratie. Teil II, Kapitel 2: »Vergesellschaftung des Staates« und Teil III, Kapitel 5: Der Staat als die »Wirklichkeit der konkreten Freiheit« (s. oben Anm. 1).

ben‹ in einer ›Partei‹, sondern das Ethos der Politik zu erneuern suchen.«[54] Werner Weber machte sich mit seinem damals berühmten
Buch ›Spannungen und Kräfte im westdeutschen Verfassungssystem‹[55] zum Sprecher einer ganzen Generation von Juristen, die
wie er beklagten: »Die Lebenswirklichkeit der Massendemokratie
unserer Tage ist zunächst dadurch gekennzeichnet, daß ihr nichts
mehr an überlieferter Staatlichkeit eignet, daß sie keine institutionelle Obrigkeit mehr aufweist und auch nicht mehr eine aus der Tradition lebende Statthalterschaft einer solchen Obrigkeit, von der man
in den Jahren der Weimarer Republik vielleicht noch sprechen
konnte. Sie hat nur noch den Urstoff Volk oder Bevölkerung. Von
diesem Stoff als ›Masse‹ zu reden, ist nicht nur deshalb gerechtfertigt, weil es sich hier um Flächenstaaten mit einer quantitativ massenhaften Bevölkerung handelt; wesentlicher ist, daß diese Bevölkerung sozial, wirtschaftlich, kulturell und nicht zuletzt hinsichtlich
des politischen Status des einzelnen eingeebnet ist. Sie hat außer der
Familie keine gewachsenen Ordnungen mehr, keine als solche aner-
kannten führenden Schichten, keine in ihren eigenen Lebensformen
begründete politische Elitebildung.«[56] Die Möglichkeit neuer staatlicher Autorität und institutioneller Festigkeit sieht Werner Weber in
einer Belebung der staatstragenden Funktion des Beamtentums. Ob
es aber stark genug sein würde, sich gegenüber dem Gruppenegois-
mus gesellschaftlicher Verbände zu behaupten, bezweifelt er, wie
überhaupt der durchgängige Tenor eher skeptisch bleibt[57]. Der
Staat gibt den Tendenzen der parteienstaatlichen Massendemokra-
tien nach[58]. Diese Staatsrechtslehre vertritt bis heute (häufig in of-

54 Stapel: Kann ein Konservativer S. 324 (s. oben Anm. 48).

55 Werner Weber: Spannungen und Kräfte im westdeutschen Verfassungssystem. (1951). 2. erw. Auflage. Stuttgart 1958.

56 Ebd. S. 150 f.

57 »Wir haben in Verkennung unserer historischen Lage seit vielen Jahrzehnten dem Glauben gelebt, wir müßten den Staat und seine Würde demontieren, um
dem einzelnen Freiheit und politische Selbstbestimmung zu sichern. Aber wir haben uns wohl der staatlichen Autorität entäußert, um indessen den Staatsapparat
umso mehr wuchern zu sehen. Wir haben die Obrigkeit entthront und finden nun,
daß unkontrollierbare Kräfte den Besitz der politischen Macht an sich gebracht
haben.« Weber: ebd. S. 162 f.

58 Werner Weber: Die Verfassung der Bundesrepublik in der Bewährung. Göt-
tingen/Berlin/Frankfurt 1957. S. 36.

fen bekannter Nachfolge Carl Schmitts) eine Staatsauffassung, die »auf eine moderniserte Adaption des Obrigkeitsstaats hinausläuft«[59].

Am deutlichsten und einheitlichsten zeigt sich konservatives Denken nach dem Kriege auf dem Felde der Kulturkritik. Hier finden sich die verschiedensten Geister, die einander sonst bekämpfen, in einer Front gegen die Technik, die Massengesellschaft, den Parteienstaat. Helga Grebing hat das Verdienst, die verschiedenen Topoi dieser Kritik im einzelnen aufgewiesen zu haben[60]. Wir können uns deshalb die Darstellung dieser Tendenzen sparen und beschränken uns auf einen Gedanken, der tief im konservativen Geist angelegt ist und schon den Kern der Konservativen Revolution bezeichnet hatte, die Vorstellung nämlich, daß die Erkenntnis der kritisierten Zustände ihre Überwindung notwendig nach sich ziehen werde – auch wenn man heute weniger als je zuvor angeben könne, wie dies praktisch zu erwarten sei.

So nimmt Hans Mühlenfeld, dessen Buch im ganzen keinerlei Anzeichen für eine revolutionäre Gesinnung birgt, den Anschluß an konservativ-revolutionäre Ideen auch vermeidet[61], die konservative Haltung zunächst auf die Ebene der Erinnerung zurück und psychologisiert sie gewissermaßen, indem er sagt, konservativ könne man auch sein, »wenn Heimat oder Grund und Boden oder Eigentum, wenn Familie oder Sitte und Brauch oder Tradition, wenn Freiheit oder Recht oder Religion nicht mehr in dieser oder jener Form unmittelbar sichtbarer oder faßbarer Besitz des Einzelnen sind und nur noch ihr Sinn und Wert bejaht wird, indem sie in der warmen Tiefe des Herzens als die eigentlichen Güter des menschli-

---

59 Karl Dietrich Bracher: Staatsbegriff und Demokratie in Deutschland. In: Politische Vierteljahresschrift 9 (1968), S. 23; vgl. auch Christian Graf von Krockow: Staatsideologie oder demokratisches Bewußtsein – Die deutsche Alternative. Ebd. 6 (1965), S. 118 ff.; Martin Greiffenhagen: Staatsgesinnung oder rechtsstaatliches Bewußtsein? In: Gewerkschaftliche Monatshefte 15 (1964), S. 705 ff.

60 Grebing: Konservative (s. oben Anm. 1).

61 Armin Mohler und Klaus Hornung berufen sich dagegen bei der Analyse gegenwärtiger Phänomene offen auf diese Phase konservativen Denkens und meinen, daß die Konservative Revolution auch heute noch Lösungen enthielte; vgl. Armin Mohler: Konservative Revolution S. 211 (s. oben Anm. 3), Klaus Hornung: Jungdeutscher Orden S. 144 (s. oben Anm. 29).

chen Daseins lebendig bleiben – in tröstlicher Erinnerung oder im hoffnungsvollen Wunsch, immer aber mit unverrückbarer Gewißheit«[62]. Darauf konstatiert Mühlenfeld jedoch im Sinner absoluter Kulturkritik »die Vernichtung... der existentiellen Grundbedingungen des menschlichen Daseins«[63] und damit die Unvereinbarkeit »der gegenwärtigen Wirklichkeit unseres Daseins mit den Prinzipien des konservativen Gedankens«[64]. Auf diese Weise gerät er, vermutlich ohne es zu wollen, auf die Argumentationsebene der Konservativen Revolution, wenn er im »Ringen um eine Wiederbeschaffung des Verlorenen« die Wiederherstellung der dem menschlichen Wesen entsprechenden Voraussetzungen des Daseins fordert, »im Kampf gegen die naturwidrige Künstlichkeit der herrschenden Lebensordnung, gegen die in ihr Gestalt gewordenen Übergriffe des rationalen Fortschritts, gegen die schädlichen Wirkungen und Einflüsse der technischen Zivilisation«[65]. Dagegen sagt Hans Freyer heute über den Versuch zur Wiederherstellung von Vergangenem in skeptischer Resignation: »Es ist höchst unwahrscheinlich, daß der programmatische Wille, eine menschliche Ordnung, so wie sie ist, zu bewahren, zu ihrer identischen Erhaltung führt, dagegen höchst wahrscheinlich, daß er im guten Fall ein künstlich gestrafftes Gebilde, im schlechten die Neigung, sich sichern zu lassen, und die Angewiesenheit darauf hervorruft. Desgleichen spricht alle Wahrschein-

---

62 Mühlenfeld: Politik S. 336 (s. oben Anm. 32). Eine parteipolitische Parallele zu solchen Gedanken bietet der Reichsmythos der rechtsradikalen SRP, über den Otto Büsch berichtet: »Was übrigblieb, war ein träumerisches Verlangen und eine gläubige Bejahung des ›Reiches‹ als einer ideellen Größe. So wurde von dem ›im Innern bewahrten Reich‹ gesprochen, dessen ›Einheit und Größe‹ ›jeder in sich‹ ›versenken‹ müsse, ›damit es unzerstörbar bleibt und unverlierbar, solange es deutsche Menschen gibt, in deren hungernder Seele die große Sehnsucht vom Reich dichtet und singt‹, ›damit das im Innern bewahrte Reich einstmals nach außen treten kann‹ als ›das Reich der Tat‹.« Otto Büsch: Geschichte und Gestalt der SRP. In: Rechtsradikalismus im Nachkriegsdeutschland. Studien über die »Sozialistische Reichspartei« (SRP). Berlin und Frankfurt a. M. 1957. S. 41 (Schriften des Instituts für Politische Wissenschaft Bd. 9).
63 Mühlenfeld: Politik S. 352 (s. oben Anm. 32).
64 Ebd. S. 353; noch deutlicher S. 351, wo Mühlenfeld behauptet, daß »keinerlei Identität mehr zwischen den Grundbedingungen der menschlichen Existenz und der herrschenden Lebensordnung besteht«.
65 Ebd. S. 353.

lichkeit dafür, daß der Wille, eine in Unordnung geratene Struktur in alter Art wiederherzustellen, dem neuen Gebilde viel von diesem Willen und wenig von der alten Art mitteilen wird...«[66]

66 Hans Freyer: Theorie des gegenwärtigen Zeitalters. Stuttgart 1955. S. 202. Freyer bietet das Beispiel eines Mannes, der in seinem Denken die Stadien des Konservatismus von radikaler Kulturkritik über die »Revolution von rechts« zu einer zwar scharfen, aber nicht absoluten Zivilisationskritik in der Gegenwart durchlaufen hat. Sein Buch ›Theorie des gegenwärtigen Zeitalters‹ stellt sich schon im Titel bewußt in den Horizont einer zeitkritischen Tradition, an deren Beginn Friedrich Schlegel die ›Signatur des Zeitalters‹ und Johann Gottlieb Fichte die ›Grundzüge des gegenwärtigen Zeitalters‹ schrieben. Die Wandlungen seines Denkens lassen sich bis in solche Kleinigkeiten hinein verfolgen wie die, daß er die heute wie damals mit Vorliebe verwandte Wendung »auf gewachsenem Boden (bzw. Grunde)« jetzt in Anführungszeichen setzt; vgl. Hans Freyer: Revolution von rechts, Jena 1931, S. 20 mit: Theorie des gegenwärtigen Zeitalters, Stuttgart 1955, S. 122.

XVII. Der technokratische Konservatismus

1. Die Institutionenlehre Arnold Gehlens

Die Soziologie Arnold Gehlens bezeichnet sowohl in ihrem anthropologischen wie in ihrem kulturkritischen Ansatz das gegenwärtige Dilemma deutschen konservativen Denkens am augenfälligsten. Wir entwickeln Gehlens Anthropologie in einiger Ausführlichkeit, weil in ihr die philosophischen Voraussetzungen gegenwärtigen konservativen Denkens explizit zu machen sind. Die Gehlensche Philosophie unterscheidet sich, was ihren geistigen Rang angeht, von anderen konservativen Positionen der Gegenwart deutlich [1].

Die Erfahrung, welche für Gehlen der Frage nach dem Wesen der Institution vorausliegt, ist die des Verlustes von ›ursprünglichen‹ Institutionen. Wie alle konservativen Fragestellungen tritt auch die Institutionsproblematik erst in dem Augenblick ins Bewußtsein, in dem die Stabilität sozialer Verhaltensweisen schwindet. »Die Institutionen der modernen Gesellschaften haben sich auf das Zweckmäßige reduziert, oder besser auf das, was man für zweckmäßig hält, und zwar nicht zuletzt deshalb, weil unübersehbare Verhältnisse vereinfacht werden müssen, um sie zu verändern... Das Wesentliche einer dauerhaften Institution ist ihre Überdeterminiertheit: sie muß nicht nur im nächsten, praktischen Sinne zweckmäßig und nützlich sein, sie muß auch Anknüpfungspunkt und ›Verhaltens-Unterstützung‹ (behaviour support) höherer Interessen sein, ja den anspruchsvollsten und edelsten Motivationen noch Daseinsrecht und Realitätschancen geben: dann erfüllt sie die tiefen vitalen, aber auch geistigen Bedürfnisse der Menschen nach Dauer, Gemeinsamkeit und Sicherheit, sie kann sogar so etwas wie Glück erreichbar machen, wenn dieses darin besteht, im Übersich-Hinauswachsen nicht

---

[1] Helga Grebing hat in sehr verdienstvoller Weise sämtliche konservativen Positionen seit dem Ende des Zweiten Weltkrieges geordnet und im einzelnen dargestellt. Es wäre deshalb unsinnig, wollte ich ähnliches noch einmal versuchen. Worauf es mir ankommt, ist vielmehr, in deutlicher, wennschon nicht immer ausgesprochener Rückbeziehung auf den systematischen Ansatz dieser Arbeit das in Rede stehende Dilemma für die jüngste Phase konservativen Denkens aufzuweisen.

allein zu bleiben.«[2] Gehlen bezeichnet den Institutionsverlust der Gegenwart am Leitfaden eines Aspektes, dem für seine ganze Theorie entscheidende Bedeutung zukommt, der »absoluten Kulturschwelle«[3]. Gehlen folgt mit dieser Behauptung eines absoluten Bruches innerhalb menschlicher Geschichte der Tradition konservativen Denkens, das, wie wir gezeigt haben, stets von solchen Brüchen aus in Gang kommt[4]. Das ›gegenwärtige Zeitalter‹ wird im Lichte einer Kulturschwelle beurteilt, die jeweils verschieden datiert wird (Reformation, Aufklärung, Französische Revolution, industrielle Revolution, im deutschen konservativen Denken des 19. und 20. Jahrhunderts dann immer ferner gelegene ›Umbrüche‹). Bei Gehlen sind es im wesentlichen zwei Gesichtspunkte, die er für seine ›Kulturschwelle‹ in den Blick bringt: der jüdisch-christliche Monotheismus und die Aufklärung, die er mit Parmenides beginnen läßt[5].

2 Arnold Gehlen: Sozialpsychologische Probleme in der industriellen Gesellschaft. Tübingen 1949. S. 43 (Schriftenreihe der Akademie Speyer 2). Helmut Schelsky, der in der Institutionendiskussion eine ähnliche Position einnimmt wie Gehlen, bezeichnet die Rolle des Institutionsverlustes für die sozialwissenschaftliche Erkenntnis: »Die Soziologie hat die Frage nach der Stabilität sozialer Systeme, nach der Dauerhaftigkeit von Institutionen, bisher kaum ausdrücklich und in voller Breite gestellt, obwohl vielerlei Theorien und Beobachtungen sozialer Geschehnisse vorliegen, die eigentlich zu dieser Fragestellung hätten führen müssen. Vielleicht bedurfte es des Erlebnisses der Unstabilität unserer eigenen sozialen Umwelt, des Zusammenbruches oder wenigstens der Gefährdung nahezu aller überkommener Institutionen, um diese Frage zu einem allgemeinen Bedürfnis der Besinnung zu machen.« Helmut Schelsky: Über die Stabilität von Institutionen, besonders Verfassungen. Kulturanthropologische Gedanken zu einem rechtssoziologischen Thema. In: Jahrbuch für Sozialwissenschaft N. F. 3 (1952), S. 1. Wiederabgedruckt in: derselbe: Auf der Suche nach Wirklichkeit. Gesammelte Aufsätze. Düsseldorf/Köln 1965. S. 33. Hans Freyers ›Theorie des gegenwärtigen Zeitalters‹ geht ebenfalls von der Erfahrung des Verlustes jener sozialen Strukturen aus, die er als Maßstab für den Verfall in der Gegenwart ansetzt. Die Institutionen »sekundärer Systeme« sind nur noch Spielregeln. Hans Freyer: Theorie des gegenwärtigen Zeitalters. Stuttgart 1955. S. 137.

3 Arnold Gehlen: Urmensch und Spätkultur. Philosophische Ergebnisse und Aussagen. Bonn 1956. S. 20.

4 Vgl. oben S. 122 ff.

5 »Auf der anderen Seite wird in diesem Buche aber auch derjenige Begriff von Geist nicht behandelt, der mit der absoluten Kulturschwelle des monotheistischen, jenseitsbezogenen geistigen Gottes überhaupt erst konzipiert werden konnte.« Gehlen: Urmensch S. 103 (s. oben Anm. 3). »Man suchte eine Rechtfertigung der Tatsachen der Wirklichkeit aus der *Natur* der Wirklichkeit, also die Tatsache aller

Der wesentliche Unterschied des Weltbildes der Primitiven zum Weltbild der Aufklärung liegt darin, daß der Primitive nicht zwischen dem Natürlichen und dem Übernatürlichen – oder doch in ganz anderer Hinsicht als wir – unterscheidet[6]. Die Dinge seiner Umgebung bedeuten dem Primitiven nicht primär sie selbst, sondern sind potentiell magisch qualifiziert. Das Übernatürliche ist dem Primitiven eine Dimension der Natur selbst[7]. Durch die abendländische Aufklärung hat der Europäer das kennengelernt, was Gehlen »Faktenaußenwelt« nennt[8] und von der er (mit dem für ihn typischen kulturkritischen Akzent) sagt: »Ein großer Teil von ihr ist ›Rohstoff‹, der in unsere Kultur eingeht: von den ›Naturschätzen‹ des Bodens angefangen, der Kohle, dem Erdöl, dem Uran bis zu dem Chemismus, mit dem wir der ›Natur‹ nachhelfen. Wir kennen die chemisch großgezogenen Weizenfelder und die durchgezählten Forsten, die zu Zeitungen werden. Dieser Bereich geht mit verschieblicher Grenze in den unergriffenen über: die Sterne, die Gräser und Insekten sind schlicht vorhanden, doch sind sie Gegenstand eines verselbständigten Kulturgebietes, der Naturwissenschaften. Der Unterschied zwischen beiden Sphären ist ein bloß praktischer, theoretisch dagegen und schon in der Wahrnehmung fallen sie zusammen, es ist eben die Natur als Faktenaußenwelt mit ihren Eigenschaften und Gesetzen eigener Ebene.«[9]

In diesem aufklärerischen Prozeß des Naturverlustes spielt der jüdisch-christliche Monotheismus eine entscheidende Rolle[10]. Unter der Annahme eines transzendenten Gottes, der Geist ist und alle Natur im Wege einer creatio ex nihilo geschaffen hat und durch

Tatsachen. Welchen Sinn könnte denn anders die sonst leere, ewig wiederholte Versicherung des Parmenides haben, daß es ›das Seiende gibt‹? Das ist der Bruch mit dem primitiven Weltbild, in dem primär die beliebigen Dinge gerade mehr als sie selbst ›bedeuten‹, in dem vielleicht ein Tier nicht ein Tier ist, sondern der wiederverkörperte Totengeist.« Ebd. S. 113.

6 Ebd. S. 112.

7 Ebd. S. 117.

8 Ebd. S. 116.

9 Ebd.

10 Vgl. hierzu ausführlicher Martin Greiffenhagen: Die Verstehensproblematik im Dialog zwischen Soziologie und Theologie, untersucht am Beispiel der Institution. In: Zeitschrift für evangelische Ethik (1960), H. 3, S. 164 ff.: Institutionsverlust in soziologischer und theologischer Beurteilung.

seinen Willen allein erhält, verlieren alle Dinge ihren Selbstwert im Dasein[11]. Als Schöpfung Gottes wirft die Welt im ganzen und jeder Teil der Natur im einzelnen die Frage nach der Bedingung ihrer Möglichkeit auf; denn Garant ihrer Ordnung sowohl wie ihrer Existenz ist nicht mehr die Welt selber. Dieser Weltverlust bedeutet im Horizont der Frage nach den Institutionen die Unmöglichkeit des Menschen, sich auf eine ihm äußerliche Natur hin auszulegen und über sie zu verstehen. Die ›natürliche‹ Selbstauffassung des Menschen besteht aber für Gehlen gerade darin, »daß er sich mit etwas anderem identifiziert, sie verläuft immer indirekt, über das hin, was außer ihm liegt; und was das ist, was außer ihm liegt, das Natürliche oder Göttliche, das interpretiert jede Kultur zusammen mit sich selbst. Dies ist eine These, die keine Ausnahme findet, auch nicht im Materialismus. Das Ganze ist ein Reflex der Sonderstellung des Menschen in der Welt: seine Einzigkeit erfaßt er im Sichgleichsetzen mit einem Anderen, von dem er sich wieder abhebt.«[12]

Alle Institutionen dienen, heute wie immer, menschlichen Primärbedürfnissen. Aber damit ist ihr Sinn nicht nur nicht erfüllt, sondern überhaupt nicht getroffen. In primitiven Gesellschaften besitzen Institutionen einen »Selbstwert im Dasein«, der bis zum Grenzfall des absoluten Selbstwertes heranreicht[13]. Im Umkreis des christlichen Denkens und der »Transzendenz ins Jenseits« verloren sie jedoch diese theogonische Kraft: »Seither sind sie in einem merkwürdigen Zustande der ›Halbtranszendenz‹, den Hegel mit dem Begriff des ›objektiven Geistes‹ fassen wollte, und dessen begriffliche Fassung z. B. der Staatslehre fast unüberwindliche Schwierigkeiten macht.«[14]

Die erkenntnistheoretischen Voraussetzungen dieses anthropologischen Zugangs sind ambivalent. Indem Gehlen eine als »Kulturanthropologie« bezeichnete allgemeine Handlungslehre entwickelt,

11 Gehlen: Urmensch S. 17 (s. oben Anm. 3).

12 Ebd. S. 118. Eric Voegelin hat diesen Sachverhalt in seinem Buch: Die neue Wissenschaft der Politik, München 1959, in bezug auf das Repräsentationsproblem dargestellt.

13 Gehlen: Urmensch S. 20 (s. oben Anm. 3). Zur Bedeutung der Trennung des Motivs vom Zweck des Verhaltens vgl. Arnold Gehlen: Probleme einer soziologischen Handlungslehre. In: derselbe: Studien zur Anthropologie und Soziologie. Neuwied am Rhein und Berlin 1963. S. 217 (Soziologische Texte Bd. 17).

14 Gehlen: Urmensch S. 21 (s. oben Anm. 3).

zieht er die Philosophie in sein Verständnis von Soziologie hinein[15]. Diese Handlungslehre, begriffen als eine Philosophie der Institutionen[16], bedarf aber, was ihren philosophischen Charakter betrifft, einer wesentlichen Erläuterung: Hat es die Philosophie ihrem traditionellen Verständnis zufolge mit einem durchgängigen Begriff des Menschen und seiner ›Natur‹, seinem ›Wesen‹ zu tun, so nimmt Gehlen für den Menschen eine Änderung der Bewußtseinsstrukturen selber an, »nicht bloß natürlich unendliche Änderungen der Inhalte des Bewußtseins«[17]. Mit dieser Behauptung stellt sich Gehlen, wie er selbst sieht, »in Gegensatz zur zeitgenössischen Philosophie mit ihrer selbstverständlichen Voraussetzung, daß das heutzutage für denkbar Gefundene für ›die Welt‹ oder ›den Menschen‹ gültig sei«[18].

15 Ebd. S. 8.
16 Ebd. S. 9.
17 Ebd. S. 10. Zur Kritik dieser Annahme vgl. schon Alexander von Schelting: Max Webers Wissenschaftslehre. Das logische Problem der historischen Kulturerkenntnis. Die Grenzen der Soziologie des Wissens. Tübingen 1934. S. 116 f. Schelting beruft sich auf Lévy-Bruhl, dem es zu zeigen gelungen sei, »daß die Inhaltlichkeit der Vorstellungswelt der Primitiven eine ganz eigenartige ist, und daß die materielle Art der Vorstellungsverknüpfungen eine von derjenigen späterer Entwicklungsstufen abweichende und für uns oft schwer rekonstruierbare ist, nicht aber, daß die Kategorialapparatur und die allgemeinen Formen, in welchen sie ihre Welt denken, soweit eben auch sie zu *denken* versuchen, eine radikal verschiedene ist. Er hat ferner gezeigt, daß bestimmte alogische oder prälogische Verhaltungsweisen zur Welt, die auch heute nicht ganz fehlen, wenn sie auch seltener sind, bei den Primitiven überwiegen. Es handelt sich offenbar bei den verschiedenen Entwicklungsstufen geistig-seelischen Verhaltens zur Welt nicht um absolute Gegensätze, sondern um ein Mehr oder Weniger an verschiedenen Arten dieses Verhaltens. Es ist daher grundsätzlich den Ausführungen Carl Brinkmanns zuzustimmen, der davor warnt, in der Entwicklung die – freilich stets verschieden ›dosierten‹ – Konstanten des geistig-seelischen Weltverhaltens zu übersehen.« Ebd. – Eine ähnliche Kritik ist vom Strukturalismus zu erwarten; vgl. Claude Lévi-Strauss: Das wilde Denken. Frankfurt a. M. 1968, bes. Kap. IX: Geschichte und Dialektik; Günther Schiwy: Der französische Strukturalismus. Mode, Methode, Ideologie. Reinbek bei Hamburg 1969 (rowohlts deutsche enzyklopädie 310/311), bes. S. 47 ff.: »Das Ende des Totemismus«.
18 Gehlen: Urmensch S. 10 f. (s. oben Anm. 3). – Andererseits nimmt ein solches, den Menschen radikal geschichtlich auffassendes Verständnis gerade von der modernen Philosophie ihren Ausgang. Gadamer formuliert in der Heidegger-Nachfolge: »So zeitigt sich also die Wahrheit als ein geschichtlicher Prozeß.« Hans-Georg Gadamer: Über die Ursprünglichkeit der Philosophie. Zwei Vorträge. Berlin 1948. S. 12. Ebenso Georg Picht: »So hat die Wahrheit selbst eine

Andererseits steckt aber in der als Handlungslehre verstandenen Anthropologie Gehlens ein handfester Ontologismus, der sich bei allen konservativen Denkern als letzte philosophische Position entdecken läßt [19]. Der anthropologische Rückgriff auf so etwas wie eine unverstellte Menschennatur soll Christentum und Aufklärung gegenüber den Blick zur Kritik frei machen. Gehlen arbeitet mit Kategorien, von denen er behauptet, sie seien nicht weiter zurückführbare Wesenseigenschaften des Menschen [20]: »Sie sind die nicht weiter auflösbaren Rückstände einer eindringlichen Analyse. Der naive Anspruch, ›sämtliche‹ Kategorien erhoben, also den Menschen ausdefiniert zu haben, wird nicht erhoben, er wäre von einer *empirischen* Philosophie aus, wie sie der Verfasser vertritt, ganz sinnlos. Aber der Leser kann sich davon überzeugen, daß es gerade in heutiger Zeit

Geschichte, obwohl alles wahr bleibt, was einmal wahr gewesen ist.« Georg Picht: Die Erfahrung der Geschichte. Frankfurt a. M. 1958. S. 52 (Wissenschaft und Gegenwart H. 19). – Auf die innere Problematik dieses rein geschichtlichen Wahrheitsbegriffes (wie kann alles wahr bleiben, was einmal wahr ›gewesen‹ und damit in seiner Wahrheit geschichtlich ›überholt‹ ist?) einzugehen, versagen wir uns. Zur Kritik vgl. Leo Strauß: Naturrecht und Geschichte. Stuttgart 1956. Gerhard Krüger zieht eine einleuchtende Parallele zwischen Heidegger und Nietzsche: »Er [M. Heidegger] hat versucht, der geschichtlichen Zeitlichkeit, in die sich das heutige Dasein gebannt findet, dadurch zu entrinnen, daß er sie radikal bejahte, aber dabei die Zeitlichkeit selbst, die uns als Schicksal zu übermächtig scheint, als das vom Dasein selbst gezeigte eigene Sein darstellte, das der Entschlossenheit des Einzelnen gleichsam in die Hand gegeben ist. In einer sachlichen Parallele zu Nietzsches ›Amor fati‹ hat er sich über die Zeit, die den heutigen Menschen ›verzehrt‹, durch die radikalste Bejahung dieser ›Geworfenheit ins Nichts‹ zu erheben gesucht.« Gerhard Krüger: Martin Heidegger und der Humanismus. In: Theologische Rundschau N. F. 18 (1950), S. 175.

19 Dieter Claessens hat die metaphysischen Implikationen der Gehlenschen Institutionenlehre scharfsinnig erkannt: »Nach bedeutenden Ausführungen zur Konstitution des Menschen und mit der Einführung des Begriffs der ›Entlastung‹ muß auch Gehlen sich mit einem großen Sprung in Metaphysik flüchten. Es geschieht dies mit dem Begriff ›Institution‹, jener Überleitung von der ›kleinen‹ zur ›großen‹ Entlastung. Die Mängel, die der Mensch in Gehlens Konzept aufzuheben hat, erweisen sich durch das Konzept selbst unaufhebbar. Da aber die Wendung zur Metaphysik nicht als solche gekennzeichnet wird, bleibt die Behauptung, daß der Mensch ›ein einmaliger Sonderentwurf der Natur‹ sei, sozusagen im Raum stehen.« Dieter Claessens: Instinkt, Psyche, Geltung. Bestimmungsfaktoren menschlichen Verhaltens. Eine soziologische Anthropologie. Köln und Opladen 1968. S. 77.

20 Gehlen: Urmensch S. 8 (s. oben Anm. 3).

möglich ist, neue und nichtgesehene Kategorien des Menschen in den Begriff zu heben.«[21] Gehlen will ausdrücklich eine Naturlehre der Institutionen entwickeln, im Gegensatz zu den Geistlehren früherer Zeiten. Darin versteht er sich als Empiriker. Gleichwohl bleibt er wie jeder Konservative, der sich auf die Natur beruft, Idealist, insofern er die Leistung aller Institutionen gerade darin sieht, den Menschen von der Last naturhafter Antriebe zur Kultur hin zu befreien.

Gehlens Verhältnis zur Aufklärung ist wie das jedes reflektierten konservativen Denkers ambivalent. Einerseits ist Gehlen selber Aufklärer, insofern er sich seine Fragen durch Analyse gegenwärtiger Verhältnisse aufgeben läßt: Zweifel und Kritik sind die Anstöße seines Denkens. Andererseits denkt er gegen die Aufklärung, wenn er den Rationalismus der Vertragslehren, das positive Menschenbild und den Fortschrittsoptimismus in immer neuen Anläufen kritisiert. Der Mensch ist in seiner biologischen Struktur zum Lernen verurteilt, er ist auf Zivilisation hin angelegt. Aber diese Anlage dient doch nur der Erhaltung des Lebens, nicht transzendenten Zielen. Die Leistung menschlicher Institutionen kann deshalb nur im Blick auf diesen biologischen Zweck gesucht und verstanden werden[22].

Wendet sich Gehlen also auf der einen Seite gegen geschichtliches Denken, wenn er eine empirische Handlungslehre aufgrund durchgängiger anthropologischer Kategorien entwickelt, so kann er auf der anderen Seite doch als Kulturkritiker ohne ein gewisses epochales Geschichtsdenken nicht auskommen, das ihn »absolute Kulturschwellen« annehmen läßt. Die Unsicherheit in der Datierung solcher Kulturschwellen allerdings zeigt deutlich, daß es Gehlen nicht so sehr um historische Zuordnung als um kulturkritische Aspekte geht: Ist es einmal der Monotheismus gewesen, der den Institutionen ihre theogonische Kraft genommen hat[23], so war es später die tech-

21 Hier werden, wie Friedrich Jonas richtig bemerkt, Anstöße aus der Institutionenlehre Haurious sichtbar. Friedrich Jonas: Die Institutionenlehre Arnold Gehlens. Tübingen 1966. S. 13 (Soziale Forschung und Praxis Bd. 24). Hauriou gilt die Vergangenheit als soziale Offenbarung (révélation sociale); vgl. Hans Barth: Die Philosophie der Geschichte als Soziologie. 3. und 4. Auflage. Leipzig 1922. S. 492 f.
22 Hier allerdings begegnet sich Gehlens konservative Anthropologie wieder mit Positionen der Aufklärung, die gerade da, wo sie naturwissenschaftlich argumentiert, nicht über den Selbstwert des Lebens hinauskommt.
23 Gehlen: Urmensch S. 20 (s. oben Anm. 3).

nisch-industriell-naturwissenschaftliche Weltauffassung und Weltbeherrschung[24]. Aber auch der prähistorische Übergang von der Jägerkultur zur Seßhaftigkeit war eine »Kulturschwelle«[25].

Der Kernbegriff des Verständnisses der Institutionen bei Gehlen ist der des »habitualisierten Handelns«[26]. Die Institutionen dienen dem instinktunsicheren, weltoffenen Wesen Mensch dazu, die ihm angeborene Verhaltensunsicherheit zu kompensieren, und tun dies, indem sie gerade die Motivationen der Institution, also im wesentlichen die physischen und sozialen Antriebskräfte, in Vergessenheit bringen: »Das habitualisierte Handeln... hat... die rein tatsächliche Wirkung, die Sinnfrage zu suspendieren. Wer die Sinnfrage aufwirft, hat sich entweder verlaufen, oder er drückt bewußt oder unbewußt ein Bedürfnis nach anderen als den vorhandenen Institutionen aus.«[27]

Entlastung ist eine weitere zentrale Kategorie bei Gehlen[28]. Dadurch, daß ein Verhalten auf Dauer gestellt wird, wird es gesichert und entlastet von »Entscheidungszumutungen«. Die Dauer der Institution transzendiert die Vergänglichkeit des Einzelnen und erscheint überhaupt schließlich als ein Wert an sich[29]. Institutionelles Handeln entlastet den Menschen von der Reflexion auf den Sinn seines Tuns.

Die Reflexion »ist von großer Bedeutung dann, wenn sie, wie heutzutage, chronischer Zustand und Strukturmerkmal selbst des Massenbewußtseins wird. Dies tritt dann ein, wenn bestimmten Antrieben und Gesinnungen die Außensteuerung genommen wird, wenn ihnen damit die Zukunft abgeschnitten ist und solche Gesinnungen nun, auf sich zurückgeworfen, sich in der Spiegelung der Re-

24 Ebd. S. 110.
25 Gehlen: Sozialpsychologische Probleme S. 18 (s. oben Anm. 2).
26 Gehlen: Urmensch S. 69 (s. oben Anm. 3).
27 Ebd.
28 Vgl. Jonas: Institutionenlehre S. 40, 53 f. (s. oben Anm. 21).
29 »Die Überlebenszeit einer Gesinnung, der die Außenstützung durch Institutionen entzogen ist, die sich also handlungslos tradieren soll, hat eine meßbare Dauer von höchstens zwei bis drei Generationen, wie das Schicksal des monarchischen Gedankens in Frankreich beweist. Umgekehrt können Institutionen, selbst von innen her leerlaufend, eine ungeheuere Lebensdauer haben, weil sie schließlich noch die abstrakte Dauer verkörpern, die selbst ein Wert ist.« Gehlen: Urmensch S. 48 (s. oben Anm. 3).

flexion bewegen müssen, die hier als versetzte Handlung wirkt. Der Erfolg ist arretierend, belastend.«³⁰ Anstatt institutionsgesichert zu handeln, ist der Mensch nur mehr fähig, seine Verhaltensunsicherheit, den Pluralismus und die Heterogenität seiner Lebenswirklichkeit zu reflektieren, einander ausschließende Ansprüche gegeneinander auszuspielen und aufeinander beziehend zu relativieren. Die Reflexion ist das Geschäft der Intellektuellen, gegen die sich Gehlens Haß zunehmend wendet: »Wenn nichts mehr gegenhält, wenn die Kritik zur Verfassung des Bewußtseins selber wird, nimmt der Prozeß die Form der Entropie an und strebt dem wahrscheinlichsten Zustand zu, nämlich dem der größten Unordnung.«³¹

Der Begriff der Entfremdung erfährt bei Gehlen somit eine positive Deutung: In dem Maße, wie Institutionalisierung das Umschlagen in Eigengesetzlichkeit fordert und die Institution es dem Menschen erlaubt, von ursprünglicher Motivation abzusehen, entlastet sich die Gesellschaft selbst »von der Aktualität der Ausgangslagen ihrer eigenen Institutionen«³². Solche Entfremdung ist tief im biologischen Wesen des Menschen angelegt. Gehlen hat für diesen Sach-

30 Ebd. S. 105 f. Vgl. auch Helmut Schelsky: Ist die Dauerreflexion institutionalisierbar? Zum Thema einer modernen Religionssoziologie. In: Zeitschrift für evangelische Ethik (1957), H. 6, S. 153 ff. Wiederabgedruckt in: derselbe: Auf der Suche nach Wirklichkeit S. 250 ff. (s. oben Anm. 2).

31 Arnold Gehlen: Moral und Hypermoral. Eine pluralistische Ethik. Frankfurt a. M./Bonn 1969. S. 153. Gehlens Haß gegen das Intellektuellentum führt ihn zu einer Apologie kommunistischer Gewaltherrschaft: »Die drastische Ablehnung dieser Art Freiheit durch die Sowjets im August 1968 war ein Ereignis ersten Ranges und setzte ein Trauma.« Ebd. S. 154. »Mit solchen Einstellungen hat die Sowjetregierung bald aufräumen müssen, und wenn der Aufstand des gleichen Nihilismus noch lange dauert, dann wird sie sich als die letzte Ordnungsmacht plausibel machen.« Ebd. S. 155. Zur Kritik vgl. Jürgen Habermas: Nachgeahmte Substanzialität. Eine Auseinandersetzung mit Arnold Gehlens Ethik. In: Merkur 24 (1970), Nr. 264, S. 313 ff. Rüdiger Altmann fragt jedoch im Blick auf Habermas vielleicht nicht zu Unrecht: »Blickt er nicht seinerseits heimlich zurück in die Welt der Repräsentation? Jedenfalls flimmern die Bedenklichkeiten des Fortschritts zwischen den Zeilen.« Rüdiger Altmann: Brüder im Nichts? Zur Auseinandersetzung Jürgen Habermas' mit Arnold Gehlens Ethik. In: Merkur 24 (1970), Nr. 266, S. 578. Vgl. Habermas' düstere Spekulationen über die Möglichkeit psychotechnischer Verhaltensmanipulation und ihren denkbaren Sieg über reflexionsfähige Normen in: Jürgen Habermas: Technik und Wissenschaft als »Ideologie«. 2. Auflage. Frankfurt a. M. 1969. S. 97 (edition suhrkamp 287).

32 Gehlen: Urmensch S. 94 (s. oben Anm. 3).

verhalt den Ausdruck »Transzendenz ins Diesseits« erfunden[33]. Führt das monotheistische Transzendieren ins Jenseits dazu, Institutionen als heteronom abgeleitete und schließlich zweckrationale zu begreifen, so erlaubt die Transzendenz ins Diesseits ein Institutionsverständnis, das der Institution einen autonomen Eigenwert im Dasein zuspricht. Am augenfälligsten zeigt sich diese Auffassung von Institution im Ritus[34].

In Arnold Gehlens Sozialphilosophie finden sich die wichtigsten Topoi deutschen konservativen Denkens versammelt. Trat die Kritik am christlichen Monotheismus, wie wir gezeigt haben, in früheren Phasen konservativen Denkens nur versteckt auf[35], so hat Gehlen seine Monotheismuskritik mit seiner Aufklärungskritik sinnvoll verbunden und damit deutlich gemacht, daß, wer in der deutschen Tradition konservativ denkt, christlichen Monotheismus ebenso ablehnen muß wie die aufklärerisch-optimistische Anthropologie und eine Geschichtsbetrachtung, welche dem Gedanken naturhaften Seins widerspricht[36]. Instrumentelles oder utilistisches Bewußtsein, jede Vorgabe eines rationalen, außerhalb des institutionell abgesicherten Handelns liegenden Zweckes, wird strikt abgelehnt. Ein tiefes Mißtrauen gegenüber allen Regungen der Subjektivität beherrscht das gesamte Werk Gehlens. »Stabilisierung nach rückwärts«[37] soll den

---

33 Ebd. S. 18 f.

34 »Diese sehr bedeutende und ursprüngliche Verhaltensform besteht in der *Darstellung*, die Darstellung erfolgt zuerst als Nachahmung, als imitatorischer Ritus. Das rituell darstellende Verhalten geht *nicht* mehr, wie sonst jedes menschliche Handeln, auf eine *Veränderung* des Gegenstandes, gerade weil sein Inhalt das Sein desselben ist. Es geht also nicht mehr um ein Verbessern, Veredeln, Anreichern des Gegenstandes dieses Verhaltens, um irgendeine Veränderung, und es ist einsichtig, daß allein ein solches nichtveränderndes Handeln die Vorstellung eines dauernden, zeitüberlegenen Daseins zu tragen vermag. Es ist dies die Stufe daseiender, sichtbarer und doch transzendenter Wesenheiten, welche eine archaische Kultur geradezu charakterisiert.« Gehlen: ebd. S. 18.

35 Vgl. oben S. 85 ff.

36 »Prophetie und Autonomie haben gemeinsam, daß in ihnen der Mythos des Ursprungs gebrochen ist. Darum ist es nicht ganz sinnlos, den Geist der Prophetie – antisemitisch formuliert: das Judentum – für die Aufklärung mitverantwortlich zu machen.« Paul Tillich: Die sozialistische Entscheidung. In: derselbe: Christentum und soziale Gestaltung. Frühe Schriften zum Religiösen Sozialismus. Hrsg. von Renate Albrecht. Stuttgart 1962. S. 245 (Gesammelte Werke Bd. 2).

37 Vgl. Arnold Gehlen: Der Mensch. Seine Natur und seine Stellung in der

Sinn für die Verpflichtung, für das Opfer garantieren. Erst der objektive Geist macht den einzelnen frei, und nur durch Aufopferung für die Institution entgeht der Mensch der fatalen Möglichkeit, sich selbst leben zu wollen [38]. Wer die subjektive Existenz und ihre Erhaltung zum höchsten Lebensinhalt macht, gerät in eine Aporie der Sinnlosigkeit. Nur der Dienst an Institutionen gibt Freiheit [39].

Im Blick auf politische Institutionen ist es nur folgerichtig, wenn Gehlen das Königtum als die seiner Sozialphilosophie adäquate Regierungsform beschwört: »Deshalb wird die Erinnerung an die Königszeit aus den Hintergründen der Seelen nicht so bald verschwinden, denn damals war eine Daseinsfülle im Obensein erreichbar, die besondere Tugenden voraussetzte und anforderte. Sie stammten alle, wie Mut, Großmut und Ehrgefühl, zuletzt aus einer Welt, in der Kriege und Siege häufig und zudem individuelle Leistungen waren. Mit dem Sieg konnte man sich in den Besitz aller Mittel zur Daseinsverklärung setzen, und dann mochten wohl Tugend, Macht und Reichtum zusammenfallen, wozu die Kirche noch das gute Gewissen beisteuerte, indem sie irgendeinen Kompromiß von Gewaltgebrauch und Religion fand.«[40] Heute aber, im Zeitalter der Vermischung von Staat und Gesellschaft, reduziert der Staat sich auf wesentlich wirtschaftliche und soziale Aufgaben. Er kann keine Gegenhalte mehr liefern, die dem Subjektivismus und Eudämonismus Einhalt geböten [41]. Das Industriesystem hat zu einer Einebnung und Auf-

Welt. (1940). 7., durchges. Auflage. Frankfurt a. M./Bonn 1962. S. 399 ff. Dazu Jonas: Institutionenlehre S. 69 ff. (s. oben Anm. 21).

38 Hier gerät Gehlen in deutliche Nähe zu Hegel. Vgl. Jonas: Institutionenlehre S. 42 (s. oben Anm. 21). Aber auch antike Vorstellungen von der Unantastbarkeit der Gesetze gegenüber subjektiver Schuldreflexion werden positiv hervorgehoben; vgl. Gehlens Zitat aus Gottfried Greiffenhagen: Der Prozeß des Ödipus, in: Hermes 94 (1966), H. 2, bei Gehlen, Moral S. 98 f. (s. oben Anm. 31).

39 »Wenn man sagt, der Dienst an den Institutionen sei die ›Entfremdung‹, so ist das ganz richtig, aber diese Entfremdung ist die Freiheit, nämlich die Distanz zu sich selbst und zu dem, was sich so zufällig im Kopf und Herzen abgelagert hat, wenn diese lange genug den Meinungsmachern ausgeliefert waren. Man mag verpflichtet sein, Meinungen Anderer zu achten, aber selbst welche zu haben ist ein Laster, denn sie sind es, mit denen angebbare Kreise die Auflösung der Institutionen legitimieren, um die Gesellschaft in eine Masse von Particüliers zu verwandeln.« Gehlen: Moral S. 75 (s. oben Anm. 31).

40 Ebd. S. 116.

41 Ebd. S. 182.

weichung der Toleranzgrenzen, zu einer »psychischen Desarmierung«
geführt, und nur die Großmächte kennen noch Grenzen des Zuzulas-
senden und Intoleranzgebiete, »während die Neutralisierten, die
Vorfeld-Satelliten und die Geschlagenen den Fortschritt im wörtlichen Sinne rückhaltlos betreiben oder doch dahin drängen. Hier liegt
eine moralische Transformation ersten Ranges vor...«[42]

Wie der Geist sich auf das, was ihm angeblich vorausliegt, zurück-
besinnen könne, wie er dem Leben dienen könne, ohne es doch zum
einzigen Sinn zu erheben, das war von alters her die Frage der Konservativen. Diesem Dilemma nach der Seite des Lebens hin auszuweichen, hat auch Gehlen nicht widerstanden. Zwar wäre es falsch,
Gehlens Lehre als flachen Biologismus mißzuverstehen[43]. Dennoch
ist der tiefe Pessimismus nicht zu übersehen, der Institutionen ihre
Bedeutung nur insoweit läßt, als sie die elementare Dauer der
menschlichen Gattung garantieren können. Die Welt hat in Gehlens
Augen Sinn nur für den, der sich von den Institutionen konsumieren
lassen will. Freiheit ist eine gefährliche Illusion, das Opfer des Menschen höchste Wirklichkeit, und »stabile Institutionen sind die Grad-
messer der Fähigkeiten eines Volkes«[44].

2. ›Kristallisation‹

Gehlens Urteil über die zukünftige Entwicklung der Menschheit ist,
unter dem Aspekt institutioneller Sicherung, ambivalent. Auf der
einen Seite meint er, daß die »parasitäre Veranlagung des Menschen«
heute deutlicher denn je hervortritt. Diese im Biologischen angelegte
embryonale Neigung zum einsatz- und ziellosen Genußleben finde
heute wie zu keiner früheren Zeit Gelegenheit zur Verwirklichung.
Millionenmassen Konsumierender wollen es »sich in der mechanisch

42 Ebd. S. 144. Diese These hat schon Christoph Steding in seinem bemerkens-
werten Buch: Das Reich und die Krankheit der europäischen Kultur, 2. Auflage,
Hamburg 1938/40, vertreten. Heute beklagt Ernst Forsthoff »die staatsideologi-
sche Unterbilanz«. Vgl. Ernst Forsthoff: Zur Problematik der Verfassungsausle-
gung. Stuttgart 1961. S. 11 ff. (res publica Bd. 7); vgl. auch: derselbe: Haben wir
zuviel oder zuwenig Staat? In: derselbe: Rechtsstaat im Wandel. Verfassungsrechtliche Abhandlungen 1950–1964. Stuttgart 1964. S. 66, 73, und: Das politische
Problem der Autorität, ebd. S. 105.
43 Vgl. Jonas: Institutionenlehre S. 34 (s. oben Anm. 21).
44 Gehlen: Sozialpsychologische Probleme S. 44 (s. oben Anm. 2).

gewordenen Natur gemütlich machen, sich gegenseitig in ihrer bloßen Menschlichkeit anerkennend. Das wäre der volle Triumph der tief in der Konstitution des Menschen angelegten parasitären Komponente, die Gesellschaft als Parasiten-Kolonie.«[45] Damit wäre das große Thema menschlichen Kampfes um Selbststeigerung ein für allemal erledigt.

Auf der anderen Seite glaubt Gehlen nicht, daß diese Entwicklung anhalten oder je an ihr volles Ende gelangen kann. Da das menschliche Leben, um für lohnend gelten zu können, stets um anderer Ziele als des bloßen Am-Leben-Bleibens eingesetzt werden muß, führt die zunehmende Subjektivierung des Lebens zu Angst, Neurosen, Verhetzbarkeit, einer allgemeinen Primitivierung und zum Realitätsverlust[46]. Der aussichtslose Versuch des Menschen, die Führung des Lebens selbst zum Thema seines Handelns zu machen[47], muß letztlich scheitern. Und so meint Gehlen heute, »daß sich bereits gewisse Stabilisierungen feststellen lassen«[48]. Diese Stabilisierung ist verschiedenen Faktoren zu verdanken.

Gehlen meint, im Unterschied zum 19. und zur ersten Hälfte des 20. Jahrhunderts eine gewisse Absättigung im Ideologischen feststellen zu können[49] und hält es für außerordentlich unwahrschein-

45 Gehlen: Urmensch S. 288 f. (s. oben Anm. 3).

46 Vgl. Arnold Gehlen: Anthropologische Forschung. Zur Selbstbegegnung und Selbstentdeckung des Menschen. Reinbek bei Hamburg 1961. S. 61 ff. (rowohlts deutsche enzyklopädie 138).

47 Vgl. Jonas: Institutionenlehre S. 77 (s. oben Anm. 21).

48 Arnold Gehlen: Über kulturelle Kristallisation. (1961). In: derselbe: Studien zur Anthropologie und Soziologie. Neuwied am Rhein und Berlin 1963. S. 312 (Soziologische Texte Bd. 17). Zum Ausdruck »Kristallisieren« vgl. schon Gehlen: Der Mensch S. 403 (s. oben Anm. 37).

49 »Es gibt dafür praktische und theoretische Gründe. Zuerst hat sich gezeigt, daß die Realisierung von Ideen, also die Zurechtbiegung der Wirklichkeit derart, daß sie der Reinheit der Idee ähnelt, stets ein Vorhaben ist, bei dem es blutig zugeht. Die Wirklichkeit fügt sich nicht dem Ideal, das sich deswegen an ihr rächt, daher sprach Mommsen bereits von dem hinter dem bewußten Gedanken unbewußt herwandelnden Richtbeil. Nach zwei Weltkriegen, die mit ungeheuerlichen Opfern unter der Fahne von Ideen geführt worden sind, scheinen bloß noch diejenigen Ideen und Weltanschauungen die Zukunft für sich zu haben, die bereits in die Funktionsordnung, in die Betriebsgesetze großer Industriegesellschaften eingegangen sind, die im geschichtlichen Verlauf zur wirklichen Verfassung solcher großen Industriegesellschaften wurden, und die also jetzt als teuer bezahlte Wirk-

lich, daß noch prinzipiell neue Ideologien auf den Plan treten werden, weshalb der Begriff Avantgardismus ihm überholt zu sein scheint: »Die Bewegung geht ja gar nicht nach vorwärts, sondern es handelt sich um Anreicherungen und um Ausbau auf der Stelle, wer heute von Avantgardismus spricht, der meint nur Bewegungsfreiheit als Programm, aber die ist ja längst zugestanden.«[50] Beide großen Welthälften haben Leitvorstellungen entwickelt, in deren Umkreis sie sich einrichten, und die Entwicklungsvölker werden keine dritte Ideologie finden[51]. Gehlen wagt somit die Voraussage, »daß die Ideengeschichte abgeschlossen ist, und daß wir im Post-histoire angekommen sind, so daß der Rat, den Gottfried Benn dem einzelnen gab, nämlich ›Rechne mit deinen Beständen‹, nunmehr der Menschheit als ganzer zu erteilen ist. Die Erde wird demnach in der gleichen Epoche, in der sie optisch und informatorisch übersehbar ist, in der kein unbeachtetes Ereignis von größerer Wichtigkeit mehr vorkommen kann, auch in der genannten Hinsicht überraschungslos. Die Alternativen sind bekannt, so wie auch auf dem Felde Religion, und sind in allen Fällen endgültig.«[52] Deutlich spricht sich in diesen Sätzen das konservative Interesse an Unveränderbarkeit, der alte ontologische Sinn für die Beständigkeit des Bestehenden aus. – In einem Aufsatz ›Zur Standortbestimmung der Gegenwart‹ (1960) stellt Helmut Schelsky denselben Stabilisierungsprozeß in industriellen Gesellschaften fest und rechnet schon fest mit dem Unverständnis und Unwillen derjenigen, die Freiheit als das Produkt sozialer Machbarkeit erwarten[53].

lichkeit jeder Diskussion entrückt sind.« Arnold Gehlen: Über kulturelle Kristallisation. Zitiert nach der 1. Auflage, Bremen 1961. S. 7.
50 Gehlen: Kristallisation S. 322 (s. oben Anm. 48).
51 Ebd.
52 Ebd. S. 323.
53 »Damit steht die Soziologie und mit ihr der moderne Mensch in ihren Orientierungsbedürfnissen einer Erscheinung gegenüber, die wider Erwarten aller intellektuellen Utopie intellektuell am schwierigsten anzuerkennen sein wird: der Stabilisierung der industriellen Gesellschaften, der Verfestigung und Erstarrung des neuen sozialen und ›natürlichen‹ Milieus der neuen Kulturschwelle. Durch die sich in vielerlei organisatorischen Formen niederschlagenden Reformmaßnahmen moderner Gesellschaftsführung und durch eine jenseits allen bewußten Planungszugriffs in den Tiefenschichten des menschlichen Verhaltens, in Gewohnheiten, Sitten, Antriebsstrukturen und Reaktionsfähigkeiten erfolgte Anpassung des Menschen an die moderne Technik, ihre Produktionsformen und ihre Sozialstrukturen

Ähnlich wie Gehlen, dessen Begriff Kristallisation einen Zustand bezeichnet, »der eintritt, wenn die darin angelegten Möglichkeiten in ihren grundsätzlichen Beständen alle entwickelt sind«[54], versteht Rüdiger Altmann mit dem von ihm geprägten Begriff der »Formierten Gesellschaft« die Garantie neu gefundener Stabilität[55]. »Unsere Gesellschaft lebt bereits im Gefühl, wenn auch nicht im klaren Bewußtsein ihrer Einheitlichkeit. Diese Einheit gründet sich auf die Einebnung gegensätzlicher Traditionen, auf soziale und nationale Erfahrungen.«[56] Der Pluralismus ist für Altmann kein Einwand gegen seine These, im Gegenteil: »Pluralismus und Integration sind komplementäre Begriffe geworden, wobei Integration augenscheinlich den höheren Funktionswert besitzt.«[57]

Über die Entideologisierung und den Abbau von gesellschaftlichen Konflikten hinaus sieht der deutsche Konservatismus gegenwärtig Stabilisierungen, Formierungen, Kristallisationen[58] auf-

ist auf vielen Gebieten der industriellen Gesellschaft schon ein weitgehender Ausgleich früherer Spannungen erreicht. Das dynamische Bewußtsein der Krise zögert überall, ihn anzuerkennen; daß die Jugend mit der Technik, den Großbürokratien, den Massenkommunikationsmitteln usw. ›leichter fertig wird‹ als die vorhergehenden Generationen, begegnet eher Mißtrauen als Befriedigung. Zuviel von der geliebten Not des Zeitalters, die das Freiheitsgefühl und das Machtbewußtsein des modernen Menschen begründete, geht damit verloren. Wo zuerst diese Stabilisierung der industriellen Welt eintritt, wird die Euphorie der Freiheit als sozialer Machbarkeit auch zuerst verfliegen. Pessimismus und Resignationen werden Zeichen dieses Stadiums sein.« Helmut Schelsky: Zur Standortbestimmung der Gegenwart. (1960). In: derselbe: Auf der Suche nach Wirklichkeit S. 435 (s. oben Anm. 2).

54 Gehlen: Kristallisation S. 321 (s. oben Anm. 48).

55 Rüdiger Altmann: Die Formierte Gesellschaft. In: derselbe: Späte Nachricht vom Staat. Politische Essays. Stuttgart–Degerloch 1969. S. 29.

56 Ebd.

57 Ebd. S. 30. Zur Parallele von »formierter Gesellschaft« und »völkischer Einheit« vgl. die Schlußbemerkungen bei Heide Gerstenberger: Der revolutionäre Konservatismus. Ein Beitrag zur Analyse des Liberalismus. Berlin 1969. S. 152 ff. (Sozialwissenschaftliche Abhandlungen H. 14).

58 Das Interesse an solchen Stabilisierungen kennzeichnet den Konservatismus von jeher. Als Beispiel seien einige Sätze aus Ferdinand Frieds Buch ›Das Ende des Kapitalismus‹ (Jena 1931) zitiert, die sich im Materialen von gegenwärtigen konservativen Kristallisationsbehauptungen zum Teil unterscheiden, andererseits aber bereits das Interesse an einer staatlichen Lenkung des Wirtschaftslebens zeigen: »Die mechanische und industrielle Revolution ist abgeschlossen. Der technische Ausbau und die technische Ausrüstung der Wirtschaft ist beendet. Neue *grund-*

grund von Faktoren entstehen, für die man das Wort ›Sachzwang‹ gefunden hat[59]. Dieser Begriff steht in deutlicher ideologischer Verbindung zu dem, was bei Gehlen »Selbstwert im Dasein« oder »Eigengesetzlichkeit« heißt. Sachzwänge sind politischer, ökonomischer und technischer Natur, wie das Gesamtsystem »Gesellschaft plus Staat«[60]. Ernst Forsthoff hat seit seiner viel beachteten Schrift ›Die Verwaltung als Leistungsträger‹ (1938)[61] den wachsenden Bereich staatlicher Daseinsvorsorge immer neu beschrieben. Allerdings wächst in dem Maße, wie der Staat Vorsorgepflichten und Planungsaufgaben übernimmt, auch die Macht der Gesellschaft, die mit ihren Interessengruppen auf staatliche Politik einwirkt[62]. Besonders die Bundesrepublik ist nach Forsthoffs Urteil als Staat zur Funktion der Gesellschaft geworden[63]. Der wachsenden Allmacht

legende Erfindungen sind nicht mehr zu erwarten ... Aus diesem Tatbestand läßt sich entnehmen, daß dem modernen Industriekapitalismus jegliche notwendige Anregung fehlt, um sich in den nächsten Jahren in ähnlichem Rhythmus weiterzubewegen, zu entwickeln wie in den verflossenen hundert Jahren. Keine Erfindungen, keine Bevölkerungszunahme, keine freie Konkurrenz nach innen und nach außen, kein zerstörbarer Mittelstand, keine Persönlichkeiten mehr. Dagegen fließen dem Staat alle neuen Anregungen zu, um ihn mit neuem Inhalt auszufüllen und die Aktivität einer kapitalistischen Wirtschaft zu ersetzen.« S. 21 f.

59 Die sich hinter diesem Begriff verbergende Vorstellung von der politischen Neutralität korrespondiert mit der im Konservatismus stets behaupteten oder geforderten Neutralität des Staates. Insofern ist die ›Entpolitisierung‹ in der Tat die Ideologie der Technokratie, wie André Gorz annimmt, der ihr dialektisches Verhältnis zu den Konservativen sozioökonomisch interpretiert. André Gorz: Technokratie und Arbeiterbewegung. In: Texte zur Technokratiediskussion. Hrsg. von Claus Koch und Dieter Senghaas. Frankfurt a. M. 1970. S. 152 f. (Kritische Studien zur Politikwissenschaft).

60 Arnold Gehlen: Die Chancen der Intellektuellen in der Industriegesellschaft. In: Neue deutsche Hefte 17 (1970), Nr. 125, H. 1, S. 4.

61 Ernst Forsthoff: Die Verwaltung als Leistungsträger. Stuttgart und Berlin 1938 (Königsberger Rechtswissenschaftliche Forschungen 2).

62 Nicht jede Planung allerdings führt zu einer Stärkung politischer Gewalt; vgl. Hans-Joachim Arndt: Die Figur des Plans als Utopie des Bewahrens. In: Säkularisation und Utopie. Ebracher Studien. Ernst Forsthoff zum 65. Geburtstag. Stuttgart/Berlin/Köln/Mainz 1967. S. 153.

63 »Die Ordnung des sozialen Ganzen ist nicht mehr das Werk des Staates allein. An ihr sind vielmehr alle durch die Selbstorganisation der Gesellschaft formierten Kräfte beteiligt, also neben dem Staat und den Parteien auch die Verbände. Der auf spezifische Aufgaben hin zweckrationalisierte Staat mit einem Minimum an Autorität und Staatsgesinnung wäre ja auch außerstande, die alleinige

von Staat und Verbänden entspricht eine zunehmende Inkompetenz der Bürger, über ihr politisches Schicksal zu entscheiden[64]. Die Staatsbürger haben gelernt, die engen Grenzen ihrer Zuständigkeit zu erkennen, und verhalten sich nach Meinung Forsthoffs darin systemgerecht (und auch verfassungskonform), daß sie sich auf die Ausübung des Wahlrechts als die fast einzige Art staatsbürgerlich zulässiger Aktivität beschränken[65].

Rüdiger Altmann betont wie alle Konservativen die Notwendigkeit staatlicher Autorität angesichts einer Entwicklung, die den Staat in seine Funktionen zerfallen und zur Endsilbe alles dessen herabsinken läßt, was mit Macht zu tun hat[66]. Eine handlungsfähige Regierung aber braucht Autorität, und nicht von ungefähr zitiert Altmann die berühmte Formel des Hobbes: auctoritas non veritas facit legem.

Innerhalb der politisch-sozialen Stabilisierung geben die konservativen Theoretiker dem Bereich der Wirtschaft besonderes Gewicht. Hier wird die ideologische Abhängigkeit des modernen Konservatismus vom kapitalistischen Wirtschaftssystem besonders augenfällig: »Es ist kennzeichnend für die Reife der Formierten Gesellschaft, daß sie dem Funktionswert der Wirtschaft einen hohen politischen Rang einräumt. Interessenkonflikte, ob zwischen Arbeitgebern und Gewerkschaften, durch Paritätsforderungen der Landwirtschaft oder die Ansprüche einzelner Branchen oder Produktionszweige,

Verantwortung für die Ordnung des sozialen Ganzen zu tragen. Diese Ordnung wird vielmehr durch eine ständige Kooperation zwischen dem Staat und den formierten Kräften der Gesellschaft aufrechterhalten und fortgebildet.« Ernst Forsthoff: Die Bundesrepublik Deutschland. Umrisse einer Realanalyse. In: Merkur 14 (1960), Nr. 151, S. 811.

64 »Dieser Logik entspricht demnach eine staatsbürgerliche Aktivität, die vor den äußerst komplizierten Gegebenheiten des sozialen Ganzen einer industriell-bürokratischen Gesellschaft haltmacht. Der Dilettantismus, mit dem in Bürgerversammlungen die großen Fragen der Wirtschafts- und Sozialpolitik behandelt zu werden pflegen, und auch nur behandelt werden können, ist rührend und steril zugleich.« Forsthoff: ebd. S. 816.

65 Ebd.

66 »Man spricht von Rechts- und Justizstaat, Versorgungs- und Wohlfahrtsstaat, von Parteien-, Verbände-, Steuer- und Verwaltungsstaat. Ebenso mühelos ließe sich von Wiedergutmachungs-, Lastenausgleichs-, Mitbestimmungs- oder Verteidigungsstaat sprechen.« Rüdiger Altmann: Späte Nachricht vom Staat. In: derselbe: Späte Nachricht S. 49 (s. oben Anm. 55).

müssen diesen Primat anerkennen. Diese Anerkennung heißt zugleich Anerkennung der Marktwirtschaft – der Freiheit des Wirtschaftens. Selbstverständlich ist es hier üblich und notwendig, den Zusammenhang von Freiheit und Ordnung zu berücksichtigen. Doch ist diese Selbstverständlichkeit sekundär.«[67] Altmann sieht im wesentlichen zwei große Aufgaben, denen Gesellschaft und Regierung gewachsen sein müssen: die Garantie der wirtschaftlichen Entwicklung und die Verteilung des Sozialprodukts[68]. Für Forsthoff sind Wirtschaft und Staat zu einer Funktionseinheit geworden[69]. Gehlen spricht von einer »Produktions- und Wohlstandsunion, in der die Steigerung der wirtschaftlichen Leistung einerseits, die Garantie von Wohlstand und ziviler Sicherheit andererseits die beherrschenden Imperative ausmachen«[70]. Die Wiederherstellung der wirtschaftlichen Kraft war überhaupt die Voraussetzung der staatlichen Reorganisationsfähigkeit der Bundesrepublik[71]. Das reibungslose Funktionieren der Wirtschaft, die Garantie von Vollbeschäftigung und Wachstumssteigerung gehören deshalb zu den Voraussetzungen der politischen Existenz selbst. Mit dieser Auslieferung an die Bedingungen des Wirtschaftens ist die Bundesrepublik, wie Forsthoff offen gesteht, allen übrigen Staaten vorangegangen[72]. Forsthoff ist überzeugt, daß an eine Veränderung der Strukturen dieses sozioökonomischen Systems nicht mehr zu denken ist[73]. Wie stark das konservative Interesse an der Dauerhaftigkeit

67 Altmann: Formierte Gesellschaft S. 36 f. (s. oben Anm. 55). In welcher Weise der Klassenkonflikt durch die gegenwärtig sich herausbildende sozioökonomische Struktur verändert wird, beschreibt Jürgen Habermas: Technik und Wissenschaft als »Ideologie« S. 84 f., 89 f. (s. oben Anm. 31).
68 Altmann: ebd. S. 35.
69 Ernst Forsthoff: Verfassung und Verfassungswirklichkeit der Bundesrepublik. In: Merkur 22 (1968), Nr. 241, S. 405. Forsthoff exemplifiziert diese These anschaulich an dem politischen Instrument der sogenannten »Konzertierten Aktion« und dem Gesetz zur Förderung der Stabilität und des Wachstums der Wirtschaft vom Juni 1967. Ernst Forsthoff: Zur heutigen Situation einer Verfassungslehre. In: Epirrhosis. Festgabe für Carl Schmitt. Hrsg. von Hans Barion u. a. Berlin 1968. S. 185 ff.
70 Gehlen: Chancen S. 5 (s. oben Anm. 60).
71 Forsthoff: Bundesrepublik S. 810 f. (s. oben Anm. 63).
72 Forsthoff: Verfassung S. 412 (s. oben Anm. 69).
73 »... nicht nur deshalb, weil der Widerstand dagegen unüberwindlich wäre, sondern weil die Instanz fehlt, die diese Veränderung, die eine Wiederherstellung

dieses Systems ist, zeigen Sätze Gehlens, die den Vergleich mit »der alten Naturordnung« nicht scheuen: »Die Union Gesellschaft–Staat–Wirtschaft ist auf Produktionszuwachs, Umverteilung, Soziale Sicherheit und Internationale Kooperation hin gebaut, sie ist seit zwanzig Jahren eingelaufen und vollkommen irreversibel, es handelt sich um eine stationäre Subventionsordnung der Gesamtgesellschaft. Sie ist, so könnte man sagen, ein Äquivalent der alten Naturordnung: nur an der Oberfläche durchsichtig, zur Mythenbildung anregend, zur Anpassung zwingend.«[74]

In dem Maße wie ›Sachverhalte‹, ›Sachzwänge‹, ›Eigengesetzlichkeiten‹[75] die Voraussetzungen des kristallierten Systems ausmachen, gewinnt der Fachmann an Bedeutung, und die Trennung des Fachmanns vom Laien erzeugt ein völlig neues Autoritätsmodell. »Die Begriffe und die Problemstellungen jeder Fachwissenschaft werden bei dem heute erreichten Grad der Spezialisierung so anschauungsfern und so abstrakt, daß sie für Dritte, die keinen langen Anmarsch hinter sich haben, überhaupt unverständlich sind. Auch ein guter und ausgebildeter Kopf kann sein Interesse an Sachgebieten, die nicht gerade sein eigenes Arbeitsfeld betreffen, nur in untergeordneten Rücksichten und auf einer nicht mehr aktuellen Ebene befriedi-

der Staatlichkeit bedeuten könnte, herbeizuführen in der Lage wäre.« Forsthoff: ebd. S. 413.

74 Gehlen: Chancen S. 8 (s. oben Anm. 60). Der gleiche Gedanke taucht auch bei Georg Lukács auf, allerdings in einer spezifischen Variante, insofern Lukács das Wort »naturwüchsig« reflektiert gebraucht und keine durch Kulturschwellen bedingte Rangordnung von Institutionen kennt. Der Widerstreit der modernen Gesellschaftssysteme »zwischen ihrem Wesen als von ›uns‹ ›erzeugten‹ Systemen und zwischen ihrer menschenfremden und menschenfernen fatalistischen Notwendigkeit ist nichts anderes als die logisch-methodologische Formulierung des modernen Gesellschaftszustandes: eines Zustandes, in dem die Menschen einerseits in ständig steigendem Maße die bloß ›naturwüchsigen‹, die irrationell-faktischen Bindungen zersprengen, ablösen und hinter sich lassen, andererseits aber gleichzeitig in dieser selbstgeschaffenen, ›selbsterzeugten‹ Wirklichkeit eine Art zweiter Natur um sich errichten, deren Ablauf ihnen mit derselben unerbittlichen Gesetzmäßigkeit entgegentritt, wie es früher die irrationellen Naturmächte (pünktlicher: die in dieser Form erscheinenden gesellschaftlichen Verhältnisse) getan haben.« Georg Lukács: Geschichte und Klassenbewußtsein. (1923). Neuwied und Berlin 1968. S. 307 (Werke Bd. 2: Frühschriften II).

75 Zu ›Eigengesetzlichkeit‹ und ›Sachzwang‹ bei Gehlen vgl.: Probleme einer soziologischen Handlungslehre. In Gehlen: Studien S. 196 ff. (s. oben Anm. 48).

gen, und so haben denn die Versuche zur Popularisierung schwieriger Theorien überhaupt aufgehört.«[76] Im staatlichen, wirtschaftlichen, technischen und vor allem im wissenschaftlichen Bereich gilt die Autorität des Informierten, die Sachkenntnis des Fachmannes, die Berufserfahrung gegenüber dem Nichtinformierten, dem Laien und dem Dilettanten[77]. In dem Maße, wie Sachverhalte Selbstwert erhalten und, wie Gehlen sagt, die Maschinenkultur einen Rekord der Zwecksetzung ohne Zweck aufstellt[78], herrscht technisches Können als Verfügung über Menschen.

Hand in Hand mit der Behauptung dieser Entwicklung zum ›Sachzwang‹ aber geht die konservative Behauptung, daß demokratische Freiheit in einem technokratischen Gesellschaftssystem nicht mehr praktiziert werden könne. Ernst Forsthoff stellt kategorisch fest: »Der Geist der Technik, auf nichts anderes bezogen als auf deren Perfektion, schließt individuelle Freiheit grundsätzlich aus.«[79]

76 Gehlen: Kristallisation S. 317 (s. oben Anm. 48).

77 An dieser Stelle setzt Gehlens temperamentvolle Kritik an den Intellektuellen ein. Er meint, unsere Kultur werde »von zwei verschiedenen Klassen geführt, nämlich den Experten und den Intellektuellen. Auf der einen Seite stehen die Techniker, die zahllosen Spezialisten für Herstellung und Vertrieb in allen Zweigen der Wirtschaft, die fast immer aus engen Anfängen sich in ihren Bereichen hocharbeiten mußten, die Führungskräfte in Handel, Gewerbe, Industrie, Verkehr einschließlich der Meister und Facharbeiter; stehen weiterhin die Verwaltungsfachleute und Richter, die Verbandspolitiker mit ihren Spezialproblemen, die Ärzte und Lehrer aller Schularten – mit einem Wort: das Millionenheer derjenigen, die am neuen babylonischen Turm Hand anlegen. Auf der anderen Seite steht die Gegenaristokratie, denn wir kommen wieder zu der Einsicht, daß sozial beunruhigte Zeiten aus dem Kampf zweier Aristokratien hervorgehen, von denen eine die andere verdrängen will. Hier haben wir die Meinungsträger und Moralisten, die die Macht des geschriebenen und gesprochenen Wortes handhaben, die progressiven Geister, sehr viele unter den Publizisten, Künstlern, Schriftstellern, Studenten und Theologen.« Gehlen: Chancen S. 13 (s. oben Anm. 60). Vgl. auch Arnold Gehlen: Das Engagement der Intellektuellen gegenüber dem Staat. In: Merkur 18 (1964), Nr. 195, S. 401 ff. Armin Mohler kritisiert den Pluralismus der westdeutschen Nachkriegseliten unter dem Gesichtspunkt, sie seien nicht fähig, die »Aufgabe der Sinngebung« zu übernehmen. Armin Mohler: Was die Deutschen fürchten. Angst vor der Politik. Angst vor der Geschichte. Angst vor der Macht. Frankfurt a. M./Berlin 1967. S. 155 ff. (Ullstein Buch Nr. 581).

78 Vgl. vor allem den Abschnitt »Automatismen« in Gehlen: Sozialpsychologische Probleme S. 34 ff. (s. oben Anm. 2).

79 Ernst Forsthoff: Technisch bedingte Strukturwandlungen des modernen Staa-

Der ›Systemzwang‹ erlaube nur begrenzte Freiheitsräume (also den Plural Freiheiten im alten konservativen Sinne), nicht aber demokratische Freiheit[80].

3. ›Technokratie‹

Inzwischen haben konservative Theoretiker eine Theorie des ›technischen Staates‹ entwickelt[81]. Das Startzeichen gab im Jahre 1961 Helmut Schelsky mit seiner Schrift ›Der Mensch in der wissenschaftlichen Zivilisation‹[82]. Sie ist bis heute der deutlichste Beweis für die von Konservativen klar erkannte Unvereinbarkeit zwischen Technokratie und Demokratie[83]. Helmut Schelsky formuliert unmißverständlich: »Für ... (den) ›Staatsmann des technischen Staates‹ ist dieser Staat weder ein Ausdruck des Volkswillens noch die Verkörperung der Nation, weder die Schöpfung Gottes noch das Gefäß einer weltanschaulichen Mission, weder ein Instrument der

---

tes. In: Technik im technischen Zeitalter. Stellungnahmen zur geschichtlichen Situation. Hrsg. von Hans Freyer, Johannes Chr. Papalekas, Georg Weippert. Düsseldorf 1965. S. 211. Forsthoff zeigt dies besonders an der Wirkungsweise moderner Massenkommunikationsmittel (ebd. S. 214 ff.). Im übrigen ist Forsthoff (entgegen der später zu entwickelnden These Helmut Schelskys, vgl. S. 336 ff.) der Meinung, es sei »eine Illusion zu glauben, eine vom Staat zu treffende Entscheidung oder Regelung werde dadurch entpolitisiert, daß man sie als reines Sachproblem dem Fachmann überläßt. Auch in der subtilsten und kompliziertesten Sachregelung steckt ein dezisionistisches Element. Anders ausgedrückt: auch das differenzierteste Sachwissen des Experten würde zu keiner Lösung einer komplizierten Sachfrage kommen können, wenn es ›rein‹ wäre. Die Lösung bringt nicht das Fachwissen, denn Wissen allein entscheidet nichts, sondern kommt über die Analyse, das Erkennen, nicht hinaus. Bloßes ›reines‹ Fachwissen, kann nur ermitteln, was ist und was nach den Gegebenheiten möglicherweise sein kann, nicht aber, was sein soll.« Ebd. S. 228.

80 So spricht Forsthoff oft davon, »daß die Technik, je höher entwickelt und reiner sie auftritt, um so antiliberaler wirkt, ... daß sie in diesem Maße auch der Demokratie Grenzen setzt«. Ebd. S. 222.

81 Vgl. Texte zur Technokratiediskussion (s. oben Anm. 59).

82 Helmut Schelsky: Der Mensch in der wissenschaftlichen Zivilisation. Köln und Opladen 1961 (Arbeitsgemeinschaft für Forschung des Landes Nordrhein-Westfalen. Geisteswissenschaften. H. 96). Wiederabgedruckt in: derselbe: Auf der Suche nach Wirklichkeit S. 439 ff. (s. oben Anm. 2).

83 Vgl. Martin Greiffenhagen: Demokratie und Technokratie. In: Technokratiediskussion S. 54 ff. (s. oben Anm. 59).

Menschlichkeit noch das einer Klasse. Der Sachzwang der technischen Mittel, die unter der Maxime einer optimalen Funktions- und Leistungsfähigkeit bedient sein wollen, entbebt von diesen Sinnfragen nach dem Wesen des Staates. Die moderne Technik bedarf keiner Legitimität; mit ihr ›herrscht‹ man, weil sie funktioniert und solange sie optimal funktioniert. Sie bedarf auch keiner anderen Entscheidungen als der nach technischen Prinzipien; dieser Staatsmann ist daher gar nicht ›Entscheidender‹ oder ›Herrschender‹, sondern Analytiker, Konstrukteur, Planender, Verwirklichender. Politik im Sinne der normativen Willensbildung fällt aus diesem Raume eigentlich prinzipiell aus, sie sinkt auf den Rang eines Hilfsmittels für Unvollkommenheiten des ›technischen Staates‹ herab.« – »Gegenüber dem Staat als einem universalen technischen Körper wird die klassische Auffassung der *Demokratie* als eines Gemeinwesens, dessen Politik vom Willen des Volkes abhängt, immer mehr zu einer Illusion. Der ›technische Staat‹ entzieht, ohne antidemokratisch zu sein, der Demokratie ihre Substanz.«[84]

Schelskys These hat in bezug auf die moderne Demokratietheorie zwei Stoßrichtungen. Einmal entfällt die politische Herrschaft dadurch, daß der Technokrat jenseits aller Normen dessen, was gut oder böse, politisch richtig oder falsch sein möchte, das Notwendige tut. Zum anderen entheben solche technologisch notwendigen und mithin notwendig richtigen Maßnahmen das Volk jedes Willensbildungsprozesses, solange die Technokratie, wie Schelsky sich ausdrückt, »optimal funktioniert«. Der politische Begriff des Volkes verschwindet ebenso wie der politische Begriff der Herrschaft und die zwischen beiden in der Demokratietheorie entwickelte Klammer der politischen Legitimität. Sachlogische Zwänge lösen die Politik alten Stiles ab und entmachten Volk, Parteien, Parlament und Regierung, ja sogar die Gerichte. Diese Entmachtung geschähe zum ersten Male nicht, um eine andere politische Gewalt neu zu inthronisieren, sondern um politische Herrschaft im herkömmlichen Sinne überhaupt abzuschaffen und durch eine optimale – und das heißt durchgängig rationale – Verwaltung von Sachen zu ersetzen.

Jürgen Habermas hat in seiner Kritik des technokratischen Modells gezeigt, daß hinter den Theorien einer optimalen Verbindung

84 Schelsky: Mensch S. 25 und 29 (s. oben Anm. 82).

von Technik und Politik die voraussetzungsvolle Unterstellung steckt, es gäbe ein Kontinuum der Rationalität in der Behandlung technischer und politischer Fragen[85]. Gerade die Praxis kommunistischer Politik hat gezeigt, daß ein wachsender Grad technischer Verfügung nicht unbedingt konvergieren muß mit einem Absterben dessen, was Marx unter politischer Herrschaft verstand.

Der technokratische Staat hätte strenggenommen kein politisches Ziel mehr, er wäre reine Funktionalität und enthöbe seine Glieder der Frage, was geschehen soll und warum es geschehen soll. In der marxistischen Zukunftsgesellschaft hört deshalb die Geschichte zusammen mit den konkurrierenden Wünschen und Vorstellungen der Menschen von einer erstrebenswerten Zukunft auf.

Der technische Staat bewirkt eine Entpolitisierung des Bürgers, der die Sachverhalte, die es zu entscheiden gilt, nicht mehr beurteilen kann[86]. Genau wie Ernst Forsthoff[87] behauptet Schelsky auch die

85 Jürgen Habermas: Wissenschaft und Politik. In: Offene Welt. Zeitschrift für Wirtschaft, Politik und Gesellschaft. Nr. 86, Köln und Opladen, Dezember 1964: Mündige Gesellschaft. S. 413 ff.; derselbe: Technischer Fortschritt und soziale Lebenswelt. In: Praxis 2 (Zagreb 1966), Nr. 1/2, S. 217 ff., bes. S. 227; derselbe: Verwissenschaftliche Politik und öffentliche Meinung. In: Humanität und politische Verantwortung. Festschrift für Hans Barth. Hrsg. von Richard Reich. Erlenbach–Zürich und Stuttgart 1964. S. 55 ff.; derselbe: Technik und Wissenschaft als »Ideologie«. Frankfurt a. M. 1968 (edition suhrkamp Nr. 287).

86 »Dazu kommt, daß die Sachverhalte, die es zu entscheiden gilt, ja gar nicht mehr von einer vernünftigen Urteilsbildung des normalen Menschenverstandes oder einer normalen Lebenserfahrung her angemessen intellektuell zu bewältigen sind, so daß immer mehr ›Informationen‹ erforderlich sind, jede sachlich tiefer gehende Information aber die politische Urteilsbildung eher suspendiert als erleichtert.« Schelsky: Mensch S. 30 f. (s. oben Anm. 82).

87 »Ein solches, in hohem Grade durchrationalisiertes Sozialgefüge gibt Ideologien (im weitesten Sinne des Wortes verstanden) wenig Raum zur Entfaltung.« Ernst Forsthoff: Rechtsfragen der leistenden Verwaltung. Stuttgart 1959. S. 16 (res publica Bd. 1). Allerdings wertet Forsthoff diese Entwicklung nicht eindeutig positiv, ebensowenig wie Rüdiger Altmann, der nach einer »besseren ideologischen Ausstattung unserer Politik« verlangt: »Wir haben uns in der Bundesrepublik angewöhnt, die Entideologisierung unseres Denkens als Fortschritt zu preisen. Selbst die Sozialdemokratie bemüht sich, entsprechende Vollzugsmeldungen zu erstatten. Daran mag allerlei Richtiges sein. Falsch wäre es indessen, wollten wir nun auf jede grundsätzliche Fundierung unserer Politik verzichten und uns darauf beschränken, ›aus der Praxis für die Praxis zu leben‹. Gerade ein Politiker braucht die Überzeugung, daß Ideen das Leben beherrschen – den Willen, Ideen zu ver-

entideologisierende Wirkung der Entwicklung zur Technokratie.
Während bis in das 20. Jahrhundert hinein Weltanschauungen als
Gesinnungsmotive der politischen Entscheidung vorgeordnet waren,
seien die Ideologien im technischen Staat funktionalisiert worden:
»Sie sind Erklärungen, Rechtfertigungen, Medien der Motivmanipulation geworden für das, was unter sachlich notwendigen Gesichtspunkten sowieso geschieht. Mit der fortschreitenden Selbstproduktion der wissenschaftlichen Zivilisation, den neuen Sachgesetzlichkeiten des ›technischen Staates‹, sind die Politiker dauernd gezwungen, die Ideen zu manipulieren, zu deuten, anzupassen usw.; die Russen nennen es ›Dialektik‹, die andern tun's so. Die Theoretiker ideeller politischer oder sozialer Gesamtordnungen sind damit, häufig ohne ihr Wissen, zu den Technikern der Rechtfertigung dessen geworden, was im Staate unvermeidbar seinen Gang geht.«[88]

An Stelle einer ausführlichen Kritik der technokratischen Ideologie vom ›Sachzwang‹[89] interessieren uns hier die philosophischen und ideologischen Voraussetzungen der konservativen Behauptung einer Entwicklung auf technokratische politische Systeme hin. Auch

wirklichen und nicht nur Geschäfte zu machen.« Rüdiger Altmann: Das Erbe Adenauers. 2. Auflage. Stuttgart 1960. S. 201.

88 Schelsky: Mensch S. 31 (s. oben Anm. 82). Dagegen nimmt Hermann Lübbe an, »daß die technokratische Ordnung, anstatt die Ideologie funktionslos zu machen, ihrem Wachstum im Gegenteil eine bedenkliche Chance gibt«. Gerade die neutrale Sachgesetzlichkeit der industriellen Zivilisation mache diese anfällig für ideologische Prägungen und einen »ideologischen Aktivismus, ... der ihr das transzendente Ziel steckt, dem sie zu dienen habe«. Mit diesem Gedanken kündigt sich eine Umkehrung der Position Schelskys an: die Technokraten könnten möglicherweise von Ideologen beansprucht werden. Vgl. Hermann Lübbe: Zur politischen Theorie der Technokratie. In: Der Staat 1 (1962), S. 19 ff., bes. S. 37. Vgl. grundsätzlich Wolfram Burisch: Ideologie und Sachzwang. Die Entideologisierungsthese in neueren Gesellschaftstheorien. Phil. Diss. Tübingen 1967.

89 »Ich fürchte, Herr Altmann, daß Ihr Glaube an die politische Kraft von Sachzwängen Ideologie ist. Auf den Sachzwang setzen immer diejenigen, die daran zweifeln, daß die Politik von Willen und Moral bestimmt wird.« Wilhelm Hennis in der Diskussion des Vortrags von Rüdiger Altmann: Muß unsere politische Maschinerie umkonstruiert werden? In: Bergedorfer Protokolle Bd. 16. Hamburg und Berlin 1966. S. 126. Zur Kritik der systemtheoretischen Rede von Sachzwängen vgl. Wolf-Dieter Narr: Theoriebegriff und Systemtheorie. Stuttgart/Berlin/Köln/Mainz 1969. S. 170 ff. (Narr-Naschold: Einführung in die moderne politische Theorie Bd. 1); derselbe: Systemzwang als neue Kategorie in Wissenschaft und Politik. In: Technokratiediskussion S. 218 ff. (s. oben Anm. 59).

hierfür gibt die Schrift Schelskys Aufschlüsse. Schelsky meint, die Verwandlung der Demokratie in den ›technischen Staat‹ bedürfe »keiner Revolution im sozialen oder politischen Sinne, keiner Verfassungsänderung, keiner ideologischen Bekehrung. Es bedarf nur der steigenden Anwendung wissenschaftlicher Techniken aller Art, und der technische Staat entsteht im alten Gehäuse.«[90]

Schelsky wendet sich gegen falsche Dramatisierungen kulturkritischer Art und meint, daß es sich bei dieser Tendenz um Entwicklungsgesetzlichkeiten handelt, die ihren Ausgang in dialektischer Weise gerade aus dem aufklärerischen Interesse an der Subjektivität des Menschen genommen haben. Wie bei Gehlen zeigt sich auch bei Schelsky ein durchaus ambivalentes Verhältnis zur Aufklärung. Scheint ihm auf der einen Seite der Impuls zur Ablehnung und zum Protest gegenüber der von ihm skizzierten wissenschaftlichen Zivilisation als Reaktion berechtigt, ja notwendig, so wertet Schelsky auf der anderen Seite die aufklärerische Prämisse dieses Protestes ab: »In der Tat ist ja heute auch die Besinnung oder die Anrufung ›des Menschen‹, der ›im Mittelpunkt aller Dinge‹ steht oder stehen soll, universales Glaubensbekenntnis, überall zu hörender moralischer Appell gegenüber der modernen Zivilisation. Jacques Ellul sagt mit Recht, daß unsere Gegenwart einen Mythos ›Der Mensch‹ ausgebildet habe. Aber diese Eindringlichkeit, mit der ›der Mensch schlechthin‹ zum zentralen Thema unserer moralischen und metaphysischen Besinnungen geworden ist, stammt aus dem Prozeß der Erzeugung der wissenschaftlichen Zivilisation selbst.«[91] Schelsky ist davon überzeugt, daß sich diese Ideologie der Humanität als globale Überzeugung über die Erde verbreiten wird, sieht aber in dieser Entwicklung nur die Dokumentation einer neuen Selbstentfremdung des Menschen[92]. Der Mensch schaudert vor der von ihm selbst geschaffenen Möglichkeit zurück, völlig in seinen Konstruktionen aufzugehen. Die metaphysische Heimatlosigkeit dokumentiert sich in einer metaphysischen Sehnsucht nach rückwärts, fixiert sich an der Erinnerung an die Freiheit der Subjektivität in der Entzweiung und Entfremdung von der Welt[93].

90 Schelsky: Mensch S. 32 (s. oben Anm. 82).
91 Ebd. S. 40 f.
92 Ebd. S. 41.
93 Ebd. S. 42.

Unter Berufung auf Gotthard Günther[94] stellt Schelsky, ähnlich wie Gehlen mit seinem Begriff der Kulturschwelle, eine totale Ablösung von der bisherigen Geschichte durch einen metaphysischen Identitätswechsel des Menschen fest[95]. Als Reaktion auf diese Situation sieht er die Möglichkeit eines metaphysischen Nihilismus, eine radikale Weltflüchtigkeit[96]. Diese Reaktion wäre derjenigen der konservativen Revolutionäre in den zwanziger Jahren vergleichbar. Interessanter und aktueller ist eine andere Bemerkung, die sich als eine Art Alternative verstehen läßt: »Es ist also die Frage, ob dieses notwendige Bestreben des Menschen, seine Identität als ›Seele‹, Innerlichkeit oder Subjektivität zu wahren, in einer Identität gegenüber dem alten In-der-Welt-Sein oder dem neuen selbstschöpferischen Mit-der-Welt-eins-Sein gesucht wird, ob wir also auf historisches oder providentielles Heilswissen zielen. Im Grunde genommen steht der Mensch damit in neuer Form wieder vor der Frage, ob er das Gewordene oder das Ewige retten will.«[97] Der letzte Satz weist in die Richtung der Gehlenschen Annahme einer »Kristallisation« und schlägt zugleich die Brücke zu dem alten ontologischen Bedürfnis jedes konservativen Denkers, das auch im Zeitalter der wissenschaftlich technischen Zivilisation nach Befriedigung sucht. In welcher Weise dies geschehen kann, hat Armin Mohler in einer programmatischen Schrift entwickelt, die das jüngste Stadium konservativen Denkens in Deutschland bezeichnet.

4. ›Organische Konstruktion‹

Der Begriff stammt von Ernst Jünger und bezeichnet augenfällig das alte konservative Dilemma. Dennoch stellt Armin Mohlers Aufnahme des Begriffs eine interessante Variante deutschen konservativen Denkens der Gegenwart dar. Mohlers Resümee ›Konservativ

94 Gotthard Günther: Schöpfung, Reflexion und Geschichte. In: Merkur 14 (1960), Nr. 149, S. 628 ff., bes. S. 638, 649.

95 Schelsky: Mensch S. 42 (s. oben Anm. 82).

96 »Es wäre ein Nihilismus, der dem von Nietzsche gesehenen und mit heraufgeführten geradezu widerspräche, denn dieser war ein historischer und innerweltlicher Nihilismus, wogegen die von mir gemeinte metaphysische Position eben darin bestünde, sich in einer radikalen geistigen und sozialen Verneinung der aufkommenden Welt der wissenschaftlichen Zivilisation zu verwurzeln.« Ebd. S. 44.

97 Ebd. S. 43.

1969‹[98] bildet, unter dem Gesichtspunkt unserer systematischen Fragestellung, den Schluß konservativen Denkens in Deutschland, tut es aber gerade, indem es das Dilemma dieses Denkens vor aller Welt offenbart.

Mohler gibt zunächst zu, daß die Konservativen heute in einer Sackgasse stecken, weil sie mit dem Phänomen der industriellen Gesellschaft nicht fertiggeworden sind[99]. Er verweist auf die durchgängige kulturkritische Stimmung, wie sie sich in dem von Freyer, Papalekas und Weippert herausgegebenen Sammelband ›Technik im technischen Zeitalter. Stellungnahmen zur geschichtlichen Situation‹[100] bekundet. Die Technik galt den meisten deutschen Konservativen auch nach dem Zweiten Weltkrieg noch für eine seelenlose Apparatur, die den Massenmenschen produziert und als naturwidrige Zivilisation einen organischen Aufbau der Gesellschaft unmöglich macht[101]. Mohler meint dagegen, es sei falsch, Modelle aus verflossenen Gesellschaftszuständen zu holen, in der Annahme, nur dort habe es klare Hierarchien und Strukturen gegeben[102], und beruft sich auf Ernst Jünger, der statt einer Anknüpfung an den Status quo schon vor Beginn des Dritten Reiches den paradoxen Gedanken einer ›organischen Konstruktion‹ erwog. »Er ahnte, daß die Zerstörungen ein Ausmaß erreichen werden, das jeden Ansatz beim Status quo unmöglich macht. So begann sein im Kern konservatives Denken um ein ›radikales‹ Eingreifen zu kreisen, das Zustände schafft,

98 Armin Mohler: Konservativ 1969. In: Formeln deutscher Politik. Sechs Praktiker und Theoretiker stellen sich. Hrsg. von H. J. Schoeps und Chr. Dannenmann. München und Eßlingen 1969. S. 106 (Fakten sprechen).

99 Ebd. S. 107.

100 Technik im technischen Zeitalter (s. oben Anm. 79).

101 Mohler: Konservativ 1969 S. 107 f. (s. oben Anm. 98). Vgl. Hans-Joachim von Merkatz: Die konservative Funktion. Ein Beitrag zur Geschichte des politischen Denkens. München 1957. S. 80 ff. (Konservative Schriftenreihe Bd. 1); Hans Mühlenfeld: Politik ohne Wunschbilder. Die konservative Aufgabe unserer Zeit. München 1952. S. 50 ff., 370; Hans Freyer: Der Mensch und die gesellschaftliche Ordnung der Gegenwart. In: Zeitschrift für die gesamte Staatswissenschaft 110 (1954), S. 10 ff.; derselbe: Theorie des gegenwärtigen Zeitalters. Stuttgart 1955. S. 30 f., 40 f., 223; derselbe: Das soziale Ganze und die Freiheit der Einzelnen unter den Bedingungen des industriellen Zeitalters. Göttingen/Berlin/Frankfurt 1957. S. 27 f.; vgl. Grebing: Konservative gegen die Demokratie. Konservative Kritik an der Bundesrepublik seit 1945. Frankfurt a. M. 1971.

102 Mohler: ebd. S. 111.

die ihrerseits wieder ›Natur‹ zu werden vermögen.«[103] Dieser Gedanke, Zustände zu schaffen, deren Erhaltung sich lohnt, ist überhaupt der Kerngedanke der ›Konservativen Revolution‹[104]. Ernst
Jünger bezog die Technik in seine Überlegungen ein und hat die erste Theorie der Technokratie entworfen, die denn sogleich deutlich
machte, daß Technokratie und Demokratie nicht zusammenge-
hen[105].

Die ›organische Konstruktion‹ soll den genauen Gegensatz zu der
an Abstraktionen orientierten Utopie des politischen Rationalismus
abgeben[106]. Für solche abstrakte Utopie verweist Mohler auf die
romantische Flucht der gegenwärtigen Linken in vorindustrielle Be-
wußtseinszustände, in die Utopie eines auf allen politischen Ebenen
durchgeführten Rätesystems oder auf die kulturkritischen Angriffe
gegen die Technik[107].

Mohler nimmt eine Vertauschung der gesellschaftspolitischen Rollen zwischen rechts und links an: »Die Linke hat so mit den Konservativen die Rollen getauscht. Sie, die sich so lange im avantgardi-
stischen Glanze sonnte, hat nun die Rolle der Maschinenstürmer und
damit der ›Nachzügler der Weltgeschichte‹ übernommen. Die Konservativen aber hat ihr Widerstand gegen mutwilliges Zerstören un-
versehens auf die Seite der Industriegesellschaft gedrängt, der sie so
lange mißtrauisch gegenübergestanden waren. Die Bedeutung die-

103 Ebd. S. 106.
104 Arthur Moeller van den Bruck: Das dritte Reich. 3. Auflage. Hrsg. von
Hans Schwarz. Hamburg 1931. S. 202.
105 Ernst Jünger: Die totale Mobilmachung. In: Krieg und Krieger. Hrsg. von
Ernst Jünger. Berlin 1930. S. 11 ff. Zur Verbindung von totalem Staat und Technokratie vgl. Erich Ludendorff: Der totale Krieg. München 1935. Über den Krieg
als paradigmatische Situation der Technokratie vgl. Martin Greiffenhagen: Demokratie und Technokratie. In: Technokratiediskussion S. 65 (s. oben Anm. 59).
106 Mohler: Konservativ 1969 S. 106 (s. oben Anm. 98).
107 Daß etwa Herbert Marcuses Technikkritik auf einem sehr viel reflektier-
teren Niveau sich abspielt, als es die Konservative Revolution, mit Ausnahme
Ernst Jüngers, je erreichte, sieht Mohler nicht. Marcuse hatte die Maxime, die
Mohler für eine Offenbarung hält, schon lange vor ihm aufgestellt, allerdings als
einer, der mit Hilfe der technischen Zivilisation gerade nicht neue Hierarchien,
sondern emanzipative Humanität erreichen will. Mohlers Maxime lautet: »Für
den Konservativen, der sich nicht in Romantizismen verlieren will, gibt es nur
einen Weg, sich mit den Problemen seiner Zeit zu befassen: durch die industrielle
Gesellschaft mitten durch.« Ebd. S. 109.

ses Vorganges ist noch gar nicht ins allgemeine Bewußtsein gerückt, und nicht einmal in das der Konservativen selbst.«[108] Mohler bezieht sich auf die Ereignisse des Mai 1968 in Paris. Die Erfahrung, daß eine relativ kleine Gruppe gegen den Widerstand des Staates und der stärksten Gewerkschaftszentrale weite Bereiche der Industriegesellschaft zu lähmen, die Währung zu erschüttern und den technischen Fortschritt um Jahre zu verzögern imstande war, zeigt ihm, daß »die Partei der Ordnung« sehr wohl auf der Seite von Industrie und Technik zu finden ist. Mohler möchte deshalb die Konservativen die »Partei der Verantwortung« nennen [109].

Wenn immer es den Konservativen um Hierarchie geht, so ist leicht einzusehen, daß die Hierarchie einer Leistungsgesellschaft eher noch unerbittlicher ist als die der alten Ständegesellschaft[110]: »Die Industriegesellschaft kann nicht, wie die ›Neue Linke‹ träumt, nach den Regeln der ›direkten Demokratie‹, also unter gleichzeitigem Mitreden aller, aufgebaut werden... Hier ist vielmehr *Delegation* und *Zentralisation* alles. Die Industriegesellschaft beruht auf Produktion – und die ist ohne bürokratische *Organisation* und eine technische *Hierarchie* nicht möglich. Egalitäre Ideologie und ›efficiency‹ stoßen sich.«[111] Der Konservative also kommt »um die Industriegesellschaft nicht herum«[112]. Die Konservativen müssen nach Meinung Mohlers, wenn sie den Aufgaben einer modernen Gesellschaft gewachsen sein wollen, eine ganz neue Sprache, ja »zu einem neuen Denken und Handeln finden«[113].

108 Ebd. S. 110 f.
109 Ebd. S. 115. Auf die selbstgestellte Frage, ob sich die Konservativen auf diese Weise nicht plötzlich an der Seite der Kommunisten entdecken könnten, da diese die Maschinenstürmerei auch nicht mitmachten, und also die Statthalter Stalins plötzlich als ›Konservative‹ erscheinen, antwortet er ausweichend, indem er unter bezug auf Aron auf »freiwillige Disziplin« abstellt: »Daß die Volksdemokratien es weitgehend mit der Efficiency allein zu schaffen suchen, läßt sich denn auch am Zustand ihrer Wirtschaft ablesen. In der nichtkommunistischen Welt hingegen besteht die Aufgabe darin, den Ausgleich von Efficiency und Liberalität zu finden, ohne die permanente ›Disponibilität zur Revolution‹ in der Gesellschaft zu nähren.« Ebd. S. 116. Da ist Arnold Gehlen, dem es ebenso um Ordnung und Stabilität zu tun ist, konsequenter (vgl. oben S. 324).
110 Mohler: ebd. S. 114.
111 Ebd.
112 Ebd. S. 117.
113 Ebd. – Daß Mohlers Theorie eines Rollentausches von ›rechts‹ und ›links‹

In dieser Situation aber liegt, wie Mohler selbst sieht, ein Dilemma, denn natürlich fällt es dem Konservativen schwer, sich mit Haut und Haaren der Technik und der Industriegesellschaft auszuliefern, um sie zugunsten einer neuen Ordnung in Dienst zu nehmen. Mohler ist jedoch gerade in dieser Forderung eindeutig: »Es wirkt peinlich, wenn man auf ›Konservative‹ stößt, die heute noch mit Mösers Vokabular oder dem des Herrenklubs, dem von Rerum novarum um sich werfen. Selbst die Worte eines Burke, so richtig sie damals waren, werden in der heutigen, so veränderten Situation zu Geschwätz.«[114] War bisher das Wort ›natürlich‹ unter Konservativen ein Kennwort, so spricht Mohler am Schluß seines Aufsatzes vom Popanz einer heilen Welt und sagt offen, »daß die Welt des Menschen, seit es sie gibt, immer *künstlich* war. Der Mensch der Industriegesellschaft lechzt zwar nach ›Natur‹: nach dem Unbebauten, Nichtorganisierten, dem Überraschenden, Nichtvorhergesehenen – das wissen wir. Aber es wäre falsch, das Unverbaute einfach dort zu suchen, wo früher einmal unbebautes Gelände war.«[115] Nur wenn der Konservative heute diesen Frontwechsel vornimmt, gibt ihm

(wennschon nicht als Rettung des Konservatismus) einiges für sich hat, zeigen ähnlich lautende Sätze eines des Konservatismus unverdächtigen Theoretikers, nämlich Jean-Jacques Servan-Schreibers: »Die ›Reaktionäre‹ der Vorkriegszeit, die Vertreter der großen Familien, haben eine positive Entwicklung durchgemacht; sie akzeptieren vertrauensvoll die Gegenwart und damit die Zukunft. Die Führer der sozialistischen Bewegung dieser Gemeinde packt dagegen die Angst, wenn sie jetzt von der Zukunft sprechen. Für sie sind nicht nur die viele Freizeit und die neuen Lebensgewohnheiten der jungen Leute negative Elemente, sondern die Zukunft in ihrer Gesamtheit erscheint ihnen als eine Quelle der Furcht. ›Man weiß nicht mehr, wohin das alles führen soll ...‹ – ›Wir sitzen in einem Wagen, der in den Nebel hineinfährt‹ – solche Gedanken drängen sich ihnen unwillkürlich auf, wenn sie in die Zukunft schauen.« – »Man könnte summa summarum sagen, daß ein rapider Umschwung der Rechten die Positionen verkehrt hat: sportliche Politiker, dynamische Ingenieure, mit Blick auf die Zukunft geformte Technokraten sprießen auf der Rechten aus dem Boden. Ist im Zusammenhang mit dem Wandel, den die ständige technologische Neuerung auslöst und dem wir uns anpassen müssen, nun nicht abermals – und aus anderen Gründen – die Rechte zur Regierung besser geeignet?« Jean-Jacques Servan-Schreiber: Die amerikanische Herausforderung. Neu durchges. Ausgabe. Reinbek bei Hamburg 1970. S. 169, 170 (sachbuch rororo 6738/39).

114 Mohler: Konservativ 1969 S. 117 f. (s. oben Anm. 98).
115 Ebd. S. 118.

Mohler für die Zukunft eine Chance, sonst bleibe er eine komische Figur[116].

Der Weg des deutschen Konservatismus in die Technokratie zeigt so deutlich wie keine der früheren Phasen die Abhängigkeit des Konservatismus vom aufklärerisch-konstruktiven Denken. Die Theorie einer ›organischen Konstruktion‹ war von Anbeginn in der konservativen Philosophie angelegt. Das konservative Denken ist aufklärerisches Denken, das sich gegen seine eigenen Konsequenzen wendet, ist ›irrationale Rationalität‹. Diesen Sachverhalt zu durchschauen, ist dem Konservativen nicht möglich, solange er von ›organischer Konstruktion‹ spricht. Mohler allerdings meint, mit einem entschlossenen Kopfsprung in die Modernität den Konservatismus vor dem Schicksal politischen Sektenwesens retten zu können: »Die Fronten haben sich in kurzer Zeit überraschend verändert. Der Wind hat umgeschlagen. Mit dem unaufhaltsam scheinenden Abrutschen der Welt nach links ist es vorbei. Den Konservativen haben sich Möglichkeiten aufgetan, von denen sie vor einem Jahr noch kaum zu träumen wagten. Sie stehen nun vor der Wahl, endlich wieder zu einer politischen Kraft zu werden – oder endgültig zu einem Kapitel der Sektengeschichte zu verkalken.«[117]

116 Ebd. S. 117.
117 Ebd. S. 118. Indem Mohler die sozioökonomischen und technischen Strukturen des gegenwärtigen ›Systems‹ in den Rang einer zweiten Natur erhebt, will er über den in diesen Strukturen ›herrschenden‹ Sachzwang die alten konservativen Tugenden des Dienstes und der Unterordnung wieder einführen. Der Dualismus zwischen Wissenden und Unwissenden wird identisch mit der Unterscheidung zwischen Mächtigen und Ohnmächtigen. Das aber ist nichts anderes als die wahrhafte Durchführung der Konservativen Revolution, deren Maxime, Dinge zu schaffen, die zu erhalten sich lohnt, nun erst voll begreiflich wird. Allein in dieser Perspektive gibt auch der überraschende Ausspruch Franz Josef Strauß' Sinn, konservativ bedeute, »an der Spitze des Fortschritts zu marschieren« (vgl. oben S. 10). Aber gerade für diese jüngste Phase deutschen konservativen Denkens gilt, was Rüdiger Altmann jüngst über die Aussichten des deutschen Konservatismus sagte: »Die Integrität des Konservatismus ist zutiefst verletzt. Er lebt von Ordnungs*vorstellungen*, nicht aus institutioneller Vitalität.« Altmann: Brüder im Nichts S. 581 (s. oben Anm. 31).

Der moderne europäische Konservatismus begleitet das Zeitalter der Revolutionen als Krisenphänomen. Durch seine Bindung an den emanzipatorischen Prozeß kommt ihm eine indikatorische Funktion hohen Ranges zu. Daß er die Reflexion, an der er leidet, nicht loswerden kann, charakterisiert ihn vor allen inhaltlichen Bestimmungen. In dem Maße, wie Deutschland in besonderer Weise ›zwischen den Zeiten‹ stand und seine politische und historische Identität bis heute nicht gefunden hat[1], ist dieses prinzipielle Dilemma des Konservatismus besonders augenfällig geworden und hat in der ›Konservativen Revolution‹ den Charakter einer Aporie angenommen.

Wer ökonomische Faktoren als einzige bewegende Kräfte in der Geschichte gelten läßt, wird den Konservatismus sowohl in gesamteuropäischer wie in deutscher Perspektive allein mit der bedrohten Machtposition herrschender Schichten in Verbindung bringen. Liefert die Geschichte des deutschen Konservatismus einer solchen Deutung selber genügend Material[2], so scheint uns solche monokausale Zuordnung dem Gesamtphänomen Konservatismus nicht gerecht zu

---

1 Vgl. Christian Graf von Krockow: Nationalismus als deutsches Problem. München 1970 (Serie Piper 4).

2 »Kennzeichnend ist gerade eine fatale Gleichsetzung des preußisch-monarchischen Prinzips, das sich nur zögernd mit dem Reichsgedanken aussöhnte, mit eng begrenzten wirtschaftlichen und gesellschaftlichen Interessen; diese Identifizierung ließ kaum einen Zwiespalt zwischen Interessen und Überzeugung aufkommen, führte aber zur ständigen Abkapselung der Partei und einer Verengung ihres politischen Weltbildes.« Hans Schuster: Konservativ in unserer Zeit. In: Merkur 13 (1959), S. 77. »Das Endergebnis war die fast restlose Beugung der romantischen Geistigkeit unter die realen Interessen der antirevolutionären Kräfte.« Peter Richard Rohden: Die politische Gedankenwelt der Neuzeit in ihren weltanschaulichen Grundlagen. In: Archiv für Politik und Geschichte 3 (1924), S. 336 (= 2. Jahr, 2. Teil). Eine interessante und differenzierte Beurteilung der drei großen ideengeschichtlichen Ströme in soziökonomischer Relationierung gibt Theodor Schieder: Die geschichtlichen Grundlagen und Epochen des deutschen Parteiwesens. In: derselbe: Staat und Gesellschaft im Wandel unserer Zeit. Studien zur Geschichte des 19. und 20. Jahrhunderts. München 1958. S. 143 f.

werden[3]. Kritische Zeitdiagnosen gab und gibt es auf allen politischen Flügeln, im progressiven wie im reaktionären Lager. Der im Konservatismus besonders ausgeprägte Sinn für die verpflichtende Kraft der Herkunft bringt den in solchen Zeitdiagnosen stets latenten Aspekt des Vergleichs mit vergangenen gesellschaftlichen Zuständen in radikaler, d. h. an die Wurzeln dieses Phänomens gehender Weise zu Geltung. Daß diese Blickrichtung, die es bekanntlich auch bei Marx gibt, in so einseitiger Radikalität notwendig an eine bestimmte soziale Gruppe gebunden ist, deren Interesse sich durch die Betonung von Herkunft eher als durch zukünftige Perspektiven artikulieren läßt, braucht derjenige nicht zu bestreiten, der den Konservatismus über den Aufweis seiner ökonomischen Bedingungen hinaus als Krisenphänomen der revolutionären Epoche deutet[4]. – Ähnliches läßt sich übrigens auch im Blick auf eine allein psychologische Deutung des Konservatismus als Ausdruck von Angst sagen. Kein Zweifel, daß konservatives Denken und konservative Politik Ausdruck von Sorge und Angst dem Neuen gegenüber sind[5]. Und doch führt auch dieser monokausale Ableitungsversuch am gesamteuropäischen Krisenphänomen Konservatismus vorbei.

So interessant und für sozial- und kulturgeschichtliche Analysen als Indikator unersetzbar der Konservatismus erscheint, so bedenklich zeigt er sich in seinen politischen Konsequenzen. Das Dilemma, das ihn in erkenntnistheoretischer Hinsicht definiert[6],

3 Vgl. oben S. 220, Anm. 3.

4 Gut kommt diese Verklammerung in der Definition Sigmund Neumanns heraus: »Konservatismus ist eine Gesinnung, welche die bewußte Bewahrung überkommener Anschauungen und Verhältnisse anstrebt. Im Politischen bedeutet er das Bemühen, die bestimmte Herrschaft einer bestimmten Machtgruppe zu erhalten. Er ist darum in Inhalt und Ziel notwendig an eine bestimmte soziale Gruppe gebunden, deren Wollen er zentral verkörpert. Nur durch sie gewinnt er reale Gestalt und Leben.« Sigmund Neumann: Die Stufen des preußischen Konservatismus. Ein Beitrag zum Staats- und Gesellschaftsbild Deutschlands im 19. Jahrhundert. Berlin 1930. Neudruck Vaduz 1965. S. 7 (Historische Studien H. 190).

5 Vgl. etwa Franz L. Neumann: Angst und Politik. (1954). In: derselbe: Demokratischer und autoritärer Staat. Studien zur politischen Theorie. Hrsg. von Herbert Marcuse. Frankfurt a. M./Wien 1967. S. 261 ff. (Politische Texte); Die politische und gesellschaftliche Rolle der Angst. Hrsg. von Heinz Wiesbrock. Frankfurt a. M. 1967 (Politische Psychologie Bd. 6); Urs Schwarz: Die Angst in der Politik. Düsseldorf/Wien 1967.

6 »Die moderne romantische Kritik an der Vernunft kann die Vernunft selbst

führt leicht zu einer gefährlichen Politik: In dem Maße, wie
es dem Konservatismus nicht gelingt, die Aufklärung historisch und
philosophisch zu hintergehen, kann es ihm nicht gelingen, diejenigen sozialen und politischen Zustände wiederherzustellen, die ihm
jeweils als Maßstab für die Kritik an der Gegenwart dienen. Im
Stadium der ›Konservativen Revolution‹ offenbarte der deutsche
Konservatismus schließlich das in ihm von Beginn angelegte Dilemma: Autorität, die wiederhergestellt werden soll, wird totale Macht;
Religion, deren politisch-integrierende Wirkung man allein will,
wird Mythos, und zwar notwendig Mythos der Gewalt; die künstliche Wiederherstellung der Einheit von privater und öffentlicher
Tugend wird zum Terror der Volksgemeinschaft; und der Kampf gegen die Rationalität führt am Ende zu einem unvernünftigen Begriff
rein aktivistischen ›Lebens‹. Wie der Versuch, gegen die Aufklärung zu
denken, einen unvernünftigen Antirationalismus gebiert, führt der
Versuch zur Umgehung der politischen Folgerungen aus der aufklärerischen Humanitätsforderung zu einer barbarischen Politik[7].
Aber gerade in diesem Dilemma, keine gesellschaftliche Situation
wiederherstellen zu können, wie sie war, und doch das Nachdenken
über gesellschaftliche Herkunft und allgemein über den Sinn von
Gesellschaft nicht aufgeben zu können, bezeichnet der Konservatis-

nicht loswerden; alles Lob des Naturhaften und Leiblichen, des Emotionalen und
Elementaren bleibt abstrakt, alle Sehnsucht nach Mythos bleibt mit dem odium ge-
lehrter Bildung (oder auch Halbbildung) behaftet; und aller Nationalismus behält den Charakter der gewollten, fanatischen Selbstbeschränkung, bei der ihre
Verfechter selbst nicht umhin können, über die Grenzen des eigenen Volksgeistes
doch hinauszusehen.« Gerhard Krüger: Abendländische Humanität. Zwei Kapitel über das Verhältnis von Humanität, Antike und Christentum. Stuttgart
1953. S. 29.
7 Daß eine solche Politik in Wahrheit nie hinter die Aufklärung zu einer Art
unschuldiger Barbarei zurückführen kann, hat Werner Hofmann deutlich ausgesprochen: »So erweist sich gerade im – stets möglichen – geschichtlichen Rückfall die Irreversibilität eines objektiven Fortschritts selbst, von dem her der bloße
Begriff des historischen Regresses erst möglich wird. Der einmal erarbeitete, von
der Geschichte mühevoll ausgeformte Begriff möglicher Gesittung bleibt, auch in
der Verdüsterung der Geschichte. Er kann geleugnet, nicht gelöscht, versehrt, nicht
vertilgt werden. Der höchste Begriff gesellschaftlicher Sittlichkeit aber, den die
bisherige Geschichte hervorgebracht hat, ist derjenige der allgemeinen Humanität.« Werner Hofmann: Gesellschaftslehre als Ordnungsmacht. Die Werturteilsfrage – heute. Berlin 1961. S. 40 f. (Erfahrung und Denken Bd. 8).

mus eine Krisensituation, der unter anderem die Sozialwissenschaften ihre Existenz verdanken[8].

Die Sozialwissenschaften sind als Krisenwissenschaften Produkt jenes gesellschaftlichen Umbruchs, den der Konservatismus seismographisch notiert[9]. Die Frage nach dem Vorrang des Einzelnen oder der Gruppe, des persönlichen Glücksstrebens oder institutioneller Mächte, welche den Konservatismus bewegt, ist auch der historisch-philosophische Horizont sozialwissenschaftlicher Forschungen[10].

8 Vgl. Robert Spaemann: Der Ursprung der Soziologie aus dem Geist der Restauration. Studien über L. G. A. de Bonald. München 1959. Gegen die Meinung, die Soziologie sei erst durch Comte begründet, wendet sich schon Hans Freyer (Soziologie als Wirklichkeitswissenschaft. Leipzig/Berlin 1930. S. 168 f.). – Nicht von ungefähr hat die Soziologie, wo sie sich als ›Ordnungsmacht‹ (vgl. Hofmann: Gesellschaftslehre als Ordnungsmacht, s. oben Anm. 7) begreift, stets systemerhaltenden Charakter. Zum Problem eines der Soziologie immanenten Konservatismus vgl. Georg von Below: Die Entstehung der Soziologie. Aus dem Nachlasse hrsg. von Othmar Spann. Jena 1928; Carl Schmitt: Politische Theologie. Vier Kapitel zur Lehre von der Souveränität. 2. Auflage. München und Leipzig 1934. S. 50 f.; Kurt Sontheimer: Soziologie als Instrument des Konformismus. In: Frankfurter Hefte 11 (1956), S. 531 ff.; Ralf Dahrendorf: Betrachtungen zu einigen Aspekten der gegenwärtigen deutschen Soziologie. In: Kölner Zeitschrift für Soziologie und Sozialpsychologie 11 (1959), S. 132 ff., bes. S. 145 f.; Helmut Schelsky: Ortsbestimmung der deutschen Soziologie. Düsseldorf/Köln 1959; Spaemann: Ursprung (s. oben); Ralf Dahrendorf: Soziologie und industrielle Gesellschaft. In: derselbe: Gesellschaft und Freiheit. Zur soziologischen Analyse der Gegenwart. München 1961. S. 13 ff.; Jürgen Fijalkowski: Ortsbestimmung der deutschen Soziologie. In: Neue politische Literatur 6 (1961), S. 194 ff.; Renate Mayntz: Soziologie in der Eremitage? Kritische Bemerkungen zum Vorwurf des Konservatismus der Soziologie. In: Kölner Zeitschrift für Soziologie und Sozialpsychologie 13 (1961), S. 110 ff.; Martin Greiffenhagen: Zum Begriff der Sozialwissenschaften in unserer Zeit. In: Moderne Welt (1963), S. 392 ff.; Jürgen Habermas: Kritische und konservative Aufgaben der Soziologie. In: derselbe: Theorie und Praxis. Sozialphilosophische Studien. (1963). 2. Auflage. Neuwied am Rhein und Berlin 1967. 215 ff. (Politica Bd. 11); Wolf-Dieter Narr: Theoriebegriffe und Systemtheorie. Stuttgart/Berlin/Köln/Mainz 1969. S. 170 ff. (Narr-Naschold: Einführung in die moderne politische Theorie Bd. 1).

9 »»Wie die Geier und Hyänen immer vom Aas kommen‹, sagt Ortega, so gibt es ›Denkweisen, die sich vom Zusammenbruch mästen‹.« Arnold Gehlen: Das Ende der Persönlichkeit? In: Merkur 10 (1956), S. 1150. Vgl. auch Greiffenhagen: Begriff (s. oben Anm. 8).

10 »Die Soziologie oder die Wissenschaft von der Gesellschaft, so wie sie im Laufe des 19. Jahrhunderts entstanden ist, versteht sich heute selbst nur dann richtig, wenn sie sich als den zu Wort gekommenen Widerspruch der geschichtlich-

Der Konservatismus ist darin ›sozialwissenschaftlich‹ orientiert, daß er (häufig ohne es selber zu durchschauen) Gesellschaft als letzte Bezugsgröße annimmt. Zwar ist die Geschichte des Konservatismus, besonders in Deutschland, begleitet von der Einsicht, daß Gesellschaft, um dauern zu können, sich selbst auf ein übergesellschaftliches Ziel oder Wertsystem hin transzendieren muß. Gleichzeitig aber bekennen konservative Theoretiker durchgängig ihre eigene Unfähigkeit, an ein solches in der Regel theologisch orientiertes Wertsystem zu glauben, und beschränken sich auf die in ständiger Wiederholung vorgetragene Notwendigkeit des Glaubens im Dienste sozialer Integration. Auf diese Weise geraten die Konservativen in die Nähe zu den Positivisten [11], und es findet eine den Konservatismus bezeichnende Umkehrung in der Argumentation statt: »Alles, was nützlich ist für die Erhaltung der bürgerlichen Gesellschaft, ist notwendig; alles, was notwendig ist, ist eine Wahrheit; also sind alle Wahrheiten für die Menschen und die Gesellschaften nützlich, also ist alles, was für den Menschen und die Gesellschaft gefährlich ist, ein Irrtum.«[12] Schon für Joseph de Maistre war die Forderung nach päpstlicher Unfehlbarkeit ein soziologisches Postulat [13]. Theorie der Gesellschaft tritt an die Stelle einer Philosophie oder Theologie, und ›Politische Theologie‹ enthüllt sich als das, was sie von Anbeginn war, als Ideologie [14].

Hier zeigt sich, daß auch die neueste Wendung des Konservatismus zur Technokratie hin nicht aus dem Dilemma heraushilft, in

gesellschaftlichen Wirklichkeit selbst begreift. Sie ist ja so sehr dessen eigenes Produkt, daß sie ganz und gar jene ›kopernikanische Wendung‹ des öffentlichen Bewußtseins mitgemacht hat, durch die sich die entscheidenden Erwartungen und Ansprüche vom Leben des persönlich einzelnen weg auf die *Ordnungen und Institutionen* des Miteinanderlebens richteten.« Siegfried Landshut: Kritik der Soziologie – Freiheit und Gleichheit als Ursprungsproblem der Soziologie. (1929). In: derselbe: Kritik der Soziologie und andere Schriften zur Politik. Neuwied am Rhein und Berlin 1969. S. 116 f. (Politica Bd. 27).Vgl. auch Freyer: Soziologie S. 165 f. (s. oben Anm. 8).

11 Vgl. Robert Spaemann: »Politik zuerst«? Das Schicksal der Action Française. In: Wort und Wahrheit 8 (1953), S. 660.

12 L. G. A. de Bonald, zitiert nach Robert Spaemann: Der Irrtum des Traditionalisten. Zur Soziologisierung der Gottesidee im 19. Jahrhundert. In: Wort und Wahrheit 8 (1953), S. 497.

13 Ebd.

14 Vgl. Martin Greiffenhagen: ›Politische Theologie‹ und Politikwissenschaft.

welchem er von Anbeginn sich befand: daß nämlich die analytische
Einsicht in den Zusammenhang von politischer Homogenität und
gesellschaftstranszendierender Ideologie nicht schon die Restauration
von Transzendenzen bewirkt. Der technokratische Konservatismus
versucht, ohne ›Politische Theologie‹ auszukommen. Er bekennt sich
damit offen zum Positivismus und reduziert seine ›Weltanschauung‹
auf die bare Behauptung von Disziplin, Autorität und nicht mehr
transzendent begründeten Institutionen. Das aber hatte der Konservatismus uneingestandenermaßen immer schon getan. Immer schon
hatte man sich an den Satz des Hobbes gehalten: »Non veritas sed
auctoritas facit legem.«[15] Für den Katholizismus, nicht für Gott zu
sterben, waren die nationalistischen Dreyfusgegner bereit[16]. Maurras, welcher der Meinung war, daß »alle Wissenschaften in der Wissenschaft von der Gesellschaft konvergieren«[17], zeigt deutlich die
politische Ratlosigkeit eines Konservatismus, der offen mit dem Positivismus paktiert, sofern dieser nur Autorität, Stabilität und Institutionen zu garantieren vermag.

Nicht von ungefähr hat der französische Konservatismus die Dialektik von Konservatismus und Positivismus von Anbeginn gezeigt.
Der deutsche hingegen bedurfte einer langen Entwicklung, bevor
ihm seine eigene Ambivalenz durchsichtig wurde. Heute scheint sie
ihm in seinen intelligentesten Vertretern jedenfalls bekannt. Gehlen
und Schelsky ebenso wie Forsthoff, Altmann und Mohler sind sich
einig in der Erkenntnis, daß Konservatismus nicht mehr in der Bewahrung oder Restaurierung vergangener gesellschaftlicher Zustände bestehen kann, sondern daß allein ein positives Verhältnis zu
Wissenschaft und Technik die Fortsetzung konservativer Politik erlaubt[18]. Konservatismus aber heißt weiterhin Kampf gegen die
emanzipatorischen Konsequenzen der Aufklärung inmitten einer

In: Gesellschaft – Staat – Erziehung 8 (1963), S. 150. Eine ›technokratische‹
Indienstnahme von Ideologien, wie sie heute Schelsky annimmt (vgl. oben S. 339),
hatte schon Comte für möglich gehalten, wenn er meinte, die Positivisten würden die systematischen Verteidiger der katholischen Gewohnheiten gegen protestantische Angriffe werden; vgl. Spaemann: Politik S. 658 (s. oben Anm. 11).

15 Vgl. Spaemann: ebd. S. 657.
16 Ebd. S. 658.
17 Ebd. S. 660.
18 Ob Franz Josef Strauß weiß, welchen guten Sinn, unter diesem Aspekt, seine jüngste Definition von ›konservativ‹ gibt? Vgl. oben S. 10.

Kultur, die doch durch den naturwissenschaftlich-technischen Fortschritt bedingt und garantiert ist. So zeigt sich durchgängig, daß das vielgesichtige Dilemma des Konservatismus in seinem ambivalenten Verhältnis zur Aufklärung begründet liegt. Alle Konservativen argumentieren auf dem Boden der Aufklärung gegen sie. Wie der Konservatismus früher das kapitalistische und industrielle System für seinen Kampf gegen die politische Emanzipation benutzte, will der technokratische Konservatismus heute unter Ausnutzung der zivilisatorisch-technischen Konsequenzen der Aufklärung gegen ihre politischen Implikationen zu Felde ziehen. Daß dies möglich scheint, liegt in der Dialektik der Aufklärung [19] selber begründet. So bleibt auch dem Konservatismus nichts anderes als der Versuch, sein eigenes Dilemma dialektisch aufzulösen. Dieser Versuch ist so alt wie der Konservatismus selbst und bezeichnete stets die intelligenteste seiner Erscheinungsformen. Solange die europäischen und bald alle Gesellschaften der Erde ›zwischen den Zeiten‹ leben, wird der Konservatismus diesen Umbruch als Krisenzeichen begleiten. Die undialektische Hoffnung auf Stabilisierungen in einem ›Post-histoire‹ wird sich nicht erfüllen.

19 Max Horkheimer – Theodor W. Adorno: Dialektik der Aufklärung. Philosophische Fragmente. Amsterdam 1944. Neudruck Lichtenstein 1955.

Nachwort zur Neuausgabe 1977

Diese Neuausgabe der ersten Auflage (1971) erscheint unverändert. Das Buch neu zu setzen, hätte hohe Kosten verursacht, es zu überarbeiten, hätte bedeutet, es neu zu schreiben. Heute verstärkt sich dadurch der Eindruck des Unfertigen noch, den ich damals in meinem Vorwort schon eingestand [1]. Eine Neubearbeitung hätte mich jedoch in große methodische Schwierigkeiten gebracht. Das Buch ist durchgängig in der Tradition deutscher ›Geistesgeschichte‹ geschrieben, seine Systematik ist somit immanent. Dasselbe gilt für die Kritik des Konservatismus, die hier in Gestalt seiner Theorie vorgelegt wird. Einige Rezensenten haben das bemerkt und gemeint, beides könne man vermutlich nicht haben: eine sozialgeschichtlich genaue Nachzeichnung politischer Prozesse und eine Theorie ›des‹ deutschen Konservatismus. In diesem Sinne schrieb Waldemar Besson in der ›Deutschen Zeitung‹, »daß Greiffenhagens Buch, das eine konkrete geschichtliche Erscheinung deuten will, tatsächlich auf den Nachweis ihrer geschichtlichen Wurzeln verzichtet. Vielleicht ist ihm deswegen etwas anderes so gut darzustellen gelungen, was es so bislang noch nicht gibt: die Systematik der konservativen Theorie. Denn daß es eine solche überhaupt gegeben hat, darin sieht der Autor das eigentliche Dilemma einer geistigen Bewegung, die sich als Gegensatz zur Aufklärung begriff, als Widerstand gegen einen gewaltigen Umbruch, der seinerseits dabei der rationellen Mittel bedurfte.«[2]

1 Vgl. oben S. 12, Anm. 23.
2 Waldemar Besson: Konservativ – was ist das? In: Deutsche Zeitung Christ und Welt 23. 7. 1971; ebenso Peter Graf Kielmansegg: »Wenn es der Erkenntnis dienlich (und damit wissenschaftlich zulässig) ist, Justus Möser und Arnold Gehlen im Aufriß *einer* Theorie konstruktivistisch zusammenzufügen, dann deshalb, weil sich auf diese Weise eine Ebene geistiger Realität erhellen läßt, zu der die historische Betrachtungsweise keinen Zugang eröffnet, weil – anders ausgedrückt – die Substanz geschichtlicher Phänomene im je Konkreten nie ganz erfaßt werden kann.« Variationen über das Thema Konservativismus. In: Merkur Nr. 291, 26. Jg. 1972, S. 710 f.

Das Buch hat lebhaftes Echo im In- und Ausland gefunden und – in unserer schnellebigen Zeit eine immer seltener werdende Auszeichnung – sorgfältig gearbeitete Besprechungen bekommen. Die Diskussion um den Konservatismus in Deutschland wird weitergehen, und so scheint es mir sinnvoll, die wichtigsten Punkte der Kritik an meinem Buch in diese Diskussion mit einzubringen.

Fast alle Kritiken beziehen sich auf Schwachstellen, die ich im Vorwort selber als solche gekennzeichnet habe. Das Verfahren, zu Beginn des Buches deutlich zu sagen, was der Leser in ihm nicht finden wird, wurde von manchen Kritikern ärgerlich als raffinierter Trick zur Unangreifbarkeit, von anderen freundlich als Fairness oder Bescheidenheit vermerkt. Ich halte es heute wie damals für nützlich, in einer Einleitung methodisch und inhaltlich darüber zu informieren, wovon das Buch nicht handelt, und auf diese Weise den Umkreis der Felder zu bezeichnen, die ausdrücklich leer bleiben, sei es aus sachlich dargetaner Notwendigkeit, aus Zeit- oder Platzgründen, aus eingestandener Inkompetenz oder welchen Gründen sonst.

Der erste Punkt, dem sich das kritische Interesse zuwandte, ist der durchgängige Eklektizismus in der Heranziehung des konservativen Materials und seiner langen Reihe von Autoren, die von Justus Möser bis zu Arnold Gehlen reicht [3]. Diese Vorgehensweise schloß folgende Annahmen ein: Es gibt gewisse Konstanten im deutschen konservativen Denken, die es möglich machen, von einem deutschen Konservatismus im Unterschied zu einem französischen oder englischen zu sprechen. Der Eklektizismus war ferner die einzige Methode, zu so etwas wie einer philosophischen Theorie des Konservatismus zu gelangen. Den Vorwurf historischen Leichtsinns nahm ich ausdrücklich in Kauf [4].

Der schärfste Kritiker dieses Verfahrens ist Dietrich Schwarzkopf. Er sagte im Norddeutschen Fernsehen: »Greiffenhagen wirft die große Vielfalt der konservativen Vorstellungen – von Justus Möser bis zu Carl Schmitt und Adam Müller bis zu Moeller van den Bruck – gut zerkleinert in einen Topf und fischt sich dann die vermeintlich zueinanderpassenden Elemente heraus, die er zu seiner konservativen Theorie zusammenbaut. Dieses Verfahren wird nach meiner Mei-

3 Vgl. oben S. 15.
4 Vgl. oben S. 15 f.

nung dem Problem nicht gerecht.«⁵ Der Grund für Schwarzkopfs
Ablehnung ist schlüssig. »Aber gibt es überhaupt so etwas wie eine
konservative Position, eine konservative Theorie? Die meisten Konservativen sind stolz darauf, daß ihre Auffassungen theoriefeindlich
und ideologiefeindlich sind.«⁶ Zu ihnen gehört Dietrich Schwarzkopf selber.

Wo immer mein Versuch einer systematischen Darstellung des
deutschen Konservatismus günstiger beurteilt wird, fällt auch das
Urteil über den in Rede stehenden Eklektizismus differenzierter aus.
Theo Stammen urteilt positiv über die »gründliche systematische
Darstellung des Phänomens des deutschen Konservatismus, die sich
um eine möglichst umfassende Bearbeitung aller relevanten Aspekte
und Momente dieses Phänomens bemüht. Zu einer solchen Systematik leistet die Arbeit Hervorragendes«.⁷ Dann nennt er die Gefahr,
die mit solcher Systematik verbunden ist: »Es darf jedoch nicht übersehen werden, daß ein solcher Versuch, der das Ziel verfolgt, einen
Typ politischen Denkens unter bewußter Ausschließung der historischen Dimension zu präsentieren, dabei notwendig in bestimmte
Schwierigkeiten gerät, die der Verfasser selber mit dem Stichwort
›durchgängiger Eklektizismus‹ (S. 15) zutreffend charakterisiert.
Eine Gefahr dieses Eklektizismus liegt nicht so sehr in der Willkür
›in der Heranziehung der Gewährsleute‹ als vielmehr in einer möglichen Subjektivität bei der Bestimmung der der Systematik zugrundeliegenden ›Grundzüge des Konservatismus‹. Es ist sicher kein Zu-
fall, daß ein konservativer Denker wie Friedrich Gentz hinsichtlich
seiner bedeutenden Frühschriften in Greiffenhagens Darstellung nicht
angemessen berücksichtigt werden kann; das vor allem deswegen,
weil Gentz nämlich – man könnte von Greiffenhagens Ansatz wohl
sagen – ›untypischerweise‹ naturrechtlichen Denktraditionen der
Aufklärung und dem Kantschen Denken verhaftet geblieben ist.«⁸
Damit ist die für den methodischen Eklektizismus gemachte Prämisse berührt, der deutsche Konservatismus lasse sich vom englischen, französischen oder amerikanischen im Sinne einer eigenen

5 Dietrich Schwarzkopf im NDR-Fernsehen (Neue Bibliothek) am 3. 7. 1971.
6 Ebd.
7 Theo Stammen: Konservatismus in Deutschland. In: Welt der Bücher. Sep-
tember 1973. S. 452.
8 Ebd.

geistigen Gestalt unterscheiden. Hatte ich selber für das spezifisch Deutsche die Perspektive der politischen Romantik mit ihrer Parallele in der Konservativen Revolution der zwanziger und dreißiger Jahre angegeben[9], so wird diese inhaltliche Beschränkung bei einer Reihe von Autoren kritisiert. Besson vermißt Bismarcks »Zentrale Position an der Weichenstellung zum 20. Jahrhundert«[10], andere vermissen philosophisches Zwischenfeld in dem dualistischen Schema Rationalismus – Irrationalismus: »So kann Greiffenhagens Versuch, die ›Grunddoktrin‹ – er nennt es die ›philosophische Theorie‹ – des Konservatismus gleichsam aus verschiedensten Schriften zu ›destillieren‹, nicht als geglückt angesehen werden, da sein Bild vom Konservatismus doch zu sehr an den Theoretikern des romantischen Konservatismus bzw. deren Nachfolgern bis hin zur Neuromantik in der Weimarer Republik orientiert ist, was auch schon in seinem Ansatzpunkt begründet liegt, der Konservatismus mehr oder weniger mit Doktrinen des Irrationalismus identifiziert.«[11] Von da ist es nicht weit zum Vorwurf, auch ich, der ich mich ausdrücklich gegen eine eindeutige Beziehung zwischen der sogenannten Deutschen Bewegung und dem Nationalsozialismus gewandt habe[12], konstruiere eine Ahnenreihe, »die nicht von vornherein im Konservativismus angelegt war«[13].

Es gibt auch Autoren, welche die vorgenommene Beschränkung präzis in dem gemeinten Sinne auffassen und gutheißen, wie dieser: »Greiffenhagen hebt den deutschen Konservatismus von konservativen Strömungen in anderen Ländern durch die Verwurzelung in der Romantik und die Ausartung in einer sogenannten konservativen Revolution ab, nach der eine kontinuierliche Weiterentwicklung im Nachkriegsdeutschland – gemeint ist die BRD – unmöglich geworden sei.«[14]

Viele Rezensenten vermuten als Motivation zur Beschäftigung mit dem deutschen Konservatismus eine Reaktion auf die geschicht-

9 Vgl. oben S. 21.
10 Waldemar Besson (s. oben Anm. 2).
11 Rudolf Ardelt: Zur Problematik des Konservatismus. In: Zeitgeschichte. November 1973. S. 40.
12 Vgl. oben S. 20.
13 Paul Noack im Südwestfunk (Das neue Buch) am 6. 11. 1971.
14 Wolfgang Küttler in: Z. f. Gesch.wiss. 22. Jg. 1974. S. 1132.

liche Erfahrung des Nationalsozialismus. Dieser Eindruck ist richtig, und doch kommt es darauf an, in welcher Weise er vorgetragen und vorgeworfen wird. Den namentlich nicht genannten Rezensenten der konservativen Monatsschrift ›Criticon‹ beschleicht der Verdacht, »daß wir es bei Greiffenhagens Buch mit der bislang sublimsten Form der Vergangenheitsbewältigung zu tun haben«[15]. Ähnlich urteilen Waldemar Besson und Hans Julius Schoeps[16].

Auch der ungenannte Verfasser der ausführlichen Rezension in ›Times Literary Supplement‹ warnt vor der Versuchung, ein Buch »rückwärts zu schreiben«. Die beiden Gründe, die er angibt, überzeugen mich nicht. Erstens sei die politische Romantik völlig unpolitisch gewesen. Auch wenn sie in popularisierter Form später Sprachelemente für politische Massenpropaganda abgegeben habe, komme es darauf an, den wirklichen politischen Prozeß verstehbar zu machen. Der zweite Einwand zeigt, in welcher Weise der Kritiker Ideen und politische Praxis trennt. Er wirft mir einen überzogen liberalen Standpunkt vor, wenn ich ausgerechnet an den Verfassungsentwürfen der konservativen Gegner Hitlers zeige, daß diese selber noch im Horizont völkisch-antidemokratischer Ideologie standen[17]. Da ist der hier wichtige Hinweis auf die Arbeit von Hans Mommsen, auf die ich mich beziehe[18], wie ihn Ludwig Reichhold in seiner in diesem Punkt ebenfalls kritischen Besprechung gibt, nützlicher[19].

Deutlich wird die unterschiedliche Einschätzung der historischen Perspektive, in welcher das Buch geschrieben ist, in der ablehnenden oder zustimmenden Aufnahme des Kapitels ›Konservative Revolution‹. Richtig beschrieben wird von allen Kritikern meine These, der deutsche Konservatismus trage das Moment des revolutionären Kopfsprunges von Anfang an in sich[20]. Verstanden wurde auch durchgängig die dieser These zugeordnete Einsicht, »der deutsche Konservatismus leide an demselben Traditionsbruch wie die deutsche

15 Criticon Nr. 5, 1971. S. 97.
16 Waldemar Besson (s. oben Anm. 2); Hans Julius Schoeps: Konservatismus. In: Der Arbeitgeber Nr. 7/24, 1972. S. 295.
17 Times Literary Supplement 29. 10. 1971.
18 Vgl. oben S. 301.
19 Ludwig Reichhold in: Österreichische Monatshefte, Oktober 1971.
20 Vgl. oben S. 244 f.

Geschichte überhaupt«[21]. In der Beurteilung dieser These unterscheiden sich aber nicht nur progressive von konservativen Kritikern, sondern innerhalb des konservativen Lagers noch diejenigen, die das Phänomen Konservative Revolution als solches gelten lassen, von denen, die sich weigern, diesem Ausdruck irgendeinen Sinn beizumessen. Da mit dem Kapitel ›Konservative Revolution‹ ein wichtiger Aspekt und das entscheidende Dilemma des deutschen Konservatismus berührt wird und die meisten Rezensenten auf diesen Punkt ausführlich zu sprechen kommen, zitiere ich im folgenden zwei sprechende Beispiele unterschiedlicher Beurteilung. Zunächst aus der Rezension des ungenannten Autors in der Zeitschrift ›Criticon‹ (Schrenck–Notzing?):

»Es gibt nach Greiffenhagen ein deutsches Sonderdilemma des Konservatismus, das ihn von allen anderen europäischen Konservatismen unterscheide und ihm als einzigen verbiete, seine Tradition ungebrochen fortzusetzen. Und hier scheint bei Greiffenhagen der Hase im Pfeffer zu liegen. Er verlängert nämlich die ›Konservative Revolution‹ der 20er Jahre nach hinten und nach vorne, nach hinten bis zu Möser und dem romantisch interpretierten Burke, nach vorne bis Gehlen. Alles ist ihm irgendwie ›Konservative Revolution‹.«[22] – Und dagegen die positive Beurteilung desselben Sachverhaltes durch Friedrich Weigend in den ›Evangelischen Kommentaren‹: »Es folgen die scharfsinnigen Analysen der einander ablösenden konservativen Rettungsmodelle: von Adam Müller und Friedrich Schlegel über die Poesie des Novalis bis zu den immer verzweifelter wirkenden Konstruktionen eines synthetischen Katholizismus, erfunden als Heilmittel gegen den Ungeist von Aufklärung und Revolution. Greiffenhagen läßt sich von keinem bewußt oder unbewußt gewählten Tarnkostüm täuschen. Er spürt das ›konservative Reaktionsmodell‹ in allen Verkleidungen auf – in der wachsenden Neigung zur raunenden Geheimsprache, in den heimatseligen Schollenmythen, in dem protestantischen Altpreußentum, ja selbst in der liebenswürdigen Selbstironie Thomas Manns. Auch das, was sich ›konservative Revolution‹ nannte, von Jünger und manchem anderen gedanklich

21 Paul Widmer: Regeneration des Konservatismus. In: St. Galler Tagblatt 7. 4. 1974.
22 Criticon (s. oben Anm. 15).

vorbereitet, von den Halbnazis zögernd, von den Nazis bedenkenlos verfälscht in die Praxis umgesetzt, gehorcht dem immer erneut bestätigten Gesetz des konservatistischen Syndroms. Nur, daß hier das Paradox zum Kopfsprung, der Versuch der gewaltsamen Aufhebung des Gegners zum perfekten Selbstmord wird.«[23]

Was das Phänomen ›Konservative Revolution‹ selbst angeht, so gibt es zwei voneinander abweichende konservative Positionen, für die ich wieder je ein sprechendes Beispiel zitiere.

Armin Mohler, der selber ein vorzügliches Buch über die Konservative Revolution geschrieben hat[24] und meint, sie enthalte auch für einen zukünftigen Konservatismus noch Modelle, schreibt: »Die ›Konservative Revolution‹ wird richtig definiert als a) Einsicht, daß eine Rückverbindung zu Erhaltenswertem nicht mehr die Grundlage sein kann, weil der Konservative als Status quo Zustände vorfindet, die er ablehnt, und als Reaktion darauf b) der Wille, ›Dinge zu schaffen, die zu erhalten sich lohnt‹ (Moeller van den Bruck). Von seinem selbstkonstruierten System des Konservatismus aus stellt dann jedoch Greiffenhagen fest, daß das ein Weg aus dem Konservatismus heraus sei, und zwar in einen nihilistischen Voluntarismus. Der Konservatismus löse sich damit auf in ›die mancherlei modernen Bewegungen, die sich in irrationalem Gegenschlag gegen den Liberalismus wenden‹.«[25]

Im Unterschied zu dieser differenzierten Kritik behaupten die meisten konservativen Autoren, es habe nie so etwas wie eine Konservative Revolution gegeben. Als Beispiel dafür Sätze Christoph von Imhoffs in den ›Lutherischen Monatsheften‹: »Der Konservative kann nur dort richtig gekennzeichnet werden, wo er vom Reaktionär und vom Ultratraditionalisten abgehoben wird. Sonst kommt man zu dem in solcher Härte fehlerhaft vorgetragenen Schluß, als habe es sich zu Beginn der dreißiger Jahre tatsächlich um eine ›konservative Revolution‹ gehandelt. Dieses Urteil wird auch dadurch

23 Friedrich Weigend: Kopfsprung der Konservativen. In: Evangelische Kommentare. Oktober 1971.

24 Armin Mohler: Die Konservative Revolution in Deutschland 1918–1932. Ein Handbuch. Darmstadt 1972. Vgl. auch meine Besprechung in: Das Historisch-Politische Buch. 21. Jg. 1973. S. 145 f.

25 Armin Mohler: Konservative Ideologie? In: Konservativ Heute. März/April 1972. S. 89 f.

nicht richtiger, daß dieser Umsturz der ›Erhalter und Empörer‹ derart von Thomas Mann gekennzeichnet wurde.«[26]

Die Grundthese des Buches, die besagt, daß der deutsche Konservatismus auf dem Boden der Aufklärung gegen sie theoretisch argumentiert und politisch zu Felde zieht, wird auch von vielen konservativen Kritikern akzeptiert. Sie hat sich in der Literatur durchgesetzt und das bis dahin vorherrschende Theorem Karl Mannheims abgelöst, der den Konservatismus als Antwort auf die Aufklärung und die Französische Revolution unterscheiden wollte von einem diesem historischen Vorgang noch zugrundeliegenden anthropologischen Phänomen, das er ›Urkonservatismus‹ oder ›Traditionalismus‹ nannte[27]. Die ausführlichste Diskussion meiner Mannheim-Kritik findet sich in dem Buch von Helga Grebing[28]. Aber auch Rezensenten haben sich der Mühe unterzogen, diesen komplizierten Gedankengängen nachzugehen[29]. Ich bringe im folgenden die wichtigsten aus meinem Buch selbst zitierten Belegstellen und verdeutliche damit den Umkreis des dieser These gewidmeten Interesses. Nicht alle Kritiker stimmen den zitierten Sätzen vorbehaltlos zu, alle finden sie aber diskussionswürdig. »Alle konservativen Schriften atmen den Geist des Rationalismus, den sie bekämpfen. Das Gesetz der Reflexion wirkt von Anbeginn und bestimmt die gesamte Geschichte dieses imponierenden Versuchs, eine irrationale Theorie zustande zu bringen.«[30] – »Der Konservatismus ist vielmehr von seinem definitorischen Gegner bis in kleinste Details hinein abhängig und deshalb mit dem politischen Rationalismus zusammen einer systematischen Darstellung zugänglich.«[31] – »Alle Konservativen argumentieren auf

26 Christoph von Imhoff: Konservativismus für morgen. In: Lutherische Monatshefte. Juli 1974. S. 371. Ähnlich Wilhelm Stapel und Georg Quabbe (vgl. oben S. 245).

27 Vgl. oben S. 51 ff.

28 Helga Grebing: Konservative gegen die Demokratie. Konservative Kritik an der Demokratie in der Bundesrepublik. Frankfurt a. M. 1971. S. 26 ff.

29 Michael-Viktor Graf Westarp: ›Tradition‹ wider geschichtliches Bewußtsein. In: Blätter für deutsche und internationale Politik. 16. Jg. 1971, S. 964; Times Literary Supplement (s. oben Anm. 17); Friedrich Weigend-Abendroth: Heißt konservativ reaktionär? Im Deutschlandfunk 12. 7. 1971.

30 Bei Helga Grebing (s. oben Anm. 28). S. 26.

31 Bei W. Heinrich in: Zeitschrift für Ganzheitsforschung NF, 1972. S. 43.

dem Boden der Aufklärung gegen sie.«[32] – »Konservatives Denken, das sich selbst als angeblich irrationalistische Gegenbewegung gegen den modernen Rationalismus begreifen möchte, ist seinem Gegner nicht nur im nachhinein durch die Übernahme der angreiferischen Waffen ähnlich, es spielt sich auch grundsätzlich innerhalb desselben Terrains ab, das die Aufklärung zuvor erobert hat.«[33] – »Wir zeigen nicht nur die Unvermeidlichkeit rationalistischer Argumentation, sondern die prinzipielle Gleichursprünglichkeit konservativen und rationalistischen Denkens und sehen nicht zuletzt in dieser erkenntnistheoretischen Situation das Dilemma des Konservatismus.«[34] – »Das konservative Denken ist aufklärerisches Denken, das sich gegen seine eigenen Konsequenzen wendet, ist irrationale Rationalität.«[35]

Zusammen mit der Theorie des deutschen Konservatismus als präziser Gegenaufklärung wird von den meisten Rezensenten die eingestandenermaßen knappe und nur für die in Rede stehenden Gesichtspunkte zugeschnittene Darstellung der Aufklärungsphilosophie toleriert[36]. Dennoch finden einige Autoren die Darstellung zu rigid. Einen Einwand, der nur einmal erhoben wurde, aber von einer gewissen Aktualität ist, bringe ich in voller Länge. Er stammt von dem ungenannten Rezensenten der Zeitschrift ›Criticon‹ (vermutlich Schrenck-Notzing): »So sehr man Greiffenhagen zustimmen kann, wenn er die zentrale Rolle der Aufklärung herausstreicht, so skizzenhaft bleibt seine Behandlung der Aufklärung, die er mit einem von Descartes entwickelten Rationalismus gleichsetzt. Nun beschränkt sich die Aufklärung keinesfalls auf die Fortentwicklung des Rationalismus. Völlig unter den Tisch fällt der von Condillac entwickelte Sensualismus, der über die Ideologenschule, Marx, Freud bis zum Scientifizismus unserer Tage fortlebt und eher die erkenntnistheoretische Gegenposition des Konservativismus bildet als der Rationalismus. Durch seine Sicht der Aufklärung stellt Greiffenha-

32 Bei Wolfgang Küttler (s. oben Anm. 14).
33 Bei Klaus Hornung: Das Dilemma des Konservativismus. In: Das Historisch-Politische Buch, 1972. Heft 1.
34 Bei Wolfgang Rieger: Konservative Renaissance. In: Die Zeit, 12. 11. 1971.
35 Bei Waldemar Besson (s. oben Anm. 2).
36 Bei F. Weigend-Abendroth erfährt gerade dieser philosophische Exkurs eine besonders positive Beurteilung (s. oben Anm. 29).

gen die falschen Wegweiser auf, die ihn schließlich zur Fehldefinition des Konservativismus als ›irrationale Rationalität‹ führt.«[37] Man muß dem Rezensenten zugeben, daß dieser Zweig aufklärerischer Philosophie in meinem Buch nicht berücksichtigt ist. Er bildet heute, z. B. bei Hermann Lübbe[38], eine wichtige Front, gegen die konservatives Denken sich richtet.

Die theologischen Implikationen des Buches wurden vergleichsweise wenig beachtet. Der ungenannte Rezensent des ›Times Literary Supplement‹ läßt das Theorem der ›irrationalen Rationalität‹ für den Bereich der politischen Theologie gelten[39], Friedrich Weigend nimmt auf die theologischen Einschlüsse im Rationalismus des Descartes und auf die Konversionswelle der Romantik Bezug[40], Graf Westarp erwähnt die protestantische Kritik an ontologisch vorgeordneten Seinsverhältnissen[41]. Einzig der ungenannte Rezensent des ›Criticon‹ thematisiert die im Buch angeschnittene Frage, ob und in welcher Weise von einem christlichen Konservatismus zu reden möglich ist: »Ein bemerkenswerter Versuch von Greiffenhagen ist, durch ›Kritik an der politisch-theologischen Aufklärungskritik‹ die Christlichkeit des Konservatismus aus den Angeln zu heben. In der Tat würde ein Erfolg dieser Operation für den Konservatismus den Abschied von einem wesentlichen Teil seiner bisherigen Geschichte bedeuten, da die christlichen Kirchen während der mageren Jahre des späteren 19. Jahrhunderts das Vehikel waren, durch das die Positionsnahmen zu Ende des 18. Jahrhunderts weitergeführt wurden. Alerdings war unter den führenden Konservativen von den Rosenkreuzern und Pietisten an eine eher abweichende, wenig theologische Religiosität vorwiegend. Es liegt darin ein Element der Erfahrungsreligion, das Greiffenhagen ausklammert, wenn er davon spricht, daß die Konservativen zwar die Notwendigkeit erkennen würden, daß die Gesellschaft sich selbst transzendiere, um bestehen zu können, aber ›durchgängig ihre eigene Unfähigkeit‹ zu verstehen gäben,

37 Criticon (s. oben Anm. 15).

38 Hermann Lübbe: Fortschritt als Orientierungsproblem. Aufklärung in der Gegenwart. Freiburg 1975. Vgl. meine Kritik in: Vorwärts, 10. 2. 1977.

39 Times Literary Supplement (s. oben Anm. 17).

40 Friedrich Weigend (s. oben Anm. 23).

41 Michael-Viktor Graf Westarp (s. oben Anm. 29).

an eine solche Transzendenz zu glauben. Woher will er das so genau wissen?«[42]

Durchweg akzeptiert ist das Kapitel ›Der technokratische Konservatismus‹. Armin Mohler, selber ein profunder Kenner der Technokratietheorie, vermißt den Hinweis darauf, daß Konservative heutzutage besonders auf die Gefahren der Technik hinweisen: »Es handelt sich also nicht um ein bedingungsloses, sondern um ein durchaus bedingtes Ja zur technischen Zivilisation.«[43] Heute ist es besonders Gerd-Klaus Kaltenbrunner, der eine konservative Korrektur industrieller Dynamik verlangt: »Konservativ ist die tätige Erinnerung des Menschen an die unvermehrbare Natur, an die ›ökologischen‹ Mächte: Erde, Wasser und Luft.«[44] Natürlich ist diese Mahnung keine Domäne der Konservativen allein, sondern ebenso ein altes Anliegen der Progressiven[45].

Die verständnisvollste Zusammenfassung der These vom technokratischen Konservatismus gibt Manfred Möllenhoff: »Auch die neuerliche technokratische ›Kehre‹ (und diese Heidegger-Vokabel decouvriert das jüngste Dilemma) ist kaum mehr als eben ein neuer, wenn auch sorgfältig drapierter Fluchtversuch. Technokratisches Denken bemüht ›Sachzwänge‹, um die Forderungen einer aufklärerischen Humanität letztlich ad absurdum zu führen. Tradition, Autorität und Institution gelten nunmehr ›positivistisch‹, da sie sich als ›ewige‹ Werte nicht länger halten lassen. Mit der Forderung nach einer wissenschaftlich-technokratisch begründbaren ›Ordnung‹ soll die Geschichte unterlaufen und ›umgekehrt‹ werden.«[46]

Ein Punkt, der viele Kritiker, wie ich meine, unnötig irritiert hat, ist mein im Vorwort begründeter Entschluß, keine Differenzierung zwischen Konservatismus, Restauration und Reaktion vorzuneh-

---

42 Criticon (s. oben Anm. 15).

43 Armin Mohler (s. oben Anm. 25). S. 90.

44 Gerd-Klaus Kaltenbrunner: Der schwierige Konservatismus. Herford und Berlin 1975. S. 39.

45 Vgl. Hermann Lübbe: Lebensqualität oder Fortschrittskritik von links. In: Criticon, 4. Jg. 1974. S. 8; Martin Greiffenhagen: Neokonservatismus in der Bundesrepublik. In: Martin Greiffenhagen (Hrsg.): Der neue Konservatismus der siebziger Jahre. Reinbek 1974. S. 11 ff.

46 Manfred Möllenhoff: Ist der Konservatismus in Deutschland zu retten? In: Die Bücherkommentare. Juni 1971. S. 28.

men [47]. Abgesehen davon, daß ich innerhalb meiner Begründung eine ganze Reihe von Einteilungsversuchen selber darstelle [48] und an späterer Stelle diese Differenzierung im Blick auf die Terminologie Klaus Epsteins noch einmal ausführlich diskutiere [49], ergibt sich aus meinem Ansatz die Unmöglichkeit einer ›prinzipiellen‹ d. h. von Anbeginn grundlegenden Unterscheidung von selbst. Dennoch werfen mir viele vor, was sich bei Gerd-Klaus Kaltenbrunner so liest: »Dadurch ergibt sich eine wenn auch durch wissenschaftliche Besonnenheit von polemischer Diktion freigehaltene Nivellierung durchaus heterogener Richtungen.« [50]

Zu einem differenzierteren Urteil kommt Paul Widmer: »Freilich, ob Reaktionär oder Restaurator, ob Reformkonservativer oder Status-quo-Anhänger, alle sind sie für ihn Konservative, und die rudimentäre Unterscheidung zwischen dem Reaktionär und dem Konservativen, die vielen Konservativen nur schon das Gebot der Selbstachtung abverlangt, scheidet er von vornherein aus. So unglücklich ist das jedoch nicht. Bedenkt man, daß in Deutschland ein Konservativer, der vor dem Ersten Weltkrieg ein Anhänger der Hohenzollern-Dynastie war, in der Weimarer Republik, sofern er seine Ansichten nicht geändert hat, von selbst ins Lager der Reaktionäre abgleitet, so ist die Begriffsdurchlässigkeit mehr als gerechtfertigt.« [51]

Zum Schluß noch das Urteil eines Konservativen, dessen ebenso temperamentvolle wie faire Kritik ich auch in persönlichen Gesprächen stets hoch schätze. Ernst Klett äußerte sich in seinem Vortrag

47 Vgl. oben S. 17 f.

48 Ebd.

49 Vgl. oben S. 31 ff. Vgl. auch meinen Artikel ›Konservativ, Konservatismus‹ in: Historisches Wörterbuch für Philosophie, Bd. 4 (1976). Sp. 980–985.

50 Gerd-Klaus Kaltenbrunner in: Wort und Wahrheit. Mai 1971. Und noch deutlicher: »Ein solcher Verzicht scheint mir ebensowenig zulässig wie ein Zusammenwerfen von Fabiertum, Anarchismus, Leninismus, Maoismus, französischem Radikalsozialismus und skandinavischer Sozialdemokratie unter der Rubrik ›Sozialismus‹.« In: Die Presse 17./18. 7. 1971. S. 5. Kaltenbrunner ist seiner Forderung nach einer tragfähigen Theorie als Maßstab, »um verbindlich zwischen echtem und falschem, schöpferischem und sterilem Konservatismus zu unterscheiden« (ebd.) bisher nicht nachgekommen. Vgl. Martin Greiffenhagen: Schwierigkeiten mit dem Konservatismus. Eine Antwort auf Gerd-Klaus Kaltenbrunner. In: Neue Zürcher Zeitung, 30. 1. 1976.

51 Paul Widmer im Tages-Anzeiger, 16. 8. 1974.

›Konservativ‹ in der Stuttgarter Privatstudiengesellschaft so: »Konservativ, reaktionär, restaurativ – es wäre leicht, aber zu billig, hier zu trennen; uns erschiene das nicht ganz redlich. In jedem Konservativen ist der Reaktionär angelegt, täglich muß er den Feind in sich bekämpfen. Die Grenzen sind nicht zu ziehen, und andererseits, selbst Restauration ist nicht immer des Teufels.«[52]

Der schwerste und für mich schmerzlichste Einwand, zugleich aber derjenige, der in einer Umarbeitung am schwierigsten zu berücksichtigen wäre, ist der Vorwurf mangelnder sozioökonomischer Verankerung des Buches. Reinhard Kühl bringt diese Kritik allgemein zum Ausdruck: »Der Autor hat aus der Fülle von Äußerungen konservativer Weltanschauungen sowohl die verschiedenen Varianten herauspräpariert, als auch das Gemeinsame aufgezeigt. Bedauerlich ist, daß dieses kenntnisreiche, in vorsichtig-abwägender Sprache geschriebene und ideologiekritisch argumentierende Buch sich bewußt auf die Darstellung der konservativen Ideologie beschränkt und auf die historische und sozioökonomische Einordnung verzichtet. So werden die Interessen, denen solche Ideologien genützt haben und weiterhin nützen, nicht sichtbar. So wird auch nicht voll verständlich, wie es kommt, daß Ständeideologie und Agrarromantik durch Technokratietheorien ersetzt werden, daß der zunächst bekämpfte Kapitalismus heute akzeptiert und verteidigt wird und daß die Konservativen in bestimmten Situationen mit dem parlamentarischen Parteienstaat zusammenarbeiten, während sie in anderen sich mit den faschistischen Kräften verbünden.«[53] Graf Westarp teilt die Kritik Kühnls in vollem Umfang, geht aber noch einen Schritt weiter, indem er meine Auslieferung an eine Wissenssoziologie kritisiert, die ihre eigene bürgerliche Verhaftung nicht mehr durchschaut: »Zwar überwindet Greiffenhagen bestimmte Positionen Mannheims (etwa indem er die Annahme eines historisch-anthropologischen Beharrens als Boden des ›Urkonservatismus‹ verwirft), doch bleibt er den Fragwürdigkeiten der Wissenssoziologie mit ihrem relativistischen Ideologiebegriff in vielem verhaftet. Das bringt ihn manchmal zu solchen Einschätzungen wie jener der Dialektik, die er als letzten ver-

52 Ernst Klett: Konservativ. Ein Vortrag. In: Merkur. 25. Jg. 1971. S. 851.
53 Reinhard Kühnl: Konservativismus im Dienste von Interessen. In: Frankfurter Rundschau, 24. 3. 1972.

geblichen Versuch des Konservatismus interpretiert, der in ihm angelegten Gefahr der Restauration zu entgehen und sich als jeweils
aktuelles Denken zu behaupten. Da der Autor ja aber Konservatismus und Emanzipation unterscheidet, dürfte diese Auffassung un-
haltbar sein.«[54] Hier rächte sich der Umstand, daß ich über zehn
Jahre mit dem Thema umging und, als ich die aus ganz verschiedenen Phasen der Arbeit stammenden Teile am Ende zusammenfügte,
das Buch nicht noch einmal nach Maßgabe der Einsichten durchar-
beitete, die den letzten Teil (wie sozioökonomisch orientierte Kritiker teilweise gelten lassen) bestimmen. Auf diese Weise behält Graf
Westarp recht, wenn er, teilweise gegen den Sinn meines eigenen
Eingeständnisses[55], darauf hinweist, daß es nicht darum gegangen
wäre, »zusätzlich eine ökonomische und sozialpsychologische Kritik
vorzunehmen, sondern vielmehr darum, den Konservatismus von
vornherein als historisches Problem in der Entwicklung der bürgerlichen Gesellschaft, der Konstellation ihrer Klassen und Schichten
zueinander, zu begreifen«[56].

Noch kritischer als Westarp verfährt Lutz Winckler, indem er zunächst die Bewertungsmaßstäbe seiner Kritik angibt, um das Buch
nach diesen Kriterien zu beurteilen. Er bezieht sich auf die im Schluß
behandelten technokratischen Ordnungsmodelle: »Die Kritik an diesen ›zeitgemäßen‹ Formen des Konservatismus wird danach zu be-
werten sein, ob es ihr gelingt, die technokratische ›Modernität‹ der
konservativen Integrationsmodelle als Ausdruck gesellschaftlicher
Widersprüche, d. h. der Rückständigkeit der kapitalistischen Produktionsverhältnisse gegenüber den Produktivkräften verständlich zu
machen oder ob sie bewußtlos den sozioökonomischen Prozeß in seinen institutionellen Erscheinungen bzw. seinem ideologischen Nie-
derschlag verfolgt und in dem akzeptierten Rahmen ›kritisch‹ widerlegt. Die Arbeit Martin Greiffenhagens ist eindeutig der letztge-
nannten Richtung zuzuschlagen. Sie befaßt sich mit ›Grundstrukturen konservativen Denkens in Deutschland, nicht mit der Geschichte
des Konservatismus und nicht mit deutscher konservativer Politik‹
(12), sie beruft sich auf die ›Tradition deutscher ›Geistesgeschichte‹‹

54 Michael-Viktor Graf Westarp (s. oben Anm. 29). S. 964.
55 Vgl. oben S. 12, Anm. 23.
56 Michael-Viktor Graf Westarp (s. oben Anm. 29). S. 962.

(16). Das gleichwohl nicht geleugnete Unbehagen an derart ver-
dünnter Kritik und ›Theorie konservativen Denkens‹ (11) be-
schwichtigt Greiffenhagen mit dem Hinweis auf das bündige und
seinerseits konservativer Argumentation entstammende Diktum von
der Trennung von ›Geist und Politik in Deutschland‹. Die metho-
discher Inkonsequenz und mangelnder Distanz zum Kritisierten
selbst abgewonnene Beschränkung auf ideengeschichtliche ›Konstanten im deutschen konservativen Denken‹ (15) von Adam Müller und
Friedrich Julius Stahl bis zu Artur Moeller van den Bruck, Hans
Freyer und Arnold Gehlen raubt noch den wichtigsten Einsichten
Greiffenhagens ihren gesellschaftlichen Erkenntniswert. Dazu gehört fraglos der Nachweis der ›prinzipielle(n) Gleichursprünglichkeit konservativen und rationalistischen Denkens‹ (22) und das
›Dilemma‹ des Konservatismus, sich nur ›im Umweg über seinen
definitorischen Gegner, den aufklärerischen Rationalismus‹ bestimmen zu können (66).«[57]

Auch Winckler kritisiert die historische Begrenztheit des Dialektik-
begriffs: »Die Problematik ungleichzeitiger Widersprüche in der bürgerlich-kapitalistischen Gesellschaft kommt so gar nicht in den Blick:
an die Stelle konkreter gesellschaftlicher Vermittlung sozio-ökono-
misch bedingter Ideologien tritt ein formalisierter Begriff von Dialektik, der prinzipiell an die historischen Grenzen der ›Widersprüche‹ konservativen Denkens gebunden bleibt.«[58] Diese Kritik muß
ich gelten lassen. Ob Winckler allerdings mit seiner Vermutung recht
hat, der wahre Grund für diese methodische Schwäche des Buches sei
womöglich »in jenen nachlässig geschriebenen Partien des Buches zu
suchen..., in denen die Diktion der traditionellen konservativen
Kulturkritik entschieden durchschlägt (241 f., 280)«[59], möchte ich
doch bezweifeln. Sie findet keine Entsprechung in den mir bekannten Rezensionen.

Damit bin ich schon bei dem schwierigsten Teil dieses Reports, der
Frage nach der politischen Einschätzung des Buches. Natürlich ist das
Buch nicht unpolitisch. Ob es deshalb gleich eine »politische Streit-
schrift in wissenschaftlicher Verpackung« ist, wie Paul Noack an-

57 Lutz Winckler in: Das Argument, Nr. 72, 1972. S. 380.
58 Ebd. S. 381.
59 Ebd.

nimmt[60], wird man fragen dürfen. Ich hatte selbst als politischen Impuls zur Beschäftigung mit meinem Gegenstand die Sorge genannt, »es könne die Tragödie des deutschen Konservatismus, der hier in Rede steht, ein weiteres Nachspiel haben«[61]. Diese Sorge ist von manchen Rezensenten gut verstanden worden, z. B. von Waldemar Besson[62].

Die Kritik meines Versuches, das zu tun, was der Konservative gerade für unmöglich hält: eine Theorie seines Denkens zu geben, deckt eine weite Skala, von leidenschaftlicher Ablehnung über die Feststellung, meine Probleme seien nicht die Probleme der Konservativen, bis zu der distanzierten oder irritierten Feststellung, man habe etwas lernen können.

Am temperamentvollsten äußert sich Hans-Joachim Schoeps in der ›Zeitschrift für Religions- und Geistesgeschichte‹. Seine Kritik bezieht sich sowohl auf Helga Grebings wie auf mein Buch: »Beide Autoren haben Fleiß und Belesenheit bekundende Literaturgebäude errichtet. Ihrem Gegenstand stehen sie reserviert gegenüber, sie reden gescheit über den Konservatismus, sind aber selber nicht mit von der Partie. Mich erinnert das alles sehr an den Ahnherrn Karl Mannheim, dessen standortkritische Vorlesung über das konservative Denken ich als Student in Heidelberg amüsiert anhörte, aber mit dem Bewußtsein, einer Intelligenzbestie gedanklich zu folgen, während konservative Haltung selbstverständlich gelebt wurde, jedenfalls keiner theoretischen Begründung bedurfte ... Der letzte Rest von Klarheit, was konservativ wohl ist, kommt dem Leser beider Bücher abhanden.«[63]

Der Vorwurf, »ein kluger Blinder«[64] zu sein, wiederholt sich in immer neuen Nuancen. Hans-Dietrich Sander schreibt in den ›Politischen Studien‹: »Martin Greiffenhagen ist ohne Frage politisch naiv. Sein Buch strebt eine universale Problemgeschichte des Konservatismus an, in der es nur im Schlußteil um die aktuelle Lage geht. Seine Arbeitsweise ist, was die technische Seite angeht, von der be-

60 Paul Noack (s. oben Anm. 13).

61 Vgl. oben S. 22, Anm. 57.

62 Waldemar Besson (s. oben Anm. 2).

63 Hans-Joachim Schoeps in: Z. f. Religions- und Geistesgeschichte. 24. Jg. 1972. S. 267 f.

64 W. Heinrich (s. oben Anm. 31), S. 44.

währten Sorgfalt deutscher Historiographie geprägt. Es fehlt ihm leider das Einfühlungsvermögen in seine Objekte, und deshalb versteht er die Problematik des Konservativen nicht elementar.«[65] ›Mangelndes Einfühlungsvermögen‹ ist vermutlich die Formel, auf die sich diese Art Kritik am ehesten bringen läßt.

Gerechtigkeit gebietet es, Bemerkungen nicht zu unterdrücken, die zusammen mit einer entschiedenen Ablehnung der theoretischen Perspektive dem Buch gleichzeitig bescheinigen, es lohne sich, darüber zu streiten[66], es enthalte Anregungen für das, was heute konservativ bedeuten könne[67], es sei trotz grundsätzlicher Verfehltheit ungemein fesselnd[68], es zwinge die Konservativen zur Bestandsaufnahme[69], es sei sorgfältig gearbeitet, die Literatur sei in einem repräsentativen Querschnitt vorgeführt[70].

Armin Mohler schrieb im ›Bayernkurier‹ eine Kritik, die ich zu den fairsten aus konservativer Feder zählen muß: Der Autor bemühe sich, »die konservativen Aussagen objektiv und in ihrem richtigen Zusammenhang darzustellen«[71]. Die Punkte sachlicher Differenz werden deutlich markiert, ändern aber nichts an Mohlers Urteil, »daß Greiffenhagen einer der ganz wenigen Konservatismus-Kritiker ist, der begriffen hat, worum es den Konservativen geht«[72]. Meine Freude über eine so gerechte Behandlung wird jedoch dadurch getrübt (und Mohlers Rezension in ihrem Wert erheblich gemindert), daß Mohler in derselben Besprechung das noch nicht erschienene, sondern erst angekündigte Buch von Helga Grebing zum Anlaß nimmt, gegen diese Wissenschaftlerin auf höchst unritterliche Weise zu Felde zu ziehen. Das Prädikat ›nobel‹, das er mir im Vergleich mit Frau Grebing zuspricht, bekommt auf diese Weise einen prekären Sinn: »Die den Gewerkschaften affiliierte Amateur-Politologin

65 Hans-Dietrich Sander: Die Rolle des Antikonservatismus in der Bundesrepublik. In: Politische Studien Nr. 208, 24. Jg. 1973. S. 199.

66 Paul Noack (s. oben Anm. 13).

67 Dietrich Schwarzkopf (s. oben Anm. 5).

68 W. Heinrich (s. oben Anm. 31). S. 44.

69 Gerhard Holsten: Über die Unmöglichkeit einer konservativen Theorie. In: Nation Europa. 21. Jg. 1971. S. 51.

70 Criticon (s. oben Anm. 15).

71 Armin Mohler: Entdeckung der Politologen. In: Bayernkurier, 3. 4. 1971. S. 11.

72 Ebd.

Helga Grebing ist daran, einen Wälzer herauszubringen, in dem jeder verzeichnet sein soll, der seit 1945 je sich in konservativem Sinne geäußert hat, von der ›Abendländischen Akademie‹ bis zu Artikeln des ›Bayernkurier‹. Der Titel des Grebing'schen Opus, ›Konservative gegen die Demokratie‹, sowie Vorabdrucke lassen ahnen, über welchen Leisten die vor nicht allzu langer Zeit erst aus der Zone herübergekommene Dame ihr Thema schlägt. Um so erfreulicher die Überraschung, daß das soeben erschienene erste Politologenbuch über die Konservativen eine so gescheite wie noble Angelegenheit ist.«[73]

Unnötig, den wissenschaftlichen Rang des Grebing'schen Werkes gegen Vorwürfe zu verteidigen, die erkennbar nicht auf die wissenschaftliche Qualität des Buches, sondern auf die vermutete politische Inklination der Autorin zielen. Anlaß für mich aber, mich zu fragen, ob mein relativ gutes Abschneiden in Kritiken aus konservativer Feder seinen Grund nicht einzig in dem Umstand hat, daß mein Buch im Horizont einer bürgerlich-liberalen Option geschrieben wurde. Beweis für diese Vermutung könnte die Tatsache sein, daß seither von mir herausgebrachte Bücher zum Thema Konservatismus in der Bundesrepublik[74], Emanzipation[75] und Demokratisierung[76] von der konservativen Kritik sei es übersehen, sei es mit Rücksicht auf dieses Buch mit nachsichtiger Schonung behandelt wurden, obwohl ihre politische Option sich von der Helga Grebings nicht unterscheidet[77].

Das größte Lob, das dem Buch zuteil wurde, stammt aus der Feder eines selbstkritischen Konservativen. Ernst Klett sagte in seinem Vortrag: »Ein Mann, der den für uns Konservative nicht ganz ge-

73 Ebd.

74 Martin Greiffenhagen (Hrsg.): Der neue Konservatismus der siebziger Jahre. Reinbek 1974.

75 Martin Greiffenhagen (Hrsg.): Emanzipation. Hamburg 1973.

76 Martin Greiffenhagen (Hrsg.): Demokratisierung in Staat und Gesellschaft. München 1973; ders.: Freiheit gegen Gleichheit? Zur ›Tendenzwende‹ in der Bundesrepublik. Hamburg 1975.

77 Einen Hinweis für meine Vermutung mag immerhin eine Kritik meines Demokratisierungsbandes im ›Studenten-Anzeiger‹ geben. Dort heißt es: »Durfte man Greiffenhagen bei dem Erscheinen seines Buches über das ›Dilemma‹ des Konservatismus in Deutschland immerhin noch materielle Gründlichkeit bescheinigen – bei aller Kontroverse in der Sache –, so wirft er nun mit den Romantizismen der Gesellschaftsveränderung um sich wie ein Faschingsprinz mit Karamelbonbons.« (Studenten-Anzeiger, November 1973).

heuren Beruf eines Politologen ausübt, Martin Greiffenhagen, hat in seinem jüngst erschienenen Buch ›Das Dilemma des Konservatismus in Deutschland‹ im Geiste ablehnender Sympathie zusammengetragen und gedeutet, was zu diesem Thema zu sagen ist. Wer immer sich damit befaßt, ist auf dieses Werk angewiesen.«[78]

Stuttgart, im Herbst 1977   *Martin Greiffenhagen*

[78] Ernst Klett: Konservativ (s. oben Anm. 52). S. 841.

›Post-histoire?‹

Bemerkungen zur Situation des ›Neokonservatismus‹ aus Anlaß der Taschenbuchausgabe 1986

Die erste Auflage dieses Buches endete mit dem Satz: »Die undialektische Hoffnung auf Stabilisierungen in einem ›Post-histoire‹ wird sich nicht erfüllen.« Das war 1971. Seither hat sich die Situation des Konservatismus in Deutschland nicht grundlegend geändert. Das gilt gerade angesichts seiner heute mit besonderer Vehemenz vorgetragenen Behauptung, wir seien in ein neues Zeitalter eingetreten, welches die Vorsilben ›Neo‹ und ›Post‹ in vieler Hinsicht rechtfertige. Scheinbar neue ideologische Positionen des deutschen Konservatismus erweisen sich bei näherer Betrachtung als im Kern unveränderte Strategien, seinem alten Dilemma zu entgehen: Es ist ihm unmöglich, ein Prinzip zu finden, das ihm angibt, was er innerhalb der Moderne konservieren und tradieren will. Diese Unsicherheit wurde im Laufe der Zeit immer größer. Die Abhängigkeit vom ›definitorischen Gegner‹ auf dem Felde funktionaler Rationalität hat inzwischen zu einer völligen Unterschiedslosigkeit geführt, so daß der Konservatismus sich in seiner Bejahung des kapitalistischen Industriesystems nicht mehr vom Liberalismus unterscheidet.

Jeder Konservatismus beruft sich auf die verpflichtende Kraft der Herkunft. Welche geschichtliche Epoche dafür den Maßstab liefert und als ›goldenes Zeitalter‹ gilt, darin unterscheiden sich die konservativen Ideologien der europäischen Länder ebenso wie die verschiedenen Phasen konservativer Geschichte innerhalb einer Nation. Für den deutschen Konservatismus hatte ich damals einen merkwürdigen Zusammenhang herausgefunden, der sich so in keinem anderen Lande findet: Je weiter der Konservatismus in seiner eigenen Geschichte voranschritt, desto ferner gelegene Epochen erschienen ihm als verpflichtender Maßstab für die Gestaltung von Gegenwart und Zukunft. Schließlich berief sich die ›Konservative Revolution‹ auf frühgermanische Zustände, von denen man kaum noch historisch wußte, sondern eher mythologisch zu ahnen meinte. Die konservative Revolution bedeutete nicht nur in diesem absurden Rückgriff, sondern mit ihrer Maxime, ›Zustände zu schaffen, deren Erhaltung sich lohnt‹, das logische und historische Ende des Konservatismus in Deutschland. Politisch war er durch seine Nähe zum Nationalsozialismus diskreditiert.

Nach dem Zweiten Weltkrieg gab es zunächst keine ernstzunehmende konservative Theorie, nur eklektische Anknüpfungsversuche an Positionen des neunzehnten Jahrhunderts, dazu naturrechtliche Anstöße. Erst in den sechziger Jahren kam dem deutschen Konservatismus ein politikwissenschaftliches Theorem entgegen, dessen er sich rasch als eigener Ideologie bemächtigte: die Lehre von der Technokratie. Das Industriesystem, so hofften Konservative, werde eine Selbstverständlichkeit entwickeln, die der Stabilität früherer naturhafter Ordnungen gleichkäme. Die großen Ideologien des 19. Jahrhunderts seien an ihr Ende gekommen. Eine ›Kristallisation‹ der Verhältnisse werde Sinnfragen, wie sie die politische Linke seit zweihundert Jahren in immer neuen Anläufen aufgeworfen hat, überflüssig machen. Vor allem würden sich politisch-legitimatorische Fragen dadurch erledigen, daß der Staat ›das Notwendige‹ tue, und es darüber, was dies sei, keine divergenten Auffassungen mehr gäbe.

Mit der Technokratiethese bekannte sich der Konservatismus in Deutschland zum ersten Mal offen zur bürgerlich-kapitalistischen Gesellschaft. Er war dadurch nicht mehr von der liberalen Position zu unterscheiden, die bis dahin den wichtigsten definitorischen Gegner abgegeben hatte. Zusammen mit dem Industriesystem fand sich der Konservatismus in Deutschland zum ersten Mal auch mit seiner politischen Rahmenbedingung ab: der parlamentarischen Demokratie. Man akzeptierte sie allerdings nur in ihrer institutionell verfestigten Form des elitedemokratischen Modells, das bürgerliche Partizipation auf den Wahlakt beschränken möchte: ›konstitutionelle Demokratie‹. Wie die Rechtsliberalen vertraute man der technokratischen Prophetie, neue emanzipatorische Forderungen seien im ›Post-histoire‹ nicht zu erwarten. Daß der Konservatismus sich für einen Kampf gegen radikaldemokratische Tendenzen gleichwohl bereithielt, vermutete ich 1971 im Schlußkapitel:

»Konservatismus aber heißt weiterhin Kampf gegen die emanzipatorischen Konsequenzen der Aufklärung inmitten einer Kultur, die doch durch den naturwissenschaftlich-technischen Fortschritt bedingt und garantiert ist. So zeigt sich durchgängig, daß das vielgesichtige Dilemma des Konservatismus in seinem ambivalenten Verhältnis zur Aufklärung begründet liegt. Alle Konservativen argumentieren auf dem Boden der Aufklärung gegen sie. Wie der Konservatismus früher das kapitalistische und industrielle System zu seinem Kampf gegen politische Emanzipationen benutzte, will der technokratische Konservatismus heute unter Ausnutzung der zivilisatorisch-technischen Konsequenzen der Aufklärung gegen ihre politischen Implikationen zu Felde ziehen.«

Daß dieser Kampf in ein neues Stadium trat, dafür sorgten die Studentenunruhen der sechziger und siebziger Jahre und alle sozialen Bewegungen, die ihnen bis heute folgten. Konservative Hoffnungen auf eine durch Technokratie herbeigeführte politische Windstille hatten getrogen. Auf immer neuen Feldern wird seither Demokratie eingeklagt, Gerechtigkeit gefordert, Gleichheit verlangt. Der Kern der Technokratiethese, die moralische Neutralität der Politik, wird leidenschaftlich bestritten, und längst sind es nicht mehr oder nicht mehr allein marxistische Impulse, aus denen heraus die Forderung zur Moralisierung der Politik ihre theoretische Orientierung und ihre politische Kraft bezieht. Das politische Spektrum der Grünen zeigt Möglichkeiten ideologischer Brückenschläge und Koalitionen, die man noch vor einem Jahrzehnt für undenkbar gehalten hätte. Ähnliches gilt für die sozialen Ressourcen solcher Mobilisierungen. Das alte Klassenschema scheint überholt, neue Interessengruppen tauchen auf, veränderte Fronten bestimmen politische Gegnerschaft. An die Stelle des Gefühls, in ein geschichtsloses Zeitalter einzutreten, ist bis weit in die Mitte des politischen Spektrums die Forderung nach völligem Umdenken getreten. Eine wachsende Zahl von Bürgern fordert radikale Maßnahmen, um den neuen Bedrohungen der Menschheit zu begegnen und eine humane Zukunft auf Erden zu öffnen.

Begleitet und verstärkt wird diese neue politische Dynamik von einem Wertewandel, der, wenn er anhalten sollte, eine fundamentale Veränderung derjenigen ethischen Grundlagen bringen wird, denen das Industriesystem seine Entstehung und seine beispiellosen Erfolge verdankt. An der Veränderung der Bedürfnis- und Werteskala ist jedoch das Industriesystem selber nicht unschuldig, und die ihr zugrundeliegende Dialektik gibt für nachdenkliche Konservative zunehmend Grund zur Irritation: Das kapitalistische Wirtschaftssystem und die industrielle Produktion von Massengütern haben über eine enorme Verbesserung der Lebensverhältnisse dazu geführt, daß Werte, die bisher nur einer schmalen Elite als Lebensorientierung dienten, allgemein werden. Der Wandel von ›materialistischen‹ zu ›postmaterialistischen‹ Werten beschränkt sich nicht auf das Kultursystem, sondern wirkt auf beide, das Industriesystem und das politische System, zurück: Immer mehr Menschen beurteilen auch ihre Arbeitszeit nach Kriterien, die sie für die Gestaltung ihrer Freizeit entwickelt haben. Arbeit dient dann nicht mehr nur dem Erwerb von Subsistenzmitteln, sondern soll selber Sinn liefern und Selbstverwirklichung ermöglichen. Diese hohe Einschätzung persönlicher Identität galt bisher als Privileg künstlerischer Produktion und war darüber hinaus nur in wenigen Berufen anzutreffen. Inzwischen hat das kapitalistische Wirtschaftssystem den Sinn dafür unter die Massen gebracht: durch das Versprechen und die Ermöglichung solcher ›Lebensqualität‹, zunächst im Freizeitbereich. Aber die Abschottung gegenüber dem Arbeitsbereich ließ sich auf die Dauer nicht bewerkstelligen. Zusammen mit der Freizeitkleidung hielt auch die Freizeitgesinnung in den Büros und Werkstätten Einzug. Und die längeren Ausbildungszeiten in Schulen, Fachschulen und Hochschulen verstärkten die Ansprüche und kritischen Anfragen an den Sinngehalt des Industriesystems.

Auch das politische System kommt zunehmend unter den Druck von Forderungen, die sich aus dem Wertewandel ergeben. Wer sich selbst verwirklichen will, ist Fremdbestimmung gegenüber kritisch, sagt bürokratischen Tendenzen den Kampf an und artikuliert Beteiligungswünsche. Über persönliche Lebensqualität hinaus tauchen systemische Forderungen nach Änderung der gesamten ökonomisch-politischen Versuchsanordnung der liberalen Gesellschaft auf. Man will qualitatives Wachstum anstelle quantitativen Raubbaus, Beteiligung der Frauen nach ihrem Bevölkerungsanteil, neue Strategien der Friedensbewegung.

Diese Entwicklungen bedeuteten das Ende der Technokratiethese mit ihrer Prophezeiung, das Industriesystem werde eine ihm entsprechende und es stützende Wertwelt im Sinne der ›Sachgesetzlichkeit‹ hervorbringen. Auf breiter Front zeigte sich, daß funktionale Rationalität aus sich heraus keine Sinnrationalität entläßt. Das

Kultursystem entwickelte eine politische Dynamik, welche Konservative seit zweihundert Jahren stets erschreckt hatte und immer wieder auf den Plan rief. Philosophische Sinnfragen offenbarten wieder einmal revolutionäre Sprengkraft, und das just zu der Zeit, als das Industriesystem auf einem neuen Höhepunkt seiner Leistungsfähigkeit stand, seine Pazifizierungskraft hoch einzuschätzen war und seine Werbeagenturen das Paradies auf Erden versprachen. Wie stets, hat der Konservatismus auch in diesem Falle die Dialektik sozialer Prozesse übersehen.

Angesichts der Bedrohung des Industriesystems durch die Erosion seiner ethischen Grundlagen und durch den Wertewandel haben sich konservative Theoretiker in der Bundesrepublik zu einer neuen Strategie entschlossen: Da eine Integration von Industrie- und Kultursystem unter der moralischen Vorherrschaft des Industriesystems nicht mehr zu erwarten ist, muß man sich zu einer Trennung beider Systeme auf Dauer entschließen: Das kapitalistische Industriesystem läuft nach seinen eigenen Gesetzen weiter, liefert aber für das Kultursystem keinen Sinn, im Gegenteil, es bedarf der ideologischen und ethischen Stützung durch Einstellungen und Werthaltungen, die nur im Kultursystem eingeübt werden können. Bei dieser Versuchsanordnung wird jedoch wieder ihre Dialektik vergessen. Das Verhältnis beider Systeme ist nämlich durch Ambivalenzen gekennzeichnet: Das Industriesystem produziert nicht nur Massengüter, sondern gleichzeitig mit ihnen Konsumhaltungen, die sich nur sehr schwer auf den Freizeitbereich begrenzen lassen. Das Kultursystem produziert zusammen mit einer Sensibilität für individuelle Identität kritische Einstellungen gegenüber dem Industriesystem und seiner ausschließlich an Gewinn orientierten Rationalität. Auf diese Weise wird der Begriff von ›Lebensqualität‹ schillernd und kann von jedem System im Kampf gegen das andere verwandt werden.

Der Konservatismus versucht angesichts dieser Lage folgende Doppelstrategie: Einerseits muß er alle Tendenzen unterdrücken, welche diejenigen Einstellungen gefährden, denen das Industriesystem einst seine Entstehung verdankte und aus denen es in Zukunft weiter lebt: Pflichtgefühl und Leistungsbereitschaft, Arbeitsfreude und Einordnung, Disziplin und Selbstdisziplin. Diese Tugenden können nur vom Kultursystem bereitgestellt und tradiert werden (im Widerstreit zu den Kauf- und Unterhaltungsanreizen des Industriesystems, das ein leichtes Leben als das einzig sinnvolle verspricht). Der Kongress ›Mut zur Erziehung‹ war Teil einer solchen Strategie.

Gleichzeitig muß der Konservatismus alle Tendenzen zurückdrängen, die das Prinzip Selbstverwirklichung aus dem Kultursystem in das Industriesystem und die Arbeitswelt einwandern lassen. Auch hier sind es vornehmlich Elternhaus und Schule, auf deren Sozialisationsleistungen sich konservative Hoffnungen gründen. Im Brennpunkt konservativer Kritik stehen eine permissive Erziehung, der neue Sozialisationstyp mit seinen narzißtischen Nuancen, wachsendes Anspruchsdenken und starke politische Partizipationswünsche.

Gerade in bezug auf die wachsenden Forderungen nach politischer Beteiligung ist die konservative Kritik besonders wach: Eine Ausweitung demokratischer Mitwirkungsrechte fördere die ›Unregierbarkeit‹ des Staates zusammen mit seiner ›Legitimationskrise‹. Eine Lawine von unerfüllbaren Erwartungen und Ansprüchen begrabe staatliche Handlungsfähigkeit und bereite in besonderer Weise jene allgemeine ›Kulturkrise‹ vor, auf die wir nach konservativer Einschätzung zulaufen.

Mit der Entkoppelung des Industrie- und Kultursystems hat der deutsche Konservatismus die ihm bisher vorauslaufende Sozialgeschichte eingeholt und findet sich nahtlos an der Seite seines alten Gegners. Er verteidigt das kapitalistische Industriesystem wie ein Liberaler, der seinerseits das politische System ebenso wie der Konservative auf dem Niveau einer ›konstitutionellen Demokratie‹ einfrieren möchte. Innerhalb des Industriesystems gibt es nichts mehr zu konservieren, da es beherrscht wird von ›Eigenlogik‹, ›Marktgesetzen‹ und ›Wachstumszwängen‹.

Konservieren will der Konservatismus nur noch innerhalb des Kultursystems. Hier kämpft er für das ›Alte Wahre‹, allerdings unter zwei Bedingungen, die immer stärker in sein Bewußtsein drängen und intelligente Konservative nachdenklich stimmen. Einmal geschieht die Sicherung alter Werte nie ohne Seitenblick auf das Industriesystem und seine motivationellen Bedürfnisse. (Ob man so weit gehen muß, von ausschließlicher Orientierung am Industriesystem zu sprechen, ist eine Frage der politischen Optik.) Der

Konservative versucht natürlich, eine solche funktionale Deutung abzuwehren, indem er behauptet, die von ihm bevorzugten Einstellungen seien an sich wertvoll, unbeschadet der Tatsache, daß es sich um eine Konvergenz zu den Werthaltungen handelt, die erst vor wenigen Jahrhunderten den ›kapitalistischen Geist‹ hervorbrachten.

Die zweite Bedingung ist ebenso belastend und zeigt eine alte konservative Schwäche: sein Eklektizismus. Betrachtet man die Sinngehalte, welche konservative Theoretiker in der Bundesrepublik für wichtig halten, so zeigt sich der Auswahlcharakter solcher unverbundenen ›Werte‹ auf Schritt und Tritt. Ob Religion, Heimatsinn, Vaterlandsliebe, Geschichtsbewußtsein oder sekundäre Tugenden: Hier wird aus der Überlieferung ausgewählt, hier ist längst auf geistig-kulturelle Kohärenz verzichtet.

Zusammen mit diesem Synkretismus unterschiedlichster Inhalte zeigt sich eine andere in der Geschichte des Konservatismus immer wieder auftretende Eigenheit: Nicht Inhalte als solche sind es, um deren Erhaltung es dem Konservativen geht, sondern ihre stabilisierende Wirkung. Der Konservative wird zum funktionalistischen Soziologen, der z.B. nach der Integrationsleistung einer ›Religion der Väter‹, nicht aber nach diesen oder jenen theologischen Inhalten fragt. Vergangenheit wird auf diese Weise nicht im Sinne inhaltlich verpflichtender Herkunft beansprucht, sondern als ein Arsenal prinzipiell beliebiger Gehalte angesehen, aus dem man sich Brauchbares für diesen oder jenen Zweck heraussucht. Das ursprünglich in einer konservativen Theorie sinnvolle Begriffspaar Herkunft–Zukunft wird aufgegeben zu Gunsten einer rein funktionalistischen Beziehung von Vergangenheit und Gegenwart.

Wie wenig es gelingen kann, das Industriesystem vom Kultursystem abzukoppeln, dafür gibt es gegenwärtig ein schlagendes Beispiel: die Medienpolitik. Die Einführung eines Privatfernsehens, das in eminentem Maße von kapitalistischen Gewinnkriterien abhängig ist, stellt eine ungeheure Bedrohung gerade der Werte dar, um deren Erhaltung der Konservative sonst so besorgt scheint. Die Wiederbelebung asketischer Tugenden, historischen Sinnes und religiöser Bindung steht in krassem Gegensatz zu einer Werbe- und Unterhaltungswelt, wie sie über privatwirtschaftlich betriebenes Fernsehen in die Wohnzimmer dringt. Das Industriesystem zerstört auf diese Weise ein Kultursystem, das sich gegen so massive Angriffe nicht zu wehren vermag. Fragt man nach den politischen Kräften, welche die Einführung des Privatfernsehens forcieren, so trifft man auf eben dieselben Gruppen und Personen, die sich, natürlich an anderen Orten und in anderen Zusammenhängen, um den Verlust traditioneller Werte des Kultursystems besorgt zeigen. Diese Schizophrenie aber ist dem deutschen Konservatismus inhärent, seitdem er beides zugleich versuchte: die Grundlagen europäischer Gesittung zu schützen und gleichzeitig seinen Frieden mit dem kapitalistischen Industriesystem zu machen.

Die Trennung des ökonomisch-industriellen Systems vom kulturellen ist in der Geschichte und in der Theorie des deutschen Konservatismus vorgebildet. Immer, wenn er mit revolutionären Veränderungen konfrontiert war und aus Furcht vor politischem Machtverlust Reformen scheute, beschwor er eine ›geistig-moralische Krise‹. Als Quelle des proletarischen Elends konstatierte er im neunzehnten Jahrhundert Glaubenslosigkeit und Sittenverfall der Arbeiter. Heute ist es die Aufsässigkeit und Zügellosigkeit der Jugend, welche er für Zustände verantwortlich macht, deren Ursachen zum großen Teil im Industriesystem und seinen Marktgesetzen liegen. Historische Vorläufer für das gesteigerte Interesse an Selbstverwirklichung sehen Konservative in der Intellektuellen-Kultur des neunzehnten Jahrhunderts, bei Männern und Frauen, die in der Bohème, im Dandytum und in politischen Bewegungen solche Vorstellungen von Lebensqualität verkündeten und selber ausprobierten. Dazu gehörte auch der Umgang mit Drogen, sexuelle Promiskuität und Reiselust. Aber es ist sozialgeschichtlich eine Vertauschung von Ursache und Wirkung, wenn man als Gründe für die Kulturkrise der Gegenwart nur diese Philosophien und Experimente ins Auge faßt, die ökonomischen und technischen Gründe ihrer gegenwärtigen Publizität (und damit natürlich auch Veränderung, ja Verfälschung) jedoch außer acht läßt. Aber wie der deutsche Konservative stets nur ›geistige‹ Gründe gelten läßt, so auch hier.

Eine Folge dieser kurzsichtigen Ätiologie ist die Verengung der Überlegungen zur Behebung der Krise auf das sogenannte ›Intellektuellen-Problem‹. Wenn es damals wie heute die Intellektuellen sind, die Unsicherheit aus dem Kultursystem in das politische und in das industrielle System bringen, muß man ihren zersetzenden

Aktivitäten rechtzeitig, d. h. schon innerhalb des Kultursystems, Einhalt gebieten. In der Nachfolge von Gehlens Intellektuellenhaß warnte Schelsky davor, die Intellektuellen als eine neue Klasse von Sinnvermittlern das Bewußtsein der Menschen beherrschen zu lassen. Heute stehen die ideologischen Bedingungen der Journalistenausbildung und des Fernsehens im Zentrum der Kritik.

Neben den Haß gegenüber den ›zersetzenden‹ Einflüssen der Linksintellektuellen ist heute bei Konservativen die Überzeugung getreten, daß es ohne die gegenhaltenden Kräfte konservativ orientierter Sinnvermittler nicht geht. Die prinzipielle Feindschaft gegenüber ›den‹ Intellektuellen hat sich in den Kampf um den Anteil von Rechtsintellektuellen in den Machtpositionen der Medien, des Wissenschaftssystems und des Erziehungssystems verwandelt. Rechtsintellektuelle sind ausdrücklich gefragt: als Verwalter und Verkünder derjenigen Traditionsbestände, die man als Stabilisationspfeiler ausgesucht hat.

Im Unterschied zur resignativen Entkoppelung von Industriesystem und Kultursystem hält die politische Linke an dem Gedanken integraler Humanität fest. Sie will sich mit der Trennung in ein effektives, aber sinnloses Industriesystem auf der einen und ein nur noch komplementär verstandenes Kultursystem auf der anderen Seite nicht abfinden. Arbeit soll weiterhin möglichst herrschafts- und leidfrei, vor allem und wo immer möglich auch sinnvoll sein. Das politische System soll mehr Felder bürgerlicher Partizipation öffnen, sowohl innerhalb der etablierten Parteien als auch neben ihnen. Das Kultursystem soll weder zum Rummelplatz der Werbeagenturen verkommen noch als Exerzierplatz zur Einübung buchstäblich weltfremder, weil mit der Lebenswelt nicht mehr verbundener Haltungen dienen. Mit diesem Festhalten an der klassischen Forderung einer universalistischen Moral, von der Politik und Wirtschaft nicht ausgeschlossen sind, bleibt die Linke nicht nur ihren philosophischen Grundsätzen treu, sondern betreibt zugleich eine ungemein realistische Politik. Man vermutet nämlich, daß der Legitimationsbedarf moderner politischer Systeme in Zukunft wachsen wird. Das gilt gerade im Blick auf diejenigen Bevölkerungsgruppen, die politisch gut orientiert und zu erhöhter Partizipation bereit sind. Diese gut ausgebildeten, in der Regel jüngeren und aus dem Mittelstand stammenden Bürger sind nicht bereit, die

Sinnfrage als eine nur noch persönliche von den Bedingungen ihrer Arbeitswelt, der ökologischen Situation ihres Landes ebenso wie der Erde und schließlich den globalen Friedensaussichten abzutrennen. Auf diese Weise werden Zusammenhänge hergestellt, denen nur ein integrales Politikverhältnis gewachsen ist.

Fragt man sich, ob die Linke, verstanden als politischer Rationalismus im Sinne dieses Buches, weiterhin den ›definitorischen Gegner‹ für den Konservatismus abgibt, so wird das prinzipielle Ja auf diese Frage gleichwohl differenziert ausfallen. Der große Fortschrittsoptimismus ist der Linken längst abhanden gekommen. Sie hat gelernt, die Dialektik der Aufklärung ernstzunehmen: Fortschritte auf wissenschaftlich-technischem Felde führen nicht immer und jedenfalls nicht notwendig zu sozialem oder humanitärem Fortschritt. Selbst das Ziel absoluter Herrschaftsfreiheit mag problematisch sein, wenn man es unter letzten Sinnfragen beurteilt. Aber diese Perspektive ist so lange von keinem akuten Interesse, als die politischen Verhältnisse weder bei uns noch sonstwo dazu angetan sind, ein Klagelied über die Sinnentleertheit herrschaftsfreier Räume anzustimmen bzw. gegenwärtige Herrschaftsverhältnisse für der politischen Weisheit letzten Schluß zu halten. Um noch einen dritten Punkt grundsätzlicher Bedeutung zu nennen: Religion scheint als Element menschlicher Sinnerfahrung vielleicht weniger leicht entbehrlich zu sein, als Aufklärer in früheren Jahrhunderten dachten. Ihr Trost angesichts letzter Sinnlosigkeit ist für viele über eine bloß systemtheoretisch-funktionale Leistung hinaus von existenzieller Bedeutung.

Solche Abstriche am Emanzipationsprogramm der Linken müssen jedoch nicht zu prinzipieller Resignation führen, vor allem nicht zur Aufgabe ihrer wichtigsten philosophischen Prämisse: daß der Mensch für die Gestaltung seiner Verhältnisse auf Erden verantwortlich ist. Begriffe wie Autonomie und Emanzipation, so sehr sie gegenwärtig geschmäht werden, bleiben die Kriterien eines Humanitätsverständnisses, dessen zeitliche Dimension weiterhin die Zukunft ist. Die von Konservativen gern vorgetragene ›Beweislastverteilungsregel‹, der zufolge nur derjenige, der Neues bringt, die Beweislast für die Vernünftigkeit seines Planes trägt, kann heute nichts mehr ausrichten: in Gesellschaften, die nicht mehr naturwüchsig sich ihrer Herkunft als dem sichersten Leitfaden zur

Bewältigung künftiger Probleme verbinden können, sondern auch, wenn sie Strukturen erhalten wollen, dies nur unter höchster Anspannung ihrer Planungskapazitäten erreichen. Nicht nur die soziale Wirklichkeit, sondern auch physische Realitäten müssen inzwischen weitgehend in Kategorien der ›Möglichkeit‹ und ihrer Bedingungen gefaßt werden.

Fortschrittskritik will deshalb stets sorgfältig geprüft sein: Handelt es sich um eine prinzipielle Absage an den Weg aus Unmündigkeit und Abhängigkeit oder um kritische Rückfragen in bezug auf Dysfunktionen des Fortschritts auf diesem oder jenem Felde? Im letzteren Falle bliebe der ursprüngliche Impuls des Emanzipationskonzeptes erhalten. Er bewährte sich gerade in der selbstkritischen Analyse von Schäden, welche z. B. die Demokratisierungs- und Emanzipationsbewegungen der sechziger und siebziger Jahre hinterließen; er wirkte als Filter für einen allzu optimistischen Glauben an die machtneutralisierende Funktion von Bürokratien; er öffnete die Augen für psychische Schäden einer Wohlstandsgesellschaft, aus der bekanntlich Freud damals seine Patienten gewann.

Eine Linke, die sich dem aufklärerischen Erbe weiterhin verpflichtet fühlt, ist somit weder in einem prinzipiellen Sinne antimodernistisch noch postmodernistisch. Sie bleibt für den Konservatismus weiterhin der definitorische Gegner. Das Feld der Auseinandersetzung mag heute unübersichtlicher sein als in früheren Epochen, die Fronten und Stellungen verwickelter (dafür liefern die ideologischen Kämpfe unter den Grünen viele Beispiele): Geändert hat sich im Grunde nichts. Die Frage, ob das überkommene Links-Rechts-Schema der politischen Einstellungsforschung von diesen oberflächlichen Irritationen betroffen ist, will ich hier nicht entscheiden. Hier mag es im Laufe der Zeit zu neuen Syndromen kommen. Aber für die in diesem Buche vorgenommenen Frontbestimmungen bedeuten solche tagespolitischen Koalitionen wenig. Das gilt auch für den sich heute neu belebenden Sinn für Tradition, Heimat, Religion und Geschichte. Solche auf allen Feldern des politischen Spektrums zu beobachtenden Tendenzen sind danach zu beurteilen, in welchem Sinne und zu welchem Zwecke man sich der Herkunft erinnert. Das gilt für die Sanierung von Altstadtkernen ebenso wie für die Besinnung auf alte Tugenden. Die Restaurierung von Fassaden bringt ebenso wenig wie die Verkündung des

Wertes sekundärer Tugenden: Ohne Verbindung zu einer neuen Stadtteilkultur im Falle Sanierung, ohne Verbindung zu inhaltlichen Zielen im Falle der Tugenden bleiben solche Rückgriffe museal und verlogen. Es ist wie mit der postmodernen Architektur: Bloße ›Zitate‹, willkürlich ausgewählt aus dem architekturgeschichtlichen Arsenal, können keine baugeschichtliche Verwurzelung liefern. Und der gewiß nicht unberechtigte Hinweis auf den Trugschluß, materielle Funktionalität liefere bereits die Garantie ästhetischer Qualität, rechtfertigt keineswegs den resignativen Verzicht auf die Versöhnung von Material und Form. Gerade weil nicht nur bei Werkstoffen, sondern auf vielen anderen Feldern ›alles möglich‹ geworden ist, können wir die Zukunft nicht mit historischen Versatzstücken meistern.

Der deutsche Konservatismus hat resigniert und ist objektiv an sein Ende gekommen. Ob man die Vokabel ›konservativ‹ weiter verwendet oder nicht: Es kann keinen Zweifel darüber geben, daß er als politische Potenz im Liberalismus aufgegangen ist, durch seine rückhaltlose Bejahung des kapitalistischen Industriesystems und seiner ›Sachzwänge‹. Was der deutsche Konservatismus innerhalb des Kultursystems an ›Werten‹ wieder in Erinnerung rufen und bewahren will, ist demgegenüber unerheblich und steht unter dem Gesetz, welches die Vergeblichkeit jeder ›Konservativen Revolution‹ besiegelt.

Stuttgart, im Herbst 1986   M. Greiffenhagen

ADORNO, THEODOR W. – FRENKEL-
BRUNSWIK, ELSE – LEVINSON, DANIEL
J. – SANFORD, R. NEVITT: Studies in
prejudice. Hrsg. von Max Horkhei-
mer und S. H. Flowerman. New
York 1950.

ADORNO, THEODOR W.: Prismen. Kulturkritik und Gesellschaft. Zwölf Essays. Berlin/Frankfurt a. M. 1955.

–: Theorie der Halbbildung. In: Der
Monat 11 (1959), H. 132, S. 30 ff.

ALBERTINI, RUDOLF VON: Freiheit und
Demokratie in Frankreich. Die Diskussion von der Restauration bis zur
Résistance. München 1957 (Orbis
academicus).

ALLMAYER-BECK, JOHANN CHRISTOPH:
Vogelsang. Vom Feudalismus zur
Volksbewegung. Wien 1952 (Beiträge zur neueren Geschichte des christlichen Österreich).

ALTHAUS, PAUL: Die deutsche Stunde
der Kirche. Göttingen 1933.

ALTMANN, RÜDIGER (Referent): Muß
unsere politische Maschinerie umkonstruiert werden? In: Bergedorfer Protokolle, Bd. 16. Hamburg/Berlin
1966, S. 10 ff.

–: Späte Nachricht vom Staat. Politische Essays. Stuttgart 1968. Darin
u. a. die Aufsätze: Die Formierte Gesellschaft, S. 27 ff.; Späte Nachricht
vom Staat, S. 47 ff.

–: Brüder im Nichts? Zur Auseinandersetzung Jürgen Habermas' mit
Arnold Gehlens Ethik. In: Merkur
24 (1970), Nr. 266, S. 577 ff.

AMBROS, DANKMAR: Über Wesen und
Formen organischer Gesellschafts-

auffassung. In: Soziale Welt 14 (1963),
S. 14 ff.

ANDERSON, THORNTON: Brooks Adams.
Constructive conservative. New
York 1951.

ANTONI, CARLO: Der Kampf wider die
Vernunft. Zur Entstehungsgeschichte
des deutschen Freiheitsgedankens.
Stuttgart 1951 (Aus dem Italienischen).

ARENDT, HANNAH: Elemente und Ursprünge totaler Herrschaft. Frankfurt
a. M. 1955.

–: Fragwürdige Traditionsbestände im
politischen Denken der Gegenwart.
Vier Essays. Frankfurt a. M. 1959.
Enthält die Aufsätze: Tradition und
die Neuzeit, S. 9 ff.; Natur und Geschichte, S. 47 ff.; Geschichte und Politik in der Neuzeit, S. 81 ff.; Was
ist Autorität?, S. 117 ff.

ARETIN, KARL OTMAR FRHR. VON: Anti-
demokratischer Geist 1918–1933.
(Rez.:) Kurt Sontheimer: Antidemo-
kratisches Denken in der Weimarer
Republik, 1962. In: Neue Politische
Literatur [8](1963), Sp. 329 ff.

–: Artikel »Konservativismus« in: Politik für Nichtpolitiker. Ein ABC zur
aktuellen Diskussion, hrsg. von
Hans Jürgen Schultz. Bd. 1, Stutt-
gart/Berlin 1969, S. 239 ff.

ARIS, REINHOLD: Die Staatslehre Adam
Müllers in ihrem Verhältnis zur deutschen Romantik. Tübingen 1929.

–: History of political thought in
Germany from 1789 to 1815. London 1936.

ARNIM, HANS VON – BELOW, GEORG

von (Hrsg.): Deutscher Aufstieg. Bilder aus der Vergangenheit und Gegenwart der rechtsstehenden Parteien. Berlin/Leipzig/Wien/Bern 1925.

AUERBACH, MORTON M.: The conservative illusion. New York 1959.

BAADER, FRANZ VON: Sämmtliche Werke, hrsg. von Franz Hoffmann. Bde. 1 bis 16, Leipzig 1850–1860.

–: Schriften zur Gesellschaftsphilosophie. Hrsg. von Johannes Sauter. Jena 1925 (Die Herdflamme, hrsg. von Othmar Spann, Bd. 14).

–: Über den Begriff der Zeit (1818). Über den Zwiespalt des religiösen Glaubens und Wissens als die geistige Wurzel des Verfalls der religiösen und politischen Societät in unserer wie in jeder Zeit. Hrsg. von Carl Linfert. Darmstadt ²1958 (Libelli Bd. 18).

BACHOFEN, JOHANN JAKOB: Der Mythus von Orient und Occident. Eine Metaphysik der alten Welt. Ausgewählt von Manfred Schroeter, mit einer Einleitung von Alfred Baeumler. München 1926.

BAHR, HERMANN: Charles Maurras. In: Hochland 24 (1927), S. 257 ff. und 452 ff.

BALDWIN, OLIVER RIDSDALE – CHANCE, ROGER: Conservatism and wealth. A radical indictment. London 1929.

BANKS, REGINALD MITCHELL: The conservative outlook. London 1929.

BARON, HANS: Justus Mösers Individualitätsprinzip in seiner geistesgeschichtlichen Bedeutung. In: Historische Zeitschrift 130 (1924), S. 31 ff.

BARTH, HANS: Fluten und Dämme. Der philosophische Gedanke in der Politik. Zürich 1943.

–: Die Idee der Ordnung. Beiträge zu einer politischen Philosophie. Erlenbach-Zürich/Stuttgart 1958.

–: Der konservative Gedanke. In ausgewählten Texten dargestellt. Stuttgart 1958.

–: Masse und Mythos. Die ideologische Krise an der Wende zum 20. Jahrhundert und die Theorie der Gewalt: Georges Sorel. Hamburg 1959 (rowohlts deutsche enzyklopädie 88).

–: Wahrheit und Ideologie. Erlenbach-Zürich/Stuttgart ²1961.

BARTH, HEINRICH: Das Problem der Autorität. Bern 1929.

BARTH, PAUL: Die Philosophie der Geschichte als Soziologie. Leipzig ³/⁴1922.

BAXA, JAKOB (Hrsg.): Gesellschaft und Staat im Spiegel deutscher Romantik. Jena 1924 (Die Herdflamme, hrsg. von Othmar Spann, Bd. 8).

–: Justus Möser und Adam Müller. In: Jahrbücher für Nationalökonomie und Statistik 123, 3. Folge Bd. 68 (1925), S. 14 ff.

– (Hrsg.): Einführung in die romantische Staatswissenschaft. Jena ²1931 (Ergänzungsbände zur Sammlung Herdflamme, Bd. 4).

BECHER, HUBERT SJ: Die Romantik als totale Bewegung. In: Scholastik, Vierteljahresschrift für Theologie und Philosophie 20–24 (1939), S. 182 ff.

BEER, RÜDIGER ROBERT: Konservativ? Berlin-Zehlendorf 1931.

BEHRENDT, RICHARD F.: Politischer Aktivismus. Versuch zur Soziologie und Psychologie der Politik. Leipzig 1932.

–: Regionale Integration oder erdweite Universalisierung? In: Gewerkschaftliche Monatshefte 14 (1963), S. 336 f.

BELOW, GEORG VON: Der deutsche Staat des Mittelalters. Bd. 1: Die allgemeinen Fragen. Leipzig 1914.

–: Die Entstehung der Soziologie. Aus dem Nachlasse hrsg. von Othmar Spann. Jena 1928 (Deutsche Beiträge zur Wirtschafts- und Gesellschaftslehre 7).

BENDA, JULIEN: La trahison des clercs. Paris 1927.

BENJAMIN, WALTER: Schriften. 2 Bde., hrsg. von Theodor W. und Gretel Adorno. Frankfurt a. M. 1955.

BERGSTRÄSSER, ARNOLD: Formen der Überlieferung. In: Verhandlungen des 13. Deutschen Soziologentages in Bad Meinberg (1956). Köln/Opladen 1957, S. 13 ff. (Deutsche Gesellschaft für Soziologie).

BERGSTRÄSSER, LUDWIG: Studien zur Vorgeschichte der Zentrumspartei. Tübingen 1910 (Beiträge zur Parteigeschichte 1).

–: Der politische Katholizismus. Dokumente seiner Entwicklung. 2 Bde., München 1921, 1923 (Der deutsche Staatsgedanke 2/3).

BEST, WERNER: Der Krieg und das Recht. In: Krieg und Krieger, hrsg. von Ernst Jünger. Berlin 1930, S. 135 ff.

BLOCH, ERNST: Subjekt-Objekt. Erläuterungen zu Hegel. Berlin 1952.

–: Das Prinzip Hoffnung. 1. 2. Frankfurt a. M. 1959 (Gesamtausgabe, Bd. 5).

BLUMENBERG, HANS: Die kopernikanische Wende. Frankfurt a. M. 1965 (edition suhrkamp 138).

–: Die Legitimität der Neuzeit. Frankfurt a. M. 1966.

BÖCKENFÖRDE, ERNST-WOLFGANG: Der deutsche Katholizismus im Jahre 1933. Eine kritische Betrachtung. In: Hochland 53 (1960/61), S. 215 ff.

BODAMER, JOACHIM: Pathologie des Zeitgeistes. In: Zeitwende. Die neue Furche 25 (1954), S. 79 ff.

BÖHM, FRANZ: Anti-Cartesianismus.

Deutsche Philosophie im Widerstand. Leipzig 1938.

–: Reden und Schriften. Karlsruhe 1960.

BOEHM, MAX HILDEBERT: Das eigenständige Volk. Grundlegung der Elemente einer europäischen Völkersoziologie. (1932). Neuausgabe Darmstadt 1965.

BOLLNOW, OTTO FRIEDRICH: Zum Begriff der Ganzheit bei Othmar Spann. In: Finanzarchiv, N. F. 6 (1939), S. 271 ff.

–: Die Ehrfurcht. Frankfurt a. M. 1947.

–: Ehre und guter Ruf. In: Die Sammlung 7 (1952), S. 31 ff.

–: Wesen und Wandel der Tugenden. Berlin 1958 (Ullstein-Buch Nr. 209).

BOOMS, HANS: Die Deutschkonservative Partei. Preußischer Charakter, Reichsauffassung, Nationalbegriff. Düsseldorf 1954 (Beiträge zur Geschichte des Parlamentarismus und der politischen Parteien, H. 3).

BORNKAMM, HEINRICH: Luther im Spiegel der deutschen Geistesgeschichte. Heidelberg 1955.

BOWEN, RALPH H.: German theories on the corporative state. New York/London 1947.

BRACHER, KARL DIETRICH: Staatsbegriff und Demokratie in Deutschland. In: Politische Vierteljahresschrift 9 (1968), S. 2 ff.

–: Die deutsche Diktatur. Entstehung, Struktur, Folgen des Nationalsozialismus. Köln/Berlin 1969 (Studien-Bibliothek Kiepenheuer & Witsch).

BRANDT, HARTWIG: Landständische Repräsentation im deutschen Vormärz. Politisches Denken im Einflußfeld des monarchischen Prinzips. Neuwied am Rhein/Berlin 1968 (Politica, Bd. 31).

BRAUNE, FRIEDA: Edmund Burke in

Deutschland. Ein Beitrag zur Geschichte des historisch-politischen Denkens. Heidelberg 1917 (Heidelberger Abhandlungen, H. 50).

BRINKMANN, CARL: Carl Schmitts Politische Romantik. In: Archiv für Sozialwissenschaft und Sozialpolitik 54 (1925), S. 530 ff.

–: Soziologische Theorie der Revolution. Göttingen 1948.

BRINKMANN, HENNING: Die Idee des Lebens in der deutschen Romantik. Augsburg/Köln 1926 (Schriften zur deutschen Literatur 1).

BROSZAT, MARTIN: Der Staat Hitlers. Grundlegung und Entwicklung seiner inneren Verfassung. München 1969 (dtv Weltgeschichte des 20. Jahrhunderts, Bd. 9 = dtv 4009).

BRÜDIGAM, HEINZ: Der Schoß ist fruchtbar noch ... Neonazistische, militaristische, nationalistische Literatur und Publizistik in der Bundesrepublik. Frankfurt a. M. ²1965.

BRUNNER, OTTO: Adeliges Landleben und europäischer Geist. Leben und Werk Wolf Helmhards von Hohberg, 1612–1688. Salzburg 1949.

BRYANT, ARTHUR: The spirit of conservatism. London 1929.

BUCHHEIM, KARL: Geschichte der christlichen Parteien in Deutschland. München 1953.

BUDDEBERG, KARL TH.: Gott und Souverän. In: Archiv des öffentlichen Rechts, N. F. 28 (1937), S. 257 ff.

BÜLOW, FRIEDRICH: Der deutsche Ständestaat. Nationalsozialistische Gemeinschaftspolitik und Wirtschaftsorganisation. Leipzig 1934.

BURCKHARDT, JACOB: Weltgeschichtliche Betrachtungen. Hrsg. von Alfred von Martin. Krefeld 1948.

BURKE, EDMUND: Betrachtungen über die französische Revolution. Bearb. und hrsg. von Friedrich Gentz. 2 Bde.

Berlin 1793/94. Neue Ausgabe, hrsg. von Dieter Henrich, Frankfurt a. M. 1967 (Theorie 1).

BÜSCH, OTTO – FURTH, PETER: Rechtsradikalismus im Nachkriegsdeutschland. Studien über die »Sozialistische Reichspartei« (SRP). Berlin/Frankfurt a. M. 1957 (Schriften des Instituts für politische Wissenschaft, Bd. 9).

BUSSE, GISELA VON: Die Lehre vom Staat als Organismus. Kritische Untersuchungen zur Staatsphilosophie Adam Müllers. Berlin 1928.

BUSSMANN, WALTER: Politische Ideologien zwischen Monarchie und Weimarer Republik. Ein Beitrag zur Ideengeschichte der Weimarer Republik. In: Historische Zeitschrift 190 (1960), S. 55 ff.

CARLYLE, THOMAS: Past and present. London 1888.

CASSIRER, ERNST: Vom Mythus des Staates. Zürich 1949 (Erasmus-Bibliothek 5).

CECIL, LORD HUGH: Conservatism. London 1912.

COHN, JONAS: Theorie der Dialektik. Formenlehre der Philosophie. Leipzig 1923.

COKER, F. W.: Organismic theories of the state. Nineteenth century interpretations of the state as organism or as person. London/New York 1910.

CORTÉS, DONOSO: Der Staat Gottes. Eine katholische Geschichtsphilosophie. Hrsg. von Ludwig Fischer. Karlsruhe 1933.

–: Kulturpolitik. Hrsg. von Josef Hermann Hess. Basel 1945 (Anker-Bücherei, Bd. 1).

–: Drei Reden. Über die Diktatur. Über Europa. Über die Lage Spaniens. Übertragen von Johannes Langenegger. Zürich 1948.

CULLMANN, OSCAR: Christus und die Zeit. Die urchristliche Zeit- und Geschichtsauffassung. Zürich ²1948.

CURTIUS, ERNST ROBERT: Deutscher Geist in Gefahr. Stuttg./Berlin 1932.

DAHRENDORF, RALF: Betrachtungen zu einigen Aspekten der gegenwärtigen deutschen Soziologie. In: Kölner Zeitschrift für Soziologie und Sozialpsychologie 11 (1959), S. 132 ff.

–: Homo sociologicus. Ein Versuch zur Geschichte, Bedeutung und Kritik der Kategorie der sozialen Rolle. Köln/Opladen ³1961.

–: Gesellschaft und Demokratie in Deutschland. München 1965.

–: Soziologie und Nationalsozialismus. In: Deutsches Geistesleben und Nationalsozialismus, eine Vortragsreihe der Universität Tübingen. Hrsg. von Andreas Flitner. Tübingen 1965, S. 108 ff.

DANN, OTTO: Die Friedensdiskussion der deutschen Gebildeten im Jahrzehnt der Französischen Revolution. In: Historische Beiträge zur Friedensforschung, hrsg. von Wolfgang Huber. Stuttgart/München 1970. S. 95 ff. (Studien zur Friedensforschung, Bd. 4).

DEKKER, GERBRAND: Die Rückwendung zum Mythos. Schellings letzte Wandlung. München/Berlin 1930.

DELEKAT, FRIEDRICH: Reformation, Revolution und Restauration. Drei Grundbegriffe der Geschichte. In: Zeitschrift für Theologie und Kirche 49 (1952), S. 85 ff.

DEMPF, ALOIS: Kulturphilosophie. München/Berlin 1932 (Handbuch der Philosophie, Sonderausgabe).

–: Sacrum Imperium. Geschichts- und Staatsphilosophie des Mittelalters und der politischen Renaissance. (1929), Darmstadt ²1954.

–: Kritik der historischen Vernunft. München 1957.

DESCARTES, RENÉ: Betrachtungen über die Grundlagen der Philosophie. Übersetzt von Ludwig Fischer. Leipzig o. J. (Reclams Universal Bibliothek Nr. 2887).

DEUTSCHE PARTEIPROGRAMME. Hrsg. von Wilhelm Mommsen. München ²1964 (Deutsches Handbuch der Politik, Bd. 1).

DIBELIUS, OTTO: Grenzen des Staates. Tübingen 1949.

–: Obrigkeit. In: Stimme der Gemeinde 11 (Darmstadt 1959), Sp. 620 ff. (Buchausgabe: Obrigkeit. Stuttgart/Berlin 1963).

DIRKS, WALTER: Der restaurative Charakter der Epoche. In: Frankfurter Hefte 5 (1950), S. 942 ff.

DOKUMENTE DER DEUTSCHEN POLITIK UND GESCHICHTE von 1848 bis zur Gegenwart. Ein Quellenwerk für die politische Bildung und staatsbürgerliche Erziehung, hrsg. von Johannes Hohlfeld. Bd. 4: Die Zeit der nationalsozialistischen Diktatur 1933 bis 1938, I: Aufbau und Entwicklung 1933–1938. Berlin/München o. J.

DOMARUS, MAX: Hitler. Reden und Proklamationen 1932–1945. Kommentiert von einem deutschen Zeitgenossen. 2 Bde., Würzburg 1962 f. Bd. 1: Triumph (1932–1938); Bd. 2: Untergang (1939–1945).

DOMBROWSKY, ALEXANDER: Adam Müller, die historische Weltanschauung und die politische Romantik. In: Zeitschrift für die gesamte Staatswissenschaft 65 (1909), S. 377 ff.

–: Aus einer Biographie Adam Müllers. Diss. Göttingen 1911.

DÖNHOFF, MARION GRÄFIN: Das Ende der Konservativen. In: ›Die Zeit‹, 8. 7. 1960, S. 1.

DOSTOJEWSKI, FJODOR MICHAILOwitsch: Politische Schriften. Hrsg. von Dmitri Mereschkowski. München/Leipzig ² o. J. (Sämtliche Werke, hrsg. von Moeller van den Bruck, 2. Abt., Bd. 13).

DRUCKER, PETER: Friedrich Julius Stahl. Konservative Staatslehre und geschichtliche Entwicklung. Tübingen 1933 (Recht und Staat in Geschichte und Gegenwart 100).

DÜRRENMATT, PETER: Konservative Politik. In: Deutsche Rundschau 77 (1951), S. 216 ff.

EBBINGHAUS, JULIUS: Der Begriff des Rechts und die naturrechtliche Tradition. In: Studium Generale 4 (1951), S. 345 ff.

EHRHARDT, ARNOLD A. T.: Politische Metaphysik von Solon bis Augustin. 2 Bde., Tübingen 1959. Bd. 1: Die Gottesstadt der Griechen und Römer; Bd. 2: Die christliche Revolution.

ELIADE, MIRCEA: Das Heilige und das Profane. Vom Wesen des Religiösen. Hamburg 1957 (rowohlts deutsche enzyklopädie 31).

ELKUSS, SIEGBERT: Zur Beurteilung der Romantik und zur Kritik ihrer Erforschung. Hrsg. von Franz Schultz. München/Berlin 1918 (Historische Bibliothek 39).

ELLWEIN, THOMAS: Das Erbe der Monarchie in der deutschen Staatskrise. Zur Geschichte des Verfassungsstaates in Deutschland. München 1954.

–: Klerikalismus in der deutschen Politik. München 1955 (Heiße Eisen. Eine Schriftenreihe zu umstrittenen Problemen der Gegenwart, Bd. 1).

EPSTEIN, KLAUS: The genesis of German conservatism. Princeton, N. J. 1966.

ERDMANN, KARL DIETRICH: Das Verhältnis von Staat und Religion nach der Sozialphilosophie Rousseaus (Der Begriff der »religion civile«). Berlin 1935 (Historische Studien, H. 271).

EUCHNER, WALTER: Demokratietheoretische Aspekte der politischen Ideengeschichte. In: Politikwissenschaft. Eine Einführung in ihre Probleme, hrsg. von Gisela Kress und Dieter Senghaas. Frankfurt a. M. 1969, S. 38 ff.

FALLER, FRANZ: Die rechtsphilosophische Begründung der gesellschaftlichen Autorität bei Thomas von Aquin. Heidelberg 1954.

FETSCHER, IRING: Rousseaus politische Philosophie. Zur Geschichte des demokratischen Freiheitsbegriffs. Neuwied am Rhein/Berlin 1960 (Politica, Bd. 1).

FICHTE, JOHANN GOTTLIEB: Sämmtliche Werke. Hrsg. von J. H. Fichte. Bde. 1.–8. Berlin 1845–46. Neudruck Berlin 1965. Bd. 7: Zur Politik, Moral und Philosophie der Geschichte, S. 2 ff.: Die Grundzüge des gegenwärtigen Zeitalters (1804).

FIGGIS, JOHN NEVILLE: The divine right of kings. (1896, ²1914). Hrsg. von G. R. Elton, London 1965 (Harper Torchbooks TB 1191).

FIJALKOWSKI, JÜRGEN: Die Wendung zum Führerstaat. Ideologische Komponenten in der politischen Philosophie Carl Schmitts. Köln/Opladen 1958 (Schriften des Instituts für Politische Wissenschaft Berlin, Bd. 12).

–: Ortsbestimmung der deutschen Soziologie. In: Neue Politische Literatur 6 (1961), S. 194 ff.

FLECHTHEIM, OSSIP K.: Das Dilemma des Konservatismus. In: Gewerkschaftliche Monatshefte 14 (1963), S. 83 ff.

FLEIG, EDGAR: Zur Geschichte des Einströmens französischen Restaurationsdenkens nach Deutschland. In:

Historisches Jahrbuch, Bd. 55. Köln 1935, S. 500 ff.

FLÜCKIGER, FELIX: Geschichte des Naturrechtes. Bd. 1: Altertum und Frühmittelalter. Zollikon–Zürich 1954.

FORSTHOFF, ERNST: Der totale Staat. Hamburg 1933.

–: Die Verwaltung als Leistungsträger. Stuttgart/Berlin 1938 (Königsberger Rechtswissenschaftliche Forschungen 2).

–: Lehrbuch des Verwaltungsrechts. Bd. 1: Allgemeiner Teil. München/Berlin 1950, ⁸1961.

–: Die Bundesrepublik Deutschland. Umrisse einer Realanalyse. In: Merkur 14 (1960), S. 807 ff.

–: Technisch bedingte Strukturwandlungen des modernen Staates. In: Technik im technischen Zeitalter. Stellungnahmen zur geschichtlichen Situation, hrsg. von Hans Freyer, Johannes Chr. Papalekas, Georg Weippert. Düsseldorf 1965, S. 211 ff.

–: Verfassung und Verfassungswirklichkeit der Bundesrepublik. In: Merkur 22 (1968), Nr. 241, S. 401 ff.

–: Zur heutigen Situation einer Verfassungslehre. In: Epirrhosis. Festgabe für Carl Schmitt, hrsg. von Hans Barion u. a. Berlin 1968, 1. Teilband, S. 185 ff.

FRANTZ, CONSTANTIN: Kritik aller Parteien. (1862). In: Hundert Jahre conservativer Politik und Literatur. Hrsg. von Rudolph Meyer. Bd. 1: Literatur. Wien/Leipzig o. J.

FRANZ, GÜNTHER: Artikel »Konservativismus« in: Sachwörterbuch zur deutschen Geschichte, hrsg. von Hellmuth Rössler und Günther Franz. München 1958, S. 552 ff.

FREUND, MICHAEL: Georges Sorel. Der revolutionäre Konservativismus. Frankfurt a. M. 1932.

–: Konservatives Harakiri. Zu Mohlers Buch: Die konservative Revolution. In: Die Gegenwart 7 (1952), S. 41 f.

FREYER, HANS: Die Bewertung der Wirtschaft im philosophischen Denken des 19. Jahrhunderts. Leipzig 1921, Neudruck Hildesheim 1966.

–: Soziologie als Wirklichkeitswissenschaft. Logische Grundlegung des Systems der Soziologie. Leipzig/Berlin 1930.

–: Revolution von rechts. Jena 1931.

–: Gegenwartsaufgaben der deutschen Soziologie. In: Zeitschrift für die gesamte Staatswissenschaft 95 (1935), S. 116 ff.

–: Der Mensch und die gesellschaftliche Ordnung der Gegenwart. In: Zeitschrift für die gesamte Staatswissenschaft 110 (1954), S. 1 ff.

–: Theorie des gegenwärtigen Zeitalters. Stuttgart 1955.

–: Das soziale Ganze und die Freiheit der Einzelnen unter den Bedingungen des industriellen Zeitalters. Göttingen/Berlin/Frankfurt a. M. 1957.

–: Schwelle der Zeiten. Beiträge zur Soziologie der Kultur. Stuttgart 1965.

FRIED, FERDINAND (d. i. Friedrich Zimmermann): Das Ende des Kapitalismus. Jena 1931 (Tat-Schriften).

–: Der Umsturz der Gesellschaft. Stuttgart 1950.

FRIEDEMANN, KÄTE: Die Religion der Romantik. In: Philosophisches Jahrbuch 38 (1925), S. 118 ff. und 249 ff.

FROMM, ERICH: Der moderne Mensch und seine Zukunft. Eine sozialpsychologische Untersuchung. Frankfurt a. M. 1960.

FÜRSTENBERG, FRIEDRICH: Arnold Gehlen. (Rez.:) Der Mensch. 6. Auflage. Bonn 1958. In: Neue Politische Literatur 4 (1959), S. 430 ff.

GABLENTZ, OTTO HEINRICH VON DER:

Die Krisis der säkularen Religionen. Eine religionssoziologische Skizze. In: Kosmos und Ekklesia. Festschrift für Wilhelm Stählin, hrsg. von Heinz-Dietrich Wendland. Kassel 1953, S. 243 ff.

–: Erneuerung konservativen Denkens? In: Politische Literatur 2 (1953), S. 157 ff.

–: Reaktion und Restauration. In: Zur Geschichte und Problematik der Demokratie. Festgabe für Hans Herzfeld anläßlich seines 65. Geburtstages 1957, hrsg. von Wilhelm Berges und Carl Hinrichs. Berlin 1958, S. 55 ff.

–: Autorität und Legitimität im heutigen Staat. In: Zeitschrift für evangelische Ethik 1959, S. 78 ff.

–: Artikel »Konservatismus« in: Staat und Politik. Neuausgabe, hrsg. von Ernst Fraenkel und Karl Dietrich Bracher. Frankfurt a. M. 1964, S. 170 ff. (Fischer Lexikon 2).

GADAMER, HANS-GEORG: Über die Ursprünglichkeit der Philosophie. Zwei Vorträge. Berlin 1948.

–: Wahrheit und Methode. Grundzüge einer philosophischen Hermeneutik. Tübingen ²1965.

GEHLEN, ARNOLD: Der Staat und die Philosophie. Leipzig 1935 (Wissenschaft und Zeitgeist 3).

–: Rede über Fichte. In: Zeitschrift für die gesamte Staatswissenschaft 98 (1938), S. 209 ff.

–: Der Mensch. Seine Natur und seine Stellung in der Welt. (1940), Frankfurt a. M./Bonn ⁷1962.

–: Sozialpsychologische Probleme in der industriellen Gesellschaft. Tübingen 1949 (Schriftenreihe der Akademie Speyer 2).

–: Urmensch und Spätkultur. Philosophische Ergebnisse und Aussagen. Bonn 1956.

–: Über die gegenwärtigen Kulturverhältnisse. In: Merkur 10 (1956), Nr. 100, S. 520 ff.

–: Anthropologische Forschung. Zur Selbstbegegnung und Selbstentdeckung des Menschen. Reinbek bei Hamburg 1961 (rowohlts deutsche enzyklopädie 138).

–: Studien zur Anthropologie und Soziologie. Neuwied am Rhein/Berlin 1963 (Soziologische Texte, Bd. 17). Darin u. a. die Aufsätze: Probleme einer soziologischen Handlungslehre, S. 196 ff.; Über die Geburt der Freiheit aus der Entfremdung, S. 232 ff.; Über kulturelle Kristallisation, S. 311 ff.; Das Ende der Persönlichkeit?, S. 329 ff.

–: Die Seele im technischen Zeitalter. Sozialpsychologische Probleme in der industriellen Gesellschaft. Reinbek bei Hamburg 1964 (rowohlts deutsche enzyklopädie 53).

–: Das Engagement der Intellektuellen gegenüber dem Staat. In: Merkur 18 (1964), Nr. 195, S. 401 ff.

–: Moral und Hypermoral. Eine pluralistische Ethik. Frankfurt a. M. 1969.

–: Die Chancen der Intellektuellen in der Industriegesellschaft. In: Neue deutsche Hefte 17 (1970), Nr. 125, H. 1, S. 3 ff.

GERLACH, LEOPOLD VON: Denkwürdigkeiten. Hrsg. von seiner Tochter. 2 Bde., Berlin 1891/92.

GERSTENBERGER, HEIDE: Der revolutionäre Konservatismus. Ein Beitrag zur Analyse des Liberalismus. Berlin 1969 (Sozialwissenschaftliche Abhandlungen, H. 14).

GERSTENMAIER, EUGEN: Was heißt heute konservativ? In: Der Monat 14 (1962), H. 166, S. 27 ff.

GESELLSCHAFT UND STAAT im Spiegel deutscher Romantik. Hrsg. von Jakob Baxa. Jena 1924 (Die Herdflamme, hrsg. von Othmar Spann, Bd. 8).

GLUM, FRIEDRICH: Philosophen im Spiegel und Zerrspiegel. Deutschlands Weg in den Nationalismus und Nationalsozialismus. München 1954.

–: Konservativismus im 19. Jahrhundert. Eine Auswahl europäischer Porträts. Bonn 1969.

GMELIN, ULRICH: Auctoritas, römischer Princeps und päpstlicher Primat. In: Geistige Grundlagen römischer Kirchenpolitik. Stuttgart 1937 (Forschungen zur Kirchen- und Geistesgeschichte, hrsg. von Erich Seeberg u. a., Bd. 1).

GOGARTEN, FRIEDRICH: Wider die Ächtung der Autorität. Jena 1930.

–: Politische Ethik. Versuch einer Grundlegung. Jena 1932.

–: Verhängnis und Hoffnung der Neuzeit. Die Säkularisierung als theologisches Problem. Stuttgart ²1958.

GOLLWITZER, HEINZ: Die Standesherren. Die politische und gesellschaftliche Stellung der Mediatisierten 1815 bis 1918, ein Beitrag zur deutschen Sozialgeschichte. Göttingen ²1964.

GOLLWITZER, HELMUT: Die marxistische Religionskritik und der christliche Glaube. In: Marxismusstudien, 4. Folge, hrsg. von Iring Fetscher. Tübingen 1962. S. 1 ff. (Schriften der Evangelischen Studiengemeinschaft 7).

GÖRRES, JOSEPH: Politische Schriften. (1817–1822). Hrsg. von Günther Wohlers. Köln 1929 (Gesammelte Schriften, Bd. 13). Darin die Aufsätze: Teutschland und die Revolution (1819), S. 35 ff.; Europa und die Revolution (1821), S. 145 ff.

GORZ, ANDRÉ: Technokratie und Arbeiterbewegung. In: Texte zur Technokratiediskussion, hrsg. von Claus Koch und Dieter Senghaas. Frankfurt a. M. 1970, S. 141 ff. (Kritische Studien zur Politikwissenschaft).

GOETHE, JOHANN WOLFGANG VON: Aus meinem Leben. Dichtung und Wahrheit (Werke, Bd. 9: Autobiographische Schriften I, hrsg. von Erich Trunz). Hamburg ⁵1964.

GOETTING, HILDEGARD: Die sozialpolitische Idee in den konservativen Kreisen der vormärzlichen Zeit. Diss. Berlin 1920.

GOTTSCHALCH, WILFRIED – KARRENBERG, FRIEDRICH – STEGMANN, FRANZ JOSEF: Geschichte der sozialen Ideen in Deutschland. Hrsg. von Helga Grebing. München/Wien 1969 (Deutsches Handbuch der Politik, Bd. 2).

GRABOWSKY, ADOLF: Konservatismus. In: Zeitschrift für Politik 20 (1931), S. 770 ff.

–: Die konservative Idee. (Rez.: Armin Mohler: Die französische Rechte, 1958; Hans Joachim Schoeps: Konservative Erneuerung, 1958). In: Zeitschrift für Politik, N. F. 5 (1958), S. 274 ff.

GREBING, HELGA: Nationalismus und Demokratie in Deutschland. Versuch einer historisch-soziologischen Analyse. In: Rechtsradikalismus, hrsg. von Iring Fetscher. Frankfurt a. M. 1967, S. 31 ff. (Sammlung ›res novae‹, Bd. 53).

–: Konservative gegen die Demokratie. Konservative Kritik an der Demokratie in der Bundesrepublik seit 1945. Frankfurt a. M. 1971.

GREIFFENHAGEN, GOTTFRIED: Der Prozeß des Ödipus. In: Hermes 94 (1966), S. 147 ff.

GREIFFENHAGEN, MARTIN: Die Verstehensproblematik im Dialog zwischen Soziologie und Theologie, untersucht am Beispiel der Institution. In: Zeit-

schrift für evangelische Ethik (1960),
S. 159 ff.

–: Zum Problem einer Politischen Theologie. In: Zeitwende. Die Neue Furche 32 (1961), S. 539 ff.

–: Das Dilemma des Konservatismus. In: Gesellschaft in Geschichte und Gegenwart. Beiträge zu sozialwissenschaftlichen Problemen. Eine Festschrift für Friedrich Lenz, hrsg. von Siegfried Wendt. Berlin 1961, S. 13 ff.

–: ›Politische Theologie‹ und Politikwissenschaft. In: Gesellschaft – Staat – Erziehung 8 (1963), S. 142 ff.

–: Menschenbild und Staatsverfassung. In: Schweizer Monatshefte 46 (1966), S. 419 ff.

–: Skepsis und Naturrecht in der Theologie Jeremy Taylors (1613–1667). Hamburg 1967 (Theologische Forschung, Bd. 42).

–: Die Einheit der Bestimmungen des Menschen als animal rationale und animal sociale. In: Gestalt, Gedanke, Geheimnis. Festschrift für Johannes Pfeiffer zu seinem 65. Geburtstag, hrsg. von Rolf Bohnsack u. a. Berlin 1967, S. 120 ff.

–: Der Totalitarismusbegriff in der Regimenlehre. In: Politische Vierteljahresschrift 9 (1968), S. 372 ff.

–: Die Intellektuellen in der deutschen Politik. In: Der Monat 20 (1968), H. 233, S. 33 ff.

–: Demokratie und Technokratie. In: Texte zur Technokratiediskussion, hrsg. von Claus Koch und Dieter Senghaas. Frankfurt a. M. 1970, S. 54 ff.

GREWE, WILHELM: Verfassungspolitische Aufgaben eines nationalsozialistischen Staates. In: Was wir vom Nationalsozialismus erwarten. Hrsg. von Albrecht Erich Günther. Heilbronn 1932, S. 90 ff.

GRIEWANK, KARL: Der neuzeitliche Revolutionsbegriff. Weimar 1955. Neue Ausgabe: Der neuzeitliche Revolutionsbegriff. Entstehung und Entwicklung. Aus dem Nachlaß hrsg. von Ingeborg Horn-Staiger. Frankfurt a. M. 1969 (Kritische Studien zur Politikwissenschaft).

GROSSER, DIETER: Grundlagen und Struktur der Staatslehre Friedrich Julius Stahls. Köln/Opladen 1963 (Staat und Politik, Bd. 3).

GROETHUYSEN, BERNHARD: Die Entstehung der bürgerlichen Welt- und Lebensanschauung in Frankreich. 2 Bde., Halle/Saale 1927, 1930.

–: Philosophische Anthropologie. München/Berlin 1928 (Handbuch der Philosophie, Sonderdruck).

GUARDINI, ROMANO: Das Ende der Neuzeit. Würzburg 1951.

GÜNTHER, ALBRECHT ERICH (Hrsg.): Was wir vom Nationalsozialismus erwarten. Zwanzig Antworten. Heilbronn 1932.

GÜNTHER, GOTTHARD: Schöpfung, Reflexion und Geschichte. In: Merkur 14 (1960), Nr. 149, S. 628 ff.

GURIAN, WALDEMAR: Die politischen und sozialen Ideen des französischen Katholizismus 1789/1914. M. Gladbach 1929.

–: Der integrale Nationalismus in Frankreich. Charles Maurras und die Action Française. Frankfurt a. M. 1931.

HABERMAS, JÜRGEN: Der befremdliche Mythos: Reduktion oder Evokation? In: Philosophische Rundschau 6 (1958), S. 215 ff.

–: Wissenschaft und Politik. In: Offene Welt, Zeitschrift für Wirtschaft, Politik und Gesellschaft, Nr. 86. Köln/Opladen, Dezember 1964: Mündige Gesellschaft, S. 413 ff.

—: Verwissenschaftlichte Politik und öffentliche Meinung. In: Humanität und politische Verantwortung. Festschrift für Hans Barth, hrsg. von Richard Reich. Erlenbach–Zürich 1964, S. 54 ff.

—: Technischer Fortschritt und soziale Lebenswelt. In: Praxis 2 (Zagreb 1966), Nr. 1/2, S. 217 ff.

—: Theorie und Praxis. Sozialphilosophische Studien. Neuwied am Rhein/Berlin ²1967 (Politica, Bd. 11).

—: Technik und Wissenschaft als »Ideologie«. Frankfurt a. M. ²1969 (edition suhrkamp 287).

—: Strukturwandel der Öffentlichkeit. Untersuchungen zu einer Kategorie der bürgerlichen Gesellschaft. Neuwied/Berlin ⁴1969 (Politica, Bd. 4).

—: Nachgeahmte Substanzialität. Eine Auseinandersetzung mit Arnold Gehlens Ethik. In: Merkur 24 (1970), Nr. 264, S. 313 ff.

HAECKER, THEODOR: Vergil, Vater des Abendlandes. München ⁵1947.

HAHN, ADALBERT: Die Berliner Revue. Ein Beitrag zur Geschichte der konservativen Partei zwischen 1855 und 1875. Berlin 1934 (Historische Studien 241).

HALLER, CARL LUDWIG VON: Restauration der Staatswissenschaft oder Theorie des natürlich-geselligen Zustands, der Chimäre des künstlich-bürgerlichen entgegengesetzt. Bde. 1–6 (1816 ff.), Winterthur ²1820 bis 1834. Neudruck Aalen 1964.

HANNAY, EBERHARD: Der Gedanke der Wiedervereinigung der Konfessionen in den Anfängen der konservativen Bewegung. Ein Beitrag zu den nationalkirchlichen Bestrebungen im 19. Jahrhundert. Diss. Berlin 1937.

HAERDTER, ROBERT: Was heißt heute konservativ? In: Die Gegenwart 10 (1955), S. 293 ff.

HAERING, THEODOR: Novalis als Philosoph. Stuttgart 1954.

HARTZ, LOUIS: The liberal tradition in America. An interpretation of American political thought since the revolution. New York 1955 (Harvest Books HB 53).

HAUSER, RICHARD: Autorität und Macht. Die staatliche Autorität in der neueren protestantischen Ethik und in der katholischen Gesellschaftslehre. Heidelberg 1949.

HÄUSSER, LUDWIG: Deutsche Geschichte vom Tode Friedrichs des Großen bis zur Gründung des Deutschen Bundes. 4 Bde., Leipzig/Berlin 1854 ff.

HAYM, RUDOLF: Hegel und seine Zeit. Vorlesung über Entstehung und Entwicklung, Wesen und Wert der Hegelschen Philosophie (1857). Hrsg. von Hans Rosenberg. Leipzig ²1927.

HEARNSHAW, F. J. C.: Conservatism in England. London 1933.

HEDDERICH, HANS FELIX: Die Gedanken der Romantik über Staat und Kirche. Gütersloh 1941.

HEGEL, GEORG WILHELM FRIEDRICH: Die Verfassung Deutschlands. Hrsg. von Hermann Heller. Leipzig 1923 (Reclams Universalbibliothek, Nr. 6139/40).

—: Sämtliche Werke. Jubiläumsausgabe in zwanzig Bänden, neu hrsg. von Hermann Glockner, 1927 ff. Stuttgart-Bad Cannstatt ⁴1964.

HEIDEGGER, MARTIN: Der Feldweg. In: Wort und Wahrheit 5 (Wien 1950), S. 267 ff.

—: Nietzsche. 2 Bde., Pfullingen 1961.

HEIGERT, HANS: Deutschlands falsche Träume (oder: Die verführte Nation). Hamburg 1967.

HEINTZ, PETER: Die Autoritätsproblematik bei Proudhon. Versuch einer immanenten Kritik. Köln 1956 (Beiträge zur Soziologie und Sozialphilosophie 7).

–: Soziale Vorurteile. Köln 1957.

–: Zur Problematik der »Autoritären Persönlichkeit«. In: Kölner Zeitschrift für Soziologie und Sozialpsychologie 9 (1957), S. 28 ff.

HEINZ-MOHR, GERD: Unitas Christiana. Studien zur Gesellschaftsidee des Nikolaus von Kues. Trier 1958.

HEINZE, RICHARD: Auctoritas. In: Hermes 60 (1925), S. 348 ff.

HEISS, ROBERT: Wesen und Formen der Dialektik. Köln/Berlin 1959.

HELLENBROICH, HUGO: Adam Müllers Wirtschaftsphilosophie. Eupen 1926.

HELLER, HERMANN: Hegel und der nationale Machtstaatsgedanke in Deutschland. Ein Beitrag zur politischen Geistesgeschichte. Leipzig/Berlin 1921.

–: Die politischen Ideenkreise der Gegenwart. Breslau 1926.

–: Europa und der Fascismus. Berlin/Leipzig 1929.

HEMPEL, JOHANNES: Altes Testament und Geschichte. Gütersloh 1930 (Studien des apologetischen Seminars 27).

HERDER, JOHANN GOTTFRIED: Mensch und Geschichte. Hrsg. von Willi A. Koch. Stuttgart 1935 (Kröner Ausgabe, Bd. 136).

HERRFAHRDT, HEINRICH: Das Problem der berufsständischen Vertretung von der französischen Revolution bis zur Gegenwart. Stuttgart/Berlin 1921.

HERTWIG, OSKAR: Der Staat als Organismus. Jena 1922.

HESELHAUS, CLEMENS: Wiederherstellung. Restauratio – Restitutio – Regeneratio. In: Deutsche Vierteljahrsschrift für Literaturwissenschaft und Geistesgeschichte 25 (1951), S. 54 ff.

HINTZE, OTTO: Das monarchische Prinzip und die konstitutionelle Verfassung. In: Preußische Jahrbücher 144 (1911), S. 381 ff.

HOBBES, THOMAS: Leviathan. Hrsg. von Iring Fetscher. Neuwied am Rhein/Berlin 1966 (Politica, Bd. 22).

HÖFFDING, HARALD: Der Totalitätsbegriff. Eine erkenntnistheoretische Untersuchung. Leipzig 1917.

HOFMANN, HASSO: Legitimität gegen Legalität. Der Weg der politischen Philosophie Carl Schmitts. Neuwied/Berlin 1964 (Politica, Bd. 19).

HOFMANN, WERNER: Gesellschaftslehre als Ordnungsmacht. Die Werturteilsfrage – heute. Berlin 1961 (Erfahrung und Denken, Bd. 8).

HOFMANNSTHAL, HUGO VON: Das Schrifttum als geistiger Raum der Nation. (1927). Gesammelte Werke, hrsg. von Herbert Steiner, Prosa IV. Frankfurt a. M. 1955, S. 390 ff.

HOFSTÄTTER, PETER R.: Gruppendynamik. Die Kritik der Massenpsychologie. Hamburg 1957 (rowohlts deutsche enzyklopädie 38).

HOGG, QUINTIN: The case for conservatism. West Drayton 1947 (Penguin Book, Nr. 635).

HOLZ, HANS HEINZ: Leibniz. Stuttgart 1958 (Urban-Bücher 34).

HORKHEIMER, MAX: Zum Rationalismusstreit in der gegenwärtigen Philosophie. In: Zeitschrift für Sozialforschung 3 (Paris 1934), S. 1 ff. Wiederabgedruckt in: Kritische Theorie, Bd. 1, S. 118 ff. (s. folgender Titel).

–: Kritische Theorie. Eine Dokumentation. Hrsg. von Alfred Schmidt. 2 Bde., Frankfurt a. M. 1968.

HORKHEIMER, MAX – ADORNO, THEODOR W.: Dialektik der Aufklärung. Philosophische Fragmente. Amsterdam 1944, Neudruck Lichtenstein 1955.

HORNUNG, KLAUS: Der Jungdeutsche Orden. Düsseldorf 1958 (Beiträge zur Geschichte des Parlamentarismus und der politischen Parteien, Bd. 14).

HUBER, ERNST RUDOLF: Bedeutungswandel der Grundrechte. In: Archiv des öffentlichen Rechts N. F. 23 (1933), S. 1 ff.

–: Adam Müller und der preußische Staat. In: Zeitschrift für deutsche Geisteswissenschaft 6 (1943/44), S. 162 ff.

–: Lessing, Klopstock, Möser und die Wendung vom aufgeklärten zum historisch-individuellen Volksbegriff. In: Zeitschrift für die gesamte Staatswissenschaft 104 (1944), S. 121 ff.

–: Deutsche Verfassungsgeschichte seit 1789. 4 Bde., Stuttgart/Berlin/Köln/Mainz 1957–1969. Bd. 1: Reform und Restauration 1789 bis 1830, 1957; Bd. 2: Der Kampf um Einheit und Freiheit 1830 bis 1850, 1960; Bd. 3: Bismarck und das Reich, 1963; Bd. 4: Struktur und Krisen des Kaiserreichs, 1969.

HUBER, VIKTOR AIMÉ: Ausgewählte Schriften über Socialreform und Genossenschaftswesen. In freier Bearbeitung hrsg. von Karl Munding. Berlin 1894.

HUBER, WOLFGANG: Evangelische Theologie und Kirche beim Ausbruch des Ersten Weltkriegs. In: Historische Beiträge zur Friedensforschung, hrsg. von Wolfgang Huber. Stuttgart/München 1970, S. 134 ff. (Studien zur Friedensforschung, Bd. 4).

HUIZINGA, JOHAN: Homo ludens. Vom Ursprung der Kultur im Spiel. Hamburg 1956 (rowohlts deutsche enzyklopädie 21).

HÜLSMANN, BERNHARD: Das Schicksal des Konservativismus im deutschen Raum. In: Neues Abendland 6 (1951), S. 401 ff.

Die IDEE DES FORTSCHRITTS. Neun Vorträge über Wege und Grenzen des Fortschrittsglaubens, hrsg. von Erich Burck. München 1963.

IMBODEN, MAX: Die Staatsformen. Versuch einer psychologischen Deutung staatsrechtlicher Dogmen. Basel/Stuttgart 1959, Neuausgabe 1964.

JÄCKEL, EBERHARD: Hitlers Weltanschauung. Entwurf einer Herrschaft. Tübingen 1969.

JANTKE, CARL: Industriegesellschaft und Tradition. In: Verhandlungen des 13. Deutschen Soziologentages in Bad Meinberg 1956. Köln/Opladen 1957, S. 31 ff. (Deutsche Gesellschaft für Soziologie).

JASPERS, KARL: Von der Wahrheit. (1947), Neuausgabe München 1958 (Philosophische Ethik, Bd. 1).

JELLINEK, GEORG: Allgemeine Staatslehre. (1900, ³1913), 7. Neudruck Bad Homburg v. d. Höhe 1960.

JENKE, MANFRED: Verschwörung von Rechts? Ein Bericht über den Rechtsradikalismus in Deutschland nach 1945. Berlin 1961.

JOACHIMSEN, PAUL: Zur historischen Psychologie des deutschen Staatsgedankens. In: Die Dioskuren. Jahrbuch für Geisteswissenschaften, hrsg. von Walter Strich. Bd. 1, München 1922, S. 106 ff.

–: Vom deutschen Volk zum deutschen Staat. Eine Geschichte des deutschen Nationalbewußtseins. Bearb. von Joachim Leuschner. Göttingen 1956 (Kleine Vandenhoeck-Reihe 24/25).

JOEL, KARL: Der Ursprung der Naturphilosophie aus dem Geiste der Mystik. Jena 1906.

JONAS, ERASMUS: Die Volkskonservativen 1928–1933. Entwicklung,

Struktur, Standort und staatspoliti-
sche Zielsetzung. Düsseldorf 1965
(Beiträge zur Geschichte des Parlamentarismus und der politischen Parteien, Bd. 30).

JONAS, FRIEDRICH: Sozialphilosophie
der industriellen Arbeitswelt. Stuttgart 1960.

–: Die Institutionenlehre Arnold Gehlens. Tübingen 1966 (Soziale Forschung und Praxis, Bd. 24).

JORDAN, ERICH: Die Entstehung der
konservativen Partei und die preußischen Agrarverhältnisse von 1848.
München/Leipzig 1914.

JOERG, JOSEF EDMUND: Geschichte der
social-politischen Parteien in
Deutschland. Freiburg i. Br. 1867.

JUNG, C. G.: Psychologie und Religion.
Die Terry Lectures 1937 gehalten an
der Yale University. Zürich/Leipzig
1940.

–: Gegenwart und Zukunft. Zürich/
Stuttgart 1958.

JUNG, EDGAR J.: Die Herrschaft der
Minderwertigen, ihr Zerfall und ihre
Ablösung durch ein Neues Reich.
Berlin ²1930.

– (Hrsg.): Deutsche über Deutsche. Die
Stimme des unbekannten Politikers.
München 1932.

–: Sinndeutung der deutschen Revolution. Oldenburg i. O. 1933 (Schriften an die Nation 55/56).

JÜNGER, ERNST: In Stahlgewittern. Aus
dem Tagebuch eines Stoßtruppführers. Hannover 1920.

–: Der Kampf als inneres Erlebnis. Berlin 1922.

–: Das Wäldchen 125. Eine Chronik
aus den Grabenkämpfen 1918. Berlin 1925.

–: Feuer und Blut. Ein kleiner Ausschnitt aus einer großen Schlacht.
Magdeburg 1925.

–: Die Geburt des Nationalismus aus

dem Kriege. In: Deutsches Volkstum
11 (1929), S. 576 ff.

–: Die totale Mobilmachung. In: Krieg
und Krieger, hrsg. von Ernst Jünger.
Berlin 1930, S. 9 f.

– (Hrsg.): Krieg und Krieger. Berlin
1930 (darin Aufsätze von Ernst Jünger, Friedrich Georg Jünger, Wilhelm von Schramm, Albrecht Erich
Günther, Ernst von Salomon, Friedrich Hielscher, Werner Best und Gerhard Günther).

–: Die totale Mobilmachung. Berlin
1931.

–: Der Arbeiter. Herrschaft und Gestalt. Hamburg 1932.

–: Das abenteuerliche Herz. Figuren
und Capriccios. 2. Fassung, Hamburg ⁴1942.

–: Der Friede. Ein Wort an die Jugend
Europas und an die Jugend der Welt.
Hamburg 1945.

–: An der Zeitmauer. Stuttgart 1959.

–: Rivarol. Frankfurt a. M. 1962 (Fischer Bücherei 487).

–: Werke. Bde. 1–10, Stuttgart 1960
bis 1964.

JÜNGER, FRIEDRICH GEORG: Krieg und
Krieger. In: Krieg und Krieger, hrsg.
von Ernst Jünger. Berlin 1930, S.
51 ff.

–: Die Perfektion der Technik. (1944),
Frankfurt a. M. ²1949.

–: Die Spiele. München 1959 (List-Bücher 128).

KAFKA, GUSTAV E.: Artikel »Konservativismus« in: Staatslexikon. 6.
erw. Auflage. Bd. 4, Freiburg i. Br.,
1959, Sp. 1237 ff.

KANT, IMMANUEL: Kritik der reinen
Vernunft. Nach der ersten und zwei-
ten Original-Ausgabe neu hrsg. von
Raymund Schmidt. Hamburg 1952
(Philosophische Bibliothek, Bd. 37 a).

–: Kritik der Urteilskraft. Hrsg. von

Karl Vorländer. Hamburg 1959 (Philosophische Bibliothek, Bd. 39 a).

–: Werke. Hrsg. von Wilhelm Weischedel. Bd. VI: Schriften zur Anthropologie, Geschichtsphilosophie, Politik und Pädagogik. Frankfurt a. M. 1964.

KANTOROWICZ, HERMANN U.: Volksgeist und historische Rechtsschule. In: Historische Zeitschrift 108 (1912), S. 295 ff.

KAUFMANN, ERICH: Studien zur Staatslehre des monarchischen Prinzipes. Jur. Diss. Leipzig 1906.

–: Über den Begriff des Organismus in der Staatslehre des 19. Jahrhunderts. Heidelberg 1908.

–: Die anthropologischen Grundlagen der Staatstheorien. Bemerkungen zu Rousseau, Luther und Kant. In: Rechtsprobleme in Staat und Kirche. Festschrift für Rudolf Smend. Göttingen 1952, S. 177 ff. (Göttinger rechtswissenschaftliche Studien, Bd. 3).

KELSEN, HANS: Gott und Staat. In: Logos 11 (1922/23), S. 261 ff.

–: Der soziologische und der juristische Staatsbegriff. Kritische Untersuchungen des Verhältnisses von Staat und Recht. Neudruck der 2. Auflage von 1928, Aalen 1962.

KESTING, HANNO: Geschichtsphilosophie und Weltbürgerkrieg. Deutungen der Geschichte von der Französischen Revolution bis zum Ost-West-Konflikt. Heidelberg 1959.

KIRK, RUSSELL: Konservative in Aktion. In: Wort und Wahrheit 11,1 (1956), S.203 ff.

–: Lebendiges Politisches Erbe. Freiheitliches Gedankengut von Burke bis Santayana 1790–1958. Erlenbach-Zürich/Stuttgart 1959.

KISSINGER, HENRY A.: The conservative dilemma. Reflections on the political thought of Metternich. In: The American Political Science Review 48 (1954), S. 1017 ff.

KLAGES, LUDWIG: Der Geist als Widersacher der Seele. (1929/32), München/Bonn ⁴1960.

–: Mensch und Erde. Sieben Abhandlungen. Jena ⁵1937.

KLASSEN, PETER: Justus Möser. Frankfurt a. M. 1936 (Studien zur Geschichte des Staats- und Nationalgedankens 2).

KLEMPERER, KLEMENS VON: Konservative Bewegungen zwischen Kaiserreich und Nationalsozialismus. München/Wien 1961.

KLUCKHOHN, PAUL: Persönlichkeit und Gemeinschaft. Studien zur Staatsauffassung der deutschen Romantik. Halle/Saale 1925 (Deutsche Vierteljahrsschrift für Literaturwissenschaft und Geistesgeschichte, Buchreihe 5).

– (Hrsg.): Die Idee des Volkes im Schrifttum der deutschen Bewegung von Möser und Herder bis Grimm. Berlin 1934 (Literarhistorische Bibliothek, Bd. 13).

KNOLL, JOACHIM H.: Der autoritäre Staat. Konservative Ideologie und Staatstheorie am Ende der Weimarer Republik. In: Lebendiger Geist. Hans Joachim Schoeps zum 50. Geburtstag dargebracht, hrsg. von Hellmut Diwald. Leiden/Köln 1959, S. 200 ff. (Beihefte der Zeitschrift für Religions- und Geistesgeschichte 4).

–: Konservatives Krisenbewußtsein am Ende der Weimarer Republik. Edgar Julius Jung – ein geistesgeschichtliches Porträt. In: Deutsche Rundschau 87 (1961), S. 930 ff.

KNÜTTER, HANS-HELMUTH: Ideologien des Rechtsradikalismus im Nachkriegsdeutschland. Eine Studie über die Nachwirkungen des Nationalsozialismus. Bonn 1961 (Bonner Historische Forschungen, Bd. 19).

KOGON, EUGEN: Die Aussichten der Restauration. Über die gesellschaftlichen Grundlagen der Zeit. In: Frankfurter Hefte 7 (1952), S. 165 ff.

KOHLSCHMIDT, WERNER: Form und Innerlichkeit. Beiträge zur Geschichte und Wirkung der deutschen Klassik und Romantik. München 1955 (Sammlung Dalp, Bd. 81).

KOHN, HANS: Die Idee des Nationalismus. Ursprung und Geschichte bis zur Französischen Revolution. Frankfurt a. M. 1962.

–: Wege und Irrwege. Vom Geist des deutschen Bürgertums. Düsseldorf 1962.

KÖNIG, RENÉ: Die Freiheit der Distanz. Der Beitrag des Judentums zur Soziologie. In: Der Monat 13 (1961), H. 155, S. 70 ff.

»KONSERVATIV«. Neues Abendland 11 (1956), N. F., H. 2. Mit Beiträgen von Herbert Blank, Emil Franzel, Otto von Habsburg, Gerhard Kroll, Erik von Kuehnelt-Leddihn, Heinrich Ludwig und Hans-Joachim von Merkatz.

KONSERVATIVES HANDBUCH. 3. umgearb. und verm. Auflage, bearb. und hrsg. von Angehörigen beider konservativer Parteien. Berlin 1898.

KOSELLECK, REINHART: Kritik und Krise. Ein Beitrag zur Pathogonese der bürgerlichen Welt. Freiburg i. Br./München 1959 (Orbis academicus).

KRANNHALS, PAUL: Das organische Weltbild. Grundlagen einer neuentstehenden deutschen Kultur. 2 Bde., München 1928.

KRIEKEN, ALBERT TH. van: Über die sogenannte Organische Staatstheorie. Ein Beitrag zur Geschichte des Staatsbegriffs. Leipzig 1873.

KROCKOW, CHRISTIAN GRAF VON: Die Entscheidung. Eine Untersuchung über Ernst Jünger, Carl Schmitt, Martin Heidegger. Stuttgart 1958 (Göttinger Abhandlungen zur Soziologie, Bd. 3).

–: Staatsideologie oder demokratisches Bewußtsein – Die deutsche Alternative. In: Politische Vierteljahresschrift 6 (1965), S. 118 ff.

–: Nationalstaat und Demokratie. Zur Geschichte und Gegenwart eines deutschen Strukturproblems. In: Gesellschaft – Staat – Erziehung 12 (1967), S. 98 ff.

–: Nationalismus als deutsches Problem. München 1970 (Serie Piper 4).

KRONER, RICHARD: Kulturphilosophische Grundlegung der Politik. Berlin 1931.

KRÜGER, GERHARD: Die Herkunft des philosophischen Selbstbewußtseins. In: Logos 22 (1933), S. 225 ff.

–: Leibniz als Friedensstifter. Wiesbaden 1947 (Freies Deutsches Hochstift Frankfurt a. M., Reihe der Vorträge und Schriften, Bd. 9).

–: Geschichte und Tradition. Stuttgart 1948 (Lebendige Wissenschaft 12).

–: Martin Heidegger und der Humanismus. In: Theologische Rundschau, N. F. 18 (1950), S. 148 ff.

–: Das Problem der Autorität. In: Offener Horizont. Festschrift für Karl Jaspers, hrsg. von Klaus Piper. München 1953, S. 44 ff.

–: Abendländische Humanität. Zwei Kapitel über das Verhältnis von Humanität, Antike und Christentum. Stuttgart 1953.

–: Freiheit und Weltverwaltung. Aufsätze zur Philosophie der Geschichte. München 1958.

KUHN, HANS WOLFGANG: Der Apokalyptiker und die Politik. Studien zur Staatsphilosophie des Novalis. Freiburg i. Br. 1961 (Freiburger Studien zu Politik und Soziologie).

KUEHNELT-LEDDIHN, ERIK VON: Neukonservatismus und Neuliberalismus. In: Neues Abendland, Jahrbuch für Politik und Geschichte, N. F. 11 (1956), S. 121 ff.

–: Altkonservativismus und Neukonservativismus. In: Schweizer Rundschau 56 (1956/57), S. 66 ff.

KÜHNL, REINHARD – RILLING, RAINER – SAGER, CHRISTINE: Die NPD. Struktur, Ideologie und Funktion einer neofaschistischen Partei. Frankfurt a. M. 1969 (edition suhrkamp 318).

KÜNNETH, WALTER – SCHREINER, HELMUTH (Hrsg.): Die Nation vor Gott. Zur Botschaft der Kirche im Dritten Reich. Berlin 1933.

KÜNNETH, WALTER: Politik zwischen Dämon und Gott. Eine christliche Ethik des Politischen. Berlin 1954.

KUNZ, ADOLF CARL: Die konservative Idee. Innsbruck 1949.

KÜTEMEYER, WILHELM: Soziale Krankheit und kranke Gesellschaft. In: Frankfurter Hefte 5 (1950), S. 819 ff.

–: Die Krankheit Europas. Beiträge zu einer Morphologie. Frankfurt a. M. 1951.

LAGARDE, PAUL DE: Deutsche Schriften. Gesamtausgabe letzter Hand. Göttingen ⁵1920. Darin u. a.: Programm für die konservative Partei Preußens, (1884), S. 350 ff.

–: Deutsche Schriften. Hrsg. von Karl August Fischer. München ²1934 (Paul de Lagarde: Schriften für das deutsche Volk, Bd. 1). Darin u. a. der Aufsatz: Konservativ?, (1853), S. 9 ff.

LANDGREBE, LUDWIG: Das Problem der Dialektik. In: Marxismusstudien, Dritte Folge, hrsg. von Iring Fet-

scher. Tübingen 1960, S. 1 ff. (Schriften der Evangelischen Studiengemeinschaft 6).

LANDSHUT, SIEGFRIED: Kritik der Soziologie. Freiheit und Gleichheit als Ursprungsproblem der Soziologie. München/Leipzig 1929. Wiederabgedruckt in: derselbe: Kritik der Soziologie und andere Schriften zur Politik. Neuwied am Rhein/Berlin 1969, S. 11 ff. (Politica, Bd. 27).

–: Tradition und Revolution. In: Verhandlungen des 13. Deutschen Soziologentages in Bad Meinberg 1956. Köln/Opladen 1957, S. 62 ff. (Deutsche Gesellschaft für Soziologie).

–: Restauration und Neo-Konservativismus. In: Hamburger Jahrbuch für Wirtschafts- und Gesellschaftspolitik, hrsg. von Heinz-Dietrich Ortlieb. Bd. 2, Tübingen 1957, S. 45 ff.

–: Artikel »Konservatismus« in: Wörterbuch der Soziologie. 2. erw. Ausgabe, hrsg. von Wilhelm Bernsdorf. Stuttgart 1969, S. 587 f.

LANGNER, ALBRECHT: Der Gedanke des Naturrechts seit Weimar und in der Rechtsprechung der Bundesrepublik. Bonn 1959 (Schriften zur Rechtslehre und Politik, Bd. 20).

LEIBHOLZ, GERHARD: Das Wesen der Repräsentation und der Gestaltwandel der Demokratie im 20. Jahrhundert. Berlin ²1960.

LEMBERG, EUGEN: Nationalismus. 2 Bde., Reinbek bei Hamburg 1964 (rowohlts deutsche enzyklopädie 197/198, 199).

LENK, KURT: Von der Ohnmacht des Geistes. Kritische Darstellung der Spätphilosophie Max Schelers. Tübingen 1959 (Neue geisteswissenschaftliche Studien 3).

–: Was ist konservativ? In: Der Monat 15 (1962), H. 169, S. 90 ff.

LENZ, FRIEDRICH: Agrarlehre und

Agrarpolitik der deutschen Romantik. Berlin 1912.

–: Über Adam Müllers Staats- und Gesellschaftslehre. In: Jahrbücher für Nationalökonomie und Statistik 118, 3. Folge Bd. 63 (1922), S. 214 ff.

LEO, HEINRICH: Was ist conservativ? Vortrag im Berliner »Evangelischen Verein« am 14. 3. 1864. Berlin ²1864.

–: Zu einer Naturlehre des Staates. Eingel. von Kurt Mautz. Frankfurt a. M. 1948 (Civitas gentium).

LÉVI-STRAUSS, CLAUDE: Das wilde Denken. Frankfurt a. M. 1968.

LEWIS, GORDON K.: The metaphysics of conservatism. In: The Western Political Quarterly 6 (1953), S. 728 ff.

LIECHTENSTEIN, ALOIS PRINZ (Hrsg.): Ueber Interessenvertretung im Staate mit besonderer Beziehung auf Oesterreich. Wien/Pest 1875.

LIPPMANN, WALTER: Philosophia Publica. Vom Geist des guten Staatswesens. München 1957.

LITT, THEODOR: Individuum und Gemeinschaft. Grundlegung der Kulturphilosophie. Leipzig/Berlin ²1924.

LORENZ, KONRAD: Das sogenannte Böse. Zur Naturgeschichte der Aggression. Wien ³1964.

LÖWITH, KARL: Das Individuum in der Rolle des Mitmenschen. München 1928.

–: Skepsis und Glaube. In: Wort und Wahrheit 6 (1951), S. 247 ff.

–: Weltgeschichte und Heilsgeschehen. Die theologischen Voraussetzungen der Geschichtsphilosophie. Stuttgart 1953.

–: Heidegger: Denker in dürftiger Zeit. Frankfurt a. M. 1953.

–: Nietzsches Philosophie der ewigen Wiederkehr des Gleichen. Stuttgart 1956.

–: Der Okkasionelle Dezisionismus von Carl Schmitt. In: derselbe: Gesammelte Abhandlungen. Zur Kritik der geschichtlichen Existenz. Stuttgart 1960, S. 93 ff.

–: Von Hegel zu Nietzsche. Der revolutionäre Bruch im Denken des neunzehnten Jahrhunderts. Stuttgart ⁵1964.

LUBAC, HENRI DE: Betrachtungen über die Kirche. Graz/Wien/Köln 1954.

LÜBBE, HERMANN: Die resignierte konservative Revolution. In: Zeitschrift für die gesamte Staatswissenschaft 115 (1959), S. 131 ff.

–: Zur politischen Theorie der Technokratie. In: Der Staat 1 (1962), S. 19 ff.

–: Politische Philosophie in Deutschland. Studien zu ihrer Geschichte. Basel/Stuttgart 1963.

–: Säkularisierung. Geschichte eines ideenpolitischen Begriffs. München 1965.

LUDENDORFF, ERICH: Der totale Krieg. München 1935.

LUDOVICI, ANTHONY M.: A defense of conservatism. A further text-book for Tories. London 1927.

LUKÁCS, GEORG: Werke. Neuwied am Rhein/Berlin 1962 ff. Bd. 2: Frühschriften II: Geschichte und Klassenbewußtsein (1923), 1968; Bd. 9: Die Zerstörung der Vernunft, 1962.

MAHLER, KARL: Die Programme der politischen Parteien in Deutschland. Leipzig ²1911.

MAHRAUN, ARTUR: Das Jungdeutsche Manifest. Volk gegen Kaste und Geld. Berlin ²1928.

–: Politische Reformation. Vom Werden einer neuen deutschen Ordnung. Gütersloh 1949.

–: Der Protest des Individuums. Gütersloh 1949.

MAIER, HANS – BOTT, HERMANN: Die NPD. Struktur und Ideologie einer »nationalen Rechtspartei«. München ²1968.

MAISTRE, JOSEPH DE: Vom Pabst. 2 Bde., Frankfurt a. M. 1822.

–: Betrachtungen über Frankreich. Über den schöpferischen Urgrund der Staatsverfassungen. Aus dem Französischen, hrsg. von Peter Richard Rohden. Berlin 1924 (Klassiker der Politik, Bd. 11).

MALINOWSKI, BRONISLAW: Kultur und Freiheit. Wien/Stuttgart 1951 (Die Universität 17).

MANN, GOLO: Friedrich von Gentz. Geschichte eines europäischen Staatsmannes. Zürich/Wien 1947.

–: Was ist konservativ? Zu dem neuen Buch von Russell Kirk »The conservative mind«. In: Der Monat 6 (1953/54), H. 62, S. 183 ff.

MANN, THOMAS: Friedrich und die große Koalition. Berlin 1916 (Sammlung von Schriften zur Zeitgeschichte).

–: Betrachtungen eines Unpolitischen. Berlin 1918.

MANNHEIM, KARL: Das konservative Denken. Soziologische Beiträge zum Werden des politisch-historischen Denkens in Deutschland. In: Archiv für Sozialwissenschaft und Sozialpolitik 57 (1927), Teil 1: S. 68 ff.; Teil 2: S. 470 ff. Wiederabgedruckt in: derselbe: Wissenssoziologie. Auswahl aus dem Werk, eingel. und hrsg. von Kurt H. Wolff. Berlin/Neuwied 1964, S. 408 ff.

–: Ideologie und Utopie. Frankfurt a. M. ³1952.

MARCK, SIEGFRIED: Der Neuhumanismus als politische Philosophie. Zürich 1938.

MARCUSE, HERBERT: Der Kampf gegen den Liberalismus in der totalitären Staatsauffassung. In: Zeitschrift für Sozialforschung 3 (Paris 1934), S. 161 ff. Neudruck: derselbe: Kultur und Gesellschaft I. Frankfurt a. M. 1965, S. 17 ff. (edition suhrkamp 101).

MARTIN, ALFRED VON: Weltanschauliche Motive im altkonservativen Denken. In: Deutscher Staat und deutsche Parteien. Festschrift zum 60. Geburtstag Friedrich Meineckes. München/Berlin 1922, S. 342 ff.

–: Das Wesen der romantischen Religiosität. In: Deutsche Vierteljahrsschrift für Literaturwissenschaft und Geistesgeschichte 2 (1924), S. 367 ff.

–: Romantischer »Katholizismus« und katholische »Romantik«. In: Hochland 23 (1925/26), S. 315 ff.

–: Die politische Ideenwelt Adam Müllers. In: Kultur- und Universalgeschichte. Festschrift für Walter Goetz. Leipzig/Berlin 1927, S. 305 ff.

–: Romantische Konversionen. In: Logos 17 (1928), S. 141 ff.

–: Der preußische Altkonservativismus und der politische Katholizismus in ihren gegenseitigen Beziehungen. In: Deutsche Vierteljahrsschrift für Literaturwissenschaft und Geistesgeschichte 7 (1929), S. 489 ff.

–: Kultursoziologie des Mittelalters. In: Handwörterbuch der Soziologie, hrsg. von Alfred Vierkandt. Stuttgart 1931. Neudruck Stuttgart 1959, S. 370 ff.

–: Der heroische Nihilismus und seine Überwindung. Krefeld 1958.

Friedrich August Ludwig VON DER MARWITZ. Ein märkischer Edelmann im Zeitalter der Befreiungskriege. Hrsg. von Friedrich Meusel. 2 Bde. Berlin 1908, 1913. Bd. 1: Lebensbeschreibung; Bd. 2: Tagebücher, politische Schriften und Briefe.

MARX, KARL: Nationalökonomie und

Philosophie. Hrsg. von Erich Thier. Köln/Berlin 1950.

–: Werke, Schriften, Briefe. Hrsg. von Hans-Joachim Lieber u. a. Bde. 1–6, Stuttgart 1960–1964.

MASUR, GERHARD: Friedrich Julius Stahl. Geschichte seines Lebens. Berlin 1930.

MAURER, WILHELM: Aufklärung, Idealismus und Restauration. Studien zur Kirchen- und Geistesgeschichte in besonderer Beziehung auf Kurhessen 1780–1850. 2 Bde., Gießen 1930 (Studien zur Geschichte des neueren Protestantismus 13, 14).

MAYER, HANS: Literatur der Übergangszeit. Essays. Berlin 1949.

MAYNTZ, RENATE: Soziologie in der Eremitage? Kritische Bemerkungen zum Vorwurf des Konservatismus der Soziologie. In: Kölner Zeitschrift für Soziologie und Sozialpsychologie 13 (1961), S. 110 ff.

McGOVERN, W. M.: From Luther to Hitler. The history of Fascist-Nazi political philosophy. London 1947.

McIVER, R. M.: Macht und Autorität. Frankfurt a. M. 1953.

MEINECKE, FRIEDRICH: Werke. Hrsg. von Hans Herzfeld, Carl Hinrichs, Walther Hofer. Bde. 1–8, München 1957 bis 1969. Bd. 3: Die Entstehung des Historismus. Hrsg. von Carl Hinrichs, 1959; Bd. 5: Weltbürgertum und Nationalstaat. Hrsg. von Hans Herzfeld, 1962.

MEISNER, HEINRICH O.: Die Lehre vom monarchischen Prinzip im Zeitalter der Restauration und des Deutschen Bundes. Breslau 1913 (Untersuchungen zur deutschen Staats- und Rechtsgeschichte, Bd. 122).

MENNICKE, CARL: Sozialpädagogische Entwürfe im 18. Jahrhundert. In: Zeitschrift für Pädagogik, 1. Beiheft. Herman Nohl zum 80. Geburtstag.

Beiträge zur Menschenbildung. Weinheim/Düsseldorf 1959, S. 40 ff.

MERKATZ, HANS-JOACHIM VON: Die konservative Funktion. Ein Beitrag zur Geschichte des politischen Denkens. München 1957 (Konservative Schriftenreihe, Bd. 1).

–: Artikel »Konservativismus« in: Evangelisches Staatslexikon, hrsg. von Hermann Kunst und Siegfried Grundmann. Stuttgart/Berlin 1966, Sp. 1130 ff.

METZGER, WILHELM: Gesellschaft, Recht und Staat in der Ethik des deutschen Idealismus. Aus dem Nachlaß hrsg. von Ernst Bergmann. Heidelberg 1917.

MEUSEL, FRIEDRICH: Edmund Burke und die französische Revolution. Berlin 1913.

MEYN, HERMANN: Die Deutsche Partei. Entwicklung und Problematik einer national-konservativen Rechtspartei nach 1945. Düsseldorf 1965 (Beiträge zur Geschichte des Parlamentarismus und der politischen Parteien, Bd. 29).

MICHELS, ROBERT: Der Patriotismus. Prolegomena zu seiner soziologischen Analyse. München/Leipzig 1929.

–: Artikel »Authority« in: Encyclopaedia of the Social Sciences, Vol. 2 (New York 1930, 13th print. 1959), S. 319 ff.

–: Artikel »Conservatism« in: Encyclopaedia of the Social Sciences, Vol. 4 (New York 1930, 13th print. 1959), S. 230 ff.

MITSCHERLICH, ALEXANDER: Auf dem Weg zur vaterlosen Gesellschaft. Ideen zur Sozialpsychologie. München 1963.

MÖBUS, GERHARD: Autorität und Disziplin in der Demokratie. Köln/Opladen 1959 (Reden und Aufsätze zur Politik 2).

MOHLER, ARMIN: Die Konservative Revolution in Deutschland 1918–1932. Grundriß ihrer Weltanschauungen. Stuttgart 1950.

–: Die französische Rechte. Vom Kampf um Frankreichs Ideologienpanzer. München 1958 (Konservative Schriftenreihe, Bd. 3).

–: Konservative Literatur über den Konservatismus. In: Neue Politische Literatur 5 (1960), Sp. 1037 ff.

–: Konservativ 1962. In: Der Monat 14 (1962), H. 163, S. 23 ff.

–: Was die Deutschen fürchten. Angst vor der Politik. Angst vor der Geschichte. Angst vor der Macht. Frankfurt a. M./Berlin 1967 (Ullstein Buch, Nr. 581).

–: Konservativ 1969. In: Formeln deutscher Politik. Sechs Praktiker und Theoretiker stellen sich. Hrsg. von Hans Julius Schoeps und Christopher Dannenmann. München/Esslingen 1969. S. 91 ff. (Fakten sprechen).

MOELLER VAN DEN BRUCK, ARTHUR: Das dritte Reich. Hrsg. von Hans Schwarz. Hamburg ³1931.

MOLTMANN, JÜRGEN: Exegese und Eschatologie der Geschichte. In: Evangelische Theologie 22, N. F. 17 (1962), S. 31 ff.

MOMMSEN, HANS: Gesellschaftsbild und Verfassungspläne des deutschen Widerstandes. In: Der deutsche Widerstand gegen Hitler. Vier historisch-kritische Studien von Hermann Graml, Hans Mommsen, Hans-Joachim Reichhardt und Ernst Wolf, hrsg. von Walter Schmitthenner und Hans Buchheim. Köln/Berlin 1966 (Information 17).

MÖSER, JUSTUS: Sämtliche Werke. Neu geordnet und aus dem Nachlasse desselben vermehrt durch B. R. Abeken und J. W. J. v. Voigts. Teil 1–10. Berlin 1842, 1843, 1868.

MÜHLENFELD, HANS: Politik ohne Wunschbilder. Die konservative Aufgabe unserer Zeit. München 1952.

MÜHLMANN, W. E.: Aspekte einer Soziologie der Macht. In: Archiv für Rechts- und Sozialphilosophie 40 (1952/53), S. 84 ff.

–: (Rez.:) Arnold Gehlen: Urmensch und Spätkultur. Bonn 1956. In: Kölner Zeitschrift für Soziologie und Sozialpsychologie 9 (1957), S. 682 ff.

MUHS, KARL: Individualismus, Universalismus und Gemeinschaftsidee im Weltbild der Romantik. In: Zeitschrift für die gesamte Staatswissenschaft 104 (1944), S. 159 ff.

MÜLLER, ADAM: Die Lehre vom Gegensatze. 1. Buch: Der Gegensatz. Berlin 1804.

–: Ueber König Friedrich II. und die Natur, Würde und Bestimmung der Preußischen Monarchie. Berlin 1810.

–: Vermischte Schriften über Staat, Philosophie und Kunst. 2 Bde., Wien 1812.

–: Die Elemente der Staatskunst. Hrsg. von Jakob Baxa. 2 Bde., Jena 1922 (Die Herdflamme, hrsg. von Othmar Spann, Bd. 1, 1 und 2).

–: Schriften zur Staatsphilosophie. Hrsg. von Rudolf Kohler. München 1923.

–: Kritische, ästhetische und philosophische Schriften. Kritische Ausgabe hrsg. von Walter Schroeder und Werner Siebert. 2 Bde., Neuwied am Rhein/Berlin 1967.

NARR, WOLF-DIETER: Theoriebegriffe und Systemtheorie. Stuttgart/Berlin/Köln/Mainz 1969 (Narr-Naschold: Einführung in die moderne politische Theorie, Bd. 1).

–: Systemzwang als neue Kategorie in Wissenschaft und Politik. In: Texte zur Technokratiediskussion, hrsg.

von Claus Koch und Dieter Senghaas. Frankfurt a. M. 1970. S. 218 ff. (Kritische Studien zur Politikwissenschaft).

NEBEL, GERHARD: Auf ausonischer Erde. Latium und Abruzzen. 2 Bde., Wuppertal 1949.

NELL-BREUNING, OSWALD VON: Artikel »Konservativismus« in: Wörterbuch der Politik. Freiburg 1952, Abt. Gesellschaftliche Ordnungssysteme, Sp. 183 ff.

NEUMANN, FRANZ L.: Demokratischer und autoritärer Staat. Studien zur politischen Theorie. Hrsg. von Herbert Marcuse. Frankfurt a. M./Wien 1967 (Politische Texte). Darin u. a. der Aufsatz: Angst und Politik (1954), S. 261 ff.

NEUMANN, SIGMUND: Die Stufen des preußischen Konservatismus. Ein Beitrag zum Staats- und Gesellschaftsbild Deutschlands im 19. Jahrhundert. Berlin 1930. Neudruck Vaduz 1965 (Historische Studien, H. 190).

–: Die deutschen Parteien. Wesen und Wandel nach dem Kriege. Berlin 1932.

NIEBUHR, REINHOLD: Christian realism and political problems. New York 1953, deutsche Ausgabe Stuttgart 1956.

NIEKISCH, ERNST: Entscheidung. Berlin 1930.

NIETZSCHE, FRIEDRICH: Werke in drei Bänden. Hrsg. von Karl Schlechta. München 21960.

NOLTE, ERNST: Konservatismus und Nationalsozialismus. In: Zeitschrift für Politik 11 (1964), S. 5 ff.

–: Der Faschismus in seiner Epoche. Die Action française. Der italienische Faschismus. Der Nationalsozialismus. München 21965.

NOVALIS: Schriften. Die Werke Friedrich von Hardenbergs, hrsg. von Paul Kluckhohn und Richard Samuel. 2., nach den Hss. erg., erw. und verb. Auflage in 4 Bänden und einem Begleitband. Stuttgart/Berlin/Köln/Mainz 1960 ff.

OERTEL, GEORG: Der Konservatismus als Weltanschauung. Leipzig 1893.

PANNWITZ, RUDOLF: Die Krisis der europäischen Kultur. Nürnberg 1947.

–: Das Weltalter und die Politik. 1968.

PAULSEN, INGWER: Christlicher Sozialismus und staatliche Sozialpolitik in Deutschland. Stuttgart 1955 (Quellen- und Arbeitshefte für den Geschichtsunterricht, Nr. 4226).

PECHEL, RUDOLF: Deutscher Widerstand. Erlenbach-Zürich 1947.

PETERSON, ERIK: Der Monotheismus als politisches Problem. Ein Beitrag zur Geschichte der politischen Theologie im Imperium Romanum. Leipzig 1935.

PICHT, GEORG: Die Erfahrung der Geschichte. Frankfurt a. M. 1958 (Wissenschaft und Gegenwart, H. 19).

PIEPER, JOSEF: Über den Begriff der Tradition. Köln/Opladen 1958 (Arbeitsgemeinschaft für Forschung des Landes Nordrhein-Westfalen, Geisteswissenschaften, H. 72).

PLACK, ARNO: Die Gesellschaft und das Böse. Eine Kritik der herrschenden Moral. München 41969.

PLESSNER, HELMUTH: Macht und menschliche Natur. Versuch zur Anthropologie der geschichtlichen Weltansicht. Berlin 1931 (Fachschriften zur Politik und staatsbürgerlichen Erziehung).

–: Die verspätete Nation. Über die politische Verführbarkeit bürgerlichen Geistes. Stuttgart 1959.

–: Das Problem der Öffentlichkeit

und die Idee der Entfremdung. Eine Rede. Göttingen 1960 (Göttinger Universitätsreden 28).

–: Soziale Rolle und menschliche Natur. In: Erkenntnis und Verantwortung. Festschrift für Theodor Litt, hrsg. von Josef Derbolav und Friedhelm Nicolin. Düsseldorf 1960, S. 105 ff.

POPITZ, HEINRICH: Der entfremdete Mensch. Zeitkritik und Geschichtsphilosophie des jungen Marx. Basel 1953 (Philosophische Forschungen, N. F., Bd. 2).

POPPER, KARL R.: Towards a rational theory of tradition. In: The rationalist annual for the year 1949, ed. by Frederick Watts. London 1949.

–: Die offene Gesellschaft und ihre Feinde. 2 Bde., Bern 1957 f. (Sammlung Dalp, Bd. 84, 85). Bd. 1: Der Zauber Platons; Bd. 2: Falsche Propheten. Hegel, Marx und die Folgen.

PORTMANN, ADOLF: Ptolemäer und Kopernikaner. Eine biologische Studie. In: Der Monat 12 (1960), H. 139, S. 23 ff.

POETZSCH, ALBERT: Studien zur frühromantischen Politik und Geschichtsauffassung. Leipzig 1907 (Beiträge zur Kultur- und Universalgeschichte, H. 3).

PRAGAL, PETER: Wortgefechte um das Etikett »konservativ«. In: Süddeutsche Zeitung, 16. 12. 1968, S. 3.

PREUSS, HUGO: Die Persönlichkeit des Staates, organisch und individualistisch betrachtet. In: Archiv für öffentliches Recht 4 (1889), S. 62 ff.

PROSS, HARRY (Hrsg.): Die Zerstörung der deutschen Politik. Dokumente 1871–1933. Frankfurt a. M. 1959 (Fischer Bücherei, Bd. 264).

PUHLE, HANS-JÜRGEN: Agrarische Interessenpolitik und preußischer Konservatismus im wilhelminischen Reich (1893–1914). Ein Beitrag zur Analyse des Nationalismus in Deutschland am Beispiel des Bundes der Landwirte und der Deutsch-Konservativen-Partei. Hannover 1966 (Schriftenreihe des Forschungsinstituts der Friedrich-Ebert-Stiftung).

QUABBE, GEORG: (Pseud. für Theodor Böttiger): Tar a Ri. Variationen über ein konservatives Thema. Berlin 1927.

–: Das letzte Reich. Wesen und Wandel der Utopie. Leipzig 1933.

QUERVAIN, ALFRED DE: Die theologischen Voraussetzungen der Politik. Grundlinien einer politischen Theologie. Berlin 1931.

RACHFAHL, FELIX: Artikel »Konservativ« in: Politisches Handwörterbuch, hrsg. von Paul Herre. Bd. 1, Leipzig 1923, S. 1021 f.

RAMLOW, GERHARD: Ludwig von der Marwitz und die Anfänge konservativer Politik und Staatsanschauung in Preußen. Berlin 1930 (Historische Studien, H. 195).

RANKE, LEOPOLD VON: Politisches Gespräch. Sämtliche Werke. Zweite und dritte Gesamtausgabe, Bd. 49/50, hrsg. von Alfred Dove. Leipzig 1887, S. 314 ff.

RANKE-GRAVES, ROBERT VON: Griechische Mythologie. Quellen und Deutung. 2 Bde., Hamburg 1960 (rowohlts deutsche enzyklopädie 113/114, 115/116).

RATHENAU, WALTHER: Zur Kritik der Zeit. Berlin 1912.

RATSCHOW, CARL HEINZ: Anmerkungen zur theologischen Auffassung des Zeitproblems. In: Zeitschrift für Theologie und Kirche 51 (1954), S. 360 ff.

RAUMER, KURT VON: Ewiger Friede. Friedensrufe und Friedenspläne seit der Renaissance. Freiburg i. Br./ München 1953 (Orbis academicus).

RAUSCHNING, HERMANN: Die Revolution des Nihilismus. Kulisse und Wirklichkeit im Dritten Reich. Erg. und verb. Auflage, Zürich/New York 1938.

–: Die konservative Revolution. Versuch und Bruch mit Hitler. New York 1941.

RECHTSRADIKALISMUS. Hrsg. von Iring Fetscher. Frankfurt a. M. 1967 (Sammlung ›res novae‹, Bd. 53).

REHM, WALTHER: Experimentum Medietatis. Studien zur Geistes- und Literaturgeschichte des 19. Jahrhunderts. München 1947.

REICH, GUSTAV: Die Konversionen in der Romantik. Diss. Bonn 1927.

REINER, HANS: Die Ehre. Kritische Sichtung einer abendländischen Lebens- und Sittlichkeitsform. Darmstadt 1956.

REINKEMEYER, FERDINAND: Adam Müllers ethische und philosophische Anschauungen im Lichte der Romantik. Phil. Diss. Köln 1926.

REISS, HANS: Politisches Denken in der Romantik. Bern 1966.

REMARQUE, ERICH MARIA: Im Westen nichts Neues. Berlin 1929.

RIEHL, WILHELM HEINRICH: Die Familie. Stuttgart 10|1889 (Die Naturgeschichte des Volkes als Grundlage einer deutschen Social-Politik, Bd. 3.).

RITTER, GERHARD: Die preußischen Konservativen und Bismarcks deutsche Politik 1858 bis 1876. Heidelberg 1913 (Heidelberger Abhandlungen, Bd. 43).

–: Europa und die deutsche Frage. Betrachtungen über die geschichtliche Eigenart des deutschen Staatsdenkens. München 1948.

–: Carl Goerdeler und die deutsche Widerstandsbewegung. Stuttgart 1954.

RITTER, JOACHIM: Hegel und die französische Revolution. Köln/Opladen 1957 (Arbeitsgemeinschaft für Forschung des Landes Nordrhein-Westfalen, Geisteswissenschaften, H. 63).

ROBINSON, JAMES HARVEY: The spirit of conservatism in the light of history. In: The Journal of Philosophy, Psychology and Scientific Methods 13 (New York 1911).

ROHDEN, PETER RICHARD: Deutscher und französischer Konservatismus. In: Die Dioskuren, Jahrbuch für Geisteswissenschaften, hrsg. von Walter Strich. Bd. 3, München 1924, S. 90 ff.

–: Einführung zu: Joseph de Maistre, Betrachtungen über Frankreich. Über den schöpferischen Urgrund der Staatsverfassungen. Berlin 1924, S. 7–25 (Klassiker der Politik, Bd. 11).

–: Die politische Gedankenwelt der Neuzeit in ihren weltanschaulichen Grundlagen. In: Archiv für Politik und Geschichte 2 (1924), S. 167 ff.; 3 (1924), S. 318 ff. (=2. Jahr, 1. und 2. Teil).

ROMEIN, JAN: Über den Konservativismus als historische Kategorie. Ein Versuch. In: Wesen und Wirklichkeit des Menschen. Festschrift für Helmuth Plessner, hrsg. von Klaus Ziegler. Göttingen 1957, S. 215 ff.

RÖPKE, WILHELM: Die Gesellschaftskrisis der Gegenwart. Erlenbach-Zürich 5|1948.

–: Civitas Humana. Grundfragen der Gesellschafts- und Wirtschaftsreform. Erlenbach-Zürich 3|1949.

–: Maß und Mitte. Erlenbach-Zürich 1950.

ROSENSTOCK, EUGEN: Revolution als politischer Begriff der Neuzeit. In:

Festgabe für Paul Heilborn. Breslau 1931, S. 83 ff.

ROSENTHAL, DAVID AUGUST: Convertitenbilder aus dem neunzehnten Jahrhundert. 3 Bde., Schaffhausen ²1871/72.

ROSENZWEIG, FRANZ: Hegel und der Staat. 2 Bde., München/Berlin 1920.

ROSSITER, CLINTON: Conservatism in America. The thankless persuasion. New York ²1962 (Vintage books V-212).

–: Artikel »Conservatism« in: International Encyclopedia of the Social Sciences. Vol. 3 (London/New York 1968), S. 290 ff.

ROTHACKER, ERICH: Einleitung in die Geisteswissenschaften. Tübingen ²1930.

ROTHFELS, HANS: Die deutsche Opposition gegen Hitler. Eine Würdigung. Krefeld 1949.

ROUSSEAU, JEAN-JACQUES: Der Gesellschaftsvertrag (Le contrat social). Einleitung von Romain Rolland. München 1948.

–: Schriften zur Kulturkritik. Hrsg. von Kurt Weigand. Hamburg 1955 (Philosophische Bibliothek, Bd. 243).

RUBINSTEIN, SIEGMUND: Romantischer Sozialismus. Ein Versuch über die Idee der deutschen Revolution. München 1921.

RÜCKERT, HANNS: Die geistesgeschichtliche Einordnung der Reformation. In: Zeitschrift für Theologie und Kirche 52 (1955), S. 43 ff.

RÜSTOW, ALEXANDER: Zur soziologischen Ortsbestimmung des Krieges. In: Die Friedenswarte 39 (Zürich 1939), S. 81 ff.

–: Zwischen Kapitalismus und Kommunismus. Godesberg 1949.

–: Das Versagen des Wirtschaftsliberalismus. Bad Godesberg/Düsseldorf ²1950.

–: Ortsbestimmung der Gegenwart. Eine universalgeschichtliche Kulturkritik. 3 Bde., Erlenbach-Zürich/Stuttgart 1950–1963. Bd. 1: Ursprung der Herrschaft, 1950; Bd. 2: Weg der Freiheit, 1952, ²1963; Bd. 3: Herrschaft oder Freiheit? 1957.

SAILE, WOLFGANG: Hermann Wagener und sein Verhältnis zu Bismarck. Ein Beitrag zur Geschichte des konservativen Sozialismus. Tübingen 1958 (Tübinger Studien zur Geschichte und Politik, Nr. 9).

SALOMON, ERNST VON: Der Fragebogen. Hamburg 1951.

SALOMON, GOTTFRIED: Das Mittelalter als Ideal in der Romantik. München 1922.

SAMUEL, RICHARD Die poetische Staats- und Geschichtsauffassung Friedrich von Hardenbergs (Novalis). Studien zur romantischen Geschichtsphilosophie. Frankfurt a. M. 1925 (Deutsche Forschungen, H. 12).

SCHÄFER, WILHELM: Der deutsche Gott. Fünf Briefe an mein Volk. München 1923.

SCHELER, MAX: Der Genius des Krieges und der Deutsche Krieg. Leipzig 1915.

–: Gesammelte Werke. Bern 1954 ff. Bd. 3: Vom Umsturz der Werte. Abhandlungen und Aufsätze, hrsg. von Maria Scheler, Bern ⁴1955; Bd. 8: Die Wissensformen und die Gesellschaft, hrsg. von Maria Scheler, Bern/München ²1960.

SCHELSKY, HELMUT: Ortsbestimmung der deutschen Soziologie. Düsseldorf/Köln 1959.

–: Auf der Suche nach Wirklichkeit. Gesammelte Aufsätze. Düsseldorf/Köln 1965. Darin u. a. die Aufsätze: Über die Stabilität von Institutionen, besonders Verfassungen. Kulturanthropologische Gedanken zu einem rechtssoziologischen Thema (1952), S. 33 ff.; Ist die Dauerreflexion institutionalisierbar? Zum Thema einer modernen Religionssoziologie (1957), S. 250 ff.; Über das Restaurative in unserer Zeit (1955), S. 405 ff.; Zur Standortbestimmung der Gegenwart (1960), S. 424 ff.; Der Mensch in der wissenschaftlichen Zivilisation (1961), S. 439 ff.

SCHENK, HANS GEORG: Die Kulturkritik der europäischen Romantik. Wiesbaden 1956 (Institut für Europäische Geschichte Mainz, Vorträge, Nr. 14).

SCHEUCH, ERWIN K. – KLINGEMANN, HANS D.: Materialien zur Entwicklung des Rechtsradikalismus in der Bundesrepublik 1966. Köln 1967 (Institut für vergleichende Sozialforschung Köln).

SCHEURIG, BODO: Ewald von Kleist-Schmenzin. Ein Konservativer gegen Hitler. Oldenburg/Hamburg 1968.

SCHIEDER, THEODOR: Das Problem der Revolution im 19. Jahrhundert. In: Historische Zeitschrift 170 (1950), S. 233 ff.

–: Das Verhältnis von politischer und gesellschaftlicher Verfassung und die Krise des bürgerlichen Liberalismus. In: Historische Zeitschrift 177 (1954), S. 49 ff.

–: Staat und Gesellschaft im Wandel unserer Zeit. Studien zur Geschichte des 19. und 20. Jahrhunderts. München 1958.

SCHLEGEL, FRIEDRICH: Romantische Fragmente. 1797-1800. In: Gesellschaft und Staat im Spiegel deutscher Romantik, hrsg. von Jakob Baxa. Jena 1924 (Die Herdflamme, hrsg. von Othmar Spann, Bd. 8).

–: Studien zur Geschichte und Politik.

Hrsg. von Ernst Behler. Paderborn 1966 (Kritische Ausgabe, Bd. 7, 1. Abteilung).

SCHMALENBACH, HERMAN: Die soziologische Kategorie des Bundes. In: Die Dioskuren. Jahrbuch für Geisteswissenschaften, hrsg. von Walter Strich. Bd. 1, München 1922, S. 35 ff.

SCHMITT, CARL: Romantik. In: Hochland 22 (1924/25), S. 157 ff.

–: Römischer Katholizismus und politische Form. München 1925 (Der katholische Gedanke, Bd. 13).

–: Politische Romantik. München/Leipzig ²1925.

–: Die geistesgeschichtliche Lage des heutigen Parlamentarismus. München/Leipzig ²1926.

–: Der Begriff des Politischen. Hamburg (1927), ³1933.

–: Verfassungslehre. Berlin (1928), ³1957.

–: Politische Theologie. Vier Kapitel zur Lehre von der Souveränität. München/Leipzig ²1934.

–: Der Leviathan in der Staatslehre des Thomas Hobbes – Sinn und Fehlschlag eines politischen Symbols. Hamburg 1938.

–: Positionen und Begriffe im Kampf mit Weimar/Genf/Versailles, 1923 bis 1939. Hamburg 1940.

–: Der Nomos der Erde im Völkerrecht des Jus Publicum Europaeum. Köln 1950.

–: Donoso Cortés in gesamteuropäischer Interpretation. Vier Aufsätze. Köln 1950.

–: Verfassungsrechtliche Aufsätze aus den Jahren 1924-1954. Materialien zu einer Verfassungslehre. Berlin 1958.

–: Politische Theologie II. Die Legende von der Erledigung jeder Politischen Theologie. Berlin 1970.

SCHNABEL, FRANZ: Deutsche Geschichte

im 19. Jahrhundert. 4 Bde., Freiburg i. Br. 1949–1959. Bd. 1: Die Grundlagen, ⁵1959; Bd. 2: Monarchie und Volkssouveränität, ²1949; Bd. 3: Erfahrungswissenschaften und Technik, ³1954; Bd. 4: Die religiösen Kräfte. ³1955.

SCHNEIDER, PETER: Ausnahmezustand und Norm. Eine Studie zur Rechtslehre von Carl Schmitt. Stuttgart 1957 (Veröffentlichungen des Instituts für Zeitgeschichte, Quellen und Darstellungen zur Zeitgeschichte, Bd. 1).

SCHÖNINGH, FRANZ JOSEF: Was heißt heute konservativ? In: Hochland 46 (1953/54), S. 20 ff.

SCHOEPS, HANS JOACHIM: Kommt die Monarchie? Wege zu neuer Ordnung im Massenzeitalter. Ulm 1953.

– (Hrsg.): Das war Preußen. Zeugnisse der Jahrhunderte, eine Anthologie. Honnef/Rhein 1955.

–: Die letzten dreißig Jahre. Rückblikke. Stuttgart 1956.

–: Das andere Preußen. Konservative Gestalten und Probleme im Zeitalter Friedrich Wilhelms IV. Honnef/Rhein ²1957.

–: Konservative Erneuerung. Ideen zur deutschen Politik. Stuttgart 1958.

–: Diagnose des Massendaseins. Krankheitssymptome in der modernen Gesellschaft. In: Die politische Meinung 5 (1960), H. 52, S. 42 ff.

– (Hrsg.): Aus den Jahren preußischer Not und Erneuerung. Tagebücher und Briefe der Gebrüder Gerlach und ihres Kreises 1813–1820. Berlin 1963.

–: Preußen – gestern und morgen. Stuttgart 1963.

–: Artikel »Konservativismus« in: Evangelisches Soziallexikon, hrsg. von Friedrich Karrenberg. Stuttgart ⁴1963, Sp. 720 ff.

–: Preußen. Bilder und Dokumente. Berlin 1967.

–: (Hrsg.): Neue Quellen zur Geschichte Preußens im 19. Jahrhundert. Berlin 1968.

–: Preußen. Geschichte eines Staates. Berlin 1966, ⁸1968.

SCHOTTLÄNDER, RUDOLF: Theorie des Vertrauens. Berlin 1957.

SCHRADE, HUBERT: Der verborgene Gott. Gottesbild und Gottesvorstellung in Israel und im alten Orient. Stuttgart 1949.

SCHRAMM, WILHELM VON: Schöpferische Kritik des Krieges. Ein Versuch. In: Krieg und Krieger, hrsg. von Ernst Jünger, Berlin 1930, S. 31 ff.

SCHÜDDEKOPF, OTTO-ERNST: Konservativismus. In: Internationales Jahrbuch für Geschichtsunterricht. Bd. 7, Braunschweig 1959, S. 306 ff.

–: Linke Leute von rechts. Die nationalrevolutionären Minderheiten und der Kommunismus in der Weimarer Republik. Stuttgart 1960.

SCHULZ, WALTER: Der Gott der neuzeitlichen Metaphysik. Pfullingen ²1959.

SCHUMANN, HANS-GERD: Die politischen Parteien in Deutschland nach 1945. Ein bibliographisch-systematischer Versuch. Frankfurt a. M. 1967 (Schriften zur Bibliothek für Zeitgeschichte, Weltkriegsbücherei, H. 6).

SCHUSTER, HANS: Konservativ in unserer Zeit. In: Merkur 13 (1959), S. 69 ff.

SCHWAN, ALEXANDER: Politische Philosophie im Denken Heideggers. Köln/Opladen 1965 (Ordo Politicus, Bd. 2).

SCHWARZ, HANS-PETER: Der konservative Anarchist. Politik und Zeitkritik Ernst Jüngers. Freiburg i. Br. 1962 (Freiburger Studien zu Politik und Soziologie).

Schwarz, Urs: Die Angst in der Politik. Düsseldorf/Wien 1967.

Schwierskott, Hans-Joachim: »Das Gewissen«. Ereignisse und Probleme aus den ersten Jahren der Weimarer Republik im Spiegel einer politischen Zeitschrift. In: Lebendiger Geist. Hans Joachim Schoeps zum 50. Geburtstag dargebracht, hrsg. von Hellmut Diwald. Leiden/Köln 1959, S. 161 ff. (Beihefte der Zeitschrift für Religions- und Geistesgeschichte 4).

–: Arthur Moeller van den Bruck und der revolutionäre Nationalismus in der Weimarer Republik. Göttingen 1962 (Veröffentlichungen der Gesellschaft für Geistesgeschichte, hrsg. von Hans Joachim Schoeps, Bd. 1).

Sedlmayr, Hans: Verlust der Mitte. Die bildende Kunst des 19. und 20. Jahrhunderts als Symptom und Symbol der Zeit. Frankfurt a. M. 1959 (Ullstein Buch, Nr. 39).

Seidel, Bruno: Das Zeitalter der Revolutionen. In: Aspekte sozialer Wirklichkeit. Berlin 1958, S. 131 ff. (Sozialwissenschaftliche Abhandlungen hrsg. von der Hochschule für Sozialwissenschaften Wilhelmshaven-Rüstersiel, H. 7).

Sengle, Friedrich: Voraussetzungen und Erscheinungsformen der deutschen Restaurationsliteratur. In: Deutsche Vierteljahrsschrift für Literaturwissenschaft und Geistesgeschichte 30 (1956), S. 124/268 ff.

Servan-Schreiber, Jean-Jacques: Die amerikanische Herausforderung. Neu durchges. Ausgabe. Reinbek bei Hamburg 1970 (sachbuch rororo 6738/39).

Sombart, Werner: Der Bourgeois. Zur Geistesgeschichte des modernen Wirtschaftsmenschen. München/Leipzig 1913.

–: Händler und Helden. Patriotische Besinnungen. München/Leipzig 1915.

Sonntag, Wilhelm Hans von: Die Staatsauffassung Carl Ludwig von Hallers, ihre metaphysische Grundlegung und ihre politische Formung. Jena 1929 (List-Studien 2).

Sontheimer, Kurt: Soziologie als Instrument des Konformismus. In: Frankfurter Hefte 11 (1956), S. 531 ff.

–: Der Tatkreis. In: Vierteljahreshefte für Zeitgeschichte 7 (1959), S. 229 ff.

–: Thomas Mann und die Deutschen. München 1961.

–: Antidemokratisches Denken in der Weimarer Republik. In: Der Weg in die Diktatur 1918 bis 1933. Zehn Beiträge, München 1962, S. 51 ff.

–: Antidemokratisches Denken in der Weimarer Republik. Die politischen Ideen des deutschen Nationalismus zwischen 1918 und 1933. Studienausgabe mit einem Ergänzungsteil: Antidemokratisches Denken in der Bundesrepublik. München 1968.

Spaemann, Robert: Der Irrtum des Traditionalisten. Die Soziologisierung der Gottesidee im 19. Jahrhundert. In: Wort und Wahrheit 8 (1953), S. 493 ff.

–: »Politik zuerst«? Das Schicksal der Action Française. In: Wort und Wahrheit 8 (1953), S. 655 ff.

–: Der Ursprung der Soziologie aus dem Geist der Restauration. Studien über L. G. A. de Bonald. München 1959.

–: Praktische Gewißheit. Descartes' provisorische Moral. In: Epirrhosis. Festgabe für Carl Schmitt, hrsg. von Hans Barion u. a. Berlin 1968, S. 683 ff.

–: Theologie, Prophetie, Politik. Zur Kritik der politischen Theologie. In:

Wort und Wahrheit 24 (1969), H. 6, S. 483 ff.

SPANN, OTHMAR: Gesellschaftslehre. (1914), Leipzig ³1930.

–: Das Verhältnis von Ganzem und Teil in der Gesellschaftslehre. Betrachtung zu einer gesellschaftswissenschaftlichen Kategorienlehre. In: Zeitschrift für Volkswirtschaft und Sozialpolitik, N. F. 1 (1921), S. 477 ff.

–: Der wahre Staat. Vorlesungen über Abbruch und Neubau der Gesellschaft. Jena (1921), ⁴1938.

–: Sechs Sätze über das Wesen der Ganzheit. In: Zeitschrift für Volkswirtschaft und Sozialpolitik, N. F. 3 (1923), S. 611 ff.

–: Die Ausgliederungsordnung der Wirtschaft und ihre Vorrangverhältnisse. In: Jahrbücher für Nationalökonomie und Statistik 122, 3. Folge 67 (1924), S. 721 ff.

–: Hauptpunkte der universalistischen Staatsauffassung. (1929), Berlin ²1931.

–: Gesellschaftsphilosophie. In: Handbuch der Philosophie, hrsg. von A. Baeumler und M. Schröter, Abt. IV: Staat und Geschichte. München/Berlin 1934, Teil B, S. 1 ff.

SPENGLER, OSWALD: Preußentum und Sozialismus. München 1920.

–: Der Untergang des Abendlandes. Umrisse einer Morphologie der Weltgeschichte. (1920/22). Hrsg. von Hildegard Kornhardt, München 1950. Bd. 1: Gestalt und Wirklichkeit; Bd. 2: Welthistorische Perspektiven.

–: Jahre der Entscheidung. Deutschland und die weltgeschichtliche Entwicklung. Teil 1, München 1933.

SRBIK, HEINRICH RITTER VON: Metternich. Der Staatsmann und der Mensch. 2 Bde., (1925), Darmstadt ²1957.

–: Geist und Geschichte vom deutschen Humanismus bis zur Gegenwart. 2 Bde., München/Salzburg 1950.

STADELMANN, RUDOLF: Der historische Sinn bei Herder. Halle 1928.

–: Hippolyte Taine und die politische Gedankenwelt der französischen Rechten. In: Zeitschrift für die gesamte Staatswissenschaft 92 (1932), S. 1 ff.

STAHL, FRIEDRICH JULIUS: Die Philosophie des Rechts. (1829), Tübingen ⁵1878. Neudruck Darmstadt 1963. Bd. 1: Geschichte der Rechtsphilosophie; Bd. 2: Rechts- und Staatslehre auf der Grundlage christlicher Weltanschauung.

–: Das Monarchische Princip. Heidelberg 1845.

–: Die Revolution und die constitutionelle Monarchie. Berlin 1848.

–: Was ist die Revolution? Mit einem Anhange: Die Reformation und die Revolution. Berlin ³1852.

–: Der Protestantismus als politisches Princip. Berlin ²1853.

–: Wider Bunsen. Berlin ²1856.

–: Die gegenwärtigen Parteien in Staat und Kirche. Neunundzwanzig akademische Vorlesungen. Berlin 1863.

STANGE, ALFRED: Die Welt als Gestalt. Köln 1952.

STAPEL, WILHELM: Der christliche Staatsmann. Eine Theologie des Nationalismus. Hamburg 1932.

–: Kann ein Konservativer Gegner des Christentums sein? In: Deutsches Pfarrerblatt 51 (1951), S. 323 ff.

STARK, WERNER: Die Wissenssoziologie. Ein Beitrag zum tieferen Verständnis des Geisteslebens. Eingeleitet von Gottfried Eisermann. Stuttgart 1960.

STAVENHAGEN, KURT: Heimat als Grundlage menschlicher Existenz. Göttingen 1939.

STECK, KARL GERHARD: Politischer Katholizismus als theologisches Problem. In: Theologische Existenz Heute, N. F. 27 (München 1951), S. 1 ff.

STEDING, CHRISTOPH: Das Reich und die Krankheit der europäischen Kultur. Hamburg ²1938/40.

STEIN, LORENZ VON: Geschichte der sozialen Bewegung in Frankreich von 1789 bis auf unsere Tage. 3 Bde. (1850), Hildesheim 1959. Bd. 1: Der Begriff der Gesellschaft und die soziale Geschichte der französischen Revolution bis zum Jahre 1830; Bd. 2: Die industrielle Gesellschaft. Der Sozialismus und Kommunismus Frankreichs von 1830 bis 1848; Bd. 3: Das Königtum, die Republik und die Souveränität der französischen Gesellschaft seit der Februarrevolution 1848.

STEINBÜCHEL, THEODOR: Zerfall des christlichen Ethos im 19. Jahrhundert. Frankfurt a. M. 1951.

STERN, FRITZ: Kulturpessimismus als politische Gefahr. Eine Analyse nationaler Ideologie in Deutschland. Bern/Stuttgart/Wien 1963.

STERNBERGER, DOLF: Autorität, Freiheit und Befehlsgewalt. Tübingen 1959 (Vorträge und Aufsätze, Walter Eucken-Institut, 3).

STILLICH, OSCAR: Die politischen Parteien in Deutschland. Bd. 1: Die Konservativen. Eine wissenschaftliche Darlegung ihrer Grundsätze und ihrer geschichtlichen Entwickelung. Leipzig 1908.

STOLBERG-WERNIGERODE, OTTO GRAF ZU: Die unentschiedene Generation. Deutschlands konservative Führungsschichten am Vorabend des Ersten Weltkrieges. München/Wien 1968.

STRAUSS, LEO: Naturrecht und Geschichte. Stuttgart 1956.

STRICH, FRITZ: Deutsche Klassik und Romantik, oder Vollendung und Unendlichkeit. Ein Vergleich. Bern ⁴1949.

STROHM, THEODOR: Theologie im Schatten politischer Romantik. Eine wissenschafts-soziologische Anfrage an die Theologie Friedrich Gogartens. München/Mainz 1970 (Gesellschaft und Theologie, Abt.: Systematische Beiträge, Nr. 2).

STRZELEWICZ, WILLY: Zum Autoritätsproblem in der modernen Soziologie. In: Kölner Zeitschrift für Soziologie und Sozialpsychologie 11 (1959), S. 198 ff.

TALMON, JACOB L.: Die Geschichte der totalitären Demokratie. 2 Bde., Köln/Opladen 1961, 1963. Bd. 1: Die Ursprünge der totalitären Demokratie; Bd. 2: Politischer Messianismus. Die romantische Phase.

TAROUCA, AMADEO SILVA: Das Problem der Autorität. In: Philosophisches Jahrbuch 67 (1959), S. 266 ff.

TECHNIK IM TECHNISCHEN ZEITALTER. Stellungnahmen zur geschichtlichen Situation, hrsg. von Hans Freyer, Johannes Chr. Papalekas, Georg Weippert. Düsseldorf 1965.

TEXTE ZUR TECHNOKRATIEDISKUSSION. Hrsg. von Claus Koch und Dieter Senghaas. Frankfurt a. M. 1970 (Kritische Studien zur Politikwissenschaft).

THIBAUT UND SAVIGNY. Ein programmatischer Rechtsstreit auf Grund ihrer Schriften, hrsg. von Jacques Stern. Darmstadt 1959.

THIELICKE, HELMUT: Der Nihilismus. Entstehung, Wesen, Überwindung. Tübingen 1950.

–: Theologische Ethik. 3 Bde., Tübingen 1951–1964. Bd. 2: Entfaltung, Teil 2: Ethik des Politischen. ²1966.

THOMAS VON AQUIN: Ausgewählte
Schriften zur Staats- und Wirtschaftslehre. Vorrede und kritische Einführung von Friedrich Schreyvogl. Jena
1923 (Die Herdflamme, hrsg. von
Othmar Spann, Bd. 3).

TILL, RUDOLF: Hofbauer und sein Kreis.
Wien 1951 (Beiträge zur neueren Geschichte des christlichen Österreich).

TILLICH, PAUL: Christentum und soziale Gestaltung. Frühe Schriften zum
Religiösen Sozialismus, hrsg. von Renate Albrecht. Stuttgart 1962 (Gesammelte Werke, Bd. 2). Darin u. a.
der Aufsatz: Die sozialistische Entscheidung, S. 219 ff.

TOCQUEVILLE, ALEXIS DE: Über die Demokratie in Amerika. Hrsg. von J.
P. Mayer u. a. 2 Bde., Stuttgart 1959,
1962 (Werke und Briefe, Bd. 1,2).

TOPITSCH, ERNST: Das Problem der
Wissenssoziologie. In: Philosophisches
Jahrbuch 65 (1957), S. 351 ff.

–: Vom Ursprung und Ende der Metaphysik. Eine Studie zur Weltanschauungskritik. Wien 1958.

TRADITION UND LEBEN. Monatsschrift
für christliche Haltung – monarchische Staatsauffassung – und nationale
Besinnung, hrsg. von Heinrich Frhr.
von Massenbach. Köln 1948 ff.

TROELTSCH, ERNST: Politische Ethik und
Christentum. Göttingen 1904.

–: Die Bedeutung des Protestantismus
für die Entstehung der modernen
Welt. München/Berlin 1911.

–: Konservativ und Liberal. In: Die
christliche Welt 30 (1916), Sp. 659 ff.

–: Deutscher Geist und Westeuropa.
Gesammelte kulturpolitische Aufsät-
ze und Reden, hrsg. von Hans Baron.
Tübingen 1925.

–: Gesammelte Schriften. Bde. 1–4,
Tübingen 1912–1925. Bd. 3: Der
Historismus und seine Probleme,
1922. Bd. 4: Aufsätze zur Geistes-

geschichte und Religionssoziologie,
hrsg. von Hans Baron, 1925.

UEXKÜLL, J. VON: Staatsbiologie. Anatomie – Physiologie – Pathologie
des Staates. Berlin 1920 (Deutsche
Rundschau, hrsg. von Rudolf Pechel,
Sonderheft).

VALJAVEC, FRITZ: Die Entstehung der
politischen Strömungen in Deutschland 1770 bis 1815. München 1951.

–: Die Entstehung des europäischen
Konservativismus. In: Ostdeutsche
Wissenschaft. Bd. 1, München 1954,
S. 255 ff.

–: Die josephinischen Wurzeln des
österreichischen Konservativismus.
In: Südost-Forschungen, Bd. 14,
München 1955.

–: Die Anfänge des österreichischen
Konservativismus. Leopold Alois
Hoffmann. In: Festschrift für Karl
Eder, hrsg. von H. J. Mezler-Andel-
berg. Innsbruck 1959, S. 169 ff.

VERMEIL, EDMOND: Deutsche Romantik
und Nationalismus. In: Europa und
der Nationalismus. Bericht über das
dritte internationale Historiker-Treffen in Speyer, 17. bis 20. Oktober
1949. Baden-Baden 1950, S. 67 ff.

VIERECK, PETER: Metapolitics from the
Romantics to Hitler. New York
1941.

–: Conservatism revisited. New York/
London 1949.

–: Das Credo des Konservativen. In:
Die amerikanische Rundschau 5
(1949), H. 27, S. 34 ff.

VOEGELIN, ERIC: Rasse und Staat. Tübingen 1933.

–: Der autoritäre Staat. Ein Versuch
über das österreichische Staatspro-
blem. Wien 1936.

–: Die politischen Religionen. Stockholm 1939.

—: Die neue Wissenschaft von der Politik. Eine Einführung. München 1959.

VOLZ, OTTO: Christentum und Positivismus. Die Grundlagen der Rechts- und Staatsauffassung Friedrich Julius Stahls. Tübingen 1951.

WACH, JOACHIM: Religionssoziologie. Nach der 4. Auflage übersetzt von Helmut Schoeck. Tübingen 1951.

WAGENER, HERMANN: Erlebtes. Meine Memoiren aus der Zeit von 1848 bis 1866 und von 1873 bis jetzt. 2 Bde., Berlin 1884.

WAHL, ADALBERT: Beiträge zur deutschen Parteigeschichte im 19. Jahrhundert. In: Historische Zeitschrift 104 (1910), S. 537 ff.

WALZ, GUSTAV ADOLF: Die Staatsidee des Rationalismus und der Romantik und die Staatsphilosophie Fichtes. Zugleich ein Versuch zur Grundlegung einer allgemeinen Sozialmorphologie. Berlin-Grunewald 1928.

WAS IST HEUTE EIGENTLICH KONSERVATIV? Eine Diskussion. In: Der Monat 14 (1961/62), H. 163, S. 23 ff.; H. 164, S. 45 ff.; H. 165, S. 48 ff.; H. 166, S. 27 ff.; H. 168, S. 22 ff.; Der Monat 15 (1962/63), H. 169, S. 90 ff. Beiträge von: Armin Mohler, Konservativ 1962, H. 163; Dietrich Schwarzkopf, Was ist heute eigentlich konservativ? H. 164; Golo Mann, Konservative Politik und konservative Charaktere, H. 165; Hans-Joachim von Merkatz, Konservatives Denken – pseudokonservative Theorie, H. 165; Caspar Frhr. von Schrenck-Notzing, Wider die Gefühlspolitik, H. 165; Klaus Harpprecht, Verteidigung des Altmodischen, H. 165; Eugen Gerstenmaier, Was heißt heute konservativ?

H. 166; Hans Zehrer, Heute wieder zukunftsträchtig, H. 166; Peter Dürrenmatt, Europa wird konservativ sein – oder es wird nicht sein, H. 166; Kurt Sontheimer, Nationalismus und Konservative Revolution, H. 168; Kurt Lenk, Was ist konservativ? H. 169.

WEBER, ALFRED: Die Krise des modernen Staatsgedankens in Europa. Berlin/Leipzig 1925.

—: Der Mensch und seine Wandlungen. In: Offener Horizont. Festschrift für Karl Jaspers. München 1953, S. 340 ff.

WEBER, MAX: Wirtschaft und Gesellschaft. Grundriß der verstehenden Soziologie. 4., neu hrsg. Auflage, besorgt von Johannes Winckelmann. 2 Halbbände, Tübingen 1956.

WEBER, WERNER: Die Verfassung der Bundesrepublik in der Bewährung. Göttingen/Berlin/Frankfurt a. M. 1957.

—: Spannungen und Kräfte im westdeutschen Verfassungssystem. Stuttgart [2]1958.

—: Die Teilung der Gewalten als Gegenwartsproblem. In: Festschrift für Carl Schmitt zum 70. Geburtstag, hrsg. von Hans Barion, Ernst Forsthoff, Werner Weber. Berlin 1959, S. 253 ff.

WEIL, ERIC: Hegel et l'état. Paris 1950.

—: Die Säkularisierung der Politik und des politischen Denkens in der Neuzeit. In: Marxismusstudien, 4. Folge, hrsg. von Iring Fetscher. Tübingen 1962, S. 144 ff. (Schriften der Evangelischen Studiengemeinschaft 7).

WEINBERGER, OTTO: Die Wissenschafts- und Gesellschaftslehre Adam Müllers. In: Zeitschrift für die gesamte Staatswissenschaft 78 (1924), S. 394 ff.

WEININGER, OTTO: Geschlecht und Charakter. Eine prinzipielle Untersuchung. Wien/Leipzig [10]1908.

WEIPPERT, GEORG: Das Prinzip der Hierarchie. Hamburg 1932.

WELZEL, HANS: Naturrecht und materiale Gerechtigkeit. Göttingen 1962.

WENDLAND, HEINZ-DIETRICH: Über das Verhältnis von Ontologie und Eschatologie in der christlichen Soziallehre. In: Philosophisches Jahrbuch 66 (1958), S. 194 ff.

WESTARP, KUNO GRAF: Konservative Politik im letzten Jahrzehnt des Kaiserreiches. 2 Bde., Berlin 1935.

WESTPHALEN, FERDINAND A.: Die Renaissance der konservativen Idee. In: Naturordnung in Gesellschaft, Staat, Wirtschaft. Festschrift für Johannes Messner, hrsg. von Joseph Höffner u. a. Innsbruck/Wien/München 1961, S. 82 ff.

WHAT IS CONSERVATISM? Edited by Frank S. Meyer. New York/Chicago/San Francisco 1964.

WICK, KARL: Der konservative Staatsgedanke. In: Politeia, Veröffentlichungen des Instituts für Sozialwissenschaft und Politik Freiburg/Schweiz. Bd. 1, Heidelberg 1949, S. 19 ff.

WIESBROCK, HEINZ (Hrsg.): Die politische und gesellschaftliche Rolle der Angst. Frankfurt a. M. 1967 (Politische Psychologie, Bd. 6).

WILEY, MARGARET L.: The subtle knot. Creative scepticism in seventeenth-century England. London 1953.

WILSON, FRANCIS GRAHAM: The case for conservatism. Washington 1951.

WINTER, EDUARD: Die geistige Entwicklung Anton Günthers und seiner Schule. Paderborn 1931 (Geschichtliche Forschungen zur Philosophie der Neuzeit 1).

WITTRAM, REINHARD: Historismus und Geschichtsbewußtsein. In: Historische Zeitschrift 157 (1938), S. 229 ff.

WOLF, ERNST: Peregrinatio. Studien zur reformatorischen Theologie und zum Kirchenproblem. München [2]1962. Darin u. a. die Aufsätze: Sanctorum communio. Erwägungen zum Problem der Romantisierung des Kirchenbegriffs; Der Mensch und die Kirche im katholischen Denken.

WOLFE, A. B.: Conservatism, radicalism and scientific method. New York 1923.

ZEHRER, HANS: Die Revolution der Intelligenz. Bruchstücke zukünftiger Politik. In: Die Tat 21 (1929), S. 486 ff.

–: Heute wieder zukunftsträchtig. In: Der Monat 14 (1962), H. 166, S. 30 ff.

ZEITWENDE. Monatsschrift, hrsg. von Tim Klein, Otto Gründler, Friedrich Langenfaß. München 1925 ff.

ZELLER, EBERHARD: Geist der Freiheit. Der Zwanzigste Juli. München [5]1965.

ZIEGLER, LEOPOLD: Zur Metaphysik des Tragischen. Eine philosophische Studie. Leipzig 1902.

–: Volk, Staat und Persönlichkeit. Berlin 1917.

–: Edgar Julius Jung. Denkmal und Vermächtnis. Salzburg 1955 (Stifterbibliothek, Bd. 61).

ZIEGLER, THEOBALD: Die geistigen und sozialen Strömungen Deutschlands im neunzehnten Jahrhundert. Berlin 1911.

ZWISCHEN DEN ZEITEN. In Gemeinschaft mit Karl Barth, Friedrich Gogarten, Eduard Thurneysen hrsg. von Georg Merz. München 1923–1925.

Personenregister

Adorno, Theodor W. 74, 157, 174, 211, 218, 281, 353

Allmayer-Beck, Johann Christoph 107

Althaus, Paul 294

Altmann, Rüdiger 324, 330, 332 f., 338 f., 346, 352

Anaxagoras 80

Anderson, Thornton 169

Antoni, Carlo 60

Arendt, Hannah 145 f., 163, 172, 174 ff.

Aris, Reinhold 54, 201

Aristoteles 46, 111, 208

Arminius 290

Arndt, Hans-Joachim 331

Arnim, Achim von 130 f.

Asmussen, Hans 310

Augustinus, Aurelius 89, 204

Baader, Franz von 34, 87 f., 91, 98, 101, 105, 113 f., 144, 174 f., 196, 224, 226, 255

Bachofen, Johann Jacob 151 f., 158 f.

Bacon, Francis 99

Bahr, Hermann 103

Bakunin, Michael 252

Baldwin, Oliver 35

Banks, Reginald Mitchel 29, 35

Baron, Hans 58

Barth, Hans 7, 22, 31, 71, 200, 217, 253, 273

Barth, Karl 177, 248

Baeumler, Alfred 158, 280, 288

Becher, Hubert 273, 280

Below, Georg von 180

Benda, Julien 286

Benjamin, Walter 102, 167

Benn, Gottfried 329

Bergson, Henri 248, 251

Best, Werner 274

Binder, Julius 210

Bismarck, Otto Fürst von 18, 276, 286

Blank, Herbert 309

Bloch, Ernst 152, 231

Blumenberg, Hans 71

Böckenförde, Ernst-Wolfgang 95, 203, 294

Bodamer, Joachim 136 f.

Bodin, Jean 187

Böhm, Franz 196 f., 244, 280 f., 306

Boehm, Max Hildebert 286

Böhme, Jakob 235

Bollnow, Otto Friedrich 159, 161

Bonald, L. G. A. de 43, 163, 186 f., 194, 218, 261, 351

Bonhoeffer, Dietrich 103

Bornkamm, Heinrich 88

Bracher, Karl Dietrich 313

Brinkmann, Carl 222, 269

Bröker, Walter 282

Broszat, Martin 297 f., 300 f.

Bryant, Arthur 46

Bülow, Friedrich 200

Burckhardt, Jacob 258, 261, 272

Burke, Edmund 18, 19, 36 f., 43, 109, 164, 190, 198, 200, 229, 251

Burton, Robert 76

Calvin, Johann 177, 230

Canning, George 18

Carlyle, Thomas 143

Cassirer, Ernst 216, 280

Cato, Marcus Porcius 237

Cecil, Lord Hugh 36, 41, 43, 46 ff.

Chamberlain, Houston Stewart 20

Chance, Roger 35

Chateaubriand, François René Vicomte de 43

Cicero, Marcus Tullius 38

Sachregister

Alphabetisches Verzeichnis der suhrkamp taschenbücher wissenschaft